Birke **17**

Hainbuche **19**

19

19

Pappel **15**

Weide **16**

Ulme **22**

Haselnuß

Judasbaum **29**

Mehlbeere **25**

Linde **35-36**

Kadsurabaum **23**

Lorbeer **24**

Davidia **37**

Hahndorn-Weißdorn **25**

Felsen-birne **26**

Erle **18**

Buche **19**

Scheinbuche **19**

Trompeten-baum **39**

Zelkova

Paulowina **39**

Die Abbildungen geben nicht die natürlichen Größen wieder

W0077124

DIE WALD- UND PARKBÄUME EUROPAS

Die Wald- und Parkbäume Europas

Ein Bestimmungsbuch für Dendrologen und Naturfreunde

Von

ALAN MITCHELL

Übersetzt und bearbeitet von

Dr. h. c. GERD KRÜSSMANN

Dendrologe, ehem. Leiter des Botanischen Gartens
in Dortmund-Brünninghausen

Mit 380 farbigen Abbildungen auf Tafeln
von PREBEN DAHLSTROM und EBBE SUNESEN
und 718 Textzeichnungen von CHRISTINE DARTER

VERLAG PAUL PAREY
HAMBURG UND BERLIN

Die Originalausgabe erschien unter dem Titel

A FIELD GUIDE TO THE TREES OF BRITAIN
AND NORTHERN EUROPE

im Verlag Collins Publishers, London

© Alan Mitchell, 1974

CIP-Kurztitelaufnahme der Deutschen Bibliothek

Mitchell, Alan
Die Wald- und Parkbäume Europas: Ein Bestim-
mungsbuch f. Dendrologen u. Naturfreunde/
übers. u. bearb. von Gerd Krüssmann.
  Einheitssacht.: A field guide to the trees of
Britain and Northern Europe (dt.).
ISBN 3-490-05918-2

ISBN 3–490–05918–2

Vorwort des Verfassers

Ein Bestimmungsbuch, das es auch dem Laien ermöglicht, die Bäume in der freien Landschaft und in Gärten und Parks zu bestimmen, muß möglichst einfach zu benutzen sein. Diese Forderung wäre leicht zu erfüllen, wenn außerhalb der Botanischen Gärten nur hundert oder zweihundert Baumarten wüchsen, aber das ist natürlich keineswegs der Fall. Wenn man Botanische Gärten und Arboreta, also heimische und eingeführte Gehölze mit einbezieht, kommt man in Mitteleuropa leicht auf über 1500 Baumarten. Wollte man die selteneren von ihnen auslassen, würde das Buch die gelegentlichen Benutzer in die Irre führen und dem ernsthaften Interessenten, für den dieses Buch in erster Linie geschrieben wurde, nur wenig helfen. Für die angestrebte Vollständigkeit gibt es noch einen wichtigen Grund: um sicherzugehen, daß richtig bestimmt werden kann und Verwechslungen weitgehend ausgeschlossen werden, muß man eben auch die selteneren Gehölze miteinschließen. Das macht das Buch umfassender und, das ist wichtig, nützlich und vertrauenswürdig. Hier fehlen nur die Bäume, die man wirklich nur in Botanischen Gärten findet, das ist zu vertreten, denn dort sind die Gehölze ja meistens ausgeschildert.

Da viele Bäume, die hier bei uns wachsen, aus Nordamerika, China, Japan, dem Himalaja, dem Kaukasus, dem Mittelmeergebiet, aus Südamerika und zum Teil auch aus Südeuropa stammen, kann man das Buch auch in diesen Ländern verwenden, wenngleich es dort nicht umfassend genug ist.

Dankbar bin ich Professor MAX HAGMANN, Finnland, J. R. P. VAN HOEY SMITH, Rotterdam, und Dr. SYRACH LARSEN, Dänemark, für ihre Ratschläge und den Herren HAROLD HILLIER, ROY LANCASTER und J. GRANT für die Besorgung von Material einiger seltener Bäume. Außerdem gilt mein Dank Dr. E. LOUSLEY für eine sorgfältige Durchsicht des Textes und manche wertvollen Hinweise und DESMOND CLARKE für Beratung über letzte nomenklatorische Veränderungen.

Besonders hervorheben muß ich an dieser Stelle PREBEN DAHLSTROM und EBBE SUNESEN für ihre so schönen Farbtafeln und CHRISTINE DARTER für ihre peinlich genauen Zeichnungen der vielen hundert Pflanzen, die ich, teils von weither, während drei Jahren erhielt.

Schließlich muß ich mich noch bedanken bei Miß ELIZABETH HOSEASON für ihre Mitwirkung bei der Herstellung des Buches und, last not least, meiner Frau für das Lesen der Korrekturen.

ALAN MITCHELL

Vorwort des Übersetzers

Wenn ich mich vor etwa zwei Jahren bereit erklärte, dem Wunsch des Verlages Paul Parey zu entsprechen und die englische Originalausgabe dieses Buches zu übersetzen und gleichzeitig auch für deutsche und überhaupt kontinental-europäische Verhältnisse zu überarbeiten, so geschah dies aus folgendem Grund:

Die Art, wie ALAN MITCHELL dieses Bestimmungsbuch aufgebaut hat, indem er es vorzüglich versteht, mit Hilfe von Beschreibungen, Zeichnungen und Farbbildern den Benutzer schnell und sicher zum Ziel zu führen, halte ich für außerordentlich geschickt. Sie hat mich sehr beeindruckt. ALAN MITCHELL, den ich seit Jahren kenne, ist Dendrologe aus Berufung und Beruf. Er ist Forstbotaniker der Forestry Commission, also der Britischen Forstverwaltung.

Dieses Buch behandelt nicht nur die in Europa heimischen Waldbäume, sondern auch die angepflanzten exotischen Arten. Manche dieser Bäume sind in Deutschland nicht oder nur in den wärmsten Teilen des Landes winterhart. Sie wurden auch aufgenommen, denn dieses Buch will seinem Benutzer überall in Europa Auskunft geben.

Die deutsche Fassung ist aber keineswegs eine reine Übersetzung; es gibt erhebliche Unterschiede gegenüber dem englischen Original. Die wichtigsten Unterschiede sind:

1. Die „Einführung" wurde weitgehend neu geschrieben und den Ansprüchen des deutschsprachigen Benutzers angepaßt.
2. Bei allen Bäumen wurde angegeben, ob und wo sie sich in Europa in forstlicher Kultur befinden.
3. Überall wurde die Winterhärte in Form von ∧ („Dächern") angegeben, soweit die besprochenen Baumarten nicht vollkommen winterhart sind.
4. Hinsichtlich der Nomenklatur gibt es einige wenige Unterschiede; hier wurden die in Deutschland üblichen botanischen Bezeichnungen verwendet.
5. Soweit möglich, wurden überall auch die in Deutschland üblichen volkstümlichen Namen der Bäume angegeben, daneben aber auch die Namen in Englisch, Französisch und Niederländisch, damit der Benutzer das Buch auch im Ausland zu Rate ziehen kann.
6. Das „Glossarium" (Erklärung der botanischen Fachausdrücke) wurde neu geschrieben und zusätzlich bebildert.
7. In der „Übersicht über die Arboreten" wird jetzt ganz Europa berücksichtigt.

Wenn hin und wieder bei seltenen Bäumen der Botanische Garten in Dortmund-Brünninghausen (Rombergpark) als Standort angegeben wird, so deshalb, weil dies die reichhaltigste Sammlung von Bäumen und Sträuchern in Deutschland ist und dort auch viele seltene Arten vorhanden sind.

Die Angaben über den Duft zerriebener Blätter oder Koniferennadeln sind sehr individuelle Meinungen des Autors; es ist nicht sicher, ob die Benutzer des Buches die Düfte ebenso empfinden, oder ob sie genaue Vorstellungen davon haben, wie „englischer Fruchtkuchen mit viel Mandeln" duftet, um ein Beispiel zu geben.

Schließlich noch ein Wort zu den Beschreibungen der Rinden. Sehr oft gelten die Farbangaben nur für die feinen Risse oder Furchen in der Rinde, keineswegs aber für den ganzen Stamm.

Zum Schluß bleibt mir noch, meinem lieben Freunde, Dr. HARRO KOCH, zu danken für die gründliche Durchsicht und Überarbeitung des einführenden Abschnittes. Dank schulde ich aber auch Dr. REINER DEPPE, Hamburg, dem gartenbaulichen Lektor für das Fachgebiet Gartenbau des Verlages Paul Parey, der mir viele Anregungen und Hinweise gab.

Dr. GERD KRÜSSMANN

Inhalt

Verzeichnis der Tafeln

Einführung

Was ist ein Baum? Diese Frage sei hier gleich an den Anfang gestellt, geht es doch darum, den Rahmen dieses Buches festzulegen und ihn gegen das große Gebiet der Sträucher abzugrenzen. Dies ist erforderlich, wenn das Werk seiner Aufgabe gerecht werden will, einen Überblick über die Vielzahl der Arten und Formen zu bringen und ein zuverlässiger Ratgeber für Garten und Park zu sein. Hier die Antwort:

Ein Baum ist eine holzige, ausdauernde Pflanze, die wenigstens eine Höhe von etwa 6 m erreicht; der Stamm kann sich schon sehr weit unten verzweigen, jedoch muß dies oberhalb des Bodens erfolgen. Soweit die Definition. In diesem Werk wurden Gattungen dann vollständig, d. h. mit allen wichtigen Arten, aufgenommen, wenn eine Art vorhanden ist, die der Definition gemäß zu den Bäumen zählt. So gehört der Weißdorn hierher, obwohl er hierzulande fast stets als niedriger, vielstämmiger Strauch zu sehen ist. Es gibt von ihm nämlich einige Arten, die über 10 m hoch werden. Die Hasel stellt einen Grenzfall dar, während Holunder und Hartriegel einwandfrei zu den Sträuchern zählen.

Diese Definition trifft für einige Kultivare (Sorten) von Koniferen nicht zu. Wenn diese trotzdem aufgenommen wurden, so deshalb, weil sie Formen „echter" Bäume darstellen und aus diesem Grunde dazu gehören.

Der Begriff Baum

Die Bezeichnung Baum ist im Grunde eine sehr grobe Verallgemeinerung. Im Gegensatz zu diesem sind Begriffe wie etwa „Farn", „Moos" oder „Gras" sehr viel genauer, umfassen sie doch jeweils eine Gruppe verwandter Pflanzen. So gehört jedes Gras in die Familie der *Gramineae,* und jede Pflanze dieser Familie, ob nun zwergiges Rispengras oder riesiger Bambus, ist eine Gras-Art und leicht als solche zu erkennen. Die Bäume sind dagegen über die verschiedensten Familien, Ordnungen und sogar Klassen verstreut. Dies soll ein Beispiel erläutern.

Die Blütenpflanzen gehören bekanntlich in zwei große Klassen. Einmal sind es die Gymnospermen (Nacktsamigen) und zum anderen die Angiospermen (Bedecktsamigen). Diese wiederum gliedern sich in Ordnungen, innerhalb derer – scheinbar willkürlich – Bäume oder auch Kräuter vorkommen:

Klasse	Ordnung	Pflanzen
Gymnospermae	*Cycadales*	„Palmfarne", Schopfbäume ähnlich den Baumfarnen
	Gnetales	Sträucher oder Kletterpflanzen
	Ginkgoales	eine Familie, eine Gattung, eine Art (diese ein Baum)!
	Taxales	meist kleine Bäume
	Coniferales	wenige Sträucher, überwiegend Bäume
Angiospermae	*Dicotyledoneae*	Kräuter, Sträucher, Bäume
	Monocotyledoneae	überwiegend Kräuter (so Gräser und Zwiebelgewächse), wenige Bäume

Das Auftreten von Bäumen ist auch im weiten Kreis der Dikotyledonen-Familien scheinbar rein zufällig. Einige Beispiele mögen das verdeutlichen:

Primulaceae	nur Kräuter (Primeln); weder Bäume noch Sträucher
Cruciferae	Kräuter und einige niedrige Sträucher; keine Bäume
Scrophulariaceae	Kräuter (Fingerhut, Braunwurz); eine Baum-Gattung (*Paulownia*)
Rosaceae	Kräuter (Geißbart), Sträucher (Fingerstrauch) und Bäume (Ebereschen, Kirschen usw.)
Fagaceae	Bäume (Eichen, Buchen, Kastanien)

Nomenklatur und Taxonomie

Wie in allen Bereichen ist es eine Aufgabe der Wissenschaft, Ordnung in die Vielfalt – hier: der Pflanzen – zu bringen. So beschäftigt sich die Taxonomie mit der richtigen *Klassifizierung* der Arten, d. h. der Ordnung, wobei bezüglich der Namengebung stets die Regeln der Nomenklatur zugrunde liegen. Beide, Taxonomie und Nomenklatur, sind eng miteinander verknüpft. Die Taxonomie ist ein Teilgebiet der Systematik, diese beschäftigt sich mit Fragen der Verwandtschaft der Arten, ordnet diese zu Gattungen, Gattungen wiederum zu Familien usw. Hier taucht der Begriff *Taxon* auf. Damit bezeichnet man jeweils eine Verwandtschaftsgruppe („Pflanzensippe"), sei es nun eine Familie, Gattung, Art oder Varietät, alle sind *Taxa* (Plural von Taxon). Mit dem Ausdruck Taxon werden ebenso auch einzelne Glieder dieser Gruppen bezeichnet; so sind 10 Arten und 5 Varietäten zusammen 15 Taxa.

In der Umgangssprache benennen wir die Pflanzen in der Regel entsprechend ihrer Gattung. So sprechen wir im allgemeinen von einer Eiche oder einer Lärche. Für eine genaue Bezeichnung reicht dies natürlich nicht aus. Dazu ist es erforderlich, die Art zu benennen, so z. B. Zerr-Eiche oder Europäische Lärche. Diese genauere Bezeichnung ist in der Regel mit dem botanischen, d. h. wissenschaftlichen Namen, identisch. Letzterer besteht im allgemeinen aus zwei Wörtern. Das erste bezeichnet die Gattung (*genus*, Plural: *genera*), das zweite die Art *(species)*. So gehören alle Eichen zur Gattung *Quercus* und alle Lärchen zur Gattung *Larix*. Der botanische Name der Zerr-Eiche ist *Quercus cerris,* der der Europäischen Lärche *Larix decidua*. Aber damit nicht genug. Die vollständige Bezeichnung der Zerr-Eiche lautet: *Quercus cerris* L., wobei dieses „L." zum botanischen Namen zählt. Es ist die Abkürzung für den Namen des Botanikers, der als erster diese botanische Bezeichnung der Pflanze gültig veröffentlichte, nämlich LINNÉ. Warum gehört dieses „L." zum botanischen Namen *Quercus cerris*? Es kann vorkommen (und das ist tatsächlich sehr häufig der Fall), daß ein anderer Botaniker mit dem gleichen botanischen Namen eine ganz andere Art belegte. Bei unserem Beispiel gäbe es dann zwei (manchmal gar drei) gleiche Bezeichnungen *Quercus cerris*. Diese sind dann nur durch den Namen des Autors bzw. dessen Abkürzung zu unterscheiden; obwohl grundsätzlich natürlich jeder Artname innerhalb einer Gattung nur einmal verwendet werden sollte. Die Abkürzung eines Autorennamens mit nur einem Buchstaben, diesem „L." also, ist einmalig. Es bezeichnet den Namen des berühmten Naturwissenschaftlers, der unter dem latinisierten Namen „Linnaeus" schrieb und 1753 die „binäre Nomenklatur" in die Wissenschaft einführte. Darunter versteht man die Charakterisierung von Pflanzen (und auch Tieren) durch jeweils einen Gattungs- und einen Artnamen, wie oben bereits ausgeführt. Die Namen anderer Autoren sind meistens auf die erste Silbe gekürzt, so z. B. „Lamb." für LAMBERT oder „Mill." für MILLER, oder aber sie werden voll ausgeschrieben. Außer LINNÉ ist noch ein anderer Name auf die Initialen abgekürzt: „DC". Diese Buchstaben stehen für DE CANDOLLE, einen bedeutenden Schweizer Botaniker. Es braucht nicht betont zu werden, daß nicht jeder „x-beliebige" eine Pflanze wissenschaftlich benennen kann. Gültig ist ein Name nur, wenn er eine neu aufgefundene Pflanze eindeutig beschreibt. Dazu ist es erforderlich, daß er sie nach den gestrengen Regeln der Nomenklatur benennt und dies in einer wissenschaftlichen Zeitschrift, einem Buch oder einer anderen gedruckten Veröffentlichung erscheint. Dies ist zu unserer Zeit, da der überwiegende Teil der Pflanzen bekannt ist, seltener geworden. Das heutige Wissen um die Vielfalt der Arten ist langsam gewachsen, und wie wir sehen werden, war dies ein weiter und oft dorniger Weg.

Die frühen Botaniker kannten und benannten relativ wenige Arten, und sie ordneten diese wenigen großen Gattungen zu. LINNÉ z. B. setzte die meisten Koniferen, die er kannte, in eine einzige Gattung, *Pinus*. So nannte er die gemeine Fichte *„Pinus abies"* und die Europäische Lärche *„Pinus larix"*. Später erkannte man, daß die Fichten und die Lärchen eigene Gattungen darstellen und somit von den Kiefern getrennt werden müssen. So wurde die Gattung *Picea* für die Fichten aufgestellt und *Larix* für die Lärchen. Was war nun mit den alten Namen anzufangen?

Eine *Prioritätregel* bestimmt, daß, wo immer möglich, der ursprüngliche Name der Art in die neue Gattung übernommen werden muß. Deshalb müßte die gemeine Fichte korrekterweise *„Picea abies* L." lauten. Wie aber war jetzt zu verfahren, da Linné selbst diese Kombination nie verwandte? Um dies kenntlich zu machen, wird nach den Regeln der Nomenklatur ein „L." in Klammern gesetzt und der Name des Autors der neuen Namenskombination hinzugesetzt. In diesem Fall lautet es also *„Picea abies* (L.) Karsten". Wollte man mit der Europäischen Lärche genauso verfahren, erhielten wir *„Larix larix* (L.)", aber das geht aus anderen Gründen nicht: diese Wiederholung des gleichen Wortes, die man als Tautologie bezeichnet, ist nämlich in der Botanik nicht statthaft, obwohl dieses logisch wäre und in der Zoologie durchaus üblich ist. Um diese Tautologie zu vermeiden, läßt man den von Linné gegebenen Namen fallen und benutzt den ältesten Artnamen, der zuerst in der neuen Gattung benutzt wurde; falls ein solcher nicht existiert, wird ein neuer geschaffen. In diesem Falle existierte der Name *decidua*, veröffentlicht von Philipp Miller. Somit lautet jetzt der korrekte Name für die Europäische Lärche *„Larix decidua* Miller".

Dieser Name ist nun wenig glücklich, denn das lateinische Wort *decidua* bedeutet „abfällig", d. h. sommergrün; somit unterscheidet er die Lärche in keiner Weise von den übrigen Arten. Solange dieses *decidua* = sommergrün mit dem Namen *Pinus* kombiniert war, war es sinnvoll, in der jetzigen Verbindung ist es ohne trennenden Aussagewert. Ein weiteres Beispiel einer ähnlich unglücklichen Lösung ist *Sequoia sempervirens*, welches „immergrüne *Sequoia"* bedeutet. Nun sind alle *Sequoia*- und *Sequoiadendron*-Arten immergrün. Es ist also wieder kein Trennungsmerkmal. Die Artbezeichnung stammt von der ersten Beschreibung, als man die *Sequoia* für eine Verwandte der Sumpfzypresse, *Taxodium distichum*, hielt. Diese ist, wie bekannt, sommergrün, so daß es damals durchaus sinnvoll war, die neue „Art" als *sempervirens* = immergrün zu bezeichnen. Die Nomenklatur kann jedoch nur durch eine konsequente Befolgung von eigens geschaffenen Regeln ein Wirrwarr vermeiden, dabei lassen sich Ungereimtheiten, wie die oben beschriebenen, nicht in jedem Fall vermeiden.

Über die Entstehung von Arten und Formen

Wählt man einen genügend langen Zeitraum, so läßt sich bei allen Pflanzenarten eine Weiterentwicklung verfolgen. Pflanzen mit einem großen oder auch mehreren Verbreitungsgebieten, die voneinander im Laufe der Erdgeschichte getrennt wurden, können sich unabhängig voneinander entwickeln. Häufig auftretende, kleine genetische Veränderungen („Mutationen") ermöglichen es der einen oder anderen dieser „neuen" Pflanze, sich unter den gegebenen Umweltbedingungen besser „durchzusetzen" als deren Eltern. Auf diese Weise entstanden auch die verschiedenen Rassen. So unterscheidet sich beispielsweise „unsere" Gemeine Kiefer in Spanien in vielen kleinen Merkmalen von der Gemeinen Kiefer in Sibirien oder Schottland. Diese getrennte Entwicklung war unter anderem möglich, weil kein Austausch von Pollen stattfand. Nehmen im Zuge dieser Weiterentwicklung die Unterschiede ein solches Maß an, daß man eine besondere Einstufung für notwendig erachtet, werden sie möglicherweise in den Rang einer eigenen Art „gehoben". Sind die Veränderungen nicht so entscheidend, bezeichnet man die Form als *„Varietät"* (Varietas, abgekürzt var.) oder als *„Subspezies"*. Stets bleibt die ursprünglich beschriebene Form der *„Typ"* der Art. So sind z. B. die Sudeten-Lärche und die Polnische Lärche Varietäten der Europäischen Lärche, deren „Typ" wiederum die Schweizer Lärche ist. Letztere wird selbst als eine Form angesehen, die vom westlichen Frankreich bis nach Österreich verbreitet ist. Dennoch bleibt die Schweizer Lärche der „Typ", weil Linné diese Form als *„Pinus larix"* beschrieb.

Diese Formen, Varietäten und Subspezies werden natürlich auch benannt. Bezüglich der Nomenklatur verhält es sich ähnlich wie oben dargelegt. Der Name der Varietät trägt ebenfalls den Namen ihres Autors, und bei Namensänderungen wird genauso verfahren, wie es für die Änderung des Namens der Art dargelegt wurde. Wird andererseits der Name der Gattung dieser Art verändert, bleibt der Name der Varietät unverändert. Die Bezeichnung des Autors wird in Klammern gesetzt und der Name des zweiten Autors erscheint dahinter. Hierzu ein Beispiel: Der Botaniker Loudon bezeichnete die Huntington-Ulme als *„Ulmus glabra* var. *vegeta* Loudon". Heute wird dieser Baum als eine Hybride der × *hollandica*-Gruppe angesehen. Daher lautet ihr Name korrekt *„Ulmus* × *hollandica* var. *vegeta* (Loudon) Rehder". Heute wiederum wird diese Varietät als Kulturform angesehen und infolgedessen einfacher gehandhabt.

Nun kann es umgekehrt vorkommen, daß Bäume, die man früher als selbständige Arten führte, nach heutiger Auffassung nur Varietäten darstellen. In solchen Fällen wird der Name der Art nun zur Benennung der Varietät verwandt und hinter den Namen der „Typ-Art" gesetzt. Die Polnische Lärche ist ein solcher Fall. Sie wurde als eigene Art beschrieben und erhielt den Namen *„Larix polonica* Raciborski"; nunmehr wird sie als Varietät der Europäischen Lärche aufgefaßt und als *„Larix decidua* var. *polonica* (Racib.) Ostenfeld & Larsen" beschrieben.

Über Kultur-Varietäten

Während es bei den bisherigen Darlegungen um Varietäten, die in der freien Natur entstehen und sich dort im „Kampf ums Dasein" behaupten, handelt, geht es im folgenden um solche Abweichungen, die in Kultur, d. h. in Gärten und Baumschulen entstehen. Im Gegensatz zu den eben genannten sind solche – oft extreme – Formen in der Natur (fast) nie konkurrenzfähig. Der aufmerksame

Gärtner – und auch Pflanzenliebhaber – kann zuweilen entdecken, daß z. B. unter Tausenden von Sämlingen das eine oder andere Pflänzchen von seinen Eltern bzw. „Geschwistern" abweicht. Auch kann der Fall eintreten – allerdings geschieht dies seltener – daß an erwachsenen Pflanzen einzelne Zweige „aus der Art schlagen". Man spricht in allen diesen Fällen von Abweichungen oder *Mutationen*, während man die „andersartigen" Pflanzen als *Mutanten* bezeichnet. Sie alle weisen gegenüber ihren Eltern geringfügige genetische Veränderungen auf. Dabei kann es sich um eine unterschiedliche Färbung oder Form der Blätter handeln, um eine veränderte Wuchsform, Wuchsgeschwindigkeit oder anderes mehr. Jeder kennt solche Mutationen, es sind dies z. B. alle gescheckten (panaschierten) Formen, Hänge-, Zwerg-, Säulenformen usw. Solche Veränderungen traten möglicherweise nur einmal auf, können durch Veredlung oder Stecklinge jedoch in beliebiger Zahl vermehrt werden. Da diese Mutanten in der Kultur aufgefunden wurden und da sie ihr fortdauerndes Leben fast ausschließlich der Kultur als Gartenpflanze verdanken, werden sie mit Recht als *Kultur-Varietäten* (cultivar) bezeichnet. Dieser Name ist ebenso einleuchtend wie treffend.

Wird eine solche Mutante nur einmal gefunden, ist sie der Ausgangspunkt einer großen Zahl von vegetativ vermehrten Nachkommen. In einem solchen Fall bezeichnet man alle Nachkommen zusammengenommen als *„Klon"*. Wie groß deren Verbreitung späterhin auch sein mag, alle Nachkömmlinge sind ein Stück der ursprünglichen Pflanze. Dies ist z. B. bei den Apfelsorten der Fall.

Die Nomenklatur der Kultur-Varietäten, d. h. deren korrekte Benennung, wird durch den *„Internationalen Code für die Nomenklatur von Kulturpflanzen"* geregelt. Dieser Code sagt nun aus, daß Autorenbezeichnungen für die Kultur-Varietäten nicht erforderlich sind. Das ist bei dem häufigen Umgang mit Sorten eine große Erleichterung. Um den Namen der Sorte zu kennzeichnen, wird er mit großen Anfangsbuchstaben geschrieben und in einfache, hochgestellte Anführungsstriche gesetzt. Diese Art der Schreibung hat sich in Mitteleuropa durchgesetzt, obwohl es auch statthaft ist, auf die Anführungsstriche zu verzichten und statt dessen dem Sortennamen das Zeichen „cv." (d. h. *cultivar*) voranzustellen. Letzteres ist vor allem im englischen Sprachbereich üblich. Diese verschiedene Handhabung ist dadurch zu erklären, daß in der Nomenklatur beide Schreibweisen als statthaft bezeichnet wurden. Besser wäre es gewesen, man hätte auch hier diktatorisch eine einheitliche Kennzeichnung verfügt, während man so immer noch beide Schreibweisen findet, z. B. *Acer palmatum* 'Senkaki' und *Acer palmatum* cv. Senkaki. Um Irrtümer zu vermeiden, ist es nicht mehr erlaubt, latinisierte Sortennamen zu verwenden; man kann sie jedoch beibehalten, wenn sie vor dem 1. 1. 1959 bestanden. Beispiele hierfür sind *Fagus silvatica* 'Pendula' oder *Gleditsia triacanthos* 'Sunburst'.

Hybrid-Bäume

Pflanzen, deren Eltern verschiedenen „taxonomischen Gruppen" angehören, bezeichnet man als *Hybriden*. Je nach dem Grad der Verwandtschaft der beiden „Ehepartner" unterscheidet man drei Gruppen.

1. *Infraspezifische Hybriden.* Hierbei handelt es sich um Kreuzungen zwischen Pflanzen der reinen Art mit einer Unterart (ssp.) oder Varietäten oder auch Kreuzungen der beiden Letztgenannten. Eine infraspezifische Hybride liegt z. B. bei der Kreuzung der Polnischen Lärche mit der Typ-Lärche aus der Schweiz vor. Die Ergebnisse solcher Kreuzungen unterscheiden sich in ihrer Er-

scheinungsform kaum von der der Eltern, da sie nur in unbedeutenden Merkmalen voneinander abweichen. Für die Züchtung insbesondere auch leistungsfähiger Gehölze ist diese Art der Kreuzung jedoch bemerkenswert.

2. *Interspezifische Hybriden.* Als solche bezeichnet man Kreuzungen zweier Arten ein und derselben Gattung. Als Beispiel soll hier *Quercus* × *hispanica* angeführt werden. Es ist eine Kreuzung der Zerr-Eiche (Mutter) mit der Kork-Eiche, von der der Pollen stammte. Bei der Angabe der Eltern einer Hybride ist es zwar üblich, diese in alphabetischer Folge zu nennen, jedoch ist es besser, die Mutterpflanze zuerst aufzuführen. Auf diese Weise erfährt man, von welcher Pflanze die Samen stammen. Das ist besonders wichtig, weil die Pollenspender (Vaterpflanzen) oftmals unbekannt sind und sich nur vermuten lassen. Was die Nomenklatur betrifft, so ist man übereingekommen, den Namen für eine Hybride, die aus der Kreuzung zweier Arten hervorgegangen ist durch ein „×" (Mal- oder Multiplikationszeichen) kenntlich zu machen. Dieses × wird vor den Artnamen der Hybride gesetzt, Beispiel: „*Larix* × *eurolepis* Henry".

3. *Gattungs- oder intergenerische Hybriden.* Bei ihnen handelt es sich um solche, deren Eltern verschiedenen Gattungen angehören. Verständlicherweise treten sie verhältnismäßig selten auf. Stets sind es nahe verwandte Arten. Jeder Sämling stammt bekanntlich aus der Verschmelzung je einer einzigen Zelle der beiden Eltern, und diese müssen einander schon recht ähnlich sein, wenn sie sich zu einem lebensfähigen Organismus verbinden sollen. In diesem Buch wird nur eine Gattungshybride behandelt, nämlich die Leyland-Zypresse, × *Cupressocyparis leylandii*, eine Kreuzung zwischen *Cupressus macrocarpa* und *Chamaecyparis nootkatensis*. Beide Partner fungierten sowohl als Vater sowie auch als Mutter. Es entstand also in diesem Falle nicht eine einzige Pflanze, sondern eine ganze Gruppe von Hybriden. Unabhängig davon, ob es sich um einen einzigen intergenerischen Sämling handelt, der erzielt wurde, oder um einen ganzen Schwarm von Nachkommen, ist die nomenklatorische Kennzeichnung ist stets die gleiche. In einem solchen Fall steht das ×-Zeichen *vor dem Namen der Gattung.* Dieser besteht meist aus einer Kombination der Gattungsnamen der Eltern (wie bei unserem Beispiel). Weitere Gattungs-Hybriden treten vor allem bei den Rosaceen auf, so z. B. bei der Mispel, dem Weißdorn und der Eberesche. Sie sind jedoch zu selten, als daß sie in diesem Buch besonders erwähnt zu werden brauchten.

In der Pflanzenzüchtung sind vor allem interspezifische Hybriden (Arthybriden, auch Art-Bastarde genannt) von Interesse. Sie sind nämlich häufig starkwüchsiger als ihre Eltern und zwar um so mehr, je weniger die Eltern miteinander verwandt sind. Diese „Überlegenheit" betrifft nicht nur den Wuchs, d. h. dessen Höhe und das Tempo, auch die Bildung von Blüten und Früchten ist sehr oft reicher. Diese Erscheinung ist als „*Heterosis*" oder „Heterosiseffekt" bekannt. Kreuzungen, die zu diesem Zwecke besonders durchgeführt werden, bezeichnet man als „Heterosis-Züchtungen". Für den Heterosiseffekt gibt es mehrere Erklärungen. Eine ganz einfache Deutung besagt, daß eine Kreuzung zwischen einer klein-, aber reichfrüchtigen Art mit einer groß-, aber wenigfrüchtigen Art als Ergebnis reichtragende, großfrüchtige Hybriden sein können. Merkmale wie Wuchskraft, reiche Fruchtbildung und ähnliches neigen in der Tat häufig zur Dominanz, d. h. sind (vor allem in der ersten Generation) vorherrschend. Die Starkwüchsigkeit der oben erwähnten Leyland-Zypresse kann man sich so erklären, daß der eine Elter aus einer Heimat mit heißen, sehr trockenen Sommern stammt, während der andere in einem Gebiet mit kühlen, feuchten Sommern zuhause ist. Die Hybride kann also die Fähigkeit geerbt haben, in beiden Klima-Extremen zu wachsen und so ihre Eltern zu überflügeln. Diese in der Pflanzen-züchtung hoch geschätzte Eigenschaft der Heterosis bleibt bei vegetativer Ver-mehrung erhalten. Anders dagegen ist es bei solcher aus Samen.

Während die erste, *die F_1-Generation* (= 1. Filial-Generation) direkt aus einer Kreuzung hervorging, entsteht die F_2, d. h. die folgende, aus den Hybriden selbst. Bei ihnen macht sich der Heterosis-Effekt nur noch gering bemerkbar und verschwindet in den späteren Generationen völlig. Solche Heterosis-Wirkungen treten nicht bei allen Kreuzungen auf, es sind – wenn man so will – Glücksfälle. Erwähnt sei hier noch, daß interspezifische Bastarde zuweilen steril sind, also keine keimfähigen Samen hervorbringen. Das ist jedoch nicht die Regel, wie es dagegen im Tierreich der Fall ist (Beispiele: Maultier, Maulesel, Zebroide u. a.).

Zur Benutzung des Buches

Die in diesem Buch beschriebenen Bäume umfassen praktisch alle Arten und alle baumartigen Gartenformen, die in den Gärten und Parks Europas nördlich des Mittelmeeres vorkommen. – Nicht eingeschlossen sind die Arten, welche in diesem Gebiet extrem selten und nur in Sammlungen zu finden sind. – Man kann annehmen, daß nur etwa ein Zehntel aller dieser Bäume in Europa beheimatet ist, während die große Masse aus China, Japan und Nordamerika stammt und heute in der gemäßigten Zone weit verbreitet ist.

Unter einem *Baum* wird in diesem Buch eine holzige Pflanze verstanden, die eine Höhe von etwa 6 m mit nur einem Stamm erreicht. Diese Begrenzung schließt Straucharten im allgemeinen aus, mit der Ausnahme der Haselnuß, sie kommt häufig vor und kann evtl. auch als Baum angesehen werden.

Auf den Innenseiten der Einbanddecke ist im Normalfall ein typisches Blatt oder ein kurzer Zweig jeder der häufig vorkommenden Gattungen farbig dargestellt, meist die bekannteste Art. Dies kann aber nur begrenzt helfen. Die Arten mancher Gattungen haben nämlich völlig verschiedene Blätter. Deshalb werden beispielsweise bei *Sorbus* ein gefiedertes und ein ungeteiltes eiförmiges Blatt, ebenso zwei sehr verschiedenartige Formen des Pappelblattes gezeigt. Bei den Eichen- und Ahornarten haben wir schließlich so viele unterschiedliche Blattformen, daß die weniger typischen hier fortgelassen werden müssen, da sie sonst die einfache Benutzung des Buches, welche ein Hauptanliegen ist, stören würden. Alles in allem können diese Darstellungen nur der groben Orientierung dienen, sie sind vor allem für den Anfänger gedacht.

Auf den *Farbtafeln* sind nahezu alle bekannteren Bäume abgebildet, daneben aber auch viele weniger häufige, sowie einige selten vorkommende. Die Eigentümlichkeiten von Blatt, Rinde oder Blüten sind in Farbe zu sehen.

Auf den *Zeichnungen* sind fast alle übrigen Bäume dargestellt, ausgenommen die buntlaubigen Formen. Außerdem sehen wir viele Zapfen und Habitusbilder einzelner Bäume mit typischer Kronenform. Bei jeder Zeichnung, ausgenommen das Habitusbild, befindet sich eine kleine Linie, sie entspricht immer einer natürlichen Größe von 3 cm; mit ihr ist ein Größenvergleich möglich.

Die *deutschen Namen* der Bäume sind, soweit solche vorhanden und auch gebräuchlich sind, verwendet. Wo das nicht der Fall ist, hat der Übersetzer versucht, vernünftige deutsche Namen zu bilden. Es gibt aber auch Fälle, wo es sinnvoll erscheint, sich den wissenschaftlichen Namen einzuprägen. Da ist zum Beispiel der Name „Hiba" für *Thujopsis dolabrata*, den wenige kennen und den niemand benutzt. Ähnliches gilt auch für viele Gartenformen, wenn man *Chamaecyparis pisifera* 'Filifera Aurea' übersetzt, müßte es heißen: „Goldene fadenförmige Sawara-Scheinzypresse", dann ist dieser Name mindestens genauso lang, aber noch schlechter verständlich und klingt doch recht geziert.

Der *botanische Name* folgt als nächster; hinsichtlich der Nomenklatur wurde die einschlägige Literatur benutzt. In der deutschen Übersetzung sind einige geringfügige Änderungen vorgenommen worden.

Die Angaben über die *natürliche Verbreitung* folgen anschließend an die Namen der Art oder der geographischen Varietät. Auch hier wurde die neueste Literatur zu Rate gezogen. Bei *Gartenformen* ist, soweit bekannt, der Ursprungsort angegeben und das Jahr des Ursprungs oder der Einführung; falls beide längere Jahre auseinander liegen, sind beide Daten genannt.

Darauf folgt das *Jahr der Einführung in die Kultur* nach Großbritannien. (Dieses Datum wurde unverändert übernommen, da im allgemeinen die Pflanzen bald danach – sicherlich auch mit Ausnahmen – auf den europäischen Kontinent gelangt sind.) Wenn zwei Daten angegeben sind, dann bezieht sich die erste Jahreszahl auf eine nur unbedeutende Einführung, oft nur eine einzige Pflanze, die zweite Jahreszahl auf die allgemeine Einführung.

Angaben über *Blattgrößen* wie „20–26 cm" bedeuten, daß an den meisten Bäumen die großen, gesunden Blätter etwa 20 cm lang sind, aber daß man auch Blätter bis 26 cm findet.

Unter *Wuchs* sind bei starkwüchsigen Pflanzen auch einige Angaben über deren Wuchsgeschwindigkeit gemacht, soweit möglich nach eigenen Beobachtungen, auch die Wachstumsperiode wird genannt. Ferner findet man an dieser Stelle auch Angaben über das erreichbare Alter, soweit es sich einigermaßen zuverlässig ermitteln läßt.

Hinweise auf ähnliche Arten sollen dem Leser helfen, Verwechslungen zu vermeiden, allerdings sind dabei nur solche Arten berücksichtigt, die in diesem Buch behandelt werden. Wo indessen die verwandten Arten nicht so ähnlich sind, daß sie verwechselt werden könnten, sind mitunter einzelne Merkmale zusammengefaßt, unter dem Stichwort „Erkennungshilfe".

Die *Schlüssel* sind nicht streng wissenschaftlich; das bedeutet, nahe miteinander verwandte Arten stehen in diesem Schlüssel dann weiter auseinander, wenn dies für die Bestimmung einfacher ist. Um botanisch genau zu sein, müßten außerdem die Schlüssel auf den Merkmalen von Blüte und Frucht aufgebaut sein. Da diese aber häufig nicht vorhanden sind oder man sie dazu besonders aufbewahren müßte, können derartige Angaben den Laien schnell verwirren. Der Benutzer dieses Buches kann beispielsweise an Hand gesammelter Blätter die Bestimmung mit Hilfe des Schlüssels auch zu Hause vornehmen. Merkmale des Triebes werden auch mit herangezogen, ebenso Merkmale der Rinde und der Kronenform, die man sich am Standort einprägen muß. Bei Ulmen und Pappeln, bei denen die Bestimmung nach Blättern schwierig ist, ist die genaue Beachtung der Kronenform und der Rinde der einfachste Weg zur Bestimmung.

Es folgen dann *Angaben über Häufigkeit* des Auftretens der einzelnen Baumarten oder Gartenformen in der Natur oder in Gärten und Parks, dabei werden Abstufungen angegeben von sehr häufig verbreitet bis sehr selten.

Angaben über die *Höhe des Baumes* und mitunter auch des Stammumfanges in Brusthöhe wurden in England ermittelt. Der Verfasser hat dazu Tausende von Bäumen genau vermessen und kann deshalb auch angeben, welche größten Höhen die einzelnen Bäume in den Britischen Inseln bisher erreicht haben. – Diese Angaben wurden nicht verändert, wenngleich dieselben Bäume mitunter auf dem Kontinent etwas niedriger sein mögen. Der Kronendurchmesser wird nicht angegeben; dieser ist zu sehr vom Standort abhängig und deshalb nahezu bedeutungslos.

Die *Blattgröße* bezieht sich mehr auf die größten Blätter als auf die kleinsten; die meisten Blätter sind ohnehin verzwergt, so daß Angaben über das kleine Format kaum eine Hilfe bei der Bestimmung wären, ganz im Gegensatz zu den großen Blättern bei jeder Art, die häufig die wichtigsten Merkmale für eine Bestimmung sehr ausgeprägt aufweisen. Die Angabe „bis 24 cm" bedeutet, daß die größten Blätter einer Baumart kaum eine andere Hauptgröße unterhalb dieser aufweisen, aber auch kaum über 24 cm groß sind.

Alle Beschreibungen sind nach frischem Material, also von lebenden Bäumen, angefertigt; nur in ein oder zwei Fällen, wo keine Frucht oder keine Blüte erreichbar waren, mußte auf Angaben in der Literatur zurückgegriffen werden.

Früher, als neu eingeführte Gehölze bei uns noch nicht geblüht und gefruchtet hatten, mußte man auf Angaben aus den Heimatländern der Bäume zurückgreifen; heute ist das für die in diesem Buch beschriebenen Arten nicht mehr erforderlich, mit einer Ausnahme: die männlichen Blüten von *Metasequoia*.

Forstliche Benutzer seien besonders darauf hingewiesen, daß die angegebenen volkstümlichen Namen *für die Pflanze selbst* gelten. Dies ist deshalb wichtig zu wissen, weil das Holz in der Holzwirtschaft (mit denen die Forstleute häufig sehr verbunden sind) ganz anders bezeichnet wird, so z. B. „Kiri" für Paulownia.

„Frühere" forstliche Anpflanzungen beziehen sich auf die forstlichen Versuchsflächen, die durch Prof. Schwappach angelegt wurden. Hierüber wird sehr oft in den Mitteilungen der Deutschen Dendrologischen Gesellschaft berichtet.

Hinweise auf Text und Tafeln: Zahlen im Normaldruck bedeuten Seiten des Textes, im Fettdruck Nummern der Tafeln.

Abkürzungen

Die *fremdsprachlichen volkstümlichen Namen* sind wie folgt markiert:

E = Englisch; F = Französisch; N = Niederländisch

Die *Angaben über die Winterhärte* der Bäume beziehen sich auf die klimatischen Verhältnisse in der Bundesrepublik Deutschland, gelten aber auch – mit Einschränkung – für die Nachbarländer. Die verwendeten „Dächer" bedeuten:

$\wedge$ = in den wärmeren Gebieten der Bundesrepublik im allgemeinen winterhart, in den anderen Teilen Winterschutz erforderlich.

$\wedge\wedge$ = in den wärmeren Gebieten der Bundesrepublik in milden Wintern frosthart, sonst aber auch hier Winterschutz erforderlich.

$\wedge\wedge\wedge$ = in der Bundesrepublik nicht winterhart.

Die *Länder*, in denen die *Baumarten forstlich angepflanzt* sind, werden mit den im Kraftfahrzeugverkehr allgemein international gebräuchlichen „Nationalitätskennzeichen" angegeben: A Österreich, B Belgien, BG Bulgarien, CH Schweiz, CS Tschechoslowakei, D Deutschland, DK Dänemark, E Spanien, F Frankreich, GB Großbritannien, GR Griechenland, H Ungarn, I Italien, IRL Irland, N Norwegen, NL Niederlande, P Portugal, PL Polen, R Rumänien, S Schweden, SU Sowjetunion, SF Finnland, YU Jugoslawien.

Sonstige Abkürzungen: ♂ männlich, ♀ weiblich.

Die Biologie der Gehölze

Über das Wachstum

Wie der Name „Gehölze" aussagt, ist ihr gemeinsames Wesensmerkmal das Holz. Dieses ist äußerst kompliziert gebaut, und auch, je nach Pflanzenart, Familie, Ordnung oder Klasse, unterschiedlich. Bevor wir uns hiermit näher auseinandersetzen können, soll die Entwicklung des Holzes in großen Zügen dargestellt werden.

Bei allen Pflanzenteilen geht das Wachstum von sogenannten *Bildungs- oder meristematischen Zellen* aus. Am Scheitel des Vegetationspunktes befindet sich ein solches Meristem, welches basalwärts Zellen abgliedert, denen die Bildung des komplizierten Pflanzenkörpers zukommt. Entsprechend dem „Bauplan" entsteht aus diesen anfangs gleichartigen Zellen die Außenhaut, das Rindengewebe (der Mantel), der Leitbündelzylinder und in der Mitte des Sprosses das Mark. Bei den Dikotylen oder Zweikeimblättrigen bleibt ein schmaler Ring meristematischer Zellen erhalten, aus dem später das *Kambium* (siehe weiter unten) hervorgeht.

Kurz hinter der wachsenden Sproßspitze, in der „Determinationszone", differenzieren sich auf dem nach ihnen benannten Zylinder die *Leitbündel*. Dies sind verwickelt aufgebaute Gefäßstränge, die alle Leitungsbahnen enthalten. Im allgemeinen sind dies zwei Gewebe unterschiedlicher Funktion; das eine dient der Wasserleitung und besteht aus Gefäßen (Tracheen) und Tracheiden. Es wird als *Xylem* bezeichnet. Das andere System, *Phloem* genannt, dient dem Stofftransport; es besteht aus *Siebröhren* (benannt nach den siebartig durchlöcherten Querwänden), denen bei den Angiospermen (oder Blütenpflanzen) parenchymatische Zellen angegliedert sind.

In unmittelbarer Nachbarschaft befinden sich also zwei „Kanalsysteme", deren Transportwege in der Regel in entgegengesetzter Richtung verlaufen. Solche Leitbündel finden sich in allen höheren Pflanzen. Sie laufen in Längsrichtung durch den Körper, sind untereinander verbunden und gliedern sogenannte Blattspurstränge ab, die zu den Blättern führen. In der Regel sind bei den Gehölzen die Leitbündel zu einem Zylindermantel vereinigt, den man im Querschnitt als Ring erkennen kann. Hierbei liegt das Xylem (Holzteil) innen, das Phloem (Rindengewebe) außen. Der Leitbündelzylinder umschließt das *Mark*, welches farblos ist und der Stoffspeicherung dient.

Sekundäres Dickenwachstum

Die oben angeführten Gewebeelemente, die sich kurz unter dem Vegetationspunkt differenzieren, sind im Durchmesser und in der Anzahl trotz aller Leistungsfähigkeit begrenzt. Um eine von Jahr zu Jahr ansteigende Wasserversorgung und Ernährung, kurz, ein entsprechendes Wachstum zu gewährleisten, wie dies bei den größeren Gehölzen der Fall ist, schaltet die Pflanze hier ein weiteres Bildungsgewebe ein, wie wir es bei den Gymnospermen und dikotylen Angiospermen finden. Fehlt dieses Gewebe, so ist das Dickenwachstum beschränkt, so bei den Baumfarnen und den Cycadeen. Bei diesen beiden fehlt der Kambiummantel, und dadurch auch das „sekundäre Dickenwachstum". Die Stämme der hierzu gehörenden Pflanzen sind einfacher gebaut und bleiben zeitlebens so dick, wie sie ursprünglich angelegt wurden. Die Palmen bieten hierzu ebenfalls ein gutes Beispiel.

Das sekundäre Dickenwachstum erfolgt durch einen geschlossenen Zylinder meristematischer (bildungsfähiger) Zellen, die sich während der Vegetationszeit fortwährend teilen. Dieser *Kambiumring* stellt eine mehr oder weniger geschlossene Reihe von Leitbündeln dar, deren Xylem innen, und deren Phloem außen liegt. Diesen beiden werden laufend neue Gewebe angegliedert. Nach innen, also dem Holzteil zu, entwickeln sie sich zu kompliziertem Wasserleitungsgewebe; dieses wird, unabhängig von dem Grad der Verholzung, als *Holz* bezeichnet. Nach außen zu entwickelt sich aus den laufend abgeteilten Kambiumzellen der *Bast,* in dem der Transport von Nährstoffen (Assimilaten) vor sich geht. Die *Markstrahlen,* die von innen weiter nach außen wachsen, stellen ein parenchymatisches Gewebe dar, welches der Speicherung und dem Stofftransport dient. Den ursprünglich vorhandenen Markstrahlen werden bei laufendem Wachstum weitere, sog. sekundäre Markstrahlen, zugefügt.

Das Holz

Wie schon oben dargelegt, wird von den Kambiumzellen nach innen das Holz aufgebaut. Es besteht aus Gefäßen, Tracheiden, Holzfasern und dem Parenchym, das aus lebenden Zellen besteht, die das (später) „tote" Holz durchziehen. Jede Gehölzart hat ihre ganz bestimmten „Konstruktionsmerkmale", so daß man aus dem Bau des Holzes die Gattung, ja sogar die Art, mit Sicherheit erkennen kann. Das Holz der Koniferen ist einfacher gebaut als das der Laubgehölze. Es fehlen hier die Holzfasern und Gefäße; als Leitung und zur Festigung dienen bei den Koniferen die *Tracheiden.* Diese bestehen aus langen Zellen mit kräftigen Seitenwänden, die an den Enden zugespitzt sind und sich dort überlappen. Diese Seitenwände enthalten kleine Öffnungen, *Tüpfel,* die den Stofftransport ermöglichen. Daneben sind Markstrahlen vorhanden, die von einem System von Interzellularen durchzogen sind, das mit dem Bast und der Rinde in Verbindung steht. Außerdem durchziehen Harzkanäle netzartig den ganzen Stamm.

Die höher entwickelten Blütenpflanzen besitzen in ihrem Holz *Gefäße.* Das sind relativ weitlumige, leistungsfähige Kanäle, die einen Stofftransport beschleunigt durchführen können. Ihre Seitenwände besitzen zuweilen spiralig oder ringförmig angeordnete Verstärkungsleisten oder netzartig ausgebildete Befestigungsrippen. Da die Gefäße verhältnismäßig dünnwandig sind, besitzt solches Holz als Festigungselemente neben den Tracheiden auch noch Holzfasern. Ebenso wie bei den Gymnospermen sind auch hier das Holz- und das Markstrahlparenchym vorhanden.

Der Bast (Phloem)

Wie bereits erwähnt, werden im Bast oder Phloem des Stammes die Nährstoffe oder Assimilate (vgl. übernächsten Abschnitt) transportiert. Das geschieht in den bereits erwähnten *Siebröhren,* denen Geleitzellen und Parenchymzellen zugeordnet sind. Außerdem werden im Wechsel *Bastfasern* gebildet, die der mechanischen Festigung dienen. Ebenso sind Markstrahlen vorhanden, bei den Koniferen außerdem noch die *Harzkanäle.* Im allgemeinen sind die in einer Vegetationsperiode gebildeten Elemente des Bastes auch nur ein Jahr funktionsfähig; dann werden sie weiter nach außen gedrängt. Die Borke bildet sich aus Korkkambien, die in der Rindenschicht laufend gebildet werden. Häufig reißt diese parallel zu den Markstrahlen auf (Linde, Ulme), während sie bei anderen Gattungen (z. B. bei Platanen, Parrotia u. a.) schuppenförmig abblättert.

Die Jahresringe

Bei einer großen Zahl von Gehölzen bemerkt man eine jahresperiodisch unterschiedliche Ausbildung der Gefäße. Im Frühjahr werden im Xylem große, dünnwandige Zellen gebildet, die in ihrer Gesamtheit als *Frühholz* bezeichnet werden. Mit fortschreitender Wachstumszeit werden die Zellen allmählich kleiner und nehmen oft eine dunklere Färbung an. Am Ende der Vegetationsperiode, im Oktober, werden die kleinsten, dafür aber dickwandigsten Zellen gebildet. Auf diese Weise entsteht ein gut erkennbarer Jahresring, der in seinem

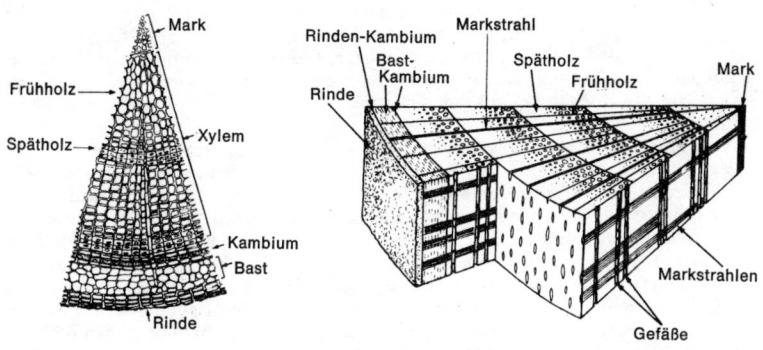

Links: Querschnitt durch einen Nadelholz-Stamm mit zwei Jahresringen. *Rechts:* Querschnitt durch einen Hartholz-Stamm, bei dem Gefäße und Markstrahlen zu sehen sind.

ganzen Umfang beim Querschnitt eines Stammes zu sehen ist. Dies ist bei den *ringporigen* Hölzern besonders augenfällig, so z. B. bei Eiche, Esche, Ulme, sowie bei den meisten Koniferen. Bei manchen Arten jedoch sind diese größeren Gefäße über die Wachstumszone der ganzen Vegetationszone verteilt. Hier spricht man von *zerstreutporigen* Hölzern; dazu gehören vor allem Buche, Linde, Birke, Pappel und Hülse *(Ilex)*. Bei dieser Gruppe sind die Jahresringe undeutlicher abgegrenzt.

Dauer der Funktionsfähigkeit

Wie eben beim Bast vermerkt, sind auch die Gefäße und Tracheiden nur wenige Jahre tätig. Die Wasserleitung erfolgt daher nur in den äußeren Jahresringen des sog. *Weichholzes oder Splintes.* Nach innen zu werden sie umgebildet; die Querschnitte der Gefäße werden verstopft, indem Holzparenchymzellen, die sog. *Tyllen,* in sie hineinwachsen. In die Zellwände werden Gerbstoffe eingelagert, die das Holz gegen eindringende Pilze und Bakterien widerstandsfähig machen. Zugleich werden sie hierdurch dunkler gefärbt – es entsteht das *Kernholz.* Stämme ohne Gerbstoffeinlagerungen sind infolgedessen im allgemeinen weniger haltbar, so z. B. Linde, Pappel und Weide.

Der Wachstums-Zyklus

In den temperierten Zonen mit deutlichen Sommern und Wintern beginnt das Wachstum im Frühjahr mit der Bildung neuer Faserwurzeln. Dies geschieht im Februar-März, wenn der Boden etwa 5° C warm ist, also schon bevor die oberirdischen Teile irgendein Wachstum erkennen lassen. Wasser und Nährstoffe werden von den *Haarwurzeln* und (fast) ausschließlich nur von diesen aufgenommen. Diese feinen Gebilde, die lediglich aus einer einzigen Zelle bestehen und nur wenige Wochen leben, bilden sich fortwährend hinter der wachsenden Wurzelspitze. Das beständige Wachstum eines Baumes ist also abhängig von der ununterbrochenen Neubildung dieser feinen Haarwurzeln. Der Vollständigkeit halber sei noch erwähnt, daß bei einigen Waldbäumen diese Haarwurzeln nicht ausgebildet werden, weil die *Wurzeln in Symbiose mit einem Pilz* leben. Bei diesen Baumarten, so z. B. Birke, Eiche (zum Teil), Kiefer, Fichte, Tanne und anderen Nadelgehölzen, sind die Wurzelspitzen ganz von einem Myzelmantel des Pilzes umgeben, der die Aufnahme und den Transport der Nährstoffe in die Wurzel übernimmt.

Von hier aus werden Wasser und Nährstoffe durch den Holzteil der Leitbündel, d. h. durch die Gefäße und (bzw. oder) die Tracheiden zu den sich entfaltenden Trieben und Blättern geführt. Gleichzeitig erfolgt in den Leitbündeln ein Stofftransport in entgegengesetzter Richtung: Im Bastteil (Phloem) werden die *Assimilate* (Stärke und Zucker), die durch die Arbeit der Blätter gewonnen wurden, abwärts geleitet. Diese Stoffe, die wir auch Kohlenhydrate nennen, werden aus Wasser und dem Kohlendioxyd der Luft gebildet. Ort ihrer Bildung sind die Chlorophyllkörner, die grünen Farbstoffträger in den Laubblättern. Energiespender für diese äußerst verwickelten Vorgänge ist das Licht. Die in den Blättern erzeugte Stärke wird überall dort benötigt, wo die Pflanze wächst, also auch in den Wurzeln. Sie dient einmal zur Herstellung neuer Gewebeteile, dann aber auch wird sie zur Energiegewinnung gebraucht, sie wird hier „verbrannt". Während der Aufbau von Stärke und Zucker nur im Licht erfolgen kann, findet während der Vegetationszeit Tag und Nacht ein pausenloser „Verbau" und ein Verbrauch dieser Energiespender statt. Im „Normalfall" überwiegt selbstverständlich die Stoffproduktion. Ist dies jedoch in besonderen Fällen einmal nicht gesichert, beispielsweise wenn eine Pflanze zu sehr im Schatten steht, gerät der Nährstoffhaushalt aus dem Gleichgewicht, und wenn keine Abhilfe geschaffen wird, ist ihre Existenz gefährdet.

Die oben angeführte Tatsache, daß die Assimilate (Stärke und Zucker) im Bastteil transportiert werden, erklärt zugleich, wie wichtig es ist, daß die Rinde eines Baumes nicht beschädigt wird. Ein Ringelschnitt durch die Rinde unterbricht den Nährstoffstrom von den Blättern abwärts. Die Folge davon ist, daß der Stamm unterhalb des Schnittes nicht mehr an Dicke zunimmt, oberhalb dessen aber normal weiterwächst. Ähnliches tritt ein, wenn Etikettendrähte einwachsen: oberhalb dieser Drähte entsteht ein dicker Wulst, darunter behält der Stamm oder der Ast seine ursprüngliche Stärke bei. Führt man einen Ringelschnitt um den ganzen Stamm und das gesamte Kambium durch, wird auch der Strom der Nährstoffe von den Wurzeln aufwärts unterbrochen. Die Folge davon ist, daß der Baum zuerst noch die vorhandenen, gespeicherten Nährstoffe, die die Wurzeln verwerten, aufbraucht und dann das weitere Wachstum einstellt. Ein teilweises Ringeln hingegen bewirkt eine verstärkte Speicherung von Nährstoffen in der Krone des Baumes, während die Gesamtentwicklung verlangsamt wird. Auf diese Weise kann man die Früchte eines Baumes fördern, wie es im Obstbau praktiziert wird.

Wasseraufnahme, -leitung und Wasserabgabe

Bei den hier besprochenen Gehölzen gelangt das Wasser über die Wurzelhaare in die Pflanze. Die Wurzeln besitzen eine Saugkraft, die wir als *Osmose* bezeichnen: In den Wurzelhaaren befindet sich eine Lösung von Salzen, die das Bestreben hat, aus den sie umgebenden Bodenpartikeln so lange Wasser aufzunehmen, wie der „osmotische Wert" höher ist als der der Umgebung. Durch komplizierte Vorgänge innerhalb der Pflanze wird erreicht, daß dieses Gefälle Boden-Pflanze immer erhalten bleibt. Nur in Sonderfällen, wie etwa bei starker Überdüngung, tritt der umgekehrte Fall ein: wegen des hohen Salzgehaltes entzieht der Boden den Wurzeln der Pflanze ihr Wasser. Sie können auf diese Weise sogar verdursten, obwohl der Boden mit Wasser gesättigt ist. Das aufgenommene Wasser wird durch ein *osmotisches Gefälle* bis zu den Rindenzellen geleitet. In den Leitungsbahnen, d. h. im Holzteil oder Xylem, besteht ein beständiges Druckgefälle. Da die Blätter pausenlos Wasser abgeben, „saugen" sie beständig Wasser nach. Die *Transpiration* (Verdunstung) der Laubblätter wird durch die *Spaltöffnungen* geregelt, von denen es zwischen 100 bis 1000 auf einem qmm Blattfläche gibt. Auch bei geschlossenen Spaltöffnungen (Stomata) ist die Wasserabgabe nicht ganz eingestellt, da auch durch die Oberhaut der Blätter (Cuticula) noch etwa 5–10 % der Wassermenge entweicht.

Die ständige Wasserabgabe der Krone des Baumes bewirkt also, daß das in den Gefäßen und Tracheiden befindliche Wasser entgegen der Schwerkraft hochgesaugt wird. Hierbei werden oftmals Höhen von 40–50 m bewältigt, bei *Eucalyptus*-Arten und den Mammutbäumen gar. 100 m. Im Normalfall reißt eine Wassersäule, zum Beispiel bei einer Pumpe, etwa bei 10 m Höhe ab und es entsteht ein luftleerer Raum. Die Gefäße in den Leitungsbahnen der Pflanzen sind jedoch so eng, daß die *Kapillarwirkung* (Kapillarität) ein Abreißen der Wassersäule verhindert.

Zusammen mit dem Bodenwasser werden Nährstoffe aufgenommen, so vor allem Stickstoff, Phosphor, Kalium, Kalzium, Schwefel, Eisen, Magnesium, dann aber auch Mangan, Kupfer, Bor und einige weitere Mikronährstoffe. Sie alle dienen dem Aufbau des Pflanzenkörpers, der hier, ebenso wie der Produktionsmechanismus, nur in groben Zügen erklärt werden konnte.

Endknospen und Wachstumszyklus

Im allgemeinen entsteht der neue Trieb eines Gehölzes aus einer (End-)Knospe; nur ausnahmsweise ist dies nicht der Fall. So schließen zum Beispiel die Monokotyledonen (Palmen, Drachenbaum), bei den Dikotyledonen aber auch der *Eucalyptus,* das periodische Wachstum nicht mit einer Knospe ab. Sie wachsen ohne nennenswerte Unterbrechung weiter, außer in sehr kalten Winterperioden, die eine kurze Pause erzwingen. Aber auch bei den Zypressen und verwandten Koniferen wird keine deutliche Knospe ausgebildet. Die Araucarie verhält sich besonders eigentümlich, da sie häufig ihr Wachstum während des Winters unterbricht, zu einer Zeit, da der neue Trieb gerade zur Hälfte ausgebildet und noch unverzweigt ist.

Bei den Bäumen mit ausgesprochenen Endknospen unterscheidet man verschiedene Typen:

Im *ersten Fall* werden relativ große Knospen ausgebildet, in denen der neue Trieb zum größten Teil fertig ausgebildet ist. Hierzu zählen vor allem Kiefern, Fichten und Tannen. Aus der Knospe entwickelt sich der ganze Jahrestrieb in verhältnismäßig kurzer Zeit. Ehe er voll entwickelt ist, erkennt man schon die Endknospen, die wiederum bereits die Triebe für das nächstfolgende Jahr ent-

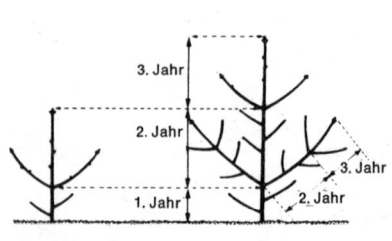

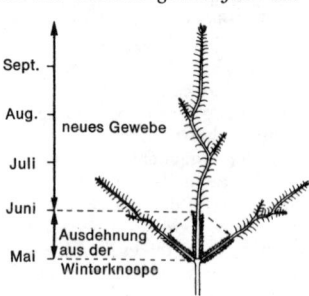

Wachstumsformen der Nadelgehölze. – *Links:* So wachsen Fichten, Kiefern usw., der ganze Jahresbetrieb entwickelt sich zwischen Mai und Juli durch Ausdehnung der bereits fertig ausgebildeten Knospen. – *Rechts:* Bei Lärchen, Zedern und Hemlockstanne dehnt sich das Knospengewebe zwar ebenfalls aus, jedoch schließt sich daran noch eine Verlängerung an.

halten. Dieser Knospenaufbau erfordert erhebliche Zeit; deshalb wird der Trieb bereits Anfang Juli abgeschlossen, während die Wachstumsperiode dazu dient, die umfangreichen Knospen auszubilden. Hierzu ist vor allem Sonne, jedoch weniger Wasser erforderlich. Deshalb finden wir diese Art des Wachstums vor allem bei Bäumen aus Gebieten mit heißen, trockenen Sommern, doch sind sie nicht auf solche Gebiete beschränkt.

Eine etwas *abgewandelte Form* der vorgenannten Knospenbildung haben wir auch bei den Eichen, Ahorn und Buchen. Bei ihnen entsteht aus den großen Endknospen sehr rasch der bereits „vorgefertigte" Trieb, der in einer Woche 20–30 cm Länge erreichen kann. Bereits einige Wochen danach hört das Wachstum völlig auf oder es entsteht Ende Juli ein zweiter Austrieb, der sogenannte *Johannistrieb,* der wiederum bald mit einer großen Knospe abschließt.

Die *zweite Gruppe* von Gehölzen hat verhältnismäßig kleine Knospen. In ihnen ist nur etwa ein Fünftel des nächstjährigen Triebes vorgebildet. Die Knospen brauchen also praktisch den Trieb nur „herauszuschieben", indem sich die Zellen strecken. Im Normalfall läuft die Entwicklung mäßig schnell ab, die volle Trieblänge ist etwa bis Ende Juli erreicht, dann entstehen an der Triebspitze neue Bildungsgewebe, die das Wachstum fortsetzen. Beide Perioden lassen sich bei der Lärche gut beobachten, da der zweite Wuchs größere, mehr abstehende Nadeln hat und der Trieb selbst eine leichte Krümmung aufweist. Da nur eine kleine Endknospe für das nächste Jahr auszubilden ist, kann der Trieb sich während der ganzen Wachstumszeit weiter entwickeln, und tatsächlich wachsen die Lärchen bis tief in den Oktober hinein, so lange, wie sonst kaum ein anderer

Baum. Befinden sich aber solche Knospen in einer Schattenlage oder aber der Baum leidet unter Krankheiten oder Wassermangel, dann wird nur der in der Knospe vorgebildete Trieb entwickelt; ein zweiter Trieb wird im gleichen Jahr dann nicht mehr ausgebildet.

Die *dritte Gruppe* wurde weiter oben bereits kurz angesprochen. Zypressen, *Sequoia, Metasequoia* und *Eucalyptus*-Arten bilden keine oder nur unscheinbare Endknospen aus. Das Wachstum setzt früh ein und verläuft langsam, da der ganze Trieb aufgebaut werden muß. Diese gleichförmige, stetige Entwicklung kann sich über die ganze Vegetationsperiode erstrecken, da hier ja keine Endknospe ausgebildet werden muß, mit anderen Worten, keine Vorratshaltung betrieben wird.

Bei *Catalpa* und *Paulownia* schließlich wird überhaupt keine Endknospe ausgebildet oder sie geht im Laufe des Winters zugrunde. Der neue Leittrieb entfaltet sich spät im Frühjahr aus einer Seitenknospe und wächst dann sehr langsam bis in den Spätsommer. Dann setzt plötzlich starkes Wachstum ein, welches erst bei Eintritt kühler Witterung beendet wird. Die Triebspitze ist daher zwangsläufig zu weich, um schwere Fröste zu überstehen.

Schlafende Knospen

Bei vielen Bäumen verharrt eine Reihe von normal angelegten Seitenknospen entlang der Triebe im Ruhezustand. Diese können im folgenden oder auch erst in späteren Jahren austreiben. Sie werden von der Rinde überwallt, bewegen sich aber außerhalb des Kambiums weiter nach außen, so daß sie stets dicht unter der Oberfläche liegen. So stellen sie gewissermaßen eine Unfallversicherung dar, falls der Leittrieb vorzeitig absterben sollte. Wird dieser einmal beschädigt oder abgebrochen, treiben diese „schlafenden" Knospen aus. Die knorrigen Auswüchse an Eichen sind meistens nichts anderes als eine Anhäufung dieser Knospen. Wenn diese nach einer Durchforstung oder infolge des Absterbens von Nachbarbäumen plötzlich mehr Licht bekommen, treiben sie aus. Diese schlafenden Knospen sind vor allem bei den Obstbäumen bekannt. Aus ihnen entstehen nach scharfem Rückschnitt die „Wasserreiser". Das sind lange, unverzweigte Triebe mit entfernt stehenden Seitenknospen, die auf der Oberseite der Äste austreiben. Sie erscheinen auch dann, wenn der Baum aus irgendeinem Grunde abzusterben beginnt. Bei Koniferen sind schlafende Knospen sehr selten. Aus diesem Grunde können die meisten Arten dieser Pflanzengruppe, wenn die Krone abstirbt oder gekappt wird, keine neue Krone mehr bilden, und einmal kahl gewordene Stämme oder Äste begrünen sich nicht wieder.

Die Schätzung des Alters von Bäumen

Jeder Baum kann nur eine bestimmte maximale Höhe und Breite erreichen, dann hört jeder Zuwachs auf. Nach einer weiteren, von Art zu Art unterschiedlichen Zeitspanne, vergreist der Baum, das heißt, er stirbt partiell ab. Im Jugendzustand der Bäume ist unter normalen Bedingungen der Zuwachs der Stämme bei den verschiedenen Baumarten doch ziemlich regelmäßig. Man sollte also annehmen, daß es Daten oder graphische Darstellungen gibt, aus deren Werten man vom Stammdurchmesser der Baumart auf das Alter des Baumes schließen kann. Das ist indessen nicht der Fall. So ist man darauf angewiesen, aus dem Umfang eines Baumes das ungefähre Alter zu errechnen.

Grundsätzlich wird der Stammumfang in 1,50 m Höhe über dem höchsten Punkt der Stammbasis, also etwa in Brusthöhe, gemessen. Der jährliche Zuwachs bei Bäumen mit voll entwickelter Krone beträgt im Durchschnitt jährlich 2,5 cm. Ein Baum mit 2,50 m Stammumfang ist in der Regel etwa 100 Jahre alt. Steht er im Wald, so kann man sein Alter auf etwa 200 Jahre veranschlagen; bei einem Straßenbaum dürfte das Alter 150 Jahre betragen, da auch dieser unter erschwerten Bedingungen wächst. Diese Faustzahlen wurden durch Messungen von Hunderten von Bäumen ermittelt. Dazu wurden ebenso Koniferen wie Laubhölzer ausgewertet*.

Natürlich gelten die angegebenen Werte nur als Faustzahlen; man kann sie jedoch verfeinern und entsprechend genauere Werte erhalten. Im Jugendstadium beträgt nämlich die jährliche Zunahme etwas mehr als 2,5 cm Umfang. Dann folgt eine Periode, in der die Bäume etwa 2,5 cm Umfang zunehmen, und schließlich folgt eine lange Zeitspanne mit geringem Zuwachs. Berücksichtigt man diese Varianten, werden die Schätzungen genauer.

Noch bessere Ergebnisse erzielt man, wenn man die unterschiedlichen Wachstumsgewohnheiten der einzelnen Gattungen berücksichtigt. Junge Eichen beispielsweise „schaffen" auf gutem Boden in den ersten 60–80 Jahren etwa 3,5–5 cm Zuwachs jährlich an Stammumfang. Danach halten sie ihren *„Standard"-Zuwachs,* bis sie einen Umfang von 6 bis 6,6 m erreicht haben. Danach wachsen sie noch langsamer und zwar deshalb, weil die Krone nun viel dünner belaubt ist. Beträgt der Gesamtzuwachs in 5–6 Jahren weniger als 2,5 cm, geht das Leben des Baumes dem Ende zu*.

Es gibt aber auch Ausnahmen; die wichtigsten sind wie folgt.

Normaler Zuwachs 5–7,5 cm (selten bis 15 cm bei *Sequoia*) pro Jahr:
Sequoiadendron, Sequoia, Abies concolor var. *lowiana, Abies grandis, Cedrus libani, Cupressus macrocarpa, Picea sitchensis, Pseudotsuga, Thuja plicata. Tsuga heterophylla, Salix alba* 'Coerulea', einige Pappeln, einschl. der Pyramiden-Pappel, Flügelnuß, manche *Nothofagus*-Arten (selbst in Deutschland!, Wuppertal), Rot-Eiche, Ungarische Eiche, Zerr-Eiche, Tulpenbaum, Platane und die meisten *Eucalyptus*-Arten*.

Normaler Zuwachs schon bald geringer als 2,5 cm pro Jahr werdend:
Bei den meisten niedrig bleibenden Baumarten, bei der Gemeinen Kiefer, Gemeine Fichte, Eibe, Roßkastanie und *Tilia europaea*.*

Die Eibe fällt völlig aus dem Rahmen. Bei manchen Bäumen dieser Art liegt der jährliche Stammzuwachs bei dem Standardwert von 2,5 cm. Aus einigen genauen Messungen geht jedoch hervor, daß danach der Zuwachs bald auf die Hälfte dieses Wertes zurückgeht, und danach während einer Spanne von 400–500 Jahren nur alle 5–15 Jahre 2,5 cm Umfang hinzukommen, während die Krone in dieser ganzen Zeit in voller Kraft steht und sich sogar noch weiter ausbreitet. Hieraus erkennt man, wie schwierig es ist, ohne ältere Angaben des Stammumfanges das Alter einer großen Eibe zu veranschlagen. Aus diesem Grunde seien einige *Faustzahlen* genannt: 2 m Umfang 100–150 Jahre; 4 m Umfang 300–400 Jahre; 5 m Umfang 500–600 Jahre, 7 m Umfang etwa 850–1000 Jahre.

Schätzungen von Höhen

Besonders beim Anblick eines stattlichen Baumes stellt man sich wohl die Frage nach seiner Höhe. Diese kann man exakt mit einem besonderen Instrument, dem

* (Es muß offen bleiben, ob diese Angaben nur für die Britischen Inseln gelten oder auch für den europäischen Kontinent; der Übersetzer.)

Höhenmesser, feststellen. Moderne Geräte solcher Art sind einfach, robust, aber auch ziemlich teuer. Sie enthalten eine Zieleinrichtung, unter der ein Pendel in einer Kapsel angebracht ist. An dem Instrument befindet sich eine Skala, auf der man auf verschiedenen Kreisbögen (sie entsprechen den verschiedenen Standlinien, d. h. der Entfernung des Beobachters vom Baum) die Höhenwerte direkt ablesen kann.

Die Höhe eines Baumes läßt sich *aber auch mit* einfachsten *Hilfsmitteln* einigermaßen genau feststellen, so zum Beispiel mit einem Grashalm, einem Bleistift, einem Stück Bindfaden, oder noch einfacher mit einem *Zentimetermaß.* Dazu heftet man an den Stamm des zu messenden Baumes in 1 oder 2 m Höhe gut sichtbar ein Zeichen an und geht dann etwa so weit zurück, wie der Baum hoch ist. Sodann hält man das Maß mit der cm-Einteilung mit gestrecktem Arm, zwi-

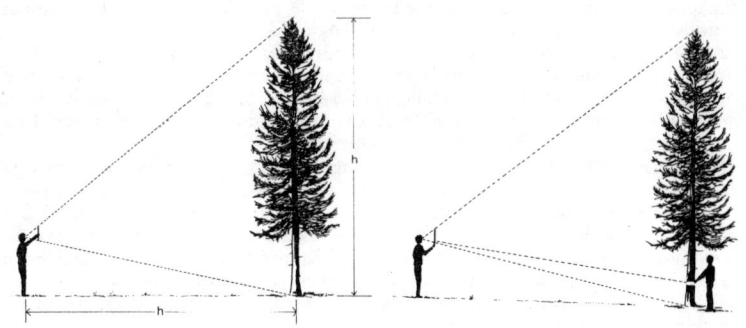

Ein einfacher Weg der Höhenmessung. – Links: Mit einem spannenlangen Stab, der genau eine Handspanne vom Auge entfernt gehalten wird. – *Rechts:* Mit einem Zentimetermaß, vgl. Text.

schen Daumen und Zeigefinger, senkrecht in Augenhöhe und geht so weit zurück, daß die Marke auf dem Stamm sich mit der Markierung auf dem cm-Maß (etwa die 1- oder 2-cm-Marke) deckt. Dann kann man unmittelbar die ganze Höhe des Baumes ablesen oder errechnen. Beispiel: Zeichen am Stamm in 2 m Höhe; dieses Zeichen deckt die 2-cm-Marke; angepeilte Höhe des Baumes bei der 23-cm-Einteilung; Höhe des Baumes dann ebenfalls 23 m.

Wenn man Höhen mißt, muß man jedoch bedenken, daß nur bei Bäumen mit kegelförmiger oder schmaler Krone (zum Beispiel bei jungen Koniferen) der Gipfeltrieb die wirkliche Höhe anzeigt. Bei den meisten Bäumen aber, insbesondere bei solchen mit breit gewölbter Krone oder weit abstehenden Ästen können die der Gipfelhöhe benachbarten Triebe höher sein als diese. Es kann also vorkommen, daß man bei einer Libanonzeder für den Gipfel 30 m Höhe errechnet, während der höchste Punkt noch bis zu 10 m höher sein kann, weil der Leittrieb sich waagerecht gelegt hat.

Beim ungeübten Schätzen werden fast immer Höhen zwischen 7 bis 15 m überschätzt, während die Bäume von 30 m oder darüber stark unterschätzt werden. Im allgemeinen wirkt ein säulen- oder spindelförmiger Baum, zum Beispiel eine Pyramiden-Pappel, viel höher, während andererseits breitgewölbte Bäume niedriger erscheinen. Wirklich hohe Bäume, etwa solche von 50–60 m Höhe, wirken erheblich kleiner, und zwar deshalb, weil der obere Teil der Krone dem Beobachter verborgen bleibt oder zum mindesten verkürzt erscheint. Wenn ein solcher Baum mit anderen hohen Bäumen vergesellschaftet ist, bekommt das Auge einen falschen Maßstab für die Beurteilung. Nur wenn ein solcher Recke einen Waldbestand überragt, zeigt er voll seine Größe an, vor allem, wenn man ihn aus der Entfernung betrachten kann.

Blüten und Blütenstände

Für die systematische Stellung der höheren Pflanzen sind die Blütenmerkmale von wesentlicher Bedeutung. Auch bei den Gehölzen ist eine große Anzahl wegen ihrer großen Blütenpracht geschätzt, denken wir doch einmal an die Rosen, Magnolien, Kirschen, Kastanien, Flieder und wie sie alle heißen. Somit erscheint es tunlich, kurz auf die Blüten und ihre Biologie einzugehen.

Zuvor sei noch erwähnt, daß man zwischen einzelnen Blüten und Blütenständen unterscheiden muß. Von letzteren findet man bei den Gehölzen vorwiegend Dolden (Aralia); Doldentrauben (Eberesche); Trauben (Trauben-Kirsche); Ähren (Flügelnuß); Rispen (Esche); Kätzchen (♂ Blütenstände von Weide, Erle, Hasel, Birke) und Köpfchen (Platane, Amberbaum).

Die meisten der oben genannten Gattungen besitzen *vollständige* (zwittrige) Blüten; in ihnen sind männliche (Staubgefäße) und weibliche Blütenteile (Fruchtknoten mit Griffel und Narbe) vereinigt. Diese *zwittrigen* (hermaphroditen) Blüten sind im Reich der höheren Pflanzen am häufigsten anzutreffen. Hierzu gehören auch die Linden, die Parrotie, der Korkbaum *(Phellodendron)*, Zürgelbaum *(Celtis)* sowie die Ulmen, deren Blüten nur einen geringen Schmuckwert besitzen. Zwittrige Blüten haben meist auffällig gefärbte Blütenblätter (Petalen); in der Regel besorgen Insekten die Bestäubung.

Neben den zwittrigen Blüten gibt es eine Reihe *einhäusiger* (monözischer) Gattungen bzw. Arten. Bei ihnen finden wir rein männliche o d e r rein weibliche Blüten, doch sind b e i d e a u f d e r g l e i c h e n Pflanze, also „in einem Haus". Dies ist der Fall bei den Birkengewächsen (Birke, Erle, Weißbuche, Hasel und Hopfenbuche), den Walnußgewächsen (Walnuß, Hickory, Flügelnuß), den Buchengewächsen (Rotbuche, Eßkastanie, Eiche). Bei ihnen allen sind die männlichen und weiblichen Blüten sehr unterschiedlich gebaut; die männlichen Blüten sind zu Kätzchen vereint, die weiblichen Blüten sind meist unscheinbar und werden leicht übersehen. Zu den monözischen Arten gehören auch fast alle Gymnospermen, ausgenommen die Palmfarne, *Ginkgo* und Eibe, die zweihäusig sind. Die Blüten der einhäusigen Holzpflanzen sind relativ schmucklos und einfarbig; sie werden vom Wind bestäubt.

Zu der dritten großen Gruppe zählen die *zweihäusigen* oder diözischen (griech. di = zwei, oecos = Haushalt) Arten. Bei ihnen hat jede Pflanze e n t w e d e r rein weibliche o d e r nur rein männliche Blüten. Hierzu zählen die Weiden, Pappeln, der Gagelstrauch, der Geweihbaum, die Orangenkirsche und auch die bereits genannte Eibe und der Ginkgo.

Zusätzlich sei aber noch vermerkt, daß die Gattungen nicht stets einheitlich nach einem der bisher angegebenen „Baupläne" gebaut sind, es gibt *auch Übergänge*. So sind die Ahorne in der Regel zwittrig, aber einige von ihnen – so der Eschen-Ahorn und der Nikko-Ahorn –sind zweihäusig. Übrigens kann auch die Art der Bestäubung der Blüten unterschiedlich sein. So wird die größte Zahl der Eschenarten durch den Wind bestäubt; bei der Blumen-Esche *(Fraxinus ornus)*, deren Blüten auffällige Blütenblätter (Petalen) besitzen, besorgen dies die Insekten. Eine ähnliche Ausnahme macht auch die Sal-Weide *Salix caprea*.

Oft scheint eine ganze Ordnung sich „planmäßig" zu verhalten, nur eine Gattung fällt aus der Reihe: Die Buchengewächse zum Beispiel sind ausnahmslos Windbestäuber, nur die hierzu gehörende Eß-Kastanie wird durch Insekten, nämlich Käfer, bestäubt.

Je mehr man sich mit der Blütenbiologie beschäftigt, um so mehr Überraschungen erlebt man. So sieht man bei der Roßkastanie *(Aesculus)*, daß die Blütenstände nur im unteren Bereich Früchte ansetzen, was sich leicht erklären läßt. Die unteren Blüten sind zwittrig gebaut, die oberen hingegen rein männlich, der Fruchtknoten ist verkümmert. Eine Einhäusigkeit besonderer Art liegt bei *Euodia* vor. Hier sind rein männliche und rein weibliche Blütenstände, die einander im Aussehen völlig gleichen, scheinbar willkürlich über den ganzen Baum verteilt. Hier spricht man von *„unisexuellen"* Blüten. Bei einigen wenigen Gattungen findet man rein männliche und rein weibliche Blüten im gleichen Blütenstand, wie dies z. B. beim Buchsbaum der Fall ist, wo die weibliche Blüte in der Mitte steht, umgeben von einigen männlichen Blüten. Diese ebenfalls „unisexuellen" Blüten besitzen keine Blütenblätter (Petalen), sondern nur Kelchblätter (Sepalen), bei den männlichen Blüten jeweils vier und ebensoviele Staubgefäße, bei den weiblichen Blüten hingegen sechs Kelchblätter und drei Narben.

Noch ungewöhnlicher ist die Blütenverteilung bei der Eß-Kastanie *(Castanea sativa)*. An den langen kätzchenförmigen Blütenständen, die sich in den Blattachseln entwickeln, erscheinen anfangs nur männliche Blüten. Später folgen jedoch Ähren, die an der Basis 1–3 weibliche Blüten tragen. Wir haben hier also wiederum unisexuelle Blüten vor uns, von denen man die weiblichen Blüten erst bei genauer Beobachtung bemerkt.

Die vielleicht ausgefallenste Art der Blütenverteilung, die *Triözie*, kommt bei einigen Ahorn-Arten vor, besonders aber bei der Esche. Hier können die Blüten entweder männlich, weiblich oder zwittrig sein, und es kann vorkommen, daß die Bäume einhäusig, zweihäusig oder ganz oder teilweise zwittrig sind und Blüten von zwei beliebigen „Typen" tragen. So kann ein Baum, der sonst nur rein weibliche Blüten hat, einen ganzen Ast mit männlichen Blüten aufweist; diese Verhältnisse können sich am einzelnen Baum von Jahr zu Jahr ändern.

Die natürliche Verbreitung der Baumarten

Die große Vielfalt an Baumarten unserer Gärten und Parks ist aus den verschiedensten Gebieten ihrer natürlichen Verbreitung zu uns gekommen. Manche von ihnen treten in riesigen Beständen über ganze Kontinente auf, während andere nur auf einen einzigen Berg oder ein kleines Tal in der ganzen Welt beschränkt sind. Nur eine einzige Art kommt in Eurasien und auch in Amerika vor, der Gemeine Wacholder (obwohl die europäische Grau-Erle als conspezifisch mit einem sehr ähnlichen Baum in Nordamerika angesehen wird). Alle übrigen Arten sind nur auf die Alte oder die Neue Welt beschränkt. Viele *Gattungen* jedoch sind durch Arten in beiden Regionen vertreten. So gibt es Kiefern, Fichten, Lärchen, Birken, Eichen und Buchen in Nordamerika, und andere Arten dieser Gattungen von Europa und Asien bis hin nach China und Japan. Andererseits sind die Robinien nur auf Nordamerika beschränkt, die Zedern auf das Mittelmeergebiet und Indien. Viele Gattungen bestehen nur aus einer oder zwei Arten und kommen nur in kleinen Gebieten vor, so besonders in Japan, Formosa oder China. Es ist eine auffallende Parallele zwischen den Bäumen und Sträuchern des Südostens der USA und denen im Südosten Chinas. So haben auch viele Gattungen nur eine oder zwei Arten in diesen ausgedehnten Regionen, aber keine weiteren Arten in der restlichen Welt. Das am besten bekannte Beispiel sind die beiden Arten von Tulpenbäumen *(Liriodendron)*. Viele Arten sind nur in diesen Gebieten allgemein verbreitet, aber doch häufiger in Amerika und in Südost-Asien, wie z. B. *Thuja, Magnolia* und *Catalpa*.

Es gibt keine Baumarten und auch nur wenige Gattungen, die in den gemäßigten Zonen beider Hemisphären vorkommen. *Podocarpus* und *Sophora* sind zwei Ausnahmen, und hiervon werden in diesem Buch nur südliche, bzw. eine nördliche Art behandelt.

Die Koniferen sind, auf lange Sicht gesehen, auf dem Rückzug; sie beschränken sich auf die Gebirge. Die letzte Eiszeit veranlaßte viele Bäume zum Wandern, und eine Reihe von Koniferen blieben als Überreste aus der Eiszeit zurück. Zwei von diesen haben wir in Europa, nämlich die Serbische Fichte *(Picea omorika)*, die nur in einem einzigen Tal in Jugoslawien vorkommt, und die Spanische Tanne, die nur auf das Gebiet um Ronda in der Sierra Nevada, S-Spanien, beschränkt ist, wo allerdings die drei weit voneinander getrennten Bestände durch Ziegen und Feuer bedroht sind.

In Nordamerika verlaufen die Gebirgsketten von Nord nach Süd, in Europa hingegen gehen die wichtigsten Gebirge, wie Alpen, Pyrenäen und Tatra, von Ost nach West. Dieser Unterschied war von großem Einfluß auf die Arten, welche nach dem Ende der Eiszeit wieder nordwärts wandern konnten. In Europa war ein Entweichen vor dem Eis schwierig und wahrscheinlich nur durch einige wenige Durchlässe; viele Arten sind dort vollständig untergegangen. In Nordamerika jedoch konnten alle Arten nach Süden ausweichen auf höher gelegene Standorte, ebenso dem Sturm in Mexiko, um später den gleichen Weg zurückzukommen. Eine Gruppe von Arten wählte den Weg entlang der Küste, die damals von der See ausgewaschen war, und endete auf der Halbinsel Monterey oder verschiedentlich auch in benachbarten Gebieten oder auf anderen Inseln. Als nun aber das Klima in diesen Gebieten wärmer und trockener wurde, hätten sie nach Norden, also nach Oregon und Washington wandern können, aber so weit gingen die Berge nicht, mithin konnten sie nicht dahin gelangen. Ebenso wenig konnten sie das heiße und trockene Tal, das sie vom nächsten Gebirgszug trennte, überwinden. So blieben sie auf der Halbinsel Monterey als kleine Eiszeitüberreste zurück, unfähig, sich hier zu ihrer vollen Größe zu entwickeln. Diese interessante Gruppe umfaßt die Gowen-Zypresse, die Bischofs-Kiefer, die Monterey-Kiefer und die Monterey-Zypresse. Die beiden letzteren Arten bewohnen hier die niedrigen Klippen und Hügel, bzw. in der Nähe von Monterey, wo sie selbst in einem beträchtlich hohen Alter kaum über 20 m hoch werden. Auf den Britischen Inseln hingegen werden die gleichen Pflanzen in 40 Jahren 30 m hoch, und in Neuseeland erreichte die Monterey-Kiefer sogar 60 m Höhe in etwas mehr als 40 Jahren Zeit. (In San Francisco, etwa 50 km nördlich ihres natürlichen Vorkommens, erreichte jedoch eine *Pinus radiata*, auf bewässertem Boden, 16 m Höhe in nur 5 Jahren.)

Unter den 35 Baumarten, die auf den Britischen Inseln beheimatet sind, haben die meisten ein Verbreitungsgebiet durch ganz Europa, einige sogar bis nach Kleinasien, dem Kaukasus und bis Nord-Afrika. Das größte Verbreitungsgebiet hat der Gemeine Wacholder, der in der ganzen nördlichen gemäßigten Zone vorkommt. Die Gemeine Kiefer finden wir von Spanien und Schottland quer durch Europa bis nach Ost-Sibirien. Einige Mehlbeer-Arten *(Sorbus)*, die als Unterarten angesehen werden können, sowie auch die Englische Ulme, sind hier *endemisch*, d. h. sie kommen nur hier wild vor. Im Eozän, also vor etwa 60 Millionen Jahren, lag das Land auf der Breite des heutigen Mittelmeergebietes. Ginkgo, viele Magnolien und andere Baumarten wuchsen an den Küsten, während große

Teile des heutigen Landes damals noch von der See bedeckt waren. Diese reiche Flora verarmte allerdings allmählich, als sich der Kontinent nach Norden verschob und, etwa eine Million Jahre später, die Eiszeit begann.

Die nachfolgenden Wellen vernichteten auch die letzten Bäume auf den Britischen Inseln, vielleicht einige Zufluchtsgebiete im Südwesten des Landes, die aber heute nicht mehr bestehen. Vor nur rund 11 000 Jahren zog sich das Eis zum letztenmal zurück, und die Neubesiedlung vom europäischen Kontinent her erfolgte rasch, kam aber vor etwa 6000 Jahren zum Stillstand, als die Landbrücke zerbrach. Nur die Baumarten, die damals schon im heutigen Nord-Frankreich waren, gelangten noch rechtzeitig auf die Insel. Einige wenige Arten kamen aus dem Zufluchtsgebiet im Südwesten zurück, so der Erdbeerbaum und die Cornwall-Ulme, die aber beide im Südwesten blieben. Alles, was man heute auf den Britischen Inseln mit seinen reichen Baumsammlungen sieht, mußte also erst durch den Menschen eingeführt werden.

Bestimmung der Pflanzen (Identifikation)

Das Bestimmen einer Pflanze bedarf einer gewissen Übung. Als Anfänger rätselt man den Unterschieden zwischen der Lawson-Scheinzypresse und der Thuja herum, sogar mit Zweigen beider Gehölze in der Hand; die Existenz der Nutka-Scheinzypresse macht diese Bestimmung nicht leichter. Nach einer gewissen Zeit aber können wir schon alle drei Gehölze ohne Zögern benennen, vielleicht erkennen wir sie sogar dann schon auf einige hundert Meter Entfernung. Auch die Schlangenhaut-Ahorne sind anscheinend eine verwirrende Gruppe, zumal man sie oft in den Sammlungen falsch benannt antrifft. Aber wenn wir sie einen Sommer hindurch genau betrachtet und uns eine Reihe von kleineren Merkmalen eingeprägt haben, können wir die vier häufigsten Arten schon sicher auf den ersten Blick benennen. Dieses rasche Erkennen kann man nur erlernen, wenn man sich immer wieder die verschiedenen Blätter anschaut, den ganzen Baum betrachtet, dann den Bestimmungsschlüssel durchprobiert, um festzustellen, wie der Baum aussehen muß. Ist einem so klar geworden, worauf es ankommt, kann man sich kaum mehr vorstellen, daß es eine Zeit gab, in der alles so sehr mühsam war, und wo man z. B. glaubte, Douglasien seien nur schwer von Fichten zu unterscheiden.

Wie man lernen soll

Wir alle kommen täglich an vielen Bäumen vorbei, ohne vielleicht auch nur einen von ihnen wirklich anzuschauen.

Wenn man sich die Bäume an der Straße, in Gärten oder öffentlichen Parks, denen man immer wieder begegnet, zuerst vornimmt und sie bestimmt, dann sieht man sie auch bewußt; um sie auch an anderen Orten jederzeit wiedererkennen zu können, muß man sie sich zu jeder Jahreszeit ansehen. Mit diesem ersten Fundus an Wissen wird es schon viel leichter, eine Anzahl ähnlicher Baumarten und deren Gartenformen an anderen Orten einzuordnen. Wenn man so die häufigeren Arten kennengelernt hat, wird die Menge der unbekannten Bäume schon kleiner und sie wirkt nicht mehr so erdrückend. Wer die Stiel-Eiche und die Trauben-Eiche und ihre vielen Gartenformen auseinanderhalten kann, dem machen auch die anderen Eichenarten weniger Schwierigkeiten.

In diesem Buch werden, so weit möglich, die Blattmerkmale für die Bestimmung benutzt, denn Blätter kann man leicht sammeln und aufbewahren. Von größeren Gehölzen kann man eventuell einen kleinen Zweig mit einigen Blättern abschneiden, mit nach Hause nehmen und dort in aller Ruhe bestimmen. In privaten Gärten und öffentlichen Anlagen darf man das ohne Erlaubnis natürlich nicht. Aber unmittelbar vor dem herbstlichen Laubfall bestehen diese Schwierigkeiten kaum noch, ggf. kann man auf frisch abgefallene Blätter zurückgreifen. In den anderen Jahreszeiten sollte man sich kurze Notizen machen, je genauer diese sind, um so besser wird man sich des Gehölzes erinnern.

Diese Notizen sollten enthalten: Länge und Breite des größten Blattes und, falls sehr verschieden, die Größe des durchschnittlichen Blattes; Länge des Blattstieles, ob eventuell behaart oder auffällig gefärbt; allgemeine Form der Spreite, ebenso der Blattspitze und der Blattbasis, ob der Rand gelappt oder gesägt, ob das Blatt auf der Oberseite glänzend ist usw. Auf der Blattunterseite gibt es noch mehr zu betrachten als auf der Oberseite; Behaarung, Nervatur, Gegensatz in der Färbung zur Oberseite, dann irgendwelche Haarbüschel in den Nervenwinkeln, vor allem an der Basis. Man sollte sich natürlich auch noch Notizen machen über die Rinde, die Kronenform, Blüten und Früchte, falls man diese sah. – Mit derartigen Notizen kann man dann alle Fragen des Schlüssels beantworten.

Die Benutzung des Schlüssels

Der Laie wird im ersten Augenblick stutzen, da er glaubt, die Bestimmungsschlüssel seien sehr kompliziert und setzten größeres botanisches Wissen voraus. Dem ist nicht so, tatsächlich ist hier ein ebenso einfacher wie eleganter Weg gefunden, die wichtigsten Merkmale zu erkennen und sie von ähnlichen zu trennen.

Da dieses Buch Wild- und Kulturformen behandelt, werden *zwei* unterschiedliche Bestimmungshilfen verwendet:

I. Übersichten nach farblichen Merkmalen, nach Form des Erscheinungsbildes (Habitus) usw. (Seite 40–41 und 44–48). Auf diesem Wege werden hauptsächlich die Gartenformen bestimmt, bei denen ja Merkmale mit Schmuckwert besonders hervortreten.

II. Dichotome, numerierte Schlüssel, verständlicher ausgedrückt, ein Schlüssel, nach dem „Entweder-oder"-System. Was damit gemeint ist, erläutert ein Beispiel weit besser als viele Worte. Nehmen wir an, wir hätten eine Winter- oder Stein-Eiche *(Quercus petraea)* – was wir natürlich nicht, zumindestens nicht genau wissen – vor uns.

Zunächst gehen wir den allerleichtesten Weg: Wir betrachten die farbigen Abbildungen der Eichen auf Tafel 20 und 21. Dabei sehen wir, daß es vermutlich die Nummer 1 oder 6 auf Tafel 20 sind. Sollten wir auch noch einen Zweig mit sitzenden Eicheln finden, so haben wir den Baum „auf Anhieb" richtig bestimmt. Wenn wir aber nicht sicher sind, müssen wir jetzt den Bestimmungsschlüssel für die Eichen, S. 233, aufschlagen und planmäßig die dort aufgezählten Merkmale verfolgen:

1. Blattrand ganzrandig; gerade oder buchtig		**2**
Blätter gelappt oder gezähnt	⟶	**7**
7. Blätter entfernt und fein gesägt usw.		**8**
Blätter gesägt oder gelappt	⟶	**9**
9. Blätter tief oder undeutlich und seicht gelappt	⟶	**10**
Blätter gesägt oder dornig		**33**
10. Lappen undeutlich und unregelmäßig		**11**
Lappen deutlich oder weniger regelmäßig	⟶	**14**
14. Lappen zu drei, an der Spitze		**15**
Lappen mehr als drei, seitlich	⟶	**16**
16. Lappen und Zähnen mit Filamenten (Fäden)		**17**
Lappen und Zähne rund oder spitz, ohne Filamente	⟶	**20**
20. Blätter lang-keilförmig		**21**
Blätter breit-keilförmig, fast herzförmig oder geöhrt	⟶	**25**
25. Blattstiel behaart		**26**
Blattstiel kahl	⟶	**31**
31. Lappen seicht; Blatt 16–20 cm lang usw.		*Q. canariensis*
Lappen unregelmäßig; 5–10 Nerven; nicht parallel; Blatt 8–15 cm	⟶	**32**
32. Blatt an der Basis geöhrt usw., Stiel 0,3–2 cm		*Q. robur*
Blatt an der Basis keilförmig usw., Stiel 1,5–3 cm	⟶	*Q. petraea*

Führt uns der eben geschilderte Weg nicht zum Ziel, gibt es dafür vier mögliche Gründe:

1. Die zu bestimmende Pflanze ist in dem einen oder anderen Merkmal des Schlüssels in hohem Grade untypisch. Das ist nicht völlig auszuschließen, obwohl die Schlüssel so aufgestellt sind, daß sie entweder solche Abweichungen gleich einbeziehen oder vermeiden.

2. Die Pflanze kann eine Gartenform sein, die nicht im Schlüssel enthalten ist. Die Schlüssel sind lang genug, um mit den Arten fertig zu werden und auch mit einigen der besonders auffallenden Gartenformen, aber besonders bei den Koniferen mußten doch eine ganze Anzahl von ihnen ausgelassen werden. Farbige, hängende oder säulenförmige Gartenformen haben die gleichen Merkmale wie die Eltern, so daß es hier keine Schwierigkeiten bei der Bestimmung geben sollte. Einige Formen, wie z. B. schlitzblättrige Sorten, sind ebenfalls nicht behandelt, aber hier kann man die Übersichten auf S. 396–400 benutzen.

3. Die Pflanze ist so selten, daß sie in diesem Buch nicht behandelt wird (vgl. Vorwort). Hier kann man dann leider nichts machen, aber derartige Seltenheiten findet man in der Regel nur in besonders großen Sammlungen. – Häufig sind dort aber die Pflanzen ausgezeichnet oder ihre Namen bei der Leitung des Parkes zu erfahren.

4. Es kann möglich sein, daß Sie sich bei der Bestimmung geirrt haben, weil Sie vielleicht in eine falsche Reihe geraten sind, indem Sie vielleicht Zähne als kleine Lappen angesehen haben, oder die Behaarung der Blattunterseite war so fein, daß Sie diese nicht bemerkt haben, oder sie war vielleicht schon abgefallen. Fangen Sie also wieder mit Frage 1 an, und wenn Sie zu der Stelle kommen, wo die Antwort nicht eindeutig klar war, versuchen Sie dann einmal die andere Lösung, die Sie anfänglich verworfen hatten. – Da die Pflanzen als Lebewesen eben doch sehr variabel sind, ist es gelegentlich nicht möglich, alle Zweifel auszuschalten.

Schließlich und endlich kann sich ein Fehler auch darum einschleichen, weil Sie (unser Beispiel) von vornherein wußten, daß es sich um eine Eiche handelt und gleich bei dieser Gattung mit der Bestimmung begonnen haben, d. h. auf Seite 233 Wenn es auch durchaus möglich ist, den Weg der Bestimmung so zu verkürzen, so empfehlen wir doch, schon bei der geringsten Unsicherheit über die botanische Zugehörigkeit einer Pflanze von vorn, also auf Seite 39 zu beginnen.

Selbst die allererste Frage, ob es sich um ein Nadelgehölz (Koniferen und Taxaceen) oder um ein Laubgehölz handelt, beantwortet sich nicht für jedermann von selbst. Beginnen wir darum mit dieser Unterscheidung.

Koniferen und Taxaceen

Nerven parallel, nicht netzförmig; zerriebene Blätter meist harzig oder aromatisch duftend; der Jahreswuchs ist meist ein Zweigquirl an der Basis des Leittriebes; oft sind die Blätter dunkel, hart, schmal und dornspitz, seltener breit und flach; bei vielen sind sie klein und schuppenförmig, bei anderen nadelförmig. Männliche und weibliche Blüten sind stets getrennt, immer ohne Blütenblätter; die Frucht ein Zapfen oder beerenförmig oder aber grün und pflaumenförmig.

Ist man sich klar darüber, ein Nadelgehölz vor sich zu haben, sollte man in folgenden beiden Fällen *nicht* nach dem dichotomen Schlüssel weiterbestimmen:

1. Wenn die Belaubung goldgelb oder blau, der Wuchs säulenförmig oder hängend ist, dann verwenden Sie die *Übersicht über einige Gartenformen von Koniferen*, weil es sich um eine solche und keine Wildform handelt.

2. Wenn die Belaubung aber normal ist, dann benutzen Sie zuerst einmal die Darstellungen der Blätter auf den Innenseiten der Bucheinbanddecke als erste Hilfe, dann erst den *Schlüssel zu den Koniferen*, S. 39. Wenn Sie so verfahren, engen Sie die möglichen Gattungen auf ein oder zwei ein. Dann lesen Sie die allgemeine Beschreibung dieser Gattungen nach und stellen Sie fest, ob eine von diesen Ihrer Pflanze nahekommt. Wenn dies nicht der Fall ist, muß man die Beschreibungen der Arten dieser beiden Gattungen genau nachlesen, um die passende Art zu finden, und schon die ersten Artbeschreibungen werden dann zeigen, ob die richtige Gattung gefunden wurde. Bei kleinen Gattungen, mit nur wenigen Arten, muß man die Beschreibungen vergleichen, während bei den großen Gattungen, mit vielen Arten, stets auch Schlüssel vorhanden sind. Damit sollten Sie in der Lage sein, die Pflanzen richtig zu bestimmen.

Laubgehölze

Nerven netzförmig, nur bei den schwertförmigen Blättern von *Cordyline* parallelnervig; die meisten Blätter haben gerieben einen leichten, frischen Geruch, einige sind auch aromatisch, jedoch nie harzig; der Jahreszuwachs ist stets schon früh verzweigt, nicht quirlig; die Blätter sind meist flach und dünn, manche aber auch hart, dunkel und immergrün, dann aber flach, jedoch nicht nadelförmig oder linealisch.

Blüten mit oder ohne Blütenblätter, bei vielen zwittrig, bei manchen in männlichen oder weiblichen Kätzchen.

Frucht sehr verschiedenartig: Kapsel, Hülse, Eichel, Nuß, Beere, geflügelt usw.

Auch hier sollte man in nachstehenden Fällen gleich die Übersichten zu Rate ziehen.

1. Wenn das Blatt sehr groß ist (ungeteiltes Blatt mit einer Spreite von 25 cm Länge oder mehr, oder Spreite und Blattstiel zusammen länger als 35 cm, oder ein gefiedertes Blatt von 50 cm Länge oder darüber), dann schlagen Sie die *Übersicht über die Laubgehölze mit besonders großen Blättern* auf und vergleichen hier S. 43.
2. Wenn der Wuchs (Habitus) stark hängend, säulenförmig, gelbbunt–, weißbuntblättrig oder sonst bunt oder die Blätter stark eingeschnitten sind, dann benutzen Sie die Übersicht zu den *Gartenformen einiger Laubgehölze*, S. 44.

Übersicht über einige Gartenformen von Koniferen

Belaubung goldgelb

Schuppenblätter
  Triebe dünn, fadenförmig, überhängend
                    Chamaecyparis pisifera 'Filifera Aurea', S. 70
  Triebe alle aufrecht, federförmig büschelig
                    Chamaecyparis pisifera 'Plumosa Aurea', S. 69
  Schuppen stumpf; Krone breit kegelförmig
                    Chamaecyparis obtusa 'Crippsii', S. 68
  Schuppen spitz, Krone schmal kegelförmig
                    Chamaecyparis lawsoniana 'Lutea', S. 66
  Gestauchte Büschel; kleiner, lockerer Baum
                    Chamaecyparis obtusa 'Tetragona Aurea', S. 68
  Triebe quer gebändert in gelb, weiß und grün, sehr aromatisch
                    Thuja plicata 'Zebrina', S. 84
  Säulenförmig; Triebe nach allen Richtungen abgehend, stielrund im
    Querschnitt   *Cupressus macrocarpa* 'Lutea', S. 72
  Triebe teils mit Schuppenblättern, teils mit Nadelblättern
    Wuchs säulenförmig   *Juniperus chinensis* 'Aurea', S. 78
Blätter nicht schuppenförmig
  Flach, goldgelb gerandet   *Taxus-baccata*-Formen, S. 55
  Nadelförmig
    Paarweise stehend   *Pinus silvestris* 'Aureal', S. 179
    Einzeln stehend, nur im Austrieb goldgelb
      Blätter länger als 1 cm   *Picea abies* 'Aurea', S. 140
      Blätter kürzer als 1 cm   *Picea orientalis* 'Aurea', S. 141

Belaubung blau oder grau

Über 10 cm lange, dünne, schlaffe Nadeln   fünfnadelige Kiefern, S. 163 ff.
nur 4–8 cm, zu 5 beisammen, gedreht   *Pinus parviflora*, S. 169
5 cm lang, lederartig, auf der Trieboberseite stehend
                    Abies concolor 'Violacea', S. 106
2–3 cm lang
  nach allen Seiten vom Trieb abstehend, scharf, steif
                    Picea pungens 'Glauca'-Gruppe, S. 137
  auf der Triebunterseite gescheitelt, weich   *Picea engelmannii* 'Glauca', S. 137
1–2 cm lang, linealisch
  rings um den Trieb stehend, Krone dicht und schmal
                    Tsuga mertensiana, S. 152
  in Quirlen an Kurztrieben, scharf, hart   *Cedrus atlantica*, 'Glauca', S. 121
6–8 mm lang, frei
  hart, den Trieb bedeckend; buschig, aufrecht
                    Juniperus squamata 'Meyeri', S. 79
  weich, locker, abstehend, Baum breit kegelförmig
                    Chamaecyparis pisifera 'Squarrosa', S. 70
1–2 mm lang, frei; Triebe alle senkrecht; Baum schmal und säulenförmig
                    Chamaecyparis lawsoniana 'Fletcheri', S. 66
Schuppenförmig, dicht angedrückt
  Triebe allerseits abstehend

Krone locker, offen; Frucht fleischig   *Juniperus virginiana* 'Glauca', S. 79
Krone dicht, kegelförmig; Zapfen
       Cupressus lusitanica 'Glauca', nicht behandelt
Trieb flach ausgebreitet
   Waagerecht stehend; Baum starkwüchsig, locker, kegelförmig
       Chamaecyparis lawsoniana 'Triomf van Boskoop', S. 63
   Senkrecht stehend, dicht, klein
     Graugrün; kegelförmig bis zum Boden
       Chamaecyparis lawsoniana 'Fraseri', S. 63
     Graublau, an der Basis buschig   *Chamaecyparis lawsoniana* 'Alumii', S. 63
     Schmal säulenförmig   *Chamaecyparis lawsoniana* 'Columnaris', S. 63

Säulenförmig

Blaugrün, Nadeln in Quirlen   *Cedrus atlantica* 'Fastigiata', S. 121
Nadeln gepaart   *Pinus silvestris* 'Fastigiata', S. 179
Schuppenförmige Blätter
   Belaubung fiederförmig
     Dunkelgrün; Baum sehr schmal, Gipfel spitz
       Cupressus sempervirens, S. 73
     Sattgrün; Baum mäßig schmal   *Cupressus macrocarpa* 'Stricta', S. 72
   Belaubung flach und plattenförmig
     Schuppen sehr lang; Belaubung stark duftend
       Calocedrus decurrens, S. 61
     Schuppen so breit wie lang, duften erst, wenn zerrieben
       Krone flammenförmig oder breit säulenförmig
         Chamaecyparis lawsoniana 'Erecta', S. 63
       Krone sehr schmal säulenförmig
         Chamaecyp. lawsoniana 'Pottenii', S. 66

Hängend

       Cedrus atlantica 'Glauca Pendula', S. 121
Zweige aufsteigend, Triebe hängend
   Blätter nadelförmig
     Querschnitt rund, dunkelgrün   *Picea smithiana*, S. 133
     Flach, dunkel blaugrün   *Picea breweriana*, S. 133
   Blätter schuppenförmig
     Schuppenblätter mit langen, freien, spitzen Spitzen, hellgrün
       Juniperus recurva va. *coxii*, S. 77
     Schuppenblätter angedrückt, dunkelgrün bis graugrün oder dunkel-
     blaugrün
       Zweiglein entfernt stehend; Baum säulenförmig, Gipfeltrieb über-
       hängend   *Chamaecyparis lawsoniana* 'Intertexta', S. 66
       Zweiglein dicht stehend; Baum kegelförmig, Gipfeltrieb nahezu
       senkrecht   *Chamaecyparis nootkatensis* 'Pendula', S. 67
     Belaubung hängend, an langen Fäden; Büschel von Trieben mit
     großen Zwischenräumen
       Dunkelgrün oder goldgelb; Schuppenblätter lang zugespitzt
         Chamaecyparis pisifera 'Filifera', S. 70
       Blaugrün; Schuppenblätter spitz
         Chamaecyparis lawsoniana 'Filiformis', S. 66

42 Bestimmung der Pflanzen

Schlüssel zu den Koniferen, Ginkgo und Taxaceen
(neue Fassung; abweichend von der englischen Ausgabe)

Fächerförmig geadert, breit keilförmig, breit zweilappig, lederartig, sommergrün;
am alten Holz an Kurztrieben *Ginkgo*, S. 54
Blätter linealisch, oder falls breit, dann hart, stachelspitz und nicht an
Kurztrieben Koniferen oder Taxaceen **1**

Übersicht über Laubbäume mit besonders großen Blättern

Ob ein Blatt sehr groß erscheint oder nicht, hängt in gewissem Maße ab von seiner Form. Ein Blatt der Gemeinen Esche mit 35 cm Länge erscheint ganz normal groß, aber ein fast kreisrundes Blatt, wie das der Amerikanischen Linde, erscheint bereits riesig, wenn es 20 cm lang ist. Das Blatt von *Acer velutinum* var. *van volxemii* erscheint ebenfalls sehr groß, obwohl die Spreite nur 15 cm groß ist, jedoch einen über 20 cm langen Stiel hat.

In diese Gruppe sind folgende Gehölze aufgenommen:
– Ungeteilte Blätter mit 25 cm Größe, oder Spreite mit Stiel 35 cm lang,
– Zusammengesetzte Blätter bis 50 cm lang oder darüber.

B l a t t   u n g e t e i l t

Gelappt
  Eichen-artig
    Lappen gerundet; Blatt bis 40 cm   *Quercus dentata*, S. 255
    Lappen fein zugespitzt; Blatt bis 27 cm   *Quercus rubra*, S. 242
  Ahorn-artig
    Lappen seicht, grob gezähnt   *Acer velutinum* var. *van volxemii*, S. 345
    Lappen sehr tief, mit wenigen großen, runden Zähnen
                              Acer macrophyllum, S. 342
  Sehr breit; kleine, zugespitzte Lappen seitlich   *Catalpa* × *erubescens*, S. 391
Ungelappt
  Bis etwa 50 cm lang, dünn, oben blaßgrün, unten silbrig
                            Magnolia macrophylla, S. 270
  Unter 50 cm lang
    Basis schief; eiförmig; plötzlich zugespitzt
      Unten grün   *Tilia americana* (Wassersproß), S. 367
      Grau unterseits   *Tilia* × *moltkei*, S. 367
    Basis symmetrisch herzförmig
      Stiel scharlachrot; Blatt unten kahl   *Idesia polycarpa*, S. 372
      Stiel rosa, gelb oder grün; Blatt unten behaart
        Stiel bald kahl (Rinde rissig)   *Catalpa speciosa*, S. 391
        Stiel dicht behaart (Rinde glatt)   *Paulownia tomentosa*, S. 389
        Stiel fein behaart (Rinde schuppig)   *Populus lasiocarpa*, S. 191

B l a t t   z u s a m m e n g e s e t z t

Doppelt gefiedert, bis 115 cm lang   *Gymnocladus dioicus*, S. 316
Blättchen 5 oder 7   *Carya*-Arten, S. 204
Blättchen 11 oder mehr, gezähnt
  Spindel klebrig, dicht wollig behaart   *Juglans*-Arten, S. 202
  Blättchen mit 2–5 großen Zähnen an ihrer Basis, jeder mit einer großen
  Drüse   *Ailanthus*-Arten, S. 323
  Blättchen gesägt, Basis schief   *Pterocarya*-Arten, S. 200
Blättchen 11–13, ganzrandig, Endblättchen groß   *Rhus verniciflua*, S. 327
Blättchen 20–30, ganzrandig, Endblättchen oft fehlend   *Cedrela sinensis*, S. 325
Fingerförmig zusammengesetzt; ähnlich der Roßkastanie; Blätter bis
  60 cm breit, Stiel bis 42 cm   *Aesculus turbinata*, S. 361

Übersicht über einige Formen von Laubgehölzen

Stark hängend

Blätter ungeteilt
  Lang, schmal   *Salix alba* 'Tristis', S. 148
  Grün, breit
    Rauh   *Ulmus glabra* 'Camperdownii', S. 259
    Glatt
      Knospe gestielt   *Alnus incana* 'Pendula', S. 219
      Knospe sitzend, schlank   *Fagus salicifolia* 'Pendula', S. 230
  Silbrig   *Fraxinus excelsior* 'Pendula', S. 387
Blätter gefiedert
  Knospen schwarz   *Sophora japonica* 'Pendula', S. 318
  Knospen verborgen

Straff aufrecht (fastigiat)

Blätter unterseits weiß   *Populus alba* 'Pyramidalis', S. 188
Blatt so breit wie lang   *Populus nigra* 'Italica', S. 190
Rinde schwarz und weiß   *Betula verrucosa* 'Fastigiata', S. 215
Blatt wellig gerandet, einige Zähne   *Fagus silvatica* 'Dawyck', S. 230
Blatt breit gelappt, Spitze flach   *Liriodendron tulipifera* 'Fastigiata', S. 276
Blatt gesägt
  Stiel und Blattunterseite wollig   *Malus tschonoskii*, S. 301
  Kahl
    Nervenparallel, in die Zähne auslaufend   *Carpinus betulus* 'Columnaris', S. 221
    Nerven vor den Zähnen abbiegend   *Prunus* 'Amanogawa', S. 309
Blatt gefiedert
  Doppelt gefiedert, bis 40 cm lang   *Koelreuteria paniculata* 'Fastigiata', S. 363
  Einfach gefiedert
    Nur Basal-Blättchen frei   *Sorbus thuringiaca* 'Fastigiata', S. 294
    Alle Blättchen frei
      Blättchen ganzrandig   *Robinia pseudoacacia* 'Fastigiata', S. 319
      Blättchen gesägt   *Sorbus aucuparia* 'Fastigiata', S. 290

Blätter ganz gelb (nicht gelbbunt)

Blätter ungeteilt
  Unterseits weiß   *Populus alba* 'Richardii', S. 188
  Spitz-eiförmig
    8–10 × 8 cm   *Populus* 'Serotina Aurea', S. 195
    20 × 22 cm   *Catalpa bignonioides* 'Aurea', S. 390
  Elliptisch
    15 × 9 cm   *Ulmus glabra* 'Lutescens', S. 259
    5 × 3–5 cm
      Oberseits rauh   *Ulmus procera* 'Louis van Houute', S. 260
      Oberseits glatt   *Ulmus carpinifolia* 'Wredei', S. 261
  Gelappt
    Eichenartig   *Quercus robur* 'Concordia', S. 253
    Ahornartig   *Acer pseudoplatanus* 'Worleei', S. 343
    Lappen ganzrandig, fadenförmig auslaufend
       Acer cappadocicum 'Aureum', S. 338

Blätter gefiedert
   Blättchen wenige, 3–7, groß   *Acer negundo* 'Auratum', S. 359
   Blättchen viele, 13–36, klein
      Ganzrandig   *Robinia pseudoacacia* 'Frisia', S. 319
      Gezähnt   *Gleditsia triacanthos* 'Sunburst', S. 316

B l ä t t e r   b u n t

Weißbunt (silbrig; nicht rahmweiß)
   Blatt gefiedert   *Acer negundo* 'Variegatum', S. 359
   Blatt ungeteilt
      Stechpalmenblatt, mehrere Formen   *Ilex aquifolium*, S. 328
                        Ilex × *altaclarensis*, S. 329
      Dreilappig   *Acer rufinerve* 'Albolimbatum', S. 351
      Länglich-lanzettlich, groß   *Castanea sativa* 'Albomarginata', S. 233
      Rundlich, klein, oben behaart   *Ulmus procera* 'Variegata', S. 260
      Buchen-Blatt   *Fagus silvatica* 'Albovariegata', S. 229
      Pappel-Blatt, groß, dreieckig-eiförmig   *Populus candicans* 'Aurora', S. 187

B l ä t t e r   s i l b r i g (die beiden ersten dauernd so, bei den übrigen nur die jungen Blätter)

Blatt lang, schmal
   Baum klein, hängende Zweige; Blatt behaart   *Pyrus salicifolia*, S. 302
   Großer, lockerkroniger Baum, Blatt fast kahl   *Salix alba* 'Sericea', S. 198
   Blatt gelappt oder grob gezähnt   *Populus alba*, S. 188
                            Populus canescens, S. 188
   Blatt länglich oder ei-lanzettlich, 8 cm   *Pyrus elaeagrifolia*, S. 302
   Blatt dick, fast rund, bis 20 × 15 cm   *Sorbus cuspidata* 'Mitchellii', S. 296
                              S. 'Wilfrid Fox', S. 290
   Blatt eiförmig, bis 8 cm   *Sorbus aria* mit Formen, S. 295
   Blatt ei-lanzettlich   *Sorbus cuspidata*, S. 295

S e h r   t i e f   e i n g e s c h n i t t e n e   B l ä t t e r

Blätter mit rippenartigen Lappen, deren Einschnitte bis fast zur Mittelrippe gehen, gehören zu so leicht erkennbaren Gattungen, daß besondere Schlüssel hier nicht notwendig sind.
Gefiedertes Blatt   *Juglans regia* 'Laciniata', S. 202
Ungeteiltes Blatt
   Buche   *Fagus silvatica* 'Heterophylla', S. 229
   Birke   *Betula verrucosa* 'Dalecarlica', S. 215
   Erle   *Alnus glutinosa* 'Imperialis', S. 218
   Linde   *Tilia platyphylla* 'Laciniata', S. 365
   Ahorn   *Acer platanoides* 'Lorbergii', S. 335
                       Acer palmatum 'Dissectum', S. 346
   Eiche   *Quercus robur* 'Pectinata', S. 253

Übersicht über Bäume mit vortretenden Rindenmerkmalen

Laubbäume

Mahagoni-rot; wie poliert *Prunus serrula*, S. 307
Hell orangerot, ablösend und abrollend *Acer griseum*, S. 358
Dunkel orangerot, fein abschuppend *Arbutus andrachnoides*, S. 381
Kräftig orange
  Einfarbig; abrollend *Betula albosinensis*, S. 212
  Mit großen weißen Flecken *Myrtus apiculata*, S. 375
Hell oder rötlich orange *Sorbus aucuparia* 'Beissneri', S. 291
Hell bräunlichorange, glänzend *Prunus maackii*, S. 313
Matt orangebraun
  Triebe dornig *Maclura pomifera*, S. 267
  Blatt rauh, herzförmig *Morus nigra*, S. 266
Ganz glatt
  Rosa, rot und gelb *Arbutus andrachne*, S. 381
  Rot und rosa *Arbutus menziesii*, S. 382
  Fleischrosa und grau *Stewartia sinensis*, S. 371
  Blaugrau, braun, gelb u. a. *Eucalyptus*-Arten, S. 375–377
Dunkel rosarot; abrollend *Betula albosinensis* var. *septentrionalis*, S. 213
Kräftig rosarot; mit Lentizellenbändern *Betula utilis* var. *prattii*, S. 212
Reinweiß
  Mit leichtem gelblichem Ton; glänzend *Betula utilis; B. jacquemontii*, S. 212
  Kalkweiß, matt *Betula platyphylla* var. *szechuanica*, S. 216
Trübweiß
  Grau gemustert oder gestreift *Betula pubescens*, S. 216
  Mit schwarzen Rauten *Betula verrucosa*, S. 215
Rahmweiß; kleine schwarze Rauten *Populus canescens*, S. 188; *P. alba*, S. 188
Weiß
  Rötlich getönt *Betula ermanii*, S. 211
  Orange getönt *B. maximowiczii*, S. 211; *P. papyrifera*, S. 187
  Mit dunkelpurpur; weiße Lentizellenbänder *B. papyrifera*, S. 216
Braun
  Große Platten, darunter gelb
    Platanus × *hispanica*, S. 283; *Parrotia persica*, S. 281
  Kleine Platten, darunter orange *Stewartia pseudocamellia*, S. 371
  Zusammenrollend, darunter orange *Zelkowa carpinifolia*, S. 263
Grün, weiß gestreift Schlangenhaut-Ahorne, S. 354
Korkig
  Tiefrissig
    Gelblichgrau oder rahmgelb *Quercus suber*, S. 246
    Graurosa *Quercus variabilis*, S. 244
    Mattgrau, Laub gefiedert *Phellodendron amurense*, S. 323
  Flach gefurcht; grau bis gelblichgrau *Quercus* × *hispanica* 'Lucumbeana', S. 247
  Nur Zweige korkig *Ulmus* × *hollandica*, S. 261; *Liquidambar styraciflua*, S. 280
    Acer campestre, S. 340
Stark ablösend
  Lange Streifen, grau *Carya ovata*, S. 206; *Carya laciniosa*, S. 207
  Streifen und Rollen
    Schwärzlichrot *Betula nigra*, S. 214
    Graublau, braun, gelb *Eucalyptus*, S. 375

Koniferen

Orange, abschuppend und abrollend   *Pinus patula*, S. 173
Kräftig orangebraun   *Sequoia*, S. 86; *Cryptomeria japonica* 'Elegans', S. 90
Matt orangebraun
    Abschuppend und abrollend   *Abies squamata*, S. 115
    In schmalen Streifen ablösend   *Metasequoia*, S. 93; *Taxodium distichum*, S. 92
Rotbraun
    Dick und faserig; weich   *Sequoiadendron giganteum*, S. 87
    Kräftig gefurcht; hart   *Cunninghamia lanceolata*, S. 90
Rötlich
    Mit kleinen Schuppen   *P. silvestris*, S. 178; *Pinus resinosa*, S. 179
    Mit großen Platten   *Pinus ponderosa*, S. 173
Rötlich-gelb, große Platten   *Pinus ponderosa*, S. 173
Dunkelrot
    Stellenweise glänzend   *Thuja standishii*, S. 85
    Rissig und schuppig   *Pinus silvestris*, S. 178
Dunkelpurpur, unter den Schuppen gelblich   *Cupressus glabra*, S. 73
Vielfarbig; graubraun, darunter weiß, gelblich, rot und purpurn
                                            Pinus bungeana, S. 175
Stark abschuppend
    In langen Streifen   *Juniperus recurva* var. *coxii*, S. 77
    In Streifen und Rollen   *Abies squamata*, S. 115; *Picea asperata*, S. 136
Korkig
    Tief gefurcht   S. 106
        Dunkelbraun   *Pseudotsuga menziesii*, S. 154; *Abies concolor* var. *lowiana*
        Hellgrau oder rahmweiß   *Abies lasiocarpa* var. *arizonica*, S. 117
    Flach gefurcht, hellgrau   *Abies concolor* var. *lowiana*, S. 106

Bäume mit dornigen Stämmen

Dornen kurz, breite Basis, einzeln stehend   *Kalopanax pictus*, S. 377
Dornen lang, büschelig, jung glänzendgrün   *Gleditsia triacanthos*, S. 315
Dornen dünn, einzeln, an kurzem Trieb   *Crataegus*-Arten, S. 285–287

Übersicht über die Laubbäume

Ein vollständiger Schlüssel zum Bestimmen jeder sommergrünen Baumgattung müßte auf den Merkmalen von Blüten und Frucht basieren. Da es aber in der Regel nicht möglich ist, in der freien Natur Blüten und Früchte gleichzeitig zu finden, vor allem bei jungen Bäumen, erscheint es in diesem Falle nützlicher, einen Schlüssel aufzustellen, der nur auf den Blattmerkmalen fußt, obwohl hierdurch nahe miteinander verwandte Gattungen nun weit entfernt stehen. Um zu den Gattungen zu gelangen, werden daher in der nachfolgenden Übersicht in erster Linie die Blattmerkmale aufgeführt, jedoch hin und wieder auch, allerdings erst in zweiter Linie, Merkmale der Blüten und Frucht.

Immergrün

Blaugrau, doppelt gefiedert, Blättchen linealisch	*Acacia (dealbata)*, S. 314
Blaugrau, lederartig, aromatisch	*Eucalyptus*, S. 375
Hellgrün, Rand stark wellig	*Pittosporum*, S. 372

Gelblich dunkelgrün

Riemenartig, 1 m lang oder mehr	*Cordyline australis*, S. 393
Länglich-eiförmig, 8–16 cm lang	*Magnolia*, S. 269
Elliptisch oder lanzettlich, 1–3 cm	*Buxus*, S. 326

Schwärzlich; anfangs auch grau

Gesägt

Lederartig, dünn, Stiel rot	*Prunus*, S. 303

Hart

1–3 cm	*Nothofagus*, S. 226
6–9 cm, Trieb kahl	*Arbutus*, S. 380
Teilweise gefiedert; Trieb und Blattstiel dicht behaart	*Eucryphia*, S. 371
Mit weichdornigen Zähnen	*Quercus*, S. 233

Harte, scharfe Dornen an welligem Rand

Breit, 3–8 cm breit	*Ilex*, S. 328
Schmal, 1–2 cm breit, schwarz	*Phillyrea*, S. 389

Ganzrandig

Stiel rot

Rand ganz fein kraus	*Laurus*, S. 278

Rand eben, unterseits blaugrün

8–12 cm	*Arbutus*, S. 380
5–20 cm, oblanzettlich, breite Mittelrippe	*Drimys*, S. 277
Unterseits goldig	*Chrysolepis*, S. 233

Gegenständig

Form sehr wechselnd	*Acer (sempervirens)*, S. 339
Gleichförmig elliptisch, mukronat	*Myrtus (apiculata)*, S. 375
1 cm lang oder kürzer	*Nothofagus*, S. 226
Graubraun, unterseits behaart	*Quercus (ilex)*, S. 247
Dünn, stark glänzend; dicht	*Ligustrum (lucidum)*, S. 388
Steif, breit; teils dornige Blätter	*Ilex*, S. 328

Schmal

Lanzettlich, aromatisch	*Umbellularia*, S. 279
Linealisch, bis 20 cm, nicht aromatisch	*Embothrium*, S. 278

Sommergrün

Einfach (ungeteilt)

Ganzrandig, oder wellig gerandet mit einigen kleinen Zähnen, 25 cm oder länger

Dreieckig	*Paulownia*, S. 389
Lang zugespitzt	*Catalpa*, S. 390
Länglich oder obovat	*Magnolia*, S. 269

Unter 20 cm lang

Untermischt mit Blättern mit gebogenen Lappen	*Sassafras*, S. 279
Unterseits weiß	*Cotoneaster*, S. 284; *Pyrus*, S. 302

Kreisrund

Nerven fächerförmig; unten bläulich	*Cercis*, S. 315

Dunkelgrün, 2 cm — *Fagus* (*silvatica* 'Rotundifolia'), S. 231
Blaßgrün, 10–15 cm — *Styrax* (*obassia*), S. 384
Rand wellig
  Obovat-rundlich, unten bräunlich behaart — *Parrotia*, S. 281
  Obovat-länglich, unten weiß behaart — *Mespilus*, S. 287
  Wenige Zähne — *Fagus*, S. 229
  Unten blaugrün, fächernervig — *Cercis*, S. 315
  Frucht eine kleine Eichel — *Quercus*, S. 233
  Blüte im Spätsommer, weiß, in Ähren — *Qxydendrum*, S. 380
  Blüte im Frühling, mit 4 weißen Brakteen — *Cornus*, S. 378
  Blüte klein, kugelig, grün — *Nyssa*, S. 373
  Sehr dunkelgrün, glänzend; Blüten urnenförmig — *Diospyros*, S. 382
  Trieb dornig, grün — *Maclura*, S. 267
Gesägt; herzförmig, spitz eiförmig
  Blatt mit Stiel 30 cm oder länger — *Idesia*, S. 372
  Zähne einwärts gekrümmt, Stiel dünn — *Populus*, S. 187
  Zähne grob
    Basis schief — *Tilia*, S. 364
    Blatt dünn, Nerven erhaben — *Davidia*, S. 374
    Blatt dick, rauh behaart — *Morus*, S. 266
    Gegenständig — *Acer*, S. 331
    Zerrissene Nerven geben Latex frei — *Eucommia*, S. 282
    Reichfruchtend, zylindrische Kätzchen — *Betula*, S. 210
    Frucht holzig, zapfenartig — *Alnus*, S. 217
Keilförmig bis rundlich, eiförmig
  Stiel mit großen, steifen Haaren — *Corylus*, S. 223
  Stiel mit langen, weichen Haaren
    Dreinervig, vor dem Rand abbiegend — *Celtis*, S. 265
    Blatt glänzend; lange Dornen — *Crataegus*, S. 285
  Stiel dicht und fein wollig — *Malus*, S. 298; *Sorbus*, S. 290
  Wenige große Zähne — *Nothofagus* (*fusca*), S. 226
  Frucht holzig, zapfenförmig — *Alnus*, S. 217
  Zähne klein, fein, scharf; Frucht eine Beere — *Amelanchier*, S. 297
  Zähne mit breiter Basis, kerbig — *Zelkova*, S. 263
Kreisrund; Spitze rund
  Gegenständig
  Lange Kurztriebe mit einem einzelnen Blatt an ihrer Spitze
    — *Cercidiphyllum*, S. 268
    — *Tetracentron*, S. 277
  Bis 20 × 15 cm, unterseits weiß — *Sorbus*, S. 290
  Mit wenigen, großen, gebogenen Zähnen — *Populus*-(*alba*-Gruppe), S. 188
  Oben dicht behaart — *Ulmus* (*procera*), S. 260
  Stiel dünn, Frucht ein Kätzchen — *Betula* (*pubescens*), S. 216
Länglich-lanzettlich
  Zähne groß, nur an der Spitze paralleler Nerven
    Hell glänzend grün — *Castanea*, S. 231
    Matt grün oder glänzend dunkelgrün — *Quercus*, S. 233
  Zähne auch zwischen den Endigungen der Hauptnerven
    Zähne winzig — *Oxydendrum*, S. 380
    Zähne mit breiter Basis, kerbig — *Zelkova*, S. 263
    Drüsen am oberen Stielende — *Prunus*, S. 303

Unterseits wie weiß gemalt *Populus* (Balsam-Pappeln), S. 191
Unterseits fein weißwollig *Sorbus*, S. 290
Basis ganzrandig; oben matt, unten glänzend, Blüten weiß *Stewartia*, S. 371
Frucht
  Weißwollig *Salix*, S. 196
  Nuß, in flacher Scheibe *Ulmus*, S. 255
  Zylindrisches Kätzchen *Betula*, S. 210
  Geflügelt oder teilweise eingeschlossen *Carpinus*, S. 220
  Hopfenartig, weiß im Sommer *Ostrya*, S. 222
  Kugelig, in sternförmigem Kelch *Styrax*, S. 383
  Vierflügelig und länglich *Halesia*, S. 384
  Hüllkelch winzig und stachelig *Nothofagus*, S. 226
Klein gelappt, die Lappen gezähnt
  5–8 × 2 cm, Trieb dünn *Nothofagus*, S. 226
  Unterseits weiß behaart *Sorbus*, S. 290
  Elliptisch oder obovat *Alnus*, S. 217
  Schief, eiförmig-lang zugespitzt *Tilia*, S. 364
Größer gelappt
  Handförmig gelappt, die Lappen lang, strahlenförmig
    Gegenständig, dünn, bis zur Basis geteilt oder doch fast so tief
      Aesculus, S. 360; *Acer*, S. 331
    Wechselständig
      Dick, ganzrandig, Stiel dick *Ficus*, S. 268
      Fein gesägt, Stiel dünn *Kalopanax*, S. 377
      Palmen-Blätter *Trachycarpus*, S. 393
  Nicht handförmig gelappt
    Gegenständig
Nerven unterseits kahl *Acer*, S. 331
Nerven unterseits behaart
  Blütenknospen schon im Winter sichtbar; Rinde glatt *Paulownia*, S. 389
  Blütenknospen im Winter nicht sichtbar, Rinde rauh *Catalpa*, S. 390
    Wechselständig
      Ganzrandig
        Mittellappen lang, die beiden Seitenlappen gebogen *Sassafras*, S. 279
        Mittellappen fehlend, Spitze abgestutzt *Liriodendron*, S. 275
      Fein gesägt
        Seicht gelappt; Trieb und Stamm stachelig *Kalopanax*, S. 377
        Lappen bis zur Spreitenmitte, dreieckig *Liquidambar*, S. 280
        Doppelt gesägt; Knospe grün, eiförmig *Sorbus (torminalis)*, S. 294
      Grob gesägt
        Unterschiedlich gelappt *Morus*, S. 266
        Klein, dunkel, dornig *Crataegus*, S. 285
      Wenige, verhältnismäßig große Zähne
        Bis 8 × 7 cm, dunkelgrün, Trieb dornig *Crataegus*, S. 85
        Palme *Trachycarpus*, S. 393
        Bis 20 × 20 cm, Knospe glänzend rot, im Blattstiel verborgen
          Frucht kugelig *Platanus*, S. 283
          Elliptisch; Frucht eine Eichel *Quercus*, S. 233

G e f i e d e r t , zumindest mit einigen freien Blättchen

Nur teilweise gefiedert, Basisblättchen frei *Sorbus*, S. 290
Handförmig geteilt *Aesculus*, S. 360

Doppelt gefiedert, wenigstens teilweise
  Ganzrandig, unten weißlich; Trieb violett bereift *Gymnocladus*, S. 316
  Fein gesägt oder gewellt, Trieb grün *Gleditsia*, S. 315
  Fein gelappt, gezähnt; Trieb kupferbraun *Koelreuteria*, S. 363
  Grob gezähnt, Spindel rot *Dipteronia*, S. 330
Einfach gefiedert
  Paarig, ohne Endblättchen
    Blatt bis 65 cm, Spindel orange, warzig, dick *Cedrela*, S. 325
    Blatt bis 25 cm, Spindel grün, dünn *Gleditsia*, S. 315
  Unpaarig gefiedert, Endblättchen (meist) vorhanden
    Stiel umschließt die Seitenknospe
      Blättchen obovat, bis 10 cm lang, ganzrandig *Cladrastis*, S. 317
      Blättchen lang zugespitzt, fein gesägt *Phellodendron*, S. 323
      Bättchen oben ausgerandet, elliptisch, 5 cm, ganzrandig *Robinia*, S. 319
    Seitenknospen frei
      Blätter gegenständig
        Ganzrandig
          Blättchen drei *Acer*, S. 331
          Blättchen 5–7, Spindel dick *Fraxinus*, S. 385
          Blättchen 9–15, Spindel dünn *Sophora*, S. 317
        Gezähnt
          Gleichmäßig fein gesägt *Euodia*, S. 322
          Grob gezähnt, Blättchen 15 *Dipteronia*, S. 330
        Blättchen 3–7, einige große Zähne oder viele, unregelmäßig
                    Acer, S. 331
        Entfernt gesägt *Fraxinus*, S. 385
      Blätter wechselständig
        Einige Zähne an der Basis, mit Drüsen *Ailanthus*, S. 323
        Ganzrandig
          Blättchen drei *Laburnum*, S. 318
          Blättchen 9–15, unten behaart *Sophora*, S. 317
          Blättchen gestielt, 3–17 *Rhus (verniciflua)*, S. 327
          Seitenblättchen sitzend, 3–7(–9) *Juglans (regia)*, S. 202
        Gesägt
          Blättchen 3–9
            Fein gesägt *Carya*, S. 204
            Grob gesägt, Endblättchen herzförmig *Picrasma*, S. 324
          Blättchen 9–25
            Blatt 20 cm oder länger, Mark gekammert
              Knospe ohne Schuppen; Frucht geflügelt *Pterocarya*, S. 200
              Knospe mit Schuppen; Frucht eine Nuß *Juglans*, S. 202
            Blatt bis 20 cm; Mark nicht gekammert
              Blättchen scharf gesägt, doch an der Basis ganzrandig
                    Sorbus, S. 290

Gymnospermen, Nacktsamige

Primitive Pflanzenklasse, auf einer Schuppe wird nackt die Eianlage gebildet, also nicht von einigen Fruchtknoten umgeben. Diese Klasse hat fünf Ordnungen: Cycadales, Gnetales, Ginkgoales, Coniferales und Taxales, die letzteren drei bilden Gehölze und werden gewöhnlich als „Koniferen" bezeichnet.

GINKGOALES. Diese Ordnung besteht nur aus der Art GINKGO, die in vielerlei Hinsicht stark von allen anderen lebenden Pflanzen abweicht. Die Ordnung CONIFERALES enthält alle anderen Familien der Nadelgehölze, ausgenommen die Eiben und *Torreya*, welche als eigene Ordnung TAXALES (zusammen mit noch drei weiteren, aber nicht im Freiland in Kultur befindlichen Gattungen) abgetrennt wurden. Es wäre daher richtiger, von „Koniferen, Taxaceen und Ginkgo" zu sprechen, wenn man die baumartigen Gymnospermen meint.

Die Geschlechtsorgane der Gymnospermen können analog einer einzelnen, zusammengesetzten Blüte bei den höheren Pflanzen als Gruppen von Einzelblüten angesehen werden, botanisch exakt müßte jede Gruppe „Strobilus", die männlichen Blüten „Mikrosporophyllen", die weiblichen Blüten „Megasporophyllen" genannt werden; jedoch werden diese Ausdrücke in diesem Buch nicht verwendet, letztlich bedeutet nämlich das Wort „Blüte" dasselbe.

Die Blüten sind stets entweder männlich oder weiblich, niemals zwittrig oder „perfekt". Bei den Taxaceen, Ginkgo und bei den primitiveren Koniferen sind die Geschlechter auf verschiedenen Bäumen (zweihäusig oder diözisch) verteilt, bei allen übrigen befinden sich die Geschlechter auf dem gleichen Baum, und zwar meist auch am gleichen Trieb (einhäusig, monözisch), aber an getrennten Stielen stehend. Selten, so bei *Larix* und *Cunninghamia* zum Beispiel, gibt es zwei geschlechtliche Blütenstände.

Typische Koniferenzapfen

Sicheltanne

Schuppenfichte

Küsten-Sequoie

Mammutbaum

Europäische Lärche

Italienische Zypresse

Nordjapanische Hemlockstanne

Blaue Douglasie

Atlas-Zeder

Spießtanne

Dreh-Kiefer

Bischofs-Kiefer

Gemeine Fichte

Mexikanische Weymouths-Kiefer

Edel-Tanne

Ginkgo-Gewächse: *Ginkgoaceae*

Von allen übrigen Bäumen und Pflanzen sehr abweichend, jedoch einige Besonderheiten mit den Cycadeen (die den Baumfarnen ähneln) teilend, im Jura-Zeitalter sehr bedeutend und artenreich, aber schon seit Urzeiten auf eine einzige Gattung mit einer einzigen Art zurückgegangen. Sommergrün.

Gingkobaum *Ginkgo biloba* L.   1

E – Maidenhair Tree   F – Ginkgo, Arbre aux quarante écus
N – Japanse noteboom

China, Prov. Chekiang, 1758. Häufig in den großen Gärten und Parks in Europa, in Deutschland vollkommen winterhart.

RINDE: Junge Triebe braun-grau, mit korkigen, hellbraunen Rissen; alte Rinde stumpf grau, grob netzförmig rissig und breit gefurcht, im Alter noch tiefer werdend, oft auch mit knorrigen Auswüchsen.

KRONE: Bei der typischen Form schlank aufrecht, Stamm gerade durchgehend, mit wenigen kurzen Ästen; andere jedoch auch breiter, säulenförmig, dichter beastet, mitunter aber auch dichtkronig, stark verzweigt oder formlos, oder vielstämmig, im Alter mehr ausgebreitet.

BELAUBUNG: Triebe hellgrün, glatt, verholzen im zweiten Jahr, dann bräunlich; Knospen flach kegelförmig, rotbraun; Austrieb hell gelbgrün Ende April, später dunkelgrün, lederartig derb, fächerförmig, dicht fächerförmig genervt, an Langtrieben spiralig stehend, an Kurztrieben an alten Holz büschelig stehend; an Langtrieben Blattstiele 2 cm lang, Spreite bis 12 × 10 cm, bis fast zur Basis gespalten, jede Hälfte oft nochmals seicht gespalten; an Kurztrieben Stiele bis 4,5 cm lang, Blattspreite bis 6 × 8 cm groß, seicht zweilappig und unregelmäßig gezähnt; Herbstfärbung goldgelb im Oktober, Laubfall Anfang November.

BLÜTEN UND FRUCHT: Jeder Baum entweder männlich oder weiblich. Die wenigen bekannten weiblichen Bäume sind hoch und schmalkronig (häufig wird aber auch das Gegenteil angegeben). Die dicken männlichen Kätzchen sind 6–8 cm lang und erscheinen mit den Blättern; weibliche Blüten ähneln langgestielten, kleinen Eicheln, zu 1–2 an 4 cm langem Stiel, Frucht an der Basis mit kragenartigem Wulst; reife Frucht mehr oder weniger kugelig bis pflaumenförmig, 2,5–3 cm lang, zuerst grün, im Herbst gelb, dann braun, beim Faulen der äußeren Schale sehr unangenehm riechend.

WUCHS: Unregelmäßig von Mitte Mai bis Ende August, im allgemeinen ziemlich langsam, mitunter in einem Jahr kaum Zuwachs, in anderen Langtriebe von 60 cm. Meist völlig frei von Krankheiten, jedoch nicht immun gegen Hallimasch. Langlebig; in Kew Gardens 210 Jahre alter gesunder Baum.

ERKENNUNGSHILFE: Blätter unverkennbar; unbelaubter Baum im Winter sparrig und mit Kurztrieben auf den Ästen; erinnert etwas an einen Birnbaum.

Eiben-Gewächse: *Taxaceae*

Fünf Gattungen, davon jedoch nur zwei in Kultur; von den echten Koniferen abweichend durch die einzeln stehenden Samenanlagen, zur Reifezeit von einer fleischigen Hülle (Arillus) umgeben, ähnlich einer Beere.

EIBE *Taxus*
E – Yew   F – If

Über die nördliche Halbkugel verbreitete Gattung, mit sechs geographisch unterschiedenen Arten, davon einige einander sehr ähnlich.

Gemeine Eibe *Taxus baccata* L.   1
E – Common Yew   F – If commun   N – Gewone Taxus

Europa, Algerien und Kleinasien bis Persien; sehr häufig anzutreffen in Parks, Gärten, Friedhöfen, oft als Hecken, oft viele hundert Jahre alt.

RINDE: Rötlichbraun und purpurn, an alten Stämmen abblätternd.

KRONE: Breit bis sehr breit, kegelförmig wenn einstämmig; unregelmäßig breit, wenn mehrstämmig; Zweige ziemlich steif und in einer Ebene oder auch teils abwärts geneigt, Triebe mitunter überhängend; der meist nicht ganz gerade Stamm ist häufig dicht mit kurzen Austrieben bedeckt und dann nicht sichtbar.

BELAUBUNG: Triebe drei Jahre lang grün bleibend; Knospen winzig, eiförmig, grün; häufig auch einige stark vergrößerte knospenartige Gallen, verursacht durch die Eiben-Gallmücke *(Taxomyia taxi)*. Nadeln

Gemeine Eibe

an aufrechten Trieben spiralig stehend, an abstehenden Trieben zweizeilig, vorwärts gerichtet und abwärts gekrümmt, linealisch, plötzlich in eine scharfe Spitze verschmälert, 2–4 cm lang, bis 3 mm breit, oben sehr dunkelgrün, glänzend oder matt, mit deutlicher Mittelrippe, unterseits gelbgrün, mattgrün, nicht glänzend, gefurcht.

BLÜTEN UND FRUCHT: Zweihäusig. ♂ Blüten klein, kugelig, längs der Unterseite der vorjährigen Triebe; sie färben sich gelb und entlassen im Februar den Pollen. ♀ Bäume haben winzige, einzeln stehende, kaum auffällige grüne Blüten, bevor ihr fleischiger Samenmantel anschwillt und sich, Mitte September, hochrot färbt. Der Samenmantel ist becherförmig, oben offen, etwa 1 × 0,6 cm groß, und überragt den Samen.

WUCHS: Jährlicher Zuwachs an jungen Bäumen etwa 20–30 cm, Stammumfang etwa 2–3 cm; sehr alte Bäume nehmen an Höhe nicht mehr zu, und der Stammumfang nimmt im Jahr 0,5 cm oder weniger zu.

'Adpressa'. Häufige Gartenform. 1838. ♀, Busch; feintriebig, Triebe teils etwas überhängend; Nadeln länglich-elliptisch, spitz, bis 1 cm lang. Hiervon gibt es auch eine gelbbunte Form.

'Dovastoniana'. 1777. Weniger häufig, in Parks; bei uns bis 5 m hoch, einstämmig, Seitenzweige waagerecht abstehend und weit ausgebreitet, Spitzen überhängend, Seitentriebe hängend; sehr auffällig.

'Fastigiata'. Säulen-Eibe (= *T. baccata* 'Hibernica'). E – Irish Yew   F – If d' Irlande   N – Ierse Taxus. 1780 in Irland gefunden. Sehr verbreitet in Parks, Gärten und auf Friedhöfen; Wuchs straff aufrecht, säulenförmig, meist ♀ (auch ♂ bekannt), Nadeln schwarzgrün, spiralig um die Triebe gestellt; Gipfel vieltriebig, dadurch Krone oben etwas breiter; wird in England bis 15 m hoch, bei uns aber kaum

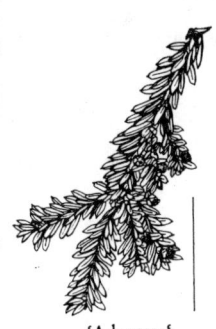

'Adpressa'

'Dovastoniana'

Zwei Wuchsformen der Säulen-Eibe

über 5 m und 2 m breit. Der Wuchs der gelbbunten Form, 'Fastigiata Aurea', ist schwächer.

'F r u c t o - l u t e o', 1817 in Irland gefunden. Seltene breitwüchsige Buschform, Nadeln schwarzgrün, reife Früchte gelb, sehr hübsch.

Noch viele weitere Formen, teils auch buntnadelig, in den Parks.

Japanische Eibe   *Taxus cuspidata* S. & Z.

E – Japanese Yew   F – If de Japon

Japan; 1855. Die typische Form bei uns sehr selten. Breiter, buschiger Baum, Nadeln sehr starr, dornspitzig, 2–3,5 cm lang, *unterseits goldgelb oder bräunlichgelb, steif* seitwärts abstehend; ♀ Bäume reich an Früchten, diese in Büscheln, hellrot, 7–8 mm lang. – In den Parks die Form 'Nana' nicht selten, sie wird bis 2 m hoch und 3 m breit. – Kreuzungen zwischen *Taxus baccata* mit *T. cuspidata* ergaben *Taxus × media* Rehd., die 1900 in Massachusetts entstand und im Aussehen zwischen den Eltern steht. Die bekannteste Form ist die breit säulenförmige 'Hicksii'; Nadeln etwa 2 cm lang, kurz dornspitzig, unten hellgrün, Früchte scharlachrot, glänzend.

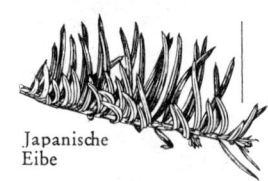

Japanische
Eibe

Chinesische Eibe   *Taxus celebica* (Warburg) Li.

E – Chinese Yew   F – If de Chine

China, 1908. Sehr selten; breit buschig, *sehr locker benadelt,* ganze Partien der Triebe ganz ohne Nadeln; Nadeln *schmal, blaß gelbgrün,* beiderseits flach, einige rückwärts gebogen, 1,5 cm lang; männliche Blüten locker stehend, achselständig, 2 mm lang, eiförmig, grün und braun; Früchte zu 2–3 beisammen, 5 mm, eiförmig, bei uns kaum reifend.

NUSSEIBE   *Torreya*

E – Nutmeg-Tree

Sechs Arten, in USA, China und Japan, Früchte pflaumenartig aussehend, grün, Nadeln hart, dornig zugespitzt.

Kalifornische Nußeibe   *Torreya californica* Torrey   **2**

E – Californian Nutmeg   F – Torreya muscadier

Nördl. Küstengebiet und Westabhänge der Sierra Nevada, Kalifornien. 1851. Bei uns selten in Kultur (Mainau!).

Rinde: Hell rotbraun oder graubraun, ganz flach netzförmig gefurcht.

KRONE: Spitz kegelförmig, Basis breit, locker; Äste gerade, *quirlständig*, waagerecht; junge Triebe etwas hängend.
BELAUBUNG: Triebe im ersten Jahr hellgrün, im zweiten Jahr mit rötlichen Flecken, im dritten Jahr rotbraun. Knospen *kegelförmig*, fein zugespitzt, oben braun, unten glänzend grün. Nadeln ziemlich weit stehend, steif, linealisch, lang und schmal, an der Spitze etwas verschmälert, 4–5 × 0,3–0,5 cm, oben dunkelgrün mit breitem hellerem Rand, unten mit zwei weißlichen Bändern, meist unregelmäßig zweizeilig stehend, oft *aufwärts gekrümmt*; zerrieben stark aromatisch nach Salbei duftend. ♂ Blüten einzeln in den Blattachseln, eiförmig, 3 mm lang, hellgrün mit gelben Flecken bis zum Stäuben im Mai; Frucht eirund, 4 cm, reif grün mit purpurnen Streifen.

Japanische Nußeibe   *Torreya nucifera* Sieb. & Zucc.

E – Japanese Nutmeg   F – Torreya porte-noix

Japan. 1764. Bei uns kaum über 10 m hoch, mit schlanker Krone, Beastung unregelmäßig, teils quirl-, teils wechselständig, waagerecht; Rinde im zweiten Jahr hell orangebraun, im dritten Jahr mahagonibraun; Nadeln viel *kleiner* als bei *T. californica*, 3 × 0,25 cm, oben dunkelgrün mit hellgrünem Rand, unten mit zwei silbernen Bändern, plötzlich scharf zugespitzt, sehr regelmäßig zweizeilig und parallel stehend, *abwärts gebogen*; zerrieben stark unangenehm riechend; männliche Blüten einzeln in den Blattachseln nach der Triebbasis zu stehend, 2 mm, weißlichgrün. Früchte wie bei *T. californica*, aber kleiner, 2 cm.
UNTERSCHEIDUNGSHILFE: *Cephalotaxus*-Arten (s. u.) haben keine dornspitzigen Nadeln; diese sind lederartig, stehen dichter, haben unterseits breite weiße Bänder und eine schuppige Rinde. – *T. californica* (oben) hat viel längere Nadeln und riecht nicht so unangenehm.

Kopfeiben-Gewächse: *Cephalotaxaceae*

Sieben Arten in SO-Asien – früher den Taxaceae zugeordnet – Früchte olivenartig, erst im zweiten Jahre reif.

Kopfeibe   *Cephalotaxus harringtonia* var. *drupacea* (S. & Z.) Koidzumi.   **2**

E – Cow's Taile Pine

China, Japan. 1829. Nicht sehr häufig. Niedriger Busch, in milden Gebieten auch gelegentlich kleiner, breiter, dichtkroniger Baum, meist mit hängenden Ästen.

Chinesische Eibe   Kalifornische Nußeibe   Japanische Nußeibe

BELAUBUNG: Triebe drei Jahre mit grüner Rinde, durch die Blattbasen gefurcht; Knospen grün, kugelig, 1 mm; Nadeln zweizeilig stehend und *V-förmig aufwärts* gerichtet, an Schattentrieben oft auch waagerecht, breit linealisch, 5 × 0,3 cm, plötzlich zugespitzt, lederartig, oben hell *matt gelblichgrün,* unten mit zwei blassen oder silbernen Bändern.

BLÜTEN UND FRUCHT: ♂ Pflanzen meist dicht besetzt mit paarweise stehenden, kugeligen, zuerst rahmgelben, später braunen Blüten an 2–4 mm langen Stielen in den Blattachseln; Pollen März bis Mai; ♀ Pflanzen meist mit 2 Paar kugeliger Blüten an dicken, gebogenen Stielen an der Basis der jungen Triebe; Frucht obovoid (birnenförmig), 2,5 × 1,5 cm, anfangs hellgrün, dunkelgrün gestreift, reif glänzend braun.

'F a s t i g i a t a'. 1861. Japan. Seltenere Gartenform; bei uns 1–2 m hoch; Äste zahlreich, langrutig, alle aufrecht, säulenförmig zusammenstehend, mit sehr dunkelgrünen, dicken, *abwärts gekrümmten,* ringsum den Trieb stehenden Nadeln, 2–7 cm lang, die Partien eines jeden Jahres beginnend mit großen, allmählich kleiner werdenden Blättern; Triebe im oberen Teil unverzweigt, im unteren Teil oft mit kurzen, abwärts gerichteten Seitentrieben mit zweizeiliger Benadelung; Blüten bisher nicht beobachtet.   **2**

UNTERSCHEIDUNGSHILFEN: *Taxus baccata* 'Fastigiata' (S. 55) ist ähnlich, wird höher, aber in allen Teilen kleiner, mit aufrechten Trieben, die alle dicht mit kurzen, abstehenden Seitentrieben besetzt sind.

Chinesische Kopfeibe   *Cephalotaxus fortuni* Hook.   **2**

E – Chinese Cow's Tail Pine

Zentral-China. 1848. Sehr selten; in ihrer Heimat bis 10 m hoch.

RINDE: Rotbraun, stellenweise purpurn, löst sich in groben quadratischen Schuppen und langen Streifen ab.

BELAUBUNG: Rinde drei Jahre lang grün bleibend; Knospen 4 mm dick, dunkelgrün, kugelig; Nadeln *glänzend* dunkelgrün oder dunkel gelbgrün, lang (5–9 × 0,5 cm), gefurcht, *parallel stehend,* zweizeilig, Spitzen leicht *abwärts gerichtet,* allmählich verschmälert, unten mit zwei grauen oder weißen breiten Bändern.

BLÜTEN UND FRÜCHTE: ♂ Blüten weißlich, eiförmig; Früchte eiförmig, 1,5–2 × 1 cm, anfangs blaugrün, später glänzend weißlichgrün mit grünen Streifen, später dunkler, reif rotbraun, glänzend, in Büscheln zu 3–5 beisammen.

UNTERSCHEIDUNGSHILFE: *C. harringtonia* var. *drupacea* (oben) hat kürzere, aufwärts gerichtete Nadeln, Wuchs dichter, buschiger.

Kopfeibe   Chinesische   'Fastigiata'-Form
                    Kopfeibe   der Kopfeibe

Steineiben-Gewächse: *Podocarpaceae*

Von den sieben Gattungen sind nur fünf, und auch diese sehr selten, in Kultur; sehr verschiedengestaltig; ♂ Blüten in Kätzchen.

STEINEIBE *Podocarpus*
E – Yellow-wood

Etwa 100 Arten; Gebirge der Tropen, nach Süden bis Chile und Neuseeland, nach Norden bis Japan und Mexiko. Die meisten Arten zweihäusig; Nadeln derb, lederartig. – Im allgemeinen im nordwestlichen Europa, ausgenommen Großbritannien und Irland, nicht winterhart; dort vor allem in den Parks anzutreffen: *P. andinus, P. salignus, P. totara* und *P. nubigenus.* Hier nur eine Art beschrieben, die in den Botanischen Gärten zu finden ist.

Pflaumen-Steineibe *Podocarpus andinus* Poeppig ex Endl.   **2**
   (= *Prumnopitys elegans* Phil.)
   E – Plum-fruited Yew
   Süd-Chile 1860. In englischen Gärten mittelhoher Baum, bis 15 m.
RINDE: Glatt, schwarz, im Alter kupfriggrau, runzelig.
KRONE: Oft vielstämmig, jeder Stamm mit einer kegelförmigen
   Spitze.

BELAUBUNG: Rinde in den beiden ersten Jahren grün; Knospe winzig, grün, eiförmig; Nadeln an jungen Pflanzen dunkelgrün, steif, dornspitzig, 2 cm lang, lanzettlich, abstehend; an alten Pflanzen mehr bläulichgrün, bis 5 cm lang, linealisch, dicht stehend und an den Triebenden vorwärts gerichtet, zur Triebbasis hin mehr zweizeilig, häufig verdreht und so zwei breite graublaue Bänder unterseits zeigend, *weich.*
BLÜTEN UND FRUCHT: ♂ Blüten end- und achselständig, 3–4 cm,   Pflaumen-
aufrecht, blaugraue Köpfchen mit 7–8 eiförmigen, gelben Blüten,   steineibe
1–2 mm; ♀ Blüten end- und achselständig, aufrecht und nickend,
zu 2–6, schlank, kegelförmig, blaugrün, an 3 cm langem Stiel; Frucht: zu 2–6 in hängendem Bündel, an hell gelbgrünem Stiel, eilänglich, 15–20 mm lang, apfelgrün, mit weißen, erhabenen Punkten.
UNTERSCHEIDUNGSHILFE: *Saxegothaea* hat überhängende Triebe, sehr dunkelgrüne, gebogene, harte, stachelspitze Nadeln, unterseits auffällig blauweiße Bänder.

PATAGONISCHE EIBE   *Saxegothaea*
Nur eine Art.

Patagonische Eibe   *Saxegothaea conspicua* Lindl.   **2**
   E – Prince Albert's Yew
   Chile, Argentinien. 1847. Bei uns wohl nur in Botanischen Gärten, da nicht winterhart (D ∧∧∧), jedoch in englischen und irischen Gärten anzutreffen.
RINDE: Glatt, rötlich oder purpur-braun, blättert im Alter in großen dünnen Schuppen ab, rosarote Flecken an diesen Stellen hinterlassend, ähnlich *Taxus baccata* (S. 55).
KRONE: Schlank und kegelförmig oder auch breit und buschig, Äste übergeneigt, dünnere Triebe *hängend.*

BELAUBUNG: Triebe an den Zweigenden gehäuft und hängend, Rinde 3–4 Jahre lang grün bleibend und mit einem breiten weißen Band von jeder Nadelbasis gezeichnet; Haupttriebe mit Quirlen von je 3–4 Seitentrieben; Nadeln 1,5–2,5 × 0,2 cm, im Austrieb purpurn getönt, bald stumpf und dunkelgrün, linealisch, jedoch *gekrümmt, hart*, scharf zugespitzt, ziemlich dicht zweizeilig, aber ungleich liegend, unten mit zwei weißen Bändern, Mittelrippe und Rand apfelgrün; gerieben grasartig duftend.

BLÜTEN: ♀ Blüten endständig an kurzen Trieben, ähnlich einem kleinen Zapfen, später zu einer blaugrau bemehlten kleinen Rosette nach außen gebogener, fleischiger Fruchtblätter werdend, 5 × 10 mm groß. ♂ Blüten 1 mm, dunkelpurpurn, eiförmig, zu 10–20 blattachselständig an jedem Trieb.

UNTERSCHEIDUNGSHILFE: Könnte mit *Podocarpus andinus*, die aber noch seltener ist, verwechselt werden, vgl. S. 59.

Patagonische
Eibe

Araukarien-Gewächse: *Araucariaceae*

(Die deutsche Bezeichnung „Schmucktanne" wird nicht verwendet, da sie ein reiner Buchname ist.)

Sechsunddreißig Arten mit großen Zapfen und harten Schuppenblättern; in Malaysien, Ozeanien (viele beschränkt auf Neu-Kaledonien), Australasien und Süd-Amerika. Zwei Gattungen: *Agathis* mit einundzwanzig Arten, und *Araucaria*.

Chilenische Araukarie　　*Araucaria araucana* (Molina) K. Koch　　　　**1**
　　(= *A. imbricata* Pavon)

E – Chile Pine, Monkey-Puzzle　　　F – Araucaria du Chili　　　N – Apeboom
Chile, Argentinien. 1795. In den mildesten Gegenden NW-Europas mehr oder weniger winterhart, auf den Britischen Inseln sehr häufig als große Bäume zu sehen.

RINDE: Dunkelgrau, runzelig oder etwas gefurcht ringsum die Narben alter Astbasen, weiter auch korkartig zerrissen, mit erkennbaren Jahresschichten, oft mit Harzausscheidungen.

KRONE: Ei-kegelförmig, wenn von unten auf beastet, alle Äste quirlständig, locker; sehr alte Bäume oft nur noch in der Spitze beastet. Stamm stets gerade und walzenförmig.

BELAUBUNG: Triebe frischgrün, Rinde gefeldert, jedes 1 × 1,5 cm große Feld mit einem Blatt, dieses sehr hart, lederig, dunkelgrün und glänzend, zum Rand hin etwas gelb, beiderseits mit feinen Stomabändern, breit dreieckig, 3–4 cm lang, an der Basis 1 cm breit, scharf in einen braunen Dorn zugespitzt, vorwärts gerichtet und dicht spiralig um den Trieb gestellt.

BLÜTEN UND FRUCHT: ♂ Blüten endständig, zu mehreren

Chilenische
Schmucktanne

beisammen, länglich eiförmig, 10 × 6 cm, die langen schmalen Schuppenspitzen zurückgeschlagen; nach dem Stäuben im Juni noch monatelang am Baum bleibend; ♀ Blüten einzeln, an der Oberseite der Triebe, kugelig, im 2. Jahre reifend, bis 15 cm dick, anfangs grün mit goldgelben Dornen, später braun, am Baum aufbrechend und die 2 × 4 cm großen, eßbaren Samen freigebend.
WUCHS: Treibt von Mitte Mai bis August, kaum über 30 cm Jahreszuwachs; jedes Quirl wächst in 2, mitunter auch in 1 Jahr heran. Forstlicher Versuchsanbau in D (Wuppertal).

Zypressen-Gewächse: *Cupressaceae*

Sehr große Familie mit 18 Gattungen manche wachsen jedoch in Europa nicht im Freiland. Jugendform der Blätter während der ersten 1–2 Jahre linealisch und abstehend, Altersform klein, schuppenförmig, gelegentlich untermischt mit Jugendblättern; Zapfen klein, bei *Juniperus* fleischig ähnlich einer Beere.

FLUSSZEDER *Calocedrus*
Früher mit *Libocedrus* zusammen in einer Gattung; drei Arten in Kalifornien, China und Taiwan. Mit *Thuja* nahe verwandt.

Kalifornische Flußzeder *Calocedrus decurrens* (Torrey) Florin (=*Libocedrus decurrens* Torrey)

E – Incense Cedar   F – Cèdre blanc de Californie

USA, mittl. Oregon bis S-Kalifornien, 1853. Bei uns Parkbaum, winterhart.
RINDE: Dunkel rotbraun, in grobe Platten zerrissen, die sich an der Spitze und am Fuß nach außen krümmen, auch schon an jungen Bäumen.
KRONE: *Schmal säulenförmig mit abgerundeter Spitze,* seltener jedoch breit säulenförmig, in der Regel bis zur Basis dicht beastet, glänzend dunkelgrün, Stamm meist nur im untersten Teil des Baumes unbeastet, oft auch zweistämmig; Äste sehr kurz, straff aufrecht gehend. – In ihrer Heimat haben die Bäume eine breite, kegelförmige, lockere Krone mit waagerechten Ästen, die erst in hohem Alter säulenförmig wird.
BELAUBUNG: Triebe zuerst grün, später rotbraun; Nadeln lang, schmal, schuppenförmig überdeckend, an der dreieckigen Spitze breiter werdend, die Spitzen einwärts gekrümmt, die Schuppen stets im Vierer-Verband, eine oben, eine unten und zwei seitlich, oben dunkelgrün, unten etwas mehr gelbgrün; zerrieben stark *nach Schuhcreme* oder *Terpentin* riechend.

Kalifornische
Flußzeder

BLÜTEN UND ZAPFEN: Einhäusig (also beide Geschlechter am gleichen Baum); ♂ Blüten 3–4 mm lang, tropfenförmig, goldgelb, in manchen Jahren sehr zahlreich, an den Spitzen kurzer Triebe; Zapfen klein, 2 cm, zugespitzt, mit nur 2 fruchtbaren Schuppen, gelblich, im Spätsommer, in manchen Jahren sehr zahlreich.
WUCHS: Mai–August: Jahreszuwachs bis 60 cm; sehr gesund. Forstlicher Versuchsanbau in GB und D.

UNTERSCHEIDUNGSHILFE: Könnte verwechselt werden mit *Chamaecyparis lawsoniana* 'Erecta', doch hat diese eine spitze Krone, mehr buschig, auch breiter, längere und dunklere Bezweigung.

SCHEINZYPRESSE   *Chamaecyparis*

E – „False" Cypress   F – Faux-Cyprès   N – Cypres

Sechs Arten; Zweiglein flach, Zapfen klein. N-Amerika, Japan und Taiwan. Drei Arten mit einer sehr großen Zahl von Gartenformen; diese können jedoch nicht in den Schlüssel aufgenommen werden, jedoch haben nahezu alle diese Formen, wenn auch bizarr wachsend, und den Duft der Stammart, wenn die Zweiglein gerieben werden.

Schlüssel zu den Chamaecyparis-Arten und Cupressocyparis leylandii

1. Zweiglein sehr kurz, dicht, büschelig, aufrecht, sehr dünn;
   gerieben mit kräftigem Ingwer-Duft .   *C. thyoides*, S. 70
   Zweiglein lang, offen, flach, nicht büschelig   **2**
2. Nadeln derb und stumpf, frisch grün, weiß gezeichnet auf der
   Unterseite   *C. obtusa*, S. 68
   Nadeln scharf zugespitzt   **3**
3. Nadeln bei starkem Gegenlicht durchscheinende Punkte zeigend;
   Spitzen einwärts gekrümmt; mit Petersilien-Duft   *C. lawsoniana*, S. 62
   Nadeln ohne durchscheinende Punkte; Spitzen abstehend   **4**
4. Benadelung fein, Triebe schlank; hell oder frisch grün   **5**
   Benadelung dick, schwer, dunkel- oder mittelgrün   **6**
5. Benadelung frischgrün, Triebe etwas aufwärts gerichtet,
   unten weiß gezeichnet; scharfer Harzduft   *C. pififera*, S. 69
   Benadelung blaß bronzegrün; Triebspitzen abwärts gerichtet,
   unterseits blaßgrün; Duft nach Tang   *C. formosensis* (nicht behandelt!)
6. Triebe hängend, rauh, stumpf, dunkelgrün   *C. nootkatensis*, S. 67
   Triebe weniger hängend, glatt, heller grün oder mehr graugrün;
   Leittrieb geknickt   **7**
7. Zweiglein aus fiederartigen Trieben in 2 Ebenen; Nadeln
   mit grauer Zeichnung   × *C. leylandii* 'Haggerston Grey', S. 71
   Zweiglein mehr farnartig gefiedert, flach, in einer Ebene, ausgenommen
   an der Spitze; Nadeln gleichförmig dunkelgrün
                          × *C. leylandii* 'Leighton Green', S. 71

Lawson's Scheinzypresse   *Chamaecyparis lawsoniana* (Murray) Parl.   **3**

E – Lawson Cypress   F – Cyprès de Lawson   N – Lawson Cyprès

Klamath und Siskiyou-Gebirge, NW-Kalifornien und SW-Oregon, 1200 bis 1800 m. 1854. In Kultur weit verbreitet sowohl der Typ, wie auch seine zahllosen Gartenformen. Sehr winterhart, doch gelegentlich durch trocknende Winde in kalten Wintern braun werdend; in der Heimat bis 50 m hoch, bei uns etwa halb so hoch, in England 38 m gemessen.

RINDE: Anfangs glatt, dunkel bräunlichgrün, etwas glänzend, dann mehr purpurn graubraun, später längs in lange Platten zerrissen; sehr alte Bäume haben große Längsplatten, die sich an den Enden abheben.

KRONE: Hoch, schmal kegelförmig, *mit überhängendem Leittrieb*, im Freistand dicht und bis zum Boden beastet; *gegabelte Stämme häufig*, mitunter auch mehrfach gegabelt; Bezweigung hängend, Zweiglein gleichförmig klein; mitunter „Schleppenbildung" an der Basis alter, starker Stämme.

BELAUBUNG: Triebe schon bald stumpf rötlichbraun, später mehr purpurn. Nadeln schuppenförmig, ziemlich dunkelgrün oberseits, *mit einer durchscheinenden Drüse* in der Mitte der Flächenblätter, unten blasser grün, Naht zwischen beiden Schuppen weiß; neue Langtriebe fadenförmig und überhängend; zerriebene Nadeln duften nach Harz und Petersilie.

BLÜTEN UND FRUCHT: Die meisten Bäume tragen reichlich Blüten beider Geschlechter; ♂ Blüten endständig an den dünnsten Spitzen, 2 mm, zuerst die Schuppen schiefergrau mit weißem Rand, werden Ende März karminrot, dann bis 5 mm lang, stäuben im April und fallen dann bald, ♀ Blüten hinter den Triebspitzen, stahlblau, 5 mm lang, öffnen sich meist im April, einige auch während des ganzen Sommers, werden später grün und kugelig, häufig blauweiß bereift, verholzen zum Schluß, purpurbraun, 7 mm dick, die Fruchtschuppen verdickt und mit einem kleinen, in der Mitte stehenden Höcker.

WUCHS: Mai bis September; junge Bäume können Triebe bis zu 80 cm machen, aber über viele Jahre hin beträgt der durchschnittliche Zuwachs 30 bis 45 cm. Kleiner forstlicher Versuchsanbau in D, PL, GB und I.

'A l u m i i'. 1890. Blaugrau bis stahlblau, Triebe stehen senkrecht, Flächenblätter gelbgrün; schmal säulenförmig von zuerst mehr buschiger Basis; 20 m. Sehr häufig in Parks und auf Friedhöfen.

'F r a s e r i'. 1891. Ähnlich der vorigen, aber an der Basis schmaler bleibend, Triebe etwas dicker, weniger blau, 10 m. Häufig.

'T r i o m f   v a n   B o s k o o p'. 1895 Holland. Breit säulenförmig, locker bezweigt, blaugrau, mit gutem Stamm, Wuchs kräftig, bis 25 m; häufig.

'C o l u m n a r i s'. 1941 Holland. Schmal säulenförmig, spitzer Gipfel, Bezweigung dünn, blaugrau, aufrecht, 8 m; häufig angepflanzt.

'E r e c t a   V i r i d i s'. 1855 England. Schlank kegelförmig, mit deutlichem Spiralwuchs, spitz, dicht und meist vielstämmig, alle Triebe senkrecht stehend, frischgrün. Ziemlich häufig in den Gärten.

'Y o u n g i i'. Vor 1874 England. Schlanke Kegelform, bis 10 m, Zweiglein ziemlich lang, dunkelgrün, farnartig, an den Spitzen etwas nach oben gekrümmt und mit vielen ♂ Blüten; Triebe lang, waagerecht oder etwas hängend.

Die Cultivare der Lawson-Scheinzypresse unterscheiden sich auch im Habitus beträchtlich: a 'Alumii', b 'Columnaris', c 'Erecta', d 'Green Pillar', e 'Pottenii', f 'Fletcheri', g 'Ellwoodii', h 'Wisselii'

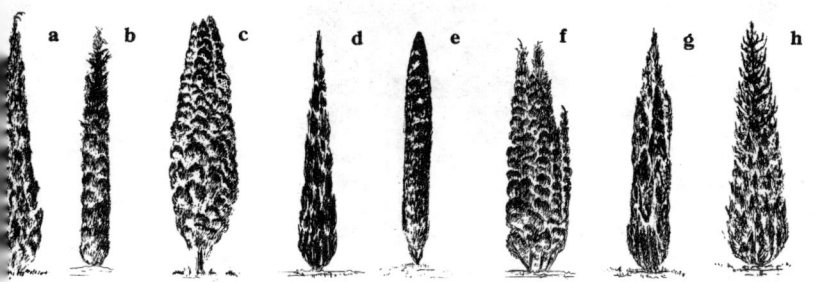

Ginkgo, Eibe, Araucaria

Primitive Koniferen

Zweihäusig, also männliche und weibliche Blüten auf getrennten Bäumen.

1 Ginkgobaum   *Ginkgo biloba*   54
 a Baum, etwa 18 m hoch, im Sommer.
 b Blattbüschel an Kurztrieb.
 Häufiger Baum in Parks und großen Gärten.

2 Gemeine Eibe   *Taxus baccata*   55
 a Trieb einer männlichen Pflanze, mit offenen und geschlossenen Blüten.
 b Trieb einer weiblichen Pflanze, mit offenen Blüten.
 c Trieb mit reifer Frucht. Der fleischige Mantel umschließt den sehr giftigen
   Samen.
 d Junger Baum, etwa 3 m hoch

Die Eibe erreicht von den bei uns heimischen Bäumen das höchste Alter; als
alter Baum oft sehr breit ausladend und mit knorrigem Stamm, viele Jungtriebe.

3 Chilenische Araukarie   *Araucaria araucana*   60
 Trieb. Der Trieb ist während des größten Teiles der Jahreszeit glänzend grün,
 aber fast immer von den starren, dornspitzigen Blättern verdeckt (siehe Zeichnung unten).

PS: Die angegebenen Höhen beziehen sich immer auf die abgebildeten Bäume
und nicht etwa auf die erreichbare Höhe voll ausgewachsener Bäume; für diese
vgl. im Text.

Chilenische Araukarie

1a

1b

2a

2b

2c

2d

3

1

3a

3b

4

5

Eiben-Gewächse und Verwandte

1 **Nußeibe Torreya**   *Torreya californica*   56
Die harten, stechenden Blätter stehen in verschiedenen Winkeln vom Trieb;
sie riechen, wenn zerrieben, scharf nach Terpentin.

2 **Chinesische Kopfeibe**   *Cephalotaxus fortuni*   58
Die lederartigen Blätter, mit weicher Spitze, stehen flach und zweizeilig; der
obere Zweig zeigt männliche Blüten.

3 **Japanische Kopfeibe, Säulenform**   *Cephalotaxus harringtonia* 'Fastigiata'   58
a 4 m hohe Pflanze.
b Trieb (senkrecht wachsend!); die Blätter werden von der Triebbasis bis zur
Spitze des Jahrestriebes allmählich kürzer.

4 **Pflaumen-Steineibe**   *Podocarpus andinus*   59
Blätter sind weich, oft blaugrün. Dichter, oft buschiger Baum mit glatter,
schwarzer Rinde.

5 **Patagonische Eibe**   *Saxegothaea conspicua*   59
Blätter hart, in eine kleine Stachelspitze endend, 1 cm lang. Busch, mitunter
auch ein schmaler Baum, mit rötlichbrauner, abschülfernder Rinde, ähnlich der
Eibe.

Kalifornische   Chinesische Kopfeibe   Patagonische Eibe
Torreya

Lawson's Scheinzypresse   'Intertexta'   'Wisselii'

'P o t t e n i i'. 1900 England. Sehr schmale Säulenform, bis 10 m, dicht beastet, etwas graugrün, fiederförmig, mit kleinen abstehenden Zweiglein; Nadeln halbjuvenil, mit schmalen, vorwärts gerichteten Spitzen, oben graugrün, unten blaßgrün, etwas grau bestäubt.

'F l e t c h e r i'. 1913 England. Benadelung blaugrau, federartig, nadelförmig; Nadeln lang zugespitzt, 2 mm lang, kreuzweise gegenständig und abstehend; Wuchs säulen- bis kegelförmig, an der Spitze oft unsymmetrisch und vielstämmig. Häufig in Parks und auf Friedhöfen, 5–8 m.

'E l l w o o d i i'. 1929 England. Ähnlich Fletcheri', aber selten höher als 2–3 m, in England jedoch bis 8 m, Benadelung mehr graugrün, Triebspitzen etwas nickend, Blätter nadelförmig, pfriemlich. Nicht selten.

'F i l i f o r m i s'. 1878 Belgien. Wuchs zierlich, breit kegelförmig oder säulenförmig, bis 10 m, sehr locker beastet, Triebspitzen lang und fadenförmig, grün. Sehr selten.

'I n t e r t e x t a'. 1869 Schottland. Wuchs aufrecht bis 10 m oder mehr, Äste entfernt stehend, dunkelgrün, hängen schlaff über, Triebe dicklich.

'W i s s e l i i'. 1888 Holland. Benadelung dunkel blaugrün und heller blaugrau, Zweiglein dicht und nach allen Seiten stehend, farnartig bis hahnenkammartig; Wuchs schmal säulenförmig, an sehr alten Pflanzen Äste weit schräg aufwärts herausragend; Wuchs langsam, aber sehr hoch werdend, 10–15 m oder mehr; im Frühling Krone karmin durch die zahlreichen ♂ Blüten.

'L u t e a'. Um 1870 England. Benadelung goldgelb, im Inneren heller werdend bis weißlich; Habitus schmal säulenförmig, bis 10 m oder höher, Kronenspitze kegelförmig, dicht, Zweiglein dicht und überhängend; Zapfen blaugrün; Rinde orangebraun und feinschuppig. Hiervon stammen viele andere gelbe Gartenformen mit breiterer, nicht hängender Bezweigung ab. Häufig.

'S t e w a r t i i'. 1900 England. Äste und Zweige goldgelb, aufrecht, zur Basis hin gelbgrün, Zweiglein farnartig und etwas übergebogen, vor allem die Jungtriebe; Wuchs kegelförmig, ziemlich kräftig, 10 m oder höher. Häufig.

UNTERSCHEIDUNGSHILFE: *Chamaecyparis nootkatensis* hat eine andere Kronenform, größere Zapfen und gelbe ♂ Blüten; *Thuja plicata* könnte nur den Anfänger irreführen, aber die größeren, breiteren Schuppenblätter, der Duft und die aufrechten Leittriebe und die faserige Rinde sollten dies verhindern.

Nutka-Scheinzypresse *Chamaecyparis nootkatensis* (D. Don) Spach

   E – Nootka Cypress   F – Cyprès de Nootka   N – Nootka-Cypres

Alaska bis N-Oregon 1854. Viel seltener in Kultur als *Ch. lawsoniana*, aber doch gelegentlich in Parks und Gärten. Sehr winterhart; 25–30 m hoch, bis 3 m breit.

RINDE: Braun-orange, rosa-orange bis graubraun, flach längsrissig oder auch spiralig und in feinen Streifen ablösend.

KRONE: Bemerkenswert *regelmäßig*, kegelförmig, nur selten gegabelt, aber oft mit starker Schleppenbildung; obere Äste regelmäßig in der Größe, klein, etwas aufwärts gerichtet; oft an der Basis Äste wurzelnd und wieder aufsteigend.

BELAUBUNG: Triebe bald kräftig rötlich orangebraun, Zweiglein *hängend, rauh,* wenn gegen den Strich gerieben, oben stumpf dunkelgrün, unten heller und etwas gelbgrün, farnartig, flach, dicklich, die Zweiglein etwa 20 × 4 cm lang, regelmäßig wechselständig; zerrieben unangenehm riechend; Schuppenblätter mit feinen, abstehenden Spitzen und hellerem Rand, nach der Spitze zu gefurcht.

BLÜTEN UND FRUCHT: ♂ Blüten zahlreich, vor allem an den Spitzen hängender Zweiglein, gelb vom Herbst bis zum Stäuben im April; ♀ Blüten schieferblau, an kürzeren Trieben hinter den ♂ Blüten, von diesen immer einige geöffnet, im 2. Jahr reifend und dann grün mit bläulichem Reif, 1 cm dick, jede Schuppe mit einem großen Dorn, zuletzt braun. Forstlicher Versuchsanbau in GB.

'L u t e a' (= 'Aurea'). 1891. Weniger häufig. Im Frühsommer junge Triebe blaßgelb, hängend, bald aber stumpf gelblichgrün, und im Winter vom Typ nur verschieden durch die schwach gelbliche Tönung der Nadeln an der Peripherie.

'P e n d u l a'. Ziemlich locker beasteter Baum mit abstehend-aufwärts gerichteten Zweigen, von denen die Triebe schlaff senkrecht herabhängen; ganz verschieden vom ebenfalls etwas hängenden Wuchs der normalen Art; Benadelung dunkel gelblichgrün in der Jugend und dann ein sehr eindrucksvoller Solitärbaum, aber im Alter stumpfgrün werdend und dann weniger schön; Zapfen groß, auffällig blau im Sommer.

UNTERSCHEIDUNGSHILFEN: *Cham. lawsoniana* ist ganz verschieden in der Kronenform, Benadelung und Duft. Die Benadelung von × *Cupressocyparis leylandii* kann zwar sehr ähnlich sein (→ Schlüssel S. 62), aber die Form der Krone ist bei allen *C. leylandii*-Formen säulenförmig.

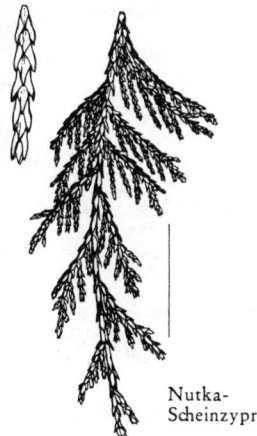

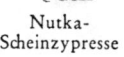

Nutka-
Scheinzypresse

Nutka-
Scheinzypresse

Leyland-
Zypresse (S. 71)

Hinoki-Scheinzypresse   *Chamaecyparis obtusa* (S. & Z.) Endl.   **3**

E – Hinoki Cypress

Japan 1861; in Parks und Gärten recht selten in der typischen Art, viel häufiger in der gelben Form 'Crippsii' und der Zwergform 'Nana Gracilis'. Bei
uns bis 20 m, in Japan bis 40 m. Völlig winterhart.

RINDE: Rotbraun, flach gefurcht in grobe, graubraune,
parallele Streifen, mitunter grau und lose hängend,
weich und faserig.

KRONE: Breit, oben spitz kegelförmig, im Inneren offen;
Stamm sehr gerade und walzenförmig, mitunter in
2 m Höhe gegabelt; Äste wenig zahlreich, zunächst
waagerecht, später ansteigend; Gipfeltriebe sehr dünn
und übergebogen.

BELAUBUNG: Zweiglein abgeflacht, in einer Ebene im
Umriß obovat, die seitlichen etwas zurückgebogen;
Trieb schon bald stumpf orangebraun; Nadeln sehr
klein, schuppenförmig, dicht anliegend, die *stumpfen
Spitzen* dem Trieb dicht angedrückt, oben glänzend
dunkelgrün, unten mit weißer Zeichnung dort, wo die
Nadeln sich überdecken; gerieben mit süßem Harz-   Hinoki-
duft, mitunter fast wie *Eucalyptus.*   Scheinzypresse

BLÜTEN UND ZAPFEN: ♂ Blüten winzig, stumpf gelb,
stäuben im April und fallen dann bald ab; Zapfen frischgrün im Sommer, später orangebraun, 1 cm dick, auf jedem Rücken jeder Schuppe eine kleine gebogene Furche; 8 Schuppen.

WUCHS: Jahreszuwachs selten über 30 cm, während der Stammumfang alljährlich,
etwa bis zum 60. Lebensjahr, bis zu 3 cm zunimmt. Forstl. Versuchsanbau in
D (Ostfriesland und Köln).

'Crippsii'. 1901 England. Breit kegelförmig, in der Jugend locker, junge
Triebe fächerförmig und in voller Sonne goldgelb, im Schatten und innen gelbgrün, 5 m(–13 m in England). Nicht selten in Gärten und Parks. – Weniger
häufiger ist 'Aurea', die kräftiger wächst, aber stumpf gelbgrün ist.

'Tetragona Aurea'. 1876 Japan. Zweige unregelmäßig gebüschelt, goldgelb, teils quadratisch oder hahnenkammförmig, Schattenpartien innen grün;

Cultivare der Hinoki-Scheinzypresse

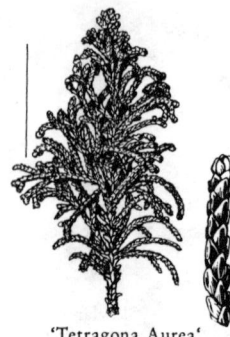

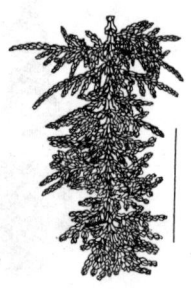

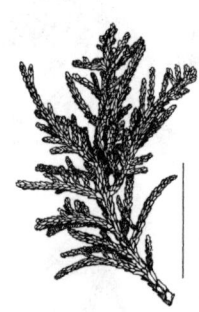

'Tetragona Aurea'   'Filicoides'   'Lycopodioides'

junge Pflanzen schmal, locker beastet, Triebende ansteigend, ältere Pflanzen oft mit mehreren Gipfeln, entweder säulenförmig oder breit; häufiger in den Gärten, aber bei uns selten über 3 m, in England bis 10 m. – Die grüne Form, 1873 eingeführt, ist nicht mehr in Kultur.

'F i l i c o i d e s'. 1861 Japan. Schlanke, offene Krone; einige Zweige waagerecht, an den Enden ansteigend, Triebe mit langen, flachen, farnartigen Zweiglein besetzt, diese meist herabhängend, oben dunkelgrün, unten mehr blaugrün; ziemlich selten; bis 15 m.

'L y c o p o d i o i d e s'. 1861 Japan. Krone kegelförmig oder schmal, locker, wenig beastet, die kurzen Äste ansteigend, mit dichten Büscheln verbänderter, verdickter, aufrechter Zweiglein, stumpf dunkelgrün mit blauweißer Zeichnung; angeblich Zwergform (bei uns kaum über 3 m), in England zwar auch langsamwüchsig, aber doch bis 15 m. Seltene Gartenform.

Sawara-Scheinzypresse *Chamaecyparis pisifera* (S. & Z.) Endl.

E – Sawara Cypress

Japan 1861. Der Typ ziemlich selten, doch die Formen in Gärten und Parks häufig, sehr winterhart; bis 20 m hoch.

Sawara-Scheinzypresse

RINDE: Kastanienbraun, mit dichten, parallelen, schmalen, tiefen Rissen, in dünnen Streifen ablösend, mitunter grau.

KRONE: Kegelförmig, oft auch breit durch gegabelten Stamm, locker; Äste waagerecht, aber auch abwärts gerichtet und dem Boden aufliegend.

BELAUBUNG: Triebe stumpf rötlich-braun; Nadeln schuppenförmig, klein, dicht angedrückt, plötzlich zugespitzt mit *feiner, einwärts gekrümmter Spitze*, frisch glänzendgrün, in dichten, flachen Zweiglein; Schuppen unten weiß gezeichnet; zerrieben scharf nach Harz duftend.

BLÜTEN UND ZAPFEN: ♂ Blüten winzig, blaßbraun, endständig an dünnen Zweiglein, stäuben im April; Zapfen dicht gebüschelt, etwas unter den ♂ Blüten stehend, erbsengroß, graugrün, später zuerst an der Oberseite braun werdend; jede der 10 Schuppen mit einem winzigen Punkt in der Mitte.

WUCHS: Langsam, Jahreszuwachs etwa 20 cm, Mai–September. Forstl. Versuchsanbau in GB.

'A u r e a'. 1861 Japan. Ziemlich selten; unterscheidet sich von Typ nur durch goldgelbe junge Triebe, die später vergrünen.

'P l u m o s a'. 1861 Japan. Breit kegelförmige Krone, Äste abstehend, die federartig krausen Zweiglein tragen nadelförmige Blätter, diese 2 mm lang, dunkelgrün, mit langer, abstehender Spitze. Die gelblichgrünen Jungtriebe machen die sonst dunkelgrüne Krone im Sommer heller; Stamm meist in 2 m Höhe gegabelt. Sehr häufig in Gärten und Parks; 10–20 m hoch.

'P l u m o s a   A u r e a'. Form mit goldgelbem Austrieb, im Alter heller gelb oder auch etwas vergrünend. Bis 10 m oder höher (in England 24 m). Sehr verbreitet in Parks, Gärten und auf Friedhöfen.

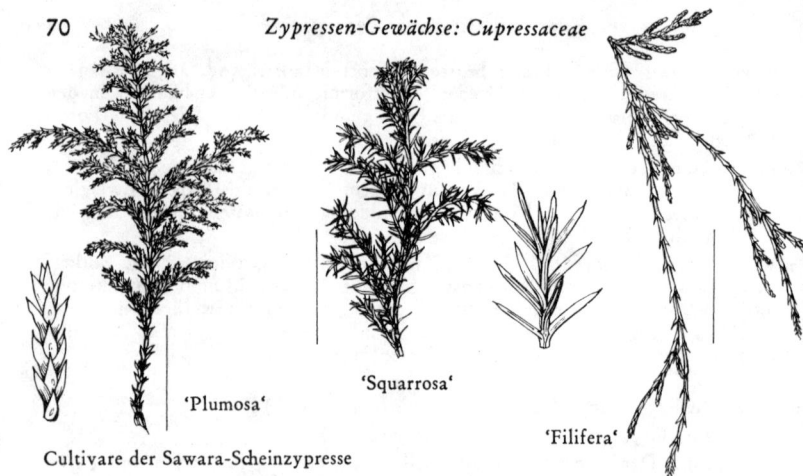

'Plumosa'

'Squarrosa'

'Filifera'

Cultivare der Sawara-Scheinzypresse

'S q u a r r o s a'. 1843 aus Japan, über Java. Kegelförmig mit stumpfer Spitze, nur selten mit einem durchgehenden Stamm, meist in 2 m Höhe gegabelt; Benadelung weich, blaugrün, moosartig kraus, alle Blätter nadelförmig, 5–6 mm lang, ganz frei abstehend, oben hellgrün, unten mit zwei sehr breiten blaugrauen Bändern, sehr dicht belaubt. Sehr häufig in Parks, Gärten und auf Friedhöfen, 10–20 m.

'B o u l e v a r d' (= Cyanoviridis'). 1943 aus USA. Sproßmutation an 'Squarrosa' mit ausgeprägt silberblauer Benadelung in schattiger Lage, besonders blau; obwohl oft in Steingärten angepflanzt, ist es keineswegs eine Zwergpflanze, denn bisher sind schon über 5 m hohe Pflanzen bekannt.

'F i l i f e r a'. 1861 Japan. Wuchs sehr breit, vielstämmig, buschig; Triebe fadenförmig hängend, mit kleinen Bündeln von Seitentrieben mit oft langen Zwischenräumen; dunkelgrün, Krone sehr locker. Selten über 5 m (in England bis 20 m); weniger verbreitet.

'F i l i f e r a   A u r e a'. 1889 Japan. Wie 'Filifera', Habitus bienenkorbartig, oder wenig bezweigt und locker, goldgelb, bis 12 m; in Gärten und Parks, weniger verbreitet.　　　　　　　　　　　　　　　　　　　　　　　**3**

Weiße Scheinzypresse　　*Chamaecyparis thyoides* (L.) B. S. P.

E – White Cypress　　　　　F – Cèdre blanc

USA; Maine–Florida–Mississippi in Küstennähe 1736; ziemlich selten, meist nur in Sammlungen und großen Gärten, aber sehr winterhart, 14 m.

RINDE: Dunkelbraun oder stumpf graubraun, in langen faserigen Streifen ablösend.

KRONE: Schmal und schlank *(„flammenförmig")*, in eine abgerundete Spitze auslaufend.

BELAUBUNG: Nadeln in zwei Farbtönen, grün und blaugrau; kleine Büschel von *kurzen*, flachen Zweiglein, bestehen aus nur 1 mm breiten Seitenfiedern; Nadeln winzig schuppenförmig, viele mit einer Harzdrüse, dunkelgraugrün oder blaß blaugrau, an der Basis weiß, unten deutlich weiß gezeichnet; zerrieben Ingwer-Aroma.

WUCHS: Sehr langsam; ziemlich kurzlebig.

HYBRID-ZYPRESSEN × *Cupressocyparis*
E – Hybrid Cypress

Hybridgattung, entstanden aus Kreuzungen zwischen *Chamaecyparis* und einigen Arten von *Cupressus* (→ Schlüssel S. 62). Bis jetzt wenigstens drei bekannt, jedoch nur eine davon in Kultur, *C. leylandii.* Hiervon sind in England bisher hauptsächlich 2 Typen verbreitet, eine dritte Form gewinnt aber (in England) zunehmend Bedeutung.

Leyland-Zypresse × *Cupressocyparis leylandii* (Jacks. & Dallim.) Jacks. & Dallim. *(= Cupressus macrocarpa × Chamaecyparis nootkatensis)*

E – Leyland Cypress   F – Cyprès de Leyland

1888 und 1911 in England entstanden; Anbau nimmt in Frankreich und Deutschland stark zu. 50jährig. Exemplar in England bis 31 m hoch.

RINDE: Dunkel rotbraun mit seichten, senkrechten Furchen.

KRONE Schmal säulenförmig, zur Spitze zu schmaler werdend bis leicht einseitig *überlehnend*, Leittrieb mit nur wenigen Seitentrieben; neuer Trieb im Juni–Juli an der Spitze leicht zur Seite geneigt; unter dem Gipfel dicht regelmäßig beastet, Triebe steil ansteigend und bis zu seiner Basis mit grünen Seitentrieben besetzt. (→ Abb. 71)

BENADELUNG: Zwei Klone mit verschiedenartiger Benadelung, 'Haggerston Grey' und 'Leighton Green', am meisten verbreitet.

'H a g g e r s t o n   G r e y'. 1888. ♀ Elter *Cham. nootkatensis.* Baum mit ziemlich lockerer Bezweigung, Zweiglein teilweise gegenständig und rechtwinklig abstehend, dadurch *in zwei oder mehr Ebenen stehend*; Schuppen oben dunkelgrün, oft an der Basis grau, unten gelbgrün; Blüten und Zapfen werden sehr selten gebildet. Diese Form ist in England die häufigere.

'L e i g h t o n   G r e e n'. 1911. ♀ Elter *Cupr. macrocarpa.* Wuchs anfangs schmal säulenförmig später lockerer mit unverzweigtem Leittrieb Zweiglein *in 2 flachen Reihen gefiedert*, breiter und größer als bei 'Haggerston Grey'; Schuppen

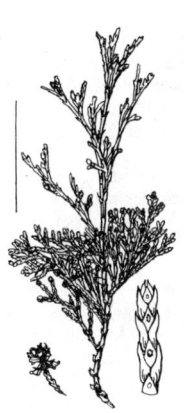 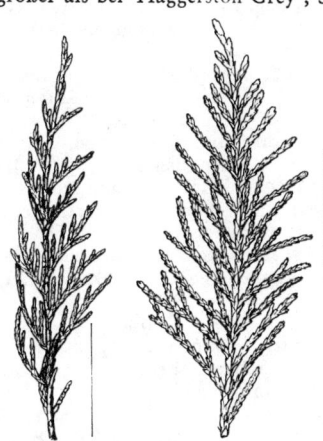

Weiße Scheinzypresse

Cultivare der Leyland-Zypresse
'Haggerston Grey'   'Leighton Green'

gröber und schärfer, oben gleichförmig dunkelgrün, unten heller und mehr gelblich; ♂ Blüten und Zapfen in manchen Jahren häufig; Zapfen 2–3 cm breit, kugelig, jede Schuppe mit einem deutlichen Fortsatz.

'N a y l o r's B l u e'. 1911. Noch wenig verbreitet, aber in England zunehmend im Handel, steht zwischen den beiden oben beschriebenen Klonen, _dunkel grau, Austrieb mehr bläulich._

Alle drei sind in Wuchs und Kronenform ähnlich, nur 'Leighton Green' ist etwas steifer und stärker beastet; 'Naylor's Blue' hat eine lockerere Krone als 'Haggerston Grey' im Normalfall.

Wuchs: Sehr raschwüchsig in den verschiedensten Böden und Lagen, in England ist ein Zuwachs von 1 m Höhe und 5 cm Stammumfang normal; Längenwuchs von Mai bis September; im Juli bis 10 cm in einer Woche wachsend. Forstlicher Versuchsanbau in GB, doch voraussichtlich auch bald auf dem Kontinent.

Unterscheidungshilfen: 'Leighton Green' erinnert an _Cham. nootkatensis_ in der Benadelung, ist aber glatter, oben frischer grün, unten mehr gelbgrün und weniger überhängend. Die Säulenform der Krone ist sehr charakteristisch.

ECHTE ZYPRESSEN _Cupressus_
E – True Cypress   F – Cyprès   N – Cypres

Zwanzig Arten, von USA, Mexiko und Mittelmeergebiet bis China. Triebe meist 4kantig; Zapfen 1–4 cm lang.

Monterey-Zypresse _Cupressus macrocarpa_ Hartw.

E – Monterey Cypress   F – Cyprès de Monterey

Auf den niedrigen Klippen von Cypress Point und Point Lobos, in der Nähe von Monterey, Kalifornien, 1838. In England und Irland außerordentlich häufig in Gärten, Parks und auf Friedhöfen, obwohl neuerdings die Leyland-Zypresse vorgezogen wird. Kommt jedoch auf dem Kontinent nur für die allerwärmsten Lagen in Betracht. (D ∧∧∧)

Rinde: Braun, flach netzförmig gefurcht; ganz alte Bäume mit dicken, später ablösenden Leisten.

Krone: In der Jugend säulenförmig mit kegelförmiger Spitze, entweder breit oder schmal, mit spitzen, waagerechten Seitentrieben an dem geraden, aufrechten Leittrieb, der ganz verschieden ist von der _leylandii._ Im Alter breit gespreizt, flachkronig, mit langen, schweren, waagerechten Ästen, wie eine _Cedrus libani,_ oder aber eiförmig, in Irland sogar oft stumpf dreieckig, wie auch die jungen Bäume in Irland anders aussehen.

Belaubung: Dichte Bündel vorwärts gerichteter, ziemlich dicker, rauher Zweiglein; Nadeln schuppenförmig, hell bis dunkelgrün, nach der Spitze zu geschwollen, _zerrieben nach Zitrone duftend_; jedes Schuppenblatt mit einer nicht genau im Mittelpunkt stehenden dunkleren Drüse, die von einem helleren Rand umgeben ist.

Blüten und Zapfen: ♂ Blüten an kleinen Zweiglein an der unteren Hälfte der Seitentriebe, hinter den ♀ Blüten, 3 mm lang, grüngelb, eiförmig, Ende Mai gelb, stäubend Mitte Juni; ♀ Blüten an mittleren, kräftigeren Trieben, in Büscheln an den äußersten Spitzen der vorjährigen Triebe, eiförmig-walzenförmig, 6 mm lang, frischgrün, mit stark zurückgeschlagenen Schuppen, zwischen diesen dunkel purpurn, Anfang bis Mitte Juni; Zapfen klumpig-kugelig, 3–4 cm lang, glänzend purpurbraun, mit 7–8 Schuppen, mit einem kurzen, gekrümmten Dorn in der Mitte, der Rand der Schuppen fein gewellt.

Wuchs: In zusagendem Klima sehr raschwüchsig, bis zu 30 m in 40 Jahren; dann endet das Höhenwachstum, und nun nimmt der Stammumfang jährlich 6 bis 7 cm zu. Forstlicher Versuchsanbau in GB.

Italienische Zypresse   *Cypressus sempervirens* L.

E – Italian Cypress   F – Cyprès d'Italie   N – Italiaanse Cypres

Mittelmeergebiet, nach Norden bis in die Schweiz, nach Osten bis Persien; 1500. Nur in den allerwärmsten Gebieten gelegentlich zu sehen; in England im allgemeinen recht selten, ausgenommen in Somerset. (D ∧∧-∧∧∧)

RINDE: Dünn, graubraun, glatt, etwas rissig.

KRONE: Säulenförmig, oft sehr schmal, ganz allmählich fein auslaufend in eine etwas schiefe Spitze, manche aber auch breiter oder auch etwas abstehend.

BELAUBUNG: Dunkel stumpfgrün, zerrieben *fast ohne Duft,* schuppenförmig, sehr dicht angedrückt; Triebspitzen zur Spitze hin schmaler werdend; an alten Bäumen dicht gebüschelt, dick und aufwärts gekrümmt.

BLÜTEN UND ZAPFEN: ♂ Blüten eiförmig, grünlich, 3 mm lang; Zapfen groß, wie bei der Montery-Zypresse, aber mehr über die Krone verteilt, zuerst glänzendgrün, dann lange Zeit dunkelrotbraun, zuletzt im Alter *stumpf grau;* klumpig eiförmig, 4 × 3 cm groß, Schuppenränder tief ausgebuchtet.

WUCHS: Als ganz junge Pflanze überaus raschwüchsig, Jahrestriebe dann bis 80 cm, später aber langsamwüchsig, Mai–September. Forstlich angebaut im ganzen Mittelmeerraum.

ÄHNLICHE ARTEN: *C. macrocarpa;* vgl. die Beschreibungen.

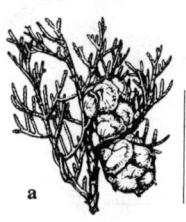 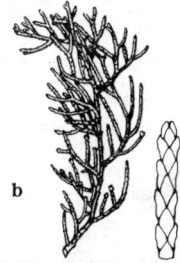 

a   b

c

Italienische Zypresse; a Zweig mit Zapfen; b Zweiglein von altem Baum; c Zapfen

Glatte Arizona-Zypresse   *Cupressus glabra* Sudw.   3
(= *C. arizonica* var. *bonita* Lemmon)

E – Smooth Arizona Cypress

Zentral-Arizona 1907. Im Handel angeboten als *C. arizonica, C. a. bonita* oder *C. a. conica.* In England bis zu 20 m hoch.

RINDE: Zuerst *purpurn,* wird bald *blasig* und rollt dann in dünnen Lagen ab, rotbraune oder gelbe Flecke hinterlassend; alte Bäume mit einigen grauen Furchen.

KRONE: Eirund, gleichmäßig, mäßig dicht, Bezweigung aufsteigend.

BELAUBUNG: Triebe schon bald hell orangebraun, locker verästelt, drahtig und fast rechtwinklig abstehend, mit *graublauen* und *graugrünen,* dicht angedrückten Schuppennadeln, zum Teil mit weißem Fleck in der Mitte; zerriebene Schuppen duften nach Grapefruit.

BLÜTEN UND ZAPFEN: ♂ Blüten oft sehr zahlreich, die Krone oft teilweise gelb färbend; Zapfen groß, 1,5–2,5 cm, gebüschelt, lange bleibend, Schuppen glän-

zend bräunlichgrün und grau bereift, am Rand gerötet, mit kleinem mittelständigem Dorn; reife Zapfen dunkel purpurbraun, sie bleiben jahrelang sitzen.
Wuchs: Ziemlich langsam, Jahrestriebe bis 50 cm, Mitte Mai bis Ende August bei jungen Bäumen.
Unterscheidungsmerkmale: *C. arizonica* (nachstehend) abweichend durch die gänzlich verschiedene Rinde, dichte blaugraue, regelmäßige Krone.

Rauhe Arizona-Zypresse *Cupressus arizonica* Greene

E – Rough-barked Arizona Cypress F – Cyprès de'l Arizona
N – Amerikaanse cypress

Arizona bis Mexiko 1882. Seltener anzutreffen, dennoch gehören große Bäume in alten Koniferensammlungen zu dieser Art und nicht zu *C. glabra.* In England bis 22 m. Von *C. glabra* durch die grünlichbraune, *feinrissig streifige Rinde,* mit kurzen, dünnen, oft eingerollten Platten zu unterscheiden; Schuppennadeln stumpf graugrün oder auch frischgrün, häufig ohne weiße Flecke.

Himalaja-Zypresse *Cupressus torulosa* Don

E – Bhutan Cypress

W-Himalaja und W-China 1824. Selbst in den Britischen Inseln selten, meist in Gärten des Südens und Westens, dort bis 28 m hoch. (D ∧∧∧)
Rinde: Dunkelgraubraun, regelmäßig und schmal gefurcht, abrollend oder abblätternd.
Krone: Ziemlich breit kegelförmig, Spitze abgerundet; Bezweigung aufstrebend, dicht.
Belaubung: Junge Triebe frisch gelbgrün; Triebspitzen *lang, gekrümmt, schlank,* die anderen Triebe gebüschelt, hängend; Schuppennadeln mit einwärts gekrümmten scharfen Spitzen in mehr oder wenigen flachen Zweiglein, zerrieben *nach Gras duftend;* junge Pflanzen blaugrün.
Zapfen: Klein, 1 cm, zuerst grün, dann dunkel rotbraun, jede Schuppe mit kleinem gekrümmtem Dorn.
var. *corneyana* (Knight & Perry) Carriere. 1847. Seltener als der Typ; Zweige und Zweiglein stehen lockerer, dünner, gelblich oder stumpfgrün, weniger in einer Ebene liegend und an den Spitzen etwas verdreht.
Ähnliche Art: *C. lusitanica* hat blaugrüne Zapfen, ist mehr verzweigt, Triebe viel kürzer, nicht so hängend, Schuppenblätter mit freier, langer Spitze.

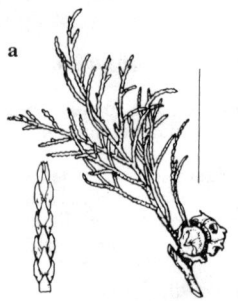
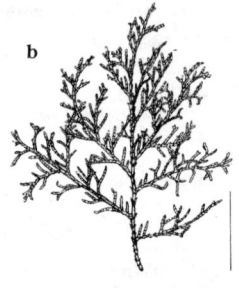

a   b

Himalaja-Zypresse; a der Typ; b var. *corneyana*

FITZROYA

Nur eine Art, zu erkennen an den stumpfen, auswärts gekrümmten, in Quirlen zu 3 stehenden Schuppen; Zapfen aus drei dreizähligen Quirlen bestehend, davon oft der unterste und oberste Quirl steril.

Patagonische Zypresse, Alerce *Fitzroya cupressoides* (Molina) Johnst.
(= *F. patagonica* Hook. f.)

E – Patagonian Cypress, Alerce
Chile; bei uns nicht ausreichend winterhart; in England bis 18 m hoch.

RINDE: Dunkelbraun, tief rissig, ablösend.

KRONE: An jungen Bäumen mehr kegelförmig, später lockerer, Äste ziemlich straff aufgerichtet, Zweige hängend.

BELAUBUNG: Blätter dicklich, stumpf, in Quirlen zu 3, dunkel blaugrün, beiderseits mit 1–2 weißen Streifen, 2–4 mm lang.

WUCHS: Sehr langsam; Hauptwachstumszeit Juni–Oktober.

ÄHNLICHE ARTEN: Manche *Juniperus* haben auch Quirle mit 3 Blättern, aber diese sind schmaler und immer scharf zugespitzt.

Patagonische Zypresse;
Zweig, Zapfen, Blattquirl

WACHOLDER *Juniperus*

E – Juniper   F – Genévrier   N – Jeneverbes

Rund 60 Arten, meist in der nördlichen Halbkugel, von den Tropen bis zum Polarkreis. Fleischige Zapfenschuppen wachsen zu einer „Beere" zusammen; Blätter in 2 Formen: *nadelförmig*, frei abstehend, meist scharf, linealisch, pfriemlich oder dreikantig; *schuppenförmig*, überlappend, angedrückt, klein. Einige Arten haben beide Blattformen; alle Arten haben als junge Sämlingspflanzen Nadelblätter. Die sichere Bestimmung bereitet oft Schwierigkeiten; nur die folgenden Arten sind häufiger anzutreffen, die übrigen in Botanischen Gärten und in Sammlungen. – Der nachfolgende Schlüssel gilt für die häufigeren Arten:

Schlüssel zu den häufigeren Juniperus-Arten

1. Alle Blätter nur nadelförmig **2**
   Blätter schuppenförmig und, wenigstens teilweise, überlappend **4**
2. Triebe hängend und weich; Blätter in entfernt stehenden Quirlen
   oben glänzendgrün, unten blaugrün *J. rigida*, S. 77
   Triebe aufrecht oder nickend, Blätter dichter stehend **3**
3. Blätter groß, 2 × 0,3 cm, starr, kräftiggrün *J. drupacea*, S. 76
   Blätter kleiner, 1,5 × 0,2 cm, mehr graugrün *J. communis*, S. 76
4. Nickende Büschel überlappender, langer, frisch- oder
   graugrüner Schuppenblätter mit freier Spitze *J. recurva*, S. 77
   Schlanke, abstehende Zweiglein mit winzigen, angedrückten,
   dunkelgrünen Schuppenblättern; Büschel nadelförmiger Blätter
   an den tiefer stehenden Zweiglein oder auch gemischt mit
   Schuppenblättern **5**

5. Schuppenblätter mit dunklerem Mittelstreifen und helleren Rändern, gerieben säuerlich duftend; Jugendblätter meist an der Basis der Triebe; Früchte 7 mm lang   *J. chinensis*, S. 78
  Schuppenblätter meist gleichförmig, tiefgrün, gerieben nach Seife oder Farbe duftend; beide Blattformen feiner; Jugendblätter an der Spitze der meisten adulten Triebe; Früchte 3–5 mm   *J. virginiana*, S. 78

Gemeiner Wacholder   *Juniperus communis* L.

E – Common Juniper   F – Genévrier commun   N – Jeneverbes

Heimisch in ganz Europa. Die typische Wildart in Gartenkultur nur selten; kaum über 5–6 m hoch (so in Südschweden und in der Lüneburger Heide).

KRONE: Meist kegelförmig oder buschig oder auch verdreht, dicht, später oft lockerer, häufig mit runder Spitze.

BELAUBUNG: Alle Blätter nadelförmig, in Quirlen zu 3, abstehend, mit scharfer Spitze, auf der Innenseite konkav, mit breitem, weißem Band, außen hellgraugrün, bis 1 cm lang; Triebe blaßbraun; geriebene oder trockene Blätter nach Äpfeln duftend.

BLÜTEN UND FRÜCHTE: Zweihäusig, ♂ Blüten einzeln stehend, gelb; Früchte zuerst grün, kugelig, reif blau und bereift, nach 2–3 Jahren schwarz.

WUCHS: Sehr langsam, ältere Pflanzen wenige cm Zuwachs.

'Hibernica' (= 'Stricta'). Irischer Wacholder. 1838. Häufig in den Gärten bis 8 m hoch; sehr schmal säulenförmig, spitz, sehr dicht; Blätter dicht, blaugrau, Triebspitzen *aufrecht* bis leicht schräg nach oben zeigend.

'Suecica'. 1768. Skandinavien. Wuchs „flammenförmig", Zweige aufrecht, Triebspitzen *plötzlich waagerecht* abstehend oder etwas nikkend, dicht, kurz; Blätter 1–1,4 cm lang; Winkel der Triebspitzen charakteristisches Merkmal gegenüber 'Hibernica'.

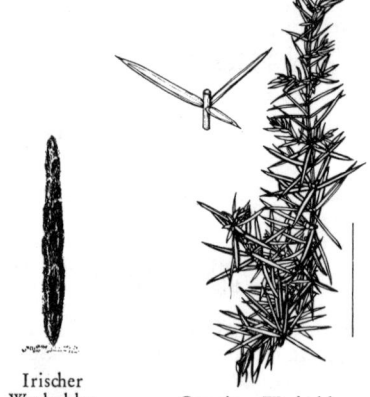

Irischer Wacholder

Gemeiner Wacholder

Syrischer Wacholder   *Juniperus drupacea* Labill.

E – Syrian Juniper   F – Genévrier de Syrie

Griechenland, Kleinasien, Syrien. 1854. Selten (D ∧∧)

RINDE: Orangebraun.

KRONE: Schmal kegelförmig bis säulenförmig, mitunter mit langen, unbeasteten Stämmen, sonst sehr dicht beastet; alte Bäume können auch breiter oder mehr eiförmig sein, junge Pflanzen mitunter auch gegabelt in zwei dichte, säulenförmige Kronen.

BLÄTTER: Bei weitem die größten Blätter aller Wacholder-Arten, dicht stehend, lanzettlich, in eine feine Spitze auslaufend, *glänzend frischgrün,* auf der Innenseite 2 weiße Bänder, *starr und stechend,* 1,2–2,5 × 0,3 cm groß.

FRÜCHTE: Kugelig bis eiförmig, 1,5–2,5 cm lang, bläulich, bereift, eßbar.

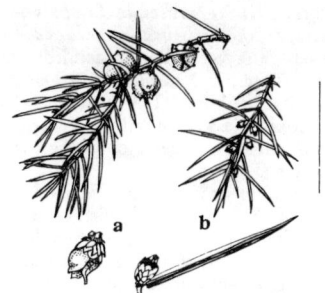

Syrischer Wacholder

Tempel-Wacholder: a Trieb einer weiblichen Pflanze mit Blüte; b männlicher Trieb und Blüte (beide 3×)

Tempel-Wacholder *Juniperus rigida* S. & Z.

E – Temple Juniper

Japan, Korea. 1861. Ziemlich selten; bis 7 m hoch.

RINDE: Stumpfbraun, in langen Streifen abfasernd.

KRONE: Hängend und buschig oder locker, einstämmig mit einigen aufwärts gerichteten Ästen; Jahrestriebe mähnenförmig herabhängend.

BLÄTTER: *Hängende* Zweiglein mit *weichen* Blättern, diese in *entfernten* Quirlen zu je 3 Blättern, etwa 1,5–2 cm lang, auf der Innenseite konkav, mit schmalem, vertieftem blauweißem Mittelband, außen konvex und frischgrün, mit durchscheinender gelber Spitze.

FRÜCHTE: Zweihäusig (also ♂ und ♀ Pflanzen); Früchte dicht und entlang der Triebe stehend, kugelig, 1 cm dick, blaß blaugrün, weiß gefleckt, reif mehr tiefpurpur, weiß bereift, oft sehr zahlreich.

Hänge-Wacholder *Juniperus recurva* Buchan.-Ham.

E – Drooping Juniper

Ost-Himalaja, Birma, China. 1830 (D ∧∧, in England bis 16 m).

RINDE: Graubraun, weidenartig, später streifig ablösend.

KRONE: Breite Basis, kegelförmig, auslaufende Spitze, junge Pflanzen mehr eiförmig, mit kurzen, nickenden Trieben an aufrechten Zweigen; abgestorbene Benadelung orangerot, bleibt noch einige Jahre in der Krone.

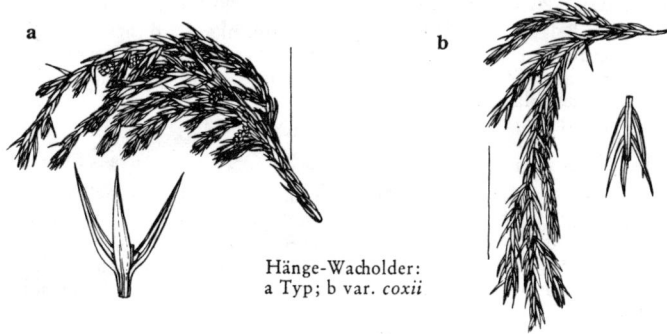

Hänge-Wacholder: a Typ; b var. *coxii*

BLÄTTER: *Kurze, nickende Triebe* von fast gebündelten Zweiglein, Blätter schmal, spitz, *trocken rostbraun werdend,* klein, dicht gedrängt, vorwärts gerichtet, den Trieb ganz verdeckend, ziemlich graugrün mit feinen weißen Punkten, auf der Innenseite mit 2 *schmalen weißen Bändern,* 5–8 mm lang.

FRUCHT: *Olivbraun,* 1 × 0,4 cm.

var. coxii (Jack.) Meville. N-Birma. 1920. In England 11 m hoch, auch in Deutschland gelegentlich in Kultur, vom Botanischen Garten München aus verbreitet (D ∧∧).

RINDE: Mehr orangebraun als bei *J. recurva.*

BLÄTTER: Kräftiger grün, *Triebe lang hängend,* Blätter in Quirlen zu 3, Abstand zwischen den Quirlen größer, Trieb daher sichtbar; 8–10 mm lang, auf der Innenseite mit 2 *breiten, grünweißen* Bändern. Vor allem als junge Pflanze vom Typ sehr verschieden.

Chinesischer Wacholder   *Juniperus chinensis* L.

E – Chinese Juniper   F – Genévrier de Chine
N – Chinese jenerverbes

China, Japan. 1804. Häufiger Parkbaum, in England bis 18 m hoch, bei uns kaum halb so hoch.

RINDE: Dunkel zigarrenbraun, streifig, lang gedreht, in schmalen Streifen ablösend.

KRONE: Einstämmige Bäume mit schmaler, kegelförmiger Krone, oft nicht ganz gerade, später mehr locker und abgerundet; mehrstämmige Bäume (wenn bereits niedrig gegabelt) breit kegelförmig; Krone leicht, locker, gelb von ♂ Blüten im Winter; *Stamm tief gefurcht,* oft mehrere Stämme zusammengewachsen.

BELAUBUNG: Büschel von Nadelblättern *an der Basis* der jungen Triebe, seltener gemischt mit Schuppenblättern, scharf, abstehend, auf der Innenseite bläulich, in Quirlen zu 3 oder in gegenständigen Paaren, etwa 1 cm lang; Schuppenblätter sehr klein, dicht dem Trieb angedrückt, stumpf, dunkelgrün, *Rand heller,* zerrieben mit schwächerem oder stärkerem Katzengeruch.

BLÜTE UND FRUCHT: Im allgemeinen zweihäusig; ♂ klein, endständig, gelb, sehr zahlreich und auffällig schon vom Herbst bis zum Stäuben Anfang April; Frucht unregelmäßig kugelig, *6–7 mm,* hell bläulich-weiß, *im 2. Jahre reif.*

WUCHS: Langsam, sowohl in der Höhe wie im Umfang; Höhenzuwachs bei alten Pflanzen nur etwa 15 cm im Jahr, junge Pflanzen dagegen oft bis 50 cm.

'A u r e a'. Milford 1855, doch erst 1872 eingeführt. Gelbe Säulenform, oft mehrspitzig; ♂, Gipfel flach; nicht selten in Parks. 12 m.   **4**

'K e t e l e e r i'. Belgien, vor 1910. Schmal kegelförmig, ♀, dicht beastet, graugrün, nur mit Schuppenblättern, jedoch im Innern der Krone auch einige Zweige mit Nadelblättern; Blätter glänzend. Früchte zahlreich, blaugrün und bereift.   'Ketelerii'

ÄHNLICHE ARTEN: *Juniperus virginiana* (siehe nachstehend).

Virginischer Wacholder   *Juniperus virginiana* L.

E – Pencil Cedar   F – Genévrier de Virginie   N – Rode Ceder

Nord-Amerika, Quebec bis Texas. 1664. Sehr häufig in den Gärten, jedoch weniger häufig als *J. chinensis;* 15 m. Ähnlich *J. chinensis,* aber beide Blatt-Typen *feiner,* schlanker, Alterstriebe an der Spitze mit abstehenden Jugendblättern, zerrieben aromatisch nach *Seife oder Farbe* duftend; Schuppenblätter mit ganz schmalem, hellem Rand; Frucht im 1. Jahr reif, *3–5 mm*. Langsamwüchsig, nicht sehr langlebig; dunkle Krone. Forstlicher Versuchsanbau in YU, R und D (Bleistiftholz).

'C a n a e r t i i'. Belgien 1868. Schöner Baum mit dichter, aufrechter, säulenförmiger Krone, dicht beastet; Blätter meist schuppenförmig, frischgrün; Früchte blaß blaugrün, bald glänzend blaupurpurn. 10 m.

'G l a u c a'. Vor 1855. Schmalkronig, aufstrebend, locker, Belaubung grau, an den aufrechten Trieben meist mit Schuppenblättern; Früchte blaß blaugrau und lila. 12 m.

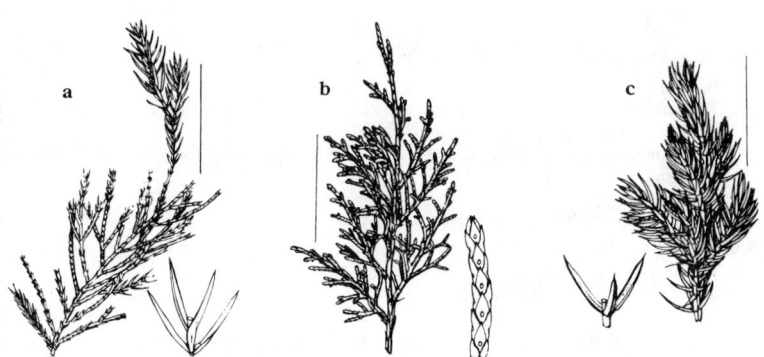

Virginischer Wacholder: a Typ; b 'Glauca', c *Junip. squamata* 'Meyeri'

Juniperus squamata Buchan.-Ham.

E – Flaky Juniper

Himalaja, China, Formosa. 1836. Sehr selten, sehr langsamwüchsig und sehr stumpfgrün. Bei uns eigentlich nur folgende Form in Kultur:

'M e y e r i'. China. 1914. Sehr häufig in den Gärten, Parks und auf Friedhöfen. Junge Pflanzen kegelförmig, dicht, dunkel stahlblau und graublau, bis 1,5 m in den Baumschulen, aber als alte Pflanzen bis 8 m hoch, dann unregelmäßig beastet und Krone im unteren Teil locker, Äste mit rötlichbrauner Papierrinde; Kurztriebe dicht gehäuft, besetzt mit Nadelblättern in Quirlen zu 3, scharfspitzig, außen hell blaugrün, innen hell blauweiß mit schwachen, hellgrünen Rändern und Mittelrippen; abgestorbene Blätter bleiben noch jahrelang haften, bräunlich.

THUJA

Sechs Arten aus N-Amerika, China, Japan und Formosa, davon fünf in Kultur. Die deutsche Bezeichnung „Lebensbaum" ist ein reiner Buchname, der ungebräuchlich ist und deshalb hier nicht angegeben wurde. Ähnlich *Chamaecyparis*, aber die Zapfen mehr urnenförmig, mit dünnen Schuppen und mit größeren, breiteren Blättern; junge Sämlingspflanzen haben zuerst Nadelblätter; Altersblätter schuppenförmig und angedrückt, Zweiglein abgeflacht.

Tafel 3

Zypressen-Gewächse

Blätter schuppenförmig, den Zweigen dicht angedrückt

1 Lawson's Scheinzypresse *Chamaecyparis lawsoniana*   **62**
a Junger Baum, 5 m hoch, mit überhängendem Leittrieb.
b Trieb mit reifem Zapfen.
c Trieb mit jungem Zapfen, zwei ♂ Blüten kurz vor und zwei nach dem Stäuben.

2 Glatte Arizona-Zypresse *Cupressus glabra*   **73**
a Baum, 10 m hoch.
b Benadelung der Form, mit wenigen weißen Harzdrüsen (S. 73); verschiedene Töne von Graublau; gerieben nach Grapefruit duftend.
c Trieb mit reifem Zapfen; diese bleiben jahrelang in Büscheln an den Trieben haften.

3 Monterey-Zypresse *Cupressus macrocarpa*   **72**
a Junger Baum, 12 m hoch, breit säulenförmig, in England meist mehr spindelförmig, in Irland dagegen breitkroniger.
b Alter Baum, 27 m hoch; mitunter auch breiter und lockerer, aber auch dichtkroniger.
c Benadelung und reifender Zapfen; geriebene Zweige duften nach Zitrone; alte Zapfen färben sich dunkelbraun und bleiben jahrelang haften.

4 Sawara-Scheinzypresse   **69**
hier die gelbe Fadenform *Chamaecyparis pisifera* 'Filifera Aurea'
Triebe hängend; die spitzschuppige Benadelung duftet, wenn gerieben, streng nach Harz; junge Bäume sind sehr schön goldgelb und haben entweder eine Bienenkorbform oder sind schlank und locker.

5 Hinoki-Scheinzypresse *Chamaecyparis obtusa*   **68**
a Triebunterseite, die weiße Markierung zeigend.
b Kräftiger Trieb mit jungem Zapfen.

Sawara-Scheinzypresse 'Filifera Aurea'   Hinoki-Scheinzypresse

1a

2a

3a

3b

b

2b

1c

2c

4

5a

5b

3c

3d

1a

1b

2a

2b

2c

3a

3b

4a

4b

5

Thuja und Wacholder

Blätter schuppenförmig oder untermischt mit scharfen, kleinen Nadeln

1 **Gewöhnliche Thuja** *Thuja occidentalis*   83
   a Zweigoberseite matt, mit erhabener „Drüse" auf jeder Schuppe.
   b Unterseite sehr matt, blaßgrün, ohne Zeichnung.

Ältere Bäume sehen selten gesund aus, mit meist stumpfgrüner, kraftlos aussehender Bezweigung; kurzlebig, häufig als geschnittene Hecke zu sehen.

2 **Riesen-Thuja** *Thuja plicata*   84
   a Zapfen im Herbst reif.
   b Zweigoberseite kräftig glänzendgrün, unterseits mit blaßgrüner Zeichnung; schon bei leichtem Reiben der Triebe birnenartig duftend.
   c Kontur eines 10 m hohen Baumes; Leittrieb stets aufrecht.

Dieser Baum ist meist wuchsfreudig und wird wahrscheinlich in Europa ein hohes Alter erreichen; häufig als Windschutz oder als geschnittene Hecke zu sehen.

3 **Korea-Thuja** *Thuja koraiensis*   83
   a Trieboberseite mit reifen Zapfen; Schuppen stets matt, entweder blaßgrün, dunkelgrün oder blaugrau.
   b Unterseite mit breiter silberner Zeichnung; bei den meisten Pflanzen macht diese Silberzeichnung den Rand undeutlich.

Ein kleiner, langsamwüchsiger Baum, dessen Benadelung, wenn gerieben, nach Mandelkuchen duftet.

4 **Hiba** *Thujopsis dolabrata*   85
   a Trieboberseite mit glänzenden, harten, breiten Schuppen.
   b Unterseite mit klar abgegrenzter weißer Zeichnung und glänzendem grünen Rand.

5 **Gelber China-Wacholder** *Juniperus chinensis* 'Aurea'   78
   Trieb mit der typischen Mischung von Jugend- und Altersblättern. Diese ♂ Form kann gut goldgelb gefärbt sein und wird vor allem in England häufig in Gärten gepflanzt (leidet aber leicht unter Sonnenbrand). Die Jugendblätter fühlen sich hart und stechend an.

Schlüssel zu den Thuja-Arten

1. Zweiglein alle senkrecht stehend, Blätter beiderseits
gleichfarbig   *T. orientalis*, S. 82
Zweiglein nicht waagerecht stehend; Ober- und Unterseite verschiedenfarbig **2**
2. Unterseite blaß gelblichgrün, ohne weiße Zeichnung   *T. occidentalis*, S. 83
Unterseite weiß gezeichnet oder ganz weiß   **3**
3. Unterseite meist ganz weiß   *T. koraiensis*, S. 83
Unterseite weiß gestreift   **4**
4. Blätter weich, glänzend, gerieben nach Äpfeln
oder Kiefern duftend   *T. plicata*, S. 84
Blätter hart, matt, zerrieben süß duftend   *T. standishii*, S. 85

Duft-Übersicht für die Thuja-Arten (zerriebene Blätter)

Ohne Duft   *T. orientalis*
Nach Obstkuchen mit Mandeln   *T. koraiensis*
Süß, wie Zitronenbonbons   *T. standishii*
Wie Apfelmus mit Gewürznelken   *T. occidentalis*
Wie Ananas (Reiben nicht nötig)   *T. plicata*

Chinesische Thuja   *Thuja orientalis* L.

E – Chinese Thuja   F – Thuja de Chine   N – Oosterse levensboom
China. 1752. In England bis 15 m, bei uns nur halb so hoch.
RINDE: Stumpf rotbraun, in Längsstreifen ablösend, mit schmalen Furchen.
KRONE: Schmal, aufrecht, verzweigt, junge Bäume eiförmig, alte Bäume mehr
formlos, locker, mit *aufwärts gebogenen,* kahlen Ästen.
BELAUBUNG: Schuppenblätter dick, stumpf, *beiderseits grün,* die freien Spitzen
etwas einwärts gekrümmt; *Zweiglein senkrecht* stehend.
BLÜTE UND FRUCHT: ♂ Blüten sehr klein, stumpfgelb, an den Triebspitzen,
nickend; Zapfen eiförmig, aufrecht mit starken hakenförmigen Auswüchsen
an der Spitze, in 2 Reihen, 1 cm lang, im Sommer bläulich bereift.
WUCHS: Sehr langsam, gut winterhart, aber selten gesund und langlebig.
'E l e g a n t i s s i m a'. 1860. Anfangs zwergig, aufrecht, schmal flammenförmig,
spitz; Belaubung im Sommer goldgelb, im Winter mehr gelbgrün; im Alter bis
7 m hoch. – In Deutschland in Parks und Gärten selten, häufiger auf Friedhöfen.

            Chinesische Thuja   'Elegantissima'

Korea-Thuja   „Gewöhnliche" Thuja

Korea-Thuja   *Thuja koraiensis* Nakai   **4**
E – Korean Thuja   F – Thuja de Coreé
Korea 1918. Ziemlich selten in den Gärten; auch in Deutschland in Kultur.
Schmal kegelförmig, locker bezweigt, Zweige nach oben strebend, bis 10 m
hoch, aber oft nur niedrig und buschig; Benadelung entweder frischgrün oder
bläulich graugrün, mitunter silbergrau, einzigartig durch die *silbrige Unterseite,*
entweder völlig silbrig oder mit schmalem grünem Saum und Mittelrippe.
Triebe kupfrig-orange, die kleinen Seitentriebe breit und sich überdeckend, gerieben nach Obstkuchen mit Mandeln duftend. ♂ Blüten grün mit schwarzen
Spitzen, 1 mm, kugelig, an abwärts gebogenen Trieben. Zapfen zu 2–3, entweder vorwärts gerichtet an der Spitze kleiner Triebe oder aufrecht, 10 mm,
eikegelförmig, hell gelbgrün, mit wenigen Schuppen, alle mit schwarzer Spitze.

„Gewöhnliche" Thuja   *Thuja occidentalis* L.   **4**
E – White Cedar   F – Thuja du Canada   N – Westerse levensboom
O-Kanada, USA, 1536 oder 1596. Überall häufig angepflanzt, nebst zahllosen,
meist zwergigen Gartenformen, der Typ sehr oft als Heckenpflanze verwendet,
bis 20 m.
RINDE: Orangebraun, längsrissig.
KRONE: Kegelförmig mit schmaler, runder Spitze und aufwärts gerichteten Zweigen, dünn und locker, seltener dicht beastet und kräftiggrün.
BELAUBUNG: Häufig fast wie leblos hängend, gelblichgrün, an jüngeren Pflanzen
die kleinen Triebe nach oben *gedreht; Unterseite gleichförmig hell, gelblich;*
gerieben nach Äpfeln duftend.
ZAPFEN: Gelb, oft so zahlreich, daß die Krone ganz gelb aussieht, aufrecht, bald
bis zur Basis der Schuppen klaffend, dann hängend.
WUCHS: Sehr langsam, maximal etwa 20 cm jährlich; Bäume mit über 10 m Höhe
meist etwas schief stehend und dann oft umgeweht; im allgemeinen kurzlebig,
aber sehr wüchsig auf nassen Böden. Forstlicher Versuchsanbau in D.
'F a s t i g i a t a'. 1865. Schmal kegelförmig, weniger säulenförmig als 'Spiralis';
Triebe schlank, aufrecht; 10 m.
'S p i r a l i s'. 1923. Sehr schmale, spitze Säulenform, Belaubung tiefgrün. Im
Winter etwas bräunlich; kurze, dichte, spiralig gedrehte, aufwärts gebogene
Triebe. 10 m.
'L u t e a'. Viel schöner als der Typ, robust, mit kräftigem Stamm und dichter
Krone, junge Belaubg. goldgelb. 17 m. Selten.

'R h e i n g o l d'. Rundlich-kegelförmig, oft vielstämmig, bis 4 m, ganz hellgelb, im Winter etwas bräunlich, im Frühjahr mehr orange. Als junge Pflanze teilweise mit Nadelblättern.

ÄHNLICH: *Thuja plicata* hat dichtere Krone, glänzendgrüne Bezweigung, unten weiße Zeichnung; geriebene Blätter duften ähnlich, aber stärker.

Riesen-Thuja *Thuja plicata* D. Don. (= *T. lobbii* Hort. ex Gord.)

E – Western Red Cedar   F – Thuja plissé   N – Reuzen levensboom

Alaska bis Kalifornien, nach Osten bis Idaho. 1853. Häufig in größeren Gärten, Parks, gelegentlich auch forstlich angepflanzt; bis etwa 40 m hoch.

RINDE: Dunkel rotbraun und purpurn, breit gefurcht, später in Streifen zerbrechend und in Platten ablösend; Stamm spannrückig im Alter.

KRONE: Schmal kegelförmig mit aufrechter Spitze, wird im Alter breiter, insbesondere wenn an der Basis starke Äste vorhanden sind, die entweder aufstreben oder einen Kranz von „Schleppen" bilden, aus denen wieder kräftige Stämme entstehen. Sehr alte Stämme haben oft eine offene Kronenspitze oder sterben auch ganz ab, wenn die starken Stämme der Schleppe groß werden.

BELAUBUNG: Schuppenblätter angedrückt, länglich-obovat, stumpf, aromatisch (reiben nicht nötig), oben frischgrün und glänzend, unten heller und weißlich gezeichnet, abgeflacht, die kleineren Seitentriebe im Umriß schmal und lanzettlich; Triebe anfangs kupferbraun, dann rotbraun, schließlich mehr purpurbraun, fruchtig duftend, etwas nach Ananas, oft auch schon die Luft ringsum den Baum so duftend.

BLÜTEN UND ZAPFEN: ♂ Blüten winzig, endständig an den kleinsten Triebspitzen, blaßgelb, kaum auffällig, im März staubend, Pollen sehr fein und kaum sichtbar; Zapfen an den kräftigeren Zweigen des gleichen Baumes, mitunter sehr zahlreich, lederig, eiförmig, 1 cm, aufrecht oder abstehend oder hängend, zuerst grün, während des ganzen Sommers gelb, im Spätherbst braun, 1,5 × 0,5 cm, spitz; Schuppenspitze dornförmig und abstehend.

WUCHS: Rasch in kühlen, luftfeuchten Gebieten, Jahrestriebe dort bis 90 cm, Baum kann dort eine Höhe von 25 m in 30 Jahren erreichen; langsamwüchsig, wenn über 30 m: April–September. Forstlicher Versuchsanbau in D, DK, GB und PL.

'Z e b r i n a'. 1868. In Gärten und Parks, sehr wertvoll für die Gestaltung; bis jetzt 22 m hoch bekannt; Wuchs breit, regelmäßig kegelförmig. Blätter goldgebändert.

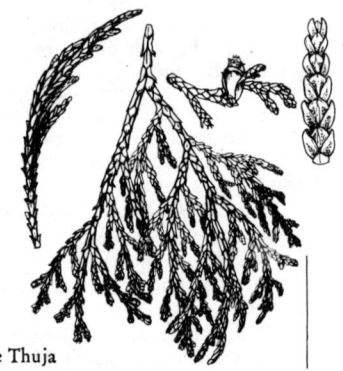

Riesen-Thuja   Japanische Thuja

'S e m p e r a u r e s c e n s'. 1923. Sehr schöne schmale Kegelform, gelblich-moosgrün, später im neuen Trieb mehr orangegelb; ziemlich selten. 20 m.

ÄHNLICHE ARTEN: *Chamaecyparis lawsoniana* hat eine dunklere Krone und nickenden Gipfeltrieb, weicht auch ab in Blüten und Zapfen, Belaubung stumpfer grün, nicht so abgeflacht. Schuppenblätter schmaler, nach Sellerie duftend. Für Unterschiede von den anderen *Thuja*-Arten siehe den Schlüssel (S. 82).

Japanische Thuja *Thuja standishii* (Gord.) Carr. (= *T. japonica* Maxim.)
E – Japanese Thuja   F – Thuja du Japon   N – Japanese levensboom

Japan. 1860. Nur in den großen Parks und Botanischen Gärten. Bis 20 m.

RINDE: Kräftig *dunkelrot*, in groben Platten abhebend und in Streifen an deren Seiten, oft spiralig gerollt, zum Teil auch glatt und glänzend.

KRONE: *Breit kegelförmig*, innen ziemlich offen, kräftig, die *unteren Äste U-förmig* abstehend, d. h. in 1–2 m Entfernung vom Stamm scharf aufwärts gerichtet.

BELAUBUNG: Trieb zuerst kupfrig-orange; Blätter *hart*, matt, entweder blaßgrün oder an den neuen Trieben grau; Gipfeltriebe aufrecht, mit *nickender Spitze*, unterseits kräftig, doch schmal grauweiß gezeichnet; zerrieben angenehm nach Zitrone, *Eucalyptus* oder Bonbons duftend. ♂ Blüten an nickenden Spitzen, 1 mm, eiförmig, purpurschwarz; Zapfen aufrecht, eiförmig-zylindrisch, 13 × 7 mm, Schuppen grün, gerippt, Rand nach außen gekrümmt, reif dunkel zigarrenbraun. Forstlicher Versuchsanbau in GB und D.

ÄHNLICHE ARTEN: *Thuja plicata*; vgl. die Merkmale.

THUJOPSIS
Nur eine Art, früher zu *Thuja* gehörend.

Hiba *Thujopsis dolabrata* (L. f.) Sieb. & Zucc.   **4**
E – Hiba

Japan; 1853 (nur 1 Pflanze, ging ein), 1859, 1861. Nicht selten in großen Parks und Gärten. In England bis 20 m.

RINDE: Dunkel rotbraun, in feinen Streifen abgelöst (wie von Katzen losgekratzt), diese Rinde grau bis hellbraun; an älteren Bäumen auch mit glatten, rotbraunen Feldern und hell orange Streifen.

KRONE: In 2 Formen: (I) Einstämmig und schmal, mit vielen kurzen Ästen, anfangs waagerecht bis etwas abwärts gerichtet, bald jedoch ansteigend, Bezweigung ziemlich dick, hängend. Dieser Typ ist vor allem häufig in Cornwall und Irland. (II) Breite Kegelform, entstanden aus einem Hauptstamm, umgeben von 20–40 Ablegern, von denen die dem Hauptstamm am nächsten stehenden oft fast genau so stark sind wie dieser, alle ganz gerade, drehrund, die inneren bis auf 4 m Höhe astrein; Bezweigung abstehend, Triebe kleiner. Dies ist die „normale" Form.

BELAUBUNG: Frischgrün oder gelblichgrün, *glänzend, hart, Kantenblätter abstehend*, breit dreieckig, bis 7 × 4 mm groß, mit einwärts gebogener, plötzlich zugespitzter Spitze, unterseits die ganze Fläche kalkweiß, bis auf einen schmalen grünen Saum, in einem gekrümmten Streifen (angeblich beilförmig, von *dolabra*, lat. Beil).

BLÜTE UND ZAPFEN: ♂ Blüten eiförmig, schwärzlichgrün, nickend an kurzen Triebspitzen; ♀ Blüte blaugrau, aus dem später die 1–2 cm langen, bald weit klaffenden Zapfen entstehen.

Wuchs: Sehr langsam, jährlich wohl nur wenige cm, sehr wüchsige Bäume können aber bis 30 cm erreichen. Kleiner forstlicher Versuchsanbau in D (Weinheim).
'V a r i e g a t a'. Nicht ganz beständige Form mit teilweise gelblichweißer Belaubung, doch oft in die grüne Form zurückschlagend.
Ähnliche Arten: *Thuja* (S. 79–85) haben kleinere, weichere Blätter, ohne die dicke weiße Zeichnung auf der Unterseite und viel schmalere Triebe.

Taxodium-Gewächse: *Taxodiaceae*

Eine primitive Familie mit 10 Gattungen, zumeist mit nur einer noch lebenden Art, insgesamt 14 Arten. Blätter hart und schuppenförmig oder linealisch, lang oder kurz – oder weich und sommergrün. Zapfen kugelig, holzig oder lederig, mitunter bleibend.

SEQUOIA

Nur eine Art; Schuppenblätter an Leittrieben und Blütentrieben; an den übrigen Trieben zweizeilig und linealisch, abstehend.

Küsten-Sequoie, Redwood   *Sequoia sempervirens* (D. Don) Endl.   **5**
E – Coast Redwood   F – Sequoia toujours vert
Im schmalen Küstengürtel von Oregon bis Monterey, Kalifornien, im Süden. Im nördlichen Gebiet bis über 100 m hoch (einer der höchsten Bäume der Welt ist der 112,4 m hohe „Howard Libbey"). 1843 über Rußland nach Europa eingeführt, vor allem auf den Britischen Inseln, aber auch in Frankreich, Westdeutschland u. a. häufig angepflanzt, in Deutschland jedoch empfindlich (D ∧-∧∧).
Rinde: Hell fuchsrot bis dunkel rötlichbraun, letzteres an alten Stämmen mit dicker, tiefgefurchter Rinde, Furche rauhkantig, sehr dick, weich, faserig.
Krone: Breit säulenförmig, spitz in der Jugend locker und mit Quirlen, im Alter – auch im Einzelstand – mit flacher Spitze; im Alter Krone dünn und licht, Äste dann lang, waagerecht oder etwas hängend.

Zapfen;
reif und klaffend

Stamm: Walzenförmig, nur wenig schlanker werdend, astrein nur bei engem Stand oder wenn aufgeastet; Basis meist von riesigen Knoten bis zur Höhe von 2–3 m umgeben, diese oft mit jungen Sprossen.
Belaubung: Triebe grün, weiß punktiert (unter der Linse), mit grünen Schuppenblättern, 6–8 mm lang; Seitentriebe mit zweizeilig stehenden, linealischen, harten, scharf zugespitzten, 1,5–2 cm langen Blättern, oben dunkelgrün (jung oft grau) unten mit einem weißen Band beiderseits der Mittelrippe.
Blüten und Zapfen: ♂ Blüten tropfenförmig, 2 mm, endständig an den kürzesten Seitentrieben, blaß weißlichgelb im Winter, hellgelb beim Stäuben im Februar, aber bald braun durch Frost; Zapfen an gleichen Baum, an dicken Trieben, klein, 2 cm, kugelig, die runzeligen Schuppen bald braun.
Wuchs: Sehr rasch in frischem Boden und geschützter Lage, dann bis 1,3 m jährlicher Zuwachs, von Mitte Mai bis Ende September. – In England Bäume bis 40 m hoch. Blattbräune, durch kalte Winde in manchen Jahren hervorgerufen, ist bedeutungslos. Kann bis 2600 Jahre alt werden, in Kalifornien meist jedoch

nur 700–1000 Jahre. „Howard Libbey" 500 Jahre alt, aber seit 125 Jahren noch gut wüchsig. Verträgt Schatten besser als jede andere Konifere; aus großen Stümpfen können ganze Kreise neuer Bäume entstehen. Kleiner forstlicher Versuchsanbau in GB, NL und D (Wuppertal).

'A d p r e s s a' ('Albo-spica'). 1867. Selten; Jungtriebe schmal und rahmweiß, ältere Triebe blaß blaugrau; Blätter kurz, schuppenförmig, 4–8 mm, am kürzesten an den Triebenden. Zwei helle blauweiße Bänder unterseits, oben ein weißes Band, nahe der Blattspitze. 23 m (in England).

'G l a u c a'. Vor 1874. Belaubung bläulich-grau, kürzer als beim Typ. Bis 23 m. Selten.

ÄHNLICHE ARTEN: Keine Ähnlichkeit mit irgend einem anderen Baum, könnte höchstens in der Benadelung mit *Taxus* verwechselt werden, doch sind die Blätter bei *Sequoia* kürzer, stumpfer in der Farbe, steifer, unterseits weiß gebändert (bei *Taxus* gelbgrün), außerdem hat *Sequoia* noch Schuppenblätter entlang der Triebe.

'Adpressa'

SEQUOIADENDRON

Nur eine Art, früher mit *Sequoia* vereinigt, aber abweichend in der nur aus Schuppenblättern bestehenden Belaubung, daher auch sonst im ganzen Eindruck völlig verschieden.

Mammutbaum, Riesen-Sequoia *Sequoiadendron giganteum* (Lindl.) Buchholz (= *Sequoia gigantea* Lindl.) **5**

E – Giant Sequoia, Wellingtonia   F – Sequoia géant

Sierra Nevada, Kalifornien. Der Gebrauch der Bezeichnung „California Redwood" ist sehr zu bedauern; er verursacht häufig Verwechslung mit *Sequoia sempervirens*, die ebenfalls ein California Redwood ist. Vorkommen begrenzt auf isolierte Gebiete der westlichen Abhänge, in Höhenlagen von 1500 bis 2400 m; hier sind auch einige berühmte Bäume wie z. B. der „General Sherman" (82,9 × 24,1 m), der „Grizzly Giant" (61 × 22 m bei 2,4 m über dem Boden) und der „General Grant" (81,5 × 24,3 m). Man hat über 100 m hohe Bäume mit 27 m Umfang und einem Alter von 3400 Jahren gefunden. 1853 nach Schottland und England eingeführt. Durch die spitze Kegelkrone schon von weitem erkennbar, außer im Gebirge. In England sehr häufig in Parks zu sehen, auch bei uns nicht selten.

RINDE: Sehr alte Bäume *dunkel rosa-braun*, mitunter fast schwärzlich und wie verbrannt aussehend, aber auch mitunter heller, fuchsrot oder blaß orangebraun, sehr *dick, weich* und faserig; läßt sich leicht mit dem Daumen oder einem Gegenstand eindrücken, tief rissig.

KRONE: Hoch, schmal kegelförmig auch bei den höchsten Bäumen, gelegentlich mehr rund, die umgebenden Bäume überragend, dicht, aber auch mit lichteren Stellen zwischen den stärkeren Ästen, dunkelgrüne Belaubung; Gipfeltriebe aufstrebend, darunter folgt ein Abschnitt mit waagerechter Bezweigung, die unteren zunehmend schweren und langen Äste meist hängend, jedoch wie alle Äste an den Enden *aufwärts gekrümmt* und *aufsteigend*.

STAMM: Bei Bäumen im freien Stand aus viel breiterer Basis nach 1–2 m Höhe schlanker, dann walzenförmig, schließlich nach dem Gipfel zu gleichmäßig schlanker werdend. Einige Bäume, möglicherweise aus dem Wald von Mariposa, und zwar nicht die ältesten, haben stärker gerötete Rinde und nicht die kegelförmige Stammbasis mit den tiefen Furchen.

BELAUBUNG: Triebe steif, blaß oder graugrün, fein weiß punktiert; Nadeln in 3 Längsreihen, spiralig stehend, blaugrau an der Basis junger Triebe, dunkelgrün und glänzend an älteren, mit scharfer, etwas abstehender Spitze, 4–7 mm, die Zweiglein an den Triebenden aufwärts gerichtet, sonst aber hängend und nach außen gerichtet. Hauptäste bogig nach oben gehend. Zerrieben starker Anisgeruch.

BLÜTEN UND ZAPFEN: ♂ Blüten endständig an kleinsten Trieben, aber sehr dicht stehend, wie winzige Tröpfchen, den ganzen Winter hindurch fast weiß, beim Stäuben im März-April blaßgelb, nach Frosteinwirkung blaßbraun. ♀ Blüten

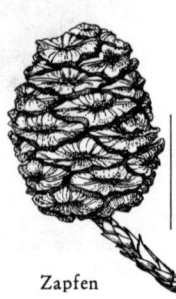

aufrecht, an 2 cm langen, beschuppten Trieben am Hauptast, hellgrün und eiförmig, 1 cm lang, jede Schuppe mit einem aufrechten, 2 mm langen, rosagelben Dorn. Zapfen einzeln (oder zwei) an langen Stielen von den Haupttrieben hängend, gebündelt, in manchen Teilen der Krone oft sehr zahlreich, erst grün, dann dunkelbraun, im zweiten Jahr reif (in Kalifornien bis zu 20 Jahre am Baum bleibend, aber hier nur einige Jahre), eiförmig, stumpf, 8 × 5 cm, die Schuppenschilder flach rautenförmig, flach quer gefurcht.

Zapfen

'Pendulum'

WUCHS: Junger Bäume nur mäßig rasch, aber doch etwa 60 cm Jahreswuchs, seltener bis 1 m; in England einige Bäume 45 m hoch und 100 Jahre alt, somit also Jahreszuwachs 45 cm. Zuwachs des Stammumfanges außerordentlich schnell, 5–8 cm jährlich ist normal, aber auch 15 cm ist bekannt; viele alte Bäume behielten 5–8 cm Jahreszuwachs. Nie vom Sturm geworfen, doch gelegentlich durch Wurzelpilz absterbend. Häufig dem Blitzschlag ausgesetzt. Forstlicher Versuchsanbau in B, D und auf der Krim.

'A u r e u m'. 1856. Cork. Wuchs langsamer, dichter, 20 m, Spitzen der Triebe stumpf gelb. Selten.

'P e n d u l u m'. 1863, eingeführt 1873, Nantes, Frankreich. Habitus entweder sehr schmal, hoch, bis 28 m, oder auch übergebogen und wieder aufsteigend, mitunter in merkwürdigen Formen. Selten.

ÄHNLICHE ARTEN: *Cryptomeria japonica* (folgend) unterschieden durch hellgrüne Belaubung, mit viel längeren, gebogenen Nadeln, faseriger Rinde, die sich nicht eindrücken läßt.

CRYPTOMERIA

Nur eine Art, mit lang-zugespitzten Schuppenblättern, Zapfen mit kurzen Dornen auf den Schuppen.

Sicheltanne *Cryptomeria japonica* (L. f.) Don   **5**

E – Japanese Red Cedar   N – Japanse cypres

China, Japan; 1842 aus China eingeführt, 1861 aus Japan. Nicht selten in Parks, doch selten in kleineren Gärten. In England bis 37 m hoch.

RINDE: Orange bis rotbraun, dann mit zunehmendem Alter dunkelbraun, dick, oft faserig; tief parallel längsrissig, mit zunehmendem Alter in Streifen abfasernd, diese Fasern hängen dann rings um die Astbasis.

STAMM: Nach stark verbreiterter Basis bis hoch in die Krone hinein walzenförmig; an alten Bäumen gelegentlich warzenförmige, hängende Auswüchse, besonders an den Astbasen.

KRONE: Schmal *kegelförmig mit rundem Gipfel,* nur stellenweise dicht beastet, *frischgrün,* oft mit starken, waagerecht stehenden oder etwas hängenden unteren Ästen, nach 2–3 m Abstand aufwärts gehend, gelegentlich auch ringförmig die Stammbasis umgebend.

BEZWEIGUNG: Locker, mit langen, oft hängenden Spitzentrieben, alle besetzt mit frischgrünen oder gelbgrünen, etwas glänzenden, harten, vorwärts gekrümmten Blättern, im Querschnitt rautenförmig, bis 1,5 cm lang; Blattbasen mit hohem, herablaufendem Kiel. Die chinesische Form, zu der alle die ältesten Bäume (in England) gehören, hat längere Nadeln, und schlaffere Triebe als die japanische Form, und eine mehr lockere, hängende Krone.

BLÜTEN UND ZAPFEN: ♂ Blüten eiförmig, 3 mm, gebüschelt entlang der Triebspitze, gelbbraun im Winter, heller während des Stäubens im Februar, oft so zahlreich, daß sie der Krone mancher Bäume Farbe geben; vom 5. Jahr an ausgebildet. ♀ Blüten endständig an kürzeren, dickeren Trieben am gleichen Baum, nicht selten schon an 5jährigen Bäumen, häufig an älteren Bäumen, in nickenden, grünen Rosetten, wie aufgehende Knospen. Zapfen kugelig, 2 cm, an jetzt aufwärts gekrümmten Stielen, rauh durch 5–6 kurze, gebogene Dornen an jeder Schuppe, im ersten Jahre reifend, holzig und einige Monate dunkelbraun bleibend.

Zapfen

WUCHS: Rasch in kühlen, feuchten Gebieten, dann Triebe über 1 m, aber kaum halb so lang in warmen, trockenen Gebieten, wo sie nicht über 25 m hoch werden; Mitte Mai bis Ende September, aber oft Anfang August bereits Triebabschluß. Forstlicher Versuchsanbau in GB, D und SU.

'Compacta' (= 'Lobbii'). 1853 aus Japan, über Java. In Gärten, mitunter häufiger angepflanzt als der Typ, unterscheidet sich von diesem durch eine dichtere, aber *ungleichmäßige Krone,* Bezweigung kürzer und gebüschelt, auch der Gipfeltrieb büschelig. In Deutschland vorzüglich gedeihend; in England bereits bis 36 m hoch.

'Elegans'. 1861. Japan. Häufig. Wuchs entweder aufrecht und kegelförmig

'Compacta'

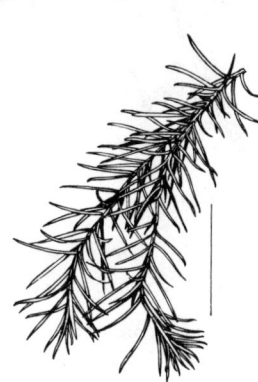

'Elegans'

'Cristata'

mit breit abgerundetem Gipfel oder breit säulenförmig, dabei aber oft übergebogen, dicht verzweigt; Rinde *hell fuchsrot,* löst sich in schmalen Streifen ab;
Belaubung stets in Form von Jugendblättern, im Sommer blaugrün, im Winter
dunkelrot, bronze oder purpurbraun gefärbt; Blätter schmal, weich, abstehend,
bis 2 cm lang, spiralig stehend an frischgrünen, gedrehten Trieben, beiderseits
bläulichgrün und glänzend. Langsamwüchsig; bis 20 m.

'C r i s t a t a'. Schmaler Baum, angeblich zwergig, aber bis 10 m hoch; Belaubung
zum Teil in verbänderten, aufrechten Büscheln. Selten.

SCHUPPENFICHTE   *Athrotaxis*

Drei Arten in Tasmanien, nahe verwandt mit *Cryptomeria.* Alle drei bei uns
nicht winterhart, weshalb hier nur ein Bestimmungsschlüssel gegeben wird; vgl.
im übrigen die Abb. (D ∧∧∧)

1. Blätter vollständig den Trieben angedrückt, dick, fleischig; Triebe
   zerstreut, zu dritt an den Hauptzweigen   *A. cupressoides* Don
   Blätter mit freien, abstehenden Spitzen, sonst den Trieben locker
   anliegend; Triebe unregelmäßig an den Hauptzweigen stehend   **2**
2. Blätter 1–2 mm an der Basis angedrückt, Spitzen frei
   und einwärts eingekrümmt   *A. laxifolia* Hook.
   Blätter 1 cm weit abstehend, die weiße Innenseite sichtbar   *A. selaginoides* Don

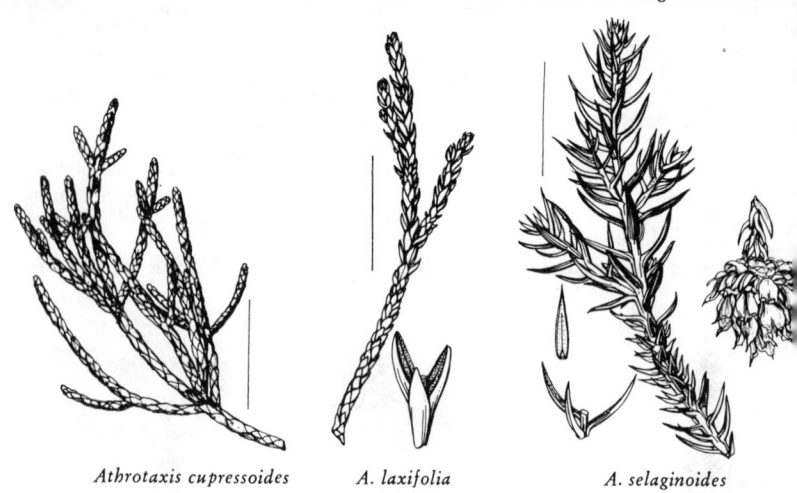

Athrotaxis cupressoides   *A. laxifolia*   *A. selaginoides*

SPIESSTANNE   *Cunninghamia*

Zwei einander sehr ähnliche Arten aus China und Formosa.

Spiesstanne   *Cunninghamia lanceolata* (Lamb.) Hook. f.   **5**
   E – Chinese Fir   F – Sapin chinois
   Süd- und West-China. 1804. Ziemlich selten; in England bis 20 m, bei uns
   weniger als halb so hoch. (D ∧∧)

RINDE: Kastanienbraun, gleichmäßig längs gestreift mit schmalen, parallelen flachen Furchen, in feinen Streifen ablösend.

STAMM: Ganz gerade und ohne Verjüngung zwischen den Ästen.

KRONE: Säulenförmig oder schmal kegelförmig, mit abgerundeter Spitze, ziemlich locker, aber hängende Zweige verdecken die oft großen freien Stellen in der Krone; im Innern der Krone rostbraun durch anhaftende abgestorbene Belaubung; außen glänzend dunkelgrün; Stämme oft schon tief gegabelt.

BELAUBUNG: Triebe blaß *glänzend grün*, überdeckt durch die Blattbasen; Blätter linealisch-lanzettlich, mit breiter Basis, gleichmäßig in eine feine Spitze auslaufend, 3–7 cm lang, 0,4 cm breit, spiralig stehend, aber etwas verdreht, so daß sie mehr oder weniger zweizeilig erscheinen, oberseits dunkel und glänzendgrün, Rand und Mittelrippe etwas erhaben, häufig mit 2 schmalen weißen Linien an der Basis; unten zwei breite silbrige oder weißlichgrüne Bänder, biegsam, jedoch nicht weich.

BLÜTEN UND ZAPFEN: ♂ klein, zu 2–16 an den Triebenden, gelegentlich auch einige ringsum die Basis ♀ Blüten, Anfang Mai; ♀ Blüten oft zahlreich, endständig, die spitzen Schuppen gelb, orange und blaßgrün; 12 × 8 mm groß; Zapfen endständig, glänzend frischgrün bis Oktober, eiförmig, etwa 2–3 cm lang und breit, Schuppen in eine schmale, abgerundete Spitze endend mit kleinem braunem Dorn, Rand weiß gefranst, steif, hart, spiral-dachziegelig angeordnet.

Spiesstanne

WUCHS: Sehr langsam, sowohl als junge wie als ältere Pflanze, jedoch etwas winterhärter als gewöhnlich angenommen, wenn in geschützter Lage gepflanzt; in England bis 18 m hoch.

'G l a u c a'. Nadeln blaugrün, dadurch die silberweißen Unterseiten besonders schön hervortretend; selten. Soll winterhärter sein als die grüne Normalform.

ÄHNLICHE ARTEN: Bei der sehr ähnlichen *C. konishii* sind die Blätter nur 2 bis 4 cm lang; *Araucaria araucana* hat nur geringe Ähnlichkeit, vor allem Belaubung und Rinde sind völlig verschieden.

SCHIRMTANNE *Sciadopitys*

Nur eine Art, mit großen, paarweise an einer Längsseite zusammengewachsenen Blättern (Cladodien), die in Quirlen stehen, und mit Schuppenblättern an der Basis der Quirle und an den Internodien.

Japanische Schirmtanne *Sciadopitys verticillata* (Thunb.) S. & Z. **6**

E – Japanese Umbrella Pine   N – Parasolden

Japan 1853 (dort ausgestorben). Ziemlich selten in den Gärten. In England bis 23 m.

RINDE: Dunkelbraun oder grau, in groben Streifen ablösend.

KRONE: Der höchsten Bäume schmal kegelförmig mit schlanker Spindelkrone, viele aber auch breit kegelförmig oder vielstämmige hohe Büsche mit vielen spitzen Kronen; dicht beastet, wo sie gut wächst, sonst lockerer.

BELAUBUNG: Regelmäßig stehende *Quirle* glänzend dunkelgrüner (mehr gelblich, wenn nicht gut gedeihend), lederartiger, paralleler Doppelnadeln, *tief gefurcht*, 12 × 0,4 cm; Abstand der Quirle etwa 3,5 cm; Triebe hellbraun mit den dunkelbraunen, 4 mm langen Schuppenblättern. Stellung der Doppelnadeln schirmförmig, daher der Name. Auf der Unterseite hell gelbgrün, gefurcht, an der Spitze abgerundet und an der Furche gespalten. Jedes „Blatt" besteht in Wirklichkeit aus zwei entlang dieser Furche verwachsenen Blättern.

BLÜTEN UND ZAPFEN: ♂ Blüten in Form kleiner Kugeln, gelb, in endständigen Büscheln, etwa 12 beisammen; Zapfen oft zu vielen beisammen, oft schon an jungen Bäumen, eiförmig, 5–7 × 7 cm, mit dicken, holzigen, rundlichen Schuppen, zuerst grün, später braun, am Rand zurückgerollt, locker stehend.

WUCHS: Mäßig langsam, in England die raschwüchsigsten Bäume 12 m in 40 Jahren, ältere Bäume viel langsamer.

Kleiner forstlicher Versuchsanbau in D (Köln)

ERKENNUNGSMERKMALE: Durch die großen, quirlförmig stehenden Doppelnadeln mit keiner anderen Konifere zu verwechseln.

SUMPFZYPRESSEN *Taxodium*

Drei nahe verwandte sommergrüne Arten (eine fast immergrün), die sowohl ihre Blätter als auch Kurztriebe abwerfen. Beschränkt auf die südl. USA und Mexiko.

Sumpfzypresse *Taxodium distichum* (L.) Rich. 6

E – Swamp Cypress   F – Cyprès chauve   N – Moerascypres

In N-Amerika, von Delaware bis Texas, Mississippi aufwärts bis Missouri. 1640. Nicht selten in europäischen Gärten und Parks, benötigt zum guten Gedeihen warme Sommer. Bis 35 × 5,4 m.

RINDE: Blaß rötlichbraun, mit zahlreichen kleinen, senkrechten oder spiralig verlaufenden, seichten Furchen und Fasern.

KRONE: Kegelförmig, breit oder schmal, mit *abgerundeter Spitze*; frisch grün, im Juni heller, später dunkler; Stamm gerade in die Spitze auslaufend, die feine, dichte Bezweigung im Winter erkennbar; Stämme mitunter stark gedreht.

BELAUBUNG: Austrieb sehr spät, im Juni erst ein Hauch von Grün sichtbar; Triebe rötlich, sehr dünn; Jungtriebe bläulichgrün; Blätter an Langtrieben spiralig; Seitentriebe werden im Herbst abgeworfen, *wechselständig*, 10 cm lang, mit etwa 80–100 dünnen, zarten, etwa 2 × 10 mm langen, *wechselständigen*, zweizeilig angeordneten Blättern, anfangs frischgrün, später dunkler werdend, auf der Unterseite mit zwei grauen Bändern, Herbstfärbung fuchsrot bis dunkelbraun, Ende Oktober.

BLÜTEN UND ZAPFEN: ♂ Blüten an manchen Bäumen den Winter hindurch als 5–6 cm lange Kätzchen an den Triebspitzen sichtbar, zu drei oder vier beisammen, steif, das mittlere am längsten, Blütenknospen 2 mm lang eiförmig, gelb und grün; Kätzchen strecken sich im März, werden dann 8–10 cm lang, schlank, stumpfgelb im April; Zapfen können am gleichen Baum auftreten, fehlen aber oft; sie sind kugelig, mit wenigen, am Rand verdickten Schuppen und mit einem Dorn in der Mitte, 3 × 2,5 cm groß, zuerst hellgrün, dann purpurn, kurz gestielt.

WUCHS: Ziemlich langsam, auch junge Bäume meist nur 30 cm Jahreszuwachs, Mitte Juni bis Anfang September. Liebt normale, jedoch nicht zu trockene Böden. Häufig an den Ufern von Gewässern gepflanzt, mitunter auch in seichten Gewässern stehend, wo dann die „Atemknie" (Pneumatophoren) entstehen. Diese sehen fast aus wie hölzerne Termitenhügel, bis 40 cm hoch, innen mit schwammigem Gewebe, welches die Durchlüftung der im Wasser stehenden Wurzeln fördert.

ÄHNLICHE ARTEN: *Metasequoia* ist ähnlich, hat aber immer gegenständige Triebe und Blätter.

Taxodium ascendens Brogn., Nord-Amerika; Virginia bis Alabama. 1789. In Deutschland, und in Europa, viel seltener in Kultur als *Taxodium distichum*, und auch weniger frosthart. Bis 25 m hoch; Krone locker, wenig verzweigt; Zweiglein *aufrecht stehend*, schlank, 10–15 cm lang, mit kleinen, 6 bis 8 mm langen, schuppenförmigen Blättern, pfriemlich, gekrümmt, fein zugespitzt, frischgrün. Diese dünnen Triebe entstehen überall auf den bis zu 3 cm starken Ästen und sind sehr hübsch im Juni, wenn die jungen Triebe 4–5 cm lang sind, mit hellerer Spitze, und auf allen Ästen entspringend.

'Nutans'

'N u t a n s'. Südöstl. USA; wahrscheinlich 1789 mit dem Typ eingeführt. Häufig fälschlich in Kultur als „*Glyptostrobus pensilis*" oder als *Taxodium distichum pendulum*". – Unterscheidet sich vom Typ nur durch die *schlaff herabhängenden* Spitzen der Zweige; die schlanken Triebe entspringen über ihnen, stehen später waagerecht und hängen schließlich herab. Bis 15 m hoch. Rinde grob gefurcht.

„Wassertanne", „Urwelt-Mammutbaum" *Metasequoia glyptostroboides* Hu & Cheng. **6**

E – Dawn Redwood, Water Fir

SW-China; O-Setschuan und NO-Hupeh; entdeckt 1941, zuerst beschrieben 1944; eingeführt 1948. Heute in Europa überall angepflanzt und gut winterhart, benötigt zum guten Gedeihen aber Wärme. 19 m (1972 in England gemessen). Die deutschen Namen sind Fantasie-Namen und werden nur mit Vorbehalt genannt.

RINDE: Junge Äste und Stämme blaß orangebraun, mit großen, dunkelbraunen ablösenden Stellen; ältere Stämme und Äste dunkel rotbraun oder orangebraun, faserig, seicht gefurcht.

KRONE: Ziemlich schmal kegelförmig, offen, Bezweigung ansteigend, sehr locker, in Schattenlagen Äste mehr waagerecht; Stämme der meisten Bäume nach 2 m Höhe meist rasch schlanker werdend, darüber allmählich gleichmäßig abnehmend; unter den Astansatzstellen (bis zu 2 m über der Stammbasis) auffällige große Vertiefungen im Stamm. Bäume mit dünnen Stämmen oft übergebogen.

BLÄTTER: Knospen schon im März grün werdend; Blätter im Mai schon voll entwickelt; Triebe rosa-grün oder blaßpurpurn, leicht geflügelt; Blätter zweizeilig stehend, dünn, weich, flach, 2–4 cm lang, 2 mm breit, frischgrün bis mehr graugrün, oft anfangs etwas gerötet, später aber oben dunkelgrün, unten *graugrün*, gegenständig an etwa 12 cm langen, abfallenden Seitentrieben, spiralig stehend an Leittrieben; Herbstfärbung zart rosa-gelb im Oktober, lachsrot bis ziegelrot später, in guten Jahren rubinrot im November. Auffällige Knospen an der *Unterseite* mancher Triebe, nicht achselständig (einzig bei dieser Art, gelegentlich auch bei *Sequoia sempervirens*), oft gehäuft.

BLÜTEN UND ZAPFEN: ♂ Blüten (bis 1972 in England im Freien nicht beobachtet) klein, eiförmig, zu 2–5 an der Basis eines jeden Blattpaares der letzten 20 cm am Gipfeltrieb und seinen Nebentrieben. Diese Nebentriebe werden erst im nächsten April abgeworfen und sehen bis dahin wie eine Rispe aus; Zapfen schon mehrmals in besonders warmen Sommern in Europa entstanden, grün, kugelig bis etwas mehr walzenförmig, 1,2–2,5 cm lang, an 5 cm langen Stielen, Schuppen mit verdickten, gefurchten Enden.

Wuchs: Anfangs sehr rasch auf gut feuchten Böden, dann normal bis 1 m Jahreszuwachs, nach dem 10. Jahre bedeutend langsamer, ausgenommen in sehr geschützter Waldlage, Anfang Mai bis Mitte September, bis zu 8 cm Zuwachs in einer Woche im Juli. Forstlicher Versuchsanbau in D (vor allem in Wuppertal).

Ähnliche Arten: *Taxodium distichum* hat wechselständige Belaubung, kleinere und dunkler grüne Blätter, dichtere Krone und einen abgerundeten Gipfel.

Tannen-Familie: *Pinaceae*

Diese Familie umfaßt 10 Gattungen mit etwa 200 Arten, mit linealischen, flachen oder nadelförmigen Blättern, Zapfen mit spiralig angeordneten Schuppen, jede mit 2 Samen. Hierzu gehören viele bekannte Nadelgehölze, wie z. B. die Zedern, Lärchen, Kiefern und Fichten. Verbreitet vom Polarkreis bis dicht südlich des Äquators.

TANNE *Abies*
E – Silver Fir   F – Sapin   N – Den

Etwa 50 Arten in der nördlichen gemäßigten Zone, nach Süden bis Mexiko und Algerien, dort jedoch nur im Gebirge. Wuchs regelmäßig und symmetrisch, Stamm bis zur Spitze gerade auslaufend. Von Fichten und Douglasien durch aufrecht stehenden, am Baum zerfallenden Zapfen und die weder harten, noch weichen, sondern lederartigen, glatten, selten auch spitzen Blätter zu unterscheiden; die Blätter sitzen auf einer verbreiterten Basis dem Trieb auf und hinterlassen nach dem Abfallen eine kreisrunde Narbe.

Schlüssel zu den Abies-Arten

Wichtige Hinweise:
- Seitentriebe sind oft stärker behaart als der Haupttrieb; darauf beziehen sich die Anmerkungen im folgenden Schlüssel.
- Die Färbung der Triebe ist auf der Unterseite intensiver und besser sichtbar.

1. (Seiten-)Triebe gleichförmig und deutlich behaart **2**
   (Seiten-)Triebe kahl oder nur verstreut behaart, oder nur in den Furchen oder winzig fein **9**
2. Blätter ringsum den Trieb stehend, vorwärts gerichtet, unterseits glänzend weiß; Behaarung orangebraun *A. delavayi* var. *georgei*, S. 114
   Blätter scheitelförmig stehend auf der Zweigunterseite **3**
3. Blätter auch auf der Oberseite gescheitelt oder mit breitem Zwischenraum **4**
   Blätter auf der Oberseite nicht gescheitelt, sondern vorwärtsliegend und aufgerichtet **6**
4. Behaarung weiß; Blätter 15–20 mm lang, einwärts gekrümmt, oft aufwärts gehend, gelbgrün, stark aromatisch *A. sibirica*, S. 103
   Behaarung braun; Blätter 3 cm lang oder darüber, nicht gekrümmt, weder aufwärts gerichtet noch duftend **5**

5. Behaarung blaß kaffeebraun, kurz, dicht; Blätter parallelrandig,
schmal, nicht gespalten *A. borisii-regis,* S. 101
Behaarung dunkelbraun, lang, nicht dicht; Blätter vorwärts
gerichtet, breit, an der Spitze gespalten *A. delavayi* var. *fabri,* S. 114
6. Blätter nur auf der Unterseite mit glänzendweißen Bändern,
oberseits keine Stomalinien **7**
Blätter beiderseits mit blassen Stomabändern **8**
7. Blätter bis 3 cm lang; Trieb im 2. Jahr graubraun; Blätter
nach Orangen duftend (Rinde glatt und blasig) *A. amabilis,* S. 103
Blätter bis 2 cm lang; Trieb im 2. Jahr rotpurpurn; Blätter leicht nach
Ingwer duftend (Rinde dunkelgrau, heller gesprenkelt) *A. mariesii,* S. 104
8. Blätter den Trieb auf der Oberseite dicht bedeckend,
flach, gefurcht *A. procera,* S. 117
Blätter auf der Oberseite abstehend, den Trieb sichtbar werden
lassend, an der Spitze rund, gekielt *A. magnifica,* S. 118
10. Blätter 4 cm lang oder darüber, unten breit glänzendweiß
Behaarung gleichförmig und sehr fein oder dünn verstreut
oder ganz fehlend **13**
10. Blätter 4 cm lang oder darüber, unten breit glänzendweiß
gebändert; untere Blätter bogig; Knospe 1 cm lang *A. spectabilis,* S. 110
Blätter 1–4 cm lang, unterseits mit dünnen weißen
oder breiten grünen Bändern; Knospe 5–8 mm lang **11**
11. Blätter steif abstehend, breit, gelbgrün *A. firma,* S. 107
Blätter alle vorwärts gerichtet, schlanker,
grasgrün oder sehr dunkelgrün **12**
12. Knospen dunkelrot, quirlständig; Blätter bürstenförmig stehend,
vorwärts gerichtet, grasgrün, gerieben klebrig und duftend;
Trieb im 2. Jahr dunkelgrau *A. sachalinensis,* S. 103
Knospen dunkelpurpurn; Blätter dunkelgrün, kaum duftend;
Trieb im 2. Jahr rosa-grau *A. delavayi* var. *faxoniana,* S. 114
13. Bläter auf der Triebunterseite nicht gescheitelt, zum Teil abstehend **14**
Blätter auf der Unterseite gescheitelt, auf der Oberseite abstehend
oder nach oben gekrümmt **25**
14. Blätter radial um den Trieb stehend, gerade, starr **15**
Blätter auf der Triebunterseite vorwärts gerichtet, biegsam **18**
15. Blätter mit Stomabändern (grau oder weiß) beiderseits **16**
Blätter mit Stomabändern nur auf der Unterseite **17**
16. Stomabänder der Oberseite grau, auf der Unterseite glänzendweiß;
Blätter 1–2 cm lang, gerade, breit, lederig *A. numidica,* S. 108
Stomabänder beiderseits graugrün; Bläter 0,5–1 cm lang,
alle starr, dick, einige rückwärts gekrümmt *A. pinsapo,* S. 116
17. Blätter beiderseits des Triebes ziemlich gleich,
locker stehend, bis 3 cm lang *A. cephalonica,* S. 106
Blätter auf der Oberseite zahlreicher als auf der Unterseite,
vorwärts gerichtet *A. cephalonica* var. *apollinis,* S. 107
18. Blätter auf der Oberseite ohne Stomabändern **19**
Blätter auf der Oberseite mit Stomabändern **21**
19. Blätter schmal, dicht parallel stehend, grasgrün;
Trieb blaßbraun, Stomabänder unterseits schmal *A. sachalinensis,* S. 103
Blätter breiter, die mittelständigen Blätter aufwärts oder vorwärts
gerichtet, tief blaugrün; Trieb orange oder braun,
breite Stomabänder unterseits **20**

Sequoia und Verwandte

Borke fuchsrot oder braun und faserig, Blätter hart; Zapfen ziemlich klein.

1 Mammutbaum *Sequoiadendron giganteum* 87
 a Typischer Baum 45 m hoch, oft mit spitzem Gipfel, nicht selten aber auch mehr abgerundet.
 b Trieb und Zweiglein; Belaubung hart, gerieben stark nach Anis duftend.

2 Sicheltanne *Cryptomeria japonica* 88
 Zweiglein mit zwei Resten einer ♂ Blüte, die an der Spitze verbleiben, und mit einem reifen Zapfen. Blätter viel länger als bei *Sequoiadendron* und hell glänzendgrün.

3 Küsten-Sequoia *Sequoia sempervirens* 86
 a Typischer Baum, 35 m hoch.
 b Trieb und Zweiglein, von oben gesehen; die harten Blätter haben unterseits zwei weiße Bänder.

Schlanke Krone mit lichter Bezweigung.

4 Spiesstanne *Cunninghamia lanceolata* 90
 Trieb; die langen, weichen, doch dornspitzigen Blätter haben unterseits zwei breite silberne Bänder. In milderen Gebieten Deutschlands baumartig. Habitus oft ziemlich locker; Rinde kräftig fuchsrot.

Sicheltanne   Spiesstanne

1a

2

1b

3a

3b

4

1a

1b

1c

2a

2b

3

Metasequoia, Sumpfzypresse und Schirmtanne

1 „Wassertanne", „Urwelt-Mammutbaum"   *Metasequoia glyptostroboides*   93
   a Junge Bäume, 6–8 m hoch.
   b Junge Zapfen; zehnjährige Bäume haben in sehr warmen Sommern bereits
     einzelne Zapfen gebracht, blühen aber in NW-Europa im allgemeinen dann
     noch nicht.
   c Zweig mit kurzen, paarweise gegenständigen Trieben, die im Spätherbst
     abgeworfen werden.

   Dieser Baum, der erst 1948 eingeführt wurde, ist heute bereits weit verbreitet;
   er wächst in den ersten 10 Jahren sehr rasch, dann aber langsam, außer in
   geschützten Lagen.

2 Sumpfzypresse   *Taxodium distichum*   92
   a Baum, 25 m, mit „Atemknien" in nassem Boden.
   b Zweig mit wechselständigen, im Herbst abfallenden Trieben.

   Häufiger hoher Parkbaum, ganz winterhart, wächst auch in normalem Boden
   gut.

3 Japanische Schirmtanne   *Sciadopitys verticillata*   91
   Trieb mit mehr schuppenförmigen Blättern am Trieb (links) und mit langen,
   zusammengewachsenen „Doppelnadeln", auf der Unterseite tief gefurcht
   (rechts).

Sumpfzypresse   Japanische Schirmtanne

20. Knospe blaßbraun; Seitentriebe behaart;
    Rinde braun　　　　　　　　　　　　*A. delavayi* var. *fabri*, S. 114
    Knospe dunkelrot; Triebe kahl, rauh;
    Rinde grau　　　　　　　　　　　　*A. delavayi* var. *forrestii*, S. 111
21. Stomata auf der Oberseite gleichmäßig verteilt; Triebe orangebraun　　22
    Stomata auf der Oberseite in 2 Bändern oder in undeutlichen,
    unregelmäßigen Bändern; Trieb rosa oder braun　　　　　　　　　23
22. Trieb rauh, kahl　　　　　　　　　　*A. delavayi* var. *forrestii*, S. 111
    Trieb glatt, kahl (oder dicht behaart)　　　*A. delavayi* var. *georgii*, S. 114
    Trieb glänzend blaßrosa　　　　　　　*A. pindrow* var. *brevifolia*, S. 110
23. Blätter glänzend blaßgrün auf beiden Seiten,
    Stomata auf der Oberseite (Lupe!) in unregelmäßigen Linien;
    Blätter grau- oder dunkelgrün, Stomata auf der Oberseite deutlich sichtbar　24
24. Blätter unterseits glänzendweiß, 1–2 cm lang　　　*A. koreana*, S. 116
    Blätter beiderseits mit stumpfgrauen Stomabändern,
25. Blätter auch auf der Trieboberseite gescheitelt, nach beiden Seiten
    2–4 cm lang　　　　　　　　　　　　*A. lasiocarpa*, S. 117
    mehr oder weniger flach abstehend　　　　　　　　　　　26
    Blätter auf der Trieboberseite schmal mit schmaler Scheitelfurche
    oder auch beiderseits des Triebes　　　　　　　　　　　　30
26. Mittlere Blätter der Oberseite straff vorwärts gerichtet;
    Trieb purpurn und braun, gefurcht　　　　　*A. fargesii*, S. 114
    Mittlere Blätter parallel zu den äußeren;
    Trieb gelbbraun, olivbraun oder rosa　　　　　　　　　　27
27. Trieb glänzend, kahl, rosa; Knospen groß, blaßbraun
    　　　　　　　　　　　　　　　　　　A. chensiensis, S. 111
    Trieb behaart, olivbraun, grün oder graugelb; Knospen klein, dunkel　28
28. Trieb dunkelgrau oder gelbbraun, verstreut behaart, dunkel;
    Blätter 2–3 cm lang　　　　　　　　　　　*A. alba*, S. 100
    Trieb olivgrün oder grün, ganz fein blaß behaart; Blätter 3–5 cm lang　29
29. Trieb olivgrün, im 2. Jahr graubraun; Blätter 3–4 cm lang;
    Rinde grau, rissig　　　　　　　　　　　*A. grandis*, S. 105
    Rinde schwärzlich, rissig　　　　　　*A. concolor* var. *lowiana*, S. 106
    Trieb grün, im 2. Jahr kupferbraun; Blätter 4–5 cm lang;
30. Blätter auf der Trieboberseite deutlich geteilt
    durch eine enge oder eine weite V-Furche　　　　　　　　31
    Blätter auf der Trieboberseite nicht deutlich geteilt,
    sondern längs liegend oder aufrecht stehend　　　　　　　　41
31. Knospe schlank, spindelförmig, blaßbraun, zugespitzt,
    1,5 cm lang; Blätter 4–5 cm lang, starr, dornspitzig　*A. bracteata*, S. 119
    Knospe eiförmig bis kugelig, stumpf, rot oder purpurn, 1 cm lang　32
32. Blätter auf der Unterseite mit breiten glänzendweißen Bändern　　33
    Blätter auf der Unterseite mit schmalen weißen oder graugrünen Bändern　35
33. Trieb weiß oder gelblichbraun, tief gefurcht;
    Blätter parallel, alle leicht vorwärts gerichtet　　*A. homolepis*, S. 110
    Trieb dunkelbraun, orange oder purpurn, gefurcht oder glatt　　34
34. Trieb glänzend purpurn, rotbraun oder braun;
    Blätter schmal, glänzend　　　　　　　*A. sutchuenensis*, S. 115
    Trieb orangebraun; Blätter nicht schmal, matt
    　　　　　　　　　　　　　　　　　A. delavayi var. *forrestii*, S. 111
35. Trieb blaß gelblich oder hellrosa　　　　　　　　　　　36
    Trieb grün oder purpurn　　　　　　　　　　　　　40

Tannen-Familie: Pinaceae 99

Weiß-Tanne   *Abies alba* Mill. (= *A. pectinata* D. C.)   **7**

E – Common Silver Fir   F – Sapin des Vosges   N – Zilverden

Europa; Schwarzwald, Alpen, Frankreich, Korsika, Tatra, nach Süden bis zu den Gebirgen des Balkan. 1603. – In den Gärten und Parks längst nicht so häufig wie andere Tannen-Arten, z. B. *A. nordmanniana, A. grandis, A. procera* usw. Größter Baum in England 48 × 6 m.

RINDE: Stumpf dunkelgrau, glatt, mit Harzblasen an jungen Bäumen, im mittleren Alter leicht gefeldert, an alten Bäumen in kleine Felder zerbrechend mit schmalen, tiefen Rissen.

KRONE: Schmal kegelförmig, bis 35 m hoch oder höher, symmetrisch, aus regelmäßigen Quirlen entstehend; alte Bäume im Wald oft mit langem, astreinem Stamm, meist etwas gebogen; freistehende Bäume oft mit sehr großen Ästen nahe der Basis, zuerst waagerecht, dann scharf aufwärts gehend bis senkrecht; ziemlich locker beastet, besonders in der Gipfelregion alter Bäume. Meist zu sehen als in weiten Partien bereits abgestorbener Baum, Bezweigung fischgrätenartig, Gipfel gegabelt und die Eichen und Buchen überragend.

BELAUBUNG: Triebe stumpf graugelb, mit verstreuten, dunklen, kleinen Haaren; Leittriebe kräftiger Jungpflanzen glänzend, blaßgrau, Rinde ziemlich zerknittert, unbehaart; Nadeln sehr kurz, sehr locker gestellt; Triebe des Gipfel-Quirls *aufwärts gekrümmt*; Knospen eiförmig, rotbraun, ziemlich harzig; Blätter unterschiedlich lang, bis zu 2 cm in der untersten Reihe, kammförmig gescheitelt in mehreren Lagen nach beiden Seiten des Triebes, oben tiefgrün, unten mit schmalen weißen Bändern.

BLÜTEN UND ZAPFEN: ♂ Blüten klein, kugelig, einzeln in den Achseln der oberen Nadeln, zu vielen beisammen entlang der Unterseite der vorjährigen Triebe; Zapfen zu mehreren, aufrecht stehend auf einigen Zweigen nahe der Spitze des Baumes, walzenförmig, 10–15 × 3,5 cm lang, an der Spitze etwas verjüngt und abgerundet, grün bis September, dann orangebraun verfärbend; Schuppen ziemlich groß; Deckschuppen 6–7 mm weit vorragend und zurückgeschlagen.

WUCHS: Anfangs sehr langsam, dann für viele Jahre schnellwüchsig, zu dieser Zeit Jahrestriebe bis 80 cm möglich, Anfang Mai bis Juli; die Seitentriebe treiben schon im April und leiden dann oft durch Spätfrost. Die Bäume werden 200–300 Jahre alt. Wichtiger Forstbaum in D, F, DK, N. A u. a.

ÄHNLICHE ARTEN: *A. nordmanniana* (s. u.); *A. borisii-regis* ist sehr ähnlich, aber bei uns sehr selten, Triebe sind dicht blaß rosa-braun behaart, Blätter schmaler.

Weiss-Tanne   Nordmanns-Tanne   König Boris-Tanne

Nordmanns-Tanne *Abies nordmanniana* (Stev.) Spach

E – Caucasian Fir F – Sapin du Caucase N – Nordmann den

W-Kaukasus; NO-Türkei 1848. Häufig in Parks. In England 40 × 4,5 m.

RINDE: Stumpf grau, glatt, an alten Bäumen in dicke Platten gefeldert.

KRONE: Viele Jahre hindurch kegelförmig, dann mehr oder weniger schmal-säulenförmig mit spitzem Gipfel, bei gesunden Bäumen ziemlich dicht beastet; an jungen Pflanzen die Triebe an der Basis des Leittriebes nur ganz wenig ansteigend, nicht aufwärts gekrümmt, wie bei *A. alba.*

BELAUBUNG: Trieb graugrün bis olivbraun, mit verstreuten (manchmal nur wenigen) dunklen Haaren, im 2. Jahr rosabraun. Dichte der Belaubung von sehr locker bis außerordentlich dicht, Blätter von gelblichgrün und 2 cm lang bis dunkel glänzendgrün und 4 cm lang, stets gefurcht, linealisch, an der Spitze abgerundet und ausgerandet, unterseits mit zwei weißen Bändern, Saum oft etwas eingerollt; alle Blätter vorwärts gerichtet, die in der Mitte stehenden den Trieb bedeckend, derb, lederartig, glänzend, zerrieben fruchtig duftend.

BLÜTEN UND ZAPFEN: ♂ Blüten kugelig, dicht stehend an der Triebunterseite älterer Bäume, bis fast zu den Basalästen, ♀ eiförmig, hell gelbgrün, nahe dem Gipfel alter Bäume. Zapfen bis 15 cm, zylindrisch, an der Spitze kegelförmig, zuerst blaßgrün, dann braun. Zapfen nur an einigen Ästen in der Spitze älterer Bäume, aufrecht, 15 cm lang, zuerst blaßgrün, später braun.

WUCHS: In den ersten Jahren langsam; bei etwa 1,5 m Höhe Jahrestriebe schon etwa 45 cm lang, später noch länger; Ende Mai bis Juli; Seitentriebe treiben aus im Mai, mitunter durch Spätfrost gefährdet. In Süd-D forstlich angebaut und in GB.

König Boris-Tanne *Abies borisii-regis* Mattf.

E – King Boris's Fir F – Pin du Roi Boris

Balkan-Berge 1883. Mitunter unerkannt in großen Parks stehend, in England 30 × 3 m gemessen. Hoher Baum, nicht selten mehrgipfelig, stark verzweigt, Rinde rauh, stumpf dunkelgrau; Belaubung sehr ähnlich *Abies alba,* aber die Rinde der Triebe *blaß kaffeebraun* durch feine *dichte Behaarung*; Blätter gescheitelt, an jeder Seite in 3–4 Reihen, dicht stehend, 3 cm lang, nach oben und seitlich abstehend, gerade, schmal, oben glänzend dunkelgrün und gefurcht, unten mit schmalen weißen Bändern; Zapfen 12 × 4 cm, eiförmig-zylindrisch, Deckschuppen gerade abstehend, blaß purpurgrün, nahe der Spitze der Krone gedrängt auftretend.

Bornmüllers-Tanne *Abies bornmuelleriana* Mattf.

E – Bornmüller's Fir F – Pin de Bornmüller

Kleinasien. Eine seltene Art, nahe verwandt mit *A. nordmanniana* und *A. cilicica* (siehe nachfolgend). Unterschieden durch ihre glatte, rötlichschwarze Rinde, steife, glänzende, kahl rotbraune Triebe und 3–4,5 cm lange, dicht stehende Nadeln, oben fast senkrecht stehend, auf der Unterseite gescheitelt, Blätter oberseits mit *weißen Stomata an der Spitze* und oft auch in einigen Linien. In England 25 × 2,5 m gemessen.

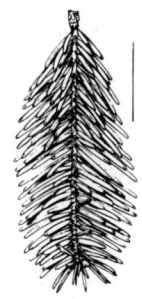

Bornmüllers-Tanne

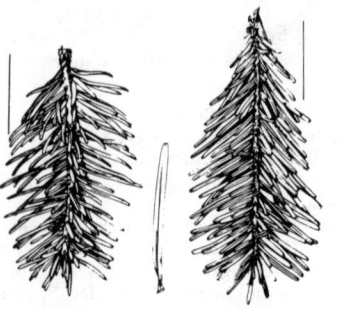
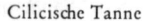

| Cilicische Tanne | Veitchs Tanne | Ostsibirische Tanne | Sachalin-Tanne |

Cilicische Tanne   *Abies cilicica* (Ant. & Kotschy) Carr.

E – Cilician Fir   F – Sapin de Cilicie

Östl. Kleinasien, Syrien. Selten. 25 m. Ähnelt *A. nordmanniana*, sehr veränderlich; Trieb meist blaß *goldbraun*, Seitentriebe mindestens kurz behaart,
Blätter schmaler und *meist spitzer*, weiter entfernt stehend und im Winkel von
45 Grad bogig vorwärts zeigend, mit *heller Spitze*; oft am leichtesten zu erkennen an der *dunkelgrauen, glatten* Rinde mit großen *schwarzen Ringen* um die
Narben abgefallener Zweige.

Veitchs Tanne   *Abies veitchii* Lindl.

E – Veitch's Silver Fir

Zentral-Japan 1879. Mehr oder weniger häufig in Parks. 25 m.
RINDE: Grau bis graubraun, glatt, aber mit waagerechten Linien und fast weißen
Flecken an alten Bäumen; Stamm *stets tief gerieft,* mit *großen Vertiefungen
unter den Zweigen* oder Zweignarben.
KRONE: Schmal kegelförmig, zuletzt säulenförmig; Zweige aus der unteren Krone
oft nach oben gebogen, so daß die silbernen Unterseiten sichtbar sind, aus der
Ferne dann wie bereift aussehend; oben in der Krone Zweige waagerecht oder
etwas herabgedrückt, offen beastet; größere Bäume oft mit flacher Spitze.
BELAUBUNG: Trieb blaß ledergelb oder grau, leicht gerippt, unterschiedlich behaart; Knospe rötlich-purpur; Blätter *alle nach vorn zeigend,* im Winkel von
45 Grad ansteigend, Blätter an der Spitze gerade vorwärts gerichtet, die unterste Reihe unter die Zweig-Ebene gekrümmt, dicht, dunkelgrün, mehr oder
weniger glänzend, oberseits gefurcht, unten mit zwei breiten *glänzend silbernen
Bändern,* bis 2,5 cm lang, bis zu der plötzlich gespaltenen Spitze allmählich
breiter werdend; zerrieben nach Harz duftend
BLÜTEN UND ZAPFEN: ♂ Blüten klein, kugelig, in der Knospe orangerot, auf der
Unterseite der Triebe sitzend; ♀ aufrecht stehend, 2–3 cm lang, kräftig rot,
daraus später 6–8 × 2,5 cm lange Zapfen entstehend, diese purpurblau, zylindrisch, etwas runzelig, die Deckschuppen 2–3 mm weit vorragend, reife Zapfen braun, schon an jungen Bäumen auftretend, an alten Bäumen dicht stehend
WUCHS: In den ersten fünf Jahren am raschesten von allen *Abies*-Arten, im
3. Jahr etwa 15 cm, im 4. Jahr bis 60 cm Jahresleistung. Treibt als letzte
Abies-Art, Mitte Juni, wächst bis August. Kurzlebig; älteste und größte
Bäume in England jetzt 80–85 Jahre alt. Kleiner forstlicher Versuchsanbau
in D und GB.

ÄHNLICHE ARTEN: *A. nordmanniana* hat braune Knospen, *A. amabilis* hat weiße Knospen und duftet anders, hat flachere, breitere Äste; *A. nephrolepis* siehe nachfolgend.

Ostsibirische Tanne *Abies nephrolepis* Maxim. Ost-Sibirien
E – East Siberian Fir

N-China 1907. Selten; ähnlich *A. veitchii*, aber verschieden hiervon durch stumpfe, *graurosa* und *warzige* Rinde, dichtere Krone aus waagerechter Bezweigung; Blätter dichter gedrängt, kürzer (1–2,5 cm lang), oben *stumpf* graugrün, unten stumpf weiß in dünnen Bändern, Blätter nur 1,5 mm breit; Austrieb der Knospen im April. Zerriebene Blätter sind klebrig und riechen nach Ölfarbe; Triebe enden „viereckig" (also nicht allmählich verjüngt durch kürzere Nadeln an der Spitze). Stamm nur wenig gerieft, wenn überhaupt. 15(–24 m). ♀ Blüte 3 cm, grün mit rosa Anflug; ♂ 8 mm, eiförmig, hell gelbgrün.

Sachalin-Tanne *Abies sachalinensis* Mast.
E – Sakhalin Fir

N-Japan, Sachalin und Kurilen. 1879. Selten. 23 m.

RINDE: Schwärzlich oder purpurbraun, glatt, waagerechte Linien mit Lentizellen oder *rotbraunen Blasen.*

KRONE: Schmal kegelförmig; Zweige dicht, etwas aufwärts gebogen, oft mit Wasserschossen.

BELAUBUNG: Trieb graubraun, *seicht gerippt,* fein behaart genau wie in den Furchen; im 2. Jahr dunkel purpur-grau; Knospen dunkel *purpurrotbraun,* gehäuft an der Triebspitze; mit purpurweißem Harz; Blätter die Triebe fünf Jahre lang (oder länger) dicht bedeckend, alle vorwärts gerichtet, auf der Unterseite kammförmig gescheitelt, oberseits etwas ansteigend, gerade, parallel bis zur ausgerandeten Spitze, zuerst frischgrün, später dunkelgrün, ein winziger heller Fleck an der Spitze, unten zwei schmale weiße Bänder, sehr schmal, 3–3,5 cm lang und 1 mm breit; Blattknospen treiben sehr früh aus. Zerriebene Blätter klebrig, nach Zedernholzöl duftend.

ZAPFEN: 6 × 4 cm groß, purpurrosa, mit zahlreichen, waagerecht abspreizenden Fruchtschuppen.

Sibirien-Tanne *Abies sibirica* Ledeb.
E – Siberian Fir

N-Rußland, Turkmenien, Sibirien 1820. Sehr selten. Mit diesem Namen bezeichnete Kulturpflanzen sind *A. sachalinensis!* Von *A. sachalinensis* zu unterscheiden durch *gehäufte blaßgelb-braune Knospen,* verbunden durch *perlenförmiges Harz;* Trieb blaß rehbraun oder *honigfarben,* glatt; *dicht kurz und weiß* behaart; Blätter den Trieb viel dichter bedeckend, oft stark einwärts gebogen, manche seitenständige Blätter nach außen gebogen, 1,5–2 cm lang, blaß gelblichgrün, Stomalinien oberseits auf der oberen Blatthälfte. Von unten gesehen ist die Belaubung deutlich weißlich gelbgrün, verglichen mit *A. sachalinensis.* Duft sonst ähnlich, aber stärker (Beschreibung nach Material aus Finnland).

Purpur-Tanne *Abies amabilis* Dougl. ex Forb.
E – Red Fir   F – Sapin gracieux

Brit. Columbia bis Oregon 1830. Nicht häufig, gelegentlich in großen Gärten und Sammlungen. 32 × 4 m in England.

RINDE: Purpurgrau, glatt, waagerechte Harzblasen, im Alter stumpfgrau und korkig, doch immer noch teilweise mit Blasen.

KRONE: Schmal kegelförmig, mitunter auch breit, dicht, die unteren Äste zuerst abwärts zeigend, dann wieder aufsteigend.

BELAUBUNG: Trieb blaß grünlichbraun oder grau, mit unterschiedlich dichter, weißlicher, an jungen Bäumen oft fehlender Behaarung; im 2. Jahr graubraun. Knospen kugelig, bald weiß von Harz; Blätter 3 × 0,2 cm groß (an kräftigen Bäumen), die seitlich schlaff abstehend und gebogen, die mittleren gerade und *fächerförmig vorwärts gerichtet, dicht* auf dem Trieb; neue Blätter oft bläulichgrün, aber im 2. Jahr glänzend dunkelgrün und oben gefurcht, unten mit zwei breiten silbernen Bändern, linealisch bis zur gespaltenen Spitze; *zerrieben nach Orangen* duftend.

BLÜTEN UND ZAPFEN: ♂ Blüten sehr zahlreich, ziemlich groß und kugelig, auf der Triebunterseite; ♀ selten zu sehen, nahe der Spitze der Krone, rot; Zapfen lang-eiförmig, sehr glatt, zuerst purpurn, reif braun, 10–15 cm lang.

WUCHS: Abhängig von der Provenienz des Samens und so außergewöhnlich vielfältig; in England wuchsen die jungen Bäume nach sehr langsamem Start 1 m während eines Jahres, mit *angedrückten Seitentrieben*; Hauptwachstumszeit von Anfang Mai bis Anfang Juli. Früher forstlicher Versuchsanbau in D (Brandenburg).

ÄHNLICHE ARTEN: *Abies mariesii* (hiermit oft verwechselt, vgl. nachfolgend); *A. nordmanniana* und *A. veitchii* haben andere Knospen, schmalere Zweige, derbere Blätter, nicht so dem Trieb angedrückt, und auch einen anderen Duft.

Maries-Tanne   *Abies mariesii* Mast.

E – Maries's Fir

Zentr.-Japan 1879; selten; unter diesem Namen ist oft *A. amabilis* in Kultur. 18 m.

RINDE: Silberig, glatt, mit dunkelgrauen Lentizellen gesprenkelt und mit schwarzen Ringen um die *großen Astnarben.*

KRONE: Schmal kegelförmig, ziemlich offen, kleine Äste zierlich abwärts gehend und dann nach außen gerichtet.

BELAUBUNG: Trieb unterseits *braunrosa oder blaß orange* mit *dichter feiner,* orange oder gelbbrauner Behaarung; im 2. Jahr rotbraun bis dunkelorange; Knospe kugelig, sehr harzig, bald weiß; Blätter 2 cm lang, dunkel glänzendgrün, oder zuerst bläulichgrau, oben gefurcht, unten mit 2 breiten silbernen Bändern, 0,2 cm breit, plötzlich endigend und gespalten, nach vorwärts gerichtet, aber nicht angedrückt, und auch nicht radial abstehend; zerriebene Blätter warm nach Ingwer duftend. *Austreibende Knospe karmin.*

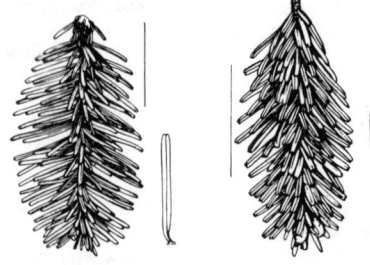 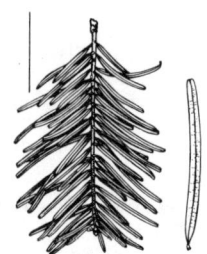

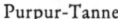

Purpur-Tanne   Maries-Tanne   Riesen-Tanne

BLÜTEN UND ZAPFEN: ♂ Blüten in 4–6 cm langen Kätzchen, blaßgelb, mit dunkelgrauen Schuppen Mitte Mai; Zapfen 10 × 5 cm, eilänglich, glatt, dunkel purpurblau.

ÄHNLICHE ARTEN: *A. amabilis* (S. 103) hat längere, verhältnismäßig schmalere und mehr fächerförmig stehende Blätter.

Riesen-Tanne *Abies grandis* Lindl.   **7**

E – Grand Fir   F – Sapin géant   N – Reuzen Zilverden

N. Vancouver Island und südl. Brit. Columbien, nach Süden bis zum Navarro River in Kalifornien. In ihrer Heimat bis 100 m hoch. 1832. Häufig forstlich angepflanzt und in Parks und Sammlungen. 54 × 6 m in England gemessen.

RINDE: Junger Bäume bräunlichgrau mit Harzblasen, an alten Bäumen stumpf grau oder purpurgrau, in kleine Felder zerbrechend.

KRONE: Regelmäßig schmal kegelförmig mit regelmäßigen waagerechten Zweigquirlen bis zu 30 m Höhe, dann breit säulenförmig; freistehende Bäume haben wenige starke Basisäste, die später scharf aufwärts zeigen; dichter wachsende, lange, schlanke Äste hängen weit herab; im Alter breitet sich der Gipfel aus, aber nicht flach. Hohe Bäume, deren Krone gebrochen ist, bilden mitunter bis zu 6 neue Stämme in 30 m Höhe, die alle senkrecht nebeneinander aufwachsen.

BELAUBUNG: Knospe klein, 2 mm, unter den Blättern verborgen, zylindrisch-eiförmig, dunkelpurpur, später weiß durch Harz; Trieb *olivgrün,* zuerst ganz fein behaart, im 2. Jahr stumpf grau-rotbraun; Blätter sehr *flach gescheitelt,* 2–5 cm lang, die kürzeren liegen oben in meist 3 verschiedenen Größen zusammen, oberseits gefurcht, glänzend, etwas gelblich-grün oder auch dunkelgrün, Rand mitunter etwas nach unten eingerollt, unten mit 2 schmalen silbernen Bändern; zerrieben sehr aromatisch *nach Orangen duftend.*

BLÜTEN UND ZAPFEN: ♂ Blüten klein für eine Tanne, auf der Unterseite der Seitentriebe in der oberen Kronenregion alter Bäume, purpurn, harzig, eiförmig, 2 mm lang, nur bemerkbar, wenn diese Triebe durch Eichhörnchen oder starken Wind abbrechen und zu Boden fallen. Zapfen klein, zylindrisch, 7 bis 8 × 4 cm, oben verjüngt, zuerst hellgrün, reif rotbraun.

WUCHS: Eine der raschwüchsigsten Koniferen nach Höhe und Stammzuwachs; in den ersten 5 Jahren trägwüchsig, dann aber können Jahrestriebe von 1–1,5 m Länge auftreten, Mitte Mai bis Anfang Juli; erreicht bis 40 m Höhe in 50 Jahren. Forstbaum in Nordwest-D, DK und GB.

ÄHNLICHE ARTEN: *A. concolor* var. *lowiana* (weiter unten) steht zwischen *A. grandis* und *A. concolor.*

Colorado-Tanne *Abies concolor* (Gord.) Hildebrand.

E – Colorado White Fir   F – Sapin Concolor

S-Kalifornien, Utah und Colorado bis Mexiko, 1873. Nicht so verbreitet wie die Varietät und die Cultivar. In England auch recht selten, 40 × 4 m gemessen.

RINDE: Dunkelgrau, *glatt,* mit vielen Harzdrüsen.

KRONE: Ziemlich locker kegelförmig, ältere Bäume mit stumpfem Gipfel.

BELAUBUNG: Trieb *dick, gelbgrün,* im 2. Jahr graubraun, Knospe sehr harzig, kugelig; Blätter *gleichmäßig stumpf blaugrau* von beiden Seiten, ausgenommen die grüne Mittelrippe unterseits, *dick,* lederartig, bis 5,5 cm lang und 2 mm breit, alle aufwärts gebogen, locker stehend und fast *senkrecht;* zerriebene Blätter oder Triebe duften stark nach Zitrone.

ZAPFEN: Glatt, apfelgrün im Sommer, 12–15 × 4 cm, oben rund, sonst zylindrisch; nur in der Spitze der Bäume stehend.

Colorado-Tanne   var. *Iowiana*

'V i o l a c e a'. 1875. In Gärten und Parks; bis 18 m, Krone schmal kegelförmig, Nadeln wie bei *A. concolor*, aber etwas kleiner und intensiv blaugrau.

var. *Iowiana* (Gord.) Lemm. Mittel-Oregon, nach Süden bis zu den Siskiyou-Bergen und Sierra Nevada, Kalifornien. 1851. Weniger häufig; in England bis 45 × 5 m gemessen. Bildet im Norden einen Übergang zu *A. grandis* und im Süden zu *A. concolor*. Sehr variabel in Kultur, und die meisten Kulturpflanzen lassen sich einer der beiden folgenden Typen zuordnen: der erste Typ hat Nadeln ähnlich *A. grandis* und ist der „nördliche" Typ, der zweite ähnelt mehr *A. concolor* und ist der „südliche" Typ. Auch die Belaubung ist für beide charakteristisch:

A: N ö r d l i c h e r T y p. Rinde schwarz, rauh, rissig; Krone schmal, hoch, säulenförmig, ab 20 m Höhe oft Stamm gegabelt; Blätter oberseits grün, 5 bis 6 cm lang, fast flach stehend; Trieb blaßbraun, ziemlich schlank, im 2. Jahr kupferbraun.

B: S ü d l i c h e r T y p. Rinde dunkelbraun, korkig, schon früh mit tiefen, orangebraunen Rissen ähnlich Douglasie, oder grau, korkig, mit wenigen Furchen. Krone kegelförmig, meist schmal, älteste Bäume mit vielen Leittrieben nahe dem Gipfel, wodurch dieser eine abgerundete Form erhält. Belaubung: Blätter graugrün bis bläulich, gescheitelt, aber die mittleren Reihen im Winkel von 45 Grad aufwärts gehend, 4,5–5 cm lang; Trieb frischgrün, im 2. Jahr stumpf orangebraun; Zapfen faßförmig, oben flach, 12 × 7 cm, glatt, zuerst grün, später braun.

Wuchs: Nach dem 3. Jahr rasch, wobei die nördliche Form sich verhält wie *A. grandis,* die südliche Form wächst langsamer in der Höhe, aber schneller im Stammumfang. Forstlicher Versuchsanbau in D und B.

Griechische Tanne   *Abies cephalonica* Loud.

E – Grecian Fir   F – Sapin de Céphalonie   N – Grieske den

Gebirge Griechenlands, 1824. In großen Parks. In England gemessene Höhe 36 × 5 m.

Rinde: Glatt, dunkelbraun, mit orange Anflug, später grau mit schwarzen Rissen, später in eckigen Platten ablösend.

Krone: Breit kegelförmig oder anfangs eiförmig. Alte Bäume im freien Stand haben zahlreiche, schwere, breit ausladende Basaläste und einen breiten, flachen Gipfel, einige Äste mitunter zerbrochen; im Wald ist der Stamm lang, dick, mitunter etwas krumm, gelegentlich in großer Höhe gegabelt; ziemlich grober Baum.

BELAUBUNG: Trieb blaß, glänzend braun, im 2. Jahr orange oder hellbraun; Knospen groß an jungen, kräftigen Bäumen, an alten Bäumen klein, rotbraun, dünn harzig; Blätter bis 3 cm lang, *radial um den Trieb stehend*, doch auf der Trieboberseite etwas dichter, mit breiter Basis und schmalem Stiel, 2 mm breit, *steif*, lederartig, meist mit *stechender* Spitze, oben glänzend dunkelgrün und gefurcht, unten mit zwei hellen, doch schmalen weißen Bändern.

BLÜTEN UND ZAPFEN: ♂ Blüten dicht gedrängt auf der Triebunterseite in großen Partien der Krone, kugelig; Zapfen 15 × 5 cm, bräunlich, harzig, zylindrisch mit kegelförmiger Spitze, Deckschuppen zurückgeschlagen, zahlreich auf den waagerechten oberen Ästen stehend.

WUCHS: Eine der am frühesten austreibenden *Abies*-Arten und dadurch häufig Frostschäden ausgesetzt; in zusagenden Lagen raschwüchsig, im Stammumfang schneller zunehmend als an Höhe; Jahrestriebe selten länger als 45 cm.

var. *apollinis* (Link) Beissn. Selten; sehr ähnlich dem Typ, aber Blätter viel dichter stehend und fast sämtlich auf der Trieboberseite, teils flach aufliegend, teils ansteigend, vorwärts gerichtet. Spitze oft rund. Gemessene Höhe 31 × 4 m.

ÄHNLICHE ARTEN: Ähnliche Arten mit radial stehenden Blättern sind *A. pinsapo*, aber mit kürzeren, starren Blättern und Stomalinien an beiden Seiten; *A. numidica* und *A. vilmorinii* haben kürzere Blätter und keine weißen Stomabänder auf der Unterseite.

Momi-Tanne   *Abies firma* S. & Z.

E – Momi Fir

Süd-Japan 1861. Überall recht selten, mitunter in großen Parks. In England gemessene Höhe 25 × 3 m. (D ∧)

RINDE: Grau-rosa, glatt, mit waagerechten Harzblasen, später schuppig werdend; an alten Bäumen blaßgrau, dick, korkig und rauh, mit orangerosa Stellen.

KRONE: Kegelförmig, ziemlich breit, Zweige waagerecht, Spitze abgerundet; junge Bäume mit im Winkel von 45 Grad ansteigenden, geraden, steifen Ästen.

BELAUBUNG: Triebe blaß graubraun oder honigfarben, die Furchen oft aufgerissen und fein behaart, im zweiten Jahr glänzend rosabraun oder orange; Knospen dick, eiförmig, stumpf, glänzend, rot und grün; Blätter in Form und Größe variierend, aber doch ausgeprägt *dick und lederartig* starr, *zur Basis verschmälert*, oben heller oder dunkler gelblichgrün, *unten meist blaßgrün*, mitunter aber auch mit grauen oder weißlichen Bändern, 2–3 cm lang, an dicken Jungtrieben aber auch bis 4 cm lang und 3 mm breit, scharf 2spitzig; Nadeln in 2 dichten Reihen stehend, durch eine V-Furche gescheitelt.

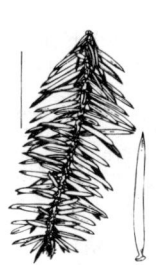 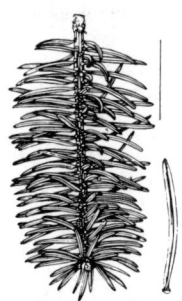 

Griechische Tanne   var. apollinis   Momi-Tanne

BLÜTEN UND ZAPFEN: ♂ Blüten nahe dem Gipfel des Baumes, zylindrisch-eiförmig, 2,5 × 1,5 cm lang, die langen Schuppen frischgrün, am Rand schwach gelblichrosa; Zapfen 8 × 3,5 cm, zylindrisch-kegelförmig, dunkel gelbgrün; Schuppen breit nierenförmig, fein gezähnelt; Deckschuppen 3–4 mm weit vorragend, hell gelbgrün.

WUCHS: Triebe können nach 4–5 Jahren sehr dick und kräftig sein; raschwüchsig vom 15.–40. Jahr, später langsamwüchsig. Früher forstlicher Versuchsanbau in D (bei Aachen und Bad Homburg).

ÄHNLICHE ARTEN: *A. recurvata* ist ähnlich in den unterseits grünen Blättern, doch sind diese kürzer und stehen mehr aufrecht; *A. homolepis* hat unterseits hell silbrige Blätter.

Min-Tanne   *Abies recurvata* Mast.

E – Min Fir

W-Setschuan, China 1910. Selten, gelegentlich in einigen Gärten und Sammlungen. 20 m.

RINDE: Rosabraun oder orangebraun; *feine Schuppen* mit grauer Mitte; klein papierartig senkrecht abrollend.

KRONE: Schmal kegelförmig oder säulenförmig, offen, die *kleinen Äste alle waagerecht;* Stamm oft mit Wasserschossen.

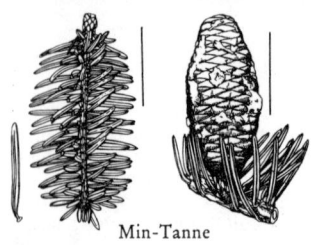

BELAUBUNG: Knospen eiförmig, stark verharzt; Trieb *glänzend, rosa-grau,* oder orange, kahl, im 2. Jahr rosa-gelblich, feinrissig; Blätter ähnlich *A. firma,* aber kleiner, auch *unten blaßgrün,* die auf der Trieboberseite stehenden Blätter teilweise *rückwärts gekrümmt,* besonders im 2. Jahr; scharf zugespitzt an jungen Bäumen, abgerundet an älteren, dick, derb dunkel gelblichgrün, 2–2,3 cm lang.

Min-Tanne   ZAPFEN: Eiförmig, zur Basis viel schlanker werdend, oben rund, 6 × 3 cm, dunkel purpurblau; Deckschuppen 2 mm weit vorragend, aber dicht angedrückt.

ÄHNLICHE ARTEN: Einige Äste und die Krone sehr ähnlich *A. firma,* aber Triebe im ersten Jahr glänzend und kahl, Blätter kürzer, Rinde mehr braun und schuppig, Krone auch schmäler.

Algier-Tanne   *Abies numidica* De Lannoy ex. Carr.

E – Algerian Fir

Berg Babor, westl. von Constantine, Algerien 1862. Gelegentlich in großen Gärten und Parks, doch ziemlich selten; beste *Abies*-Art zur Anpflanzung in Städten und an trockenen Plätzen. 27 m.

RINDE: Lachsrosa-grau, glatt, an der Basis schuppig abrollend; später orangerosa oder purpurgrau, mit dichten, seichten Rissen, kleine runde Platten bildend.

KRONE: Ziemlich breit kegelförmig, ältere Bäume breit säulenförmig mit spitzem oder flachem Gipfel und *dichten Lagen* von leicht *abwärts gebogenen* Ästen.

BELAUBUNG: Trieb glänzend grün-braun, im 2. Jahr blaß orangebraun; Knospen klein, kegelförmig, blaß rotbraun oder schokoladenbraun oder kupfrig, Basalschuppen lang zugespitzt; Blätter *sehr dicht* stehend und klein, 1–2 cm lang, bürstenförmig auf der Oberseite der Triebe, auf der Unterseite etwas gescheitelt, ausgenommen an starken Trieben und an zweijährigen Trieben; mittel-

ständige Blätter am kürzesten, senkrecht stehend, *dick,* steif, stumpf *abgerundet,* dunkel bläulichgrün, oben mit blaßgrauen Bändern, oder grau mit weißem, dreieckigem Fleck nahe der Spitze; unten zwei weiße Bänder.
ZAPFEN: 13 × 5 cm groß, etwas eiförmig-zylindrisch, plötzlich verschmälert in eine kegelförmige Spitze, glatt, weißlichgrün, lila überlaufen.
WUCHS: Sehr rasch vom 15.–50. Jahr im Stammumfang, mäßig rasch in der Höhe.
ÄHNLICHE ARTEN: *A. pinsapo* hat dickere Blätter und keine weißen Bänder auf der Unterseite; keine andere Art hat so kurze, dichte, bürstenförmige, auf der Oberseite scharf grau und weiß gezeichnete Belaubung.

Mandschurische Tanne   *Abies holophylla* Maxim.

E – Manchurian Fir

Mandschurei, Korea. 1908. Selten, wohl nur in Sammlungen. 17 m.
RINDE: Graurosa bis purpurn, rosa oder orange-braun; glatt, fein schuppig.
KRONE: Kegelförmig, ziemlich offen, untere Zweige abwärts gehend.
BELAUBUNG: Triebe dick. Leicht gefurcht, glänzend *glatt korkig-rosa,* Knospen kugelig, 7 × 5 mm, stark verharzt, rotbraun oder blaßbraun; Blätter bis 3,7 × 0,1 cm, sehr schmal, linealisch, Spitze stumpf oder scharfspitzig, alle leicht vorwärts gerichtet, dann gerade aufwärts, in der Mitte des Triebes *senkrecht* stehend, selten seitwärts zeigend, oben hell glänzendgrün, unten mit zwei graugrünen, seltener weißen, schmalen Bändern.
ZAPFEN: 12 × 3,5 cm groß, zylindrisch, glatt, blaßgrün.
ÄHNLICHE ARTEN: *A. pindrow* var. *brevifolia* hat Blätter mit runder Spitze, rings um den Trieb stehend und breitere, purpurne Zapfen.

Pindrow-Tanne   *Abies pindrow* (Royle) Spach

E – Pindrow Fir
Afghanistan bis Nepal, 1837.
Diese selbst auf den Britischen Inseln nur selten zu findende Tanne ist in Mittel-Europa kaum winterhart, außer an klimatisch besonders günstigen Plätzen.
TRIEBE: *Sehr dick,* blaß aschrosa, glatt, kahl; Knospe groß, 5–7 mm dick, kugelig, harzig, dunkelrot und weiß; NADELN 5–7 cm lang, ziemlich weich, locker stehend, kaum gescheitelt, oben glänzend dunkelgrün, unten mit zwei grünlichgrauen Bändern.
ZAPFEN: 12 × 6 cm, eiförmig-zylindrisch, glatt, schieferblau.

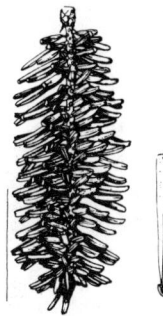

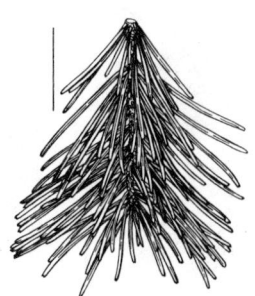

Algier-Tanne   Mandschurische Tanne   Pindrow-Tanne

var. *brevifolia* Dallim. & Jacks. hat kürzere, 2–4 cm lange, stumpf hellgrüne Blätter, *ringsum den Trieb stehend, beiderseits glänzend*, unterseits weißlich- grün gebändert; Zapfen wie beim Typ, aber dunkelpurpur, Schuppen mit brau- nem Rand. 13 m.

Himalaja-Tanne   *Abies spectabilis* (D. Don) Spach.

E – Himalayan Fir

Afghanistan bis Bhutan, in größeren Höhen als *A. pindrow* und weiter östlich gehend. 1822. Nur selten in den Parks anzutreffen. 30 m. – In Mitteleuropa kaum winterhart. (D ∧∧∧)

KRONE: Unregelmäßig, breit säulenförmig, bald flachgipfelig, mit *einigen weni- gen, sehr starken waagerechten Ästen,* viele neue Gipfeltriebe und Wasser- schossen am Stamm.

BELAUBUNG: Trieb sehr dick, tief gefurcht, rotbraun oder graubraun, die Furchen braun behaart; Knospe eiförmig, dick, 1 cm lang, weiß von Harz, sonst gelb- braun; Blätter gescheitelt auf der Oberseite, abwärts gekrümmt, sehr dicht ste- hend, bis 6 cm lang, oben dunkelgrün und gefurcht, in eine stumpfe gelbe Spitze endigend, unten mit 2 glänzendweißen, breiten Bändern.

ZAPFEN: Zylindrisch, 12–18 × 7 cm, glatt, blaß graublau, oben abgerundet, bis zum Frühling am Baum bleibend, dann stumpf dunkelpurpur.

va. *brevifolia* (Henry) Rehd. Die westliche Form, unterschieden durch eine schma- lere Krone, glatte Rinde, weniger dicke Triebe, auf der Trieboberseite nur mit enger V-Furche, Blätter nur 3–4 cm lang, dunkel blaugrün mit schmalen blas- sen Stomalinien, unten grünlichweiß gestreift.

ÄHNLICHE ARTEN: *A. pindrow* ist zwar sehr nahe verwandt, aber in Kultur völlig verschieden; die starken, unterseits silbrigen Triebe ähneln der *A. dela- vayi*-Gruppe, doch sind die Blätter viel länger, ausgenommen *A. fargesii,* die aber unten nicht glänzendweiß ist.

Nikko-Tanne   *Abies homolepis* S. & Z.

E – Nikko Fir

Zentral-Japan. 1861. In Deutschland ziemlich häufig angepflanzt, in England jedoch seltener. 32 m.

RINDE: Blaßgrau mit rosa Schimmer, fein schuppig; alte Bäume mehr rötlich graubraun, in feine Schuppen zerspringend.

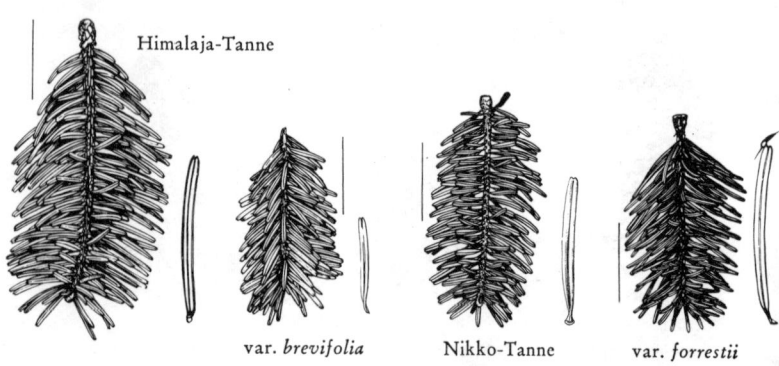

Himalaja-Tanne

var. *brevifolia*   Nikko-Tanne   var. *forrestii*

KRONE: Steif und ziemlich breit kegelförmig, sehr regelmäßig, später breit säulenförmig, Zweige waagerecht ausgebreitet, Gipfel abgerundet.

BELAUBUNG: Trieb *hell ockerfarben,* kahl, tief gefurcht, glänzend, im 2. Jahr rosa-braun; Knospen eiförmig, stumpf, weiß harzig; Nadeln sehr dicht stehend, ziemlich steif, auf der Trieboberseite *aufwärts und seitwärts* gerichtet, ziemlich steif, oben glänzendgrün oder anfangs bläulichgrau, gefurcht, Basis verschmälert, kurz zweispitzig, unten mit zwei breiten weißen Bändern.

BLÜTEN: ♂ Ansehnlich hell gelbgrün, rot überlaufen, zylindrisch-eiförmig, bis 2,5 cm lang; ♀ zylindrisch, 2 cm lang, dunkelrot, sich bald auf 3,5 cm streckend und dann purpurviolett.

ZAPFEN: Faßförmig, 8 × 4 cm, purpurblau, glatt, Schuppen mit roten Spitzen, zur Reifezeit braun, häufig vorhanden, sogar auf den unteren Ästen, oft stark verharzt.

Forstlicher Versuchsanbau in D.

ÄHNLICHE ARTEN: *A. chensiensis* (nachstehend) ist in einigen Formen ähnlich, aber die glänzenden rosa Triebe sind glatt; *A. spectabilis* hat viel längere Blätter, andere Rinde und Krone, außerdem sind die Furchen der jungen Triebe behaart.

Chensi-Tanne *Abies chensiensis* Van Thiegh.

E – Chensien Fir

SW-China 1907. Einige Formen dieser seltenen Art sind in Kultur. Charakteristisch für die Art sind die kahlen, rosa oder gelbbraunen, glänzenden Triebe, die harten, fast zweizeilig stehenden, flach ausgebreiteten Blätter, gelbgrün, unten mit grünlichweißen Bändern und scharf zweispitzig; 2,5–5 cm lang; Bänder unterseits mitunter auch glänzendweiß, und die Spitze manchmal auch nur mit einem Dorn (statt zwei). Knospe groß, hell, harzig. Es gibt auch Formen mit langen Blättern, die vom Trieb ansteigen und zurückgebogen sind, allmählich nach *A. recurvata* übergehend.

Delavays Tanne *Abies delavayi* Franch.

E – Delavay's Silver Fir

SW-China. In England in vielen Koniferen-Sammlungen und größeren Gärten zu sehen, vor allem im Norden und im Westen, sowie in Irland, jedoch nur eine der drei Varietäten. Was als „A. delavayi" bezeichnet wird, sind in der Regel die var. *fabri* oder var. *forrestii.* Der Typ ist vorhanden im Botan. Garten Edinburgh, in Benmore und in einigen forstlichen Versuchspflanzungen. Rinde blaßbraun, schuppig, Äste leicht ansteigend, dicht besetzt mit kurzen, aufrechten Trieben auf der Astoberseite, Knospen rotbraun, vorragend, Triebe hellorange und sehr fein behaart, Belaubung *frischgrün,* Blätter *am Rand längs eingerollt,* so die breiten weißen Bänder zum großen Teil verbergend und nur die hellgrüne Mittelrippe sichtbar.

var. *forrestii* (Rogers) Jacks. Yunnan, Setschuan 1910. Die häufigste Form, viel in Schottland und Irland angepflanzt, in S-England oft kurzlebig, 20 × 2 m gemessen.

RINDE: Grau, glatt, einige schuppige Stellen, mit wenigen breiten schwarzen fortlaufenden, senkrechten Rissen.

KRONE: Kegelförmig, mit regelmäßig quirlig stehenden Ästen, offen; Triebe dick, ansteigend.

BELAUBUNG: Trieb hell orangebraun, gelegentlich rotbraun, kahl, aber fein aufgerauht, im 2. Jahr dunkel purpur-rotbraun, weiß gestreift; Knospe klein,

Tannen

Lederige, stumpfe Blätter (außer bei *A. bracteata*, S. 119)

Die Zapfen der Tannen findet man nur an den obersten Ästen nahe dem Gipfel. Ausnahmen bilden die Gruppe um *Abies delavayi* und die blauen Zapfen bei der Nikko-Tanne; die Zapfen zerfallen im Herbst auf dem Baum, so daß man nie ganze Zapfen unter den Bäumen findet und nur selten größere Teile davon.

1 Weiß-Tanne *Abies alba*   100

  a Junger Baum, 8 m hoch, die regelmäßig alljährliche Quirlbildung deutlich sichtbar.

  b Trieb; Blätter kürzer als bei *Abies grandis;* Triebe mit verstreuten Haaren.

  c Reifer Zapfen vor dem Zerfall im November; die Zapfen stehen nur in der Spitze der Krone und sind im Sommer grün und braun. Die Zapfen können auch stärker durch die vorstehenden Deckschuppen mit herabgebogenen Spitzen bedeckt sein, als es die Abbildung zeigt.

2 Edel-Tanne *Abies procera*   117

Hier eine bläuliche Form, jedoch nicht so blau wie 'Glauca'. Die braune Triebknospe, eines Seitentriebes für das nächste Jahr, ist zu sehen.

3 Riesen-Tanne *Abies grandis*   105

Trieb mit zweizeilig angeordneten langen und kurzen Nadeln, die zerrieben stark nach Orangen duften; Farbe des Triebes olivgrün.

4 *Abies concolor* 'Violacea'   105

Die langen, dicken Nadeln sind beiderseits weißblau, etwas aufgerichtet (nicht in einer Ebene liegend). Eine der schönsten Tannen.

Edel-Tanne

Riesen-Tanne

1a

1b

2

3

4

1c

Zedern

Blätter an älterem Holz in Quirlen; Zapfen faßförmig, im Herbst des zweiten oder dritten Jahres nach der Blüte reifend.

1 Himalaja-Zeder *Cedrus deodara*   **121**
  Langtriebe mit spiralig gestellten Nadeln; Kurztriebe spornförmig. Junge Pflanzen oft blaß graublau gefärbt, ältere jedoch dunkelgrün.

2 Blaue Atlas-Zeder *Cedrus atlantica* 'Glauca'   **121**
  Trieb und Nadeln. Diese hell blaugraue Form ist eine sehr häufige Zeder in Parks und Gärten.

3 Libanon-Zeder *Cedrus libani*   **119**
  a Junger Baum, 10 m hoch. Der Gipfeltrieb hat eine nickende Spitze, während er bei der Deodara-Zeder peitschenförmig hängt. Junge Bäume trifft man seltener an als die breitkronigen alten Bäume (wie Abb. unten rechts).
  b Reifer Zapfen. Die Zapfen aller drei Zedern-Arten sind einander sehr ähnlich und behalten zwei Jahre ihre blaugrüne Färbung, bevor sie reifen. Sie stehen aufrecht auf waagerecht ausgebreiteten Zweigen. ♂ Blüten sehen aus wie unreife, kleine, 3–4 cm lange Zapfen, hellgraugrün im Sommer, rosabraun gegen den Herbst hin; sie stäuben im Oktober.
  c Trieb und Belaubung; die Färbung kann von tiefgrün bis graublau variieren.

In England werden auch eine Reihe anderer Koniferen als „Zeder" bezeichnet, z. B. Rot-Zeder *(Thuja plicata)*, Japanische Zeder *(Cryptomeria japonica)*, Bleistift-Zeder *(Juniperus virginiana)*, aber echte Zedern sind nur die vier Arten der Gattung *Cedrus*.

Himalaja-Zeder   Blaue Atlas-Zeder   Libanon-Zeder

3 mm, kugelig, dunkel glänzendrot, teilweise weiß durch Harz; Blätter *rings um den Trieb gestellt und vorwärts gerichtet* oder oben leicht gescheitelt, auf der Unterseite liegend und nach vorn zeigend; oben glänzend dunkel blaugrün, oft zuerst blaugrau bereift, seicht gefurcht, 2–4 cm lang, an der Spitze ausgerandet, unten mit 2 glänzendweißen, breiten Bändern.

ZAPFEN: Schon häufig an jungen Bäumen, faßförmig, flache Spitze, 9 × 4,5 cm, blaupurpur; Deckschuppen lang zugespitzt, 5 mm weit vorragend, die breite gezähnte Basis hier und da zeigend.

var. *georgei* (Orr) Melville. Yunnan 1923. Selten, nur in Sammlungen 16 × 1,5 m. Von var. *forrestii* abweichend durch die dichte orangebraune Behaarung der Triebe, die kürzeren, nur bis 1,5 cm langen Blätter, die auch mehr grau bereift sind; Knospe schon sehr bald ganz weiß von Harz; Zapfen *zylindrisch*, 9 bis 12 × 5 cm; Deckschuppen 8–9 mm vorragend und aufwärts zeigend, ausgenommen die an der Basis, die gewellten Basis-Ränder gut sichtbar. Wahrscheinlich eine Höhenform von var. *forrestii*.

var. *fabri* (Craib) Hunt. W-Setschuan 1903. Oft in Kultur als „A. delavayi", wenn auch etwas weniger häufig als ihre var. *forrestii*. 16 × 1,5 m. Von var. *forrestii* verschieden durch die *braune schuppige Rinde* mit breiten, flachen Rissen und schuppigen Furchen; Triebe braun oder orange, mit dunkelbrauner Behaarung, besonders bei den Seitentrieben; Blätter dunkler, unten kammförmig, oben gescheitelt; Zapfen langeiförmig, 5–8 × 2–3 cm, die Deckschuppen noch 2–3 mm weit als – meist gedrehte – Dornen vorragend. Veränderlich in der Färbung der Triebe, der Länge und Stellung der Blätter.

var. *faxoniana* (Rehd. & Wils.) Jacks. NW-Setschuan 1911. Sehr selten, nur in wenigen Sammlungen vorhanden, 17 × 1,3 m in England gemessen. Rinde mit einigen glänzenden rosa oder purpurnen Flecken; Trieb schlank, goldbraun; Knospe dunkelrot oder intensiv purpur; Blätter auf der Trieboberseite fast kammförmig bis ansteigend, mit blasser Spitze, unterseits meist grünlichweiß, mitunter glänzend weiß; bei einigen Pflanzen Furchen der Triebe behaart. – Manche Pflanzen sehr ähnlich var. *fabri*.

Farges Tanne *Abies fargesii* Franch.

E – Farges's Fir

W. China, Hupeh und Setschuan 1901. Selten; in England nur in wenigen Sammlungen.

RINDE: Rosa grau, sehr glatt.

KRONE: Kegelförmig, offen; Äste quirlständig, die oberen waagerecht, die unteren mehr hängend, dann wieder zierlich aufwärts gebogen.

BELAUBUNG: Trieb dick, *intensiv purpur,* aber auch rotbraun, orangebraun oder hellbraun am gleichen Baum, in den flachen Furchen mit winziger krauser Behaarung, im 2. Jahr glänzend blaß orangebraun mit weißen Streifen; Knospe eiförmig, gelbbraun, 5–6 mm lang; Blätter groß, dick *lederartig,* oben und unten mehr oder weniger gescheitelt, die seitlichen etwas vorwärts gerichtet, die mittelständigen straff nach vorn weisend, einige auch ansteigend, 4–4,5 cm lang, *glänzend,* dunkel gelblichgrün, in eine 2-spitzige Spitze verschmälert, unten mit 2 schmalen *graugrünen* Bändern und erhabener Mittelrippe zwischen beiden; Saum leicht eingerollt.

ÄHNLICHE ARTEN: Dieser schöne Baum sieht aus wie eine riesenblättrige Form von *A. sutchuenensis* und ist von den anderen Formen der *delavayi*-Gruppe durch die dunkel gelbgrünen, nicht blaugrünen, großen Blätter und die purpurnen Triebe zu unterscheiden.

Sutchuen-Tanne *Abies sutchuenensis* (Franch.) Rehd. & Wils.

E – Sutchuen Fir

China; W-Kansu 1911. Recht selten in England, aber doch in vielen Sammlungen, hauptsächlich im Westen des Landes, sowie Schottland und Irland.

RINDE: Rosa-grau, feinrissig und schuppig.

KRONE: Schmal kegelförmig, offen; mitunter wird kein Leittrieb ausgebildet und
es entsteht dann ein breiter, flacher Busch.

BELAUBUNG: Knospe eiförmig, purpur-rotbraun, 6 mm; Trieb schlank, intensiv
purpurrot bis orangebraun am gleichen Baum; Blätter auf der Triebunterseite
kammförmig, oben etwas gescheitelt, die mittleren Blätter auf der Oberseite
vorwärts und aufwärts gerichtet, manche mit der Unterseite nach außen zeigend oder zur Triebunterseite gebogen, *sehr dunkel glänzendgrün* oben, auf
der Unterseite mit zwei breiten hell oder grünlichweißen Bändern; 1–2,5 cm
lang, schmal, aber dick, stumpf abgerundet, oft an der Spitze ausgerandet.

ZAPFEN: 7 × 3,5 cm, zylindrisch, stumpf abgerundet, dunkel blaupurpur, Deckschuppen als schmale Dornen vorragend.

ÄHNLICHE ARTEN: Sieht aus wie eine kleinblättrige Form von *A. fargesii.*

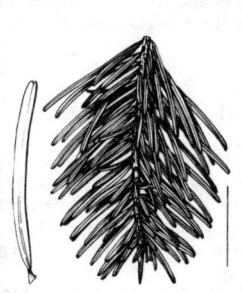 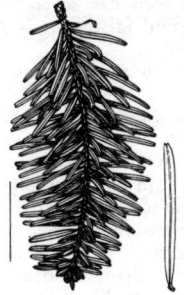 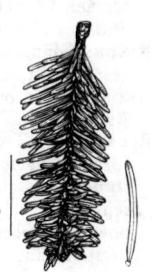

Farges Tanne Sutchuen-Tanne Schuppen-Tanne

Schuppen-Tanne *Abies squamata* Mast.

E – Flaky Fir

China, W-Setschuan 1910. Selten, wohl nur in Sammlungen; von den anderen
Arten durch die Rinde sehr abweichend; 15 m.

RINDE: Kräftig *orange* und rosabraun; alte Rinde *papierartig abrollend* und in
großen Stücken am Stamm verbleibend.

KRONE: Kegelförmig, in der unteren Hälfte ziemlich offen.

BELAUBUNG: Trieb fast oder ganz kahl, purpur orangebraun; Knospen eiförmig,
bis 6 mm, purpur, weiß von Harz; Blatt kurz, bis 2,5 cm, linealisch, plötzlich
kurz zugespitzt, oben sehr *grau*, mit Stomalinien an der Spitze und in grauen
Bändern bis zur Mitte, sonst dunkelgraugrün, unten mit zwei breiten, grauweißen Bändern; ziemlich *steif*, unten gescheitelt, oberseits sehr dicht und *fast
senkrecht* stehend.

ZAPFEN: Hoch eiförmig, tief purpurblau, 5,5 × 3 cm, Deckschuppen 6–8 mm weit
vorragend und herabgebogen.

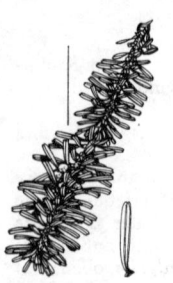
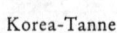

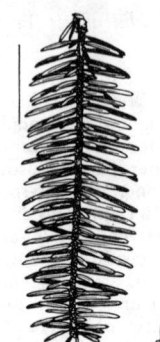

Kork-Tanne

Korea-Tanne   Spanische Tanne   *A.* × *vilmorinii*

Korea-Tanne   *Abies koreana* Wils.

E – Korea Fir   F – Sapin de Corée

Insel Quelpaert und Korea 1913. Sehr häufig angepflanzt, besonders auf dem Kontinent; gerne auch wegen der schon sehr früh erscheinenden Zapfen in kleinen Gärten gepflanzt und fälschlich als Zwergkonifere angesehen, wird jedoch bis 10 m hoch.

RINDE: Glänzend dunkel olivbraun bis schwarz, aber deutlich mit Lentizellen gesprenkelt.

KRONE: Sehr breit kegelförmig oder mitunter auch schmal, mit waagerechten Ästen.

BELAUBUNG: Trieb blaßbraun oder graurosa, leicht behaart; Knospe klein, eiförmig, zuerst blaßbraun, bald reinweiß harzig; Blätter *kurz*, 1 (–2,5) × 0,2 cm, *stumpf* und ausgerandet, selten spitz; fast ringsum den Trieb stehend, oberseits senkrecht und einige auch zurückgebogen, unten einige auch vorwärts gebogen, oben dunkelgrün, oft mit weiß nahe der Spitze, unten mit zwei sehr weißen breiten Bändern, die die Mittelrippe undeutlich machen.

ZAPFEN UND BLÜTEN: ♂ Knospen klein und kugelig, *gehäuft zwischen den Blättern* der Seitentriebe in der ganzen Krone, 4–5 mm lang, öffnen sich zu ansehnlichen, 1 cm langen, hellgelben Kätzchen; ♀ an der Oberseite der Triebe, 2 bis 5 cm lang, schlank, gelblichgrün, weißlichrosa oder blaßpurpur, die schlanken Deckschuppen zurückgeschlagen; Zapfen 5–7 × 2 × 3 cm, länglich faßförmig, oben meist spitz, dunkelblau, die vorragenden, stark zurückgeschlagenen Deckschuppen braun; vollreif braun und oft sehr harzig; sehr zahlreich erscheinend schon an Pflanzen von unter 1 m Höhe.

Spanische Tanne   *Abies pinsapo* Boiss.

E – Spanish Fir   F – Sapin d'Espagne   N – Spaanse Zilverden

S-Spanien, Ronda 1839. Ziemlich oft in Gärten und Parks vorkommend, vor allem aber die blaunadelige Form 'G l a u c a'. 33 m.

RINDE: Dunkelgrau, zuerst rauh gesprenkelt, dann unregelmäßig zerrissen und schuppig; älteste Bäume schwarz, feinrauh.

KRONE: Zuerst kegelförmig, ziemlich offen, mit schmaler werdender Spitze; alte Bäume mit einer dichten Masse feiner Triebe, meist tot oder absterbend, rauh.

BELAUBUNG: Knospe eiförmig, 3–5 mm, purpurbraun mit blaßbrauner Spitze; Trieb grünbraun, später organgebraun; Blätter *überall radial* abstehend, die ältesten etwas zurückgedreht kurz, 1–1,8 cm lang × 2–3 mm, *dick und steif,* lederartig, mit breiter Basis, Spitzen breit abgerundet, unterschiedlich graugrün bis *graublau von beiden Seiten*, mit zwei breiten graugrünen Bändern auf jeder Seite, oder auf der Oberseite weiß bereift und unten blauweiß gebändert ('Glauca').

BLÜTEN UND ZAPFEN: ♂ Groß, kugelig, vor dem Stäuben rot, später nur noch am Rand rot, Stäuben Ende Mai; Zapfen gehäuft in der Spitze der Krone, zylindrisch verjüngt, bis 10 cm, blaßgrün im Sommer, oft sehr zahlreich.

ÄHNLICHE ARTEN: *A. cephalonica* und ihre Hybride mit *A. pinsapo, A.* × *vilmorinii* Mast. (Paris 1867) haben ebenfalls radial stehende Blätter, aber diese sind bei beiden länger, nicht so dicht stehend, bei *A. cephalonica* spitz; *A.* × *vilmorinii* unterscheidet sich von *A. cephalonica* durch die stumpfgrünen Blätter, und ist sehr selten.

Westamerikanische Balsam-Tanne *Abies lasiocarpa* (Hook.) Nutt.

E – Alpine Fir   F – Sapin de Lobb

W. Nordamerika; in Kultur sehr selten und meist kränklich; prächtig in ihrer Heimat in den Cascade Mountains.

var. *arizonica* (Merriam) Lemm. **Kork-Tanne.** Arizona, Colorado, New Mexico. Nicht sehr häufig; kleiner, sehr dekorativer Baum, bis 10 m.

RINDE: Junger Bäume grünlichgrau mit breiten rötlichen korkigen Rissen; ältere Bäume mit dicker, rauher, graugelblicher Korkrinde.

KRONE: Schmal kegelförmig, meist elegant und regelmäßig bis zur Spitze, doch wenn diese ausgebrochen, kann eine vieltriebige Kandelaberkrone entstehen.

BELAUBUNG: Trieb aschgrau, leicht behaart; Blätter schmal, die seitlichen vorwärts gerichtet, mehr kammförmig gescheitelt, erscheinen dunkelblau von der graugrünen Oberseite mit weißem Mittelband, unten zwei weiße Bänder, 2–3 cm, Spitze abgerundet; zerriebene Blätter duften balsamisch.

ZAPFEN: Erscheinen mitunter sehr zahlreich und gehäuft nahe der Spitze, 15 × 7 cm, faßförmig, braun, Schuppen behaart, früh zerfallend.

ÄHNLICHE ARTEN: Ähnelt einer intensiv blauen *A. concolor* 'Violacea' (falls es eine solche gibt), mit kleinen Blättern, oder könnte von Ferne irrtümlich als eine besonders dunkelblaue Form von *Picea pungens* 'Glauca' angesehen werden.

Edel-Tanne *Abies procera* Rehd. (= *A. nobilis* Lindl.)

7

E – Noble Fir   F – Sapin Noble
N – Edele Zilverden

Washington und Oregon 1930; forstlich nur in geringem Umfang verwendet, jedoch sehr verbreitet in Gärten und Parks, in der Hauptsache jedoch ihre Cultivar 'G l a u c a'.

RINDE: Blaß silbergrau oder stumpf rötlich, zuerst glatt mit Harzblasen, dann flach gefeldert, die ältesten Bäume haben ziemlich breite Risse ,die Partien dazwischen seichter gerissen.

KRONE Zuerst schmal kegelförmig, in exponierten Lagen leicht den Gipfel verlierend; alte Bäume breit säulenförmig, Gipfel flach, Äste waagerecht; abgestorbene Gipfel mit 2–3 starken, gedrehten Ästen nahe der Spitze.

Zapfen der Edeltanne

BELAUBUNG: Trieb blaß rötlichbraun, sehr fein behaart, größtenteils *ganz verdeckt durch die gedrängten Blatt-Basen*; Blätter *gescheitelt auf der Unterseite*, oben dichter, die unteren Reihen abstehend, die mittleren Reihen viel kürzer, Basis dem Zweig angedrückt und dann im Bogen nach oben abgeknickt, 1 bis 3,5 cm lang, schlank, 1–2 mm breit, derb, oben *gefurcht und flach*, Spitze stumpf, dunkel graugrün, graue Stomata oberseits in zwei dünnen Linien, verbreitert nahe der Spitze, unterseits zwei grauweiße Bänder; *bläulichweiß* bei der Form 'G l a u c a', die man eigentlich nicht abtrennen kann.

BLÜTEN UND ZAPFEN: ♂ Blüten kugelig, gehäuft auf der Triebunterseite in großen Partien der Krone alter Bäume, etwa 6 mm breit, *vor dem Stäuben hell karminrot*; ♀ Blüten groß, anfangs aufrecht, gelblich, entwickeln sich dann zu großen, zylindrischen, nach oben etwas verjüngten Zapfen mit ziemlich flacher Spitze, 20–25 × 8 cm groß, blaß purpurbraun, erscheinen aber blaßgrün durch die großen, an der Basis verbreiterten und zurückgeschlagenen Deckschuppen, die fast den ganzen Zapfen bedecken; Zapfen stehen auf den stärkeren Ästen senkrecht, an den schwächeren Trieben schief zur Seite hängend; schon an ganz jungen Bäumen, von nur 2–3 m Höhe, werden schon Zapfen gebildet.

WUCHS: In den ersten Jahren langsam, später raschwüchsig, in günstigen Lagen bis 80 cm Jahreszuwachs. Forstlicher Versuchsanbau in D und GB.

ÄHNLICHE ART: *A. magnifica* (siehe nachstehend).

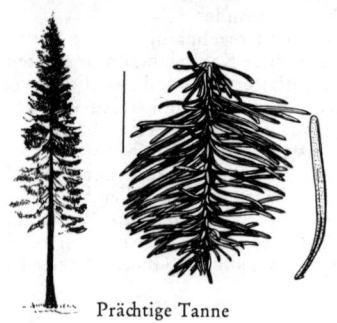 

Prächtige Tanne   Santa Lucia-Tanne

Prächtige Tanne   *Abies magnifica* Murr.

E – Red Fir   F – Sapin rouge de Californie

Oregon und Kalifornien 1851. In Kultur wenig häufig, gelegentlich in großen Parks; in England bis 37 × 4,5 m gemessen. Unterscheidet sich von *A. procera* wie folgt:

RINDE: Dunkelgrau oder rötlichgrau, dick, korkig, fein rauh, mit einigen bogenförmigen Rissen und *erhabenen* ringsum verlaufenden Leisten, und mit vielen *schwarzen Astnarben*. Alte Bäume haben in Kalifornien dunkelrote Rinde, daher der engl. Name „Red Fir" (Rote Tanne).

KRONE: Sehr schmal symmetrisch kegelförmig, später säulenförmig, Äste an jungen Pflanzen alle gleich groß, die unteren oft etwas nach oben gekrümmt, kurz und *regelmäßig quirlig*; Stamm dick, oft an der Basis faßförmig, dann in der Krone stark verjüngt.

BELAUBUNG: Die dunkel rostrote Färbung des Triebes von oben sichtbar; Blätter oben locker stehend, nicht gescheitelt, abstehend und oft auch etwas zurück-

gekrümmt, unterseits mit scharfer knieförmiger Biegung seitwärts abstehend, 4 cm lang, also deutlich länger als von *A. procera, schmaler und weicher, dick, gefurcht, im Querschnitt fast kreisrund (läßt sich rollen).*
ZAPFEN: 20 × 10 cm, groß faßförmig, oben abgerundet, glatt, blaß goldgrün, einige Zapfen in guten Sommern schon an kleineren Bäumen; bei var. *shastensis* (Oregon) Zapfen bis 23 cm, mit vorragenden, zurückgeschlagenen Deckschuppen. Forstlicher Versuchsanbau in Schottland.

Santa Lucia-Tanne *Abies bracteata* (D. Don) Nutt. (= *A. venusta* [Dougl.] K. Koch)

E – Santa Lucia Fir

Santa-Lucia-Gebirge, Monterey, Kalifornien 1853. In Mitteleuropa selten; in England hauptsächlich im Süden; meist bis 25 m hoch. In Deutschland nur in sehr geschützten Lagen aushaltend. (D ∧∧)
RINDE: Rötlichschwarz, um die Astnarben sehr runzelig und mit vielen Linien; junge Bäume glatt, dunkelgrau, ebenfalls mit vielen Linien um die Astnarben.
KRONE: Schmal kegelförmig; wenn über 20 m hoch, dann ist der obere Teil der Krone schmal spindelförmig durch die kurzen, quirligen Äste mit hängenden Trieben; untere Partie der Krone breit, mit langen, schön herabzeigenden Zweigen und hängenden, fächerförmigen langen Trieben.
BELAUBUNG: Trieb glatt, etwas glänzend, zuerst olivgrün, dann dunkel rotbraun; *Knospen 2 cm lang, scharf zugespitzt* (wie bei *Fagus*), blaßbraun. Blätter gescheitelt, die unteren Reihen nach beiden Seiten des Triebes abstehend und etwas vorwärts gerichtet, die oberen deutlich vorwärts gehend, weit gestellt, bis 5 cm lang, *hart, mit Dornspitze,* oben dunkelgrün, unten mit zwei weißen Bändern. Der ganze Trieb sehr groß.
ZAPFEN: Nur an den größten Bäumen gelegentlich zu sehen, 10 cm lang, ungewöhnlich durch die 5 cm langen grannenartigen, weit vorragenden Deckschuppen.
ÄHNLICHE ARTEN: *A. pindrow* hat fast genau so große Blätter, doch sind diese blasser grün, zweispitzig, nicht so derb und ohne die weißen Bänder auf der Unterseite, ferner kugelige Knospen. Auch die anderen großblättrigen Arten wie *A. spectabilis, chensiensis, fargesii* sind alle leicht an der Knospe unterscheidbar.

ZEDER *Cedrus*

E – Cedar   F – Cèdre   N – Ceder

Die Zedern bilden eine Gruppe von 4 nahe verwandten Arten, die vom Mittelmeer bis zum Himalaja beheimatet sind. Es sind die einzigen Koniferen, bei denen die Blätter der zweijährigen und älteren Zweige in dichten Büscheln an spornartigen Kurztrieben stehen. Zapfen aufrecht, wie bei *Abies,* am Baum zerfallend, aber erst in zwei Jahren reifend; Blüte September–November.

Libanon-Zeder *Cedrus libani* A. Richard   **8**

E – Cedar of Lebanon   F – Cèdre du Liban   N – Libanonceder

Gebirge des Libanon, Syrien; Taurus und Anti-Taurus in der südöstl. Türkei. 1638. In den milderen Klimaten W-Europas häufig in den Gärten, in Deutschland seltener. In England bis 40 × 8 m gemessen.
RINDE: Dunkelgrau, anfangs glatt, später flach netzförmig gerissen, mit kleinen Rissen, dazwischen kleine schuppenförmige Felder; ältere Bäume mit stumpfbraunen Schuppen, getrennt durch breitere, tiefere Risse.

KRONE: Zuerst dünn beastet und kegelförmig, im freien Stand bald breit werdend, bis der kurze Stamm viele starke Äste im unteren Teil der Krone hat, diese meist weit bogig ausgebreitet und oft bis zum Boden gehend; oben teilt sich der Stamm meist in mehrere senkrechte Stämme, die oberen Äste stehen *waagerecht*, alle Äste *ausladend flach tafelförmig* mit kurzen, dichten, gebogenen senkrechten Trieben. Viele Bäume haben eine tischförmig flache Krone in 15–20 m Höhe, andere haben offene Kronen aus langen, schlank übergebogenen Ästen. Alte Bäume brechen im Winter oft durch nassen Schnee.

BELAUBUNG: Junge Triebe an alten Bäumen nickend, an jungen Bäumen waagerecht abstehend, dann die Blätter einzeln und locker ringsum den Trieb stehend, Trieb blaßbraun mit feiner kaffeebrauner Behaarung; Blätter schmal, etwas gebogen, schlaff, 2 cm; ältere Äste haben Kurztriebe mit Büscheln von 20–30 Nadeln, bis 3 cm lang, ziemlich steif, dunkelgrün oder blaugrün bis blaugrau; Knospe eiförmig, braun, die Spitzen der äußeren Schuppen sehr dunkel.

BLÜTEN UND ZAPFEN: ♂ Blüten blaß graugrün, 5 cm lang, hoch kegelförmig, aufrecht stehend; ♀ Blüten aufrecht, endständig an Kurztrieben, 1 cm lang, eiförmig-zylindrisch, hell blaßgrün, oft purpurrosa getönt, Oktober. Zapfen im 1. Jahr graugrün, rötlich im Sommer, 8 cm lang, faßförmig mit aufgesetzter Spitze, reif grau und rosabraun, Schuppenränder purpurn, manche verharzt und weiß, 9 × 6 bis 15 × 7 cm groß.

WUCHS: In den ersten Jahren langsam, vor allem in der Höhe, kaum über 35 cm Jahreszuwachs, jedoch im 2. Jahr schon im Umfang zunehmend. Die meisten „alten Bäume" sind erst nach 1800 gepflanzt worden. Forstliche Anbauversuche in GB und D (Köln).

'A u r e a'. Selten, langsamwüchsig, zuerst schmal kegelförmig, Blätter goldgelb mit grünem Unterton, im Laufe des Jahres etwas veränderlich; Krone sehr breit werdend. 15 m.

Atlas-Zeder   *Cedrus atlantica* (Endl.) Carr.

E – Atlas Cedar   F – Cèdre de l'Atlas   N – Atlasceder

Atlas-Gebirge in Marokko, Algerien 1841. Weit verbreitet in den Parks und Gärten, aber zumeist nur in der Form 'Glauca', einer der schönsten aller dekorativen Koniferen. Der grünnadelige Typ ist viel seltener. Gedeiht in heißen, trockenen Gebieten besser als die meisten anderen Koniferen. 40 × 6 m gemessen. Manche Bäume sind in der Belaubung so ähnlich *C. libani,* daß man die

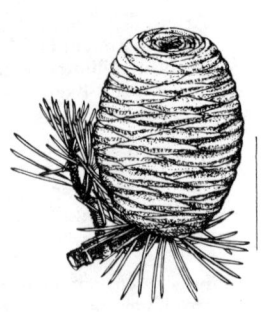

Atlas-Zeder   'Fastiagata'   'Glauca Pendula'

Krone genau betrachten muß, und selbst dann kann man sie noch nicht mit völliger Sicherheit bestimmen.

RINDE: Stumpf dunkelgrau, zuerst glatt, später durch dunkle Risse große Platten entstehend; alte Bäume dunkel bräunlichgrau mit vielen kleinen Rissen, aus denen kleine schuppenförmige Platten frei werden.

KRONE: In der Jugend breit-kegelförmig, die Äste bis zu ihrer Spitze gerade ansteigend; später sehr breit, jedoch nicht so ausgebreitet wie bei *C. libani* und fast stets *stumpf zugespitzt*; große Äste zunächst ansteigend, dann flach ausgebreitet, aber nur selten etwas überhängend, auch nicht die großen tafelförmigen Astpartien bildend; Stamm oft einige Meter astrein.

BELAUBUNG: Neue Triebe etwas ansteigend; Knospe eiförmig, hell rotbraun, mit schwärzlichen Schuppenspitzen, 2–3 mm; Blätter der Langtriebe 2–2,5 cm lang, an Kurztrieben 1–2 cm, etwa 45 Blätter im Büschel, im Querschnitt rund, scharf zugespitzt, glänzend dunkelgrün.

BLÜTEN UND ZAPFEN: ♂ Blüten rosagelb, Mitte September, 4 cm lang und gekrümmt; ♀ Blüte grün, 1 cm, zylindrisch, Schuppen dunkelgrün mit hellen Rändern, aus einiger Entfernung frischgrün aussehend, Ende September. Zapfen 8 cm, oft an der Spitze etwas vertieft, im ersten Jahr 5 × 3 cm, blaßgrün, Schuppe mit lila Spitzen, später stumpf purpurn, reif blaß braunpurpurn.

WUCHS guter Jungpflanzen schon bald schnell, Triebe bis 60 cm; auch Stammumfang rasch zunehmend, bis 2,5 m in weniger als 50 Jahren (in England!). Forstliche Anbauversuche in F, I und D (Köln).

'G l a u c a'. 1845. Im Areal der Art mitunter auftretend, ebenso Übergangsform. Sehr verbreitet, auch in West-Deutschland. 32 m gemessen, Blätter hell graublau oder weißlich, Krone regelmäßige Form; Rinde blaßgrau und feinrissig. **8**

'F a s t i g i a t a'. 1890, Nantes. Seltene, sehr hübsche Form, schmal säulenförmig, Äste straff aufrecht gehend, mit zunehmendem Alter etwas breiter werdend. Rinde dunkelgrau, gefeldert. 20 m.

'G l a u c a P e n d u l a'. 1900. Merkwürdige, aber prächtige Form, wenn gut entwickelt (was allerdings nur selten der Fall ist), dann sind von einer Stelle, die ziemlich hoch sein kann, die Äste fächerförmig nach unten ausgebreitet und reichen bis zum Boden; Blätter graublau. Wird am besten hochstämmig veredelt oder muß, wenn tief veredelt, an Stäben hochgezogen werden.

Himalaja-Zeder   *Cedrus deodara* (Roxb.) Don ex Loud.   **8**

E – Deodar   F – Cèdre de l'Himalaya   N – Himalayaceder

W-Himalaja und Afghanistan 1831. Nur für milde Gebiete in Deutschland, nicht überall sicher winterhart. (D ∧–∧∧)

RINDE: Dunkelgraugrün und zuerst glatt, dann dunkelbraun bis schwarz und eng rissig in senkrechte Platten geteilt, diese aschgrau.

KRONE: Kegelförmig, in eine *spindelförmige Spitze* auslaufend, mit deutlich *überhängendem Leittrieb*; junge Bäume blaßgrau oder silbrig belaubt, im Alter jedoch dunkelgrün werdend. Sehr alte Bäume sind sehr breit und haben dann auch starke Basaläste und einen hohen, astreinen Stamm, doch ob schmale oder breite Krone, der Gipfel ist immer spitz. Mitunter gabelt sich der Gipfel in großer Höhe, so daß zwei gleichförmige Gipfel entstehen.

BELAUBUNG: Junge Triebe stets *deutlich bogig*, blaß rosabraun, dicht behaart, mit spiralig stehenden, weichen Blättern, auswärts gebogen, 3–5 cm lang, dunkelgrün, schwache graue Linien an jeder Seite; Knospe spitz, 1 mm lang, orange, die freien Schuppenspitzen blaßbraun; die büscheligen Blätter der Kurztriebe

Himalaja-Zeder

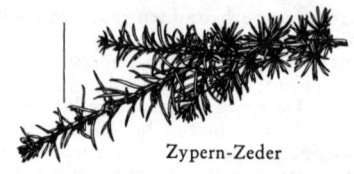

Zypern-Zeder

3–3,5 cm lang. – Bei der Form 'R o b u s t a' mit mehr grauer, hängender Bezweigung stehen die Kurztriebe weiter auseinander und die Blätter sind dick, dunkel gelbgrün, 5–6 cm lang, in halboffenen Bündeln zusammenstehend. Viele alte Bäume haben ebenfalls diese Form der Belaubung.

BLÜTEN UND ZAPFEN: ♂ Blüten aufrecht, kegelförmig-eiförmig, graugrün, später rosa, 4 cm lang, Anfang Oktober; ♀ Blüten eiförmig-zylindrisch, 5–6 mm, blaßgrün, manche etwas rosa; Zapfen nicht so häufig zu sehen und oft an Bäumen ohne ♂ Blüten, faßförmig, bis 14 cm lang.

WUCHS: In günstigem Klima schnell, Jahreszuwachs dort bis 1 m. Forstliche Anbauversuche in GB.

Zypern-Zeder *Cedrus brevifolia* (Hook. f.) Henry (= *C. libani* var. *brevifolia* Henry)

E – Cyprus Cedar   F – Cèdre de Chypre

Zypern; Wald bei Paphos 1879. Selten; oft als Zwergkonifere gezogen, aber in Süd-England auch Bäume bis 18 m hoch.

RINDE: Stumpf dunkel rötlichgrau, mit einigen tiefen schwärzlichen Rissen, die später an Zahl zunehmen.

KRONE: Nahezu schmal-kegelförmig, mit gerade durchgehendem Stamm; Äste waagerecht abstehend, an den Enden etwas hängend, mit tafelförmig ausgebreiteten Zweigen, dunkelgrün.

BELAUBUNG: Triebe blaß braungrün, im zweiten Jahr rosabraun; Knospe eiförmig, braun, harzig, 2–3 mm; Nadelbasen blaß orange; Langtriebe mit 1,5 cm langen Blättern, Blätter der Kurztriebe 0,7–1,2 cm lang, frischgrün oder blaugrün, beide mit feinen weißen Linien auf der Oberseite, mitunter auch gelblich; Langtriebe deutlich bogig.

ZAPFEN: 12 × 5 cm, eiförmig, von der Basis an lang verjüngt, mit einer aufgesetzten kleinen, schnabelförmigen Spitze, glatt, blaßgrün.

ÄHNLICHE ARTEN: Kümmerliche, kranke *C. libani* haben kurze Nadeln und könnten hiermit verwechselt werden, doch sind die Nadeln nie so kurz, außerdem ist die Krone breit.

LÄRCHEN *Larix*

E – Larch   F – Mélèze   N – Lork

Zehn nahe verwandte Arten, davon drei weitverbreitet in den nördlichen zirkumpolaren Ebenen, sieben Arten mehr in den Bergen. Blätter sommergrün, an Langtrieben spiralig stehend, an älteren Zweigen büschelig an spornförmigen Kurztrieben; Zapfen mit lederartig weichen Schuppen, ungeteilt abfallend, in einem Jahr reifend, aber oft noch ein oder mehrere Jahre am Zweig verbleibend. Hellen Standort verlangende Pionierholzarten mit sehr raschem Wuchs. Eine Hybride forstlich verwendet, jedoch noch einige weitere bekannt.

Europäische Lärche *Larix decidua* Mill. (= *L. europaea* D. C.) **9**

E – European Larch   F – Mélèze d'Europe   N – Europese lork

Alpen, von Savoyen bis Tirol, ostwärts bis nahe Wien; Varietäten in den Sudeten, der Tatra und der Polnischen Ebene. Um 1620. Örtlich häufig; Wälder, Forsten, Schutzgürtel, Gärten und Parks, jedoch nicht in Großstädten. 45 × 5,5 m.

RINDE: Grünlich graubraun und zuerst glatt, bald schon fein längsrissig; in Pflanzungen gleichförmig grau; alte frei stehende Bäume mit rosabrauner Rinde, mit tiefen, breiten, schuppigen Rissen.

KRONE: Schmal kegelförmig, Hauptäste quirlig, jedoch kleinere Äste in den Zwischenräumen; sehr regelmäßig bis das Höhenwachstum endet, dann in die Breite gehend, Gipfel ebenfalls flach werdend und mit kräftigen, waagerechten Ästen oben in der Krone, unregelmäßig stehend; tiefer stehende Äste abwärtsgerichtet. Sehr alte Bäume im Freistand oft mit sehr starken Basalästen, die plötzlich mit 2 m Abstand vom Stamm aufsteigen; Triebe hängend.

BELAUBUNG: Triebe *blaßgelb* oder blaßrosa, kahl, unter den Blattbasen gefurcht; Blätter 2–3 cm, aber an Leittrieben kräftiger junger Bäume auch bis zu 6 cm; Blätter der Kurztriebe hellgrün austreibend im März, während des Sommers dunkler grün werdend, Herbstfärbung goldgelb Ende Oktober. Schmal, linealisch mit stumpfer Spitze, oben frischgrün, unten unterschiedlich graugrün. Manche junge Bäume haben silbrige oder bläuliche Blätter an den Langtrieben.

BLÜTEN UND ZAPFEN: ♂ An der Unterseite der Triebe, Ende März, wie *weißliche Scheiben,* oft blaßpurpurn gerandet, in der Mitte etwas erhöht, beim Stäuben oder eine Woche später gelb werdend; ♀ an den Enden kräftiger, 5–10jähriger Äste meist zu 1–6 je Trieb, doch viel zahlreicher an altem Holz, rosarot blaßgrün oder weiß, aufrecht, 1 cm lang, an 5 mm langem, beschupptem Stiel, zwei Wochen früher als die ♂ aufblühend, bald purpurrot, später grün, als reife Zapfen braun, hoch eiförmig, stumpf abgerundet, 2–4 × 2–3 cm, Schuppen abgerundet, Rand leicht einwärts (selten etwas auswärts) gerollt. An vielen Bäumen bleiben die abgestorbenen Zapfen 10 Jahre oder länger hängen.

Zapfen der Europäischen Lärche

WUCHS: Sehr rasch; Sämlinge können im ersten Jahr 30–40 cm erreichen, zweijährige verpflanzte bis 1,30 m, dann 30–80 cm pro Jahr oder mehr, bis zu 18 m in 18 Jahren; Leittriebe oft unverzweigt oder mit einigen kurzen Seitentrieben in der unteren Hälfte. Wuchs beginnt im Mai, von wöchentlich 2 cm bis später 8–10 cm wöchentlich im Juni, August und September; Triebabschluß Anfang Oktober, bei schwächeren Bäumen schon Anfang August. Forstliche Anbauversuche in D, A, GB, CS, F, B, Skandinavien und anderswo.

var. *polonica* (Racib.) Ostenf. & Larsen. **Polnische Lärche.** Polnisches Tiefland 1920. Rinde dunkelgrau, schon früh *tief und rauh braun rissig,* Stamm meist etwas krumm, Triebe lang herabhängend, *sehr dünn und weiß*; Zapfen sehr klein, 1,5–2 cm lang, eiförmig oder abgeflacht, bald grün, Schuppen einwärts gerollt, Die Lärche der Sudeten und der Tatra steht in der Mitte zwischen der typischen Art und der Polnischen Lärche und wächst kräftig und gerade; sie wird heute forstlich den anderen Formen vorgezogen.

Sibirische Lärche *Larix russica* (Endl.) Sabine (= *L. sibirica* Ledeb.)

E – Siberian Larch   F – Mélèze de Sibérie   N – Siberische Lork

N-Rußland, nach Osten bis zum Jenissei-Fluß in W-Sibirien 1806. Sehr selten in Kultur. Große Bäume, die man früher für diese Art hielt, erwiesen sich später als *L. decidua.* Wegen des sehr frühen Austriebs (bei uns im März, in England schon im Januar) oft Frostschäden. Triebe dünn, sehr hell braun, meist *behaart*; Blätter schmal, bis 4 cm lang, oben graublau, unten mit zwei weit auseinander stehenden blaßgrauen Bändern. Zapfen 3 cm, Schuppen *behaart.*

Japanische Lärche *Larix kaempferi* (Lam.) Carr. (= *L. leptolepis* [S. & Z.] Endl.)

E – Japanese Larch   F – Mélèze du Japon   N – Japanse lork

Japan, Zentral-Honshu 1861. Häufig forstlich in großem Umfang angepflanzt, ebenso in großen Parks, auch in Städten, da sie die Stadtluft besser verträgt als *L. decidua.* 37 × 3 m.

RINDE: Rötlichbraun, schuppig, die Schuppen manchmal in senkrechter Richtung ablösend.

KRONE: Breit kegelförmig, selten so schmal wie bei *L. decidua,* oft mit sehr langen Basalzweigen, diese ausladend und an den Enden wieder leicht ansteigend; die oberen Äste ebenfalls nach oben ansteigend; Triebe nicht hängend; Pflanzungen junger Bäume haben im Winter aus der Entfernung eine orangebraune Färbung.

BELAUBUNG: Trieb meist *dunkel orangerot,* kann jedoch auch dunkelbraun oder dunkelpurpur sein und grau bereift; Blätter viel breiter und mehr graugrün als bei *L. decidua,* vor allem bei kräftigen jungen Bäumen, 3,5 – 4 × 0,1 cm, auf der Unterseite mit zwei *breiten grauen Bändern*; viel dichter belaubt und Triebe viel dichter stehend.

BLÜTEN UND ZAPFEN: ♂ Dicht entlang der Unterseite aller außer den Haupttrieben liegend, kugelig, kleiner als bei *L. decidua,* aufgeblüht gelb, *tröpfchenförmig,* Mitte März stäubend; ♀ zu 1–8 an den äußeren Teilen starker Triebe oder auch einzeln an den Enden schwacher Triebe, im März öffnend, meist rosa und rahmgelb, einige auch rosa mit grün oder gelb, kürzer und dicker als bei *L. decidua,* Zapfen braun, *rosettenförmig flach, Schuppen nach außen gerollt,* 3 × 3 cm, meist sehr zahlreich und schon an jungen Bäumen erscheinend.

WUCHS: Wie bei *L. decidua,* aber auf armen Böden ihr weit überlegen und auch viel schneller im Zuwachs des Stammes. Leittrieb stets mit Seitentrieben. Forstlich angebaut in Nordwest-D, NL, GB, B, SF, I.

Hybrid-Lärche *Larix × eurolepis* Henry.   **9**

E – Hybrid Larch

Zuerst entstanden um 1897 in Dunkeld, Perthshire, Schottland, *L. kaempferi* × *L. decidua,* im Aussehen in allen Teilen zwischen den Eltern stehend, ausgenommen im Wuchs, in dem sie beiden Eltern, außer in allerbesten Lagen, überlegen ist. 32 × 2,5 m.

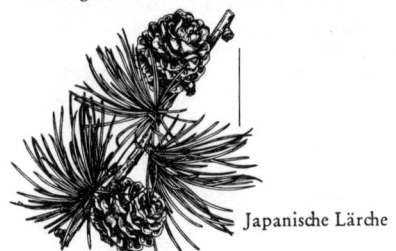
Japanische Lärche

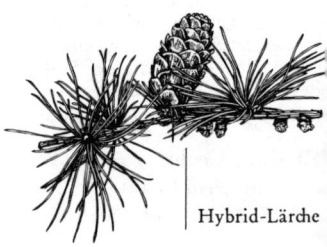
Hybrid-Lärche

RINDE: Rötlichbraun wie bei *L. kaempferi.*

KRONE: Intermediär, meist gute Form, schmal kegelförmig.

BELAUBUNG: Intermediär; Trieb blaß orange oder auch von rosa bis hellbraun oder rotbraun; Blätter an starken Leittrieben bis 8 cm lang, breiter und länger als bei *L. decidua,* an älterem Holz 3,5–5 × 2 cm, oberseits frischgrün, unten mit blaß graugrünen Bändern.

BLÜTEN UND ZAPFEN: ♂ Intermediär; ♀ größer als bei *L. decidua,* hellrot, rosa, gelbgrün, hellgrün, weiß oder rot mit weiß; Zapfen *höher* als bei *L. decidua,* 3,5–4 cm hoch, 2–2,5 cm breit, Schuppen *plötzlich nach außen gebogen,* aber nicht gerollt an der Spitze, hellbraun; setzt noch früher und reicher Zapfen an als ihre Eltern. Junge Bäume bringen mitunter ♀ Blüten und Zapfen an ganz kurzen Trieben unmittelbar am Stamm.

WUCHS: Im ersten Jahr 55 cm, im 2. Jahr 1,7 m hoch, im 5. Jahr 6 m hoch (im Garten von A. Mitchell), Mai bis Oktober. Leittriebe in der Regel mit Seitentrieben. Forstliche Anbauversuche in D und Schottland.

ÄHNLICHE ARTEN: Die Unterschiede zwischen der Hybride und *L. kaempferi* können mitunter so gut wie völlig fehlen, da Saatgut oft aus gemischten Beständen geerntet wurde. Viel Saat kommt aber auch aus Pflanzungen, die schon Hybriden sind, und diese zweite Generation zeigt dann auch alle Übergänge zwischen den Eltern. Die echte Hybride unterscheidet sich von *L. kaempferi* durch mehr gelbe Triebe, längere Blätter, unterseits weniger weißlich, Zapfen lang-kegelförmig, Schuppenspitzen abstehend oder aufwärts gehend, niemals zurückgerollt.

Amerikanische Lärche   *Larix laricina* (DuRoi) K. Koch   **9**

E – Tamarack   F – Mélèze d'Amerique
N – Amerikaanse lork

Alaska bis Neufundland, südwärts bis Minnesota. 1739. Ziemlich selten, selbst in Sammlungen. 21 × 1,5 m.

RINDE: Stumpf rötlich oder rötlichbraun, *fein abblätternd,* ohne Risse.

KRONE: Schlank, kegelförmig, mit langem, geradem, schlankem Stamm, doch die Führung oben in der Krone großer Bäume meist endend durch *Teilung in mehrere Äste.* Junge Bäume haben straff ansteigende, schlanke Triebe.

Amerikanische Lärche

BELAUBUNG: Triebe schlank, rötlich, bereift; Blätter sehr schmal, 2,5 cm lang, an Langtrieben auf der Ober- und Unterseite mit zwei breiten grauen Bändern, an Kurztrieben nur auf der Unterseite, sonst oben dunkelgrün.

BLÜTEN UND ZAPFEN: ♂ Sehr klein, zahlreich, aber nicht dicht stehend; ♀ klein, 0,6–0,8 cm, dunkelrot, zahlreich an der Peripherie der Krone, reifend zu kleinen, stumpfen, zylindrischen Zapfen von 1,5 × 1 cm Größe, mit wenigen runden, an der Spitze gekrümmten Schuppen. Forstliche Versuche in GB und SF.

ÄHNLICHE ARTEN: *L. gmelinii* (nachfolgend) hat auch kleine Zapfen, doch mit mehr Schuppen, dickere rote Triebe und eine abweichende Krone. *L. decidua* var. *polonica* hat ebenfalls kleine Zapfen und dünne Triebe, aber diese sind weiß, die Rinde grau und tief gefurcht. Junge Bäume noch ohne Zapfen sind erkennbar an der sehr schmalen Krone mit nur wenigen, sehr dünnen, etwas welligen, aufrechten Trieben.

Dahurische Lärche *Larix gmelinii* (Rupr.) Kuzeneva
(= *L. dahurica* Trautv.)

E – Dahurian Larch   N – Aziatische lork

Sibirien, ostwärts des Jenissei-Flusses, wo sie auch mit *L. russica* kreuzt, deren Gebiet sich westlich dieses Flusses erstreckt. 1827. Selten in Sammlungen. Meist ziemlich verkümmert, da sie schon sehr früh austreibt (in England schon Ende Januar) und dann Frostschäden erleidet. 19 m.

RINDE: Rötlichbraun, bald abschuppend.

KRONE: Kegelförmig, ziemlich offen, schlanke Spitze, wenn gut wachsend, doch meist niedrig, übergebogen und dicht mit flachen, tischförmig ausgebreiteten Ästen und Trieben, abwärts gerichtet.

BELAUBUNG: Trieb dunkelrot oder rötlichbraun, leicht gefurcht, unterschiedlich behaart, doch stets behaart bei zwei Varietäten im fernen Südosten des Areals; Blätter sehr schmal, 4 × 0,05 cm, stumpf, im Austrieb und auch später *beständig grasgrün glänzend* auf der Oberseite, unten gekielt und mit zwei schmalen, weißlichen Bändern.

BLÜTEN UND ZAPFEN: ♂ Klein, ♀ hell gelbgrün im Frühling; die jungen Zapfen im Sommer intensiv purpurrosa, oft sehr dicht stehend; Zapfen 2–2,5 × 1,8 cm, kurz und dick, mit vielen Schuppen, diese mit breiter, runder Spitze und Rand etwas auswärts gebogen, reif ziemlich glänzend hellbraun, an 5–7 mm langem Stiel.

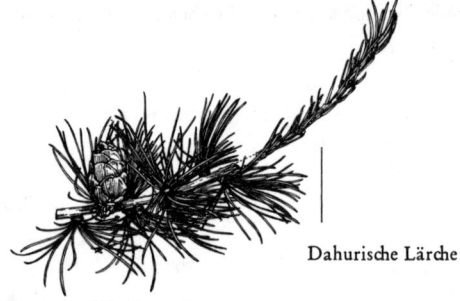

Dahurische Lärche

Sikkim-Lärche *Larix griffithiana* Carr.

E – Sikkim Larch

Diese sehr seltene Art aus Sikkim, Nepal, Bhutan und Tibet ist nur in einigen Gärten in S-England und Irland zu finden, vermutlich in Gärten auf dem Kontinent nicht vorhanden, da sehr frostempfindlich. Sie ist an den geraden Stämmen mit nur wenigen, langen, dicken, hängenden, kräftig orangefarbenen Trieben mit 3–4 cm langen, oben dunkelgrünen, unten grünlichweiß gestreiften Blättern zu erkennen. Diese Art hat die größten Zapfen der ganzen Gattung; walzenförmig, 6–11 × 2 cm, Deckschuppen 1 cm weit vorragend und zurückgeschlagen. (D ∧∧∧)

Westamerikanische Lärche *Larix occidentalis* Nutt.

E – Western Larch

Brit. Kolumbien, Oregon, Washington, Idaho und Montana, wo sie eine größere Höhe erreicht als jede andere Lärche, über 60 m. 1881. In Sammlungen selten zu finden. 24 m. Wurde auch forstlich versucht.

RINDE: Purpurgrau, tief und weit rissig in schuppig gerandete Streifen.

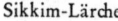
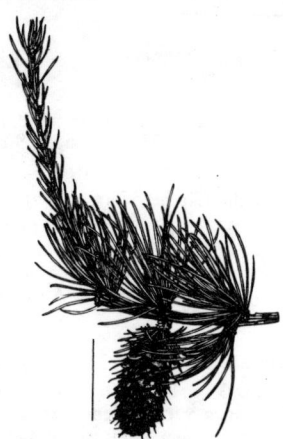

<table>
<tr><td>Sikkim-Lärche</td><td>Westamerikanische Lärche</td></tr>
</table>

KRONE: Schmal kegelförmig, im Alter breiter werdend, ziemlich offen.

BELAUBUNG: Trieb dick, hell *orangebraun*; Blätter 3–5 cm an kräftigen Kurztrieben, unten gekielt, beiderseits hell grasgrün.

ZAPFEN: Hoch eiförmig, 3–5 cm lang, purpur im Sommer mit gelb und orange Deckschuppen, reif purpurbraun; Deckschuppen lang vorragend, abstehend oder Spitzen zurückgeschlagen.

GOLDLÄRCHE   *Pseudolarix*

Nur eine Art, verwandt mit *Larix*, aber reife Zapfen zerfallend; ♂ Blüten an den Enden von Kurztrieben.

Goldlärche   *Pseudolarix amabilis* (Nels.) Rehd.   **9**

E – Golden Larch   F – Mélèze doré

SO-China 1853. In den Gärten und Parks ziemlich selten. 12–18 m gemessen in England; auch in Deutschland große Bäume.

RINDE: Hellgrau bis bräunlichgrau, dick in quadratische, abhebende Platten gebrochen.

KRONE: Breit kegelförmig oder kürzer und breiter; lange waagerechte Äste; im Schatten schmaler.

BELAUBUNG: Endknospe braun, eiförmig, mit langen, bleibenden Schuppen, Seitenknospen kugelig, hellbraun; sonst aussehend wie eine große, grobe Lärche, mit *vielen langen, krummen Kurztrieben, an der Spitze am dicksten*, diese mit 15–30 büscheligen Blättern, hellgrün, oben *heller gerandet*, unten mit zwei breiten hellen Bändern, 3–7 cm lang und 0,3 cm breit; einzelne Blätter an den zuerst rosagelben, später purpurnen Langtrieben, vorwärts gekrümmt und über den Trieb gedreht, im Oktober zuerst goldgelb, dann hellorange, zuletzt fuchsrot.

BLÜTEN UND ZAPFEN: ♂ An manchen Kurztrieben ganz ohne Blätter, an dünnen, 5 mm langen Stielen, etwa 20 Blüten beisammen, jede etwa 5 mm lang; ♀ an anderen Trieben, später hellgrüne, lederartige Zapfen bildend, 5 bis

Lärchen

Sommergrüne Bäume; Blätter an den älteren Trieben in Quirlen; Zapfen mit lederartigen oder weichen holzigen Schuppen.

1 Europäische Lärche *Larix europaea* 123

a Junger Baum, 10 Jahre alt, 8 m hoch, im Winter.
b Trieb mit spiralig stehenden Blättern am neuen Trieb und quirlständigen Blättern an den Kurztrieben des vorigen Jahres.
c Trieb mit reifem Zapfen. An manchen Bäumen bleiben die Zapfen jahrelang sitzen.

2 Hybrid-Lärche *Larix × eurolepsis* 124

Trieb mit 3 ♂ Blüten nach dem Stäuben und einem vorjährigen Zapfen. Die Triebe zeigen verschiedene Färbung, von rosa bis orangebraun. Der Zapfen ist höher als der der Japanischen Lärche, die Schuppen weniger herabgekrümmt.

3 Westamerikanische Lärche *Larix laricina* 126

a Trieb im Frühjahr mit einer ♂ Blüte unmittelbar vor dem Öffnen und zwei ♀, sich eben öffnende Blüten. Sie stellen sich senkrecht und werden tief rot.
b Alte, offene Zapfen mit ausgeflogenen Samen.
c Zweig mit dünnen Trieben, die oft rötlich sind, meist auch lila bereift.
d Baum, 15 m hoch, im Winter, den schlanken Wuchs und die Triebe zeigend.

4 Goldlärche *Pseudolarix amabilis* 127

a Zweijähriger Trieb mit jungen Kurztrieben.
b Alte Kurztriebe mit Jahresringen.

Ein breitwüchsiger Baum mit waagerechten Ästen, wie man ihn jedoch nur selten sieht. Die Zapfen zerfallen bei der Reife noch am Baum. Die Belaubung färbt sich im Oktober goldgelb und wird im November fuchsrot.

Goldlärche

1

2a

2b

3

5a

5b

4a

4b

Fichten

Blätter hart und scharf; Zapfen hängend, im allgemeinen nur in Gipfelhöhe – ausgenommen sehr früh fruchtende Bäume. Rinde schuppig, niemals rissig.

1 Sitka-Fichte *Picea sitchensis* **146**

Trieb mit harten, dornigen Blättern; der Trieb ist gewöhnlich weiß. Die flachen Blätter haben unterseits zwei breite blauweiße Bänder. Im westlichen England der wichtigste Forstbaum, wird höher als alle anderen Fichten-Arten.

2 Schwarz-Fichte *Picea mariana* **135**

a Trieb mit sehr kurzen, feinen, blaugrauen Blättern; der Trieb ist braun und behaart.
b Reife Zapfen, die oft in großer Menge in der Spitze schon ganz kleiner Bäume sitzen.

Ein kleiner, dichter, bläulicher Baum.

3 Tigerschwanz-Fichte *Picea polita* **135**

Zweig mit steifen, sparrigen, stechenden Blättern. Der Trieb ist dick und weiß.

4 Likiang-Fichte *Picea likiangensis* **143**

a ♀ sich öffnende Blüten.
b Drei ♂ Blüten vor dem Stäuben.

Der Baum ist, in voller Blüte Anfang Mai, sehr ansehnlich. Die Blätter sind abgeflacht, oben blaugrau, an langbehaarten rahmgelben oder rosafarbenen Trieben.

4 Morinda-Fichte *Picea smithiana* **133**

a Zweig mit langen, dünnen, im Querschnitt quadratischen, beiderseits grünen Blättern.
b Baum, 27 m hoch. Die hängenden Triebe sind die längsten aller Fichten-Arten, ausgenommen die der Siskiyou-Fichte.

Likiang-Fichte

6 × 4,5 cm mit großen, dreieckigen, spitzen, dicken, geraden und etwas abstehenden Schuppen, die Mitte des Zapfens leer bleibend, fast wie eine kleine, kugelige Artischocke aussehend. Wuchs: Langsam, Gipfel junger Bäume oft durch Frost beschädigt; Juni bis September.

Goldlärche

FICHTEN *Picea*
E – Spruce   F – Epicéa   N – Spar

Etwa 50 Arten im größten Teil der nördlichen Halbkugel, ausgenommen Afrika. Die blattlosen Triebe rauh wie eine Raspel von den verbliebenen Blattpolstern abgefallener Blätter; reife Zapfen hängend; Rinde dünn, schuppig, nur flach gefurcht; Belaubung derb anfühlend und mitunter stechend.

Schlüssel zu den Picea-Arten

B e m e r k u n g : Hier werden Seitentriebe verwendet für den Schlüssel, da bei einigen Arten die Blätter radial um den Haupttrieb stehen, aber normalerweise nicht so an den Seitentrieben.

1. Blätter ringsum vom Trieb abstehend, einige auch abwärts gerichtet   **2**
   Blätter auf der Triebunterseite gescheitelt, flach ausgebreitet
   oder beiderseits aufwärts gebogen   **9**
2. Blätter rings um den Trieb stehend, gleichmäßig nach allen Richtungen
   gehend   **3**
   Blätter meist auf der Trieboberseite, einige wenige auch abwärts gerichtet **7**
3. Blätter im Querschnitt rund, ringsum grün.   **4**
   Blätter im Querschnitt abgeflacht, unten weiß gebändert   **5**
4. Triebe dick, abstehend, Knospe weißlichbraun, stumpf   *P. schrenkiana*, S. 133
   Triebe weniger dick, lang, hängend; Knospen rotbraun, glänzend
                                                           P. smithiana, S. 133
5. Blätter 1–1,5 cm, dicht gedrängt, in der Masse blaugrau;
   Trieb abstehend, kurz   *P. mariana*, S. 135
   Blätter 2–3,5 cm, nicht gedrängt, in der Masse tiefgrün oder hellgrün;
   Triebe hängend   **6**
6. Blätter 3–3,5 cm, locker stehend, nach außen gekrümmt, schlank,
   schwärzlichgrün, Triebe hängend   *P. breweriana*, S. 133
   Blätter 2–3 cm, gerade, oben hellgrün, unten silbrigblau;
   Triebe meist hängend   *P. spinulosa*, S. 134
7. Knospe glänzend rotbraun; Blätter sehr starr, stechend,
   sparrig, gekrümmt, gelblichgrün   *P. polita*, S. 135
   Knospe hellbraun, papierartig, stumpf, oft rosettenartig; Blätter nicht
   dornspitzig, nicht so abstehend, doch scharf und steif,
   blaugrün oder blaugrau   **8**
8. Trieb hellrosa bis rotbraun; Blätter bis 1,5 cm, die oberen vorwärts
   gerichtet; Knospen ohne lange Basalschuppen   *P. asperata*, S. 136
   Trieb gelb oder purpurn; Blätter bis 2,5 cm, meist blaugrau, auf der
   Oberseite aufrecht; Knospe mit langen Basisschuppen
                                            P. pungens mit ihren Cultivaren, S. 137

9. Blätter im Querschnitt rund oder quadratisch **10**
Blätter stark abgeflacht **18**
10. Blätter auf allen Seiten gleichfarbig **11**
Blätter oben dunkelgrün, unten mit blauweißen Bändern **17**
11. Blätter kürzer als 1 cm, Spitzen rund *P. orientalis,* S. 140
Blätter länger als 1 cm, meist mit spitzer Spitze **12**
12. Trieb glänzend weiß, kahl; seitliche Blätter aufwärts gekrümmt, grau
P. glauca, S. 138
Trieb matt, nicht weiß, oft behaart **13**
13. Blätter blaß blaugrau, an der Spitze oft abgerundet; Trieb goldbraun
P. engelmannii 'Glauca', S. 137
Blätter dunkel oder hell grün **14**
14. Trieb matt graurosa oder braun; fein behaart; Blätter vorwärts
gerichtet, ein Blatt von jeder Knospe weit abstehend *P. obovata,* S. 140
Trieb orange oder rotbraun **15**
15. Trieb orange; Blätter dunkel blaugrün, steif, ziemlich locker gestellt,
auf der Oberseite im Winkel von 45 Grad ansteigend, Knospen groß
P. koyamai, S. 138
Trieb rotbraun, Blätter hell oder dunkelgrün, Knospen klein **16**
16. Knospen mit schmalen, langen, dunklen Basalschuppen; Blätter kurz,
1,3 cm, drahtig, hellgrün, meist aufwärts und einwärts gekrümmt;
Trieb deutlich behaart *P. rubens,* S. 139
Trieb ohne lange Basalschuppen; Blätter 1,5–2 cm lang, auf der
Oberseite vorwärts gerichtet und dem Trieb anliegend;
Trieb kahl oder fein behaart *P. abies,* S. 139
17. Trieb weiß oder gelbbraun, dick; Krone breit,
Äste lang aufwärts gebogen *P. bicolor,* S. 141
Trieb hell oder blaß orange, nicht dick; Krone schmal kegelförmig, dicht
G. glehnii, S. 142
18. Trieb behaart, rötlichbraun **19**
Trieb kahl, weiß oder hell gelbbraun **20**
19. Blätter mit stumpfen, breiten Spitzen; auf der Oberseite der Triebe
oft teilweise aufrecht, dunkel bläulichgrün, Krone schmal, säulen-
förmig oder kegelförmig; Rinde orange, schuppig *P. omorika,* S. 147
Blätter plötzlich spitz; auf der Trieboberseite dem Trieb angedrückt,
grau, hell bläulich oder dunkel graugrün; Krone breit kegelförmig,
Rinde grau, wenig rissig *P. likiangensis,* S. 143
20. Blätter lederartig, stumpf oder kurz zugespitzt, vom Trieb ansteigend
P. jezoensis, S. 142
Blätter hart, dornspitzig, auf der Oberseite dem Trieb dicht angedrückt **21**
21. Blätter 2–2,5 cm, auf der Triebunterseite flach gescheitelt, lang dornspitzig, unten mit schmalen weißen Bändern; Krone dicht *P. sitchensis,* S. 146
Blätter 1–1,6 cm, unterseits mit V-Furche geteilt, die seitenständigen
seitlich angedrückt, mit kurzer Spitze und unten mit zwei breiten,
oft ineinander übergehenden Bändern, Krone offen *P. brachytyla,* S. 143

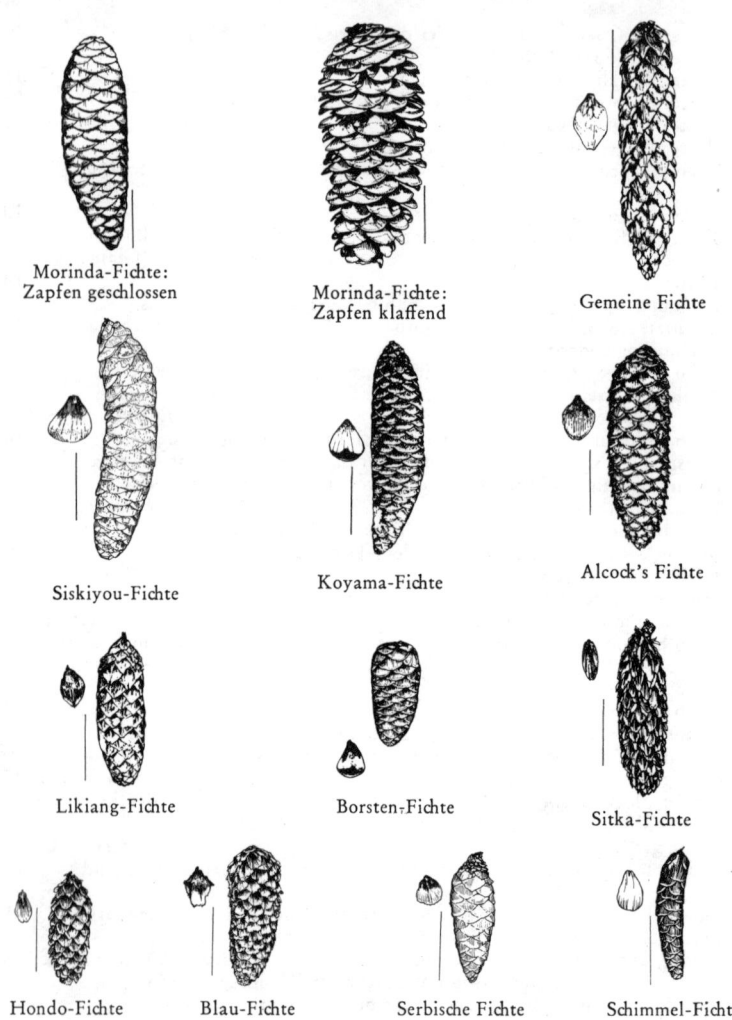

Morinda-Fichte:
Zapfen geschlossen

Morinda-Fichte:
Zapfen klaffend

Gemeine Fichte

Siskiyou-Fichte

Koyama-Fichte

Alcock's Fichte

Likiang-Fichte

Borsten-Fichte

Sitka-Fichte

Hondo-Fichte

Blau-Fichte

Serbische Fichte

Schimmel-Fichte

Alle Fichten-Zapfen sind hängend. Sie sind weich und lederartig, zur Reifezeit braun, weiß (Sitka) oder purpur. Sie fallen ungeteilt ab (zerfallen also nicht, wie *Abies*); größere Zapfen werden, mitunter noch grün, vom Wind abgeweht. Bei jeder Art sind die Zapfen in Form und Größe ziemlich beständig. Sie reifen alle innerhalb eines Jahres und bleiben niemals ein weiteres Jahr am Baum. Die meisten Zapfen öffnen sich, wenn sie trocken sind, Ausnahmen sind die Zapfen von *P. sitchensis*, *P. pungens* 'G l a u c a' und *P. jezoensis*.

Morinda-Fichte   *Picea smithiana* (Wallich) Boissier (= *P. morinda* Link)   **10**

E – Morinda Spruce   F – Epicéa de l'Himalaya   N – Himalayaspar

Afghanistan bis Nepal 1818. In den Gärten selten, in England jedoch in den größeren Gärten; bei uns frostempfindlich. 38 m. (D ∧∧)

Rinde: Stumpf purpur, in große, runde Platten zerbrochen, mitunter grau.

Krone: Eine schlanke *Spindel mit waagerechten*, an den Enden aufwärts gebogenen Zweigen und mit *langen herabhängenden Trieben*, stellenweise dicht, im Alter lichter; Krone oft auch gegabelt, dann breit und an der Spitze abgerundet.

Belaubung: Trieb rahmweiß, glänzend, stark gefurcht, Knospe eiförmig, 8 mm, *glänzend purpurbraun*, etwas harzig; Blätter an den *hängenden Trieben* lang, dünn, locker stehend, vorwärts gebogen, im Querschnitt rund, gleichförmig glänzend dunkelgrün, *ziemlich gleichmäßig radial vom Trieb abstehend*, plötzlich scharf gespitzt, 3–4 × 0,1 cm.

Blüten und Zapfen: ♂ Blüten groß, 4 cm, eiförmig, an den Enden der hängenden Triebe, im Juni stäubend; Zapfen zylindrisch, nach beiden Enden verjüngt, 12–15 cm, hellgrün, glatt, im Sommer glänzend, reif glänzendbraun; die zahlreichen Schuppen sehr dicht stehend, konvex, mit glatten, gebogenen Spitzen.

Ähnliche Arten: *P. schrenkiana* (nachfolgend) ist sehr ähnlich; *P. breweriana* wird nur halb so hoch, hat flache Blätter, ist viel dichter und dunkler in der Krone, hat behaarte Triebe.

Schrenks Fichte   *Picea schrenkiana* Fisch & Meyer

E – Schrenk's Fir

Zentralasien bis China 1877. Selten, in Sammlungen. 20 m. Sehr ähnlich *P. smithiana*, aber die Triebe *nicht hängend; Knospe hell gelbbraun*, die Blattkissen fein behaart; Blätter *dicker*, härter, gerader, auf der Triebunterseite weniger zahlreich als auf der Oberseite, heller grün, 3–3,5 cm × 0,15 cm, *stumpf* oder plötzlich kurz gespitzt; Zapfen 8 × 3 cm, eiförmig-zylindrisch, gekrümmt, graubraun und purpurschwarz, harzig.

Siskiyou-Fichte   *Picea breweriana* Wats.   **11**

E – Brewer Spruce

Grenze von Oregon–Kalifornien, im Gebirge bei 2000 m, Klamath 1897. Ziemlich häufig in den Gärten, jedoch ältere Bäume nur in großen Gärten und Parks, neuerdings viel angepflanzt. 16 m.

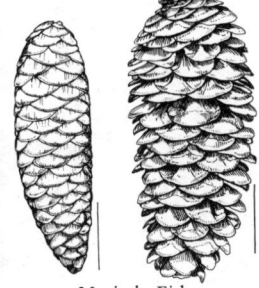
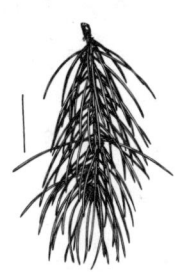
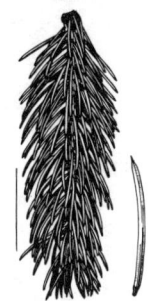

Morinda-Fichte:
Zapfen geschlossen und klaffend   Morinda-Fichte   Schrenks Fichte

RINDE: Jüngere Bäume matt graurosa, heller gesprenkelt; Astnarben vortretend, mit Rissen an jeder Seite; ältere Bäume dunkel rötlich mit harten, kreisrunden Schuppen.

KRONE: In der Spitze spindelförmig mit *aufwärts gebogenen Seitentrieben*, mit dem Leittrieb konkurrierend; Äste in der mittleren Krone waagerecht, Enden aufwärts gebogen, Triebe bis zu 2 m Länge dicht („wie Gardinen") herabhängend; Äste dicht stehend, aber rings um den Stamm mit reichlich Zwischenraum, da abstehende Seitentriebe nicht vorkommen; die unteren Äste leicht abwärts gerichtet.

BELAUBUNG: Trieb schlank, rosabraun, fein behaart; Knospe stumpf, eiförmig, rotbraun behaart; Endknospen mit einwärts gekrümmten, an der Spitze etwas bärtigen Schuppen; Blätter dünn, *abgeflacht*, 2–3,5 cm lang, vorwärts gerichtet, aber auch viele zierlich nach außen gebogen, entfernt stehend; zuerst oben kräftig grün und glänzend, später dunkler grün, aus einiger Entfernung fast schwarz erscheinend, unten mit zwei schmalen weißen Bändern; plötzlich fein zugespitzt.

BLÜTEN UND ZAPFEN: ♂ Blüten groß, kugelig, bis 3 cm, zu mehreren an den Enden der hängenden Triebe, an alten Bäumen oft sehr zahlreich; ♀ Blüten büschelig an den Zweigen in der Spitze der Krone, dunkelrot, nur an den größten Bäumen; Zapfen 10–12 cm × 2,5 cm, zylindrisch, unregelmäßig, *zur Basis allmählich verjüngt*, zur Spitze kurz verjüngt, purpurn, reif hell rotbraun; Schuppen an der Spitze rund, einwärts gekrümmt, biegsam, mit weißen Harzflecken.

WUCHS: Langsam, selten über 25 cm Jahreswuchs; Sämlingsbäume haben dünne ansteigende Äste ohne hängende Triebe, bevor sie 1,5 m hoch sind; es ist jedoch vorzuziehen, geduldig zu sein und nicht die Pflanzen zu veredeln, da dann die hängenden Triebe schon zu tief an der Pflanze auftreten und sie eine schlechte Form erhalten, in der Regel auch einseitig sind.

ERKENNUNG: Einzigartig durch die hängenden Triebe und die schwärzlichen Blätter (vgl. aber auch bei *P. smithiana*).

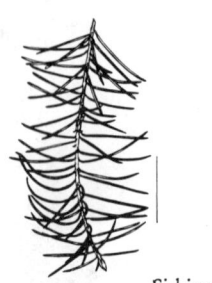

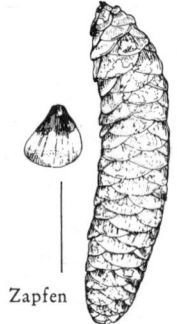

Siskiyou-Fichte   Zapfen

Sikkim-Fichte   *Picea spinulosa* (Griffith) Henry
E – Sikkim Spruce

Sikkim und Bhutan, Himalaja, um 1878. Selten, in Sammlungen und in einigen großen Gärten in England, in Deutschland kaum aushaltend. (D ∧∧∧)

KRONE: Sehr *locker*, Triebe lang herabhängend, bogenförmig von ansteigenden Ästen in der Kronenspitze, die unteren Äste haben kurze, hängende Triebe; Kronenspitze breit kegelförmig, darunter breit säulenförmig.

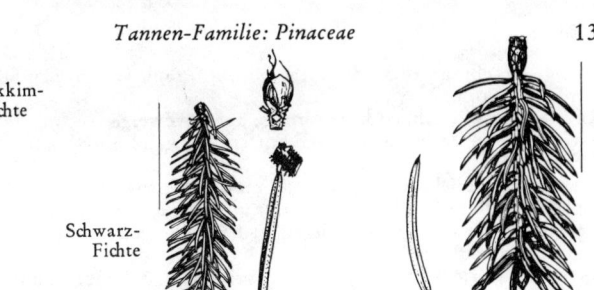

Sikkim-Fichte

Schwarz-Fichte

Tigerschwanz-Fichte

BELAUBUNG: Triebe anfangs weiß, im zweiten Jahr rosabraun; Blätter 2–3 cm, ziemlich dicht stehend, alle *vorwärts gerichtet* und gerade, *dicht dem Trieb anliegend und rings um stehend*, heller oder dunkler grün, unten mit zwei breiten silbernen Bändern, oft ineinander übergehend.

ZAPFEN: Selten zu sehen, 8 × 3 cm, zylindrisch-eiförmig, gebogen, reif braun.

ÄHNLICHE ARTEN: Von *P. sitchensis* verschieden durch die lockere Krone, hängende Triebe (bis 1 m lang) und die radial stehenden Blätter; *P. brachytyla* hat breitere Blätter, auf der Triebunterseite gescheitelt.

Schwarz-Fichte *Picea mariana* (Mill.) Britten, Sterns & Poppenberg. **10**
(= *P. nigra* [Ait.] Link)

E – Black Spruce   F – Sapinette noire   N – Zwarte spar

In ganz Kanada, ausgenommen in der Tundra; nördliche USA. 1700. Wohl nur in Sammlungen. 15 × 2 m gemessen.

RINDE: Rötlich grau, rauh abschuppend, später dunkel purpur mit feinen grauen Schuppen.

KRONE: Kegelförmig, mitunter schmal oder mit schmaler Spitze, mitunter auch breit, stets aber *dicht bezweigt, blaugrau aus der Entfernung,* die unteren Äste gelegentlich in Lagen.

BELAUBUNG: Trieb rosabraun, behaart; Blätter dünn, dicht gedrängt rings um den Trieb stehend, klein, 1–1,5 cm, weich, an der Spitze des Triebes vorwärts gedrückt, oben dunkelgrün, unten mit zwei bläulichweißen Bändern. Zerrieben nach Menthol duftend (Hustenbonbons) oder Balsam.

BLÜTEN UND ZAPFEN: ♂ Blüten klein, kegelförmig, zahlreich, karmin; ♀ in der oberen Krone, dicht gehäuft, klein, aufrecht, dunkelrot; Zapfen gehäuft, in Büscheln hängend, eiförmig, 3–4 cm, purpurn, reif glänzend rotbraun, bereits an Bäumen von weniger als 3 m Höhe auftretend.

WUCHS: Sehr langsam, meist nicht mehr als 15–25 cm jährlich, Juni–Juli.

ÄHNLICHE ARTEN: *P. rubens* ist nahe verwandt, hat ebenfalls kleine Blätter, aber beiderseits frischgrün, drahtig und aufwärts gebogen, niemals zur Triebunterseite. Es gibt aber auch Übergänge zwischen beiden Arten.

Tigerschwanz-Fichte *Picea polita* (S. & Z.) Carr. **10**

E – Tiger Tail Spruce   F – Sapin à queue de tigre

Japan 1861. Wenig angepflanzt; in großen Gärten und Sammlungen. 18 bis 25 × 2,3 m in England.

RINDE: Graubraun-rosa oder mehr purpurn, rauh von großen Schuppen unregelmäßiger Form.

KRONE: Ziemlich schmal kegelförmig; äußere Zweige regelmäßig waagerecht, mit vielen toten Zweigen; aus der Entfernung gelblich; oft mit Wassertrieben am Stamm.

BELAUBUNG: Triebe *dick, glänzend rahmweiß,* später mehr ledergelb; Knospen glänzend rotbraun, kugelig; Blätter *alle radial* stehend, die dicksten der ganzen Gattung, vorwärts gekrümmt, starr, 1,5–2 cm, gelblichgrün, einige auch dunkelgrün, stechend.

ZAPFEN: Eiförmig, 6 × 4 cm, hell graugrün, Schuppenränder goldgelb, reif 10 × 5 cm, dunkelbraun.

Borsten-Fichte   Zapfen der Blau-Fichte

Borsten-Fichte   *Picea asperata* Mast.   **10**

E – Dragon Spruce

W-China 1910. Veränderlicher Baum aus einem weiten Gebirgsareal, einige Formen unter verschiedenen Namen eingeführt. Nicht sehr häufig. 20 × 1,5 m.

RINDE: Dunkelbraun, dunkelgrau oder purpurbraun, in großen papierdünnen Schuppen ablösend und hängen bleibend.

KRONE: Breit kegelförmig; Zweige lang, *dick, aufwärts gebogen,* Triebe kurz und dicht benadelt, deutlich von den benachbarten Zweigen getrennt; Zweigbasis am Stamm geschwollen.

BELAUBUNG: Trieb dick, in deutliche Platten zerfurcht, hell, zuerst weiß, bald rosabraun oder braun; Knospe dick, kegelförmig, 1 cm lang, hellbraun, Schuppenspitzen frei, oft rosettenförmig gespreizt; Blätter stehen dicht und *radial um den Trieb,* meist auf der Trieboberseite sehr dicht, einige abwärts gerichtet, die seitlichen vorwärts gerichtet, auf der Unterseite einige auch rückwärts, 1,5 bis 2 cm, *bläulichgrün,* beiderseits mit zwei feinen grauen Linien, steif, plötzlich zugespitzt in einen gelben Dorn.

BLÜTEN UND ZAPFEN: ♂ Blüten nur an älteren Bäumen, büschelig an den Spitzen mehrjähriger Triebe, karminrot bis zum Stäuben Mitte April, eiförmig, 2 cm lang; ♀ nahe dem Gipfel, 5–6 cm, tiefrot, dann purpur; Zapfen zuerst glänzendgrün, einige Schuppen dunkel purpurn gerandet, später hellbraun, 8 bis 14 × 2,5 cm. Zylindrisch, lang verjüngt, oft zu vielen beisammen.

ÄHNLICHE ARTEN: Etwas ähnlich *P. abies,* aber gröber, als junger Baum kräftiger, Krone im Alter lockerer, Blätter starr und radial stehend, Rinde papierartig.

Stech-Fichte   *Picea pungens* Engelm.

E – Colorado Spruce   F – Epicéa du Colorado

Südwestl. USA 1862. Die typische Art sehr selten in den Gärten; die grauen oder blauen Cultivare jedoch allgemein verbreitet und in allen Größen und vielen Formen überall anzutreffen. 24 m.

'G l a u c a'; **Blau-Fichte**   **11**

E – Blue Spruce

RINDE: Purpurgrau oder braun, grob schuppig, einige Schuppen aschgrau.

KRONE: Schmal kegelförmig, mitunter etwas übergeneigt; Äste waagerecht ausgebreitet, ziemlich dicht, bei den größten Bäumen abwärts gerichtet.

BELAUBUNG: Trieb glänzend rahmweiß oder hell gelbbraun (bei manchen Cultivaren dunkel purpurbraun); Knospen ei-kegelförmig, 6 mm lang, mit langen, schlanken Schuppen rund um die Basis und papierartigen, hellbraunen, oft rosettenförmig nach außen gekrümmten Schuppen. *Blätter alle radial um den Trieb stehend,* jedoch die meisten auf der Trieboberseite und aufwärts gekrümmt, die mittelständigen vorwärts gebogen, die unteren abstehend, 1,5 bis 2 cm lang, *steif* (beim Typ dunkelgrün, mit hellen Linien auf allen vier Seiten), bei den meisten Cultivaren hell blaugrau.

ZAPFEN: Lang ei-kegelförmig, oft gekrümmt, 10–12 × 4 cm, purpurbraun, bei der Reife graubraun, Schuppen dünn, papierartig, der helle Rand gewellt und fein gezähnt.

GARTENFORMEN: Sämlinge der blauesten Formen aus der natürlichen Population in Colorado; die wohl bekanntesten Gartenformen sind 'K o s t e r' (= 'Kosteri') und 'M o e r h e i m i i'; die weißeste Form jedoch ist 'H o o p s i i', die in den Baumschulen bereits zunehmend in Kultur ist.

Kleiner forstlicher Versuchsanbau in D (Köln).

ÄHNLICHE ARTEN: Vgl. *P. engelmannii* 'Glauca' (nachstehend); *P. asperata* hat ebenfalls die zurückgeschlagenen Knospenschuppen und steife, bläuliche, radial stehende Blätter, unterscheidet sich aber in der Kronenform, der Rinde und die Blätter sind kürzer.

Engelmann-Fichte   *Picea engelmannii* (Parry) Engelm.

E – Engelmann Spruce   F – Sapin d'Engelmann   N – Engelmannspar

NW-Amerika 1864. Sehr selten in den Gärten. Der Typ unterscheidet sich von der nachfolgend beschriebenen Gartenform durch grüne Blätter mit 2–3 weißen Bändern auf der Oberseite und zwei breiteren weißen Bändern auf der Unterseite.

'G l a u c a'. Tritt mit dem Typ auf; wahrscheinlich 1809 eingeführt. Gelegentlich in Gärten und Sammlungen; sieht aus wie eine „verbesserte" Blau-Fichte mit etwas schmalerer Krone, viel sauberer, Rinde *orange,* mit feinen, papierartigen Schuppen; Blätter auf der Triebunterseite *breit gescheitelt,* auf der Oberseite lang anliegend, *weich und biegsam,* blaugrau, beiderseits mit zwei weißen Bändern; Trieb hell rosabraun und nahe den Blattpolstern behaart, schwächere Triebe hängend; zerriebene Blätter duften nach Menthol. Zapfen 5 × 2 cm, zylindrisch, etwas gekrümmt, die Schuppen braun mit purpurner Basis.

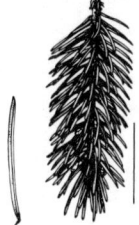

Engelmann-Fichte

Schimmel-Fichte _Picea glauca_ (Moench) Voss (= _P. alba_ Link)

E – White Spruce   F – Sapinette blanche   N – Witte spar

Kanada, Alaska, nördl. USA, um 1700. In den Gärten wenig zu sehen; in Sammlungen. 15 m.

RINDE: In der Jugend rosagrau, senkrecht weiß punktiert, mit flachen, gebogenen Rissen; im Alter purpurgrau mit großen, kreisrunden Platten.

KRONE: Schmal kegelförmig, offen, zuerst schlank und etwas dünn, im Alter dichter und mit etwas abgerundeter Spitze.

BELAUBUNG: Trieb weiß und glänzend oder hellrosa bereift, schwach gefurcht; Knospe hell orangebraun, eiförmig, glatt; Blätter zahlreich, aber doch mit klarem Abstand voneinander, alle etwas vorwärts gerichtet, fast alle _auf der Trieboberseite stehend_, im Querschnitt rund, auf allen Seiten _grau oder hellgraugrün_, mit weißen Linien, diese jedoch auf der Unterseite weißer; steif, jedoch dünn; zerrieben etwas nach Mäusen riechend, aber in der Intensität unterschiedlich, kann auch fruchtig riechen wie schwarze Johannisbeeren oder schärfer, ähnlich Grapefruit; sehr gleichmäßig in der Länge, 1,2–1,3 cm.

ZAPFEN: Schmal zylindrisch, in eine stumpfe Spitze verschmälert, 5–6 × 1,5 cm, kupferbraun bis hellorange; Schuppen glatt, rund, konvex.

Kleiner forstlicher Versuchsanbau in D, GB, A, DK und Grönland.

ÄHNLICHE ARTEN: _P. mariana_ hat behaarte Triebe und feinere Blätter, radial um den Trieb stehend.

Koyama-Fichte _Picea koyamai_ Shiras.

E – Koyama's Spruce

Zentral-Japan, Korea 1914. Ziemlich selten, nur in Sammlungen. 18 m.

RINDE: Dunkel purpurbraun, gesprenkelt mit aschgrauen Schuppen und Streifen.

KRONE: Kräftig und kegelförmig, Äste ansteigend, ziemlich dicht.

BELAUBUNG: Trieb hellorange oder braun, unterseits ledergelb, in den Furchen behaart, wenigstens bei den Seitentrieben; Knospen groß, 1–1,5 cm, kegelförmig, scharf, hell oder purpurbraun, die häutigen Schuppenenden der Knospenspitzen frei; Blätter im Querschnitt quadratisch, dunkel blaugrün, auf allen Seiten mit feinen weißen Linien, auf der Zweigunterseite straff gescheitelt, auf der Oberseite ziemlich locker stehend und im Winkel von _45 Grad vorwärts_ gerichtet, ziemlich steif, plötzlich in einen Punkt endigend, 1–2 cm; zerrieben ziemlich stark und süßlich, etwa wie Chrysanthemumblätter duftend; alle Blätter locker stehend, nicht gedrängt.

BLÜTEN UND ZAPFEN: ♂ Blüten aufwärts gekrümmt, 2 cm, gelb, stäubend im Juni; Zapfen zylindrisch, mit stumpfer Spitze, im Sommer glänzendgrün, die

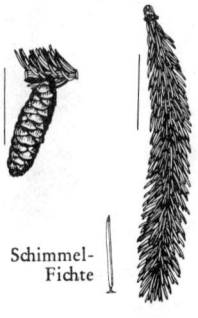

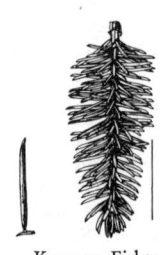

Knospe

Schimmel-Fichte

Koyama-Fichte

Amerikanische Rot-Fichte

Schuppen auf der Sonnenseite purpurn gerandet, auf der Schattenseite silbrig, sonst lila, reif rosabraun, 5–10 × 3 cm, dann Schuppen gestreift, Rand glatt, purpur mit silbrigem Saum.

WUCHS: Wächst schlecht an und zunächst einige Jahre langsam, dann aber rasch, eine schöne Krone mit langem Leittrieb bildend und einen starken Stamm.

ÄHNLICHE ARTEN: Etwa wie eine bläulich benadelte *P. abies.*

Amerikanische Rot-Fichte   *Picea rubens* Sarg. (= *P. rubra* [DuRoi] Link)

E – Red Spruce   F – Epinette rouge

Neuschottland bis nordöstl. USA, vor 1775. Nicht häufig; außer in Sammlungen kaum anzutreffen. 27 × 2,5 m.

RINDE: Kräftig purpurbraun, mitunter dunkelgrau, fein schuppig; alte Bäume mit kleinen konkaven Platten.

KRONE: Schmal kegelförmig und lang zugespitzt; die unteren Äste zuerst abwärts gehend und dann an den Spitzen wieder ansteigend; dicht.

BELAUBUNG: Trieb hell orange oder rotbraun, dicht behaart oder mit verstreuten Haaren in den Furchen; Knospe eiförmig, rotbraun, umgeben von lang zugespitzten, schlanken, Basalschuppen; Blätter dünn, bis 1 mm breit, locker gestellt, vorwärts und aufwärts gekrümmt, drahtig und kurz, 0,8–1,5 cm, im Querschnitt fast rund, plötzlich kurz zugespitzt, *grasgrün* im ersten Jahr, später tiefgrün, glänzend; zerrieben nach Kerzenwachs oder Äpfeln duftend.

BLÜTEN UND ZAPFEN: ♂ Blüten karmin, aufwärts gebogen, wenn geöffnet, 1 cm lang; Zapfen länglich-eiförmig, oft in Büscheln, 3–5 cm, blaß orange, wenn reif braun; Schuppen konvex, leicht gezähnt, runzelig.

ÄHNLICHE ARTEN: Andere kurznadelige Fichten mit braunen, behaarten Trieben sind *P. orientalis,* mit kürzeren, stumpfen, geraden, dicht angedrückten Nadeln, und *P. mariana,* mit blaugrünen, ringsum den Trieb stehenden, geraden Nadeln, doch gibt es auch Übergänge zwischen dieser Art und *P. rubens.*

Gemeine Fichte   *Picea abies* (L.) Karst. (= *P. excelsa* Link)   **11**

E – Norway Spruce   F – Sapin rouge   N – Gewone spar

Europa; Alpen bis Skandinavien, Balkan bis Rußland, nach Osten allmählich übergehend in die Sibirische Fichte, *P. obovata.* Vor 1500 schon in Kultur. Örtlich häufig, überall verbreitet; forstlich angepflanzt; Verwendung als Weihnachtsbaum, Windschutz; sehr empfindlich gegen Industrie-Stäube und Gase. 43 × 4 m.

RINDE: Bis etwa 80 Jahre kupferbraun und in feinen, dünnen Schuppen ablösend; bei noch älteren Bäumen dunkel rötlich, in kleinen, harten, rundlichen Platten abspringend.

KRONE: Regelmäßig kegelförmig, Zweige quirlig, im oberen Teil ansteigend, teils aber auch waagerecht; im unteren Teil der Krone alter Bäume abwärts gehend; mit zunehmendem Alter dünn werdend. Älteste Bäume haben mitunter starke Basaläste, die plötzlich senkrecht ansteigen; gegabelte Stämme sind selten.

BELAUBUNG: Trieb an den Zweigenden steif, ziemlich dick, an den Seitenzweigen die kleineren dünn und hängend, matt orangebraun, gefurcht, meist kahl; manche (vgl. Abb.) aus dem östlichen Teil des Verbreitungsgebietes behaart; Knospe dunkelbraun, spitz eiförmig, 5 mm; Blätter nach beiden Seiten und *oben* auf dem Trieb, auf der Unterseite gut gescheitelt, zum Teil auch nach vorn gerichtet; im Schnitt quadratisch, auf jeder Seite gleichfarbig dunkelgrün, mit einigen feinen, weißen, punktierten Linien; *hart, steif,* spitz, 1–2 cm.

Knospe

Gemeine Fichte

Sibirische Fichte

BLÜTEN UND ZAPFEN: ♂ Blüten an den Spitzen schwacher, hängender Triebe und nur an alten Bäumen, 1 cm lang, kugelig, karmin, später gelb, im Mai; ♀ Blüten gedrängt an den obersten Quirlen, ausgenommen in alten Bäumen, wo sie über die ganze Krone verteilt sind; dunkelrot, aufrecht, schon früh abwärts gerichtet, junge Zapfen grün, hängend, reif braun, 12–15 cm lang, zylindrisch, an der Spitze breit abgerundet, mit gespreizten Schuppen etwa 5 cm breit; Schuppen zahlreich, mit glattrandigen, breiten Spitzen.

WUCHS: Höhenzuwachs in der Jugend rasch, Jahreszuwachs von 1 m nicht ungewöhnlich, aber über 20 m langsamwüchsig, Mai–Juli; wird etwa 200 Jahre alt. Wichtiger Forstbaum in D und großen Teilen Europas.

Von den zahllosen Gartenformen seien nur zwei genannt:

'A u r e a'; Junge Triebe hell goldgelb im Mai–Juni, ab Juli meist grün, doch behalten manche Nadeln gelbe Streifen während des ganzen Jahres.

'V i r g a t a'; **Schlangen-Fichte.** 1854. Monströse Form, in manchen Parks und Sammlungen zu sehen; nur mit wenigen dicken, langen Ästen, fast ganz ohne Seitentriebe; Nadeln 2–2,5 cm lang, dick, ringsum die hellorange Triebe gestellt. 20 m.

ÄHNLICHE ARTEN: *P. asperata* hat schärfere, steifere, mehr blaue Nadeln; *P. koymai* hat ebenfalls mehr blaue und steifere, aber auch viel längere Nadeln; *P. orientalis* und *P. rubens* hingegen haben behaarte Triebe und kürzere Nadeln.

Sibirische Fichte *Picea obovata* Ledeb.

E – Siberian Spruce   N – Siberische Fijnspar

Europäischer Teil der Sowjetunion bis Ost-Sibirien. 1908. Selten. Mitunter nur ein buschiger, niedriger Baum mit waagerechten Zweigen, an der Spitze etwas aufwärts gehend; östlicher Vertreter von *P. abies.* Trieb grau bis lederbraun, die jungen Triebe mitunter etwas gebogen; Knospe 6–7 mm, orangebraun, etwas harzig, von den unteren Knospenschuppen stets mehrere in eine längere Spitze ausgezogen; Nadeln kurz, ziemlich matt, auf der Trieboberseite diesem angepreßt, 10–15 mm lang, allmählich zugespitzt; Zapfen eiförmig-zylindrisch, 4–8 cm lang, mit am oberen Ende breit abgerundeten Spitzen (bei *P. abies* Spitzen etwas vorgezogen), dunkelbraun; zerriebene Nadeln mit süßem Harzduft. – Sichere Bestimmung ohne Zapfen schwierig.

Sapindus-Fichte *Picea orientalis* (L.) Link   **11**

E – Oriental Spruce   F – Sapinette d'Orient   N – Kaukasische spar

Kaukasus und nordöstl. Kleinasien 1839. Überall in Gärten und Parks anzutreffen. 33 × 3,5 m. ·

RINDE: Junger Bäume grau-rehbraun, grob gesprenkelt, an alten Bäumen mehr rosabraun, in enge, runde, regelmäßige und etwas erhabene Platten zerreißend.

KRONE: Schmal kegelförmig, bei alten Bäumen dicht bezweigt; jüngere Bäume haben oben eine lockere Krone; die langen Leittriebe *häufig krumm und gedreht.*

BELAUBUNG: Trieb weißlich, später hellbraun, behaart, oft dicht; Knospe klein, ei-kegelförmig, rotbraun, die Basalschuppen mit kleinen, roten, freien Spitzen; *Blätter am kleinsten von allen Fichten,* 0,6–0,8 cm, auf der Trieboberseite dicht angedrückt, glänzend dunkelgrün, an der *Spitze rund,* im Querschnitt fast quadratisch.

BLÜTEN UND ZAPFEN: ♂ Blüten ei-kegelförmig, spitz, zuerst dunkelrot, beim Stäuben gelb, an den Enden kleiner Triebe; ♀ Blüten nahe dem Gipfel, außer bei alten Bäumen, wo sie locker in der ganzen Krone verteilt stehen. Zapfen 7 × 2,5 cm, gekrümmt und spitz, zuerst rötlich graugrün, reif braun, harzig.

WUCHS: In früher Jugend und im Alter langsam, zwischen dem 10. und dem 50. Jahr jedoch sehr raschwüchsig in Höhe und Stammumfang.

Forstlicher Versuchsanbau in D, DK und Schottland.

'A u r e a' 1873. Junge Triebe goldgelb, aber meist im Sommer vergrünend; sehr hübsch von Mitte Mai bis Ende Juni. 10 m. In Sammlungen und manchen Gärten.

ÄHNLICHE ARTEN: Schwächliche, kümmernde *P. abies* sind kurznadelig, doch nicht so kurz, und auch ohne die runde Nadelspitze; bei *P. rubens* sind die Nadeln schlanker, gebogen und die Triebe rotbraun.

Alcocks Fichte *Picea bicolor* (Maxim.) Mayr

E – Alcock's Spruce

Japan 1861; selten, wohl nur in Sammlungen und großen Gärten. 18 m.

RINDE: Matt orangegrau oder rötlichgrau, sehr schuppig, später quadratisch gefeldert, graupurpurn.

KRONE: Breit kegelförmig oder auch kurz und dick; mit langen, *aufwärts gerichteten* Ästen vom unteren Teil des Stammes, alle mit schmaler, dichter Verzweigung.

BELAUBUNG: Trieb dick, weiß, später orange, meist glatt; Blätter vierseitig, die Unterseiten mit breiten weißen Bändern, oben dunkel bläulichgrün, mit zwei schmalen weißen Linien; auf der Triebunterseite gescheitelt und vorwärts ge-

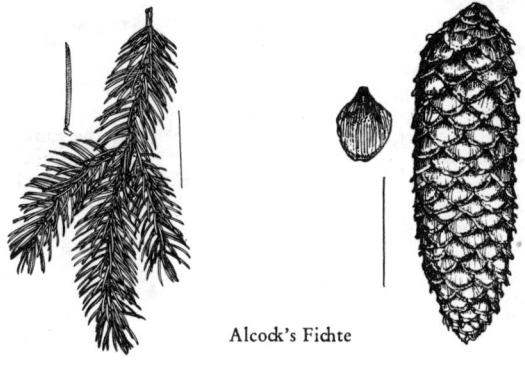

Alcock's Fichte

bogen, auf der Oberseite vorwärts gerichtet oder nahezu aufrecht, 1–2 cm, dicht stehend, ziemlich steif.

BLÜTEN UND ZAPFEN: ♂ Blüten aufrecht, gebogen, 2,5 cm, matt purpurrot, im Aufblühen 4 cm lang, Ende Mai stäubend; ♀ Blüten endständig, aufrecht, eiförmig-zylindrisch, 4 cm, dunkelrot; Zapfen eiförmig-zylindrisch, 8 bis 12 × 5 cm, purpur, reif rötlichbraun, die zahlreichen Schuppenränder purpur und oft scharf auswärts und abwärts gekrümmt. Forstlicher Versuchsanbau in DK.

ÄHNLICHE ARTEN: Sehr ähnlich *P. jezoensis*, aber die Blätter nicht so abgeflacht; auch ähnlich *P. glehnii* (nachstehend), die einzige weitere Art mit quadratischem Blattquerschnitt, aber auf der Unterseite viel weißer als oberseits.

Sachalin-Fichte   Hondo-Fichte

Sachalin-Fichte   *Picea glehnii* (Schmidt) Mast.

E – Sakhalin Spruce

Nord-Japan und Sachalin 1877. Selten, aber doch in Sammlungen. 21 m. Ähnlich *P. bicolor* in der Belaubung, aber Trieb *hell orange* und meist dicht behaart; Krone zierlich, dicht und schmal kegelförmig; Blätter kurz, 1–1,5 cm.

RINDE: Oft intensiv rotbraun, aber auch dunkel purpurgrau, und sehr schuppig.

ZAPFEN: Spindelförmig, 5 × 1,5 cm, rosapurpur, harzig.

Hondo-Fichte   *Picea jezoensis* (S. & Z.) Carr.

E – Hondo Spruce   F – Epicéa de Yezo   N – Oost-siberische spar

Korea, Mandschurei und Japan (1861) 1879. Nur die var. *hondoensis* Rehd., aus Honshu, wird hier beschrieben. In größeren Gärten und Parks, aber doch verhältnismäßig selten. 30 × 3 m.

RINDE: Junger Bäume dunkelbraun, fein weiß gesprenkelt; ältere Bäume hell mattgrau oder rötlich, glatt, tiefrissig mit unregelmäßig rechteckigen Platten, die mitunter auch weiß gesprenkelt sind.

KRONE: Schmal kegelförmig, dicht, „unordentlich" zwischen den Ästen, diese waagerecht, im unteren Teil der Krone ansteigend.

BELAUBUNG: Trieb dick, glatt, *weiß, glänzend, gefurcht*; Knospe ganz glatt glänzend orangebraun, kugelig; Blattknospen beim Auftrieb karmin und dann sehr dick; Blätter flach, oben stark glänzend grün, unten mit zwei breiten weißen Bändern, beiderseits gekielt; auf der Triebunterseite streng gescheitelt und auf beiden Seiten aufwärts gebogen; Blätter der Trieboberseite vorwärts gerichtet, dem neuen Trieb dicht angedrückt, an älteren Trieben mehr aufrecht; steif und mit kurzer, scharfer Spitze, 1,5 cm.

BLÜTEN UND ZAPFEN: ♂ Blüten oft sehr zahlreich, karmin, tröpfchenförmig, später länger werdend und während des Stäubens gelb, Mitte Mai; ♀ Blüten in der ganzen Krone verteilt, hellrot; Zapfen zylindrisch, etwas gebogen, verjüngt, 5–8 cm, Schuppen papierartig, runzelig, Rand gekerbt und mit 2–3 Zähnen, einwärts gebogen, rötlichbraun. Kleine forstliche Versuche in GB; in D früher die var. *hondoensis* forstlich angebaut.

ÄHNLICHE ARTEN: *P. bicolor* (vgl. oben). *P. sitchensis* hat mehr blaue, steifere, schlankere, mehr abstehende und schärfere Blätter; *P. brachytyla* hat unterseits ganz silbrige Blätter, dem Trieb ganz angedrückt.

Picea brachytyla (Franch.) Pritz.

E – Sargent Spruce

West- und Mittel-China 1901. Nicht häufig; 26 × 2,5 m (bis jetzt).

RINDE: Junger Bäume glatt, graurosa, gesprenkelt mit Reihen weißer Harzpunkte; an älteren Bäumen mehr grau, stellenweise purpurn oder braun, flach zerrissen in 5–8 cm breite, runde Platten.

KRONE: Kegelförmig, offen und sparrig im oberen Teil, nach unten zu dichter, hier die kleinsten Triebe herabhängend von den ansteigenden Enden langer, gerader Äste.

BELAUBUNG: Trieb weiß bis hell lederbraun, ziemlich dünn, glänzend und glatt außer den feinen Furchen; alte Knospenschuppen orangebraun und an der Basis verbleibend; Knospe eiförmig, glänzend von Harz, hell rotbraun; Blätter abgeflacht, oben hellgrün, unten *durchgehend silberweiß*, Mittelrippe oft völlig verdeckt, beiderseits gekielt, kurz, mit kurzer oder plötzlich scharfer Spitze, auf der Trieboberseite *dicht angedrückt*, ebenso auf der *Unterseite*, vorwärts gerichtet, 1–1,6 cm lang.

ZAPFEN: Spindelförmig, zur Spitze allmählich verjüngt 10–12 × 3 cm, etwas gekrümmt, purpur und braun; Schuppen mit breitem rundem Rand, Spitzen zurückgeschlagen.

WUCHS: Dieser Baum mit hübscher Belaubung wächst bemerkenswert rasch; in England gibt es zwei 26 m hohe Exemplare, das eine ist erst 36 Jahre alt.

ÄHNLICHE ARTEN: *P. jezoensis* (vgl. dort). *P. spinulosa* hat weichere Blätter, ringsum die Triebe stehend.

Likiang-Fichte *Picea likiangensis* (Franch.) Pritz. **10**

E – Likiang Spruce

SW-China 1910. Selten. 20 × 2 m.

RINDE: Hellgrau, schuppig, mit einigen wenigen schwarzen waagerechten Furchen.

KRONE: Breit kegelförmig, ziemlich offen; lange ansteigende Äste, im inneren Teil der Krone ohne Zweige.

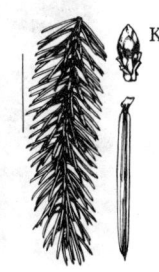

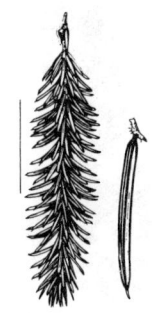

Knospe

Picea brachytyla   Likiang-Fichte   var. *purpurea*

Fichten (Fortsetzung)

1 Serbische Fichte *Picea omorika* 147

  a Baum, 15 m hoch; alle Kronenformen deutlich schmal, manchmal kegelförmig (wie die Abb.), mitunter säulenförmig.
  b Trieb mit abgeflachten, stumpfen Nadeln.
  c Triebe, die weiße Nadelunterseite zeigend.

2 Gemeine Fichte *Picea abies* 139

  a Junger Baum, 12 m hoch, im Spätfrühjahr, mit den jetzt am Leittrieb entspringenden Seitentrieben; zu anderen Jahreszeiten erscheinen die Seitentriebe hier nicht.
  b Trieb mit reifem Zapfen.

3 Blau-Fichte *Picea pungens* 'Glauca' 137

  Triebstück mit steifen, dornspitzigen, rings um den Trieb stehenden Blättern. Sehr oft in kleinen Gärten zu sehen.

4 Sapindus-Fichte *Picea orientalis* 140

  Zweig mit den sehr kurzen, schräg zugespitzten, glänzend grünen Blättern; der Trieb ist orangebraun und behaart.

5 Siskiyou-Fichte *Picea breweriana* 133

  Kleiner Zweig mit dünnen, abgeflachten Blättern. Die Triebe hängen wie lange Gardinen von den aufwärts gebogenen Ästen, wodurch eine dichte, dunkle Krone entsteht. Wuchs sehr langsam.

Serbische Fichte   Gemeine Fichte   Blau-Fichte   Sapindus-Ficht

1a

2a

2b

3

4

1b

1c

5

1a

1b

2a

2b

1c

2c

3

4a

4b

4c

Douglasie und Hemlockstannen

Ziemlich kleine oder sehr kleine, hängende Zapfen, meist in der ganzen Krone alter Bäume verteilt.

1 Douglasie *Pseudotsuga menziesii*   154

   a Baum im freien Stand, 20 m. In günstigeren Gebieten zeigt dieser Baum eine mehr regelmäßige, schmale Krone.

   b Zweigstück mit reifem Zapfen; die weiche Belaubung duftet kräftig fruchtig, unterseits weiß gebändert.

   c ♀, sich soeben öffnende Blüten.

   d ♂ Blüten unmittelbar vor dem Stäuben; manche Blüten sind dann am Rand karmin, in der Mitte weiß.

2 Westliche Hemlockstanne *Tsuga heterophylla*   149

   a Junger Baum, 12 m hoch; der Leittrieb bleibt überhängend, solange der Baum noch an Höhe zunimmt, selbst noch bei über 40 m Höhe. Stets ein Baum von schönem Habitus.

   b Die Blattunterseiten haben breite blauweiße Ränder.

   c Triebstück mit unreifem Zapfen; ♀ Blüten sind hellkarmin; Blätter linealisch.

3 Berg-Hemlockstanne *Tsuga mertensiana*   152

Zweigstück mit reifem Zapfen. Die Blätter sind veränderlich blaugrau, stehen rings um den Trieb und sehen fast wie kurze Triebe von Zedern aus. Die Zapfen sitzen in Gipfelnähe und sind viel größer als die aller übrigen Hemlockstannen.

4 Kanadische Helmlockstanne *Tsuga canadensis*   150

   a Blattunterseite, ähnlich der von *T. heterophylla* in der Farbe.

   b Zweigstück, zeigt die von der breiten Basis zur Spitze allmählich verjüngten Blätter. Eine Reihe von Blättern liegt gewöhnlich auf der Mittellinie des Triebes, die weißen Blattunterseiten hierbei nach oben gedreht.

   c Fast reifer Zapfen.

    Douglasie   Westliche Hemlockstanne   Berg-Hemlockstanne

BELAUBUNG: Trieb blaß rötlich-braun oder grau, gefurcht, meist sehr behaart; Knospe kegelig-eiförmig, glänzend rotbraun oder purpurn, harzig; austreibende Blattknospen sehen aus wie hängende Tröpfchen; Blätter etwas abgeflacht, *bläulichgrün* oberseits und mit feinen weißen Linien (vgl. jedoch die Varietäten), unten mit zwei breiten weißen oder grauen Bändern, 1,5–1,7 cm, die seitlichen Blätter nach außen gekrümmt, die mittleren auf der Trieboberseite längs des Triebes vorwärts gerichtet oder ansteigend, sehr dicht stehend, schräg zugespitzt, die Blätter auf der Unterseite vorwärts gerichtet auf *rückwärts zeigenden Blattkissen.*

BLÜTEN UND ZAPFEN: Beides sehr reichlich, und Anfang Mai eine beachtliche Zierde, wenn der Baum bedeckt ist mit den großen karminroten, kugeligen ♂ Blüten, aufgeblüht walzenförmig und gelb an kleinen Trieben, und die aufrechten, scharlachroten, eiförmig-zylindrischen ♀ Blüten, die an den Spitzen aller stärkeren Triebe stehen; Zapfen 5 × 1,5 bis 13 × 4 cm, zylindrisch, etwas verjüngt, Schuppen tief purpurblau, violettpurpur im Juni gerandet, reif hellbraun; Rand wellig einwärts gebogen, Basis rötlich, biegsam.

VARIETÄTEN: In großer Zahl vorhanden, einige als eigene Arten eingeführt, heute aber auf zwei Varietäten reduziert; beide sehr verschieden vom Typ, vgl. nachstehend. Die erste Varietät ist etwa genauso häufig wie der Typ. Eine weitere Form, die jetzt in den Typ einbezogen wird, ist als *„Picea yunnanensis"* in Kultur, ein schöner graublauer Baum.

var. *purpurea* (Mast.) Dallim. & Jacks. 1910. Laut Beschreibung Triebe stärker behaart, Zapfen intensiver purpur, aber diese beiden Merkmale sind sehr variabel und nicht immer anzutreffen. Viel schneller ist zu erkennen an dem *dichten, kegelförmigen Gipfel mit einer Reihe von konkurrierenden Leittrieben* und dunkel grasgrünen Blättern, Rinde *orangebraun und schuppig.* Die nur 1,5 cm langen, tiefgrünen Blätter dem Trieb *dicht angedrückt* wie bei *P. brachytyla*, die seitlichen nach außen gekrümmt, unterseits grauweiß, aber nicht hell. Zapfen kleiner, 5 × 2,5 cm, spindelförmig, intensiv violettpurpur im Sommer. Bis 22 m.

var. *balfouriana* (Rehd. & Wils.) Hillier. Ähnlich der vorigen, aber ohne die senkrechten Triebe um den Leittrieb; Blätter noch dunkler grün, unterseits matt graugrün; Triebe gelblichrosa, lang behaart; Blätter 1,2–1,5 cm; Rinde braun und schuppig. Selten. Bis 20 m.

Sitka-Fichte *Picea sitchensis* (Bong.) Carr.

E – Sitka Spruce   F – Epicéa de Sitka   N – Sitka spar

Von der Insel Kodiak in Alaska bis nach Kalifornien, in einem schmalen Küstenstreifen, am besten entwickelt auf der Halbinsel Olympic im Staat Washington, wo viele Bäume 80 m hoch sind. 1831. Örtlich in bedeutendem Umfang angepflanzt, so in N-Deutschland; im westlichen Großbritannien wichtigster Forstbaum. 53 m.

RINDE: Junger Bäume dunkelgrau, gesprenkelt, abschuppend, schon sehr bald rötlich, mit groben, abspringenden Schuppen; an alten Bäumen rötlichgrau zerbrochen in kleine, abspringende Platten.

KRONE: Schmal kegelförmig, mit langer, gleichmäßig verjüngender Spitze, selbst an sehr hohen Bäumen; die oberen Äste ansteigend, mit ziemlich dichten, hängenden Trieben; die unteren Äste freistehender Bäume stark, ansteigend und wieder weit übergebogen, mit zahlreichen, nach allen Richtungen abstehenden kleinen Zweigen, auch am Stamm oft zahlreiche Wassertriebe.

BELAUBUNG: Trieb weiß, später hell ledergelb, gefurcht; Knospe stumpf eiförmig, hellbraun, rötlich verharzt; Blätter abgeflacht, doch stark gekielt, zuerst radiär um den Trieb stehend, später jedoch mit wenigen Ausnahmen auf der Unterseite gescheitelt, auf der Trieboberseite *gerade aufliegend und nach vorn zeigend*, die seitlichen abstehend, oben frisch glänzendgrün, mit zwei schmalen weißen Bändern, unten mit 2 hellen, blauweißen Bändern; ziemlich schlank, 2–3 cm, *scharf zugespitzt*, hart, steif. Aus der Entfernung sieht die Belaubung dunkel *blaugrau* aus.

BLÜTEN UND ZAPFEN: ♂ Blüten verstreut, stumpf eiförmig, hellgelb; ♀ Blüten in der Krone mancher Bäume gehäuft, hellrot; Zapfen kurz zylindrisch, stumpf, 5–8 cm lang, im Sommer hellgrün, *reif fast weiß*, Schuppen *dünn, papierartig*, Rand runzelig und grob gezähnt.

WUCHS: Ungewöhnlich rasch, beginnend mit dem 3. Jahr; fünfjährige Pflanzen können schon Jahrestriebe von 1 m Länge und mehr machen. Anfang Mai bis Anfang August; in frischen Böden folgt noch ein zweiter Trieb bis Ende September. Dieser zweite Trieb hat einen Quirl von kurzen Seitentrieben an seiner Basis; Trieb apfelgrün, später rotbraun, tief gefurcht, Blätter 3 cm lang, auffallend breit an ihrer Basis. Forstlicher Versuchsanbau in Nordwest-D, DK, F, GB, Skandinavien und Grönland.

ÄHNLICHE ARTEN: Große Bäume dieser Art sind viel höher und stärker als jede andere Fichte; Belaubung ähnlich der von *P. likiangensis* oder *P. jezoensis*, aber die Blätter sind viel länger, härter und mit stechender Spitze; Trieb niemals behaart. Auch die rötliche Platten-Rinde ist anders, obwohl ähnlich der von *P. glauca*.

Sitka-Fichte

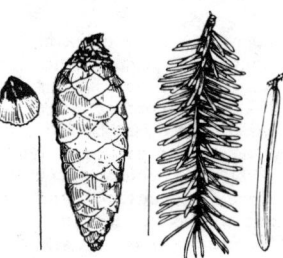

Serbische Fichte

Serbische Fichte *Picea omorika* (Pančić) Purkyne **11**
E – Serbian spruce   F – Omorika   N – Serbische spar

Jugoslawien; mittlerer Lauf der Drina. 1889. Überall häufig. Gedeiht sowohl auf Kalkböden wie auf Moorböden und selbst in Frostlöchern; die industriehärteste Fichtenart. 28 m.

KRONE: Deutlich schmal kegelförmig, meist fast säulenförmig, sehr veränderlich in der Dichte der Bezweigung; die sehr schlanken Bäume meist auch sehr dicht beastet, die kegelförmigen Kronen in ihrem oberen Teil waagerecht beastet, die unteren Äste elegant abwärts gehend und dann wieder ansteigend.

RINDE: Orangebraun, die feinen, papierartigen Schuppen abblätternd; große Bäume haben harte, quadratische Schuppen oder Platten; Stamm auch an den Astansätzen mit Verdickungen, unter diesen dann Vertiefungen.

BELAUBUNG: Trieb hell ledergelb, fein gefurcht, behaart, später matt rötlichbraun. Endknospe in einem Nadelbüschel verborgen; Seitenknospen hellbraun, mit rotbraunen, freien Spitzen. Blätter 1,2–1,8 cm lang, bis 2 mm breit, flach, gekielt, an der Spitze breit und stumpf oder mit plötzlicher Spitze, die oberen ringsum stehend und vorwärts gerichtet, dem Trieb angedrückt, die unteren seitlich abstehend, oft gebogen und etwas unter den Trieb gehend, zuerst oben frisch grasgrün, später dunkler bis tief bläulichgrün, unten mit zwei breiten weißen Bändern. Die schmalsten Bäume haben blauere, weichere, bis 2,5 cm lange, nach allen Richtungen abstehende Blätter.

BLÜTEN UND ZAPFEN: ♂ Blüten groß, kugelig, an hängenden Seitentrieben, karmin bis zum Stäuben Anfang Mai; ♀ Blüten hellrot, an den Trieben nahe dem Gipfel, später abwärts geneigt als dunkel purpurblaue, ziemlich spindelförmige, spitze Zapfen mit dicken, krummen Stielen, reif dunkelbraun, 6 × 3 cm; Schuppen dicht angedrückt, flach abgerundet, mit feiner, ungleichmäßiger Zahnung und einigen Harzflecken.

WUCHS: Rasch; macht schon im 5. Jahr Triebe von 1 m Länge; Wachstumsperiode kurz, von Mitte Mai bis Anfang Juli, kann Mitte Juni in einer einzigen Woche 15 cm wachsen; Anfang August mitunter ein kurzer zweiter Trieb. Forstlicher Anbau in D, A, F, SF und GB.

ÄHNLICHE ARTEN: *P. mariana* und *P. rubens* können in der Kronenform etwas ähnlich sein, aber die Belaubung ist völlig verschieden. Unter den anderen flachnadeligen Fichtenarten kommt die breite, stumpfe Blattspitze nicht vor.

HEMLOCKSTANNEN *Tsuga*
E – Hemlock   F – Tsuga   N – Hemlock

Hemlock ist der englische Name für Schierling, deshalb mitunter auch „Schierlingstanne" genannt; die einzige Verbindung zwischen dieser Konifere und der Schierlingspflanze ist der Duft der zerriebenen Blätter. Die zuerst in Europa bekannt gewordene Art *(T. canadensis)* sollte diesen Duft haben, aber in Wirklichkeit ist dieser Duft doch fruchtiger, mehr an Menthol erinnernd. Jedoch *Ts. heterophylla* hat einen Duft, der sehr ähnlich dem des Giersch *(Aegopodium podagraria,* einer anderen Umbellifere) ist. Neun Arten, von denen eine Art abweichend aussieht, und eine mysteriöse Hybride. Ähnlich den Fichten, aber mit weicherer, zierlicherer Belaubung und, ausgenommen die abweichende Art *(Ts. mertensiana)* mit sehr kleinen, rundlichen Zapfen. Nord-Amerika, Himalaja und Ost-Asien.

Schlüssel zu den Tsuga-Arten

1. Blätter auf der Trieboberseite gescheitelt   **2**
Blätter nicht gescheitelt   **7**
2. Triebe deutlich und lang behaart   **3**
Triebe kahl oder nur ganz fein kurz-haarig   **4**
3. Blätter unterseits weiß gebändert; Leittrieb lang, überhängend
T. heterophylla, S. 149
Blätter beiderseits graugrün, sehr schmal; Leittrieb kurz, nickend
T. × *jeffreyi,* S. 153
4. Blätter breit, stumpf, ausgerandet, dicht stehend   **5**
Blätter schmal, allmählich verjüngt, Spitze abgerundet,
kaum ausgerandet, locker stehend   **6**
5. Triebe orange, fein weiß behaart (Lupe!); Blätter mit regelmäßigem
Abstand, unterseits glänzend weiß gebändert   *T. diversifolia,* S. 151
Triebe hellbraun, kahl, glänzend; Blätter unregelmäßig stehend,
oft unten mit mattweißen Bändern   *T. sieboldii,* S. 151

6. Triebe glänzendbraun; Blätter schlank, locker, oben dunkelgrün,
unten mit weißen Bändern   *T. caroliniana,* S. 151
Triebe hell ledergelb; Blätter verhältnismäßig breit, oben gelblichgrün,
unten mattgrüne Bänder   *T. chinensis,* S. 150
7. Blätter radial stehend, dick, bläulich oder dunkelgrau   *T. mertensiana,* S. 152
Blätter unterseits gescheitelt, auf der Trieboberseite vorwärts gerichtet   **8**
8. Blätter 1–3 cm, steif, an der Triebspitze gehäuft   *T. dumosa,* S. 152
Blätter 0,5–1 cm, nicht steif, in einfacher Reihe auf der Trieboberseite,
umgekehrt auf der Unterseite   *T. canadensis,* S. 150

Westliche Hemlockstanne   *Tsuga heterophylla* (Raf.) Sarg.   **12**

E – Western Hemlock   F – Tsuga de l'Ouest
N – West-amerikaanse hemlock

SW-Alaska bis zu den Siskiyou-Bergen und Küstengebiet in N-Kalifornien; über 70 m hoch im Olympic-Gebirge, Washington. 1851. Sehr häufig angepflanzt in Hartholz-Beständen. 48 m in Schottland.

RINDE: Zuerst dunkelgrau, glatt; an kleinen Bäumen purpurbraun, mit kreisrunden, ablösenden Schuppen; an alten Bäumen dunkelbraun, schuppig und abspringend; Stamm meist gedreht.

KRONE: Regelmäßig kegelförmig, schmal bis das Höhenwachstum nachläßt, dann breiter werdend; die sehr schmale Spitze bis ins hohe Alter erhalten bleibend, mit entfernt stehenden, dünnen, ansteigenden und leicht bogigen, spiralig stehenden Seitentrieben an der Triebspitze, der Gipfeltrieb selbst weit übergebogen oder 50–60 cm weit überhängend; Krone dicht, eine dunkelgrüne Masse zierlicher Blätter und dünner Triebe, ziemlich hängend von den im Winkel von 45 Grad ansteigenden, geraden Ästen, Triebspitzen zierlich überhängend, ebenso die unteren Äste starker Bäume. Stamm stets gerade bis in die höchste Spitze durchgehend; Gabelbildung sehr selten.

BELAUBUNG: Trieb oberseits braun, unterseits rahmgelb, gefurcht, mit dichten, langen, krausen, hellbraunen Haaren; Knospe klein, kugelig, braun, im Frühjahr bei der Entfaltung weiß; Blätter beiderseits des Triebes gescheitelt, verschieden groß, in der oberen Reihe 0,5–0,7 cm, in der untersten Reihe 1,5 bis 1,8 cm, bei 0,2 cm Breite, länglich, sich allmählich in eine runde Spitze verjüngend, zuerst frischgrün und ganz matt, später dunkelgrün und glänzend, unten mit zwei breiten weißen Bändern.

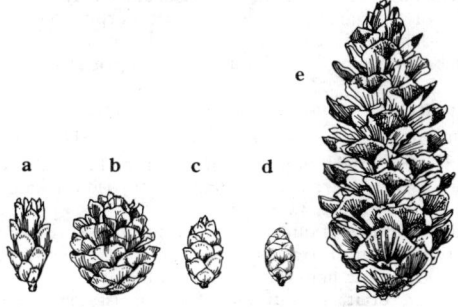

Zapfen der Hemlockstannen: a Westliche Hemlockstanne, b Chinesische Hemlockstanne, c Kanadische Hemlockstanne, d Nordjapanische Hemlockstanne, e Berghemlockstanne

Westliche	Chinesische	Kanadische	Carolina-
Hemlockstanne	Hemlockstanne	Hemlockstanne	Hemlockstanne

BLÜTEN UND ZAPFEN: ♂ Blüten dicht stehend, zwischen den Blättern der Seitentriebe bis hinunter zur Basis der Krone bei alten Bäumen, über die ganze Krone verstreut; an jungen Bäumen noch nicht auftretend, sehr klein, kugelig, hellrot, später hell karmin, gelblichweiß während des Stäubens Ende April, wo der Pollen die Blätter mit weißem Staub überzieht. ♀ Blüten Anfang Mai, endständig an 2–3 cm langen Trieben, nickend, eiförmig, 6 mm lang, violettpurpur; Zapfen an alten Bäumen überall auftretend, an den Enden kleiner Triebe, hängend, stumpf eiförmig, 2–3 cm lang, mit nur wenigen Schuppen, grün, oft gerötet oder mehr violett, reif hellbraun.

WUCHS: Sehr rasch auf leichten Sandböden, ebenso auf schwerem Lehm; Jahreszuwachs oft 1 m oder mehr, von Mitte Mai bis Ende August; der Leittrieb weist stets abwärts; wenn auch ein großer Teil seiner „hängenden" Länge sich im Juni aufrichtet, bleiben doch die letzten 20 cm bis zum Schluß der Wachstumszeit überhängend. Läßt sich sehr gut auch als geschnittene Hecke ziehen. Forstlicher Versuchsanbau in D, F, B, GB und N.

ÄHNLICHE ARTEN: *T. chinensis* und *T. canadensis* (vgl. dort).

Chinesische Hemlockstanne   *Tsuga chinensis* (Frank.) Pritz.

E – Chinese Hemlock   F – Tsuga de Chine   N – Chinese hemlock

Mittel- und W-China 1900. Sehr selten; 12 m. (D ∧∧) Ziemlich dichter Baum oder nur Busch mit breiter Basis und Benadelung ähnlich *T. heterophylla,* aber Triebe nickend; Blätter *unterseits mit schmalen hellgrünen Bändern,* oben *gelblichgrün,* locker stehend. Rinde zuerst mit einem Muster aus dunkel graugrünen Schuppen, später dunkelbraun und grau, sehr schuppig, zuletzt sehr grob gefurcht, fast wie bei Eichen. ♂ Blüten einzeln am einjährigen Trieb oder bis zu 5 beisammen an zweijährigen Trieben, matt purpur, 5 mm; ♀ endständig an sehr kurzen, nickenden Trieben, purpurrosa, 4 mm; Zapfen 3 × 1,3 cm, lang eiförmig, zuerst bronzegrün, dann rotbraun; Schuppen groß, rund, angedrückt.

Kanadische Hemlockstanne   *Tsuga canadensis* (L.) Carr.   **12**

E – Eastern Hemlock   F – Sapin du Canada   N – Canadese hemlock

Östliches Kanada und USA, von den See-Staaten bis nach Alabama. 1736. Häufig in großen Parks, Gärten und Pflanzungen, jedoch kaum im Forst, da *T. heterophylla* weit besser ist. 32 × 4 m.

RINDE: Junger Bäume orangebraun mit abschuppenden Furchen; an alten Bäumen dunkel matt rötlichgrau, stark zerrissen in ein Netzwerk aus breiten, flachen Furchen; korkig; Risse hellgrau und ziemlich glatt.

KRONE: Unregelmäßig, breit, stumpf zulaufend, meist im unteren Teil starke Äste und oft ohne Gipfeltrieb; falls Leittrieb vorhanden, dann Stamm oft gebogen.

BELAUBUNG: Trieb gelblichbraun mit dichter, krauser, hell fuchsroter Behaarung; Knospe 1–2 mm, eiförmig, grün mit braunen Spitzen, diese grau behaart; Blätter jederseits meist in 2–3 Reihen, jedoch *eine Reihe genau auf der Mittellinie des Triebes* und verdreht, so daß die *weiß gebänderte Blattunterseite* nach oben gekehrt ist; am breitesten an der Basis, allmählich in eine runde Spitze auslaufend, zuerst oberseits frischgrün, dann dunkler, unten mit zwei breiten weißen Bändern, 1–1,2 cm × 0,1 cm. Junge Triebe oft bogig.

BLÜTEN UND ZAPFEN: ♂ Blüten sehr klein, 3 mm, kugelig, gelbgrün, gehäuft entlang der 2–3 Jahre alten Triebe; stäubend Mitte Mai; ♀ 6 mm, blaßgrün; Zapfen wie bei *T. heterophylla*, aber kleiner, bis 1,5 × 1 cm, ei-kegelförmig, Schuppenränder leicht verdickt; reif kaffeebraun.

Forstlicher Versuchsanbau in D.

Carolina-Hemlockstanne   *Tsuga caroliniana* Engelm.

E – Carolina Hemlock

Südl. Alleghany-Berge, USA 1886. Selten; 10 m. Kleiner, dichter Baum oder hoher Busch mit glänzenden, rotbraunen oder heller rosabraunen Trieben, in den Furchen behaart; erkennbar an den fast *zweizeiligen schmalen* Blättern, sehr locker stehend und nach verschiedenen Richtungen abstehend, sehr schmal, oben schwärzlichgrün, unten weiß gebändert; Zapfen eilänglich, 2,5 × 1,5 cm, orangebraun mit dünnen, hohen, an der Spitze runden Schuppen.

Südjapanische Hemlockstanne   *Tsuga sieboldii* Carr.

E – Southern Japanese Hemlock   F – Tsuga du Japon
N – Japanse hemlock

Süd-Japan 1861. In Sammlungen und größeren Gärten. 15 m.

RINDE: Dunkel rosagrau, zuerst glatt mit waagerechten Falten, später in quadratische Felder zerspringend und abschuppend.

KRONE: Gewöhnlich vielstämmig von der Basis an, breit kegelförmig, spitz, außen ziemlich dicht.

BELAUBUNG: Trieb hell *ledergelb glänzend,* aber auch veränderlich von weiß bis hellbraun, kahl; Basis der Blattstiele rotbraun; Knospen eiförmig, mit schmaler Basis, dunkelorange, Schuppen konvex; Blätter dicht stehend in *unregelmäßigen,* flachen Reihen, *breit und gedrungen,* verschieden lang, 0,7–2,0 × 0,2 cm, stumpf, Spitze ausgerandet, oben glänzend dunkelgrün, unten mit zwei nicht sehr hellen weißen Bändern.

BLÜTEN: ♂ Blüten endständig an dünnen Trieben, winzig, 2 mm, kugelig, kirschrot; ♀ nickend, eiförmig, purpur, 5 mm.

ZAPFEN: Hängend, eikegelförmig, stumpf 2,3 × 3 cm, Schuppen mit flacher Spitze; sehr dunkel braun.

In D zur Zeit forstlich nicht angebaut.

ÄHNLICHE ARTEN: *T. diversifolia* (vgl. nachfolgend).

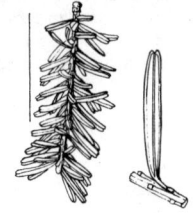

Südjapanische
Hemlockstanne

Nordjapanische Hemlockstanne   *Tsuga diversifolia* (Maxim.) Mast.

E – Northern Japanese Hemlock   F – Tsuga du Japon
N – Japanse hemlock

Nord- und Mittel-Japan 1861. Viel seltener als *T. sieboldii.* 15 m. Von *T. sieboldii* hauptsächlich verschieden durch die orangebraune, flach rissige und senkrecht abschuppende Rinde; Knospe kräftig purpurrot; Trieb _hellorange_ oder rotbraun, mit feiner, heller Behaarung (Lupe!); Krone niedrig und gewölbt, dicht; Blätter weniger gedrängt, wenigstens nicht an der Triebunterseite, mehr _regelmäßig, parallel_ am zweijährigen Trieb, dunkler, härter, 1 × 0,2 cm, unterseits _glänzend_ weiß gebändert. Sehr verschieden von den anderen Arten durch die regelmäßigen, breiten, weißen Blattunterseiten und die orange Triebe.

BLÜTE UND ZAPFEN: ♀ Blüte endständig an kurzem oder langem Trieb, matt purpur, eiförmig, 5 mm, bald hellgrün, Mitte und Rand der einzelnen Schuppen purpur. Zapfen zylindrisch-eiförmig, 1,8–2,8 cm, dunkelbraun; Schuppen etwas konvex und gefurcht; hängend.

In Schottland forstlich angebaut.

ÄHNLICHE ARTEN: _T. sieboldii_ (vgl. oben).

Himalaja-Hemlock _Tsuga dumosa_ (D. Donn) Eichler

E – Himalayan Hemlock

(= _T. brunoniana_ [Wall.] Carr.)

Ost-Himalaja 1838. Sehr schöne, seltene Art, in Deutschland nicht winterhart. Zierlicher Baum mit 3 cm langen, lose stehenden Nadeln, oberseits dunkelgrün, unten glänzend weiß, steif, von der Basis zur Spitze allmählich verjüngt. (D ∧∧∧)

Berg-Hemlock _Tsuga mertensiana_ (Bong.) Carr.

E – Mountain Hemlock   F – Tsuga de Patton   N – Berghemlock

Alaska bis zur Sierra Nevada in Kalifornien 1854. Eigentlich nur in großen Sammlungen. 20(–31) m.

RINDE: Dunkel bräunlich-orange, fein senkrecht zerrissen in rechteckige Schuppen.

KRONE: Anfangs buschig, bis sich eine lange schmale Spitze gebildet hat, der Leittrieb an seinem Gipfel nickend; Zweige leicht hängend, alle mit _dichtstehenden, hängenden_ Trieben, von den benachbarten Zweigen gut getrennt; an feuchten, kühlen Stellen gedrungener wachsend; außen hellgrau erscheinend, innen schwärzlich.

BELAUBUNG: Trieb hellbraun, glänzend, kurz behaart; Blätter alle _radial_ stehend und _mit Kurztrieben wie bei Zedern,_ entlang dem Trieb nach vorn gerichtet, _dick und gewölbt,_ schmal, 1,5–2 cm lang, an der Spitze glatt und rund, auf allen Seiten gleichmäßig dunkel _graugrün oder graublau._ Hell blaugraue Pflan-

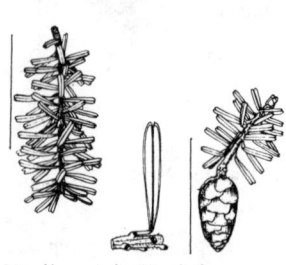

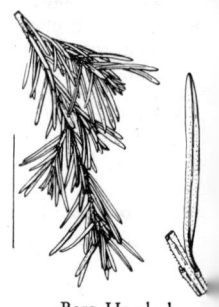

Nordjapanische Hemlockstanne   Himalaja-Hemlock   Berg-Hemlock

zen werden auch als 'Glauca' bezeichnet, aber in ihrem natürlichen Areal variieren die Pflanzen von dunkelgrün bis hellgrau, somit ist diese Unterscheidung zweifelhaft.

ZAPFEN: Wie bei einer Fichte, an den Gipfelzweigen in Büscheln hängend, zylindrisch und verjüngt, bis 7 × 3,5 cm (wenn Schuppen abstehen), mit vielen dünnen Schuppen, zuerst grün, später dunkel rotbraun.

WUCHS: Abhängig von der Herkunft der Samen; nördliche Herkünfte ergeben sehr langsamwüchsige, halbzwergige Bäume. Normale Bäume wachsen in den ersten zehn Jahren sehr langsam, dann plötzlich schnell, daher die buschige Basis und die sehr schlanke Spitze. Kleiner forstlicher Anbau in D.

ÄHNLICHE ARTEN: Gänzlich abweichend in der Blattanordnung und in den großen Zapfen von allen übrigen Arten; unverwechselbar; nur die Hybride etwas ähnlich.

Hybrid-Hemlock   *Tsuga × jeffreyi* (Henry) Henry

E – Jeffrey's Hybrid Hemlock   F – Tsuga de Jeffrey

Diese Hybride von *T. mertensiana × T. heterophylla* ist wildwachsend erst 1968 in Washington und 1970 in Brit. Kolumbien gefunden worden, jedoch mehrmals in Großbritannien aus in Brit. Kolumbien gesammelter Saat gezogen (1851 Edinburgh). Noch immer sehr selten in den Sammlungen. 14 m. In der Jugend eiförmiger Busch mit aufwärts gehenden Zweigen und eigenartiger, olivgrauer Belaubung. Ältere Bäume sind sehr ähnlich *T. mertensiana*, unterscheiden sich aber hiervon durch weniger dicht stehende, beiderseits vom Trieb abstehende, teils auch nach rückwärts gerichtete Blätter, diese *flach* und schlank, 1–1,5 cm lang, beiderseits hell gelblichgrün; Rinde dunkel schwärzlichbraun, fein orange gefurcht, sehr schuppig. Ein Baum dieser Hybride zeigt Schleppenbildung mit bewurzelten Ästen, aus denen neue Stämme aufstreben.

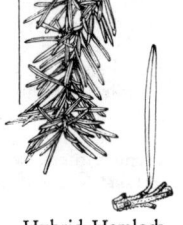

Hybrid-Hemlock

DOUGLASIEN   *Pseudotsuga*

E – Douglas Fir   F – Douglas

Fünf Arten; zwei im westlichen Nordamerika, zwei in China, eine in Japan. Zapfen mit weit vorragenden Deckschuppen mit langen Spitzen; Knospen schlank spindelförmig, Belaubung bei allen Arten sehr weich. *P. menziesii* und ihre var. *glauca* sind in Kultur überall zu sehen, die beiden anderen Arten vor allem in Sammlungen.

Schlüssel zu den Pseudotsuga-Arten

1. Blätter hart, dornspitzig, (4–5(–8) cm   *P. macrocarpa*, S. 155
Blätter weich, Spitze rund bis ausgerandet, 2–3 cm   **2**
2. Blätter an der Spitze ausgerandet; Trieb kahl   *P. japonica*, S. 155
Blätter an der Spitze rund; Trieb behaart   **3**
3. Blätter grün, gescheitelt; Knospenschuppe ganzrandig   *P. menziesii*, S. 154
Blätter blaugrau, aufrecht stehend auf der Trieboberseite;
Knospenschuppen gefranst   *P. menziesii* var. *glauca*, S. 155

Küsten-Douglasie   *Pseudotsuga menziesii* (Mirb.) Franco (= *P. douglasii*
(Carr.)   **12**

E – Douglas Fir   F – Douglas   N – Douglas

N. Brit. Kolumbien bis N-Kalifornien und Rocky Mountains bis Mexiko. 1827.
In bedeutendem Umfang forstlich angepflanzt, aber auch in Gärten und Parks
häufig. In England größter Baum 55 m hoch.

RINDE: Junger Bäume dunkel graugrün, mit Harzblasen, später mehr purpurbraun, mit feinen waagerechten Rissen; an alten Bäumen von fast schwarz bis
dunkelpurpurn bis graubraun, mit dicker, korkiger Borke, sehr tief gefurcht,
die breiten Furchen hellbraun.

KRONE: Regelmäßig kegelförmig und schlank, bis die Gipfelhöhe erreicht ist,
Äste quirlig, ansteigend, Leittrieb schlank, nahe der Spitze gekrümmt, jüngere
Bäume haben einen kleinen Quirl von Sommertrieben. Alte Bäume bilden
einen flachen Gipfel mit starken, waagerechten Ästen in der oberen Krone,
aber auch häufig sehr starke Äste nahe der Basis, die später scharf aufwärts
steigen; Belaubung meist dicht und schwer. Manche Kronen mitunter dünn und
licht, auch gegabelt; große Kronen oft beschädigt durch Hagel und Schnee.

BELAUBUNG: Trieb hellgrün, fein behaart, bei jungen Pflanzen mitunter rot;
Knospe hellbraun, bis 7 mm, an kleineren Trieben kürzer und oft dunkelrot,
schlank spindelförmig wie bei einer Buche. Blätter strömen einen starken,
süßen, *fruchtig-harzigen* Duft aus; die Färbung geht von gelblichgrün bis dunkel blaugrün und blaugrau bereift, unterseits zwei veränderliche, glänzend
weiße Bänder, weich, 2–2,5 cm, auf der Oberseite zum Teil aufrecht, meist aber
nach beiden Seiten des Triebes abstehend, auf der Unterseite teilweise auch
vorwärts gerichtet.

BLÜTEN UND ZAPFEN: ♂ Blüten auf der Unterseite nahe der Spitze der vorjährigen Triebe, nicht dicht, geöffnet stumpf und kegelförmig, oft am Rand
purpurviolett, während des Stäubens Mitte bis Ende Mai hellgelb und dann
spitzer; ♀ ebenfalls an den Triebspitzen, aber seitlich stehend, zu 1–3, seltener
zu 5–6 je Trieb, geöffnet wie kleine karminrote, purpurne, grüne oder weißliche Zapfen. Zapfen 5–8 × 2,5 cm, hängend, anfangs grün, reif mattbraun,
Deckschuppen mit 3 zungenförmigen, zurückgeschlagenen Spitzen, davon die
mittlere 1,5 lang, die seitlichen kürzer, alle drei an der Basis zusammen 5 mm
breit.

WUCHS: Sehr rasch, Jahreszuwachs 1 m nicht ungewöhnlich, mitunter auch darüber bei jungen Bäumen, bis zu 30 m in 30 Jahren, 50 m in 70 Jahren; Anfang
Mai–Ende Juli. Wichtigster ausländischer Forstbaum Europas.

Blaue Douglasie   Großfrüchtige Douglasie   Japanische Douglasie

var. *glauca* (Mayr), Franko. **Blaue Douglasie.** Östl. Rocky Mountains, Montana bis Mexiko. 1876. Ebenfalls nicht selten. 25 m. Krone schmaler, mehr kegelförmig, am sichersten zu erkennen an der fast schwarzen oder *grauschwarzen, schwarzrissigen* Rinde, den gefransten Knospenschuppen, den *dicken, blaugrauen Blättern*, die im ersten Jahr *aufrecht auf der Trieboberseite stehen;* zerriebene Nadeln haben nur wenig Duft; Zapfen spindelförmig, hell kupferbraun, 5 × 2,5 cm, die Deckschuppen weit vorragend und abstehend oder *zurückgeschlagen in Stielende,* bis 1,4 × 0,6 cm. In D forstlich angebaut.

Großfrüchtige Douglasie *Pseudotsuga macrocarpa* Mayr

E – Large-coned Douglas Fir   F – Douglas à grands cônes

Gebirgsabhänge im südwestl. Kalifornien. Bei uns selten. 18 m. Winterhart.

RINDE: Mattgrau, mit breiten, flachen, braunen, parallelen Rissen.

KRONE: Ziemlich breit kegelförmig, sehr quirlig beastet, die Äste leicht abwärts geneigt, ziemlich offen (in Kalifornien mit langen, dünn belaubten, abwärts gerichteten Zweigen wie bei *Sequoia sempervirens*).

BELAUBUNG: Trieb hell rotbraun, rehbraun oder oliv, später grau, leicht behaart; Knospen rot, Spitze hell, bis 8 mm lang; Blätter mehr oder weniger gescheitelt, vorwärts gekrümmt, *hart und steif,* schmal, mit plötzlicher scharfer Spitze, oben gelblich oder glänzend dunkelgrün, unten mit zwei hellen, weißen Bändern; zerrieben nur leicht aromatisch; 4–5(–8) × 0,2 cm.

ZAPFEN: 8–18 cm(!), gerade, in der Mitte am dicksten, bis 5 cm, nach beiden Enden verjüngt, Deckschuppen nur wenig vorragend.

Japanische Douglasie *Pseudotsuga japonica* (Shiras.) Beissn.

E – Japanese Douglas Fir   F – Douglas du Japon

SO-Japan 1910. Sehr selten. 12 m. Kleiner Baum, selten in gutem Zustand.

RINDE: Dunkel graurosa, unregelmäßig zerrissen.

KRONE: Schlank, licht, Zweige waagerecht.

BELAUBUNG: Die kurzen Triebe stehen oft auf den Zweigen und *liegen dort flach auf;* Blätter gelblich, häufig gekrümmt, stumpf und ausgerandet, unten breit weiß gebändert, *ringsum* den weißlichgrünen und braunen Trieb stehend, kahl, 2,5 cm lang, ohne Duft. An der Basis der Triebe bleiben einige dunkelbraune und weiße Schuppenreste der Zapfen längere Zeit sitzen.

ZAPFEN: Oft zahlreich, 5 × 3 cm, mit schmaler Spitze, dunkel graubraun, nur sehr wenige Schuppen, muschelförmig und ganzrandig, bei der Reife weit klaffend; Deckschuppen vorragend, die kürzeren gerade, die längeren zurückgeschlagen.

KIEFERN *Pinus*

E – Pine   F – Pin   N – Pijn

Achtzig Arten in der nördlichen Halbkugel und jenseits des Äquators bis Java; die meisten Arten in Mexiko. Die Blätter an ganz jungen Sämlingen sind spiralig angeordnet, silberblau, linealisch und am Rand fein gesägt (Primordial-Blätter), in der Achsel eines jeden dieser Blätter steht ein kurzer, unentwickelter Trieb, der in einem Nadelbündel endigt (Altersblätter). Nadeln normalerweise zu zwei, drei oder fünf gebündelt, aber an starken Trieben einer zweinadeligen Art können gelegentlich auch einige Bündel mit drei, vier oder fünf Nadeln auftreten; einige wenige Arten sind in dieser Hinsicht nicht konstant, haben aber als

Grundzahl drei oder fünf Nadeln. Bei den zweinadeligen Arten ist jede Nadel im Querschnitt halbkreisförmig und meist ziemlich starr, bei den drei- und fünfnadeligen Arten sind die Nadeln im Schnitt dreieckig, entstanden aus der Teilung eines einzelnen Triebes; sie sind sehr dünn, oft schlaff und blau. Die Bäume sind an ihren Nadeln schon aus der Entfernung erkennbar. ♂ Blüten ringsum die Basis des neuen Triebes gehäuft, mitunter entlang vier Fünftel der Länge des neuen Triebes einnehmend; ♀ Blüten an der Spitze der neuen Triebe, oder (bei einigen Arten) in einem Quirl dicht unter der Spitze.

Kiefernzapfen entwickeln sich durch Vergrößerung der weiblichen Blüte im zweiten Sommer, so daß sie bei ihrer Reife also etwa 2 Jahre alt sind, bei *P. pinea* dauert das sogar drei Jahre. Die Zapfenformen sind bei den verschiedenen Gruppen, also jeweils bei den zwei-, drei- oder fünfnadeligen Arten, einander ziemlich ähnlich. Die Zapfen der zweinadeligen Arten sind meist klein (ausgenommen bei *P. pinea*), ziemlich kugelig oder kegelförmig; sie öffnen sich bei der Reife weit und bleiben bei vielen Arten noch Jahre hindurch an den Ästen sitzen. Die dreinadeligen Arten haben meist massive Zapfen, kugelig bis kegelförmig, die ebenfalls häufig noch jahrelang am Baum bleiben. Die fünfnadeligen Arten hingegen haben vorzugsweise zylindrische Zapfen mit dünnen, lederartigen Schuppen, doch haben einige Arten (*P. cembra, flexilis, armandii*) kurz-zylindrische Zapfen mit dicken Schuppen; bei keiner dieser Arten bleiben die reifen Zapfen am Baum, sondern fallen ab; manche sind sehr harzig.

Typische Kiefern-Zapfen

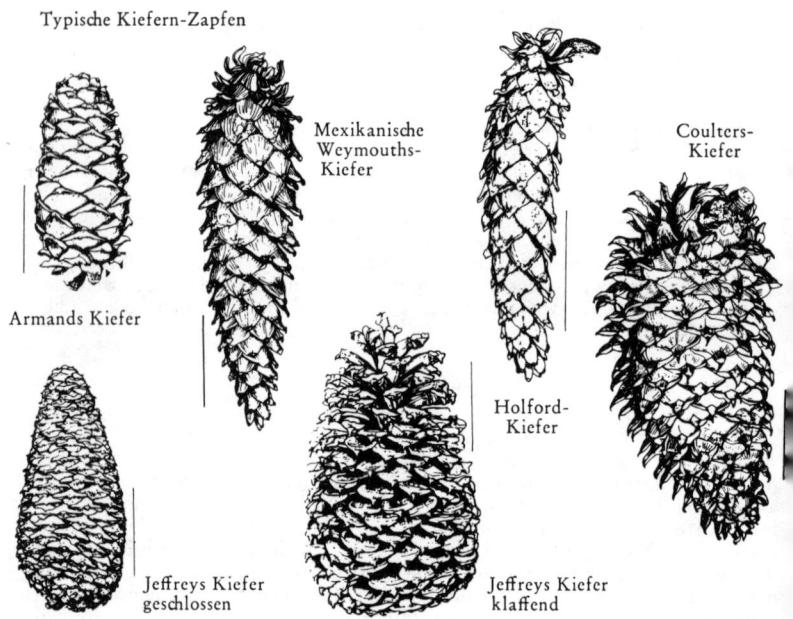

Mexikanische
Weymouths-
Kiefer

Coulters-
Kiefer

Armands Kiefer

Holford-
Kiefer

Jeffreys Kiefer
geschlossen

Jeffreys Kiefer
klaffend

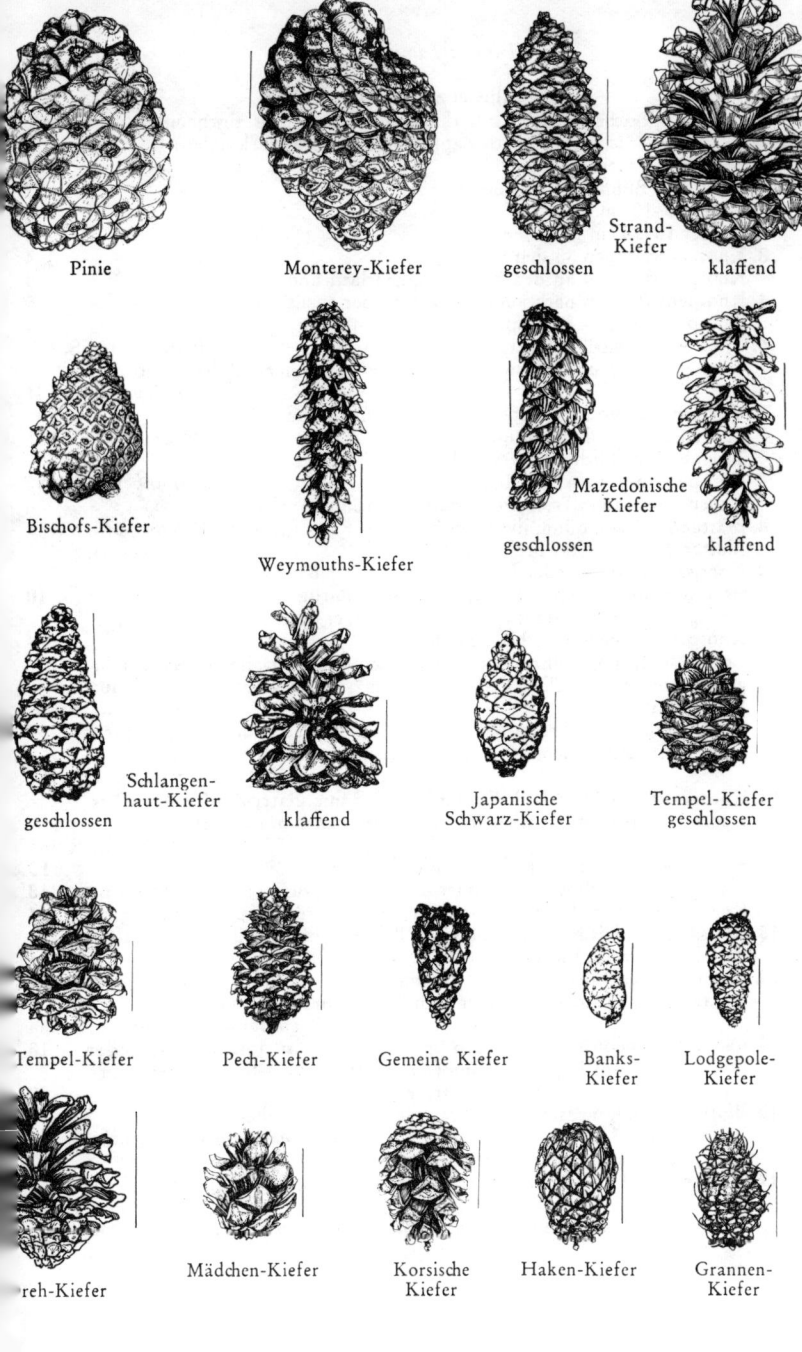

Pinie

Monterey-Kiefer

Strand-Kiefer
geschlossen · klaffend

Bischofs-Kiefer

Weymouths-Kiefer

Mazedonische Kiefer
geschlossen · klaffend

geschlossen

Schlangen-haut-Kiefer
klaffend

Japanische Schwarz-Kiefer

Tempel-Kiefer
geschlossen

Tempel-Kiefer

Pech-Kiefer

Gemeine Kiefer

Banks-Kiefer

Lodgepole-Kiefer

reh-Kiefer

Mädchen-Kiefer

Korsische Kiefer

Haken-Kiefer

Grannen-Kiefer

Schlüssel zu den Pinus-Arten

(in der Hauptsache nach Blattmerkmalen, dazu Triebe abschneiden, in zweiter
Linie auch nach Zapfen oder Habitusmerkmalen)

1. Blätter in Paaren **2**
   Blätter in Bündeln zu 3 oder 5 **22**
2. Blätter 3–10 cm lang **3**
   Blätter 10–20 cm lang **15**
3. Knospenschuppen an den Spitzen frei **4**
   Knospenschuppen an den Spitzen angedrückt und verharzt **9**
4. Knospenschuppen nach außen gebogen oder zurückgerollt **5**
   Knospenschuppen frei, Spitzen gerade, senkrecht **6**
5. Trieb weißlichgrün; Blätter gehäuft, tiefgrün *P. densiflora*, S. 183
   Trieb graugrün und orangebraun; Blätter locker stehend, hellgrün
   P. halepensis, S. 181
6. Trieb orangebraun; Blätter 6 cm, steif, dunkelgraugrün,
   Zapfenschuppen lang hinuntergebogen *P. uncinata*, S. 183
   Trieb hell, gelblich oder grünlich **7**
7. Knospe seidig weiß; Trieb goldbraun *P. thunbergii*, S. 182
   Knospe rotbraun; Trieb weißlich, rosa, grünlichbraun **8**
8. Blätter 9–10 cm, dünn, dunkelgrün *P. densiflora*, S. 183
   Blätter 3–7 cm, dick, breit, bläulich *P. silvestris*, S. 178
9. Knospe mit langer, scharfer Spitze aus breiter Basis;
   Schuppen mit häutigem Rand; Belaubung quirlig **10**
   Knospe zylindrisch, oder eiförmig, mit kurzer Spitze;
   Knospenschuppen ohne häutigen Rand **11**
10. Trieb hellbraun, mehr oder weniger grau bereift, im zweiten Jahr
    graubraun; Krone glatt und „ordentlich", junge Zapfen dunkelblau;
    Rinde glatt, grau *P. leucodermis*, S. 181
    Trieb dunkel grün-braun, im zweiten Jahr orangebraun; junge Zapfen
    hellbraun; Krone ziemlich grob, Rinde tief rissig und schuppig
    P. nigra var. *nigra*, S. 180
11. Knospe schlank, gerade, hellbraun; Trieb dünn, glatt; Zapfen vorwärts
    zeigend, glatt; Äste herabgedrückt; Rinde orange braun gefurcht
    P. banksiana, S. 185
    Knospe eiförmig oder rotbraun oder gedreht **12**
12. Knospe gerade; Blätter blau oder dunkel graugrün, Zapfen nicht stachelig **13**
    Knospe verdreht; Blätter heller oder dunkler grün, Zapfen stachelig **14**
13. Knospe zylindrisch; Blätter bläulich, Belaub. nicht quirlig *P. silvestris*, S. 178
    Knospe eiförmig; Blätter dunkel graugrün, Belaub. quirlig *P. uncinata*, S. 183
14. Blätter 6–9 cm, abgefl., absteh.; Krone offen *P. contorta* var. *latifolia*, S. 184
    Blätter 4–5 cm, schlank, dichter zum Trieb gedrängt; Krone dicht
    P. contorta var. *contorta*, S. 184
15. Obere Knospenschuppen an den Spitzen frei, meist stark zurückgebogen **16**
    Obere Knospenschuppen kaum frei, nicht zurückgebogen; meist un-
    regelmäßig stehend oder von Harz eingeschlossen **18**
16. Blätter schmal, biegsam, 12–15 cm, ziemlich dicht stehend
    P. halepensis var. *brutia*, S. 181
    Blätter dick, steif, kürzer oder länger, locker stehend **17**
17. Blätter 10–12 cm, dunkelgrün; Zapfen dick, gedrungen, glatt, 10 × 10 cm
    P. pinea, S. 179
    Blätter 15–20 cm, hell graugrün; Zapfen schief kegelförmig, 10 × 5 cm
    P. pinaster, S. 178

18. Knospe lang zylindrisch, verjüngt, purpurweiß beharzt, sonst rotbraun; Blätter dick; alle Zapfen am Baum bleibend, mit steifen Dornen
P. muricata, S. 185

Knospe kurz zylindrisch oder kegelförmig, scharf zugespitzt; Zapfen bald abfallend, glatt **19**

19. Trieb glänzend gelbbraun; Blätter 12–18 cm lang, gedreht
P. nigra var. *maritima,* S. 180

Trieb orange oder orangebraun; Blätter gerade **20**

20. Trieb hell orange; Blätter sich genau deckend, wenn scharf gebogen; Belaubung deutlich quirlig; Rinde der Äste rotbraun *P. resinosa,* S. 179

Trieb gelbgrün bis blaß orange; Blätter sich nicht genau deckend, wenn scharf gebogen; Belaubung nicht deutlich quirlig, Rinde dunkel purpurgrau **21**

21. Blätter dünn, 15–18 cm, graugrün *P. nigra* var. *cebennensis,* S. 181

Blätter dick, 10–15 cm, dunkelgrün *P. nigra* var. *caramanica,* S. 181

22. Blätter gebündelt zu drei (vorherrschend) **23**

Blätter gebündelt zu fünf (gelegentlich auch mehr oder nur 3) **29**

23. Blätter kürzer als 15 cm **24**

Blätter länger als 15 cm **26**

24. Blätter sehr dünn, schlaff, glänzend, dunkelgrün, Zapfen eiförmig 12 × 9 cm *P. radiata,* S. 171

Blätter nicht dünn, steif, Zapfen 4 cm lang **25**

25. Blätter gesägt (betasten!), dunkel graugrün, leicht gedreht; Trieb orangebraun oder weißlichgrün (Wassertriebe); Rinde rauh gefurcht, orangebraun *P. rigida,* S. 172

Blätter ganz glatt (betasten!), dunkel gelblichgrün, gerade; Belaubung locker stehend, Trieb olivgrün; Rinde glatt, bunt (an älteren Bäumen weiß mit grau, grün und rötlichen Tönen) *P. bungeana,* S. 175

26. Blätter glänzend graugrün, sehr dünn und hängend; Rinde glänzend orange *P. patula,* S. 173

Blätter blaugrau oder dunkelgrün, dick, abstehend; Rinde nicht orange **27**

27. Knospe glänzend orange, bis 6 cm lang, einige Knospenschuppen mit freien Spitzen; Blätter 25–30 cm, blaugrau, weit abstehend, oder etwas geknittert *P. coulteri,* S. 174

Knospe dunkel rotbraun, bis 4 cm; Blätter 15–23 cm, mehr vorwärts gerichtet, gerade **28**

28. Trieb glänzend rotbraun oder grünbraun, nicht bereift; Blätter dunkelgrün; Zapfen eiförmig, bis 9 × 5 cm; Rinde rotbraun bis zimtbraun, schuppig *P. ponderosa,* S. 173

Trieb hell blaugrau, mehr oder weniger violett bereift; Blätter hellgrau; Zapfen eiförmig mit breiter Basis, 18 × 7 cm, mit geöffneten Schuppen bis 15 cm breit; Rinde fast schwarz *P. jeffreyi,* S. 174

29. Blätter auf der inneren und äußeren Seite ziemlich gleichfarbig **30**

Blätter auf der inneren Seite blauweiß, auf der äußeren Seite grün oder schwärzlich **32**

30. Blätter etwa 8 cm lang, dunkelgrün, die Bündel im ersten Jahr sich kaum öffnend; Trieb hell apfelgrün; Kurztrieb dunkelgrau, dick, spornartig *P. flexilis,* S. 163

Blätter länger als 10 cm, graugrün oder blau bis grau, abstehend **31**

31. Trieb sehr dick, dunkel orangebraun oder glänzend orange; Blätter 25–28 cm, hell blaugrau, Krone breit abgerundet *P. montezumae,* S. 169

Trieb nicht dick, blaß graublau, bereift; Blätter 12–20 cm, matt grau oder graugrün; Krone hoch und locker *P. montezumae* var. *hartwegii,* S. 170

Kiefern

Nadeln in Bündeln; Zapfen in zwei Jahren reifend, oft sehr holzig und dornig, besonders die eiförmigen Zapfen; lange Zapfen anfangs lederartig.

1 Seestrand-Kiefer *Pinus pinaster* 178

    a Trieb (hier zum besseren Erkennen herabgebogen, sonst stets gerade) im Juni austreibend, die ♀ Blüten öffnen sich an der Spitze, die einjährigen Zapfen stehen an der Basis und beginnen jetzt sich zu vergrößern.

2 Monterey-Kiefer *Pinus radiata* 171

    In SW-England, Irland und Spanien sehr häufig angepflanzt.

    a Blätter zu 3 gebündelt, dünn, glänzend grün.

    b Rindenbild eines alten Baumes; die Risse können bis 10 cm tief sein.

    c Zapfen, noch geschlossen, doch schon viele Jahre alt; die Zapfenquirle bleiben oft zwanzig Jahre oder sogar länger fest am Baum.

3 Korsische Kiefer *Pinus nigra* var. *maritima* 180

    a Blätter zu zwei gebündelt, grünlichgrau; an jungen Bäumen Nadeln sehr verdreht.

    b Baum, 43 m hoch, mit typischer Kronenform.

    c Trieb mit senkrecht stehender, sich jetzt verlängernder Knospe und einjährigem Zapfen an der Basis.

    d Trockener, geöffneter Zapfen.

    Dieser Baum ist der wichtigste Forstbaum in den sandigen Gebieten und Flachmooren des östlichen und mittleren England.

4 Tränen-Kiefer *Pinus wallichiana* 164

    a Reifer Zapfen, wie man ihn unter dem Baum findet. Er sieht zu schön aus, um ihn liegenzulassen, doch das weiße Harz klebt sehr leicht an den Fingern und Kleidern und läßt sich nur schlecht wieder entfernen.

    b Trieb mit den dünnen, zu fünf gebündelten Nadeln, meist dunkel blaugrau und hängend.

    Dieser Baum ist sehr oft in Gärten und Parks zu sehen; im Alter ist seine Krone breit und unregelmäßig.

1a

1b

2a

3a

2b

2c

3b

4a 4b

3c

3d

1

1b

1c

2a

2b

2c

3

Kiefern (Fortsetzung)

1 Gelb-Kiefer *Pinus ponderosa*   173
a Blätter, zu 3 gebündelt, lang und ziemlich steif.
b Trieb mit Winterknospen; Trieb braun und grün, glänzend.
c Zapfen mit abstehenden oder zurückgebogenen Dornen.

Die nicht ganz so häufige Jeffrey-Kiefer hat bereifte, graublaue Triebe, Nadeln mehr grau, Zapfen viel breiter und größer, besonders wenn trocken und klaffend.

2 Gemeine Kiefer *Pinus silvestris*   178
Bei uns allgemein verbreitete Kiefern-Art; in S-England verwildert, einheimisch nur in Schottland.
a Blätter zu 2 gebündelt, kurz, dick und blaugrau.
b Trieb mit reifendem Zapfen, dunkel glänzendgrün.
c Aufspringender Zapfen.

3 Japanische Schwarz-Kiefer *Pinus thunbergii*   182
Trieb goldbraun; Knospe im Winter deutlich seidig weiß.

4 Schlangenhaut-Kiefer *Pinus leucodermis*   181
Zapfen im Spätsommer, reifend, dabei die Farbe von blauschwarz nach purpur wechselnd. Diese sehr schöne dunkel-blättrige, 2nadelige Kiefer hat einen eiförmigen Habitus und graue Rinde. Gelegentlich sind die Bäume auch schmal kegelförmig.

Japanische Schwarz-Kiefer

32. Blätter dicht vorwärts gedreht über den Trieb, hart, kurz, 2–4 cm, fünf
    Jahre oder länger bleibend, im ersten Jahr außen glänzendgrün; Trieb
    dicht behaart, rötlich (Fuchsschwanz-Kiefern)   33
    Blätter nicht vorwärts gedreht über den Trieb, nicht länger als 4 Jahre
    bleibend; weich   34
33. Belaubung weiß punktiert; Blätter plötzlich kurz zugespitzt; Zapfen
    mit langen, abstehenden Dornen   *P. aristata,* S. 170
    Belaubung ohne die weißen Punkte; Blätter allmählich in eine Dorn-
    spitze auslaufend; im zweiten Jahr Blätter gedreht, aber nicht so dicht
    wie in *P. aristata;* Zapfen ohne Dornen   *P. balfouriana,* S. 170
34. Trieb dicht und deutlich behaart   35
    Trieb kahl oder leicht und fein behaart   38
35. Trieb rotbraun, von langer Behaarung mit dieser Färbung   36
    Trieb lederbraun oder oliv, sehr kurz behaart, hell   37
36. Blätter 7–8 cm; Haupttriebe plötzlich aufwärts gedreht; Blattquer-
    schnitt mit 2 Harzgängen; Krone dicht und säulenförmig   *P. cembra,* S. 163
    Blätter 10–12 cm; Haupttriebe lang bogig; Blattquerschnitt mit drei
    Harzgängen; Krone offen, kegelförmig   *P. koraiensis,* S. 163
37. Trieb ledergelb bis kupferbraun; Belaubung in Quirlen, auf der
    Außenseite blaß grün; Knospe mit freien, zurückgeschlagenen Schuppen
    P. monticola, S. 167
    Trieb dunkel olivgrün; Belaubung nicht quirlig, Blätter entlang dem
    neuen Trieb vorwärts gerichtet, auf der Außenseite dunkelgrün;
    Knospe mit geraden, spitzen Schuppen   *P. lambertiana,* S. 167
38. Blätter 4–10 cm lang   39
    Blätter 12–20 cm lang   41
39. Blätter 4–8 cm, gedreht, außen blaugrün; Knospe mit freien Schuppen-
    spitzen, Belaubung dem Trieb ziemlich aufliegend; Zapfen aufrecht,
    eiförmig, Schuppen einwärts gekrümmt   *P. parviflora,* S. 169
    Blätter 8–10 cm, dünn, gerade, vorwärts gerichtet an starken Trieben,
    außen dunkelgrün; Zapfen hängend, gebogen, schmal zylindrisch   40
40. Trieb glänzendgrün, glatt; Zapfenschuppen an ihrer Spitze einwärts
    gekrümmt; Baum deutlich säulenförmig   *P. peuce,* S. 165
    Trieb bräunlich hellgrün, die Blattpolster behaart; Zapfenschuppen an
    der Spitze kräftig auswärts gebogen; Baum mit breiter, offener Krone
    P. strobus, S. 164
41. Trieb hellgrün, violett bereift, Blätter 18–20 cm   *P. wallichiana,* S. 164
    Trieb dunkel, glänzend oder bräunlichgrün, dünn; Blätter 12–18 cm   42
42. Trieb dunkelgrün, harzig, kahl; Belaubung nur an den Spitzen junger
    Triebe; die jungen Blätter in nahezu geschlossenen Bündeln hängend,
    nicht dünn; Krone offen, Zweige waagerecht; Zapfen eiförmig,
    14 × 5 cm   *P. armandii,* S. 166
    Trieb rötlichgrün oder glänzendgrün, fein behaart (Lupe!); Blätter
    sehr dünn; Zapfen lang zylindrisch, verjüngt, 18–30 cm, orange   43
43. Trieb apfelgrün; Zapfen unterschiedlich in der Breite und der Ver-
    jüngungen; Blätter 14–18 cm, dunkel glänzendgrün außen; Rinde
    orangebraun gefurcht   *P.* × *holfordiana,* S. 168
    Trieb rötlich-braun-grün; Zapfen unterschiedlich in der Länge, stets
    lang verjüngt; Blätter 12–15 cm, hell oder mittel-grün, außen und
    glänzend; Rinde tief purpurn, tief zerrissen in quadratische Platten
    P. ayacahuite, S. 167

Zirbel-Kiefer, Arve *Pinus cembra* L.

E – Swiss Stone Pine   F – Pin Cembro, Arolle   N – Alpenpijn

Alpen, Karpaten. 1746. Häufig angepflanzt. 27 × 3,3 m.

RINDE: Dunkelgrau oder orangebraun, mit flachen, breiten, rotbraunen Furchen; dunkle, abspringende Schuppen.

KRONE: *Säulenförmig*, die kurzen waagerechten Zweige an den Spitzen straff aufsteigend.

BELAUBUNG: Triebe grünbraun, mit dichter, kurzer, brauner Behaarung; Knospe eiförmig-kegelförmig, scharf zugespitzt, hellbraun, mit langen, spitzen, der Knospe dicht angedrückten Schuppen; Nadeln außen glänzend dunkelgrün, Innenseiten blauweiß; in Bündeln zu 5, nicht voll geöffnet, dicht stehend, vorwärts gerichtet; mit vielen papierdünnen Basalschuppen; 7–9 cm lang.

BLÜTEN UND ZAPFEN: ♂ Blüten an der Basis gehäuft in einem 3–5 cm breiten Ring um die Basis kurzer Triebe, eiförmig, purpurn getönt, beim Stäuben gelb, 3 cm; ♀ eiförmig, dunkelrot, der junge Zapfen kräftig violettpurpur, 1 cm; Zapfen 8 × 6 cm, stumpf eiförmig, Schuppen geschwollen, hart, groß, mit vorragenden Spitzen; dunkelblau während des Sommers, reif glänzend rotbraun, nur an alten Bäumen; Samen bleiben sitzen, wenn der Zapfen zerfallen ist, deshalb oft am Boden von Mäusen und Eichhörnchen ausgefressen.

WUCHS: Langsam, doch gleichmäßig, selten mehr als 30 cm jährlich. Forstlich angebaut in CH, A, CS und YU.

Korea-Kiefer *Pinus koraiensis* S. & Z.

E – Korean Pine   F – Pin de Corée   N – Koreaanse Pijn

Ost-Asien 1861. Selten. Belaubung ähnlich *P. cembra,* aber Nadeln länger, 10–12 cm, *abstehend und schlaff,* außen heller grün, Innenseiten blauweiß, wenn gesund, aber mitunter kränkelnd, dann kurze, gelbliche Nadeln; Trieb bei der Entfaltung Anfang Mai dunkelrot; Rinde *rosa-braun* oder purpurn und grau, löst sich in kleinen Schuppen ab; Krone breiter *kegelförmig und offen.* ♂ Blüten karmin. Zapfen kegelförmig, 15 × 8 cm, dunkelblaugrün; sehr selten. Besonders als junger Baum sehr hübsch. 19 m.

Nevada-Zirbelkiefer *Pinus flexilis* James

E – Limber Pine

Östl. und südl. Rocky Mountains bei 3000 m Höhe, noch höher gehend in der Sierra Nevada und in den White Mountains. 1851. Ziemlich selten, meist nur in Sammlungen. 17 m.

RINDE: Glatt, waagerecht, runzelig, matt graurosa, später braun und mit flachen Rissen.

Zirbel-Kiefer, Arve   Nevada-Zirbelkiefer

KRONE: Kräftig, die unteren Äste waagerecht, mit kurzen, dunkelgrauen, sehr biegsamen Trieben; die oberen Äste ansteigend, *weit vorragend,* mit *dicht angedrückter* Belaubung.

BELAUBUNG: Trieb hell apfelgrün, fein braun behaart; Knospe zugespitzt, zylindrisch-kegelförmig, bis 1,3 cm, die freien Schuppen rotbraun, die angedrückten heller; Blätter zu 5 beisammen, dicht zusammenhaltend in ziemlich-locker gestellten Bündeln; Blattpolster dunkelgrau, runzelig; Blatt 8 cm, *auf allen Seiten dunkelgrün,* ganz glatt, Rand glatt, Scheide hell rotbraun und bald abfallend.

BLÜTEN UND ZAPFEN: ♂ Blüten in einem flachen Ring an der Basis der Triebe, eiförmig, 5 mm gelblichgrün; Zapfen kegelförmig, von der Basis an allmählich verjüngt, 12 × 5 cm. Schuppen dick, die basalen zurückgeschlagen, dunkel orangebraun, sehr abgerundet, Rand leicht gezähnt, sehr harzig.

ÄHNLICHE ARTEN: Sieht fast aus wie eine besonders kräftige *P. strobus,* aber die Blätter auf allen Seiten ziemlich gleichfarbig und ganzrandig; die Blattbündel sehr locker stehend; Triebe grün, Zapfen verschieden.

Tränen-Kiefer   *P. wallichiana* Jacks.   **13**
(= *P. excelsa* Wall.; *P. griffithii* McClelland)

E – Bhutan Pine   F – Pin pleureur de l'Himalaya   N – Tranenpijn
Afghanistan bis Nepal; sehr häufig. 35 × 3 m.

RINDE: Fast eichenartig, mit ganz flachen orange- oder rosabraunen Rissen zwischen kleinen grauen Furchen.

KRONE: In der Jugend offen, quirlig und dann raschwüchsig, später grob, breit, starkästig, die weit ausgebreiteten Äste überhängend; sehr alte Bäume häufig durch Schnee zerbrochen, Gipfel oft abgestorben.

BELAUBUNG: Trieb dick, hell graugrün, zuerst dick *violett-grau bereift,* etwas gefurcht, kahl; Knospe orange und grau, zylindrisch, häufig spitz, Schuppen an der Spitze frei; Blattlänge abhängig von der Stärke des Triebes; Blätter zu 5, *bläulichgrau* (außen grün, Innenseiten blauweiß), schlaff, sehr dünn, vorwärts gerichtet und hängend, manche Bündel an der gleichen Stelle geknickt und runzelig, 18–20 cm lang.

BLÜTEN UND ZAPFEN: ♂ Blüten vom 10. Jahr ab, mitunter schon eher, gehäuft an der Basis junger Triebe, aber auch höher hinauf verstreut an langen Trieben, eiförmig-zylindrisch, 1–2 cm lang, hellgelb beim Stäuben im Juni; ♀ Blüten zu 1–2 m an 3–4 cm langen Stielen, wie Keulen an den Triebenden, vom 8. Jahr an, aufrecht, 2,5 cm, im ersten Jahr rötlich, im 2. Jahre bilden sich die bananenförmigen, hängenden, dunkelblaugrauen, mit klarem oder weißem Harz überzogenen Zapfen, zur Reifezeit holzig, dunkelbraun, weiß harzig, gebogen, 20–30 cm lang, geöffnet bis 10 cm breit, die Basalschuppen in der Nähe des Stieles klein und meist zurückgebogen.

WUCHS: In der Jugend rasch, bis zu 28 m in 40 Jahren bekannt, nach Ende des Höhenwachstums Umfang sehr langsam zunehmend, Mitte April bis Mitte Juli; erreichbares Höchstalter etwa 150 Jahre, dann vergreist. Forstlicher Versuchsanbau in B, BG und D.

ÄHNLICHE ARTEN: *P. strobus* wird mitunter hiermit verwechselt, aber ist doch sehr verschieden, ferner *P. ayacahuite* und *P. holfordiana.*

Weymouths-Kiefer   *Pinus strobus* L.

E – Weymouth Pine   F – Pin Weymouth   N – Weymouthspijn

Östl. N-Amerika, Neufundland bis Georgia, wo die Bäume 80 m Höhe erreichen. 1705. Überall häufig auch als Forstgehölz. Alte Bäume oft mit zer-

brochener Krone und schwärzlich; junge Anpflanzungen wegen des Blasen-
rostes, dem viele alte Bäume zum Opfer fielen, sehr zurückgegangen.

RINDE: Schwärzlich, rötlich oder graurosa, mit schmalen, kurzen Rissen.

KRONE: Junger Bäume schmal kegelförmig, offen, Leittrieb leicht gebogen; ältere
Bäume unregelmäßig, aber teils auch mit schmaler Kronenspitze, bei sehr alten
Bäumen mit flacher Krone. Äste oft aufwärts gerichtet, die oberen stets mit
schmalen, weit ausgebreiteten Trieben, teilweise sehr dicht benadelt, aber im
Alter dünner werdend, wenn die tiefer stehenden Äste absterben.

BELAUBUNG: *Trieb dünn*, anfangs hellgrün, später mehr grünbraun, nicht bereift,
Blattkissen winzig fein behaart, ebenso die Furchen unter diesen; Knospe ei-
kegelförmig, spitz, orangebraun, die Spitze dunkelbraun mit lang zugespitzten,
angedrückten Schuppen; Blätter zu 5 gebündelt 8–12 cm, *dicht zusammen haltend* in den Bündeln, vorwärts gerichtet, nahe dem Trieb, dunkelgrün, aus der
Entfernung schwärzlich, doch mit feinen weißen Linien auf den Innenseiten,
sehr dünn.

BLÜTEN UND ZAPFEN: ♂ Blüten klein, 6 mm, eiförmig, weißlich, hellrot an den
Spitzen, an den unteren 3 cm des neuen Triebes beisammenstehend; ♀ Blüten
endständig, zu 1–4, dünn, zylindrisch-kegelförmig, 1,5 cm, hellrosa, im 1. Jahr
Zapfen gerade, 9 × 2 cm, hellgrün, jede Schuppe mit lila Spitze; *Zapfen klein*,
10–15 cm (ausnahmsweise bis 25 cm), spitz, leicht gekrümmt, schmal, 4–5 cm
breit mit offenen Schuppen, diese *nach außen gebogen*, teils verharzt.

WUCHS: Junge Bäume wachsen in einem kürzeren Zeitraum stark; Jahrestriebe
von 1 m Länge sind dünn und *etwas bogig*, die Nadeln *an der Triebspitze
gehäuft*, spärlicher in der Mitte des Triebes, im unteren Teil ohne Nadeln.
Bäume werden höchstens bis 200 Jahre alt.
Überall in Europa forstlich angebaut.

ÄHNLICHE ARTEN: *P. lambertiana* ist am ähnlichsten, aber die Triebe sind behaart; *P. wallichiana* hat viel längere Nadeln und bereifte Triebe.

Mazedonische Kiefer   *Pinus peuce* Griseb.

E – Macedonian Pine   F – Pin Macédoine   N – Balkanpijn

SW-Balkan, 1864. Wohl nur in Parks und Sammlungen zu finden. 28 m.

RINDE: Junger Bäume graugrün, fein rotbraun rissig; alte Bäume mit glatten,
dunkelpurpurnen Feldern, die rissigen Felder schwärzlich oder ganz mattgrau
und fein zerrissen in schmale, kleine Platten.

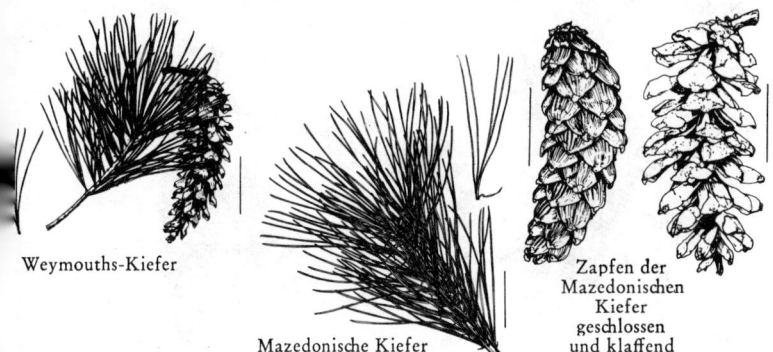

Weymouths-Kiefer

Mazedonische Kiefer

Zapfen der
Mazedonischen
Kiefer
geschlossen
und klaffend

KRONE: *Breit säulenförmig* mit kegelförmiger Spitze, in jedem Alter bis zur Basis hin dicht beastet, die oberen Äste ansteigend, die Basaläste oft sehr stark, aber stets eine gute Kronenform bildend.

BELAUBUNG: Trieb an der Knospe grau, doch bald *apfelgrün, kahl,* nach einem Jahr bräunlich; Knospe zylindrisch, plötzlich zugespitzt, grauweiß, Rand der Schuppen mit Haarfransen, an der Spitze frei; Blätter in *dichtstehenden* Bündeln zu 5, dünn, 8–12 cm lang, nicht weit gespreizt, dunkelblaugrün, auf allen Seiten mit weißen Linien, diese auf der Außenseite ganz fein, auf den Innenseiten breiter; das untere Drittel des Triebes ohne Nadeln.

BLÜTEN UND ZAPFEN: ♂ Blüten gehäuft nahe der Basis kleiner Triebe, kegelförmig, spitz, Mitte Juni stäubend und dann aufwärts gebogen, 12 mm lang, rötlichgelb; ♀ Blüten endständig, schlank eiförmig, offen hellgrün mit rosa, bald schon dunkel violettpurpur, 18 mm. Zapfen 10–15 × 3,5 cm (wenn Schuppen geschlossen), an der Spitze und der Basis leicht gebogen, zylindrisch, harzig, zuerst glänzend dunkelgrün, im September reif und dann dunkel rotbraun, die Schuppen mit grauen Spitzen, konvex, die Spitzen einwärts gekrümmt.

WUCHS: Stetig, aber nicht stark, Jahrestriebe etwa 50 cm lang, Anfang Mai bis Anfang Juli. Robuster und gesunder Baum, auch für freien Stand, widerstandsfähig gegen Blasenrost. Forstlich angebaut in GB, I und YU.

ÄHNLICHE ARTEN: *P. armandii* hat ebenfalls grüne Triebe, aber die Nadeln stehen lockerer, sind heller, oft etwas gelblich; *P. strobus* hat ähnliche Zapfen.

Armands-Kiefer   *Pinus armandii* Franch.

E – Armand's Pine   F – Pin d'Armand

W-China 1897. Ziemlich selten in den Sammlungen. 18 m.

RINDE: Zuerst glatt, mit flachen, bogenförmigen Rissen, graupurpur, später dunkelpurpur, dann tieffrissig in grobe, große, quadratische Felder. (D ∧∧)

KRONE: Breit kegelförmig und offen, mit langen *waagerechten, bogigen* Ästen ohne Blätter, ausgenommen nahe der Spitze, deutlich quirlständige Äste, jedoch oft unsymmetrisch.

BELAUBUNG: Trieb dunkel oder gelblich-grün, glänzend, mit kleinen Harzflecken, die später größer und weiß werden, kahl; Knospen klein, 5 mm lang, eiförmig, hell rotbraun, harzig; Blätter zu 5, ziemlich *licht* und nur an *den Enden der Triebe, überhängend* in geschlossenen Bündeln, glänzend grün, mitunter außen etwas mehr grau, innen weißlichgrün, 12–14 cm lang, viele Bündel an der Basis scharf gebogen; Triebbasis mit 2 mm langen Schuppen, doch ohne Nadeln.

Armands-
Kiefer

Westamerikanische
Weymouths-
Kiefer

BLÜTEN UND ZAPFEN: ♂ Blüten eiförmig, 8 mm, weißlichgrün mit kirschroten Spitzen, in bis 10 cm langen Quirlen, Mitte Juni stäubend; ♀ Blüten zu 1–3 in der Nähe der Triebspitzen; 2 cm lang, aufrecht, hellrot, an einem 3 cm langen Stiel; der einjährige Zapfen aufrecht, eiförmig, 6 × 4 cm, blaugrün, im zweiten Jahr an 3 cm langem Stiel, eikegelförmig bis *faßförmig*, oben abgerundet, 8–14 × 5 cm, aufrecht, *Schalen verdickt*, einwärts gebogen, zuerst glänzend dunkelgrün, dann orangebraun, zuletzt dunkel purpurbraun; an manchen Bäumen häufig „Zwillingszapfen" auftretend

ÄHNLICHE ARTEN: *P. ayacahuite, P. wallichiana* und (mit kahlen grünen Trieben) *P. peuce.*

Westamerikanische Weymouths-Kiefer *Pinus monticola* Dougl. ex D. Don

E – Western White Pine

Brit. Kolumbien bis Montana und Kalifornien. 1831. Bestände am Naturstandort werden jetzt selten, da durch Blasenrost vernichtet; 30 m.

RINDE: Glatt und dunkelgrau, mit Harzblasen, später purpurn, feinrissig, glatt, mit Blasen zwischen den Rissen.

KRONE: Breit säulenförmig, im oberen Teil verjüngt und kegelförmig; von einiger Entfernung wirken die Nadeln fast schwarz an den glänzend dunkelgrauen Ästen. Junge Bäume haben eine ziemlich dichte, alte Bäume eine dünne, lichte Krone.

BELAUBUNG: Trieb bräunlichgrün, *kupferig, sehr fein und dicht behaart*; Knospe eiförmig, scharf zugespitzt, mit langen, freien Schuppensitzen, dunkel orangebraun; Blätter zu 5, dicht stehend, 10 cm, *gerade und steif*, außen dunkel blaugrün, Innenseiten mit feinen weißen Linien.

ZAPFEN: Meist zahlreich, in *hängenden Büscheln*, bis 22 × 4 cm lang, langkegelförmig, in eine dünne Spitze auslaufend, purpurbraun, mit kurzem, dickem Stiel; Schuppen zahlreich, die unteren zum Stiel hin gebogen.

Zucker-Kiefer *Pinus lambertiana* Dougl.

E – Sugar Pine   F – Pin à sucre

Mittel-Oregon bis Süd-Kalifornien, hier bis zu 75 × 12 m Größe vorkommend. 1827. Alte Bäume oft durch Blasenrost vernichtet, doch hier und da gesunde junge Bäume in den Sammlungen und Gärten. Ähnlich *P. strobus* in den kurzen Nadeln (10 cm), die zu 5 gebündelt und dicht zusammen stehen, dem Trieb entlang vorwärts gerichtet, Trieb dunkel oliv-braun *mit rotbrauner Behaarung;* abgebrochene Zweige duften kräftig nach *Citrus.* Die Blätter stehen dicht gedrängt bis fast zur Triebbasis, weit gespreizt nahe der Triebspitze, außen dunkelgrün, Innenseiten blauweiß, gedreht. Ihre Zapfen sind die längsten aller Kiefern, bis 45 cm lang.

Mexikanische Weymouths-Kiefer *Pinus ayacahuite* Ehrenb.

E – Mexican White Pine   F – Pin blanc de Mexique

Mexiko bis Guatemala, 1840. Wenig angepflanzt; in Sammlungen. 25 m.

RINDE: Dunkel purpurbraun, dicht und grob schuppig oder mit groben quadratischen Platten, an manchen Bäumen auch mit breiten, flachen Furchen, innen gelblichrosa.

KRONE: Junger Bäume offen, mit leicht gebogenem Leittrieb, sonst breit kegelförmig; alte Bäume sind in der mehr spitz kegelförmigen Spitze dichter beastet, während die unteren Äste *lang, bogig und waagerecht* stehen.

BELAUBUNG: Trieb hell grün, rötlich und bräunlichgrün, sehr fein und hell behaart; Knospe ei-kegelförmig, 6–7 mm, glatt und hell rotbraun, einige Schuppen mit freien Spitzen. Blätter zu 5, *abstehend*, dünn, 13–15 cm, mitunter geknickt, an jungen Bäumen dunkel blaugrün (ältere Bäume mitunter grau-gelbgrün), Innenseiten glänzend blauweiß.

BLÜTEN UND ZAPFEN: ♂ Blüten klein, 8 mm, locker stehend (1,5 cm Abstand) auf einem etwa 15 cm langem Stück des Triebes, hellgrün mit glänzender rosa Spitze oder auch hellgelb; ♀ Blüten zu 2–3 endständig, aufrecht an 2 cm langen Stielen, glänzend rot, junge Zapfen glänzend grün, Schuppenspitzen blaugrün und orange; Zapfen hängend an dicken, 2 cm langen Stielen, lang, kegelförmig, allmählich *in eine lange Spitze auslaufend*, veränderlich in der Länge (20–40 cm) und Breite (offen 6–15 cm) und in der Biegung der Schuppen; bei manchen Zapfen sind nur die Basisschuppen zurückgeschlagen, bei anderen sind die meisten Schuppen nach außen gekrümmt und die Basisschuppen besonders stark; Schuppen hell orangebraun mit dunkelpurpurbraunen Spitzen.

ÄHNLICHE ARTEN: *P.* × *holfordiana* (nachstehend); *P. armandii.*

Holford-Kiefer   *Pinus* × *holfordiana* A. B. Jacks.

E – Holford's Pine

1904 in Westonbirt, England, entstanden, erst 1933 an den Zapfen erkannt: *P. ayacahuite* × *P. wallichiana*, die dort nebeneinander stehen. Sehr starkwüchsig. 25 m.

RINDE: Ähnlich *P. wallichiana*, orangebraun, feinrissig.

KRONE: Junge Bäume sehr kräftig, mit weiten, waagerechten, bogigen Ästen; alte Bäume kegelförmig, Äste waagerecht; Krone offen.

BELAUBUNG: Triebe dünner als bei *P. wallichiana*, hellgrün mit feiner gelbbrauner Behaarung; Knospe lang, 5–7 mm. Basis breit zylindrisch, an der Spitze kegelförmig, grünlichbraun; Blätter zu 5, dünn, gerade, 14–18 cm, blaugrün, außen glänzend dunkelgrün, Innenseiten weiß.

ZAPFEN: Breiter als bei *P. wallichiana*, 20–30 × 8 cm und mehr verjüngt, doch meist viel weniger als bei *P. ayacahuite*, ausgenommen einige dünne am 4 cm langen Stiel, Schuppenspitzen vorwärts gerichtet; orange, später dunkel orangebraun; sehr harzig.

ÄHNLICHE ARTEN: Wie eine langnadelige *P. ayacahuite*, doch breiter und mit orange Rinde; von *P. wallichiana* verschieden durch die behaarten nicht bereiften, dünnen Triebe.

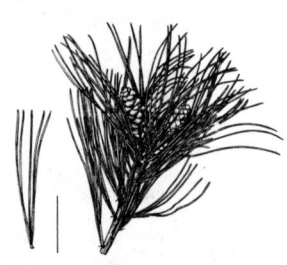

Mexikanische Weymouths-Kiefer   Holford-Kiefer

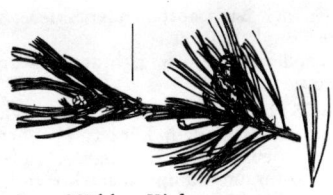

Mädchen-Kiefer   Montezuma-Kiefer

Mädchen-Kiefer   *Pinus parviflora* S. & Z.

E – Japanese White Pine

Japan 1861. Häufig angepflanzt; besonders in den „Japan-Gärten", aber meist in einer halbzwergigen, vermutlich japanischen Selektion; bis 10 m, die normale Wildform bis 20 m.

RINDE: Purpurgrau, stellenweise Felder mit aufbiegenden schwärzlichen Schuppen.

KRONE: Der üblichen Form niedrig, die Äste *waagerecht oder etwas hängend,* die Belaubung auf der oberen Seite *in Lagen* von kurzen, abstehenden Trieben; Baum sonst breit säulenförmig mit lichten, abstehenden Zweigen; kräftige junge Bäume ohne typische Form, mit aufwärts gebogenen Ästen.

BELAUBUNG: Trieb grünlichweiß, ganz fein behaart; Knospe eiförmig, hell orangebraun, Schuppenspitzen frei; Blätter zu fünf, 5–8 cm, *kurz, gedreht, außen blaugrün,* innen blauweiß.

BLÜTEN UND ZAPFEN: ♂ Blüten ziemlich locker verteilt auf den unteren 10 bis 12 cm jedes jungen Triebes, eiförmig, 3 mm, in der Knospe grün und weiß, während des Stäubens Mitte Juni gelb und braun; ♀ Blüten sehr zahlreich schon an ganz jungen Bäumen, zu 1–4 endständig, aufrecht, eiförmig oder kegelförmig, rosarot, später purpur, selten hellgrün glänzend, 12 mm; einjährige Zapfen von jedem Knoten abstehend, Schuppen konvex und glänzendgrün, Spitzen blaugrün; Zapfen eiförmig-zylindrisch, bei der Reife faßförmig, 5 × 3,5 cm, zuerst hell orangebraun, dann dunkelpurpur. An starken Trieben stehen die Zapfen strahlenförmig von den Knoten ab, an alten Bäumen mit flach ausgebreiteten Ästen stehen sie jedoch oben auf den Trieben.

ERKENNUNG: Bei den hohen sowohl wie bei dem niedrigen Typ sind die Nadeln stärker gedreht als bei jeder anderen Kiefer, bei der niedrigen Form sind sie besonders blau; die lagenartige Belaubung, die Krone und die Zapfen sind ebenfalls sehr verschieden von anderen Kiefern.

Montezuma-Kiefer   *Pinus montezumae* Lamb.

E – Montezuma Pine

Mexiko 1839. Empfindlich! 20 m. (D ∧∧∧)

RINDE: Graurosa, flach gefurcht durch breite, senkrechte Risse und kurze, knorrige Furchen.

KRONE: Einzigartig breitrund gewölbt durch die blaugrauen, ansteigenden Äste.

BELAUBUNG: Trieb *sehr dick,* gefurcht, glänzend *orangebraun,* aufwärts gebogen; Nadeln nur am äußeren Drittel, die restliche Länge ohne Nadeln, doch mit braunen, vorwärts gebogenen Schuppen, am Rand gefranst; Knospe zylindrisch, spitz, dunkelrot oder purpur, mit weißer Harzkruste, 2 cm oder länger; Blätter meist zu 5, aber auch gebündelt zu 3–8, dünn und gerade, 25–30 (bis 45) cm lang, *blaugrau,* steif abstehend.

BLÜTEN: ♂ Blüten in langen Büscheln an der Basis abstehender Triebe, zylindrisch-eiförmig, 1,5 cm, vor dem Stäuben dunkelpurpur.

ZAPFEN: Überraschend klein, nur 6–10 cm lang, faßförmig, braun bis dunkelpurpur, mit kleinem Dorn an jeder Schuppe.

var. *hartwegii* (Lindl.) Engelm. Mexiko 1839. Ebenfalls selten. 25 m. Nicht so schön wie der Typ, Krone schmaler, dünner, Nadeln kürzer, 13–18 cm, zu 3–5 beisammen, *grau oder gelblichgrün*, Trieb nicht dick, hellgrün, *violett bereift*, später grün-braun; Knospe 2,5 cm, rotbraun, Schuppen stark fransig oder frei; Rinde graurosa mit breiten braunen Furchen, sehr schuppig, ähnlich jungen *Pinus silvestris*; Zapfen 10,5 × 5 cm lang, eikegelförmig, graurosa, später *orangebraun.*

ÄHNLICHE ARTEN: Alle anderen, bei uns winterharten Kiefern mit sehr langen blaubraunen Nadeln sind sämtlich 3nadelig und haben ganz andere Kronen und Zapfen (vgl. *P. jeffreyi* und *P. coulteri*).

Grannen-Kiefer   *Pinus aristata* Engelm.

E – Bristle-cone Pine

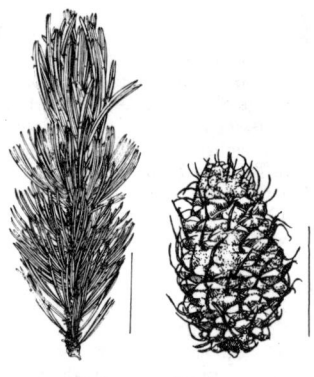

Colorado, Arizona, Mexiko 1863. (Seit kurzer Zeit nimmt man an, daß die ältesten Bäume in der Welt nicht zu dieser Art gehören, sondern zu einer verwandten Art, *Pinus longaeva* Bailey, mit Zapfen ähnlich denen von *P. aristata*, aber mit kürzeren Dornen und Nadeln sehr ähnlich denen von *P. balfouriana*. Vorkommen in Kalifornien, Utah und Nevada. Der älteste lebend gefundene Baum ist etwa 5000 Jahre alt. Dieser Baum war in Europa vor 1972 nicht in Kultur.

P. aristata ist ziemlich selten. Klein, langsamwüchsig, bis jetzt 9 m. Eine „Fuchsschwanz-Kiefer" (wie *P. balfouriana*), die ihre Nadeln 10–15 Jahre behält, dicht stehend an langen Zweigen.

Grannen-Kiefer

KRONE: Schmal, dicht, mit einzelnen vorragenden, aufstrebenden Zweigenden.

BELAUBUNG: Knospe 4 mm, spitz, mit großen, dunkelrotbraunen, freien Basalschuppen; Blätter zu fünf, kurz, plötzlich kurz dornspitzig, 2–4 cm, dick, steif, Außenseite dunkelgrün, hin und wieder mit großen, *weißen Harzflöckchen* (wie Woll-Läuse aussehend!), Innenseiten blauweiß, dicht ringsum stehend und *vorwärts gebogen* zum orangefarbenen, dicht behaarten Trieb; zerriebene Blätter riechen nach Terpentin.

ZAPFEN: Schon an jungen Bäumen häufig; im ersten Jahr eiförmig, dornig, matt purpurn, 2 × 1,5 cm, im 2. Jahr 5–6 cm, mit einem abstehenden, braunen, 6 mm langen Dorn an jeder Schuppe.

ÄHNLICHE ARTEN: *P. balfouriana*, die andere „Fuchsschwanz-Kiefer".

Fuchsschwanz-Kiefer   *Pinus balfouriana* Jeffrey ex A. Murr.

E – Fox-tail Pine

Nördl. Küstengebiet und mittlere Sierra Nevada, Kalifornien 1852. Sehr selten (z. B. Bot. Gart. Edinburgh, 10 m). Wie *P. aristata,* aber die Nadeln etwas länger, 3,5–4 cm und *feindornig, ohne die weißen Harzflöckchen,* an zweijährigen Trieben weiter abstehend; zerriebene Nadeln mit süßem Harzduft, ganz verschieden vom Terpentingeruch bei *P. aristata*; Knospen *ohne* Basalschuppen; Zapfen ohne Dornen.

Monterey-Kiefer   *Pinus radiata* D. Donn (= *P. insignis* Dougl.)

E – Monterey Pine   F – Pin de Monterey

Kleine Gebiete um Monterey und Cambria, Kalifornien 1833. In Deutschland selten. 30–44 m hoch. (D ∧∧–∧∧∧)

RINDE: Mattgrau, borkig, tief zerrissen in dicke, mehr oder weniger senkrecht verlaufende, parallele Leisten, bis 15 cm tief an alten Bäumen.

KRONE: Kegelförmig und lang zugespitzt in der Jugend; im Alter dicht beastet und hoch gewölbt im Freistand mit sehr starken Ästen bis zum Boden gehend. In engem Stand langer Stamm mit Knorren und vielen toten Ästen. Die weit abstehenden Äste abwärts zeigend, sehr starke Äste oft dem Boden aufliegend; Krone *glänzendgrün* aus der Nähe, schwärzlich aus der Ferne aussehend. Starke Äste mit den zahllosen Zapfenquirlen brechen mitunter bei Hagel oder Schneesturm ab.

BELAUBUNG: Trieb hellgrau oder weißlichgrün, später hellbraun werdend, kahl; Knospe zylindrisch, plötzlich zugespitzt, rotbraun, mit purpurgrauem Harz; Blätter zu dreien, dicht stehend, *sehr dünn,* gerade, *glänzendgrün*; alte Nadeln vor dem Abfallen orangebraun, 10(–15) cm.

BLÜTEN UND ZAPFEN: ♂ Blüten gehäuft an der Basis der jungen Triebe, schon ab März sichtbar, hellgelb während des Stäubens im März–April; Zapfen kurz und gedrungen, eiförmig, an der Basis sehr unsymmetrisch, 12 × 9 cm, meist zu 3–5 quirlig um den Trieb stehend, glänzend braun, Schuppen groß, holzig, die abgerundeten Zapfenschilder vorragend, vor allem bei den Basalschuppen an der Außenseite; an den Ästen oder Stämmen bleibend, selbst wenn diese schon 25 cm dick und 40 Jahre alt sind.

WUCHS: Außergewöhnlich kräftig (in England Jahrestriebe bis 2,5 cm Länge; in Neuseeland 60 m in 40 Jahren!); auch auf dem europäischen Kontinent gärtnerisch und forstlich bedeutsam, aber nur in sehr milden Gebieten, da sehr frostempfindlich. Forstlich angebaut in SW-Europa und GB.

ÄHNLICHE ARTEN: *P. muricata* ist in manchen Merkmalen ähnlich, aber zweinadelig, Zapfenschuppen mit Dornen; auch *P. rigida* ist ähnlich, auch dreinadelig, aber die Nadeln sind meist deutlich gelblichgrün.

Monterey-Kiefer

Höcker-Kiefer   *Pinus attenuata* Lemmon
E – Knobcone Pine

Hügelland in Kalifornien und S-Oregon in Höhen von 1500–1800 m. 1847.
In Sammlungen ziemlich selten; neuerdings in Deutschland auch forstlich verwendet. 20 m in S-England.

RINDE: Graurosa, ziemlich glatt, fein abschuppend; alte Bäume dunkelbraun, rissig und gefurcht.

KRONE: I n A m e r i k a : glänzendgrün, schmal, durchgehender Stamm, mit vielen eingewachsenen Zapfen bedeckt; i n E n g l a n d : Krone viel lockerer, licht, mit *weit abstehenden, dann ansteigenden, kräftigen Ästen*, die *lang kegelförmigen Zapfen in angedrückten Quirlen*; Nadeln dunkelgrün.

BELAUBUNG: Trieb grünbraun, Knospe dick, zylindrisch, spitz, 4–5 cm lang, dunkelbraun, mit weißem Harz überzogen; Blätter in Bündeln zu drei, dünn, 14–16 cm, graugrün, an der äußeren Hälfte der Triebe.

BLÜTEN UND ZAPFEN: ♂ Blüten sehr zahlreich, dicht beisammen im unteren Teil des Triebes, kugelig, 5–6 mm, während des Stäubens Anfang Mai gelb; ♀ in Quirlen zu 3–5 etwa in der Mitte starker Triebe an dicken rotbraunen, etwa 1 cm langen Stielen, 1,5 cm lang, eiförmig, rosabraun, mit aufwärts gerichteten Dornen; Zapfen in Quirlen, abwärts gegen den Trieb gedrückt, blaßgrün, reif dunkelbraun, 13 × 6 cm, lang kegelförmig, mit schiefer Basis; die nach außen gehenden Schuppen mit dicken, abstehenden Dornen, die anderen nur winzig dornig; Zapfen bis 20 Jahre am Baum bleibend.

WUCHS: In der Jugend sehr rasch, aber später viel langsamer; kurzlebig. Forstlicher Versuchsanbau in Nordwest-D.

ÄHNLICHE ARTEN: *P. radiata* hat ebenfalls bleibende Zapfen; Nadeln in Bündeln zu 3; aber die Krone und die Form der Zapfen ganz verschieden.

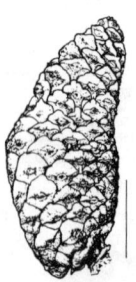

Höcker-Kiefer

Pech-Kiefer

Pech-Kiefer   *Pinus rigida* Mill.
E – Northern Pitch Pine   N – Pekpijn

Östl. N-Amerika. 1743. Ziemlich selten, meist nur in Sammlungen. 20 m.

RINDE: Braun, tiefrissig in dicke Streifen.

KRONE: Unregelmäßig, ziemlich breit und gewölbt; Stamm nur mit größeren Ästen, oft mit *vielen büscheligen Adventivknospen*; offen, aber durch die Stellen mit *dichten, dünnen Trieben* auch an den Hauptästen oft weniger locker und offen.

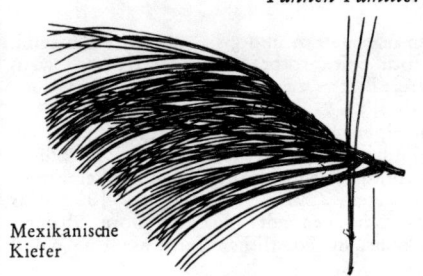

Mexikanische
Kiefer

Gelb-Kiefer

BELAUBUNG: Trieb blaß orangebraun, an seiner Oberfläche häufig runzelig (Wassertriebe weiß austreibend); Knospen sehr dünn zylindrisch-kegelförmig, dunkel rotbraun, einige freie Schuppenspitzen, sonst meist weiß verharzt; Blätter zu 3, dick, steif, etwas gedreht, matt graugrün, oft auch gelblichgrün, 8–9 cm, an den büscheligen Trieben bis 12 cm.

BLÜTEN UND ZAPFEN: ♂ Blüte 8 mm, eiförmig, purpurrot, im Aufblühen 2,5 cm lang, Anfang Juni; ♀ Blüten zu 3 unter der Spitze des neuen Triebes, glänzend karmin, Schuppen zurückgeschlagen, 6 mm; Zapfen klein, 3–4(–7) cm, symmetrisch, zylindrisch, spitz oder faßförmig; Schuppen dünn, flach, glänzend gelblichbraun mit gebogenem Dorn, meist etwas in Büscheln stehend und jahrelang am Baum bleibend, matt rotbraun.
Forstlicher Versuchsanbau in D.

Mexikanische Kiefer   *Pinus patula* Schlecht. & Chamisso

E – Mexican Pine

Mexiko, vor 1837. In Europa nur in mildesten Gegenden, winterhart. (D ∧∧∧)

RINDE: *Orange* (ähnlich der von *Pinus silvestris*), glatt, papierartig in großen Stücken abrollend, doch am Stamm bleibend; an sehr großen Bäumen Rinde rötlichgrau und im unteren Stammteil rissig.

KRONE: Breit kegelförmig, spitz, oft gegabelt; Äste waagerecht, an den Enden aufsteigend.

BELAUBUNG: Trieb blaß bräunlichgrün, rosaweiß bereift; Knospe dünn zylindrisch, gebogen, Schuppen hellbraun, mit freien Spitzen; Blätter zu dreien, sehr dünn, 18–20 cm, heller oder glänzendgrün, *hängend.*

ZAPFEN: Büschelig, bleibend, 10 m, schief, kegelförmig und gebogen. Forstlicher Anbau nur in den Subtropen.

Gelb-Kiefer   *Pinus ponderosa* Dougl.   **14**

E – Western Yellow Pine   F – Pin jaune de l'Ouest   N – Gele pijn

Rocky Mountains, südl. Brit. Kolumbien bis Mexiko; bis 70 m hoch in den Siskiyou Mts., Oregon 1828. Nicht selten in großen Parks und Sammlungen. 32–40 m.

RINDE: Alter Bäume in großen, flachen, bräunlichgelben bis dunkelroten Platten, am Rand schuppig, durch breite, flache Furchen getrennt; an jungen Bäumen dunkel graurosa, mit rotbraunen, senkrechten Rissen.

KRONE: Fast *kegelförmig,* die oberen Äste ansteigend, starkästig, aber doch mit spitzer Krone bis ins hohe Alter; lange unbelaubte, dicke hängende Triebe, dann wieder aufwärts gedreht und in einem Büschel langer Nadeln endigend; offen in der unteren Krone, dichter beastet nach der Spitze zu.

BELAUBUNG: Triebe dick, orangebraun oder rötlich und grün, oberseits glänzend, unterseits gelblich; Knospe zylindrisch, spitz, rotbraun, an der Basis oft weiß harzig, Spitzen der Schuppen harzfrei; Blätter zu dreien, gehäuft stehend, dunkelgrüngrau oder schwärzlichgrau, steif, 17–22 cm.

BLÜTEN UND ZAPFEN: ♂ Blüten dunkelpurpur, eiförmig, 2 cm, später auf 4 cm verlängert und dann gebogen, zylindrisch beim Stäuben im Juni; ♀ Blüten zu 1–5, endständig, eiförmig, matt rot, die kleinen Zapfen bald dunkelpurpur, 2 cm, eiförmig, Schuppen zurückgeschlagen; Zapfen veränderlich, 7–10 × 4 bis 5 cm, selten größer, eiförmig, spitz, Schuppen mit winzigem Dorn, abwärts gekrümmt durch Querfurchen, dunkelbraun. Forstlicher Versuchsanbau in GB und D (Köln).

ÄHNLICHE ARTEN: *P. jeffreyi* wird oft hiermit verwechselt (vgl. nachstehend).

Jeffrey's Kiefer *Pinus jeffreyi* Murr.

E – Jeffrey's Pine   F – Pin de Jeffrey

S-Oregon bis S-Kalifornien, in Lagen von über 1500 m. 1852. Weniger häufig als *P. ponderosa*, aber auch in vielen Sammlungen und Parks zu sehen. 30 m.

RINDE: Fast *schwarz und glatt,* doch mit zahlreichen Stellen mit schmalen, tiefen Rissen.

KRONE: Kegelförmig und regelmäßig; Zweige von regelmäßiger, mittlerer Größe, leicht ansteigend; älteste Bäume mit breiter Krone aus abstehenden, aufsteigenden Ästen.

BELAUBUNG: Trieb dick, hellbraun, *blaugrau bereift;* Knospe dunkel rotbraun, zylindrisch, spitz, Schuppen an den Seiten mit freien, kurzen Spitzen; Blätter zu dreien, 16–23 cm, steif, dick, *bläulichgrün* oder *grau,* abstehend.

ZAPFEN: Im 1. Jahr bis 500 g wiegend, dunkel purpurbraun, zylindrisch-eiförmig, 12 × 6 cm, später typisch sehr breit, mit flacher Basis (klaffend bis 15 cm breit), blaßbraun, bienenkorbförmig, mit kleinen, scharf zurückgebogenen Dornen, manchmal auch weniger breit an der Basis. Ein unterschiedlich großes Stück des Zapfens bleibt am Baum sitzen, wenn der Zapfen abfällt, eine Höhlung im Zapfen hinterlassend.

ÄHNLICHE ARTEN: *P. ponderosa, P. coulteri* (nachfolgend) wird viel eher verwechselt, hat jedoch eine Borke mit dicken Leisten, weit ausgebreitete Äste, ganz abweichende Zapfen und sehr große, orange Knospen.

Jeffrey's Kiefer

Coulters Kiefer *Pinus coulteri* D. Don

E – Big-cone Pine   F – Pin de Coulter

SW-Kalifornien 1832. Selten in Sammlungen. 28 m. (D ∧∧–∧∧∧)

RINDE: Schwarz oder purpur-graubraun; dicke Leisten oder große Platten, geteilt durch breite, tiefe Risse; junge Bäume mit hellgrauer, rissiger Rinde.

KRONE: Breit; lange, etwas hängende Äste an alten Bäumen; junge Bäume locker durch nur wenige, an den Enden aufwärts gehende Äste.

BELAUBUNG: Trieb sehr dick, gefurcht und bläulich, blaß bläulichweiß, später rotbraun; der lange innere Teil ohne Nadeln, doch mit braunen, schmalen Schuppen; Knospe hell *orange, dick,* bis 5 cm lang, scharfspitzig, einige äußere

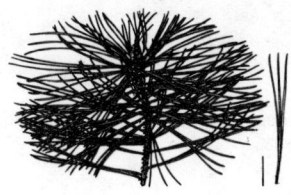
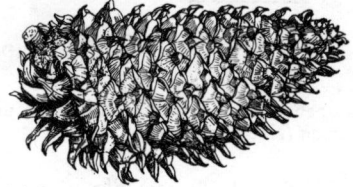

Coulters Kiefer

Schuppen meist frei; Blätter zu dreien, sehr *dick und steif*, im 2. Jahr meist runzelig, grau, 25–30 cm.

BLÜTEN UND ZAPFEN: ♂ Blüten entweder ziemlich verstreut oder auch dicht gedrängt an dem unteren Teil des neuen Triebes auf 6–12 cm Länge, dick eiförmig 2 cm, purpurrosa, während des Stäubens gelb werdend, Anfang Juni; Zapfen oben in der Spitze der Krone, massiv, eiförmig, 20–35 × 15–20 cm, bis 2 kg wiegend, Basis schief; Schuppen hellbraun, die dicken Enden in breite, flache, abstehende und sehr scharfe Haken ausgezogen, 2 cm lang, abstehend und aufwärts gebogen, ausgenommen die Basisschuppen, die abwärts gebogen sind.

ÄHNLICHE ARTEN: *P. jeffreyi* (vgl. oben); die seltenere *P. sabiniana* hat ähnliche, aber kleinere Zapfen, mit *abwärts* gekrümmten, dünneren Hakenschuppen und dünnere, mattgraue Nadeln.

Tempel-Kiefer *Pinus bungeana* Zucc.

E – Lace-bark Pine   F – Pin Napoléon

NW-China 1846. Nur selten in den Sammlungen, doch völlig winterhart.

RINDE: Einzigartig, glatt, graugrün und olivbraun, oft fast weiß oder silbergrau; dünn abschuppend wie bei Platanen.

KRONE: Meist niedrig, oft nur buschig, seltener schmal kegelförmig.

BELAUBUNG: Trieb blaß olivgrün, dann dunkel graugrün werdend; *Knospe 5 mm weit frei über den Blättern stehend*, spitz eiförmig, dunkel rotbraun, alle Schuppen zurückgeschlagen; Blätter zu *drei, locker stehend,* dunkel gelbgrün, ziemlich locker im Bündel, 6–8 cm, sauber und glatt aussehend; Seitentriebe weit abstehend.

BLÜTEN: ♂ Blüten 6 mm, eiförmig, matt gelb.

ZAPFEN: Kurzgestielt, eiförmig, 4 × 3,5 cm, dunkelbraun, mit nur wenigen Schuppen, diese dick, runzelig, weit abstehend, mit 3 mm langem Dorn.

ERKENNUNG: Unverwechselbar durch die auffallende Rinde.

Tempel-Kiefer: Zapfen geschlossen und klaffend

Pappeln

Knospen harzig; Blüten in Kätzchen, die beiden Geschlechter auf verschiedenen Bäumen (eine Art ausgenommen).

1 Weiß-Pappel *Populus alba* 188

    a Habitus eines ungewöhnlich kräftigen Baumes; die meisten Bäume sind etwas geneigt und ihre Bezweigung ist etwas mehr flach ausgebreitet (vgl. Abb. unten).

    b Blatt, mit noch etwas weiß überzogener Oberseite.

    c Blattunterseite.

2 Pyramiden-Pappel *Populus nigra* 'Italica' 190

    a Baum in mittlerem Alter, etwa 20 m hoch.

    b Blatt.

3 Spät-Pappel *Populus* × *canadensis* 'Serotina' 194

    a Habitus eines ausgewachsenen, etwa 25 m hohen Baumes. Viele Bäume entwickeln dicke, nach oben gerichtete Äste (vgl. Abb. unten).

    b Normales Blatt aus der Krone (Blätter von Wassersprossen oder Stockausschlägen dieser und anderer Pappeln sind meist viel größer und haben auch eine andere Form).

4 Gold-Pappel *Populus* × *canadensis* 'Regenerata' 194

Baum von etwa 20 m Höhe; Äste übergebogen, oft mit hängenden Zweigen.

5 Grau-Pappel *Populus canescens* 188

Blatt aus der Krone eines großen Baumes; junge, kräftige Bäume haben teilweise Blätter wie die Weiß-Pappel, ebenfalls filzig auf der Unterseite, doch nicht so glänzend, mehr grauweiß, der weiße Filz auf der Oberseite verschwindet sehr schnell.

6 Zitter-Pappel *Populus tremula* 189

Blatt, das gänzliche Fehlen seiner Behaarung auf der Unterseite unterscheidet sie leicht von den ähnlichen Blättern der Grau-Pappel. Die Blätter „flattern" leicht in jedem Windstoß und schimmern dann leicht.

7 Berliner Lorbeer-Pappel *Populus* × *berolinensis* 194

Blatt mit deutlich keilförmiger Basis; Unterseite leicht weißlichgrün.

Spät-Pappel

1a 2a 3a 4

1b 1c 2b 3b

5 6 7

1

2a

2b

3

4

Weiden; Flügelnuß

Außerordentlich raschwachsende Baumarten.

1 Weiß-Weide *Salix alba*   197
Habitus eines 20 m hohen Baumes im Winter.

2 Trauer-Weide *Salix alba* 'Tristis'   198
a Habitus eines 15 m hohen Baumes.
b Hängender Trieb und Blätter.

3 Bruch-Weide *Salix fragilis*   197
Im Hochsommer sind viele der bis 15 cm langen Blätter glänzend frischgrün; diese Art ist in den Flußniederungen viel häufiger als die Weiß-Weide.

4 Kaukasische Flügelnuß *Pterocarya fraxinifolia*   200
Dicht behaarte Knospen ohne Knospenschuppen; Blätter teilweise paarig gefiedert, die meisten sind jedoch unpaarig. Der Baum hat stets viele Basistriebe und entwickelt sich dadurch mehrstämmig, am besten in der Nähe von Gewässern. Im Sommer hängen die langen Kätzchen mit geflügelten Früchten von den Zweigen herab.

Seestrand-Kiefer *Pinus pinaster* Ait. **13**

E – Maritime Pine   F – Pin maritime   N – Zeepijn

Mittelmeer-Küste, vor 1596. In S-England oft angepflanzt, weniger häufig in Holland, sonst aber in Sammlungen anzutreffen. 34 m.

RINDE: Junger Bäume hellgrau, tiefrissig mit hell- oder rotbraunen Furchen; alte Bäume dunkelpurpur, schwärzlich oder rötlich, geteilt durch tiefe, schmale Risse in kleine quadratische Platten.

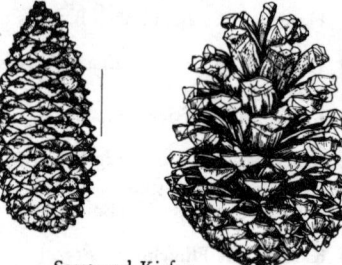

KRONE: Junge Bäume haben meist eine Krümmung an der Basis des Stammes und breite, weit gestellte, offene Zweigquirle; alte Bäume haben einen hohen astreinen, gebogenen Stamm, waagerecht stehende Äste und eine breite, flache Krone; Zapfen lange an den Ästen bleibend.

BELAUBUNG: Kräftige neue Triebe haben dunkelrote Flecke auf der sonst hellgrünen Rinde, normale Triebe sind dick, oben rosabraun, unten olivgrün, kahl; Knospe glänzend rotbraun, Schuppenränder heller und

Seestrand-Kiefer
Zapfen geschlossen und klaffend

mit silbernen Fransenhaaren, die Schuppen an der Spitze zurückgerollt, 1–2 cm; Blätter zu zweien, *dick*, halbrund und *lang*, 15–20 cm, *blaß graugrün.*

BLÜTEN UND ZAPFEN: ♂ Blüten verteilt über das untere Drittel neuer Triebe, stäubend im Juni; ♀ Blüten zu 3–5 rings um die Endknospe stehend, dunkelrosa, eiförmig, 1 cm; Zapfen längs der Äste sitzenbleibend, oft in Büscheln sitzend, mit schiefer Basis, kegelförmig, spitz, gebogen, hell, glänzend braun, 10 × 5 cm, jede Schuppe mit einer breiten Leiste und aufwärts gebogenem Dorn. Die Zapfen werden viel verwendet in der Binderei. Forstlich angebaut In S-Europa, SW-Frankreich und GB.

Gemeine Kiefer *Pinus silvestris* L. **14**

E – Scots Pine   F – Pin commun   N – Pijnboom, Groveden

Von Spanien bis Mittel-Sibirien, nach Norden bis Lappland; in großem Umfang auch forstlich verwendet. 35 × 5 m.

RINDE: Junger Bäume hellgrau mit schuppigen Furchen oder fein orangerot schuppig; an alten Bäumen sehr verschiedenartig, von „Krokodilhaut"-Muster mit kleinen, flach geteilten, rosa mit gelb und grau geteilten Platten bis zur tiefrissigen, schwarz und dunkelroten Schuppen-Borke; in der oberen Krone orangebraun, feinschuppig, rötlich bei alten Bäumen.

KRONE: Kegelförmig und quirlästig, bis das Höhenwachstum aufhört, dann flachkronig werdend mit langem, geradem, astreinem Stamm. Sehr veränderlich.

BELAUBUNG: Trieb blaßgrünlichbraun, kahl; starke Triebe fein gefurcht. Knospe zylindrisch, spitz, braun oder dunkelrot, teilweise mit weißem Harz, einige Schuppen nur an ihrer Spitze frei. Blätter zu zweien, an alten Bäumen kurz, 5–7 cm, doch doppelt solang an kräftigen jungen Bäumen, *blaugraugrün* (eigentlich dunkelgrün mit feinen und ganz dicht stehenden bläulichgrauen Linien), häufig gedreht, *dick und breit.*

BLÜTEN UND ZAPFEN: ♂ Blüten in Büscheln an der Basis der schwächeren neuen Triebe, glänzend gelb, mitunter auch vor dem Stäuben Ende Mai karmin; ♀ Blüten zu 1–5 an den Spitzen neuer starker Triebe, hellrosa, dann dunkelrosa-

purpur im Juni, kugelig mit vorragenden Schuppen, später kegelförmig, hellgrün und im nächsten Jahr abwärts gedreht; im folgenden Jahr holzige Zap-
fen, dunkel graubraun, spitz eiförmig, 5–8 cm.
WUCHS: Mitte Mai bis Anfang Juli; junge Bäume wachsen mitunter 1 m in einem
Jahr; Lebensdauer etwa 250 Jahre, in Schottland gelegentlich bis 400 Jahre.
Wichtiger Forstbau in Europa, einschl. Grönland.
'A u r e a'. Garten-Ursprung. Nadeln glänzendgelb von Dezember bis Mai;
junge Triebe grau; während des ganzen Sommers macht der dann graugrün
aussehende, gelb getönte Baum einen kränkelnden Eindruck; schön jedoch im
Winter. Wuchs langsam. 12 m.
'F a s t i g i a t a'. Gartenursprung 1856. Wuchs ganz schmal säulenförmig, alle
Zweige senkrecht. Nur in Sammlungen; 8 m.
ÄHNLICHE ARTEN: *P. densiflora* hat ähnliche Rinde, aber andere Blätter und
Zapfen; *P. resinosa* hat eine ähnliche Rinde, jedoch nur in der oberen Krone.

Pinie *Pinus pinea* L.

E – Stone Pine   F – Pin parasol   N – Parasolpijn

Mittelmeergebiet; in Kultur wahrscheinlich schon vor 1500. Frostempfindlich!
Junge Sämlingspflanzen behalten ihre blaugrauen, einfachen, am Rande gesäg-
ten Blätter noch 4–5 Jahre, bevor die Altersblätter erscheinen. (D ∧ ∧∧)
RINDE: Rotbraun oder orange, mit tiefen grauen Rissen, wodurch große, senk-
rechte Platten entstehen; junge Bäume mit tiefen orange Furchen.
KRONE: Breit schirmförmig gewölbt, mit kurzem Stamm, oft schon in niedriger
Höhe geteilt in einige starke Äste; Zweige breit abstehend.
BELAUBUNG: Trieb gebogen, blaß grün-lederbraun, Blattpolster orange; Knospe
1 cm, eiförmig, glänzend rotbraun, Schuppen tief weißlich gefranst, Spitzen
nach außen gebogen; Blätter zu zweien, ziemlich dick, oft gedreht, 12–15 cm,
dunkel graugrün, ziemlich locker stehend.
BLÜTEN: ♂ Blüten eiförmig, 13 mm, orangebraun während des Stäubens Ende Juni.
ZAPFEN: Groß, 10 × 10 cm, kugelig, flache Basis, etwas glänzend braun, Schuppen glatt, mit abgerundeten Spitzen und rauher, grauer oder rotbrauner Schild-
mitte mit 5 feinen, strahlenförmig verlaufenden Falten. Forstbaum im Mittelmeergebiet.

Amerikanische Rot-Kiefer *Pinus resinosa* Ait.

E – Red Pine

Östl. N-Amerika, Neuschottland bis Pennsylvanien 1756. In Kultur selten.
Schöner Baum, ähnlich *P. ponderosa* mit der Rinde von *P. silvestris.* Dichte

Gemeine Kiefer   'Fastigiata'   Pinie

Amerikanische
Rot-Kiefer

Korsische Kiefer

Aleppo-Kiefer

Krone aus waagerechten, dann ansteigenden Ästen mit *dicken, orange Trieben*, mit dichter, *quirliger* Belaubung aus langen Nadel-Paaren; Nadeln dunkelgrün, 10–15 cm, sehr dünn, sich *genau deckend* bei scharfer Biegung; mit starkem Zitronenduft; Zapfen 4–5 × 2,5 cm, eiförmig, lang zugespitzt, glänzend hell orangebraun, häufig zu 3 beisammen. Forstlicher Versuchsanbau in S und GB.

Österreichische Schwarz-Kiefer   *Pinus nigra* Arnold var. *nigra*
(= *P. nigra.* var. *austriaca* [Hoess] Badoux)

E – Austrian Pine   F – Pin noir d'Autriche   N – Oostenrijkse pijn
Österreich, Mittel-Italien, Balkan. 1835. Überall häufig angepflanzt, auch in der Landschaft. 33 m.

RINDE: Schwärzlichbraun oder dunkelgrau, grob gefurcht, mit dicken Leisten, sehr schuppig.

KRONE: Meist unregelmäßig eiförmig, im unteren Teil offen, oben dichter, Stamm kurz; starke, ansteigende oder waagerechte Äste aus mitunter vielstämmigen Bäumen; seltener schmalkronig, mit gerade durchgehendem Stamm und dichter, waagerechter Beastung, oft stark rußgeschwärzt; Belaubung *schwärzlich, kurz, quirlig.*

BELAUBUNG: Triebe dick, *gefurcht, gelbbraun* oder grünbraun, glänzend; Knospe hellbraun, kurz und dick, plötzlich lang zugespitzt, an Seitentrieben die Knospen tief in weißen, papierdünnen, lockeren Schuppen stehend; Blätter zu zweien, dicht, steif, fast schwarz, 10–15 cm, gerade im ersten Jahr, ältere Nadeln in kurzen Quirlen vorwärts gebogen.

BLÜTEN UND ZAPFEN: ♂ Blüten in einem flachen Ring um die Basis kurzer, aufwärts gebogener junger Triebe, kegelförmig wenn aufgehend und dann 3 cm lang, gelb, Anfang Juni stäubend; Zapfen eiförmig, spitz, 5–8 cm, gelblichbraun, später matt graubraun. Forstlich angebaut in den meisten Ländern Europas.

Korsische Kiefer   *Pinus nigra* var. *maritima* (Ait.) Melville.   **13**
(= *P. nigra* var. *laricio* [Poir.]; *P. nigra* var. *calabrica* Loud. *P. nigra* var. *corsicana* Loud).

E – Corsican Pine   F – Pin de Corse   N – Corsicaanse pijn
Korsika, S-Italien, Sizilien 1759. Überall häufig in Gärten und Parks, ebenso forstlich verwendet. 35 m.

RINDE: In Pflanzungen rosagrau, fein abschuppend, seicht gefurcht; alte Bäume im freien Stand mit heller oder dunkelgrauer, tief gefurchter Borke, mit groben Leisten, weniger häufig mit rosagrauen Platten, manche groß und konkav.

KRONE: Schmal, regelmäßig, kegelförmig oder säulenförmig mit gleichmäßig voneinander stehenden, *kleinen, waagerechten* Ästen, seltener ganz offen; alte Bäume mit breiter, flacher Spitze, stärkeren Ästen, gelegentlich mit starken, tiefen, überhängenden Ästen; Stamm meist bis zur Spitze gerade durchlaufend.

BELAUBUNG: Trieb dick, leicht gefurcht, hell gelbbraun; Knospe braun, 1,5–2 cm, ziemlich kompakt, plötzlich zugespitzt, länger als bei var. *nigra,* ohne die häutigen Schuppen, oft weiß von Harz. Blätter zu 2, dünn, 12–18 cm, *graugrün,* locker verteilt am Trieb, an jungen Bäumen sehr *oft gedreht.*

BLÜTEN UND ZAPFEN: ♂ Blüten faßförmig, 1,3 cm, in Büscheln, hell gelbgrün, dunkelpurpurn gesprenkelt; ♀ Blüten glänzend rosarot, eiförmig, 5 mm, Mitte Juni. Zapfen wie bei var. *nigra.*

Krim-Kiefer   *Pinus nigra* var. *caramanica* (Loud.) Rehd.

E – Crimean Pine   N – Krimpijn

Krim; Kleinasien. 1790. Selten angepflanzt. Sehr starkwüchsige Form, etwa in der Mitte stehend zwischen var. *nigra* und var. *maritima.* 42 × 5 m. Alte Bäume unterscheiden sich durch den Stamm, der sich in etwa 6 m Höhe in fünf bis zehn senkrechte Äste teilt, die wie Orgelpfeifen aussehen. Trieb gelbgrün, glänzend; Blätter hart, mehr oder weniger steif, gerade, dunkel, 10–15 cm; Zapfen schmal kegelförmig, Schuppen mit vorragendem Nabel.

var. *cebennensis* (Gren. & Godr.) Rehd. (= *P. nigra* var. *pyrenaica* Gren. & Godr.) S-Frankreich und Pyrenäen 1834. 23 × 2,5 m. Sehr selten. Mit breiter Krone *abwärts gerichteter* Äste, *Triebe orange,* die dünnen Blätter 12–15 cm lang; Knospen oft undeutlich sichtbar durch das umgebende weiße Harz; Zapfen glatt, ei-kegelförmig.

Aleppo-Kiefer   *Pinus halepensis* Mill.

E – Aleppo Pine   F – Pin d'Alep   N – Aleppopijn

Mittelmeergebiet 1683. Außerhalb dieses Gebietes selten. 16 m. Sämlinge behalten während einiger Jahre ihre Jugendblätter. (D ∧∧–∧∧∧)

RINDE: Dunkel purpurbraun, mit breiten orange Rissen, ältere Bäume mit kurzen, schmalen Platten abschuppend, darunter rotbraun.

KRONE: Junger Bäume schmal, im Alter jedoch gewölbt und auf dickem Stamm; gedrehte Äste und eine Masse fein verästelter Zweige mit alten Zapfen besonders typisch.

BELAUBUNG: Trieb dünn, hell grünlichbraun oder orange; Knospe rotbraun, zylindrisch, klein, 1 cm; Schuppen frei und nach unten geschlagen, grau gefranst; Blätter zu zweien, nur an der äußeren Hälfte des Triebes, *sehr locker stehend,* 6–9 cm, *glänzend hellgrün.*

BLÜTEN: ♂ Blüten zu 1–3, kurz unter der Spitze des Triebes, rosa, eiförmig, 1 cm.

ZAPFEN: In heruntergebogenen Quirlen zu 3 beisammen, eiförmig, spitz, 5 bis 7 × 3 cm, hell rötlichpurpurbraun.

var. *brutia* (Ten.) Elwes & Henry. Zypern, S-Italien 1836. Sehr selten. 12 m hoher Baum in Kew Gardens. Unterscheidet sich vom Typ in Blatt und Zapfen. Blätter 15–16 cm, dunkler; Zapfen *vorwärts zeigend,* an 1 cm langem, *dickem* Stiel, oben spitz und gebogen, 9 × 4,5 cm. Forstbaum im Mittelmeergebiet.

Schlangenhaut-Kiefer   *Pinus leucodermis* Ant.   **14**

E – Bosnian Pine   F – Pin de Bosnie

Balkan 1890. In Deutschland in Gärten und Parks häufig; gedeiht auf Kalkböden ebenso gut wie auf sauren Böden. 20 × 2 m.

RINDE: Sauber und *glatt, grünlichgrau* zuerst, mit feinen senkrechten Rissen, später hellgrau mit weißlichen Stellen, andere Teile flach zerbrochen in kleine Quadrate, wenn die Bäume älter sind.

KRONE: Dicht und regelmäßig, eiförmig bis kegelförmig; Äste aufsteigend.

BELAUBUNG: Trieb bläulich bereift und etwas blaugrau zuerst, später hellbraun; Knospe groß, kompakt, plötzlich lang zugespitzt, mit lockeren hautdünnen Schuppen an der Basis, dunkle Mitte mit breitem weißlichem Saum; Blätter zu zweien in sehr dichten Quirlen, getrennt durch fast ebenso lange unbenadelte Triebstücke, jedoch bedeckt mit sehr regelmäßig stehenden großen braunen Schuppen (Nadelscheiden!) oder mit ♂ Blüten (zur Blütezeit); Nadeln schwärzlichgrün, steif, 6–9 cm, vorwärts gerichtet.

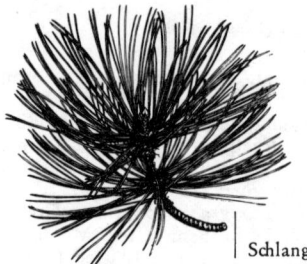

Schlangenhaut-Kiefer

BLÜTEN UND ZAPFEN: ♂ Blüten gedrängt auf den untersten 5 cm des neuen Triebes, eiförmig-zylindrisch, 2 cm, vor dem Stäuben Mitte Juni, purpurn oder gelborange; ♀ Blüten zu 3–5 an den Enden der Triebe, daraus dunkelpurpurblaue junge Zapfen hervorgehend, 1,8 cm, mit kleinen, abstehenden Dornen; im 2. Jahre werden die Zapfen größer und färben sich erst blauschwarz, eikegelförmig, spitz, 7 cm, dann matt orangebraun, schließlich reif purpurbraun, mit kleinen, zurückgebogenen Dornen auf den Schuppenschildern. Forstbaum in YU.

ÄHNLICHE ARTEN: *P. thunbergii* ist zu unterscheiden durch Rinde und Kronenform; *P. nigra* var. *nigra* hat weder helle, bereifte Triebe, noch die schwarzblauen Zapfen, bei denen die Nadeln zwar ähnlich, aber flacher stehen.

Japanische Schwarz-Kiefer   *Pinus thunbergii* Parl.   **14**

E – Japanese Black Pine   F – Pin de Thunberg

Japan 1861. Ziemlich selten. 23 × 2,5 m.

RINDE: Dunkelgrau oder dunkel purpurrosa, mit tiefen Rissen.

KRONE: Junger Bäume steif aufrecht und kegelförmig, später zuerst säulenförmig, dann unregelmäßig und an der *Spitze leicht übergeneigt;* allzu dichte Kronen werden locker und offen, wenn die *Äste lang nach außen streben.* Diese mit kurzen, an der ganzen Länge verteilten Büscheln, doch mit wenigen oder ganz ohne Seitenzweige. Auch der Stamm mitunter seitwärts geneigt, oft ist die Krone in der Mitte gegabelt.

BELAUBUNG: Triebe dick, *goldbraun,* die unbenadelten Triebstücke mit Schuppen; Knospe seidigweiß, mit langen gefransten Schuppen, sehr hübsch beim Austrieb, zylindrisch, scharf zugespitzt; Blätter zu 2, geschlossen bleibend und in dichten, vorwärts gerichteten Quirlen, unterbrochen durch unbenadelte Triebstücke mit Schuppen, *steif, dick,* scharf dornspitz, 7–10 cm, aus der Nähe graugrün bis fast schwärzlich; Nadelscheide in 2 lange Filamente auslaufend.

BLÜTEN UND ZAPFEN: ♂ Blüten zahlreich, in kleinen Quirlen, gelb, stäubend Mitte Juni; ♀ überaus zahlreich, oft gehäuft anstelle von Nadeln zu 70 oder noch mehr beisammen auf 20 cm Trieblänge, dunkel rosarot, später junge Zapfen purpurviolett; Zapfen normal 4–6 × 3,5 cm, Schuppen mit winzigen Dornen, kegelförmig, mit flacher Basis, dunkelgrau, aber viel kleinere Zapfen, wenn gebüschelt.

ÄHNLICHE ARTEN: Vgl. *P. leucodermis* und *P. nigra* var. *nigra*. (Alte Pflanzen sehen oft aus wie struppige, schief stehende *P. nigra* var. *nigra* mit wenigen Ästen).

Japanische Rot-Kiefer   *Pinus densiflora* S. & Z.

E – Japanese Red Pine   F – Pin rouge de Japon
N – Japanse rode pijn

Japan 1854. Ziemlich selten. Erinnert etwas an *Pinus silvestris,* aber Triebe glänzend graugrün; Nadeln *dünn,* vorwärts zeigend, glänzend *dunkelgrün,* 9–10 cm lang, zu zweien beisammen, lange Quirle (9–10 cm) brauner ♂ Blüten und kleine, spitze Zapfen (5 × 3 cm) in Büscheln zu 3–5, die drei Jahre an den Ästen bleiben. Kleiner, stämmiger Baum, schon früh eine flache oder gewölbte Krone bildend. 15 m. Früher forstliche Versuche in D (Württemberg).

Haken-Kiefer   *Pinus uncinata* Mill. ex Mirb.
(= *P. mugo* var. *rostrata* Hoopes)

E – Mountain Pine   F – Pin à crochets   N – Opgaande bergpijn

Pyrenäen und Alpen. *P. mugo* ist ein breitwachsender Busch, *P. uncinata* ist die Baumform, bis 20 m. Gelegentlich in Sammlungen, sonst selten in Kultur.

RINDE: Graurötlich, in kleine eckige Felder gerissen, später *schwärzlich* mit aufbiegenden Schuppen.

KRONE: Kegelförmig, breit oder schmal, die unteren Äste waagerecht, dann aufwärts gebogen; Baum dunkel, stämmig.

BELAUBUNG: Trieb orangebraun, im zweiten Jahr purpurbraun; Knospe eiförmig, 1 cm, rotbraun; Blätter zu zwei, sehr dicht und *quirlständig,* Nadelscheide breit, zurückgerollt und bleibend; Nadeln 6 cm, *starr,* auf der Innenseite gefurcht, dunkel graugrün; junge Triebe merklich heller.

BLÜTEN UND ZAPFEN: ♂ Blüten sehr zahlreich, gehäuft an der Basis eines jeden kleinen Triebes, Mitte Juni stäubend; ♀ Blüten endständig, eiförmig, purpurn; Zapfen 5 cm, hellbraun, ei-kegelförmig, die *Basalschuppen merkwürdig nach unten gezogen,* einige auch nach außen gedreht.

ÄHNLICHE ARTEN: *P. contorta* var. *latifolia.*

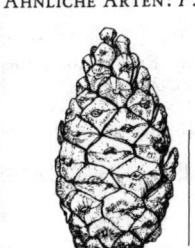

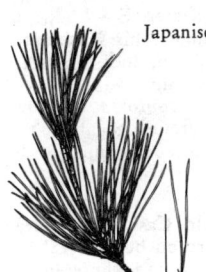

Japanische Rot-Kiefer

Haken-Kiefer

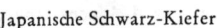

Japanische Schwarz-Kiefer

Dreh-Kiefer   Lodgepole-Kiefer

Dreh-Kiefer *Pinus contorta* var. *contorta*

E – Shore Pine   F – Pin tortillé

Alaska bis N-Kalifornien, in einem etwa 200 km breiten Küstenstreifen; ziemlich selten in den Sammlungen, jedoch forstlich verwendet (so in neuerer Zeit mehrere tausend ha in Wales und Schottland aufgeforstet). 28 m.

RINDE: Dunkel, durch tiefbraune Risse in vorstehende Felder zerbrochen, sehr alte Bäume tief längsrissig; Rinde fast birnbaum-artig.

KRONE: Junge Bäume mit zunächst breitbuschiger Basis, aus der dann ein starker Trieb entspringt und eine schmale Krone bildet; alte Bäume oben dicht und gewölbt oder auch spitz, in der Regel hoch und schmal, seltener großer breiter Busch.

BELAUBUNG: Trieb grünlichbraun, fein runzelig, im zweiten Jahr orangebraun, weiß gestreift; Knospe dunkelbraun, lang zylindrisch, oft auch gedreht (daher die Bezeichnung „contorta", gedreht), besonders beim Austrieb, sehr harzig; Blätter zu zwei, die langen, kräftigen Triebe junger Bäume *dicht bedeckend*, an älteren, kürzeren Trieben mehr abstehend; dunkelgrün an Bäumen aus dem Süden ihres Heimat-Areals, hell gelblichgrün an älteren Bäumen, 4–5 cm lang.

BLÜTEN UND ZAPFEN: ♂ Blüten mitunter schon an dreijährigen Sämlingen, in dichten Quirlen, im April stäubend; ♀ matt dunkelrot, zu 2–4 an der Spitze oder in der oberen Triebhälfte; Zapfen ei-kegelförmig, 5 cm, mit winzigen Dornen, hell rosabraun, in Quirlen zu zwei bis vier beisammen, *abwärts gerichtet*, unterschiedlich lange am Stamm bleibend, geöffnet stumpf eiförmig.

WUCHS: Die Knospen treiben schon sehr früh (April), doch erfolgt der Triebabschluß schon Anfang Juli; in günstigen Gebieten Süd-Englands erreichen die Jahrestriebe fast 2 m Länge! Je nördlicher die Heimat der Pflanzen ist, desto häufiger bilden sie zwei Quirle am einjährigen Trieb, wobei der zweite Quirl etwas über die Mitte des einjährigen Triebes steht. Forstlich angebaut in Europa.

var. *latifolia* Wats. **Lodgepole-Kiefer.** E – Lodgepole Pine, F – Pin de Murray. Nördl. Inland von Brit. Kolumbien bis Washington und östl. Rocky Mountains bis Mexiko. 1854. Selten in Gärten, doch forstlich verwendet, 20 m.

RINDE: Feinschuppig, dunkel rotbraun.

KRONE: Viel lockerer als bei var. *contorta,* offen und kegelförmig, oft auch aufwärtsgehend, Stamm gerade, oft auch gegabelt.

BELAUBUNG: Blätter zu zwei, *abstehend*, nicht dicht stehend, *breit*, dunkelgrün, 6–10 cm.

Forstlich angebaut in Europa.

var. *murrayana* (Balf.) Critchfield. Cascaden-Gebirge in Oregon und Kalifornien, südlich bis zu den San-Bernardino-Bergen. 1853. Langsamwüchsiger, kegelförmiger Baum mit offener Krone und kürzeren, dunklen, nur 4–4,5 cm langen

Nadeln, die nach 1–2 Jahren abfallen. In den forstlichen Kulturen wohl mehr zufällig als planmäßig angepflanzt, weil das Saatgut aus einem verkehrten Gebiet gesandt wurde. (Ein Einzelbaum, etwas über 400 Jahre alt, am Bluff Lake, San Bernardino, Kalifornien, hat 6 m Umfang).

ÄHNLICHE ARTEN: *P. banksiana* ist etwas ähnlich, aber hier sind die Zapfen alle aufwärts gebogen, die Blätter stehen viel lockerer, und die Rinde ist anders, *P. uncinata* ist dichter belaubt, Nadeln dunkler und starrer, Rinde dunkler und Zapfen mit den merkwürdigen Basalschuppen.

Banks-Kiefer   *Pinus banksiana* Lamb.

E – Jack Pine   N – Struikpijn

Östl. Kanada, vom Polarkreis bis zu den Küstenstaaten, vor 1783. In den Gärten ziemlich selten. 18 m.

RINDE: Orangegrau, senkrecht gestreift durch flache, graue Furchen.

KRONE: Dünn und unregelmäßig; schmal und etwas übergeneigt, in der Jugend schlanke Spitze, bald aber abflachend; Triebe dünn; Krone verästelt mit langen, dünnen, hängenden Zweigen, mit dünnen Zapfenquirlen besetzt.

BELAUBUNG: Jahrestrieb meist mit drei Quirlen an allen Haupttrieben, dünn; Knospe dünn, zylindrisch, hellbraun, harzig und glänzend; Blätter zu zweit, locker stehend, kurz (3–4 cm), *breit, gedreht*, gelblich.

BLÜTEN UND ZAPFEN: ♂ Blüten zahlreich an kleineren Trieben, beim Stäuben im Mai gelblich; ♀ kugelig, blaß rosarot; Zapfen häufig und sitzenbleibend, 3–6 cm lang, schlank eiförmig, spitz, paarweise oder zu dritt, am Trieb nach vorwärts zeigend. Alte Zapfen an den Bäumen ganz glatt und graubraun, oft mit Algen und Moos bedeckt.

Bischofs-Kiefer   *Pinus muricata* D. Don

E – Bishop Pine   F – Pin d'Anthony

Zerstreute kleine Areale an der Küste Kaliforniens. In den Gärten sehr selten, aber in Großbritannien wegen des starken Wuchses, mit Jahrestrieben von 1 bis 2 m (in Kew 11jährige Bäume 13 m hoch!), forstlich sehr interessant, in Mitteleuropa jedoch nicht ausreichend winterhart. (D ∧∧∧)
Krone schmal kegelförmig, im Alter jedoch breit gewölbt, mit langen, waagerechten oder leicht abwärts zeigenden Ästen, an den ältesten Bäumen mit bis zu 70 Zapfenquirlen an einem Ast. Blätter zu zweit, 7–15 cm lang, steif, gebogen, Basis graugrün oder oft auch gelblich; Zapfen schief eiförmig, 8 × 7 cm, Schuppen *mit scharfen Dornen*, etwa 6–7 mm lang. Ähnlich aus der Entfernung *P. radiata*, doch ist diese dreinadelig, frischer grün und hat eine dichtere Krone. Forstlicher Versuchsanbau in Südwest-GB.

Banks-Kiefer

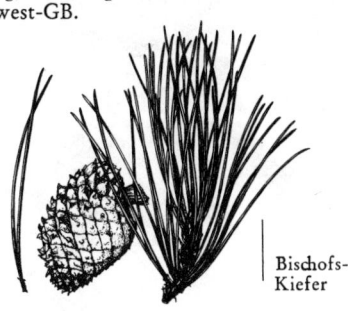

Bischofs-Kiefer

Angiospermen

Aus den Samenanlagen in einem geschlossenen Fruchtknoten entsteht zur Reife eine Frucht. Angiospermen oder Bedecktsamer sind die vorherrschende Pflanzengruppe der Jetztzeit, alle nicht zu den Koniferen zählenden höheren Pflanzen gehören dazu. Ihre Höhe variiert von winzigen, nur wenigen Millimeter hohen, kriechenden Pflanzen bis zu den über 100 m hohen *Eucalyptus regnans*. Die Blüten haben sehr unterschiedliche Form, von einem winzigen Staubgefäßbündel ohne Petalen, bei den Eichen, bis zu den schönsten Formen mit großen Petalen, wie bei den Magnolien. Dies Buch bespricht Gehölze, die zu 49 Familien gehören, einige davon enthalten fast nur Baumarten (z. B. *Fagaceae, Juglandaceae, Ulmaceae*); andere haben eine breite Skala von Arten, bei denen Bäume nur in geringer Anzahl vertreten sind (z. B. *Rosaceae, Leguminosae*), einige wenige haben nur ausnahmsweise auch Bäume unter zumeist Kräutern und Sträuchern aufzuweisen (z. B. *Bignoniaceae, Scrophulariaceae, Liliaceae*).

Dicotyledoneae, Klasse der Zweikeimblättrigen

Bei den Gehölzen dieser Klasse besteht der Stamm aus Rinde, Holz und Mark, er nimmt alljährlich an Umfang zu, bildet Jahresringe (sekundäres Dickenwachstum), vgl. auch S. 20; Blattadern netzartig; die ersten Blätter der Sämlingspflanzen sind ein Paar von Cotyledonen oder Keimblättern und unterscheiden sich meist stark von den folgenden Laubblättern.

Weiden-Gewächse: *Salicaceae*

Große Familie mit über 300 Arten, die mit einer einzigen Ausnahme zu den Gattungen Weiden oder Pappeln gehören. ♂ und ♀ Blüten auf verschiedenen Bäumen (diözisch, zweihäusig), ausgenommen bei *Populus lasiocarpa*; beide in Form von Kätzchen, die sich vor Erscheinen der Blätter öffnen; Samen an der Basis von langen, seidigen Haaren umgeben.

PAPPELN *Populus*
E – Poplar   F – Peuplier   N – Populier

Meist sehr starkwüschige Bäume, die eine beträchtliche Größe erreichen, mit harzigen Knospen und wechselständigen, gestielten Blättern. Etwa 30 Arten in der nördlichen gemäßigten Zone und zahlreiche Hybriden.

Schlüssel zu den häufigeren Arten und Hybriden nach der Kronenform

1. Fastigiat (gegipfelt, alle Zweige aufrecht)   **2**
   Nicht fastigiat   **3**
2. Schmal säulenförmig; Rinde mattgrau, flach gefurcht,
   Blätter glänzendgrün   *P. nigra* 'Italica', S. 190
   Breit säulenförmig, Rinde mattgrau, etwas korkig und gefurcht; Blätter
   unten weißlichgrün   *P.* × *berolinensis*, S. 194
3. Kegelförmig oder breit säulenförmig, Spitze verjüngt   **4**
   Gewölbt oder weit ausgebreitet   **5**
4. Triebe dicht stehend, schlank, teilweise hängend
          P. × *canadensis* 'Eugenei', S. 196
   Triebe locker stehend, in weiten Quirlen, mäßig steif, nicht hängend;
   junge Blätter orangerot   *P.* × *canadensis* 'Robusta', S. 195
5. Rinde der Äste zum Teil rahmweiß oder weiß   **6**
   Rinde einförmig grau oder braun   **7**
6. Leicht beastet, leicht geneigt, ziemlich flachkronig   *P. alba*, S. 188
   massiv beastet, hoch, gewölbt   *P.* × *canescens*, S. 188
7. Obere Äste kurz, waagerecht; Krone nach oben zu schmaler werdend
          P. tremula, S. 189
   Obere Äste ansteigend und eine riesige, breite, gewölbte oder flache
   Krone bildend   **8**
8. Hauptäste nach außen gebogen   **9**
   Hauptäste einwärts gebogen bis fast senkrecht   **10**
9. Rinde braun, Äste massiv, Triebe in dichten Büscheln an tief gebogenen, weit ausladenden Ästen   *P. nigra* var. *betulifolia*, S. 190
   Rinde grau, Äste nicht massiv; Krone ziemlich schmal, vasenförmig, mit vielem totem Holz; die langen Triebe teils hängend; nur
   weiblich   *P.* × *canadensis* 'Regenerata', S. 195
10. Äste ziemlich gleich groß, aufstrebend oder abstehend   **11**
    Äste weniger massiv, viele kleinere, stark einwärts gekrümmt   **12**
11. Klein, locker; Rinde sehr grob und rauh   *P. lasiocarpa*, S. 191
    Sehr starkwüchsig, Krone groß, dicht, aufstrebend, Rinde glatt oder
    mit glatten, seichten Rissen   *P. trichocarpa*, S. 191

12. Sehr offen, etwas nach einer Seite gerichtet, Triebe dick und entfernt
stehend; männlich; Blätter erscheinen spät und sind orange
$\qquad$ *P.* × *canadensis* 'Serotina', S. 194
$\quad$ Ziemlich dicht, regelmäßig, rundlich; Triebe dicht; weiblich; Blätter
früh erscheinend, grün $\qquad$ *P.* × *canadensis* 'Marilandica', S. 196

Weiß-Pappel *Populus alba* L. $\hfill$ **15**
$\quad$ E – White Poplar $\qquad$ F – Peuplier blanc $\qquad$ N – Abeel
$\quad$ Mittel- und Süd-Europa, Mittel- und West-Asien; eingeführt schon sehr früh,
Zeit unbekannt. Häufig in Parks und Pflanzungen, oft an sandigen Küsten,
wo sich sehr viele Ausläufer bilden. 20 × 2 m.
RINDE: Dunkel graugrün, gefurcht, später schwarz und dann tiefrissig und mit
groben Leisten, von der Basis bis 5 m stammaufwärts, darüber rahmweiße oder
graue, glatte Stellen, doch mit kleinen, rautenförmigen, schwarzen Vertiefungen.
KRONE: Am breitesten nahe der Spitze, gewöhnlich nach *einer Seite übergeneigt.*
Zweige gedreht, waagerecht, etwas hängend, Triebe dünn, gedreht, Belaubung
schön silberweiß.
BELAUBUNG: Trieb grün, dicht weißwollig, im zweiten Jahr hellbraun; Knospe eiförmig, orangebraun, mit weißer Behaarung;
Blatt im Austrieb beiderseits weißfilzig, später oben glänzend
dunkelgrün, fünflappig an starken Trieben, 9 × 5 cm, Mittel-
lappen an jeder Seite mit 1–2 kleineren Lappen; einige Blätter
auch mit kurzen, scharfen, entfernt stehenden Zähnen; kleinere
Blätter fast kreisrund, 5 × 5 cm, unregelmäßig ausgebuchtet bis
dreilappig, alle an der Basis abgerundet oder abgeschnitten;
Trieb, Stiel und Unterseite dicht weißfilzig; Stiel flach, 3–4 cm.
BLÜTEN UND FRUCHT: Kätzchen schon vor den Blättern, Ende
März, 4–8 cm lang, die ♀ karmin und grau, ♂ hellgrün, später $\quad$ Weiß-Pappel
mit flaumigen Samen. Häufig angepflanzt in D, I und GR.
'P y r a m i d a l i s'. 1872. Turkmenien. Nicht selten in Parks, auch als Straßenbaum; wie eine breite Pyramidenpappel, aber an der Spitze der Krone am
breitesten; Rinde graugrün. An Belaubung und Kronenform leicht und sicher
zu erkennen.
'R i c h a r d i i'. 1918. Holland. Nur in Parks. Blätter oben glänzend gelb, unten
graugelb, wenn ganz entfaltet, mitunter ziemlich fleckig.
ÄHNLICHE ARTEN: Oft verwechselt mit *P. canescens* (nachfolgend), die starkwüchsiger ist und größer wird; am Blatt allein nicht immer sicher zu unterscheiden. *P. alba* bleibt den ganzen Sommer hindurch heller grau.

Grau-Pappel *Populus canescens* (Ait.) Sm. $\hfill$ **15**
$\quad$ E – Grey Poplar $\qquad$ F – Grisard $\qquad$ N – Grijze populier
$\quad$ Europa, West-Asien; intermediär oder Hybride zwischen *P. alba* und *P. tre-
mular.* Örtlich häufig, vor allem in Flußtälern. 35 × 5 m.
RINDE: Dunkelgrau, in der Jugend mit rautenförmigen Korkwülsten; starke
Stämme dunkelbraun bis fast schwarz, mit einem regelmäßigen Netzwerk aus
dicken Leisten; der obere Stamm mit spiegelnder, silberweißer oder blaß rahm-
weißer Rinde und mit waagerechten Linien aus schwarzen, rautenförmigen
Korkwülsten.
KRONE: Anfangs schmal kegelförmig, bis zu einer Höhe über 20 m; alte Bäume
mit hoher, mehrteiliger, gewölbter Krone, am breitesten oben unter der Spitze,

meist nur aus wenigen massiven, ansteigenden Ästen bestehend mit etwas hängenden Trieben; der starke Stamm bis in die Krone gehend.

BELAUBUNG: Trieb grünlich graubraun, zuerst dick weißfilzig-schorfig, leicht abreibbar; Knospe eikegelförmig, rotbraun, an der Basis mit weißen Haaren, nach der Spitze zu gelb bis rosabraun und kahl, ziemlich angedrückt. Blatt bei der Entfaltung dicht silbrig behaart, später oben dunkel glänzend graugrün, unten dauernd und dicht grauweiß behaart; von kreisrund und 7 × 7 cm, mit großen, unregelmäßigen, gebogenen Zähnen an beiden Seiten bis seicht fünflappig, Basis gestutzt, 8 × 8 cm, Mittellappen mit gekräuseltem und fein gelapptem Rand, die kleineren Lappen mit wenigen, kleinen, spitzen Zähnen; Stiel flach, behaart, 5 cm.

BLÜTEN UND FRUCHT: ♂ Bäume mit Kätzchen, zuerst kurz, dick, seidig, später grau bis rötlichpurpur, 3–4 cm im März, gelb während einiger Tage Anfang April während des Stäubens; ♀ Bäume sehr selten, Kätzchen grün, strecken sich Mitte April, entwickeln weißwollige Samen und fallen Ende April ab. Häufig in Windschutzpflanzungen in D, F, YU.

ÄHNLICHE ARTEN: *P. alba* hat glänzendweiße Blattunterseiten.

Zitter-Pappel *Populus tremula* L. 15

E – Aspen   F – Tremble   N – Trilpopulier

Ganz Europa, Wälder der Ebene und des niederen Berglandes, am meisten verbreitete Pappel. 20 m.

RINDE: Grünlichgrau, sehr glatt, mit waagerechten Lentizellen, manche vom Grünspecht vergrößert und vertieft; an älteren Bäumen hellgrau oder auch mehr bräunlich, Basis seicht gefurcht, doch sonst bemerkenswert glatt bis in die Krone.

KRONE: Anfangs kegelförmig, offen, licht verzweigt, später breiter und weniger regelmäßig, doch weiterhin offen und leicht bezweigt, Stamm etwas geneigt, untere Äste waagerecht. Die Ausläufer eines früheren Stammes bilden häufig ganze Dickichte.

BELAUBUNG: Trieb glänzend dunkelbraun; Blattknospe gelb und dunkelbraun, die seitlichen angedrückt, schmal kegelförmig, Endknospe eikegelförmig; 7 bis 10 mm; Kätzchen-Knospen an den Spitzen der meisten Triebe auffällig, spitz eiförmig, glänzend rotbraun, 1–1,2 cm; Blatt eirund, abgestutzt bis breit keilförmig, mit sehr kurzer Spitze, 4,6 × 5–7 cm, mit stumpfen, gebogenen, unregelmäßigen Zähnen und etwas gekräuseltem Rand, im Austrieb kupferbraun, noch bis Ende Mai rötlich getönt, dann oberseits kräftig grün oder graugrün auf der Oberseite, heller graugrün unten; Stiel stark abgeflacht, weißlich, 4 bis 6 cm, schon beim leisesten Windzug sich bewegend (daher „Zitter-Pappel"); Herbstfärbung rein goldgelb. Ende Oktober.

BLÜTEN UND FRUCHT: ♂ Bäume tragen sehr viele dicke, graubraune Kätzchen, Mitte März beim Stäuben gelblich, dann mattbraun und bald abfallend. ♀ Bäume ebenso zahlreich wie ♂, mit grünen Kätzchen, 4 × 0,5 cm, mit rötlichen Tragblättern und grauen Haaren, bis Mitte Mai weißwollig werdend und dann ausfliegend. Forstlich angebaut in D, A, CS, PL, H, S, N.

Schwarz-Pappel *Populus nigra* L.

E – Black Poplar   F – Peuplier noir   N – Zwarte populier

Europa. Mächtiger Baum, mit breit ausladendem Wuchs und drehrunden Trieben.

RINDE: Grauweiß und rissig, an alten Bäumen mehr bräunlich und mit tiefen Längsfurchen.

KRONE: Junger Bäume eiförmig und dicht bezweigt; alte Bäume mit weitausladenden Ästen, teils *bogenförmig und übergeneigt*, mit *aufwärtsgehenden dichten Büscheln* gerader Triebe auf der Oberseite der Äste; auf guten Böden raschwüchsig, bis zu 25 m hoch in 40–50 Jahren.

BELAUBUNG: Triebe dünn, weißlich und blaßgelb, nach der Spitze zu mehr braun, im zweiten Jahr mehr graubraun, glänzend und glatt; Endknospe schmal und ei-kegelförmig, spitz; 7 mm, glänzend rotbraun, die Seitenknospen angedrückt, strohgelb und hellbraun; Blütenknospen weniger angedrückt, groß, glänzendgrün; Blatt im Austrieb bräunlichgrün, bald schon glänzendgrün, dreieckig bis mehr eiförmig, plötzlich kurz- oder langzugespitzt oder nur spitz, 5–8 × 6–8 cm, mit vorwärts gebogenen, hakenförmigen Zähnen und verdickten, durchscheinenden Rändern, unterseits hellgrün und netznervig; Stiel abgeflacht, 3–4 cm; Herbstfärbung gelb.

Schwarz-Pappel

BLÜTEN UND FRUCHT: ♂ Kätzchen grau, dann karminrot und 5 cm lang werdend vor dem Stäuben Ende März. ♀ Kätzchen grünlichweiß, 6–7 cm lang, die weißwolligen Samen im Juni entlassend. Oft angepflanzt in Europa.

var. *betulifolia* (Pursh) Torr. ist beschränkt auf West- und Nord-Europa und unterscheidet sich durch etwa *kleinere, stets weich behaarte* Blätter, am Rand oft bleibend gewimpert.

'Italica' Pyramiden-Pappel   15

E – Lombardy Poplar   F – Peuplier d'Italie   N – Italiaanse Populier

N-Italien 1758. Überall zu sehen, am besten entwickelt im Tiefland, besonders in Flußtälern; viel zu oft als Straßenbaum angepflanzt, wozu sie sich wegen ihrer Brüchigkeit wenig eignet, 30 × 4 m.

RINDE: Dunkelgrau, glatt, anfangs etwas glänzend, später matt und flach gefurcht.

KRONE: Variabel (es gibt einige Klone), die echte ♂ Form ist *schlank pyramidal oder schmal säulenförmig* mit spitz auslaufendem Gipfel bis ins hohe Alter, dann entsteht ein flacher Gipfel aus mehreren Trieben; Stamm rauh, mit vielen Wasserreisern, tief gefurcht und an der Basis mit Brettwurzeln.

BELAUBUNG: Trieb glänzend gelblichbraun, mit verstreuten kleinen Gruppen langer, dunkler Lentizellen; Knospe sehr schlank, kegelförmig, angedrückt hell *rotbraun*, 8 mm; Blatt dreieckig bis eiförmig, kurz zugespitzt, 6 × 4,5 cm, mit regelmäßigen, kleinen gebogenen Zähnen, frischgrün, kahl; Stiel 2,5 cm, flach, gelblichgrün.

BLÜTE UND FRUCHT: Die echte Form ist ♂; die Kätzchen erscheinen Anfang April, *dunkelrot*, während des Stäubens Mitte April rot und gelb, die ♀ Form, 'F e m i n a', ist wenig häufig, hat einige wenige, leicht einwärts gekrümmte Äste, jeder wiederum mit einer säulenförmigen Krone, wodurch der Habitus fast umgekehrt dreieckig wird. Die Fruchtkätzchen sind Ende April hellgrün, etwa 12 cm lang, etwas ansteigend und bogig.

'P l a n t i e r e n s i s'. 1855 Metz. Ähnlich 'Italica', aber mit beaarten Blattstielen und Trieben, doch bis zum Hochsommer kahl werdend. Scheint eine breitere Krone zu bekommen, nicht spitz auslaufend; Blätter mehr glänzend.

'Italica Femina'

Chinesische Großblatt-Pappel *Populus lasiocarpa* Oliv.

E – Chinese Necklace Poplar   N – Ruwvruchtige populier

Mittel- und West-China. 1900. In großen Parks und botanischen Gärten, sonst ziemlich selten. 23 m.

RINDE: Bräunlichgrau, seicht und senkrecht gefurcht, rauh und von den Ästen ablösend; stärkste Stämme grau mit eichenartigen Leisten, an der Basis spiralig verlaufend.

KRONE: Licht, lange waagerechte Zweige, an ihren Enden aufwärts gerichtet, mit nur wenigen Seitenzweigen; die höher stehenden Zweige nach allen Seiten stehend.

BELAUBUNG: Triebe dick, grün, zuerst dicht behaart; Knospe groß, lang zugespitzt, kegelförmig, hell glänzend grün; Blatt *sehr groß*, 20–35 × 20 cm, mit *rotem*, flachem, 20 cm langem Stiel, herzförmig, eiförmig zugespitzt, fein gesägt oder gekerbt, unten fein behaart, Nerven zur Basis hin rot.

BLÜTEN: Dicke gelbe Kätzchen an ♂ Bäumen, 20–25 cm lang, schon vor den Blättern Anfang Mai; Früchte entweder in besonderen, 20–25 cm langen Kätzchen mit 20–25 mit Zwischenraum stehenden rundlichen, grünen Früchten, bedeckt mit langer bräunlicher Wolle, oder nur mit 5–6 Früchten an 6–8 cm langem unterem Stück der ♂ Kätzchen.

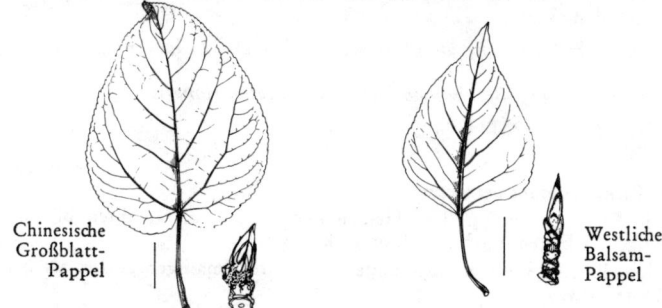

Chinesische
Großblatt-
Pappel

Westliche
Balsam-
Pappel

Westliche Balsam-Pappel *Populus trichocarpa* Hook.

E – Western Balsam Poplar   N – Haarvruchtige balsem populier

Alaska bis Kalifornien 1892. Überall angepflanzt; an Straßen, in Parks und sonstigen Pflanzungen, 35 m.

RINDE: Dunkelgrün und glatt, im hohen Alter dunkelgrau, flach gefurcht.

KRONE: Junger Bäume schmal kegelförmig, mit schmalen, mitunter bis 2 m langem Leittrieb; im Spätsommer werden die Blätter in der Nähe der Triebspitze größer; Zweige quirlig, ansteigend, sehr zahlreich, gemischt mitunter mit Wasserreisern. Alte Bäume haben oft eine fast pinselartige Krone, weil die Äste fast aufrecht stehen und die unteren Äste parallel zum Stamm ebenfalls aufwärts gerichtet sind.

BELAUBUNG: Triebe leicht kantig, gelblich, später stielrund, glänzend und dann rötlich; Endknospe lang, dünn, spitz, glänzend rotbraun, etwas behaart; 3 cm, die seitlichen braun, angedrückt, 1 cm; Blätter schon früh im April erscheinend, länglich bis breit-eiförmig, lang zugespitzt, 10–30 cm lang, dick, sich hart anfühlend, fein kerbig am Rand, oben dunkelgrün, unten weißlich (wie angestrichen), mitunter gelblich, oft rotbraun entlang der Nerven; im Herbst gelb,

Walnüsse, Birken

♂ und ♀ Blüten getrennt, jedoch stets am gleichen Baum.

1 Walnuß *Juglans regia*   202
  a Knospe, Blatt und Frucht.
  b ♂ Kätzchen.
  c ♀ Blüten an der Spitze des neuen Triebes.

2 Schwarznuß *Juglans nigra*   202
  Blatt; die zahlreichen gezähnten Blättchen zusammen mit der dunklen, un-
  ebenen Rinde unterscheiden diesen Baum schon aus der Entfernung vom Walnußbaum.

3 Weiße Himalaja-Birke *Betula jacquemontii*   212
  a Blatt, mit 7–8 Nervenpaaren.
  b Rinde glänzendweiß und ganz ohne die schwarzen, rautenförmigen Stellen
     der Sand-Birke.

  Diese Art geht über in *Betula utilis,* welche aber 11–12 Nervenpaare hat.

4 Rote China-Birke *Betula albosinensis* var. *septentrionalis*   213
  a Blatt, kann bis 15 cm lang sein.
  b Rinde.

5 Sand-Birke *Betula verrucosa*   215
  Die Birke trockener, sandiger Heiden und Hügel; auf feuchte Böden oder
  sumpfigen Gebieten durch die Moor-Birke ersetzt.
  a Trieb. Blätter weniger abgerundet und unregelmäßiger gesägt als bei der
     Moor-Birke.
  b Trieb im April mit ♂ Kätzchen, kurz vor dem Stäuben.
  c Junge ♀ Kätzchen im Hochsommer.
  d Ein 15 m hoher Baum der Cultivar 'Tristis', mit besonders lang herab-
     hängenden Zweigen und stets senkrechtem Mitteltrieb.

1b

1c

2

3a

3b

4a

4b

5b

5c

5d

1a
1b
1c
1d
2
3a
3b
4a
4

Erlen

Zumeist raschwüchsige Bäume; Knospen gestielt (Ausnahme Grün-Erle); Blüten beider Geschlechter getrennt, jedoch am gleichen Baum; Frucht holzig, zapfenartig.

1 **Schwarz-Erle** *Alnus glutinosa* 217
  a Alte, offene Frucht.
  b Trieb mit Blättern, unreifer Frucht, nächstjährigen ♂ Kätzchen und mit den kleineren ♀ Kätzchen im Spätsommer.
  c Etwa 20 m hoher Baum.

2 **Grün-Erle** *Alnus viridis* 217
  Trieb mit jungen ♂ Kätzchen und ungestielten Winter-Knospen; diese Art kann sowohl strauchig als auch baumartig sein.

3 **Italienische Erle** *Alnus cordata* 220
  a Junge Frucht, im Sommer.
  b Trieb und Blätter mit nächstjährigen ♀ Blüten und den größeren ♂ Blüten.

Ein schöner, raschwüchsiger Baum, gelegentlich in Parks und an Straßen zu sehen.

4 **Grau-Erle** *Alnus incana* 219
  Nützlicher, raschwüchsiger Baum für sandige oder schlechte Böden; oft als Pionierbaum an Halden oder rohen Böden usw. angepflanzt. Trieb im Sommer mit:
  a nächstjährigen ♂ Kätzchen und
  b nächstjährigen ♀ Kätzchen.

dann hellbraun, schöner Gegensatz zu den dann noch weißen Unterseiten; Stiel 2 cm.

BLÜTEN: ♂ Bäume bilden Anfang April, vor den Blättern, dicke, 8 × 1,5 cm lange, karminrote Kätzchen, oft schon vor dem Stäuben abfallend; ♀ Blüten grün, viel lockerer stehend, die weißwolligen Samen im Mai entlassend.

WUCHS: In England der stärkstwüchsige Baum, 30 m in 15 Jahren! Auch in Deutschland sehr starkwüchsig. Jahrestriebe von 2 m sind nicht selten, solange der Baum noch unter 20 m hoch ist. Austrieb beginnt erst im Mai, wenn die Knospen sich mit starkem Balsamduft entfalten. Forstliche Anbauversuche in YU und IS.

Berliner Lorbeer-Pappel   *Populus* × *berolinensis* Dipp.   15

E – Berlin Poplar

Hybride zwischen *Populus laurifolia* und wahrscheinlich *P. nigra* 'Italica', in Berlin, um 1800, gefunden. In Deutschland außerordentlich häufig angepflanzt, in England verhältnismäßig selten. 25 × 3 m.

RINDE: mit mattgrauen, unregelmäßigen, schmalen Furchen, mit korkigen, blaß ledergelben Leisten.

KRONE: Schmal und dicht, Äste zahlreich und aufstrebend, dichtbelaubt, mit vielen senkrechten Wasserschossen; Krone bei alten Bäumen am breitesten nahe der flachen Spitze, bei jungen Bäumen nicht weit unterhalb der mehr spitzen Gipfel.

BELAUBUNG: Trieb anfangs glänzendgrün (an Wasserreisern stellenweise auch rot), ausgereift grünlichbraun, mit schwachen Flügelkanten, anfangs schwach behaart, bald kahl; Blatt *lang keilförmig*, obovat bis lanzettlich, mitunter Basis abgerundet, lang zugespitzt, Rand regelmäßig seicht gezähnt, Zähne nach vorn hakig gebogen, bis 8 × 6 cm, oben glänzend grün, Mittelrippe fast weiß, *unten leicht weißlich*; Stiel bis 5 cm, dünn.

BLÜTEN: ♂ Bäume wachsen angeblich besser als ♀; ♂ Kätzchen karminrot Ende April.

ÄHNLICHE ARTEN: Ähnelt einer kleinblättrigen, dichten *P. trichocarpa*, Krone jedoch schmaler, Blätter unterseits weniger weiß.

Bastard-Schwarz-Pappeln   *Populus* × *canadensis* Moench (*P.* × *euramericana* [Dode] Guinier)

E – Hybrid Black Poplars   F – Peuplier de Virginie
N – Canadese populier

Unter dieser Bezeichnung werden alle die zahlreichen Hybriden zusammengefaßt, welche zwischen der europäischen *P. nigra* und der amerikanischen *P. deltoides* und *P. angulata* seit etwa 1700 entstanden sind; es ist jedoch besser, die Bezeichnung der Cultivare getrennt zu behandeln. Häufig angepflanzt in ganz Europa, vor allem ihre nachfolgend genannten Sorten.

'S e r o t i n a'   Spät-Pappel   15

E – Black Italian Poplar

Frankreich 1750. Sehr häufig in Städten, Parks und Flußtälern, entlang von Eisenbahnlinien, als Schutz an Wassertürmen und in vielen anderen Schutzpflanzungen. 42 × 6 m.

RINDE: *Hellgrau*, tief gefurcht, mit senkrechten und besonders regelmäßigen, 10 bis 20 cm langen, geraden Leisten, parallel verlaufend, so daß eine Stammscheibe eines starken Stammes aussieht wie ein Zahnrad.

KRONE: Astrein auf 3–4 m, oft aber auch bis 15 m hinauf, darüber dann einige starke, waagerechte Äste, die allmählich ansteigen und an der Spitze fast senkrecht stehen, teils auch einwärts gekrümmt sind, so daß eine riesige, *offene* Krone entsteht, oft etwas einseitig stärker übergelehnt; Triebe dick, weit stehend, senkrecht, nicht hängend.

BELAUBUNG: Trieb dick, hell glänzendgrün, im zweiten Jahr hellbraun; Knospe 2 cm, scharf zugespitzt, glänzendgrün; Laubaustrieb im Mai, *rötlichbraun*, später hell graugrün, dann dunkler, unterseits heller, jedoch die Krone ziemlich hellfarbig wirkend, dünn und gleichmäßig über die ganze Krone verteilt; Blätter 8 × 8 cm, Stiel abgeflacht, 2–6 cm, häufig gerötet; abgestutzt, mit 4–5 kleinen Zähnen am Basisrand, dreieckig, langzugespitzt; Rand verdickt und durchscheinend unter einer Linse, wellig durch gebogene Zähne; an jungen Bäumen Blätter bis 14 × 11 cm.

BLÜTEN: *Männlicher* Klon; Kätzchen strecken sich im April, werden etwa Mitte April glänzendrot, stäuben und fallen ab vor Monatsende.

WUCHS: Wuchs sehr stark, bald einen großen Baum bildend, bis die Äste abgeworfen werden im Alter von etwa 150 Jahren; kann bis zu 2 m jährlich wachsen oder 30 m in 30 Jahren, dabei bald einen starken Stamm bildend.

ÄHNLICHE HYBRIDEN: 'Robusta' in der Jugend; 'Marilandica' und 'Regenerata' sind beide ♀ Klone.

'S e r o t i n a   A u r e a'   Gold-Pappel

E – Golden Poplar

1871 Belgien. Parkbaum, 30 × 3 m; Blätter Mitte Juni schön goldgelb, stärker verzweigt, weniger offene Krone, dichter beastet, unregelmäßig kegelförmig oder auch gewölbt.

'R e g e n e r a t a'. 1814 Frankreich. Sehr häufig angepflanzt entlang Eisenbahnlinien, an Ufern, in Windschutz-Pflanzungen; 30 × 3 m. Ähnelt oberflächlich 'Serotina', jedoch in allen Einzelheiten abweichend.   **15**

RINDE: Hellgrau, mitunter gefurcht wie bei 'Serotina', aber die Furchen meist kürzer und flacher.

KRONE: Stamm oft bedeckt mit vielen Knorren und Trieben, Äste ziemlich dünn, zuerst ansteigend, dann übergebogen und nach außen gerichtet, mit schlanken, hängenden Trieben.

BELAUBUNG: Trieb hell gelbbraun, glänzend; Knospe 5–6 mm, schmal kegelförmig, anfangs glänzendgrün, später glänzendbraun; Austrieb hellbraun, spät im April, die Spitzen braun bleibend bis Mitte Mai, dann glänzend hellgrün, ungleichmäßig über die Krone verteilt; Stiel 3–5 cm, Blatt 8 × 8 cm, Zähne hakig gebogen.

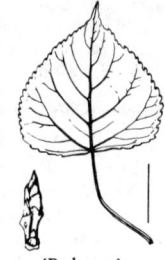

'Robusta'

BLÜTEN: *Weiblicher* Klon; Kätzchen glänzend hellgrün, wie Raupen, in dichten Reihen spät im April, hängend während des Laubaustriebes, spät im Juli abfallend, dann ganz weißwollig.

'R o b u s t a'. 1895 Frankreich. (= *P. angulata* × *P. nigra* 'Plantierensis'). Sehr häufig angepflanzt in Deutschland und West-Europa, vor allem für kurze Umtriebszeiten auf nahrhaften Böden; große Bäume unterscheiden sich von 'Serotina' durch eine schmale, säulenförmige, spitze Krone mit regelmäßig quirlig stehender Bezweigung. Die Äste sind viel schwächer, der Laubaustrieb erfolgt schon drei Wochen früher und ist viel stärker orangerot. Junge Bäume sind sehr wüchsig, Jahrestriebe bis 2,5 m. Wuchs sehr regelmäßig, kegelförmig, Austrieb rot, doch schon gegen Ende April glänzend orange und dann sehr hübsch.

Blatt bis 9 × 9 cm, dreieckig, lang zugespitzt, einwärts gebogene Randzähne von der Basis zur Spitze allmählich kleiner werdend, dunkel glänzend grün; Hauptnerven unregelmäßig, weiß; Unterseite matt. Stiel 6–9 cm, rötlichgelb. Baumschulpflanzen, die alljährlich zurückgeschnitten werden, dann 3–4 m lange Triebe in einem Jahr möglich, mit 19 × 13 cm großen Blättern; Blüten *nur männlich*; Anfang April, dunkelrote, 8–10 cm lange Kätzchen.

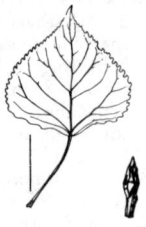

'E u g e n e i'. (*P.* 'Regenerata' × *P. nigra* 'Italica'). E – Prince Eugene's Poplar. 1832 Metz. Jüngere Bäume mit säulenförmiger Krone aus dicht verzweigten, ansteigenden Ästen; alte Bäume mit einigen starken waagerechten, dann ansteigenden Ästen; Triebe dünn, gerade und hängend. Kann in 30 Jahren 30 m hoch wachsen, Blätter zunächst hellbraun überlaufen, bald grün, 9 × 8 cm, stark gestutzt, dreieckig mit runder Basis, lang zugespitzt, mit ganz seichten einwärts gebogenen Zähnen; Stiel dünn, 5 cm. Bei alljährlich bis zum Boden zurückgeschnittenen Pflanzen können die Blätter 12 × 12 cm groß werden.

'Eugenei'

'M a r i l a n d i c a'   **Mai-Pappel**
Etwa um 1800. Gelegentlich in Parks und an Straßen.
RINDE: Alte Bäume *dunkel graubraun*, stellenweise rötlich, tief gefurcht.
KRONE: Auffällig *kugelig, dicht verzweigt* in der Jugend, später mehr offen.
TRIEBE: Grün und mit Flügelleisten; Blätter im Austrieb grün, sehr dreieckig.
BLÜTEN: Nur *weiblich*, grüne Kätzchen Mitte April, im Juni Frucht weißwollig.

WEIDEN   *Salix*
E – Willow   F – Saule   N – Wilg

Etwa 300 Arten in allen Teilen der nördlichen gemäßigten Zone, der Arktis sowie einige Arten in den Tropen und der südlichen gemäßigten Zone. Etwa 20 Arten in Europa, von 30 m hohen Bäumen bis zum winzigen nur 3 cm hohen Zwergstrauch. Eine sehr schwierige Gattung, da viele von ihnen miteinander Hybriden gebildet haben. *Nur die baumartig werdenden Weiden sind hier behandelt.* Bei allen Weiden sind ♂ und ♀ Blüten auf getrennten Pflanzen, eine Ausnahme bildet gelegentlich die Trauerweide.

Lorbeer-Weide   *Salix pentandra* L.

E – Bay Willow   N – Laurierwilg

Europa, Pyrenäen bis nach Kleinasien, nach Norden bis Norwegen; an Flüssen; selten in Gärten. 10 m.

RINDE: Braungrau, feinrissig mit schmalen orangebraunen Sprüngen.
KRONE: Breit, niedrig, gewölbt, dicht und dunkel belaubt.
BELAUBUNG: Trieb glänzend, olivgrün; Knospe eiförmig-kegelförmig, 5 mm, hellbraun; normales Blatt 10 × 4,5 cm, länglich-lanzettlich, lang zugespitzt, fein und gleichmäßig gesägt, oben *glänzend dunkelgrün*, unten blaugrün, Mit-

Lorbeer-Weide

telrippe oben hellgelb und kleine obovate, nur 1,5 cm lange Blätter oft gemischt mit den normalen Blättern; Stiel 8 mm.

BLÜTEN: ♂ Kätzchen zylindrisch, 2–6 cm, an belaubten, behaarten Stielen, glänzendgelb; ♀ etwas kleiner, sich aufrichtend; Staubbeutel fünf oder mehr.
ÄHNLICHE ARTEN: Nur *S. fragilis* (unten), die ebenfalls große, glänzende Blätter hat, doch sind diese viel länger und heller.

Bruch-Weide *Salix fragilis* L. **16**

E – Crack Willow   F – Saule fragile   N – Knakwilg

Europa und West-Sibirien bis Persien, 18 × 3,5 cm.

RINDE: Matt, dunkelgrau, in der Jugend schuppig, später ein Netzwerk von dicken Leisten.

KRONE: Breit kegelförmig, mit langen, dünnen, ansteigenden Ästen und weit stehenden, *ziemlich hängenden* Blättern. Alte Bäume mit starken, gedrehten unteren Ästen, breit gewölbt; Triebe im März hell orange, bevor die Blätter erscheinen.

BELAUBUNG: Trieb gelb, dann grünbraun, ganz gerade von den stärkeren Ästen im Winkel von 60 Grad abstehend und bei Druck sauber an seiner Basis abknackend; Knospe gelb, hellgrün oder braun, dicht angedrückt, lang kegelförmig zugespitzt; Blätter anfangs leicht seidig behaart, bald kahl, schmal lanzettlich bis fein zugespitzt, Spitze oft gedreht, 12 × 2 cm (19 × 5 cm), unten kahl, graugrün oder mehr bläulich, oben *kräftig glänzend* grün; Stiel 1–2 cm.

BLÜTEN: ♂ Kätzchen gelb, 2–5 cm; ♀ grün, 10 cm, Mai, jeder Same 7 mm, sehr dünn, bald weißflockig.

ÄHNLICHE ARTEN: Eigentlich nur *S. alba*, die ebenfalls häufig an den gleichen Orten vorkommt, auch als Kopfweide (Krone gekappt), doch hat diese längere, mehr regelmäßig stehende, schon bald glänzendgrüne Blätter und eine mehr offene Krone.

Korkenzieher-Weide   *Salix matsudana* Koidzumi 'T o r t u o s a'

E – Contorted Willow

China 1925. Während die eigentliche Art in Kultur nur sehr selten ist, trifft man die Cultivar häufig in Gärten. 17 m.

RINDE: Hell gelbbraun, ziemlich glänzend, später hellgrau und rissig.

KRONE: Unverwechselbar! Stamm kurz, meist mit 2–3, sehr gebogenen, aufrechten Ästen, die sich schon bald in zahlreiche dünne Zweige auflösen, die *korkenzieherartig ineinander verdreht* sind, teils hängend.

Korkenzieher-Weide

BELAUBUNG: Junge Triebe ganz hell gelbgrün, mit krausen und lockenförmig verdrehten, 8 × 1 cm großen Blättern mit 0,5 cm langem Stiel; Austrieb März, oben hellgrün, mit einigen wenigen, bleibenden langen Seidenhaaren, unterseits blaugrün, lang zugespitzt, mit sehr kleinen, entfernt stehenden, verdickten, vorwärtsgerichteten, hakenförmigen Zähnen.

Weiß-Weide *Salix alba* L. **16**

E – White Willow   F – Osier commun   N – Schietwilg

Ganz Europa, Nord-Afrika, bis Zentral-Asien; an Gewässern, in Tälern, doch meist weniger häufig als *S. fragilis*.

RINDE: Dunkelgrau, dicke Leisten in dichtem Netzwerk.

KRONE: Hoch, ziemlich formlos und wellig, die Hauptäste ansteigend, die schwächeren abstehend, mit dünnen, etwas hängenden Trieben; Laub blaugrau. Jüngere Bäume spitz-kegelförmig.

BELAUBUNG: Trieb *dünn*, hell graurosa bis olivbraun, dicht behaart, im spitzen Winkel vom Haupttrieb abstehend, an der Basis nicht brüchig; Knospe sehr klein, 2 mm, dunkelrosa, grau behaart, Spitze schmal und gebogen; Blätter dicht nach allen Richtungen stehend, dunkel blaugrau, oben seidig weiß behaart, unten kurz weiß behaart, 7–8 × 1 cm, Stiel 5 mm, lanzettlich, lang zugespitzt, Zähne seicht, scharf, vorwärts gerichtet.

BLÜTEN: Kätzchen an beblätterten Stielen, ♂ gelb, ♀ schlank, grün, bald wolligweiß, mit Samen; beide 4–6 cm. Viel angepflanzt als Korbweide in ganz Europa (oft als „Kopfweide").

'T r i s t i s' **Trauer-Weide**   16
(= *S. alba* f. *vitellina pendula* Rehd.; *S. chrysocoma* Dode)

E – Weeping Willow   F – Saule Pleureur   N – Treurwilg

Frankreich, um 1815. Häufig angepflanzt an Gewässern und in vielen Parks und Gärten. 22 m.

RINDE: Hell graubraun, regelmäßig netzartig mit ziemlich seichten Leisten.

KRONE: Unregelmäßig breit gewölbt, starke Äste weit gebogen, lange dünne Triebe herabhängend.

BELAUBUNG: Wie beim Typ, jedoch die Triebe im Sommer *hellgelb,* im Frühjahr etwas kräftiger gelb; Blätter sehr früh erscheinend, hellgrün, größer, 10 × 1,5 cm, oben glänzend und fein behaart, unten bläulichweiß, sehr fein behaart.

BLÜTEN: ♂ Kätzchen dünn, aufwärts gebogen, 7–8 cm, gelb, Mitte April, wenn die Blätter bereits gut entwickelt sind. In der Regel ein ♂ Klon, jedoch auch gelegentlich ♀ Blüten in den ♂ Kätzchen vorkommend.

ERKENNUNGSMERKMALE: Dies ist die *allgemein verbreitete Trauer-Weide,* fälschlich mitunter auch „Salix babylonica" genannt, letztere stammt aus China und ist bei uns sehr selten; zu erkennen.

'C h e r m e s i n a' (× 'Britzensis'). E – Coral-bark Willow. 1840 in Deutschland gefunden. Häufig in Gärten und Parks, 25 m. Junge Bäume schmal kegelförmig, Äste aufsteigend, ziemlich einwärts gebogen; die jungen Triebe dunkelrot, im Winter und Frühling *leuchtend orangerot*; Blätter im Sommer mehr gelblichgrau.

'S e r i c e a' *(S. alba 'Argentea')* **Silber-Weide**

E – Silver Willow   N – Zilverwilg

Ziemlich häufig in Gärten und Parks, kleiner und viel schwachwüchsiger als der Typ; sehr schön in der Landschaft, leicht zu erkennen an den *glänzend silberweißen* Blättern; lanzettlich, 10 × 1,5 cm, beiderseits mit langen, weißen Seidenhaaren.

Sal-Weide Salix caprea L.

E – Goat Willow, Sallow   F – Marsault   N – Waterwilg

Europa bis Nordost-Asien. 16 × 1 m.

RINDE: Hellgrau, glatt, mit seichten, breiten, hellbraunen Furchen.

KRONE: Buschig und oft niedrig auf einem gebogenen Stamm, offen, mit ansteigenden Ästen.

BELAUBUNG: Trieb zuerst grau, mit langen Haaren, bald kahl, glänzend, dunkel rotbraun; Knospe eiförmig, etwas spitz, 3–4 mm, glänzendrot; Blatt sehr veränderlich in Größe, Form und Zahnung; eiförmig, lanzettlich bis obovat, Basis rund, schief kurz zugespitzt, 6–10 × 3–6 cm, seicht gekerbt bis ganzrandig, mit *dunkelrotem, stark behaartem* Stiel, 1 cm; oben graugrün, runzelig und weich behaart, unten blaugrün, weich und dicht behaart.

BLÜTEN: ♂ Kätzchen zeigen nach Abwerfen der Knospenschuppen wochenlang die silberne Behaarung, bevor die dicht stehenden Staubfäden mit goldgelben Staubbeuteln sich entwickeln, Kätzchen bis 4,5 cm lang, meist sehr zahlreich in voller Blüte im März, mitunter früher; ♀ Bäume mit ähnlichen Knospen, aber Triebe meist grün, Kätzchen 5–6 cm lang, jedes mit etwa 200 weißgrünen Griffeln, Mitte Mai aufwärts gehend, mit brauner Wolle umgeben, wenige Tage später weißwollig, Samen Ende Mai ausfliegend.

ÄHNLICHE ARTEN: Die einheimischen Weiden-Arten bilden eine komplexe Gruppe, zu der mehrere Arten, Unterarten und Hybriden gehören, die jedoch meist als Kätzchenweiden bezeichnet werden, wenn sie blühen. Alle sind sehr schöne und zierende Sträucher, gehören daher nicht mehr in den Rahmen dieses Buches. *S. caprea* unterscheidet sich von den anderen Baumweiden durch den dicken, meist kurzen und knorrigen Stamm und den aufrechten strauchigen Wuchs.

Asch-Weide   *Salix cinerea* L.

E – Grey Willow   F – Saule cendré   N – Grijze wilg

Im gleichen Verbreitungsgebiet wie *S. caprea,* von der sie sich in der Hauptsache durch dünnere, dicht und *bleibend braun behaarte Triebe* unterscheidet; Knospe dunkel rotbraun, bedeckt mit langen Haaren; *große Nebenblätter* an der Basis der meist schmäleren Blätter; Behaarung auf der Blattunterseite entlang der Nerven oft bräunlich. Wenn man die Rinde von zweijährigen Trieben abzieht, sieht man darunter feine Rillen, die bei *S. caprea* fehlen. Nur sehr selten baumartig.

Reif-Weide   *Salix daphnoides* Vill.

E – Violet Willow   F – Saule daphné   N – Berijpte wilg

S-Europa, Zentral-Asien, Himalaja 1829. Nicht sehr häufig, im allgemeinen nur in Gärten. 9 m.

KRONE: Zuerst aufrecht, dann ausgebreitet, offen, Zweige dünn.

RINDE: Einige Jahre lang blauweiß bereift, später zeigt sich die dunkelpurpurrote Rinde; junge Pflanzen und solche, die zurückgeschnitten werden, sind bis zur Basis blauweiß bereift.

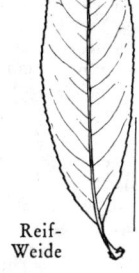

Asch-Weide

Sal-Weide

Reif-
Weide

BELAUBUNG: Trieb dunkel, nachdem die lockere Behaarung abgefallen ist, glänzend purpur, im zweiten Jahr bereift; Knospe schmal kegelförmig, schwärzlichpurpur, Seitenknospen dicht angedrückt; Blatt lanzettlich, lang zugespitzt, 6–8 × 2 cm, ganz flach und fein gesägt; oben ziemlich dunkel glänzend grün, unten graugrün, Stiel oben bis zur Mittelrippe karmin, unten hellgelb, 3–5 mm; Nebenblätter hellgrün, 2–3 mm, eiförmig, gesägt; Laub bleibt grün bis November.

BLÜTEN UND FRUCHT: ♂ Kätzchen hellgelb, 5 × 2 cm, März; ♀ schlanker, graugrün; Same weißwollig.

WUCHS: In den ersten Jahren sehr starkwüchsig, 1–2 m jährlich, dann aber langsamer, sobald sich die Äste geneigt haben, nur noch 20–50 cm jährlich. Das seltene Ideal – der starkwüchsige Baum, der nicht zu groß wird.

ERKENNUNGSMERKMALE: Der blauweiße Reifüberzug, hier und dort dünner auf der purpurnen Rinde, gibt dieser einen violetten Ton, sehr schön im Winter, die sichere Bestimmung einfach.

Walnuß-Gewächse: *Juglandaceae*

Bäume mit teilweise sehr großen, kräftigen, gefiederten Blättern, ♂ Blüten in kurzen oder sehr langen Kätzchen; ♀ Blüten am gleichen Baum, teils einzeln stehend oder an kurzen oder sehr langen Kätzchen.

FLÜGELNÜSSE *Pterocarya*

E – Wing-nut   N – Vleugelnoot

Acht Arten; sechs aus China, eine aus Japan und eine aus dem Kaukasus. Sehr starkwüchsige Bäume meist mit vielen Trieben aus der Stammbasis, mit nackten Knospen und gekammertem Mark.

Kaukasische Flügelnuß *Pterocarya fraxinifolia* (Lamb.) Spach   **16**

E – Caucasian Wing-nut   N – Kaukasische vleugelnoot

Kaukasus bis N-Persien 1782. Nicht häufig, aber doch in vielen großen Parks und Anlagen. 25 m.

KRONE: Stamm entweder kurz, uneben, die starken Äste bogig ansteigend oder vielstämmig, mit zahlreichen, dicht beisammenstehenden, langen, bogigen Stämmen; kleinere Zweige waagerecht, die längeren etwas überhängend.

RINDE: Mattgrau, mit einem groben Netzwerk aus breiten, flachen Rissen.

BELAUBUNG: Trieb grünbraun, leicht purpur bereift, kahl; Knospe ohne Schuppen, dünn, 2 cm, zwei Blätter zusammengepreßt, kräftig rotbraun und ganz kurz behaart; Blätter wechselständig, zusammengesetzt, bis 60 cm lang, mit (7–)21(–27) gegenständigen Blättchen, an kahler, *stielrunder* gelbgrüner Spindel, mit stark geschwollener, 1 cm dicker Stielbasis; Blättchen dicht stehend, sich teilweise überlappend, länglich, gebogen und in eine ganz schmale Spitze auslaufend, die mittleren am längsten, bis 18 × 5 cm, alle vorwärts gerichtet, mit schiefer, ungleicher Basis, sitzend, gesägt, Zähne vorwärts gerichtet, oberseits glänzend grün, unten heller, mit hellbraunen oder weißen, langen Sternhaaren beiderseits der Mittelrippe; Herbstlaub glänzendgelb im Oktober.

Chinesische Flügelnuß   Hybrid-Flügelnuß

Kaukasische Flügelnuß

BLÜTEN UND FRUCHT: ♂ Blüten dick, gelbe Kätzchen, mit den Blättern erscheinend, meist Ende April, 5–12 cm, grünlich, stäubend Mitte Mai; ♀ 10–15 cm, schlank, besetzt mit 3 mm großen Blüten mit roten Narben, später 25–50 cm lang werdend und dann die Früchte auf der basalen Hälfte locker verteilt, viel dichter, aber ungleichmäßig auf der restlichen Hälfte stehend, jede Frucht ringförmig umgeben mit einem grünlichweißen, 2 cm breiten Flügel. Forstlicher Versuchsanbau in D (Köln).

ERKENNUNGSMERKMALE: Flügelnuß-Arten erkennt man an der breiten Krone mit waagerechten Ästen, den wechselständigen großen, meist hängenden, hellgrünen, gefiederten Blättern, den langen Fruchtkätzchen im Sommer und den vielen Austrieben an der Stammbasis. Vorstehende Art ist gut zu unterscheiden durch die kahle, stielrunde Blattspindel und die Neigung zur Vielstämmigkeit.

Chinesische Flügelnuß   *Pterocarya stenoptera* DC.

E – Chinese Wing-nut   N – Chinese vleugelnoot

China 1860. Selten; eigentlich nur in Botanischen Gärten. 23 m.

RINDE: Rosagrau, mit sehr flachen, breiten ineinander übergehenden Furchen.

BELAUBUNG: Von *P. fraxinifolia* zu unterscheiden durch die Triebe mit langen, hellbraunen Haaren, die im Laufe des Sommers abfallen, durch die nur etwa 30 cm langen Blätter mit 15–19 (11–21) Blättchen und die *breit geflügelte* Spindel; diese Leisten zwischen den Blättchen zur Basis bis 7 mm breit werdend und dort gesägt. Spindel an ihrer Basis mit steifer, weißer Behaarung, häufig bis zum Spätherbst.

FRUCHT: Flügel länglich-elliptisch, aber nur halbso breit wie bei *P.* × *rehderiana*, Basis grün, der Rest weiß und rosa.

Hybrid-Flügelnuß   *Pterocarya* × *rehderiana* Schneid.

E – Hybrid Wing-nut

Hybride zwischen den vorgenannten Arten. USA 1879. Eingeführt 1908. Selten, wohl nur in Botanischen Gärten. Von den anderen Arten unterschieden durch die Spindel, die nur ganz schmale Flügelleisten hat, zusammengedrückt nach der Spitze zu oder sogar vertieft als eine Furche; zahlreiche ♀ Kätzchen, bis 45 cm lang, mit etwa 60 dicht stehenden Früchten, die basalen 5 cm ohne Früchte. Sehr starkwüchsig. In Kew Gardens 18 × 2 m in 21 Jahren; größter Baum bisher 23 × 3,5 m.

WALNÜSSE   *Juglans*

E – Walnut   F – Noyer   N – Walnoot

Fünfzehn Arten in N- und S-Amerika und Asien; Mark gekammert wie bei *Pterocarya*. Im Innern der Triebe waagerechte dünne Plättchen mit Hohlräumen.

Walnuß   *Juglans regia* L.   **17**

E – Common Walnut   F – Noyer Commun   N – Gewone walnoot

SO-Europa bis China; schon vor Jahrhunderten eingeführt.

RINDE: Sehr hell rosagrau, glatt zwischen breiten, tiefen Furchen; Zweige junger Bäume zuerst glänzend grau, später heller und gefurcht wie der Stamm.

KRONE: Weit ausgebreitet mit großen, sehr bogigen unteren Ästen; Zweige vielfach gedreht und ziemlich gebündelt; Trieb kurz.

BELAUBUNG: Trieb dick, glänzend, dunkel gelbgrün, bald dunkelbraun, kahl. Knospe sehr gedrungen, breit, dunkel purpurbraun; Blätter wechselständig, gefiedert, 20–45 cm, meist mit 7 (3–9) Blättchen, Endblättchen am größten, mit 4 cm langem Stiel, elliptisch bis obovat, bis 20 × 10 cm, seitliche in der Größe zur Blattbasis hin abnehmend, fast sitzend, Basis schief, länglich-eiförmig, größtes Paar bis 18 × 8 cm, Basal-Paar meist 8 × 4 cm, mitunter nur 3 × 1,5 cm; matt, dunkel gelbgrün, mit gelblichen, vor dem Rand abbiegenden Nerven, derb, *lederartig, ganzrandig*, jedoch die kleinsten Blättchen flach und unregelmäßig gezähnt; zerrieben etwas nach Schuhcreme riechend. *Austrieb orangebraun*, Mitte Mai, so bleibend bis Mitte Juni.

BLÜTEN UND FRUCHT: Die dicken, kurzen ♂ Kätzchen 5–10 cm lang, achselständig an den vorjährigen Trieben, Mitte Mai–Anfang Juni; ♀ Blüten endständig an den neuen Trieben, zu 2–5, mit grünen, behaarten, flaschenförmigen Fruchtknoten und gelben Griffeln, 1 cm; Nuß langrund, kahl, dunkelgrün, 4–5 cm. Forstlich angebaut in YU und R.

'L a c i n i a t a'. Seltene Gartenform, kleiner Baum; Blätter 25 × 30 cm, mit neun Blättchen, meist bis zur Mittelrippe eingeschnitten in schmale, unregelmäßige Lappen. Spindel und Nerven dunkel rötlich.

ERKENNUNGSMERKMALE: Alle anderen Nußarten und Hickory haben gesägte Blätter. Gekammertes Mark (leicht zu sehen bei schräg durchschnittenen Trieben) haben sonst nur noch die Flügelnüsse, nicht aber *Carya*.

Schwarznuß   *Juglans nigra* L.   **17**

E – Black Walnut   F – Noyer noir   N – Zwarte noot

Östl. USA, von Massachusetts bis Texas, vor 1656. Wenig häufig; in großen Parks und Gärten. Bis 30 × 6 m.

RINDE: Dunkelbraun bis schwarz, seltener grau, mit einem dichten, rautenförmigen Muster aus schmalen, dicken Leisten, dazwischen tiefe Furchen.

KRONE: Hoch gewölbt, mitunter breit, Stamm meist schön und gerade, oft lang, mit einer großen Krone radial stehender, etwas gedrehter, dicker Äste; im Sommer dicht besetzt mit hängenden, langen, glänzenden Blättern.

BELAUBUNG: Trieb hellbraun oder orange, dicht und fein behaart; Knospe spitz, mit Falten, hellbraun, grau behaart; Blätter wechselständig, gefiedert, bis 45 cm lang oder mehr, mit 11–23 Blättchen, meist 15, oft nur 14 *(Endblättchen fehlend)*, mit 4 cm Zwischenraum stehend, gegenständig oder fast so, fast sitzend, längste Blättchen in der Blattmitte und etwa 9 × 3 cm, ungleich gerundet, eilanzettlich, lang zugespitzt, seicht *gesägt,* Zähne vorwärts gerichtet; *Austrieb gelbgrün,* später oben glänzend dunkelgrün, unten heller und fein behaart, besonders auf der Mittelrippe.

BLÜTEN UND FRUCHT: ♂ Kätzchen zu 3–5 am vorjährigen Trieb, lang kegelförmig, dick, abstehend, zuerst hellgrün, dann gelb, 5–10 cm, fein behaart; ♀ zu 5 endständig, 6–8 mm, graugrün; Frucht einzeln oder zu zwei, grün, glatt, kugelig, 3–5 cm.

WUCHS: Auf nahrhaften, frischen Böden in warmen Gebieten sehr rasch, aber zuerst schwierig; langsamwüchsig außerhalb solcher Gebiete; 45 cm im ersten Jahr als Sämling erreichend. Forstlicher Versuchsanbau in A, D, F, H, R, YU.

ÄHNLICHE ARTEN: *J. cinerea* hat ebenfalls gesägte, zahlreiche Blättchen.

Butternuß *Juglans cinerea* L.

E – Butter-Nut   N – Grijze noot

Östl. N-Amerika; New Brunswick bis Georgia 1663. Sehr selten; vor allem in Botanischen Gärten.

RINDE: Ähnlich der von *J. regia,* aber rötlichgrau und nicht so grob rosa gefurcht.

BELAUBUNG: Knospen *weiß oder rosa,* spitz; Blatt bis 60 cm, meist mit 15–17 Blättchen, diese dünn, oben frischgrün, unten bläulich und fein behaart; Spindel *fein behaart;* zerriebene Blätter duften schwer nach Heu oder Farbe.

FRUCHT: Bis zu 12 oder mehr beisammen in einem behaarten, abstehenden, bis 15 cm langen Kätzchen.

Kleiner forstlicher Versuchsanbau in D.

ÄHNLICHE ARTEN: Blätter größer als bei *J. nigra* und *J. regia,* dünn, frischgrün; Rinde ganz verschieden von *J. nigra,* Krone schmal, ungleichmäßig kegelförmig, ausgenommen bei ganz alten Bäumen, Spindel nicht so dick behaart und klebrig wie bei *J. mandschurica* oder *J. ailantifolia.*

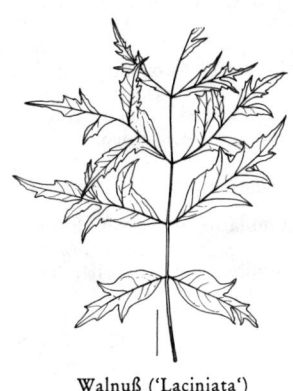

Walnuß ('Laciniata')

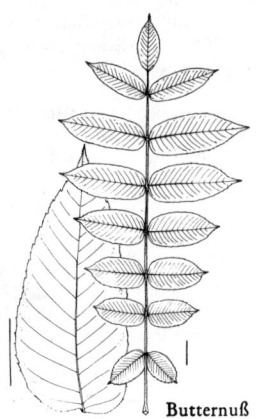

Butternuß

Japanische Walnuß   *Juglans ailantifolia* Carr. (= *J. sieboldiana* Maxim.)

E – Japanese Walnut

Japan. 1860. Selten; fast nur in Sammlungen. 18 m.

RINDE: Hell und dunkel grau gestreift, mit flachen Furchen.

BELAUBUNG: Triebe und Spindel dicht bedeckt mit *klebriger, dunkel rötlicher, kurzer Behaarung*, ebenso auf den Nerven der Unterseite; Blatt riesig, 80 bis 100 cm, mit 11–17 Blättchen, oben kahl, glänzendgrün, ziemlich *plötzlich verschmälert* in eine kurze Spitze, fein gesägt.

BLÜTEN UND FRUCHT: ♂ Kätzchen 13–30 cm; ♀ Blüten im Juni, hübsch, dunkelrote Narben, an 10 cm langem, aufrechtem Fruchtstand; Frucht kugelig, 5 cm, dick und klebrig behaart.

Mandschurische Walnuß   *Juglans mandschurica* Maxim.

E – Manschurian Walnut

Mandschurei und N-China 1859. Sehr selten, wohl nur in Botanischen Gärten. Rinde hell graurosa mit breiten, bräunlichen Furchen. Trieb und Blattstiel klebrig behaart; Blatt bis 70 cm lang, mit 15 Blättchen, Endblättchen an 3 cm langem Stiel, Seitenblättchen fast sitzend, schief, oblanzettlich, unterseits weiß behaart in den Nervenwinkeln, *lang zugespitzt*, oberseits matt gelbgrün, Nerv auf der Unterseite rötlich; kaum gesägt.

Mandschurische Walnuß

HICKORY   *Carya*

E – Hickory   F – Caryer

Zwanzig Arten im östl. N-Amerika, eine in China, eine in Tonkin. Nur sieben amerikanische Arten wachsen in Europa. Mark der jungen Triebe voll; Blätter gefiedert, mit 3–17 Blättchen, gegenständig, gesägt; ♂ Blüten in dreiteiligen Kätzchen; ♀ gebüschelt an der Spitze neuer Triebe.

Es gibt auch Hybriden, außerdem besteht eine gewisse Variationsbreite, doch lassen sich mit dem nachstehenden Schlüssel nahezu alle Arten sicher bestimmen.

Wenn es zutreffen sollte, daß die Bestimmung der Hickory-Arten so schwierig ist, dann deshalb, weil sie oft unrichtig bezeichnet sind und in der Literatur meist keine ausreichend klaren Unterscheidungsmerkmale genannt werden.

Schlüssel zu den Carya-Arten

1. Knospe kräftig dunkelgelb, schlank, spitz; Endblättchen sitzend; Blatt bis 25 cm; Blättchen meist neun   *J. cordiformis*, S. 205

Knospe hellgrün und/oder braun, eiförmig, Endblättchen gestielt oder fast sitzend; Blättchen drei bis sieben, selten neun   **2**

2. Größere Blätter 20–30 cm lang, Spindel kahl, Blättchen fünf oder drei, selten sieben; Endblättchen fast sitzend   *C. glabra*, S. 205

Größere Blätter 45–70 cm lang; Spindel behaart, wenigstens anfangs; Endblättchen mit 1–4 cm langem Stiel   **3**

3. Blättchen fünf, selten sieben; Stiel des Endblättchens dick; Trieb dunkel purpurbraun, kahl werdend; Blätter oft dick und ölig, gelblichgrün, gewimpert; Rinde schon bald sehr abblätternd *C. ovata*, S. 206

Blättchen sieben, selten fünf oder neun, Stiel des Endblättchens dünn; Trieb grünbraun oder gelbrötlich, dicht behaart; Blätter dünn, hart; pergamentartig, dunkelgrün **4**

4. Behaarung des Triebes hart; Blatt grob gesägt, Trieb gelb mit dunkelrosa; Rinde glatt oder fein gefaltet *C. tomentosa*, S. 207

Behaarung des Triebes weich, Blatt gekerbt; Trieb grünbraun, Rinde mit abrollenden Platten, später abblätternd *C. laciniosa*, S. 207

Bitternuß *Carya cordiformis* (Wangenh.) K. Koch (= *C. amara* Nutt.)

E – Bitternut   N – Bitternoot

Östl. Nordamerika, Quebec bis Louisiana 1689. Zwar selten, aber noch die am häufigsten in Sammlungen anzutreffende Art.

RINDE: Hellgrau, anfangs glatt, später seicht runzelig, in den Furchen rosa und orange; an älteren Bäumen eschenartige, dünne, feste Rinde, mit unterschiedlich tiefen Furchen.

KRONE: Elegant kegelförmig, spitz bis ins Alter, mit vielen, leichten, langen, gerade ansteigenden Ästen; gelegentlich mit Wasserschossen.

BELAUBUNG: Triebe dünn, hellgrün, mit weißen Lentizellen; Knospen schlank, mit *gebogener Spitze, kräftig gelb;* Blätter gefiedert, mit n e u n (oder sieben, selten acht) Blättchen an fein behaarter Spindel, Endblättchen *lang keilförmig,* doch *sitzend,* seitliche Blättchen fast sitzend, Basis schief, das mittlere am längsten, bis 15 cm, das ganze Blatt bis 25 cm; Blättchen dunkel gelbgrün, scharf gesägt, Zähne nach vorn gerichtet, unterseits Nerven fein behaart; goldgelbes Herbstlaub.

BLÜTEN UND FRUCHT: Nicht ansehnlich; ♂ Kätzchen zu drei, 5–7 cm; Früchte zu zwei oder drei, birnförmig oder kugelig, 2–4 cm, gelblich, mit 4 Leisten über der Mitte, anfangs kurz und dicht behaart, Außen- und Innenschale sehr dünn.

Früher forstlicher Versuchsanbau in D.

Bitternuß

Schweinsnuß *Carya glabra* (Mill.) Sweet (= *C. porcina* [Michx. f.] Nutt.)

E – Pignut

Nordamerika; Alabama bis Ontario, um 1750. Sehr selten.

RINDE: Graurötlich, glatt, später schön glatt purpurn und fein runzelig mit rotbraunen und schwarzen Falten.

KRONE: Ziemlich breit, spitz; Belaubung im Sommer mit den kleinen, dunklen Blättchen aus der Ferne wie ein Birnbaum aussehend.

BELAUBUNG: Trieb braungrün, im zweiten Jahr glänzend rotbraun, dünn; Knospe sehr klein, 6–8 mm, eiförmig, zuerst gelbgrün, dann orangebraun; Blätter gefiedert, klein für die Gattung, bis 18(–30) cm, Spindel grün bis dunkelrosa, kahl, Blättchen *fünf,* an kleinen Blättern nur drei, selten sieben, das Endblättchen fast sitzend, seitliche sitzend, scharf gesägt, Zähne vorwärts gerichtet, dunkelgrün, ziemlich ölig, derb, unterseits kahl bis auf die kleinen Büschel in den Nervenwinkeln; Endblättchen am größten, bis 18 × 10 cm; Herbstlaub leuchtend gelb, später orange.

BLÜTEN UND FRÜCHTE: Sehr ähnlich denen von *C. cordiformis,* aber die Innenschale knochenhart.
Früher forstlicher Versuchsanbau in D.
ÄHNLICHE ARTEN: *C. ovalis* [Wangenh.] Sarg. ebenfalls aus den östl. USA ist
ähnlich, aber sehr selten, hat dicke, dunkelrote Triebe und meist sieben Blättchen.

Shagbark-Hickory   *Carya ovata* (Mill.) K. Koch (= *C. alba* Nutt.)

E – Shagbark Hickory   N – Witte Bitternoot

Nord-Amerika, Quebec bis Texas 1629. Selten, jedoch nach *C. cordiformis*
die nächst häufige Art. 24 m.

RINDE: Hellgrau, schon in der Jugend abblätternd, mit zuerst rauhen, 10–20 cm
langen Rindenstreifen, später 50–60 cm lang, an beiden Enden weit vom
Stamm abstehend.

KRONE: Breit und ziemlich offen; wenige, *weit ausladende* Äste.

BELAUBUNG: Trieb *dick,* grün, zuerst fein behaart, später dunkel purpurbraun,
mit hellen, ovalen Lentizellen, bald kahl; oft mit einem großen Ring aus braunen Haaren um den untersten Knoten; Knospe groß, 1–1,5 cm, eiförmig,
innere Schuppen hellgrün, äußere braun; Blätter gefiedert groß, 45–65 cm,
mit einer *dicken,* bald kahlen Spindel, ausgenommen die *dicht behaarte, zwie-
belartig verdickte Stielbasis;* Blättchen fünf (drei, sieben), dick und ölig, gelblichgrün, seltener dünn und dunkelgrün; Endblättchen mit *dickem,* 2,5–4 cm
langem Stiel; die drei obersten Blättchen am größten, obovat, bis 35 × 20 cm;
an der Basis 2–3 cm ganzrandig, darüber kerbig, mit dicken, kleinen Zähnen
und kleinen Haarbüscheln in den Zwischenräumen, die keilförmige Basis ebenfalls gewimpert, Unterseite bald kahl; Herbstfärbung goldgelb.

BLÜTEN UND FRUCHT: ♂ endständig zu 3–4 Kätzchen, jedes 10–15 cm lang,
etwa 3 cm über der Basis in drei Äste geteilt, Blüten winzig, grün, Mitte Juni;
Frucht ähnlich der von *J. cordiformis,* zu 2–3 beisammen an dickem Stiel,
4 × 3,5 cm, mit 4 Einschnürungen, verkehrteiförmig, gelblichgrün, kurz dicht
behaart, später kahl und grün, weiß gesprenkelt.

Früher forstlicher Versuchsanbau in D.

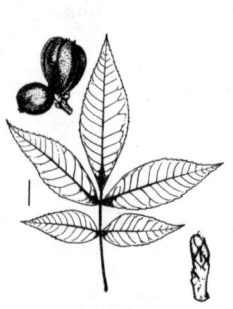

Shagbark-Hickory   Königsnuß

ÄHNLICHE ARTEN: Die anderen großblättrigen Hickory-Arten, *C. laciniosa* und *C. tomentosa*, haben meist sieben Blättchen.

Spottnuß *Carya tomentosa* (Lamb.) Nutt. (= *C. alba* K. Koch)

E – Mockernut

Ontario bis Texas; 1766. Selten, fast nur in Sammlungen. 22 × 1,6 m.

RINDE: Junger Bäume ganz glatt und grau, schwach orange und grünlich gestreift, später mit flachen, braunen Rissen, die die nunmehr purpurne Rinde in kurze, glatte Leisten teilen; manche Bäume haben eine silbergrau und schwarz gemusterte Rinde.

KRONE: Junger Bäume schlank und kegelförmig, bei älteren breiter und nicht so regelmäßig.

BELAUBUNG: Trieb mattbraun mit *steifer*, kurzer, *dichter* Behaarung, später selten verschwindend; Knospe groß, 2 × 1,5 cm, eiförmig, innere Schuppen weißlichgrün, äußere dunkel rotbraun mit dichten weißen Haaren; Blätter gefiedert, sehr groß, bis 50 cm, mit sieben (selten fünf oder neun) Blättchen an dicker, gelbrosa Spindel mit harter, dichter Behaarung und angeschwollener Stielbasis; die drei obersten Blättchen am größten, das mittlere an *dünnem* 2–4 cm langem Stiel, auf der Unterseite frisch entfalteter Blätter weiß gesprenkelt, meist *duftend* (wie Gras oder Farbe), grob und flach gekerbt bis auf die untersten 2 cm, gelegentlich mit Haarbüscheln zwischen den Zähnen; Spreite hart und pergamentartig; Herbstfärbung goldgelb Ende Oktober.

BLÜTEN UND FRUCHT: ♂ Kätzchen dicht, dreiästig, 15 cm, mattgelb, Juni; ♀ zu zweit, endständig in einem grünen, 4–5lappigen Hüllkelch, 6 mm, Mitte rotbraun; Frucht sitzend, zu zwei, kugelig, 3–4 cm, mit 4 tiefen Furchen, grün, weiß gesprenkelt.

Früher forstlicher Versuchsanbau in D.

ÄHNLICHE ART: Ähnlich großblättrig ist *C. laciniosa*, aber mit 7 Blättchen.

Königsnuß *Carya laciniosa* (Michx. f.) Loud. (= *C. sulcata* Nutt.)

E – Big Shell-bark Hickory

New York bis Oklahoma 1804. Selten. 18 m.

RINDE: Grau, mit flachen, orange Rissen und, von Anfang an, eigenartig überdeckt von locker angehefteten, mattgrauen, langen, unregelmäßigen, bis 50 cm langen und 10 cm breiten, gekrümmten Rindenplatten.

KRONE: Ziemlich offen und schmal, unregelmäßig; in der Jugend breit kegelförmig.

BELAUBUNG: Trieb grünlichbraun oder orange, fein weich behaart; Knospe noch größer als bei *C. tomentosa*, bis 2,5 cm, eiförmig, die beiden inneren Schuppen weißlichgrün, die äußeren braun und behaart, nach dem Austrieb noch bis Anfang Juni sitzen bleibend; Blatt gefiedert, das größte Blatt aller *Carya*-Arten, 50–75 cm, mit 7 (selten fünf oder neun) Blättchen an fein und weichbehaarter Spindel, Basis geschwollen; Endblättchen am größten, bis 37 × 15 cm, an einem *dünnen, nur bis 1 cm langen Stiel* oder fast sitzend, gekerbt, gelblichgrün, mit gelben Nerven, matt, dick und hart, unterseits heller und netznervig, Nerven etwas behaart; lanzettlich; Endblättchen mehr obovat-lanzettlich; alle lang zugespitzt; nicht duftend; Herbstfärbung gelb.

BLÜTEN UND FRUCHT: Ähnlich *C. cordiformis*, doch nur selten zu sehen.

Früher forstlicher Versuchsanbau in D.

ÄHNLICHE ART: Die Rinde junger Bäume ist schon sehr abweichend von den anderen Arten; Blätter ähneln denen von *C. tomentosa*.

Buchen, Weißbuche, Ess-Kastanie

1 Rot-Buche *Fagus silvatica*   229
a Ausgewachsener Baum, 25 m hoch.
b Trieb, Blätter und Winterknospen.
c Aufspringende reife Frucht, die Samen zeigend.

2 Weißbuche *Carpinus betulus*   220
Trieb im Sommer, mit Blättern und unreifer Frucht; ♂ Blüten in Kätzchen,
im März aus den Knospen erscheinend.

3 Rauli *Nothofagus procera*   227
Trieb mit Blättern und reifen Früchten. Außerordentlich starkwüchsiger Baum,
der nun zunehmend Beachtung findet.

4 Eß-Kastanie *Castanea sativa*   232
Aus Süd-Europa vor langer Zeit eingeführt; gut gedeihend auf leichten Böden.
a Unreife Früchte an der Basis eines vertrockneten, kleinen, späten ♂ Kätzchens; die normal langen ♂ Kätzchen tragen keine Früchte und sind bereits
abgeworfen worden.
b Trieb mit Blättern.
c Starker, junger Trieb, rinnig und purpurbraun.

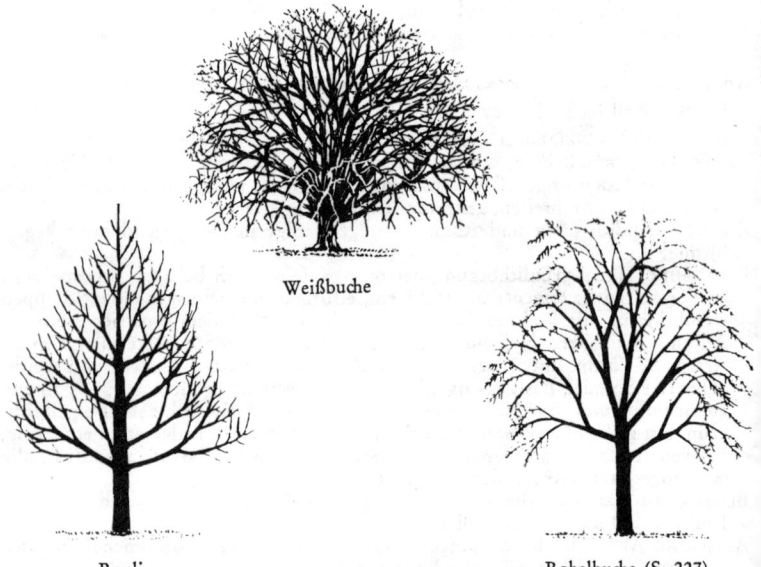

Weißbuche

Rauli   Robelbuche (S. 227)

1a

1b

1c

2

3

4b

4c

1a

1b

1c

2a

2b

4

5

6a

6b

7a

7b

Eichen

Bäume mit sehr verschiedenartigen Blättern, aber alle mit Eicheln.

1 **Stiel-Eiche** *Quercus robur* 252
Einheimisch und weit verbreitet, im Spessart u. a. auf leichteren Böden durch die Trauben-Eiche ersetzt.
a Blatt mit Öhrchen an der Basis und mit sehr kurzem Stiel.
b Eichel mit sehr langem Stiel.
c Alter Baum in freiem Stand.

2 **Rot-Eiche** *Quercus rubra* 242
a Eichel im zweiten Jahr reifend.
b Blatt beiderseits matt.
c Partie der Rinde, die viele Jahre glatt und silbrig bleiben kann.

3 **Kork-Eiche** *Quercus suber* 246
Ein immergrüner Baum mit breiter, niedriger Krone und besonderer Rinde.
a Rindenstück aus der Nähe.
b Blatt.

4 **Scharlach-Eiche** *Quercus coccinea* 239
Blatt (vergrößert, im Vergleich zu dem der Rot-Eiche). Beiderseits glänzend.

5 **Stein-Eiche** *Quercus ilex* 247
Blatt eines unteren Triebes eines jungen Baumes. Die normalen Blätter aus der Krone ausgewachsener Bäume sind ganzrandig; Unterseite weißfilzig. Ein sehr dichtkroniger, dunkler, immergrüner Baum.

6 **Trauben-Eiche** *Quercus petraea* 252
Sehr schöner Baum, in Kultur viel seltener zu sehen als die Stiel-Eiche.
a Blatt mit einer ganz kleinen Andeutung eines Öhrchens und einem längeren Stiel als bei der Stiel-Eiche. Bei manchen Blättern ist die Basis regelmäßig keilförmig, bei allen ist der Rand viel regelmäßiger gebuchtet. Blätter derber und viel seltener mit Gallen als bei der Stiel-Eiche.
b Eichel, sitzend, direkt auf der Triebspitze.

7 **Zerr-Eiche** *Quercus cerris* 245
a Fruchtbecher und Eichel im Sommer.
b Blatt im Spätsommer, nach Abfall der kurzen, grauen Behaarung ist nun die Oberfläche etwas glänzend. Viele Blätter sind schmaler und eckiger gebuchtet als hier dargestellt (vgl. Abb. S. 246).

Birken-Gewächse: *Betulaceae*

Etwa 100 Arten in der ganzen nördlichen Gemäßigten Zone; Blätter wechselständig, ♂ Blüten in Kätzchen, ♀ am gleichen Baum in Ähren, Büscheln oder Kätzchen.

BIRKE   *Betula*

E – Birch   F – Bouleau   N – Berk

Etwa 40 Arten in N-Amerika, Europa und Asien, nach Süden bis zum Himalaja. Bäume in der Jugend in vollem Licht und auch auf armen Böden rasch wachsend; Pionierarten für Rohböden, aber kurzlebig, jedoch schon bald ersetzt durch andere, die in ihrem Schatten leben können. Die meisten Arten fruchten stark, schon in frühem Alter und regelmäßig. Festes Holz, viel als Fournierholz verwendet.

Schlüssel zu den Betula-Arten

1. Blatt lanzettlich, lang zugespitzt, bis 17 cm lang; Rinde rot
                                    B. albo-sinensis var. *septentrionalis*, S. 213
    Blätter nicht so   **2**
2. Blatt bis 10 cm breit, kreisrund bis eiförmig   **3**
    Blatt nicht wie vorstehend   **4**
3. Stiel und Unterseite kahl   *B. maximowicziana*, S. 211
    Stiel und Unterseite behaart   *B. medwediewii*, S. 213
4. Trieb behaart   **5**
    Trieb kahl; häufig warzig   **9**
5. Blatt frischgrün, eiförmig; Stiel rötlich, rinnig   **6**
    Blatt stumpf oder dunkelgrün; Stiel weder rot noch rinnig   **7**
6. Nerven zu 7–8 Paaren; Rinde glänzend weiß   *B. jacquemontii*, S. 212
    Nerven zu 9–14 Paaren; Rinde weiß oder braun   *B. utilis*, S. 212
7. Blatt tief gesägt oder fein gelappt, unten weißlich   *B. nigra*, S. 214
    Blatt gleichmäßig und seicht gesägt, unten grün   **8**
8. Blatt länglich-eiförmig, bis 12 cm, 9–12 Nervenpaare   *B. alleghaniensis*, S. 214
    Blatt kreisrund bis eiförmig, 6 cm, 5–7 Nervenpaare   *B. pubescens*, S. 216
9. Nerven erhaben, parallel, 7–11 Paare   *B. ermanii*, S. 211
    Nerven weder erhaben noch sehr parallel   **10**
10. Stiel behaart   **11**
    Stiel kahl   **13**
11. Blatt derb, stumpf, rautenförmig, 6–8 Nervenpaare   *B. papyrifera*, S. 216
    Blatt dünn, länglich-eiförmig, 10–14 Nervenpaare   **12**
12. Blatt deutlich doppelt gezähnt; Rinde rotbraun   *B. lenta*, S. 213
    Blatt leicht doppelt gezähnt; Rinde gelbbraun   *B. alleghaniensis*, S. 214
13. Blatt 4 × 3 cm, 6 Nervenpaare, Rinde schwarz gezeichnet *B. verrucosa*, S. 215
    Blatt bis 10 × 8 cm, mit 7–9 Nervenpaaren, Rinde kalkweiß
                                  B. platyphylla var. *szechuanica*, S. 216

Maximowicz-Birke *Betula maximowicziana* Reg.

E – Maximowicz's Birch

Japan, um 1890. Selten in den Gärten. 20 × 2 m.

RINDE: Weiß, glatt, waagerecht graubraun gestreift, später orange und stellenweise rosa, der Rest weiß; junge Bäume dunkel rotbraun.

KRONE: Meist *starkästig* und für eine Birke breit, die langen Äste 45° ansteigend, gut verteilt, Gipfel gewölbt.

BELAUBUNG: Trieb in der Jugend *orangebraun* und kahl, mit Lentizellen; an älteren Bäumen glänzend grün, später braun. Knospe eikegelig, scharf zugespitzt, glänzendgrün.

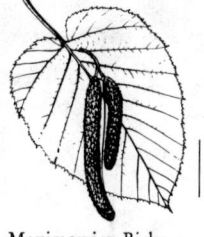

Maximowicz-Birke

Blatt: an jungen Bäumen im Austrieb hellorange und dicht und fein behaart; wenn etwas älter, kahl, dann aber kupfrigbraun; an alten Bäumen ganz kahl und glänzend, sattgrün, *sehr groß*, fast lindenartig, bis 14 × 11 cm, Basis tief herzförmig, breit eiförmig, lang zugespitzt; 10–12 Nervenpaare, endend in spitze, die anderen deutlich überragende Zähne, oben glänzend dunkelgrün, unten matt, oft Nerven fein behaart; Stiel 3–4 cm, grün, mitunter im Oktober rot.

BLÜTEN UND FRUCHT: ♂ Kätzchen zu 3–5 beisammen, gelb und dunkelbraun, 4–5 cm lang im Winter, zur Blütezeit 10–12 cm; Frucht zylindrisch, 2–7 cm lang. Kleiner forstlicher Versuchanbau in D.

ERKENNUNGSMERKMALE: Die großen, breiten, lindenartigen Blätter sind völlig verschieden von allen anderen Birken.

Erman-Birke *Betula ermanii* Chamisso

E – Erman's Birch

NO-Asien, Japan 1890. Selten, doch in Sammlungen und in großen Gärten; 20 × 2 m.

RINDE: Zuerst weiß, an jungen Bäumen besonders schön, später unter den Ästen streifig waagerecht ablösend und gelblichrosa, an alten Bäumen mehr *rosa* oder stumpf rosa, stark abrollend, darunter grau; die Streifen hängen oft in langen Bündeln unter den Ästen.

KRONE: Zuerst schmal-eikegelförmig, später breit kegelförmig, die kleinen Triebe der oberen Äste weiß.

BELAUBUNG: Trieb stumpf braun mit deutlichen blassen, erhabenen Lentizellen. Knospe 5–10 mm, kegelförmig, spitz, angedrückt, grün und braun. Blatt 6 bis 9 × 5–6 cm breit, Stiel hellgelb, oben gefurcht, 2 cm lang, anfangs behaart; 7–11 Nervenpaare; *vertieft und parallel;* Basis abgeschnitten oder breit keilförmig, dreieckig-eiförmig, lang zugespitzt, scharf und tief gesägt, oben glänzend und dunkelgrün, unten fein blaßbraun behaart und mit kleinen, dunkleren Achselbärten.

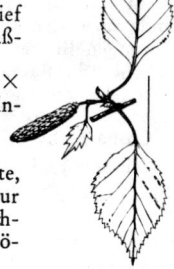

FRÜCHTE: Sehr zahlreich, etwas keulenförmig-zylindrisch, 4 × 1,2 cm, Schuppen waagerecht, angedrückt; den ganzen Winter überdauernd.

Kleiner forstlicher Versuchsbau in D.

ÄHNLICHE ARTEN: *B. utilis* (nachfolgend). Schöne, dichte, glänzende Belaubung mit deutlicher, paralleler Nervatur und oft keilförmiger Basis. Im Winter überreich mit Früchten; die rosa Rinde in feinen Streifen von den Ästen größerer Bäume herabhängend.

Erman-Birke

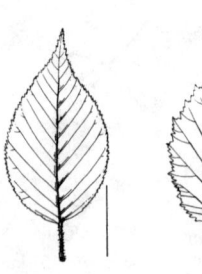
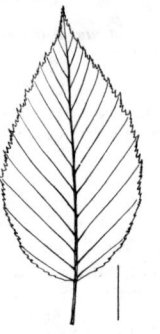
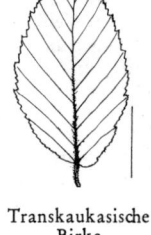

Himalaja-Birke   Weißrindige   Transkaukasische
                    Himalaja-Birke   Birke

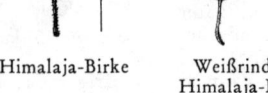

Rote China-Birke

Himalaja-Birke   *Betula utilis* D. Don

E – Himalayan Birch   F – Bouleau Indien

Himalaja. 1849. Selten in Kultur, aber in einigen Sammlungen. 17 × 1,5 m.

RINDE: Sehr variabel: im allgemeinen *weiß* mit grauen Stellen, aber manche Pflanzen aus China auch glänzend dunkelbraun und grau in großen, schuppigen Mustern, bei var. *prattii* Burkill (aus W-China 1908), *hell rosarot,* gebändert mit großen, weißen Lentizellen.

KRONE: Eiförmig, mit stark ansteigenden Ästen, später mehr breitkronig oder auch gewölbt.

BELAUBUNG: Trieb mit langen, klebrigen Haaren; Knospe abstehend, 8 mm, Basis braun, Spitze grün; Blätter derb und oft glänzend grün, 5–8(–14)–3 × 8 cm, eiförmig, lang zugespitzt, Basis rund, 10–14 Paare vertiefter Nerven, etwas gelappt; Zähne scharf, hakig und doppelt, unterseits auf den Nerven und den Nervenwinkeln behaart oder wollig; Stiel dick, gefurcht, behaart, dunkelrot oder gelb.

ÄHNLICHE ART: Oft verwechselt mit *B. jacquemontii* (nachfolgend).

Weißrindige Himalaja-Birke   *Betula jacquemontii* Spach   **17**

E – White-barked Himalayan Birch

W-Himalaja 1880. Selten; ältere Bäume gelegentlich in großen Gärten, doch jetzt mehr verbreitet. 14 × 1,3 m.

RINDE: Guter Formen mit dem reinsten Weiß aller Bäume, glänzend und glatt, ausgenommen während der Zeit des Ablösens und der Erneuerung der Rinde, stellenweise rahmweiß getönt. In Kultur jedoch viele Hybriden mit *B. verrucosa,* die aus Saat gezogen sind und graue und schwarze Stellen in der Rinde aufweisen. Die echte Art unterscheidet sich von *B. utilis* durch die spitzeiförmigen Blätter mit nur 7–9 Nervenpaaren, die unten nur wenig behaart sind. Manche Bäume mit besonders weißer Rinde haben auch 10–12 Nervenpaare, aber diese stehen dann bereits *B. utilis* näher (s. oben).

Rote China-Birke   *Betula albosinensis* Burk.   **17**

E – Chinese Red-barked Birch

Mittel- und W-China 1901. Selten; in Sammlungen und großen Gärten. 20 × 1,5 m.

RINDE: Hell orange, fein ablösend oder grob abrollend und dann mehr rot, seltener purpurgrau, orange und braun gemischt.

KRONE: Aufrecht, verzweigt, mit vielen dünnen Zweigen.

BELAUBUNG: Blatt 4–7 cm, eiförmig, Basis rund, lang zugespitzt, doppelt gesägt, oft auch leicht gelappt, 10–14 Nervenpaare, oben dunkel gelbgrün, unten heller und anfangs Nerven dünn seidig behaart.

var. *septentrionalis* Schneid. W-China 1908. Diese Form sieht man am häufigsten, und sie hat, im Gegensatz zur allgemeinen Meinung, eine viel stumpfere Rindenfarbe, dunkelrosa bis dunkelrot, in langen, papierartigen, bleibenden Streifen abrollend. Belaubung viel lockerer, Triebe dunkelgrau mit weißen Lentizellen, einzelne Blätter oft sehr groß, bis 17 × 10 cm, lanzettlich, lang zugespitzt, sehr scharf und doppelt gesägt, oben dunkelgrün, Nerven unten und in den Winkeln seidig behaart. Blüten: ♂ Kätzchen 6 × 0,5 cm; Frucht zylindrisch, abgerundet, 4 × 1 cm; Fruchtschuppen lang zugespitzt, Spitzen vorwärts zeigend.

ÄHNLICHE ARTEN: Die Rinde ist nur der von *B. utilis* var. *prattii* (welche noch seltener ist) ähnlich, doch fehlen ihr die erhabenen Lentizellenbänder, sie rollt stärker ab und ist (bei der Varietät) dunkler und röter. Var. *septentrionalis* hat die längsten Blätter von allen Birken.

Transkaukasische Birke *Betula medwediewii* Reg.

E – Transcaucasian Birch   F – Bouleau Transcaucasien

N-Persien 1897. Interessanter, buschiger, kleiner, mehrstämmiger Baum, bis 6 m, nicht sehr häufig in den Gärten; Herbstlaub schön goldgelb. Von einem Stamm mit silbrig-graubrauner, haselnußartig abrollender Rinde und nur etwa 30 cm lang, gehen die Äste *strahlenförmig* nach oben; Blätter groß, *erlenartig*, bis 14 × 11 cm, mit 10–13 tief eingedrückten Nervenpaaren, eiförmig bis fast kreisrund, mit großen, bleibenden Nebenblättern an der Basis; Stiel 3 cm, tief rinnig, lang behaart; Trieb überall auf den Ästen entspringend, wodurch eine breite, becherförmige, ziemlich dichte Krone entsteht. ♂ Kätzchen zu 2–4 aus den endständigen Blattachseln, 8 × 1 cm, hellgelb, etwas gerötet.

Zucker-Birke *Betula lenta* L.

E – Cherry Birch   F – Bouleau Sucre   N – Suikerberk

Östl. USA, Maine bis Alabama 1759. Selten, meist nur in Sammlungen. 15 × 1,5 m.

RINDE: Matt purpurgrau oder dunkel bräunlichgrau, in schmalen Streifen abrollend oder mit groben Schuppen; gelegentlich auch mit rötlichen Flecken wie bei Kirschbaumrinde.

Zucker-Birke

KRONE: Kugelig, Triebe dünn, ziemlich locker stehend, strahlenförmig.

BELAUBUNG: Trieb oliv-purpur-braun, die lange Behaarung meist abfallend im Sommer, ausgenommen an den Spitzen. Blätter entfernt stehend, 8–13 cm, Basis herzförmig, eiförmig, zugespitzt, *regelmäßig* doppelt gesägt, die Nervenenden aus den *Spitzen der Zähne kurz grannenförmig vorragend*; 9–12 vertiefte Nervenpaare; oben frischgrün, unten heller; junge Blätter dicht weiß behaart auf der Unterseite, später nur noch auf den Nerven; Herbstlaub leuchtend goldgelb und orange, doch nur kurzfristig, Ende Oktober. Geriebene Triebe haben einen starken aromatischen Geruch (wie *Gaultheria procumbens*-Beeren).

FRUCHT: Fast sitzend, aufrecht, eilänglich, 2–3,5 cm, Fruchtschuppen kahl und abstehend.

Kleiner forstlicher Versuchsanbau in D.

ÄHNLICHE ART: *B. alleghaniensis* (unten) ist ähnlich im Laub und dem Duft der Triebe, deutlich abweichend aber in der Rinde, in den weniger regelmäßigen doppelten Randzähnen, in der stärkeren und länger bleibenden Behaarung der Blätter und den gewimperten Fruchtschuppen.

Gelb-Birke   *Betula alleghaniensis* Brit. (= *B. lutea* Michx.)

E – Yellow Birch   F – Bouleau Jaune Canadien   N – Gele berk

Östl. N-Amerika, Neufundland bis Tennessee 1767. Selten, nur in Sammlungen, etwas häufiger als die vorige Art. 16 × 1,6 m.

RINDE: *Braun und gelblichgrau,* walnußfarbig, stellenweise silbrig oder aschgrau, rosa oder blaßorange, in krausen Streifen abrollend oder auch in papierförmigen Rollen.

KRONE: Eiförmig, mit anfangs weit strahlenförmig abstehenden, später waagerechten Ästen; Triebe spitzwinklig; Belaubung sehr locker und Abstände sehr groß.

BELAUBUNG: Trieb matt graubraun, anfangs lang behaart, später kahl; Blätter fast wie bei *B. lenta,* 8–11 × 4–6 cm, dunkelgrün, grob und *unregelmäßig* doppelt gesägt, eben, 12–15 Nervenpaare, Stiel 1–2 cm, hellgrün, lang behaart, gefurcht; Nerven unten lang behaart, mit Achselbärten, oft bis zum Laubfall. Herbstlaub leuchtend gelb, zwei Wochen früher als bei *B. lenta.* Geriebene Triebe ebenfalls mit aromatischem Duft.

FRÜCHTE: Zahlreich, aufrecht, kurz zylindrisch, 3 × 1,5 cm, mit abstehenden Fruchtschuppen wie ein kleiner Koniferenzapfen, hellgrün, gewimpert (Linse!). Kleiner forstlicher Versuchsanbau in D.

ÄHNLICHE ART: *B. lenta* (siehe oben).

Fluß-Birke, Schwarz-Birke   *Betula nigra* L.

E – Black Birch   F – Bouleau Noir   N – Zwarte berk

Östl. USA, Minnesota bis Florida 1736. Selten, aber doch in vielen großen Gärten zu sehen. 15 × 1,3 cm.

RINDE: Anfangs rötlich-lederfarben bis orange mit langen, papierartigen, grauen bis dunkelbraunen Bündeln von sitzenbleibenden Rindenstreifen; ältere Bäume *dunkel rötlich* oder schwärzlichbraun in *großen Streifen* abrollend, die von den Ästen bis hoch hinauf in der Krone herabhängen; an sehr alten Bäumen Stamm zuletzt mit grober, harter, schwarzer Borke.

KRONE: Zuerst ziemlich buschig, schmal ansteigend; als Baum später mit reinem, etwas übergelehntem Stamm, mit wenigen ansteigenden Ästen und vielen, feinen, etwas hängenden Trieben und Zweigen, am breitesten an der Spitze, etwas überhängend.

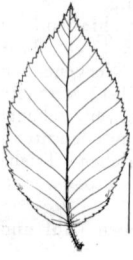

Gelb-Birke   Fluß-Birke, Schwarz-Birke   'Dalecarlica'   'Fastigiata'

BELAUBUNG: Trieb rotbraun, lang behaart; Blätter 3–12 × 2–8 cm, breit keilförmig, rautenförmig, *tief und elegant doppelt* gezähnt, die großen Zähne fast lappenförmig, 6–10 Nervenpaare; oben glänzend dunkelgrün, unten anfangs weißlich mit dichter weißer Behaarung, später blaßgrün, Nerven bleibend behaart.

FRUCHT: Aufrecht auf dickem, behaartem Stiel, zylindrisch, nach der Basis etwas dünner werdend, 3 cm, Fruchtschuppen, grün, Rand kraus, Spitzen braun.

Sand-Birke, Weiß-Birke *Betula verrucosa* Ehrh. (= *B. pendula* Roth) **17**

E – Silver Birch   F – Bouleau verruqueux   N – Scherpe berk

Einheimische Birke, überall häufig auf leichten Böden und in Flachmooren; Europa und Kleinasien; Hügel, Heide, Moor, Waldränder und Unterholz. Wertvoll auch als Straßenbaum, 31 × 3 m.

RINDE: Zuerst glänzend rotbraun wie ein Kirschbaum, später mehr rosaweiß mit waagerechten, breiten, blaßgrauen Bändern und hier und da dunkelgrauen, abschuppenden Stellen, zuletzt weiß mit *großen schwarzen Rauten*; oft an der Basis tief gefurcht mit knorrigen, harten Leisten.

KRONE: Junger Bäume schmal, kegelförmig, spitz, aufrecht; ältere Baume verlieren allmählich den spitzen Gipfel und werden hoch gewölbt, mit *lang hängenden* Zweigen; Stamm meist tief gefurcht.

BELAUBUNG: Trieb dunkel purpurbraun, rauh durch *kleine weiße Warzen* (deshalb „Sand“-Birke); Knospe junger Bäume stumpf eiförmig, 3 mm, matt purpurbraun, an ausgewachsenen Bäumen eikegelförmig, 4 mm, glänzend grün; Blatt 3–7 cm, abgestutzt, etwas rundlich-dreieckig, zugespitzt; 6 Nervenpaare in den vorragenden Zähnen endigend, dazwischen immer 2–3 kleinere, dreieckige Zähne; Stiel dünn, 1,5 cm, kahl.

BLÜTEN UND FRUCHT: ♂ Kätzchen zu 2–4 beisammen an den Enden kleiner Triebe, während des ganzen Winters sichtbar und dann blaß purpurbraun, 2 × 0,3 mm, gebogen, später 3 cm lang werdend und beim Stäuben im April gelb; ♀ Blüten zu etwa 6 an verzweigtem Stiel, aufrecht auf einem kurzen Trieb an der Basis einiger ♀ Kätzchen, offen blaßgrün, 1–1,5 cm, später abwärts gekrümmt zur Fruchtzeit, 2–3 × 0,4 cm, gurkenförmig, im Herbst braun und dann zerfallend, während des Winters auch von Vögeln zerstört.

WUCHS: Sämlinge können in einem Jahr 1 m hoch werden, und Jahrestriebe von 1 m Länge in den ersten Jahren sind ganz normal, bis etwa zu 15 m Höhe in 20 Jahren oder weniger, aber danach ist das Wachstum sehr viel langsamer. Im Süden sind die Bäume mit 50–60 Jahren bereits voll ausgewachsen, sterben ab oder brechen dann leicht, während man in Schottland 180 Jahre alte, gesunde Bäume finden kann. Forstbaum in A, D, CS, NL, SF.

'Darlecarlica'. Gefunden in Dalekarlien (schwed. Dalarna), S-Schweden 1767. In vielen Gärten, auch als Straßenbaum. Stamm glatt, bald weiß, später mit grauen Stellen; Krone schmal, Äste ansteigend-überhängend; Blätter 6 × 5 cm, tief eingeschnitten in schmale, eckige Lappen, jeder mit einem großen Zahn; Stiel dünn, 3–4 cm. 30 × 1,7 m.

'Fastigiata'. Schmal, säulen- bis kegelförmig, mit gebogenen, fast senkrecht stehenden Zweigen, an der Basis zuletzt sehr schmal, im oberen Teil der Krone mehr breit säulenförmig; Blätter sehr dunkelgrün. Ziemlich selten. 22 m.

'Tristis'. Besonders schöne, starkwüchsige Hängeform, mit stets gerade durchgehendem Leittrieb und weit überhängenden Ästen und Zweigen; Triebe sehr dünn, lang und schlaff hängend. Großer Baum. Sehr häufig in Gärten und Parks.

'Y o u n g i i'. Um 1900, Milford. Wuchs unregelmäßig und unordentlich, aber im allgemeinen nur hochstämmig veredelt und dann mit schirmförmig ausgebreiteter, unregelmäßig breiter Krone; Blätter wie beim Typ, aber kleiner.

Setschuan-Birke *Betula platyphylla* var. *szechuanica* (Schneid.) Rehd.

E – Szechuan Birch

W-China, 1908. Eine geographische Varietät der Mandschurischen Birke, die in den Gärten wegen ihrer *kalkweißen* Rinde gern gepflanzt wird; ohne jede Zeichnung in der Rinde, die bei Berührung *mehlweiß abfärbt*. Trieb blaßbraun, *sehr rauh*; Blätter groß, bis 12 × 9 cm, hart, rauh, mit 8 Hauptnervenpaaren, grob und doppelt gekerbt, dreieckig-eiförmig, lang zugespitzt, unten kahl, gesprenkelt mit glänzenden Flecken. 15 m.

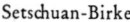
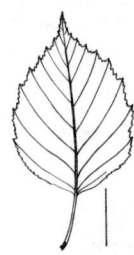
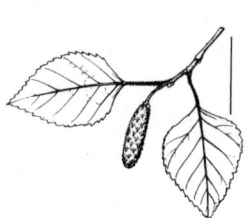

Setschuan-Birke   Papier-Birke   Moor-Birke

Papier-Birke *Betula papyrifera* Marsh.

E – Paper-bark Birch   F – Bouleau à Papier

Nördl. N-Amerika, Labrador bis Brit. Kolumbien (in Alaska als var. *kenaica*); südlich bis Pennsylvania 1750. Wenig häufig in den Gärten. 20 × 2 m.
RINDE: Sehr variabel, abhängig von der Herkunft. In der typischen Form glatt und weiß mit *rahmfarbenen*, *rosa* und *blaßorange* Stellen, seltener dunkelrosa, mit purpurnen Markierungen in waagerechten Lentizellenbändern.
KRONE: Starke, ansteigende Äste, Triebe ziemlich dick, Blätter *entfernt stehend*.
BELAUBUNG: Trieb dunkelbraun und sehr rauh von hellen Warzen; Knospe 6 bis 8 mm, schlank kegelförmig, angedrückt, grün und braun; Blätter sehr unterschiedlich in der Größe, 4–10 cm lang, ziemlich dick, oben sehr *matt* dunkelgrün, mit *dicken*, behaarten 1,5–3 cm langen Stielen. Basis abgestutzt oder rund, eiförmig lang zugespitzt, mit wenigen Nervenpaaren für ein so großes Blatt (6–10 Paare), doppelt gezähnt; unten heller und mit Haarbüscheln in den basalen Nervenwinkeln, und mit verstreuten schwarzen Punkten.
BLÜTEN UND FRUCHT: ♀ Kätzchen groß, bis 10 cm bei Reife; Frucht 4 × 0,8 cm. Forstlicher Versuchsanbau in D (Köln) und in Grönland.

Moor-Birke *Betula pubescens* Ehrh.

E – Downy Birch   F – Bouleau pubescent

Einheimische Birke der schlecht durchlässigen Heide- und Moorböden, wo sie örtlich *B. verrucosa* ersetzt; in den Gärten ebenfalls nicht selten, aber in der Regel kaum absichtlich gepflanzt, weil die Moor-Birke und die Sand-Birke in den Baumschulen stets gemischt sind.

RINDE: Zuerst rotbraun wie bei *B.* verrucosa, später glatt und *grau*-weiß, unterschiedlich waagerecht grau oder braun gebändert, mitunter mit feinem Netzmuster, oft auch bräunlich oder kirschbaumartig bleibend bis der Stamm stärker ist; *niemals mit schwarzen Rauten.*

KRONE: Unregelmäßig, bald den spitzen Gipfel verlierend, mehr ausgebreitet, *Zweige gedreht,* Triebe abstehend, gehäuft, nicht hängend („besenartig").

BELAUBUNG: Triebe grau rotpurpurn mit *weichen, kurzen,* glänzend weißen Haaren, samtig anfühlend; Blatt von *B.* verrucosa verschieden durch mehr *rundlich,* oft fast kreisförmige Spreite, 5–6 × 5 cm, am breitesten ziemlich in der Mitte, nicht nahe der Basis, Rand gleichmäßig *gekerbt;* Unterseite mit glänzenden weißen Haaren auf den Nerven; Stiel dicht behaart.

Forstlicher Anbau wie bei der Sand-Birke.

ÄHNLICHE ART: *B.* verrucosa, S. 215.

ERLEN *Alnus*
E – Alder   F – Aune   N – Els

Dreißig Arten auf der nördlichen Halbkugel, nach Süden bis Peru und W-China. ♂ Kätzchen lang, die Blüten zu dritt; ♀ in kurzen, oft aufrechten Kätzchen, zur Reifezeit holzig wie die eiförmige Koniferenzapfen. Knospen aller beschriebenen Arten, ausgenommen *A.* viridis, gestielt und mit 2–3 ungleichen Schuppen. Die meisten Arten gedeihen am besten in feuchten, kühlen Lagen, jedoch *A.* incana wächst auch auf ärmeren Böden und wird oft verwendet als Pionierholzart auf Ödland.

Grün-Erle *Alnus viridis* DC.   **18**
E – Green Alder   F – Aune vert   N – Groene els

Europäische Gebirge 1820. Ziemlich selten in den Gärten, wohl nur in Sammlungen. 5 m. Wuchs aufrecht, strauchig verzweigt, selten baumartig. Knospe 1,2–1,5 cm, nicht gestielt, purpurrot, glänzend, lang zugespitzt. Blatt 6 × 4,5 cm, Stiel rinnig, 1,5 cm; abgestutzt, eirund, stumpf, mit sehr feinen, scharfen, abstehenden Zähnen, 8–9 Nervenpaaren, Stiel und Mittelrippe unterseits behaart, oben mattgrün, unten heller und mit kleinen Haarbüscheln in den Nervenwinkeln.

BLÜTEN UND FRUCHT: ♂ Kätzchen dick und lang, 5–12 cm, gelb Ende April; ♀ in Büscheln zu 5–8, aufrecht, rötlichgrün, 1 × 0,4 cm, reifend zu hängenden Büscheln aus großen, eiförmigen, 2 × 1,5 cm großen Zapfen, grün im Sommer, dann blaß rotbraun und mit 15–20 sehr kleinen Fruchtschuppen, bis zum Frühjahr bleibend und dann fast schwarz.

In den Alpen zur Grünverbauung.

Schwarz-Erle *Alnus glutinosa* (L.) Gaertn.   **18**
E – Common Alder   F – Aune Noir   N – Gewone els

Heimischer Baum, häufig an Wasserläufen; ganz Europa bis Sibirien und N-Afrika. 22 × 2 m.

RINDE: Zuerst rotpurpurbraun, bald dunkel graubraun, dann in eckige Felder zerbrechend; alte Bäume grau und, wie die Eiche, fein gefurcht und in kleine, senkrechte Platten zerrissen.

KRONE: Breit kegelförmig, spitz; Äste anfangs ansteigend, später mehr waagerecht, ziemlich locker.

BELAUBUNG: Trieb grün, etwa im Oktober intensiv purpurn, mit erhabenen orange Lentizellen, etwas hin- und hergebogen; Knospe 3 mm lang gestielt, kahl, zuerst grün, dann von der Spitze nach unten zu purpur verfärbend, 7 mm, schmal; Blätter junger Pflanzen im Austrieb blaß orangebraun; breit keilförmig, obovat, breit abgerundet und an der Spitze leicht ausgerandet, 10 × 7 cm, Rand etwas wellig und ganz flach gezähnt, leicht glänzend, sehr dunkel grün, 7 weiße Nervenpaare, unterseits hell und mit Büscheln langer weißer Haare in den Nervenwinkeln; Stiel 2–3,5 cm, fein rauh punktiert, nach der Blattbasis zu größer werdend; Blätter von Stockausschlägen oft klein gelappt. Blätter bleiben sehr lang am Baum und fallen dunkelgrün im November ab.

BLÜTEN UND FRUCHT: ♂ Kätzchen zu 3–5 beisammen, mattpurpur im Winter, 2–3 cm, während einer langen Periode von März bis Ende April aufblühend, dann dunkelgelb, 5 cm; ♀ in kurzen, aufrechten Büscheln, 3 mm in der Knospe, dunkelpurpur, später dunkelrot, 5–6 mm, während des Reifens 8–15 mm und eiförmig werdend, reif dunkelbraun und holzig.

WUCHS: In der Jugend sehr rasch; Triebe von 1 m Länge häufig. Forstlich angebaut auf Ödland und Kippen in D, CS, NL und YU.

ERKENNUNGSMERKMALE: Die obovaten Blätter unterscheiden sich leicht von den anderen Arten.

'L a c i n i a t a'. Seltener; wie der Typ, aber die Blätter bis zur Mitte der Spreite eingeschnitten, jederseits mit 6–7 dreieckigen, spitzen, etwas gelappten Zähnen. 20 m.

'I m p e r i a l i s'. 1853. Kleiner, schlanker Baum, Spitze etwas übergelehnt, Äste weich, mit sehr tief (oft bis fast zur Mittelrippe) eingeschnittenen Blättern, die Lappen sehr lang zugespitzt und schmal, sattgrün; Stiel dünn, 2–4 cm; Nebenblätter ausgeprägt, eiförmig, heller grün als die Spreite. In der Erscheinung ganz verschieden von 'Laciniata'. Gelegentlich in Gärten und Parks, an Gewässern.

Rot-Erle *Alnus rubra* Bong. (= *A. oregona* Nutt.)

E – Oregon Alder   F – Aune d'Orégon   N – Rode els

Westl. N-Amerika; Alaska bis Kalifornien und Idaho. Vor 1880. Merkwürdigerweise selten; nur gelegentlich in Parks und Gärten. 20 × 2 m.

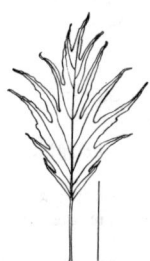
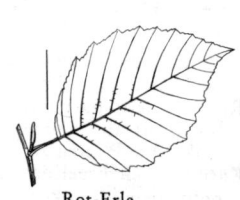

'Laciniata'   'Imperialis'   Rot-Erle

Rinde: Glatt, an jungen Bäumen rötlich bleigrau, mit senkrechten Linien blasser Lentizellen; in ihrer Heimat in den westl. USA prächtig silbern.

Krone: Schmal und in der Jugend spindelförmig, später aber breit werdend und mit waagerechten Ästen; bereits breit gewölbt, wenn erst 9 m hoch.

Belaubung: Trieb leicht kantig, zuerst grünlich mit langer, lockerer Behaarung, aber bald dunkelrot und kahl. Knospe dunkelrot, mitunter blaßgrün; Stiel 2,5–3,5 cm, gelb oder rot; Blatt bis 10–12 × 7 mit 10–15 parallelen, rötlichen Nerven, die zu kleinen Lappen mit je 2–4 scharfen Zähnen am Basis-Rand, dagegen mehr ganzrandig nach der Blattspitze hin; elliptisch bis eilanzettlich, stumpf oder mit kurzer Spitze, Basis abgerundet, oben dunkelgrün, unten *mehr grau*, oben rostbraun behaart oder orange, auf den Nerven bleibend, der *äußerste Rand* winzig, aber doch scharf *heruntergebogen*.

Blüten und Frucht: ♂ Kätzchen zu 3–5 beisammen, bis 15 cm lang; Früchte zu 3–6 beisammen, faßförmig, 1,2–2 cm lang.

Wuchs: Außerordentlich raschwüchsig während einiger Jahre; danach aber nur noch in guten Lagen; bis 15 m in 15 Jahren. Forstliche Anbauversuche in GB.

Ähnliche Art: Blätter etwa wie bei *A. incana* (unten) gelappt, aber die Triebe sind bald kahl und rot, Blätter meist nicht so breit und mehr gelappt, mit winzig herabgebogenem Rand.

Grau-Erle *Alnus incana* (L.) Moench **18**

E – Grey Alder   F – Aune Blanc   N – Grijze els

Europa, Kaukasus; Gebirge. 1780. Kaum im Garten zu sehen, sondern bei Bepflanzungen von Ödland usw.

Rinde: *Dunkelgrau* und glatt, etwas grünlich getönt, mit schuppigen, kleinen senkrechten Lentizellen; ältere Bäume matt dunkelgrau mit einigen wenigen tief verlaufenden Rissen, in der Krone heller grau.

Krone: Mehr oder weniger kegelförmig, im Alter breit.

Belaubung: Trieb oberseits rotbraun, unten oliv, mit orange Lentizellen, in *grauer, kurzer Behaarung*; später blaß *glänzendgrau*; Knospe purpurrot, gebogen, 8 mm, an 2 mm langem Stiel; Blätter entfernt stehend, mit 4–5 cm Abstand, *eiförmig*, mitunter bis fast rund, bis zu 10 × 10 cm, mit 2,5 bis 3 (8) cm langem Stiel; 9–12 Nervenpaare (oder Nerven an jeder Seite, die auch abwechselnd stehen können), fein gelappt über der Mitte, scharf gezähnt, Basis des Blattes ganzrandig; oben mattgrün, unten grau, beiderseits fein behaart oder später nur noch auf den Nerven; dunkelgrün bis zum Blattfall Ende November.

Blüten und Frucht: ♂ Kätzchen zu 3–4 beisammen, im Februar aufblühend und dann 5–10 cm lang. ♀ Blüten zu 3–8 auf blaßbraunen, fein behaarten Stielen, reifen zu eiförmigen, 1 × 0,8 cm langen Zäpfchen. Forstlich angebaut in D, vor allem auf Ödland und Kippen.

'A u r e a'. Kleiner Baum, in Parks und Gärten, mit kleineren, während des ganzen Sommers goldgelben Blättern, Triebe gelb, doch im Winter auffallend orange, ebenfalls die Kätzchen.

'L a c i n i a t a' (= 'Incisa', 'Pinnatifida'). Selten; Blätter klein, tief eingeschnitten, mit 6–8 Paaren schmaler, gezähnter Lappen; durch die behaarten Triebe von den anderen schlitzblättrigen Formen unterschieden.

'P e n d u l a'. Parkbaum; Habitus sehr unregelmäßig, mit weit abstehender und lang herabhängender Bezweigung; sehr dekorativ. 6 m.

Ähnliche Art: *A. rubra* (S. 218) hat ebenfalls fein gelappte Blätter, doch mehr ausgeprägt, und mit herabgebogenem Rand.

Italienische Erle   *Alnus cordata* Desf.   **18**

E – Italian Alder   F – Aune de Corse   N – Hartbladige els

S-Italien, Korsika 1820. Ziemlich selten in den Gärten und Parks. Sehr starkwüchsig. 27 × 3 m.

RINDE: Blaß graubraun, später mattgrau, glatt aber etwas blasig und mit einigen senkrechten, flachen, breiten Furchen.

KRONE: Majestätisch kegelförmig bis zur größten Höhe, *dicht* für eine Erle; ähnelt etwa einem üppigen Birnbaum, vor allem durch die glänzenden, dunklen, birnenartigen Blätter.

BELAUBUNG: Trieb oberseits dunkelbraun, unten heller, etwas hin- und hergebogen; Knospe eiförmig, 5 mm, mit 5 mm langem Stiel, blaßgrün, stellenweise dicht rotbraun punktiert; Blatt 5–8 × 5–7 cm, eiförmig, kurz zugespitzt, herzförmig, Basis ganzrandig, sonst seicht gesägt mit vorwärts gerichteten, etwas zugespitzten Zähnen, oben *glänzend* dunkelgrün, unten heller und mit großen Büscheln blaß *orangefarbener Haare* in den Nervenwinkeln und langen, flach liegenden Haaren beiderseits der Basis der Mittelrippe; Stiel 3 cm; junge Blätter im Sommer orange getönt. Das Laub bleibt grün bis zum Herbst, fällt grün und grau ab im November.

BLÜTEN UND FRUCHT: ♂ Kätzchen zu drei (bis fünf), im Winter 2,5 cm zylindrisch, zur Spitze verjüngt, blaß purpurn, Zeit des Stäubens zwischen Februar und April, dann goldgelb und 7–10 cm lang; ♀ aufrecht, über den ♂ stehend, zu 1–2 auf dickem, 2–5 cm langem Stiel, reif eine eiförmige, 2,5 × 1,8 cm große Frucht.

Forstlich angebaut in F und I.

ERKENNUNGSMERKMALE: Sehr verschieden von den anderen Erlen in Krone, Rinde, Belaubung, großen Blüten und Frucht; sehr schön und raschwüchsig, bis 15 m in 19 Jahren.

WEISSBUCHE   *Carpinus*
E – Hornbeam   F – Charme   N – Haagbeuk

Sechsundzwanzig Arten in der ganzen nördlichen gemäßigten Zone; ♂ Kätzchen während des Winters in der Knospe eingeschlossen; Früchte sind Nüßchen, gebündelt, jedes mit einem großen Tragblatt.

Gemeine Weißbuche   *Carpinus betulus* L.   **19**

E – Hornbeam   F – Charme   N – Haagbeuk

Europa, von den Pyrenäen bis S-Schweden, nach Osten bis Kleinasien, häufiger Baum der Laubwälder. 30 × 4 m.

RINDE: Blaß silbergrau, fein heller braun und grau gestreift, glatte Stellen mit feinem Netzmuster aus grauen Furchen, daneben schwarze, tiefere, unregelmäßige Risse. Alte Bäume mit einem erhabenen Netzwerk flacher Riefen; Stamm oft tief gefurcht und verdreht, elliptisch im Querschnitt.

KRONE: Unregelmäßig eiförmig oder breit kegelförmig, alte Bäume umgekehrtkegelförmig, breit und hoch gewölbt; Stamm *übergelehnt* und mit tiefen Furchen; Äste ansteigend und bogig, Triebe sehr fein und gerade.

BELAUBUNG: Trieb dunkel bräunlichgrau, mit locker stehenden langen Haaren, etwas hin- und hergebogen, aus der Nähe gesehen; Knospe sehr dünn, mit scharfer Spitze, dicht angedrückt, 6–7 mm; Blätter wechselständig, länglich-eiförmig, kurz zugespitzt, herzförmig, etwas schief, mit etwa *15 parallelen Nervenpaaren*; fein und scharf *doppelt gezähnt*, mitunter fast fein gelappt, 8 bis 10 × 5–6,5 cm, mit rötlichem, 1 cm langem Stiel; beiderseits leicht glänzend,

oben sehr dunkel grün, mehr gelblich unten, mit kleinen weißen Haarbüscheln in den Nervenwinkeln; Herbstfärbung goldgelb, später mehr bräunlichgelb. BLÜTEN UND FRUCHT: Überreich mit ♂ Kätzchen, im März, 2,5–5 cm, hell gelbgrün, in der Masse mehr bräunlich durch die geröteten äußeren Schuppen. Fruchtstände 6 cm lang, mit etwa 8 Paaren Nüßchen, 6–8 mm, jedes Paar an der Basis mit einem grünen, etwa 3,5 cm langen Tragblatt, dieses an jeder Seite mit einem abstehenden Basislappen.
Wichtiger Waldbaum in D und anderswo in Europa.

'F a s t i g i a t a' (= 'Pyramidalis'). 1885 Europa. In großem Umfang angepflanzt als Straßenbaum, in Gärten und Parks wegen der idealen Wuchsform, zwar etwas zu geometrisch, aber doch immer sehr reizvoll. Der glatte graue Stamm ist meist 2 m hinauf astrein, dann kommt die spitz-eiförmige, sehr dichte Krone (die aussieht wie ein Pik-As) aus geraden, schräg ansteigenden Zweigen; Blätter frischer und mehr glänzend grün als beim Typ, sehr dicht stehend und meist waagerecht, im Herbst zuerst goldgelb, dann orangebraun. Früchte und Blüten weniger auffallend. 16 m.

'C o l u m n a r i s'. Seltene Form. Streng säulenförmig, sehr schwachwüchsig und kurztriebig, völlig verschieden von der vorigen.

'I n c i s a' (einschl. 'Quercifolia'). Breit und buschig; kleine Blätter mit dreieckigen Lappen. Einige Formen schmal lanzettlich, tief gelappt. Große alte Bäume in einigen Gärten und Parks (Park Bad Brückenau). 10 m.

'Fastigiata'

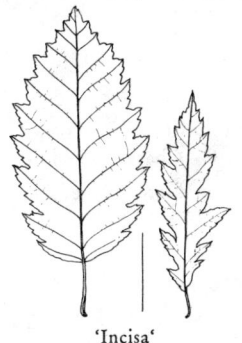

'Incisa'

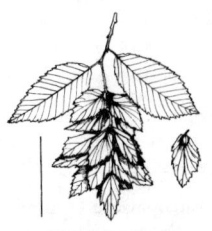

Orient-Weißbuche
mit Frucht

Orient-Weißbuche *Carpinus orientalis* Mill.

E – Eastern Hornbeam   F – Charme d'Orient   N – Oosterse haagbeuk
SO-Europa, Kleinasien 1739. Selten, nur in Sammlungen. Kleiner Baum mit kleinen, nur 2–5 cm langen, eiförmigen Blättern, zwischen den 11–15 Nerven etwas gefaltet, doppelt gezähnt. Rinde grau mit purpurnem Ton, hübsch gelblich gestreift, glatt. Die Tragblätter der Früchte haben die Form kleiner Blätter, sind scharf gesägt und dunkelgrün.

Japanische Weißbuche *Carpinus japonica* Bl.

E – Japanese Hornbeam   F – Charme de Japon
N – Japanse haagbeuk
Japan 1879. Ein seltener, aber sehr schön belaubter Baum; in Sammlungen und großen Gärten. 10 m.

RINDE: Glatt, graupurpur oder dunkelgrün mit welligen rosa Streifen.

BELAUBUNG: Trieb rot, mit Lentizellen, behaart; Blatt 5–10 cm, eilanzettlich, zu-
gespitzt, scharf gesägt, Zähne nach vorne gerichtet, mit *20–22 Paaren paralleler*
Nerven, jede dritte in eine kurze Granne endigend, glänzend dunkelgrün,
Nebenblätter grün, bleibend.

FRUCHT: Ein 5 × 3 cm großes, eiförmiges Bündel einwärts gebogener Tragblätter,
jedes 2 cm lang, mit 4–5 groben Zähnen, blaßgrün, später karminrosa überlaufen im August.

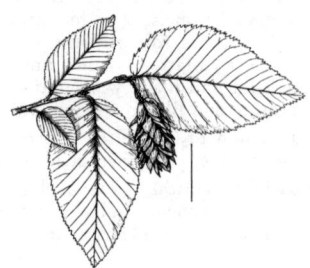

Japanische Weißbuche
mit Frucht

Europäische Hopfenbuche
mit Frucht

HOPFENBUCHE   *Ostrya*
E – Hop-Hornbeam   F – Charme houblon   N – Hopbeuk

Sieben Arten in der nördlichen gemäßigten Zone; ähnlich den Weißbuchen, aber
die ♂ Kätzchen während des Winters nackt und die Früchte von einer blasen-
artigen Hülle umschlossen.

Europäische Hopfenbuche   *Ostrya carpinifolia* Scop.

     E – European Hop-hornbeam   F – Charme houblon
     N – Europese hopbeuk

     S-Europa, Kleinasien, vor 1724. Ziemlich selten; in Sammlungen und großen
     Gärten. 19 × 1,5 m.

RINDE: Zuerst glatt und graubraun, später ablösend, tiefbraun und rissig, dann
entweder eichenartig und rötlichgrau oder zerrissen in eckige, lockere Platten,
die nach dem Abfallen orangebraune Flecken hinterlassen.

KRONE: Breit kegelförmig, junge Bäume zuerst mit schlankem Gipfel, alte Bäume
sehr breit, mitunter auch mehrstämmig.

BELAUBUNG: Trieb braun oder rotbraun, stark behaart, mit winzigen, erhabenen
orange Lentizellen; Knospe eiförmig, spitz, glänzendgrün. Blatt 5–12 × 3 bis
6 cm, eiförmig mit langer Spitze, oder spitz, Basis rund, sehr scharf und doppelt gesägt, mit 12–15 Nervenpaaren, dick, hart, oben dunkelglänzendgrün,
unten heller und mit kleinen Achselbärten; Stiel 3–4 mm, weich behaart.

FRUCHT: In *hopfenartigen*, 3–5 cm langen, hängenden *Büscheln*, im Sommer *weiß*
oder grünlich, mit langen Haaren, etwa 15 eiförmige Hüllen, jede 1,5–2 cm
lang, ein Nüßchen umschließend.

HASEL   *Corylus*

E – Hazel   F – Noisetier   N – Hazelaar

Fünfzehn Arten in der nördlichen gemäßigten Zone, davon nur vier Baumgröße erreichend. ♀ Blüten in der Knospe verborgen, bis auf die vorragenden roten Griffel; Frucht eine große Nuß, umgeben von einem blattartigen Hüllkelch.

Baum-Hasel   *Corylus colurna* L.

E – Turkish Hazel   F – Noisetier en arbre   N – Boomhazelaar

Südost-Europa, Kleinasien, West-Asien, 1852. Nicht sehr häufig, aber doch in großen Gärten und Parks, auch als Straßenbaum. 22 × 2,2 m.

RINDE: Rötlichbraun mit ziemlich eichenartiger Furchung, später mehr dunkelbraun und grob abschuppend.

KRONE: Kegelförmig mit ziemlich dicker, waagerecht, aber auch ziemlich steil ansteigender Bezweigung.

BELAUBUNG: Trieb und Blattstiel dicht drüsenhaarig; Blatt groß, schwer, hängend, bis 12,5 × 12,5 cm groß, Stiel rötlich, 2,5 cm, breit eiförmig oder obovat, herzförmig, plötzlich zugespitzt, etwas runzelig, doppelt gezähnt, oft auch fein gelappt, glänzend dunkelgrün.

BLÜTEN UND FRUCHT: ♂ Kätzchen 5–7 cm; Frucht in Büscheln, Hüllkelch tief eingeschnitten, die Lappen zurückgeschlagen, die Nuß ähnlich der Haselnuß, aber flacher und mit sehr dicker, harter Schale.

ERKENNUNG: Die einzige Hasel mit Baumwuchs, in Blatt und Frucht gut zu erkennen, vor allem im Herbst und Winter.

Wald-Hasel   *Corylus avellana* L.

E – Common Hazel   F – Noisetier, Coudrier   N – Gewone hazelaar

Überall einheimisch, in ganz Europa, bis zum 68. Breitengrad, und in Kleinasien. Auf Kalk, aber auch auf neutralen und leicht sauren Böden, als Unterholz im Wald, oder auch als Hecken. 12 m.

RINDE: Glänzend graubraun, bald auch in kleinen Streifen abrollend.

KRONE: Gelegentlich mit kurzem Stamm, aber in der Regel ein vielstämmiger, hoher, breiter Busch.

BELAUBUNG: Trieb hellbraun, mit langen, steifen Drüsenhaaren; Knospe eiförmig, glatt. Stiel dick, dicht drüsenhaarig, 1,5 cm; Blatt bis zu 10 × 10 cm, kreisrund bis obovat, Basis herzförmig, Zähne dreieckig, scharf, ungleich; rauh behaart, oben dunkelgrün, unten auf den Nerven weich und weiß behaart.

BLÜTEN UND FRUCHT: ♂ Kätzchen bräunlichgelb im Herbst, beim Stäuben blaßgelb, 5 cm, von Januar bis April (örtlich verschieden), doch meist Mitte Februar; ♀ Blüten braun, eiförmig, 3–5 mm, die roten Griffel etwa 2 mm weit

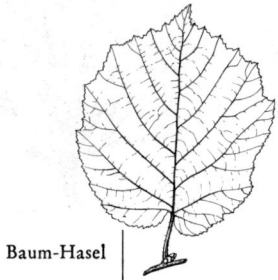

Baum-Hasel

Wald-Hasel

Eichen (Fortsetzung)

1 Spitzblättrige Eiche *Quercus acuta* 236
Seltener Baum des milden Klimas, Blätter an die von Rhododendron erinnernd, Eicheln in Ähren büschelig; Blattunterseiten und Triebe dicht wollig orange, doch leicht abreibbar.

2 Bambusblättrige Eiche *Quercus myrsinifolia* 236
Eleganter, seltener Baum in sehr mildem Klima. Blätter unterseits leicht silbrig, die sehr kleinen Eicheln sind in kleinen Ähren gebüschelt.

3 Kastanien-Eiche *Quercus castaneifolia* 244
Blatt. Sehr starkwüchsiger Baum mit schöner Belaubung. Sehr veränderlich in der Größe der Blätter.

4 Lucombe-Eiche *Quercus* × *hispanica* 'Lucombeana' 247
a Blatt von einem typischen Baum im Gebiet um Exeter („A") mit großen, glänzenden, im Winter meist abfallenden Blättern, nur ein lockerer Saum grüner Blätter an der Peripherie der Krone verbleibend.
b Blatt vom häufiger vorkommenden („B") Typ, der im Winter dicht belaubt bleibt.

5 Weiden-Eiche *Quercus phellos* 236
Eine ungewöhnliche, sommergrüne Art aus Amerika. Die Schindel-Eiche (S. 237) hat ähnliche Blätter, aber größer, mehr glänzend und an einem längeren Blattstiel.

6 Ungarische Eiche *Quercus frainetto* 250
Blatt (verkleinert). Sehr starkwüchsiger Baum mit großer gewölbter Krone und geraden, strahlenförmig verlaufenden Ästen.

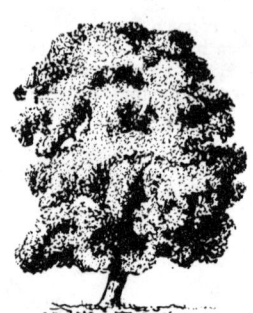

Typ „A"
Lucombe-Eiche
Typ „B"
Ungarische Eiche

1a

1

2

3b

4a

4b

4c

4d

Ulmen

Sommergrüne Bäume mit wechselnder Blattgröße, entsprechend ihrer Stellung am Trieb; dunkelrote Zwitterblüten an den unbelaubten Trieben und Frucht mit Hautrand.

1 **Berg-Ulme**   *Ulmus glabra*   258
   a Blatt. Rauh behaart und sehr kurz gestielt (in England ist das Blatt in der Regel mehr eiförmig; vgl. die Zeichnung unten).
   b Reife Samen, die im Juni abfallen, nachdem sie schon vor dem Austrieb der Blätter entwickelt waren.

2 **Huntingdon-Ulme**   *Ulmus × hollandica* 'Vegeta'   262
   Blatt mit glänzender Oberseite und sehr schiefer Basis. Hierdurch und durch den 2 cm langen Stiel von der Berg-Ulme unterschieden.

3 **Englische Ulme**   *Ulmus procera*   260
   Die allgemein im östlichen England verbreitete Ulme, außer in East Anglia.
   a Blätter fast kreisrund, an einigen kurzen Trieben, oben rauh behaart.
   b Frucht, nur selten gebildet, Samen nur selten ausgebildet, sehr selten fruchtbar.

4 **Feld-Ulme**   *Ulmus carpinifolia*   260
   a Kontur eines breitkronigen Baumes; manche sind sogar noch breiter und die Zweige mehr hängend; manche sind jedoch auch verhältnismäßig schmal.
   b Frucht.
   c Trieb und Blätter. Blätter oben glänzend und lederartig, doch veränderlich in der Form und der Zahnung.
   d Blüten öffnen sich im März, vor den Blättern.

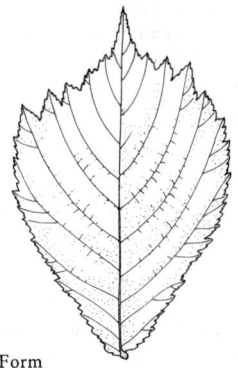 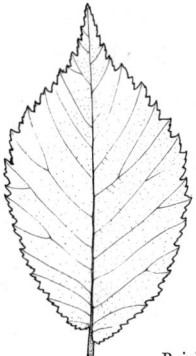

Kontinentale Form   Britische Form

Berg-Ulme; typische Blätter dieser kontinentalen Formen siehe auch auf dieser Tafel

vorragend, einige Tage nach dem Stäuben des gleichen Baumes. Nüsse zu 1–4 beisammen, flach eiförmig, 1,5–2 cm, weißlichgrün, reif hell rosabraun, in einem grünen Hüllkelch aus zwei überlappenden Hochblättern, 1 cm lang, mit 3 bis 5 mm langen Zähnen und verstreuten langen weißen Haaren.

'C o n t o r t a'. **Korkenzieher-Hasel.** E – Corkskrew Hazel. 1870 in Gloucestershire gefunden. Aufrechter Strauch, Äste, Zweige, Triebe und sogar die Blätter korkenzieherartig verdreht. Recht häufig in den Gärten.

Buchen-Gewächse: *Fagaceae*

Riesige Familie mit etwa 1000 Arten, in fast der ganzen Welt, außerhalb der Tropen, verbreitet. Fast alle Arten sind Bäume, einige wenige sind Sträucher, viele immergrün. Blätter wechselständig, gestielt; ♂ Blüten in schlanken Kätzchen oder Ähren, ♀ Blüten einzeln oder zu dritt oder an kurzen Ähren oder an der Basis des ♂ Kätzchens; Frucht eine Nuß (Eichel), ganz oder teilweise von einem Hüllkelch oder einem Kelchbecher umgeben.

SCHEINBUCHE   *Nothofagus*
E – Southern Beech

Etwa 20 Arten im südl. S-Amerika, Australien, Neuseeland und Neuguinea. Die meisten Arten sind immergrün, aber die drei wichtigsten und am meisten angepflanzten Arten sind sommergrün. Die immergrünen Arten können nur kurz behandelt werden, da im allgemeinen bei uns nicht ausreichend winterhart.

Schlüssel zu den Nothofagus-Arten

Robelbuche *Nothofagus obliqua* (Mirb.) Bl.

E – Roble Beech F – Roble pellin

Chile 1902. Im allgemeinen wenig häufig; 30 × 3 m.

RINDE: Glatt und hellgrau, später breit gefurcht und mit flachen, schwarzen Rissen, später mehr bräunlich und mit breiten, gelbbraunen Rissen, in kantige, abblätternde Felder geteilt.

KRONE: Schlank und kegelförmig, später an der Spitze lockerer und mit *bogig* überhängenden Zweigen, Triebe *auffallend zweizeilig* stehend (wie Fischgräten), *fächerförmig nach unten und außen* an schlanken Seitentrieben. Große Äste silbergrau hoch in der Krone.

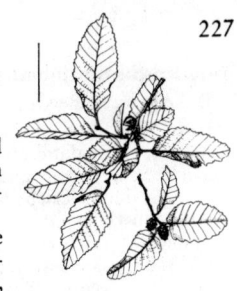

Robelbuche

BELAUBUNG: Trieb *dünn*, oben dunkelrot, unten hell gelbbraun, leicht behaart; Knospe vorragend, 5 mm, braun; Blatt 5–8 cm, eilänglich, scharf und unregelmäßig gezähnt, unterschiedlich fein gelappt, besonders an den Spätsommerblättern, die an jeder Seite 4–5 deutliche kleine Lappen aufweisen, jeder mit 2–3 groben Zähnen an jeder Seite; 7–11 Paare vertiefter Nerven, Basis leicht schief, oben tiefgrün, unten heller, kahl; Stiel 5 mm, oben rosa bis dunkelrot; Spättriebe mit runzeligen Nebenblättern. Herbstfärbung gelb und karmin.

WUCHS: Ungewöhnlich starkwüchsig, bis zu 1,5 m in einem Jahr, in Windsor 26 m in 22 Jahren. Austrieb spät und langsam im April, Wuchs sehr stark von Mitte Mai bis Anfang September. – Bei forstlichen Versuchen in Wuppertal außerordentlich erfolgversprechend. Kleine forstliche Anbauversuche in GB und D (Wuppertal).

ÄHNLICHE ARTEN: *N. procera* (folgend) und *N. antarctica*.

Rauli *Nothofagus procera* (Poepp. & Endl.) Oerst. **19**

E – Raoul F – Rauli

Chile 1913. In Deutschland noch verhältnismäßig selten, in England aber bereits bis 26 × 3 m groß; in Wuppertal erfolgversprechend forstlich angebaut.

RINDE: Dunkelgrün, zuerst mit vielen Lentizellen, später silbergrau und fein waagerecht grau, braun und rosa gestreift, dann matt grünlichgrau mit vielen, gleichmäßig verteilten, dunklen, braunen Rissen, die weit den Stamm hinauf und in die stärkeren Äste gehen. Oft mit kleinen Auswüchsen am Stamm.

KRONE: Junger Bäume *quirlig*, mit dicken ansteigenden Trieben in schmaler Krone; bei älteren Bäumen breit kegelförmig, die oberen Äste ansteigend, die unteren waagerecht; Belaubung dicht und etwas hängend.

BELAUBUNG: Triebe grün, dann dunkelbraun, sehr *rauh* von kleinen Warzen. Knospe schmal kegelförmig, kantig, 1 cm, kastanienbraun. Blatt 4–8 cm, mit gelbem Stiel, 5 bis 10 mm, eilanzettlich oder länglich-eiförmig, spitz oder abgerundet, mit 15–18 *deutlichen, vertieften Nervenpaaren*, fein gesägt und an den größeren Blättern Rand leicht wellig, an den kleineren oft etwas gelappt, gelblichgrün oder auch etwas dunkler, unterseits Nerven behaart. Herbstfärbung bis goldgelb mit etwas karmin.

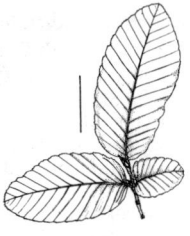

Rauli

WUCHS: Extrem starkwüchsig, sowohl in der Höhe wie im Stammumfang, bildet schneller einen starken Stamm als *N. obliqua*. In England Jahrestriebe bis 1,6 und 14 m Höhe in 9 Jahren aus Samen. Austrieb beginnt schon im März bei gutem Wetter, aber verzögert sich bei schlechtem Wetter bis Ende April. Kleine forstliche Anbauversuche in GB und D (Wuppertal).

Antarktische Scheinbuche *Nothofagus antarctica* (Forst.) Oerst.

E – Antarctic Beech   F – Nirre

Süd-Chile 1830. In Parks bei uns recht häufig, aber meist vielstämmige kleine Bäume; in England bis 15 × 1,3 m, bei uns kaum halb so hoch.

KRONE: Sehr locker und unregelmäßig, oft breit, die stärkeren Äste gedreht, Zweige dünn, Triebe *zweizeilig* (fischgrätenartig), Stamm gebogen, Baum oft etwas überlehnend.

BELAUBUNG: Trieb rotbraun, unterseits olivgrau, kurz behaart; Knospe eiförmig, rotbraun, glänzend, mitunter violett bereift, 5–6 mm; Blatt 3 × 2 cm, frischgrün entfaltend, glänzend, Stiel 2–3 mm, eilänglich, Basis schief gerundet bis etwas herzförmig, ungleich gezähnt, *stark runzelig*, mit *4 Nervenpaaren*, oben zuletzt glänzend dunkelgrün, unten heller.

FRUCHT: Dicht und wechselständig an der Basis jedes Blattes der Seitentriebe, sitzend, aufrecht, eiförmig, kantig, vierflügelig, 7 mm.

WUCHS: In der Jugend rasch, im Alter jedoch viel langsamer.

| Antarktische Scheinbuche | Chilenische Scheinbuche | Neuseeländische Silberbuche | |

N. cunninghamii

Die nachfolgenden immergrünen Arten sind in Deutschland kaum winterhart, hingegen auf den Britischen Inseln nicht nur in Sammlungen zu sehen, sondern gelegentlich auch forstlich im Versuch. Die Beschreibungen wurden stark gekürzt (vgl. die Abbildungen).

Chilenische Scheinbuche *Nothofagus dombeyi* Bl.

E – Dombey's Southern Beech   F – Coigue

Chile 1916. In England und Irland bis 26 m. Immergrüner Baum; Triebe sehr dünn, rotbraun; Blätter variierend von elliptisch bis lanzettlich, am breitesten unter der Mitte, 2,5–4 cm, Rand sehr *ungleich gezähnt*, hart, oben schwarzgrün und glänzend, unten *kahl, heller*, nur die Mittelrippe sichtbar, sehr dicht stehend, mit *vielen schwarzen Punkten*, (Linse!). D ∧ ∧ ∧

Neuseeländische Silberbuche *Nothofagus menziesii* Oerst.

E – Menzies's Red Beech

Neuseeland, um 1850. In England vor allem in Parks des milden Cornwall; dort bis 19 m. Wuchs breit aufrecht; junge Bäume schlank, *blaßgrau belaubt.* Blätter immergrün, *fast kreisrund*, 1 × 1 cm, tief und stumpf doppelt gezähnt, blaßgrau, an jungen Pflanzen fast *silbrig*, an alten Bäumen jedoch dunkel glänzendgrün, *beiderseits* der beiden untersten Nervenpaare *winzige, behaarte Vertiefungen.*

Nothofagus betuloides   var. *N. solandri cliffortioides*   *N. solandri*   *N. fusca*

ÄHNLICHE ARTEN: *Nothofagus solandri* (Hook.) Oerst. und ihre var. *cliffortioides* (Hook. f.) Poole haben ganzrandige Blätter und schwarze Rinde. *Nothofagus cunninghamii* aus Tasmanien ist ähnlich, hat aber mehr dreieckige Blätter, doppelt gezähnten Rand und ohne die Vertiefungen auf der Unterseite. *Nothofagus betuloides* Mirb. unterscheidet sich von *N. dombeyi* durch orangebraune Triebe und etwas klebrige, elliptische Blätter, am breitesten in der Mitte, Rand regelmäßig gekerbt. Als letzte sei noch *Nothofagus fusca* Oerst genannt, mit immergrünen Blättern, die aber gelb und rot gefärbt sind, eiförmig, 3–5 × 2 cm, an jeder Seite mit 3–6 großen, einwärts gekrümmten Zähnen. – Alle D ∧∧∧.

BUCHEN   *Fagus*

E – Beech   F – Hêtre   N – Beuk

Zehn Arten in allen Gebieten der nördlichen temperierten Zone. ♂ Blüten in Büscheln an dünnen Stielen; Nüsse (Bucheckern) in 4teiligem, holzigem Hüllkelch.

Rot-Buche, Gemeine Buche   *Fagus silvatica* L.   **19**

E – Common Beech   F – Hêtre Commun   N – Gewone beuk

(„Rot"-Buche wegen der rötlichen Färbung des Holzes, zum Unterschied von der „Weißbuche", *Carpinus betulus*, die keine Buche ist.) Verbreitet in ganz Europa, ausgenommen im nördlichen Skandinavien; im Süden und Osten des nördl. Bulgarien tritt *Fagus orientalis* an ihre Stelle und die Zwischenform *Fagus moesiaca*. Gedeiht am besten auf Kalkböden und durchlässigen Sandböden. Sowohl forstlich in großem Umfang angepflanzt wie auch in großen Parks und Anlagen. 40 × 6 m. Gedeiht auch noch in Industriegegenden, aber nicht auf Böden mit stagnierendem Wasser.

RINDE: Glatt, silbergrau, oft leicht rauh, mitunter auch wellig oder mit einem feinen Netzwerk von Furchen.

KRONE: Junger Bäume schlank, kegelförmig, ziemlich locker; alte Bäume mit riesiger Kuppelkrone, meist stark verzweigt, gelegentlich mit 15–20 m hohem, geradem, zylindrischem Stamm. Habitus auch veränderlich, so mit bürstenförmig aufrecht gehenden Ästen oder auch weit ausgebreitet wie Angelruten; bei sehr alten Bäumen liegen die untersten Äste manchmal dem Boden auf und schlagen dort Wurzeln.

BELAUBUNG: Trieb matt purpurbraun, mit Lentizellen, etwas hin- und hergebogen; Knospe *dünn, lang zugespitzt*, 2 cm, mit vielen Schuppen, diese an ihrer Basis rotbraun, sonst hellbraun. Blatt bis 10 × 7 cm, elliptisch bis obovat, die keilförmige Basis etwas schief, Rand wellig und mit kurzen Zähnen an den Enden der 6–7 *Nervenpaare*; oben spitz, frischgrün und anfangs seidig behaart, dann dunkel glänzend grün oberseits, unten heller, glänzend und mit längeren Haaren auf den stärkeren Nerven und in den Achseln. Stiel 1–1,5 cm, behaart. Herbstfärbung zunächst blaßgelb, später orangerot bis fuchsrot im Anfang November.

BLÜTEN UND FRUCHT: Blüten erscheinen mit den Blättern Anfang Mai. ♂ Blüten blaßgelbe, kugelige Bündel von Staubfäden auf 2 cm langem Stiel, Mitte Mai in riesiger Zahl abfallend und dann den Boden wie ein Teppich bedeckend. ♀ auf kurzem, steifem, behaartem Stiel, grünes Kugelköpfchen mit weißen Filamenten. Bucheckern dreikantig im Querschnitt, die Seiten oft konkav, glänzend dunkelbraun, in einem vierlappigen, außen hellbraunen Kelchbecher, außen bestachelt, innen weißlich, 2,5 cm lang, weit klaffend. Ein „Mastjahr" folgt in der Regel einem heißen Sommer im voraufgegangenen Jahr.

WUCHS: Der Höhenwuchs und das Strecken der Seitentriebe geht in zwei Perioden vor sich; lange, graugrüne, hängende Triebe entfalten sich sehr rasch in nur zwei Wochen im Mai und nochmals Ende Juli, an jungen Bäumen dann Triebe bis zu 1 m. Die ersten Blätter entfalten sich an dünnen Trieben im schattigen Buchenwald, und sie sind schon Ende April grün, 2–3 Wochen früher als der Austrieb in der Krone. Wichtiger Forstbaum in A, B, CS, D, DK, NL, YU.

'A t r o p u n i c e a' – vor 1700 in Europa gefunden – werden bei uns die veredelten **Blut-Buchen** (E – Copper Beech, F – Hêtre pourpre, N – Rode beuk) genannt, die in verschiedenen Formen im Handel sind, alle schwärzlichpurpurn, unterschiedlich in Form und Größe der Blätter. Blutbuchen-Sämlinge sind sehr unterschiedlich, meist purpurn im Austrieb, um dann im Laufe des Sommers mehr und mehr zu vergrünen.

'Z l a t i a'. Serbien 1892. Austrieb hell goldgelb, jedoch im Juli vergrünend.

'T r i c o l o r'. 1879, Frankreich. Sehr seltene Form; Blätter grün und weiß gefleckt mit rosa Rand. – Was unter diesem Namen in den Gärten steht, ist fast stets 'Roseomarginata'.

'R o s e o m a r g i n a t a', die häufigste Form der zweifarbigen Blutbuchen; Blätter dunkel purpurrot mit unterschiedlich breitem rosa Rand. Häufig in Parks.

'A n s o r g e i'. Blätter weidenartig, ganzrandig, purpurrot; sehr selten. Ältester Baum in Hamburg.

'R o h a n i i'. Blätter eichenartig gelappt, dunkelpurpurbraun. In Parks.

'D a w y c k' (= 'Fastigiata'). 1860 in Dawyck, Schottland, gefunden, wo sie heute noch vorhanden ist. Wuchs wie eine Pyramiden-Pappel, schmal, alle Äste aufrecht, mitunter hier und da etwas bogig abstehend. 27 m. Auch bei uns sehr häufig in den Parks.

'P e n d u l a' **Trauerbuche** (E – Weeping Beech, F – Hêtre pleureur, N – Treurbeuk). 1820. Europa. In einer Reihe von nicht sehr beständigen Formen sehr oft in den Gärten und Parks zu sehen, entweder fontänenartig aufrecht gehend oder (zumeist) sehr breit und unregelmäßig, Äste oft lang waagerecht ausge-

'Dawyck'   'Pendula'   'Laciniata'   'Cristata'

'Rotundifolia'   'Orient-Buche'   'China-Buche'

breitet und dann plötzlich scharf hängend. Außerordentlich dekorativ. 10 × 10 m hohe Bäume sind nicht selten.

'L a c i n i a t a' ('Heterophylla'), **Farn-Buche, Schlitzblättrige Buche.** 1820, Europa. Wuchs wie die normale Form, doch meist viel dichter beastet, riesige Bäume bildend. Blätter sehr unterschiedlich, teils weidenförmig, teils mehr dreieckig mit langen, schmalen Lappen, oft bis fast zur Mittelrippe eingeschnitten. 25 × 3,5 m. Riesige Bäume in manchen alten Parks.

'C r i s t a t a'. **Hahnenkamm-Buche.** 1836. Ziemlich selten. Krone locker, mit langen Ästen und Zweigen, diese mit büschelig stehenden, sitzenden Blättern, teils kreisrund, teils hahnenkammförmig eingeschnitten, teils auch ständig geschlossen bleibend. 23 m.

'R o t u n d i f o l i a'. 1870 Surrey. Ziemlich selten. Baum mit großer, breiter Krone; Blätter fast kreisrund, nur 1–3 cm groß, ganzrandig.

Orient-Buche   *Fagus orientalis* Lipsky

E – Oriental Beech   F – Hêtre d'Orient   N – Oosterse beuk

Kleinasien bis Bulgarien im Westen und Persien im Osten. 1910. 18 × 1,8 m. Ziemlich selten, in der Regel nur in Sammlungen. Rinde dunkelgrau, Stamm *gefurcht*, Krone eiförmig mit aufwärts gehenden Ästen, viele schmale Gabelungen in der Verzweigung. Unterscheidet sich von voriger Art durch weitere Stellung der Zweige und Blätter; Knospen abstehend, orange, 1 cm; Blätter lang keilförmig, *obovat, 7–10 Nervenpaare, ganzrandig*, 8 × 3 cm (gelegentlich 14 × 7 cm). Hübscher, sehr starkwüchsiger Baum.

China-Buche   *Fagus engleriana* Seemen.

E – Chinese Beech   F – Hêtre chinois   N – Chinese beuk

Mittel-China 1911. Seltener, hübscher Baum, ziemlich selten in den Gärten; 15 × 1 m. Sehr regelmäßig und dünn bezweigt, oft schon tief gegabelt. Knospe *besonders schlank*, 24 × 2 mm; Blatt 10–13 × 6 cm, frisch *hellgrün mit bläulichem Schimmer*, Rand *eigenartig gewellt*, unten etwas silbrig. Herbstfärbung an der Peripherie der Krone orangebraun, im Inneren goldgelb.

KASTANIEN   *Castanea*
E – Chestnut   F – Châtaignier   N – Kastanje

Zehn Arten in den südlicheren Teilen der nördlichen gemäßigten Zone, ♂ Blüten an langen, büscheligen Kätzchen, ♀ Blüten an der Basis der gleichen oder an eigenen kurzen Kätzchen; Samen zu drei beisammen in einer kugeligen, sehr stacheligen Hülle.

Eß-Kastanie   *Castanea sativa* Mill.   **19**

E – Spanish Chestnut   F – Châtaignier Commun
N – Eetbare kastanje

S-Europa, W-Asien, N-Afrika. Wahrscheinlich von den Römern eingeführt.
In Deutschland in der Hauptsache im Westen und Süden angepflanzt, in den
östlichen Landesteilen zwar auch, aber dort nur wenig fruchtend. 35 × 10 m
in England.

RINDE: Zuerst rötlichgrau, glatt, später silbergrau, glatt mit einigen senkrechten,
dunklen Furchen. Alte Bäume mit tiefrissiger grauer oder schwarzer Borke,
zerrissen in kleine, senkrechte Platten; sehr alte Bäume zunehmend spannrückig und dadurch mit *spiralig* verlaufenden tiefen Furchen oder einem Netzwerk von Rissen.

KRONE: Junger Bäume kegelförmig, offen, quirlig, dicktriebig; mittelgroße Bäume
breit säulenförmig mit schmal gewölbtem Gipfel. Alte Bäume mit hoch gewölbter Krone oder weit ausladend und dann mit vielen niedrigen Wölbungen;
riesige Basaläste; obere Äste gedreht.

BELAUBUNG: Trieb dick, purpurbraun, die stärkeren gefurcht, anfangs mit einem
grauen Reif und langer Behaarung, ohne Endknospe. Knospe eiförmig, rotbraun, mit wenigen Schuppen. Blatt 15–20 × 9–10 cm, an Stockausschlägen bis
32 cm lang, länglich-lanzettlich, Basis leicht herzförmig, derb, glänzend dunkelgrün, mit etwa 20 *erhabenen, parallelen Nerven jederseits*, unregelmäßig
gegenständig und wechselständig, jeder Nerv in einen großen Zahn auslaufend,
unten heller und bald kahl. Stiel 2,5 cm, gelblich oder rot. Herbstfärbung
blaßgelb bis braun.

BLÜTEN UND FRUCHT: Achselständige Büschel von langen, dünnen Kätzchen
Ende Juni, 25–32 cm lang, weißlichgelb, bestehend aus großen Mengen kleiner ♂ Blüten, nur aus Staubfäden zusammengesetzt, bald braun werdend und
Mitte Juli abfallend. ♀ Blüten mitunter an kleinen, abstehenden, 5–6 cm langen Kätzchen mit 5–6 Blüten, meist zu 1–2 an der Basis von kurzen, 10–12 cm
langen Kätzchen nicht aufblühender, gelblicher, verkümmerter ♂ Blüten. ♀
Blüte eine 1 cm breite Rosette aus frischgrünen, winzigen haarförmigen Dornen mit einem Bündel abstehender, dünner, weißer Griffel. Früchte zu 2–3 beisammen, in hell gelbgrüner, 3 × 4 cm großer, stacheliger Hülle, die im Inneren
mit weißen seidigen Haaren ausgekleidet sind. Meist 2 Nüsse in jeder Hülle,
davon die eine dick und ziemlich kugelrund, die andere kleiner und konkav,
dunkel glänzendbraun, in eine Spitze mit den abgestorbenen Griffeln auslaufend.

Eß-Kastanie   Laciniata   Goldkastanie

WUCHS: Sehr stark in Höhe und Umfang, sehr langlebig. In England zwei Bäume mit einem Alter von 420 Jahren bekannt und noch immer sehr wüchsig; der älteste bekannte Baum vermutlich über 600 Jahre alt. Forstlich angebaut in Südwest-D, BG, I, R, YU.

'A l b o m a r g i n a t a'. 1864. Selten. Blätter breit weiß gerandet, manche im Inneren der Krone auch ganz weiß.

'L a c i n i a t a'. 1838. Selten. Meist als 'Asplenifolia' in Kultur, die aber eine andere Form ist. Blatt 20–30 cm lang, sehr unregelmäßig, die schmalen *Lappen in lange Filamente ausgezogen;* Rückschläge oft auftretend. 15 m.

Goldkastanie *Chrysolepis (Castanopsis)*

   E – Chinquapin   F – Chinkapin

Ähnlich *Castanea,* aber immergrün und Frucht erst im zweiten Jahr reif. Bindeglied von *Castanea* zu *Quercus. –* Nur eine Art in den mildesten Teilen NW-Deutschlands einigermaßen aushaltend (früher große Pflanze bei Herm. A. Hesse in Weener, Ostfriesland): *Chrysolepis chrysophylla* (Hook.), Hjelm, (= *Castonopsis chr.* [Hook.] DC.). Westl. USA, Oregon und Kalifornien 1844. Großer breiter Strauch oder kleiner Baum. Triebe hell goldgrün und ganz fein behaart, später oberseits braun; Blätter immergrün, 6 × 2 cm, dick und lederartig, eiförmig bis lanzettlich, ganzrandig, plötzlich kurz zugespitzt, oben glänzend dunkel gelblichgrün, unten mit winzigen goldgelben Schuppen bedeckt. Früchte in endständigen Büscheln zu etwa 10 beisammen, hellgrüne stachelige Früchte wie *Castanea,* reif 3–5 cm dick. – Zur Zeit kein Standort in Deutschland bekannt; im westl. Europa nur in den mildesten Gebieten in botanischen Gärten, z. B. Edinburgh. D ∧∧

EICHEN *Quercus*

    E – Oak   F – Chêne   N – Eik

Über 800 Eichen sind beschrieben worden, einschließlich zahlreicher Naturhybriden, aus der ganzen nördlichen gemäßigten Zone und aus den Hochgebirgen der Tropen. Fast alle sind Bäume, etwa die Hälfte von ihnen ist immergrün. Ein für alle gemeinsames Merkmal sind die Eicheln.

Schlüssel zu den Eichen-Arten

1. Blatt ganzrandig, gerade oder gebogen   **2**
    Blatt gelappt oder gezähnt   **7**
2. Immergrün   **3**
    Sommergrün   **4**
3. Blätter dick, lederartig, groß, 11–14 cm, unten gelbgrün   *Q. acuta,* S. 236
    Blätter dünn, hart, klein, 5–10 cm, unten graubraun behaart   *Q. ilex,* S. 247
4. Blätter linealisch, gebogen; Rand verdickt, ausgebuchtet,
    Blatt 20–22 × 3–5 cm   *Q. petraea* 'Mespilifolia', S. 252
    Blätter länglich-lanzettlich oder obovat   **5**
5. Blätter obovat, untermischt mit dreilappigen Blättern   *Q. nigra,* S. 238
    Blätter länglich-lanzettlich, gleichförmig   **6**
6. Blattstiel 0,5 cm, Blatt dünn, gerade, 10 × 2 cm, bald kahl auf der
    Unterseite   *Q. phellos,* S. 236
    Blattstiel 1,5–3 cm, Blatt dick, gebogen, bis 1 × 7 cm, unterseits
    behaart   *Q. imbricaria,* S. 237

7. Blätter entfernt und fein gesägt, sonst ganzrandig 8
Blätter gesägt, gelappt oder fein gelappt 9
8. *Blätter eiförmig, dunkel, dick, lederartig, gedrängt* Q. acuta, S. 236
Blätter lanzettlich, dünn, hell, locker stehend Q. myrsinifolia, S. 236
9. Blätter gelappt*, tief oder undeutlich oder flach 10
Blätter gesägt oder dornig 33
10. Lappen undeutlich und unregelmäßig 11
Lappen deutlich und mehr oder weniger regelmäßig 14
11. Blätter länglich-lanzettlich, vereinzelte Lappen in der unteren
Spreitenhälfte; 15–20 cm Q. × leana, S. 237
Blätter obovat, lang keilförmig, an der Spitze undeutlich gelappt 12
12. Blätter schmal, bis 5 cm breit, dünn, matt Q. nigra, S. 238
Blätter breit, 10–12 cm, dick 13
13. Blätter oben glänzend, unten grün, bis 12 cm lang Q. marilandica, S. 238
Blätter oben matt, unten weiß bis weißlich, 15–20 cm Q. bicolor, S. 254
14. Lappen zu dritt an der Spitze 15
Lappen zu mehr als drei, seitlich 16
15. Blätter dünn, matt, bis 5 cm breit Q. nigra, S. 238
Blätter dick, glänzend, bis 12 cm breit Q. marilandica, S. 238
16. Lappen und Zähne mit grannenförmigen Verlängerungen 17
Lappen und Zähne abgerundet oder spitz, aber ohne grannenförmige Verlängerungen, oder Lappen ganzrandig, mit oder ohne kleine Stachelspitze 20
17. Trieb behaart; Stiel und Mittelrippe dick, Blätter hart Q. velutina, S. 238
Trieb kahl; Blätter nicht hart; Stiel nicht dick 18
18. Große Haarbüschel in den Nervenwinkeln unterseits Q. palustris, S. 242
Sehr kleine Haarbüschel in den Nervenwinkeln oder ganz fehlend 19
19. Blätter beiderseits glänzend; Mittellappen weit vorragend zwischen
breiten, runden Buchten Q. coccinea, S. 239
Blätter beiderseits matt, Mittellappen nicht vorragend, vorwärts
gerichtet zwischen kantigen Buchten Q. rubra, S. 242
20. Blätter lang keilförmig 21
Blätter breit keilförmig, fast herzförmig oder geöhrt 25
21. Blätter beiderseits behaart, lanzettlich, Lappen weit auseinander
Q. pyrenaica 'Pendula', S. 251
Blätter oben kahl und bald auch unten, eiförmig oder obovat;
Lappen dicht stehend 22
22. Blätter bis 13 cm lang, halbimmergrün, Lappen schmal, vorwärts
gerichtet Q. × turneri, S. 248
Blätter länger als 15 cm, meist mindestens 20 cm lang, sommergrün,
Lappen breit, abstehend 23
23. Lappen obovat, Buchten tief, schmal Q. alba, S. 254
Lappen dreieckig oder rund, Buchten flach und breit 24
24. Stiel 0,2–1,0 cm; Blätter 15–20 cm, unterseits weißlich; untere
Hälfte ganzrandig, mitunter keilförmig Q. bicolor, S. 254
Stiel 3–5 cm lang; Blätter 20–26 cm, unten grün, unregelmäßig und bis
fast zur Basis gelappt Q. macrocarpa, S. 254
25. Blattstiel behaart 26
Blattstiel kahl 31

---

* Die Unterscheidung zwischen „vielen kleinen Lappen" und „Rand gesägt" ist
eine persönliche Ansicht; in diesem Buch wird bei Blättern mit mehr als 10
kleinen Lappen der Rand als „gesägt" bezeichnet.

26. Blätter bis 15 × 8 cm, Stiel dünn **27**
  Blätter größer als 16 × 10 cm, Stiel dick und kurz **29**
27. Seiten- und Endknospen mit fadenförmigen Schuppen *Q. cerris*, S. 245
  Seitenknospen ohne bleibende Schuppen **28**
28. Blätter derb, fast immergrün, oben glänzend, Lappen dreieckig und
  mit kurzem Spitzchen *Q.* × *hispanica* 'Lucombeana', S. 247
  Blätter weich, oben behaart und matt, sommergrün; Lappen
  breit abgerundet *Q. pubescens*, S. 251
29. Blätter 25–40 × 18–20 cm; mit 5–8 Lappen an jeder Seite,
  vorwärts gerichtet; ähnlich einem Riesenblatt unserer gewöhnlichen
  Eiche *Q. dentata*, S. 255
  Blätter 16–25 × 10–15 cm, mit 8–20 Lappen an jeder Seite,
  manche abstehend; Blatt ganz verschieden von unserer Eiche **30**
30. Lappen tiefer als die Spreitenmitte eingeschnitten, die größeren
  nochmals gelappt und breit an der Spitze, unregelmäßig,
  oft löffelförmig *Q. frainetto*, S. 250
  Lappen seicht, eiförmig, abgerundet, nur an den größten Lappen
  nochmals gelappt oder auch nicht, ziemlich regelmäßig und
  meist gewölbt *Q. macranthera*, S. 249
31. Lappen seicht, gleichmäßig in der Größe abnehmend nach der
  spitzen Blattspitze hin; 12–15 parallele Nerven; Blatt
  16–20 cm, oft gewölbt; Stiel oft rot *Q. canariensis*, S. 249
  Lappen unregelmäßig, manche tief; 5–10 Nerven, nicht
  parallel; Blatt stumpf oder abgerundet, 8–15 cm **32**
32. Blätter an der Basis geört, Spreite runzelig, in der Regel
  teilweise mit Fraßspuren, mißfarbig oder mit Gallen; Eicheln
  langgestielt; Blattstiel 0,3–2 cm *Q. robur*, S. 252
  Blätter an der Basis keilförmig, ganz eben, dunkelgrün, gesund
  und derb; Stiel 1,5–3 cm; Eicheln sitzend *Q. petraea*, S. 252
33. Immergrün; Blätter derb schwärzlich, Zähne grannig **34**
  Sommergrün; nicht derb, nicht dunkel, Zähne nicht grannig **36**
34. Blätter unterseits kahl bis auf die Nervenwinkel; kreisrund,
  oft gewölbt *Q. agrifolia*, S. 243
  Blätter unterseits dicht filzig, elliptisch oder lanzettlich **35**
35. Altersblätter meist ganzrandig; grannige Blätter ganzrandig
  nahe der Basis, unten bräunlich behaart; Borke schwarz
  und gefeldert *Q. ilex*, S. 247
  Alle Blätter mit 5–6 Borstenspitzen an jeder Seite bis fast zur
  Basis, unten weiß oder bläulichweiß; Rinde gelblichgrau,
  tief gefurcht, korkig *Q. suber*, S. 246
36. Zähne nicht grannenförmig **37**
  Zähne grannenförmig **38**
37. Zähne flach, hakig; Blatt elliptisch *Q. pontica*, S. 248
  Zähne tief, dreieckig; Blatt länglich-lanzettlich *Q. castaneifolia*, S. 244
38. Blätter unten silbrig behaart; Zähne entfernt, zusammengezogen;
  Rinde rötlich, korkig *Q. variabilis*, S. 244
  Blätter unten grün, fast kahl; Zähne dicht; Rinde grau **39**
39. Knospe grün, schmal kegelförmig; Blatt bis 20 × 6 cm *Q. acutissima*, S. 244
  Knospe orangebraun, eiförmig; Blatt bis 12 × 3 cm *Q. libani*, S. 245

Spitzblättrige Eiche   *Quercus acuta* Thunb.   **21**
E – Japanese Evergreen Oak

Japan 1878. Immergrüner, breiter Busch, nur selten kleiner Baum, im Aussehen sehr *ähnlich einem Rhododendron.* Triebe anfangs hellorange wollig, doch bald kahl; Knospen gelb. Blätter 10–14 × 2–6 cm, an den Triebenden *gehäuft stehend,* elliptisch, in eine kurze Spitze endigend, oben glänzend dunkelgrün, unten matt gelblich und dünn wollig, später kahl, ganzrandig-wellig, gelegentlich auch mit einigen entfernt stehenden Zähnen. Eicheln sehr klein, in einer 4–5 cm langen Ähre. D ∧∧∧.

Bambusblättrige Eiche   *Quercus myrsinaefolia* Bl.   **21**
E – Bamboo-leafed Oak

China und Japan 1854. Sehr selten. Immergrüner, in der Regel mehrstämmiger Baum, Äste dünn und aufstrebend. Triebe dünn, dunkel olivgrün, weiß punktiert; Blätter *immergrün,* 10 × 2,5 cm, zierlich hängend, *entfernt stehend,* 3–4 cm Abstand, schmal lanzettlich, Basis keilförmig, mit nur einigen wenigen Zähnen nach der Spitze zu, sonst ganzrandig, derb, oben *frisch gelbgrün,* unten *bläulich.* D ∧∧∧. Auch in England selten.

Weiden-Eiche   *Quercus phellos* L.   **21**
E – Willow Oak   N – Wilgbladige eik

Östl. USA 1723. Ziemlich selten. 25 m.
RINDE: Zuerst ganz glatt und grau, später fein rissig mit orange; an alten Bäumen purpurgrau mit waagerechten Runzeln, rauh.
KRONE: Gewölbt, nur wenige ansteigende Äste und eine dichte Bezweigung.
BELAUBUNG: Trieb dünn, rotbraun, Blätter sommergrün, *ganzrandig,* länglich bis lanzettlich, Basis keilförmig, oben spitz, 5–10 cm, meist 7–8,5 × 2 cm, oben matt gelbgrün, unten zuerst behaart, etwas glänzend, flach, mitunter etwas gebogen; Stiel 2–4 mm. Junge Blätter gelb mit roter Mitte, austreibend im Juni.
FRÜCHTE: Eicheln im ersten Jahr kugelig und 2 mm dick; reife Eichel 1 cm, in flachem Becher.
ÄHNLICHE ART: *Q. imbricaria* (S. 237).

Ludwigs-Eiche   *Quercus* × *ludoviciana* Sarg. (= *Q. phellos* × *Q. falcata*)
E – Ludwig's Oak

Südöstl. USA 1880. Selten in den Sammlungen. Rinde glatt, dunkelgrau, fein rosa gestreift. Krone kegelförmig, ziemlich straff aufrecht. Knospen klein,

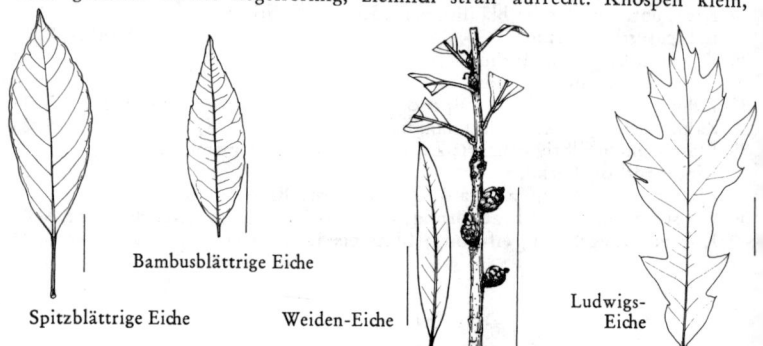

Spitzblättrige Eiche   Bambusblättrige Eiche   Weiden-Eiche   Ludwigs-Eiche

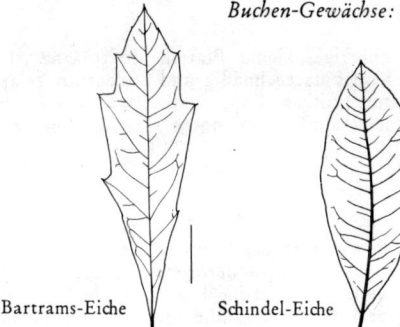

Bartrams-Eiche   Schindel-Eiche   Leas-Eiche

hell rotbraun. Blatt kupferbraun austreibend, dann goldgelb, danach dunkelgrün, 10–22 cm, schlank, keilförmig, mit zwei großen, vorwärts gerichteten,
spitzen Lappen in der oberen Blatthälfte; die anderen Lappen oder Zähne
unregelmäßig; spitz oder grannigspitz, breit oder rund oder undeutlich, unterseits längs der Mitte stellenweise behaart, Stiel 1 cm, glänzend dunkelgrün
bis Ende November, dann orangerot verfärbend.

Bartrams-Eiche *Quercus heterophylla* Michx. f.
   E – Bartram's Oak
   Naturhybride von *Q. phellos* × *Q. rubra;* östl. USA, vor 1750. Sehr selten,
nur in Sammlungen zu finden. 16 m.
RINDE: Glatt, dunkelgrau, stellenweise mit feinen rosa Rissen.
KRONE: Ziemlich offen, Äste ausgebreitet, nahe dem Gipfel ansteigend.
BELAUBUNG: Trieb kahl; Blatt lanzettlich, länglich-elliptisch oder obovat, 5–8 cm,
   mit 1–4 kleinen Zähnen mit Borsten oder sehr flachen Lappen an jeder Seite,
   oft gewölbt, oben dunkelgrün und glänzend, mit hellen, vertieften Nerven,
   unten glänzend mit blaßbraunen Haarbüscheln in den Nervenwinkeln; Herbstfärbung rosa, braun und rot.

Schindel-Eiche *Quercus imbricaria* Michx.
   E – Shingle Oak   F – Chêne imbriqué
   Südöstl. USA 1786. Nur in großen Gärten und Parks anzutreffen. 26 × 2 m.
RINDE: Zuerst grau, glatt, dabei jedoch fein runzelig und warzig, später rötlich-
   grau mit ganz flachen, breiten Rissen.
KRONE: Ziemlich breit, gewölbt, die unteren Äste waagerecht, die oberen an-
   steigend; oft zahlreiche Wasserreiser am Stamm.
BELAUBUNG: Trieb orangegrün bis rosabraun. Knospe bis 1 mm, kegelförmig,
   dunkelbraun; Blatt 13–18 × 5–6 cm. Sommergrün, *ganzrandig, fein runzelig,*
   Rand wellig, länglich-lanzettlich, spitz, oft mit 1–2 mm langer Borste an der
   Spitze, oben glänzend dunkelgrün, mit breiter hellerer Mittelrippe, unten
   heller und weich behaart. Stiel *1–1,5 cm,* oft oberseits rot. Blattaustrieb gelb,
   leuchtend goldgelb bleibend bis Mitte Juni.
FRUCHT: Eichel 1–2 cm, fast kugelig, in flachem Becher.
ÄHNLICHE ART: *Q. phellos,* S. 236.

Leas-Eiche *Quercus × leana* Nutt.
   E – Lea's Hybrid Oak
   Hybride, *Q. imbricaria* × *Q. velutina;* mit den Eltern auftretend in N-Ame-
rika, vor 1850. Nur in Sammlungen anzutreffen. 19 × 2,8 m. Rinde dunkel-

grau, flach zerrissen in rauhe, knorrige, kleine Platten. Blatt lanzettlich, 15–20 × 5–7 cm, Rand *gebuchtet* oder unregelmäßig und undeutlich gelappt mit 1–4 großen Zähnen mit Grannenspitzen, Basis rund, etwas schief, oben fein zugespitzt, derb, glänzend, oben dunkelgrün, unten matt und mit rostbraunen Haaren beiderseits der Mittelrippe.

Wasser-Eiche *Quercus nigra* L.

E – Water Oak   N – Zwarte eik

Südöstl. USA 1723. Sehr selten, nur in wenigen Sammlungen. 18 × 2,5 m. Stämmiger, breit gewölbter Baum mit *sehr veränderlichen* Blättern, die aber stets am breitesten an der Spitze sind, sommergrün, doch bis Ende November grün bleibend, teils löffelförmig und fast ganzrandig mit lang-keilförmiger Basis und breit abgerundeter Spitze, teils mit 1–2 kurzen Lappen an jeder Seite nahe der Spitze, mit winzigen Borsten, Blätter an der Triebspitze 8 cm, schmal und meist gelappt, an der Triebbasis bis 12 × 5 cm, weniger gelappt, oft gewölbt, glänzend dunkelgrün.

ÄHNLICHE ART: *Q. marilandica* (nachstehend).

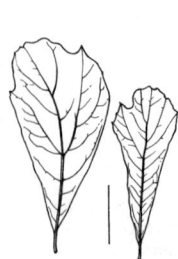 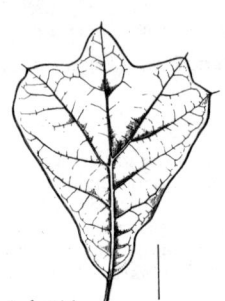 

Wasser-Eiche   Black Jack-Eiche   Färber-Eiche

Black Jack-Eiche *Quercus marilandica* Muenchh.

E – Black Jack Oak   F – Chêne noir

Östl. USA, vor 1739. Sehr selten in den Sammlungen, 17 × 1 m. Ähnlich *Q. nigra*, aber Blätter viel breiter, Krone stark verzweigt, mehr aufrecht; Blätter *derb und dick*, bis 12 × 11 cm, an dickem, 2–3 cm langem Stiel; unterschiedlich gelappt, von nur einem breiten, flachrunden Lappen an jeder Seite bis zu nur einem breiten Lappen an der Spitze, wodurch diese mitunter fast waagerecht wird, teilweise auch mit 5 mm langen Grannen an der Spitze, oder auch nur ein einziger Zahn mit einer Granne an den undeutlichen Lappen; oben *glänzend* grün, unten bräunlich behaart, aber kahl werdend, Mittelrippe weiß, sehr breit bis zur Mitte der Spreite, dann in drei schmale Nerven auslaufend; Trieb olivgrün und kurz kraus braun behaart. Eicheln zu 1–2, an dickem 5 mm langem Stiel, kugelig, 8 mm, blaß, rosabraun.

Färber-Eiche *Quercus velutina* Lam. (= *Q. tinctoria* Barr.)

E – Quercitron Oak   F – Chêne des teinturiers   N – Verfeik

Südöstl. und mittlere USA. 1800. Wenig häufig; in Sammlungen und großen Gärten. 20 × 2 m.

RINDE: Dunkelgrau, zuerst glatt, bald schon dicht zerrissen in kleine Felder, die senkrechten Risse stärker und innen *kambiumgelb.*

KRONE: In der Jugend kegelförmig, später gewölbt, mit langen, etwas ansteigenden, oft auch gebogenen Ästen.

BELAUBUNG: Trieb dicht kurz behaart, später fast kahl; Blattstiel steif, ziemlich dünn, mit breiter Basis, gelb, 4 cm; Blätter oblanzettlich, 12–25 cm, mit 3–4 tiefen, breiten Lappen an jeder Seite, oft auch *mißgestaltet,* weil die beiden oberen Lappen häufig ungleich sind und dadurch das Blatt gespalten wird, d. h. daß der Mittellappen und die Teilung durch die Mittelrippe hier fehlen, die sonst ganz regelmäßig verläuft; Lappen mit einigen granngigen Zähnen, oft auch gewölbt, *derb lederartig,* etwas glänzend beiderseits, unten braun behaart, aber später kahl bis auf *Büschel* in den Nervenwinkeln und oft auch hier und da schorfig, dunkelgrün, im Herbst tiefbraun. Hauptnerven auf der Unterseite stark hervortretend.

FRUCHT: Eichel eiförmig, 1–2 cm, halb im locker beschuppten Kelch stehend.

ÄHNLICHE ART: *Quercus rubra* (S. 242) unterscheidet sich in der Rinde, den dünnen Blattstielen, der matten Blattunterseite und in den regelmäßigen, flacher gelappten, weicheren Blättern.

Scharlach-Eiche *Quercus coccinea* Muenchh. **20**

E – Scarlet Oak   F – Chêne écarlate   N – Scharlakenrode eik

Südöstl. und mittlere USA 1691. Nicht selten in Parks und Sammlungen, mitunter auch als Straßenbaum. 26 × 3 m.

RINDE: Zuerst silbergrau, glatt, doch mit vielen Warzen und Linien von großen Lentizellen, später dunkelgrau, feinrissig, dabei stets warzig.

KRONE: Junger Bäume ziemlich dicht kegelförmig, ältere Bäume in der unteren Hälfte mit einigen wenigen ansteigenden, bald aber *weit abstehenden, auf- und abgehenden* Ästen; in der oberen Hälfte Äste stark ansteigend und mit vielen dünnen Trieben, hoch gewölbt. Stamm *übergelehnt* und schlank.

BELAUBUNG: Trieb orangebraun oder oben rotbraun, unten mehr oliv; Knospe spitz eiförmig, Schuppen dunkelrot oder rotbraun, Rand nahe der Spitze bräunlich oder grau behaart; Blatt länglich oder elliptisch, veränderlich, doch typisch 12 × 10 cm groß, Basis abgestutzt oder breit keilförmig, Stiel *dünn,* 2,5–3 cm, dreilappig an jeder Seite, Basallappen rechtwinklig abstehend oder zurückgebogen, mittlere Lappen *weit* abstehend, 3–4 cm tief, der dritte Lappen vorwärts gerichtet, das Paar häufig ungleich, alle Zähne mit Grannen, Blattbasis an beiden Seiten der weißen Mittelrippe *ansteigend* (vgl. Abb.), Seitennerven oft nicht genau gegenständig, oben glänzend dunkelgrün, *unten ebenfalls glänzend,* mit kaum sichtbaren oder ganz fehlenden Achselbärten; Herbstfärbung in der Regel bei *nur einem oder zwei Ästen* beginnend, während die übrige Krone zunächst noch ganz grün bleibt, bis sie sich später karmin- und scharlachrot färbt. Ein Teil der Blätter der unteren Äste bleibt oft noch bis Januar sitzen.

FRUCHT: Eichel eiförmig, 1–2 cm, in flachem, breitschuppigem Becher.

Scharlach-Eiche

Maulbeeren und Katsurabaum

1 Schwarze Maulbeere *Morus nigra*   266
  Trieb mit Blättern, eine reifende und eine reife Frucht; Blatt oben rauh behaart.

2 Weiße Maulbeere *Morus alba*   267
  Trieb mit reifender Frucht; diese wird dann zuerst rosa, danach rötlich, oft fast schwarz, wenn vollreif. Die Blätter sind glatt und oberseits glänzend.

3 Katsurabaum *Cercidiphyllum japonicum*   268
  a Trieb mit paarweise gegenständigen Blättern (beim Judasbaum, Taf. 29, wechselständige Blätter).
  b Reife Fruchthülse von weiblichem Baum; diese sind blaugrau vor der Reife.
  c Männliche Blüten.

  Ein eleganter, sehr oft in den Parks angepflanzter Baum, besonders bemerkenswert wegen seiner schönen Herbstfärbung.

Schwarze Maulbeere, altes Exemplar   Katsurabaum

1

2

3a

3b 3c

1a

1b

1c

1d

2

3

4a

4b

4c

5

Tulpenbaum, Amberbaum, Lorbeer, Platanen

1 Tulpenbaum *Liriodendron tulipifera*   275
a Blütenknospe, Anfang Juni.
b Blatt.
c Reife Frucht; diese bleiben während des Winters am Baum.
d Offene Blüte. Der Anteil an orange, gelben und grünen Farbtönen ist etwas
  veränderlich.

2 Amberbaum *Liquidambar styraciflua*   280
Blatt von einem ausgewachsenen Baum. An jungen Bäumen sind die Lappen
tiefer eingeschnitten. Alle Blätter wechselständig (zum Vergleich mit Ahorn,
wo alle Blätter gegenständig sind); viel gepflanzt wegen der Herbstfärbung.

3 Lorbeer *Laurus nobilis*   278
Trieb und Blätter mit feinwelligem Rand.

4 Gewöhnliche Platane *Platanus × hispanica*   283
a Junger Baum, 20 m hoch.
b Blatt. Die Blätter variieren sehr stark in der Größe und Breite der Lappen;
  bei manchen sind sie weniger spitz und breiter als hier gezeigt.
c Fruchtstand; manche haben (ausnahmsweise) auch drei bis vier Früchte.

5 Morgenländische Platane *Platanus orientalis*   283
Trieb mit Blatt; die Endknospe ist im Blattstiel verborgen, wie bei allen Platanen. Die Lappen sind in der Regel tiefer eingeschnitten und spitzer als bei
der Gewöhnlichen Platane.

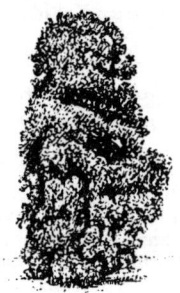

Tulpenbaum, großer alter Baum

'S p l e n d e n s'. Großblättrige Form mit 18 × 13 cm großen, glänzenden Blättern, Stiele 4–6 cm lang und mehr leuchtender Herbstfärbung. Anscheinend gibt es aber unter den normalen Bäumen auch manche, die so genannt werden könnten.
Früher forstlicher Versuchsanbau in D.

ÄHNLICHE ARTEN: Die Eichen dieser Gruppe (Q. coccinea, rubra, palustris und velutina) sind schwierig, weil ihre Blattform und Größe sehr veränderlich ist. Die Blätter von Q. coccinea haben meist tiefere Lappen und mehr regelmäßig halbkreisförmig ausgeschnittene Buchten als Q. rubra und velutina; von Q. palustris unterschieden durch die fehlenden Achselbärte der Unterseite.

Sumpf-Eiche   Quercus palustris Muenchh.

E – Pin Oak   F – Chêne des marais   N – Moeraseik

Nordöstl. und nördl. Zentral-USA, vor 1770. Nicht selten, ab und zu auch als Straßenbaum, sonst in vielen Parks. 26 × 3,7 m.

RINDE: Zuerst silbergrau und glatt, bald dunkler und rötlichgrau mit hellen senkrechten Streifen, an alten Bäumen sehr tief grau mit graurosa glatten, flachen, breiten Furchen, getrennt durch helle, flache Risse.

KRONE: Junger Bäume schlank, mit gerade durchlaufendem Stamm, viele Äste waagerecht, dicht durch viele feine Triebe; ältere Bäume mit schmaler gewölbter Krone auf hohem, astreinem Stamm, sehr dicht und mit vielen dünnen Trieben, viele hängend.

BELAUBUNG: Trieb glänzend olivbraun mit weißen Lentizellen; Knospe eiförmig, matt graubraun; Blatt elliptisch-länglich, 8–15 cm, Stiel 3–5 cm, breit oder schmal keilförmig, 3–4 Lappen an jeder Seite, Basalpaar dreieckig und oft ohne Zähne, abstehend, das zweite Paar am größten, mit 1–3 Grannen-Zähnen an jeder Seite, leicht vorwärts gerichtet, länglich-dreieckig; das dritte Paar vorwärts gerichtet, ohne oder mit bis zu 2 Zähnen an jeder Seite, oben frischgrün, unten hellgrün, glänzend, und mit *deutlichen braunen Achselbärten*. Im Spätherbst beginnt die Verfärbung an *den Triebspitzen*, während der Rest sich erst viel später   Sumpf-Eiche
karminrot, dann dunkelrot verfärbt.

FRUCHT: Im 1. Jahr 3 mm, an dickem, angedrücktem Stiel; reife Eichel auf kurzem dickem Stiel, sehr klein, 1–1,5 cm breit, fast halbkugelig, flach umschlossen von dem dünnen, fein behaarten Kelchbecher.
Forstlicher Versuchsanbau in D.

ÄHNLICHE ART: Q. coccinea (S. 239).

Rot-Eiche   Quercus rubra du Roi (= Q. borealis Michx. f.)   **20**

E – Red Oak   F – Chêne rouge d'Amérique   N – Amerikanse eik

O-Kanada und nordöstl. USA, nach Süden und Westen bis Texas. Überall bei uns verbreitet, auch forstlich. 35 × 6 m.

RINDE: Glatt, silbergrau, oft mit einigen größeren Warzen; alte Bäume sehr veränderlich, mitunter silbergrau mit einigen Furchen, andere mehr graubraun oder auch flach gerissen mit schmalen, rauhen Platten.

KRONE: Junger Bäume kegelförmig, oft sehr offen und mit entfernt stehenden quirligen Ästen, bald aber breit; alte Bäume oft breit gewölbt auf kurzem, geradem, massivem Stamm, oft schon in 2 m Höhe über dem Boden gabelnd, die Äste gerade und strahlenförmig abgehend.

Rot-Eiche

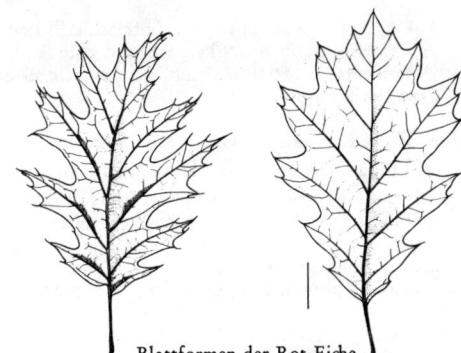

Blattformen der Rot-Eiche

BELAUBUNG: Trieb dunkelbraun, steif, kahl, gefurcht; Knospe eiförmig, spitz, dunkelbraun; Blatt sehr veränderlich in der Größe und den Lappen, doch meist länglich-elliptisch und spitz, 12–22 cm lang (an starken Trieben bis 30 × 20 cm), breit keilförmig, Stiel 2(–5) cm und gelblich, mit verdickter, rötlicher Basis; 4–5 Lappen an jeder Seite, 4–5 cm tief, an manchen größeren Blättern flacher, an jeder Seite mit 1–3 großen Zähnen, mit einer 3 mm langen Borste an der Spitze, oben *matt dunkelgrün*, unten *matt* und mehr graugrün, mit winzigen Achselbärten. Blattaustrieb reingelb für die ersten 3 Wochen; Herbstfärbung beginnt *gleichmäßig* in der ganzen Krone, bei jungen Bäumen meist gut dunkelrot, bei älteren Bäumen teils gelb und braun, teilweise auch rot. Jüngere Bäume behalten manchmal die abgestorbenen Blätter noch lange Zeit, während die alten sie bis Dezember sämtlich abstoßen.

FRUCHT: Im ersten Jahr stehen die kleinen Eicheln entlang der zweijährigen Triebe verstreut an kurzen Stielen, 3 mm groß, blaßbraun, flachkugelig; reife Eicheln 2 × 2 cm, eiförmig mit flacher Basis, diese in der Mitte vertieft, dunkelrotbraun; Kelchbecher auf 1 cm langem, dickem Stiel. – Bäume aus dem südlichen Verbreitungsgebiet werden mitunter als var. *maxima* Marsh. unterschieden und haben mehr hängende Blätter, tiefer eingeschnitten, an jeder Seite mit 6 Lappen und größere Eicheln.

WUCHS: Sehr stark. Junge Bäume können in einem Jahr Triebe von 2,5 m Länge machen und rasch einen starken Stamm erzeugen; das Triebwachstum erfolgt in zwei Perioden, Mitte Mai bis Anfang Juni, dann bei jungen Bäumen nochmals Anfang August, wo der Baum bis zu 20 cm in einer Woche wachsen kann. Die Lebensspanne beträgt etwa 180 Jahre. Forstlich angebaut in ganz Europa.

'Aurea'. Sehr schöner Baum, wie der Typ, aber Blätter intensiv goldgelb, im Laufe des Sommers etwas blasser und mehr grün werdend.

ÄHNLICHE ARTEN: Q. *palustris* hat große Achselbärte; Q. *velutina* hat behaarte Triebe und Q. *coccinea* beiderseits glänzende Blätter.

Kalifornische Stein-Eiche   *Quercus agrifolia* Née.

E – Californian Live Oak

Kalifornien 1843. Nur in Sammlungen; sehr selten. Immergrüner Baum, ähnlich Q. *ilex*, aber die Rinde schwarz mit glatten braunen Streifen, später grob gefeldert; Blätter nahezu kreisrund, obovat oder elliptisch, meist stark gewölbt,

3–4 × 2 cm, derb, mit einer unterschiedlichen Anzahl von sehr kleinen Dornen am Rand, oben dunkelgrün und glänzend, *unten nur wenig heller und mit Achsenbärten*; Stiel 2–3 mm. Eichel kegel-eiförmig, 15–18 mm, glänzendgrün, halb im Becher. D ∧∧∧.

Japanische Kastanien-Eiche　*Quercus acutissima* Carruth.

E – Japanese Chestnut Oak　　　N – Gezaagdbladige eik

Korea, Japan, China, Himalaja 1862. Sehr selten, nur in großen Gärten und Sammlungen. 15 × 1 m. Hübscher, offen-kroniger Baum mit dunkelgrauer, grob gefurchter und zerrissener Rinde; Blätter groß, *glänzend, länglich,* spitz, *alle Zähne grannig,* 18–21 mm × 4–6 cm, mit 12–16 Nervenpaaren und langen Endborsten; Stiel 1–2,5 cm; Knospe lang zugespitzt, hellgrün wie der Trieb.

ÄHNLICHE ARTEN: Q. *libani* (S. 245); Q. *variabilis* und Q. *castaneifolia* (folgend).

Chinesische Kork-Eiche　*Quercus variabilis* Bl.

E – Chinese Cork Oak

N-China, Korea, Japan 1861. Sehr selten, nur in Sammlungen. 16 × 2 m. Rinde *sehr dick und korkig,* rötlichgrau oder braun, mit tiefen kurzen Rissen oder Vertiefungen und breiten welligen Leisten.

KRONE: Ziemlich offen, die starken Äste waagerecht.

BELAUBUNG: Knospe dünn, spitz. Blätter sehr hübsch, obovat, spitz, 20 × 10 cm, mit 15–18 paralleler Nervenpaare, alle in einen *plötzlichen grannenartigen,* 6–7 *mm* langen Zahn endigend, oben stark glänzendgrün, Mittelrippe weiß, unten fein *silbrig behaart,* Stiel 2,5–3 cm, gebogen, hellgrün.

ÄHNLICHE ARTEN: Gleicherweise unterschieden von Q. *prinus* (S. 250) und Q. *castaneifolia* (unten) durch die Korkrinde, die plötzlichen Zähne und die silbrige Blattunterseite. Q. *pontica* hat ähnliche Aderung und Blattform, weicht aber völlig ab durch die Rinde und die Blattunterseite.

Kastanien-Eiche　*Quercus castaneifolia* C.A.Mey.　　　　　　　**21**

E – Chestnut-leaved Oak　　　F – Chêne de Perse
N – Kastanjebladige eik

Kaukasus, Persien und (ihre Varietät) in Algerien. 1846. 29 × 6 m in Kew Gardens.

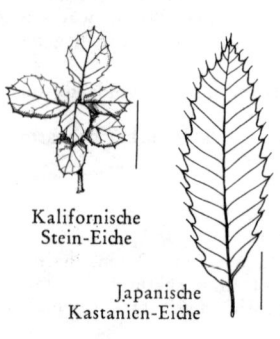

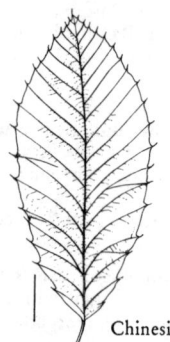

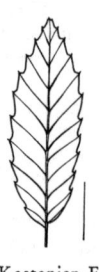

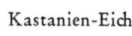

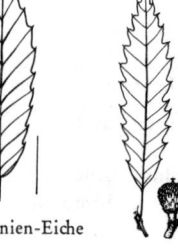

Kalifornische
Stein-Eiche

Japanische
Kastanien-Eiche

Kastanien-Eiche

Chinesische Kork-Eiche

Libanon-
Eiche

RINDE: Zuerst schwarz und glatt, später dunkelgraue, klumpige Leisten, getrennt durch dunkelorange Risse.

KRONE: Kegelförmig und breit in der Jugend, später groß und gewölbt, mit dicken, gerade aufwärts gebogenen Trieben; Äste am Stamm verdickt.

BELAUBUNG: Trieb stark, dunkelbraun, punktiert mit weißen Lentizellen, anfangs behaart; Endknospe groß, hellbraun, umgeben von 1 cm langen Fasern; Seitenknospen kleiner, dunkelbraun, mit kürzeren, nur 5 mm langen Fasern; Blatt länglich lanzettlich, veränderlich in der Form, 12–15 cm bis 20 × 5 cm, breit keilförmig, 9–14 parallele Nervenpaare; Zähne stumpf dreieckig, schwach mucronat, dunkel bis schwärzlich grün, oben mit gelber Mittelrippe, unten bläulich und fein behaart, mit fein bräunlich behaarten Nerven und Achselbärten; Stiel 2–4 cm, fein behaart.

FRUCHT: Eichel in einem kleinem rosettenförmigem Becher, Schuppen grün mit purpurbraunen Spitzen, 12 mm hoch, dunkelbraun; reife Eichel kugelig, 2 cm dick.

WUCHS: Bemerkenswert kräftig; in Kew Gardens Zunahme des Stammumfanges 300 cm in den letzten 60 Jahren.

ÄHNLICHE ARTEN: Die stumpfen Zähne unterscheiden diese Art von *Q. acutissima* mit fein und lang zugespitzten Zähnen (S. 244) und von *Q. libani* (folgend).

Libanon-Eiche *Quercus libani* Oliv.

E – Lebanon Oak   F – Chêne du Liban

Syrien, Kleinasien 1855. Selten in den Sammlungen; 20 × 2 m. Rinde dunkelgrau bis schwärzlich, mitunter leicht korkig mit orange Rissen. Schöner, offenkroniger geradstämmiger Baum wie *Q. acutissima,* aber abweichend durch die orangebraunen Knospen; Endknospe umgeben von faserförmigen Schuppen; Trieb olivbraun und rauh durch viele Lentizellen; Blatt lanzettlich, 10 bis 12 × 3,5 cm, mit 10–12 Nervenpaaren und dreieckigen Zähnen, die in kurzen Borsten endigen, oben dunkel glänzendgrün, oft gewölbt, unten heller und wenigstens auf den Nerven behaart. Stiel dünn, 6–10 mm; Blatt mitunter schief an der Basis. Eichel auf kurzem, ungewöhnlich dickem Stiel, 4 mm lang und 4 mm dick; der Kelchbecher umschließt die ganze Eichel, 2,5 cm dick, mit flacher Spitze, blaßgrün mit braunen Schuppenspitzen; im 1. Jahr kugelig, 3 mm dick, grau.

ÄHNLICHE ARTEN: *Q. acutissima* (S. 244), *Q. castaneifolia* (S. 244).

Zerr-Eiche *Quercus cerris* L.   20

E – Turkey Oak   F – Chêne chevelu   N – Moseik

S-Europa, SW-Asien 1735; in Deutschland im SW gelegentlich verwildert, sonst nur angepflanzt. 38 × 8 m.

RINDE: Stumpfbraun und rauh gefurcht schon am jungen Baum; alte Bäume fein und tief gefurcht und geteilt in rauhe, kleine, konvexe Platten.

KRONE: Junger Bäume offen, schlank, kegelförmig, ältere Bäume breit gewölbt, meist hoch mit langen, ansteigenden Ästen, diese an ihrer Basis verdickt, Triebe sehr gerade.

BELAUBUNG: Trieb hell kupfrig grau oder stumpf graugrün, mit kurzer, dichter Behaarung. Knospe eiförmig, hellbraun, mit langer Behaarung, alle Knospen umgeben von *langen, bleibenden, verdrehten, faserförmigen Schuppen.* Blatt sehr veränderlich, meist 9–12 × 3–5 cm, mit 7–9 Lappen jederseits, aber Blätter an Trieben können auch bis 20 × 5 cm groß und ganz abweichend ge-

lappt sein, mitunter bis auf die Mittelrippe
eingeschnitten. Normalerweise sind die Spreiten nur zu einem bis zwei Dritteln eingeschnitten in dreieckige Lappen, seltener mukronat;
lanzettlich bis eilänglich im Umriß, dunkelgrün, *oberseits rauh,* später glänzend, unten
graubraun und wollig, später nur noch auf den
Nerven; Stiel 2 cm, behaart.

BLÜTEN UND FRUCHT: ♂ Blüten in 5–6 cm langen Kätzchen in dichten Büscheln, karmin vor
dem Aufblühen, im Juni bräunlichgelb. Eichel
sitzend, schmal, eiförmig, 2,5 × 1,4, in einem
„moosigen" Becher, etwa 1 cm tief und 1,8 cm
breit, mit langen, hellgrünen Schuppen, in der
oberen Hälfte des Bechers aufwärts eingerollt,
in der unteren Hälfte abwärts.

Zerr-Eiche

WUCHS: In warmem Klima sehr rasch und lange anhaltend; kann leicht über 200
Jahre alt werden. Zuwachs erfolgt in zwei Perioden, Juni–Juli und Ende
August, bis 15 cm in der Woche. Forstlich angebaut in I, R, YU und (wenig)
in D.

ÄHNLICHE ARTEN: Q. *robur* hat nicht die rauhe, dunkle Borke, die mehr aufrechte Krone, die behaarten Triebe und die von faserförmigen Schuppen um-
gebenen Knospen, auch nicht die Eicheln in „moosigen" Bechern. Höchstens
die Hybride Q. × *hispanica* 'Lucombeana' (S. 247) könnte hiermit verwechselt
werden.

Kork-Eiche   *Quercus suber* L.   **20**

E – Cork Oak   F – Chêne liège   N – Kurkeik

S-Europa, N-Afrika, 1699 oder früher. Nur in S-europäischen Gärten, gelegentlich auch in südenglischen Parks; in Deutschland nur in Botanischen Gärten. 20 × 4 m.

RINDE: Junge Stämme und kleine Äste grob *geflügelt* mit mattgrauen dicken
Leisten aus fein gefurchtem Kork; alte Bäume matt stumpfgrau oder *gelblichbraun,* mit Korkleisten, diese mitunter 10 cm weit abstehend aus breiten Rissen; überall Kork fein gestreift (Jahresringe!). In Spanien und Portugal wird
die Rinde alle sieben Jahre geschält und verwertet; nach dem Schälen verfärbt
sich der Stamm intensiv rot, bis sich nach und nach eine neue Korkrinde gebildet hat.

KRONE: Niedrig, breit und gewölbt, mit niedrigen, stark gedrehten Ästen.

BELAUBUNG: Trieb graugrün, mit dichter, graubrauner Behaarung; Knospe klein,
dunkelpurpur, 2 mm; Blatt *immergrün,* spitz eiförmig, 4–7 × 2–3 cm, derb,
Rand etwas wellig, oft nach unten gebogen, mit 5–6 flachen Zähnen an jeder
Seite, oben schwärzlichgrün und glänzend, unten grau oder bläulich und dicht
weiß behaart. Stiel 1 cm, dicht behaart.

FRUCHT: Eichel eilänglich, 1,5–3 cm lang, ziemlich tief im Becher stehend, dessen
obere Schuppen verlängert sind; im 1. Jahre reifend.

ÄHNLICHE ART: Durch die Korkrinde leicht zu erkennen.

Spanische Eiche   *Quercus × hispanica* Lam.

E – Spanish Oak   F – Chêne espagnol   N – Spanse eik

Eine Hybride zwischen Q. *cerris* und Q. *suber,* die in S-Europa natürlich vorkommt. Nur die folgenden Formen sind in Kultur:

'L u c o m b e a n a ' **Lucombe-Eiche** **21**
E – Lucombe Oak

Exeter 1762. In Gärten und Parks in S-England oft zu sehen, aber nur selten auf dem Kontinent. In zwei Typen auftretend, hier mit „A" und „B" bezeichnet. Der mit „A" bezeichnete Typ ist nur häufig in der Umgebung von Exeter, aber selten anderswo, so daß hier nur der mit „B" bezeichnete Typ beschrieben wird.

RINDE: Dunkelgrau, mit tiefen, breiten, schwarzen Rissen, später mit ziemlich glatten, aber nicht korkigen Platten, seltener mehr graugelb, feinrissig und korkig (wie der Typ „A"). D ∧∧

KRONE: Niedrig, *dicht, dunkel und gewölbt wie Q. ilex,* mit starken gedrehten unteren Ästen; Blätter *größtenteils während des Winters am Baum bleibend* bis zum Austrieb der neuen Blätter im Juni; in harten Wintern im April abfallend.

BELAUBUNG: Blatt 4–6 × 2 cm, mit 4–5 dreieckigen Lappen an jeder Seite, mit kleinem Mukro; Austrieb silbergrau im Juni.

'D i v e r s i f o l i a ' ist eine seltenere Form, Wuchs *fast säulenförmig,* Blätter sehr schmal, tief eingeschnitten und mit einer großen Bucht in der Mitte der Spreite; Rinde hell, glatt, korkig-rissig. 27 × 3 m.

'F u l h a m e n s i s ', **Fulham-Eiche.** E – Fulham Oak. Nur in Sammlungen.
Rinde blaß rötlichgrau, tief korkrissig; *schlanker Baum,* mit dichter Krone aus *bogigen* Ästen, mit *hängenden,* dünnen Trieben; Blätter eben, *elliptisch,* 10 × 4 cm, immergrün, aber teilweise im Frühling abgeworfen, gleichmäßig sechs-zähnig an jeder Seite, oben schwärzlichgrün, unten heller und etwas behaart.

ÄHNLICHE ARTEN: Im Winter sind die Krone und die gelblichgrüne Belaubung von Typ „A" sehr kennzeichnend; Typ „B" ist mehr ähnlich Q. *ilex,* unterscheidet sich aber in der Rinde und den gelappten Blättern. „A" unterscheidet sich von Q. *cerris* (mit der sie wegen der sehr ähnlichen Rinde verwechselt werden kann) durch die bleibende und sehr dichte Behaarung der Triebe, der Blattunterseite und durch das Fehlen der fadenförmigen Knospenschuppen.

Stein-Eiche *Quercus ilex* L. **20**
E – Holm Oak   F – Chêne vert   H – Steeneik

S-Europa, um 1500. Außerordentlich häufig zu finden in Gärten und Parks der Britischen Inseln, ausgenommen von Nord-Schottland, besonders häufig in S- und SW-England. 28 × 4,3 m.

RINDE: Bräunlichschwarz bis schwarz, flach zerrissen in kleine, kantige, trockene, dünne, häufig etwas abrollende Platten.

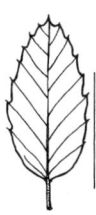

Kork-Eiche   Lucombe-Eiche   Stein-Eiche

KRONE: Breit gewölbt, oft mehrstämmig oder schon sehr tief verzweigt; obere Äste ziemlich steil und gerade ansteigend, dicht belaubt während des ganzen Jahres, fast schwarz im Winter, gelblich und silbrig im Frühsommer, aber bald wieder grau und schwarz.

BELAUBUNG: Trieb dünn, matt graubraun, dicht bräunlich-wollig. Endknospe mit lockigen Schuppen. Blatt *immergrün*, Austrieb im Juni silberweiß, dann blaß-gelb, überall dicht behaart, oberseits schon bald rauh, doch glänzend schwarz-grün, unten matt und bräunlich behaart bleibend. Sehr veränderlich in Form, Zähnung, sowohl am gleichen Baum, wie auch bei den Varietäten und Kultur-formen. Im allgemeinen 5–10 × 3–8 cm, an Trieben und jungen Bäumen teils seicht dornig gezähnt, teils ganzrandig oder gewellt oder gebuchtet; Stiel 1–2 cm, wollig.

FRUCHT: Eichel hellgrün, 1,5–2 cm, halb oder zu einem Drittel vom braunfilzigen Becher umschlossen; Becher 1,2 cm breit und bis 1,8 cm tief. – D ∧∧∧

'F o r d i i' (= 'Angustifolia', 'Lanceolata'). Blatt 5 × 1 cm, ganzrandig, etwas gerollt. In England häufig. D ∧∧∧

'L a u r i f o l i a'. Blatt 10–14 × 3–5 cm, lang lanzettlich, stark glänzend, Rand eingerollt. D ∧∧∧

'R o t u n d i f o l i a'. Blatt fast kreisrund, 8–10 cm; Eichel 3–4 cm, eßbar. Selten.

ÄHNLICHE ARTEN: *Phillyrea* sind ähnlich, haben aber gegenständige Blätter; *Arbutus unedo* hat fein gesägten Blattrand; Q. × *hispanica* 'Lucombeana' und Q. *suber* weichen in Rinde und Belaubung ab (Vgl. dort).

Turners-Eiche   *Quercus* × *turneri* Willd.

E – Turner's Oak   F – Chêne de Turner

Hybride von Q. *ilex* × Q. *robur*, vor 1783 in Essex entstanden. Selten; eigent-lich nur in englischen Gärten gelegentlich zu sehen.

RINDE: Glatt, rötlichgrau, seicht und grob zerrissen.

KRONE: Niedrig gewölbt, mit starken unteren Ästen, oben etwas offen; Blätter *teilweise wintergrün*.

BELAUBUNG: Trieb grün, sternfilzig; Blatt obovat, Basis keilförmig bis rund oder auch lang-keilförmig, 6–12 cm, mit 2–3 flachen, vorwärts gerichteten Zähnen nahe der Spitze oder 6–8 ringsum, alle breit dreieckig, spitz und oft mit klei-nem Mucro, oben dunkelgrün und glänzend, unten Nerven behaart; Stiel 4 bis 8 mm lang.

FRUCHT: Eicheln zu 4–8 an einer etwa 7 cm langen, hin- und hergebogenen Spin-del, Becher halbkugelig.

'P s e u d o t u r n e r i'. Auf dem Kontinent, insbesondere in deutschen Gärten ist diese Form, die ebenfalls in England, um 1800 entstand, viel mehr bekannt. Blätter länger und schmaler, 7–10 cm, obovat länglich, Zähne meist länger und schmaler, unten weniger behaart, den ganzen Winter hindurch grün blei-bend. D ∧–∧∧

Pontische Eiche   *Quercus pontica* K. L. Koch

E – Pontine Oak

Kaukasus 1885. Schöner und besonderer, seltener, meist mehr buschiger kleiner Baum, nicht selten in großen Gärten und Parks.

BELAUBUNG: Triebe kahl, *sehr stark*, gefurcht, grünlichbraun; Knospe groß, hoch, kantig, kegelig, Schuppen grün mit braunem Rand. Blatt groß, flach, elliptisch, 10–18 × 8–11 cm, mit *13–17 parallelen, erhabenen Nervenpaaren* und kleinen, spitzen, *gebogenen Grannenzähnen;* frischgrün und oben mit gelben Nerven, unten mehr bläulich und Nerven behaart, Herbstfärbung gelbbraun.

BLÜTEN UND FRUCHT: ♂ Blüten in 1–3 dünnen, rötlichbraunen, 5–10(–20) cm langen Kätzchen. Eichel 3–4 cm lang, eiförmig, an beiden Enden verschmälert, dunkel rotbraun, in flachem, dünnem, grauem Becher.

Mirbeck's Eiche *Quercus canariensis* Willd. (= *Q. mirbeckii* Durieu)

E – Mirbeck's Oak   F – Chêne Zeen

Spanien, N-Afrika 1844. Ziemlich selten, nur in Gärten und Sammlungen. 20 × 4 m. Rinde *deutlich dunkelgrau* oder schwärzlich, tief zerrissen in rauhe Felder aus konvexen, etwas abgehenden Platten.

KRONE: Vor allem bei jungen Bäumen schmal kegelförmig bis eiförmig, Stamm gerade durchgehend; alte Bäume jedoch gewölbt, mit ansteigenden Ästen; manchmal im Winter *einige Blätter grün bleibend,* die übrigen braun.

BELAUBUNG: Trieb glatt, graugrün, rötlich überlaufen, kahl nach Abfall der hellbraunen Wollhaare; Knospe schmal kegelförmig, 7 mm, hellbraun, mit vielen Schuppen, am Rand mit weißen Fransenhaaren. Blatt eilänglich bis obovat, Basis leicht herzförmig, 6–13 seichte, stumpfe Zähne an jeder Seite, die größten Zähne am stumpfesten, nach der *Spitze zu kleiner werdend,* 10–15 × 6 bis 8 cm, Stiel 1,5–2 cm, an starken Bäumen 19 × 11 cm, Stiel 3 cm und warzig, oft anfangs wollig; an manchen Bäumen alle Blätter ausgeprägt gewölbt, an anderen ganz flach; oben heller oder dunkler grün, meist glänzend, unten heller und anfangs behaart; im Herbst bleibt die Hälfte der Blätter grün.

FRUCHT: Kelchbecher halbkugelig, auf 5–10 mm langem Stiel; Eichel 2,5 cm lang, zur Hälfte vom Becher umgeben.

ÄHNLICHE ARTEN: Mitunter ähnlich einer besonders gut entwickelten *Q. petraea* mit seichten, kleinen Lappen, doch Rinde und Zähnung abweichend; mehr erinnernd an *Q. macranthera* und *Q. prinus.*

Persische Eiche *Quercus macranthera* Fisch. & Mey.

E – Caucasian Oak   F – Chêne caucasien   N – Perzische eik

Kaukasus bis Persien 1873. Ziemlich selten, aber doch in großen Gärten und Sammlungen. 24 × 2,3 m.

RINDE: Rötlichgrau, grob abblätternd.

KRONE: Hoch gewölbt, obere Äste ansteigend.

BELAUBUNG: Trieb dick, dicht orangebraun und bleibend behaart. Knospe groß, eiförmig, 8–10 mm, *glänzend dunkelrot,* braun behaart. Blatt obovat-lanzett-

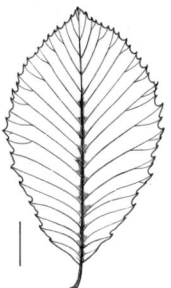

'Fordii'   'Turners-Eiche'   Pontische Eiche   Mirbeck's Eiche

lich bis breit-eiförmig, spitz, derb, pergamentartig, 15–23 × 10–14 cm, meist gewölbt, sommergrün, Stiel 1–2 cm, keilförmig, leicht geöhrt, mit 8–12 Nervenpaaren, vorwärts laufend, Lappen seicht eiförmig und etwas nach außen gebogen, vom größten Lappen zur Blattspitze allmählich kleiner werdend, oben dunkel graugrün, unten grauwollig behaart oder bräunlich entlang der Mittelrippe. ♂ Kätzchen 5–8 cm lang.

ÄHNLICHE ART: *Q. canariensis* hat weder bleibend behaarte Triebe noch dunkelrote Knospen.

Korb-Eiche   *Quercus prinus* L.

E – Basket Oak   F – Chêne châtaignier

Mittler und südl. USA 1737. Sehr selten. 20 × 2,6 m. Blatt *lanzettlich, lang keilförmig, lang zugespitzt,* 18 × 8 cm, mit 10–14 parallelen Nerven zu den dreieckigen Lappen, die in der Größe von der Basis bis zur Blattspitze abnehmen. Oben frisch *blaßgrün,* unten etwas bläulich. Stiel *dünn,* gelb, 4 cm. Eichel eiförmig, 15 × 15 mm, zu einem Drittel im graugrünen Becher aus sehr kleinen Schuppen; sitzend auf dem Trieb.

Ungarische Eiche   *Quercus frainetto* (= *Q. conferta* Kit.)   **21**

E – Hungarian Oak   F – Chêne de Hongrie   N – Hongaarse eik

S-Italien und Balkan bis Ungarn 1838. In Deutschland wohl in den meisten großen Parks zu sehen. 30 × 3,5 m.

RINDE: Hellgrau, mitunter etwas bräunlich, dicht rissig aus einem Netzwerk tiefer Furchen, die übergehen in sehr kleine, kurze Leisten; sonst ziemlich glatt.

KRONE: Prachtvoll gewölbt, mit geraden Ästen, die strahlenförmig in etwa 4 bis 6 m Höhe über dem Boden vom Stamm abgehen, Stamm zylindrisch, dick.

BELAUBUNG: Trieb kurz hellbraun oder graugrün und weich behaart, an jungen Bäumen gefurcht. Knospe eikegelig, 1 cm, vielschuppig, hell graubraun, karmin an jungen Bäumen beim Austrieb der graugrünen, seidigen Blätter und des Triebes. Blatt *länglich-obovat,* 15–25 × 8–14 cm, zur geöhrten Basis schmäler werdend, Stiel 2–12 mm, *tief eingeschnitten* von der Basis bis zur Spitze, mit 7–10 Lappen an jeder Seite, die größten Lappen etwas unter der Mitte und selbst nochmal klein gelappt, breit, dicht, mitunter sich überdeckend, oben kräftig grün, unten mehr grau und behaart.

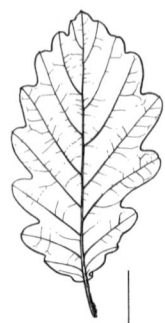
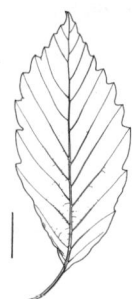
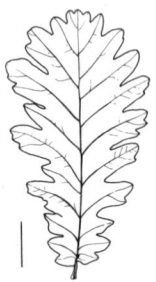

Persische Eiche   Korb-Eiche   Ungarische Eiche   Flaum-Eiche

WUCHS: In vielen Büchern wird immer wieder gesagt, daß das Wachstum dieses Baumes langsam sei; im Gegenteil!, er ist fast überall einer der raschwüchsigsten Bäume. Austrieb Mitte Mai, raschwüchsig in den nächsten 4 Wochen, in der zweiten Woche bereits 15 cm Zuwachs. Junge Bäume haben eine zweite Triebperiode Mitte Juli.

ERKENNUNGSMERKMALE: Keine andere Eiche ist so tief eingeschnitten und hat so viele, regelmäßige Lappen.

Pyrenäen-Eiche *Quercus pyrenaica* Willd. (= *Q. toza* DC.)

    E – Pyrenean Oak   F – Chêne tauzin   N – Bergeik

S-Europa 1822. Sehr ähnlich *Q. cerris*, aber ohne die Seitenknospen mit fadenförmigen Schuppen; mit bis 20 cm langen Blättern, unregelmäßig bis auf 1 cm von der Mittelrippe eingeschnittene Spreite, oben behaart. In den Sammlungen meist die 'Pendula'-Form.

'P e n d u l a'. Wenig häufig in Sammlungen oder in Parks. 20 × 2,5 m.

RINDE: *Hellgrau,* tief gerissen in *kleine, unebene Felder.*

KRONE: Ziemlich offen; ansteigende, dann gedrehte, *bogenförmige Äste* und lange, gerade *herabhängende Triebe.*

BELAUBUNG: Trieb frischgrün, mit grauer Behaarung. Endknospe mit fadenförmigen Schuppen, sehr hellbraun, eikegelig. Blatt graugrün, beiderseits weich behaart, 13–15 × 9 cm, an jeder Seite mit 6 Lappen, die mittleren Lappen eiförmig, 2 cm breit,

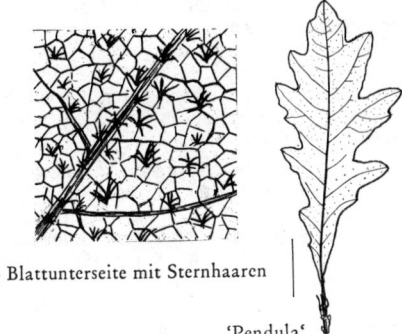

Blattunterseite mit Sternhaaren

'Pendula'

bis zur Mitte der Spreitenhälfte gehend; schmal keilförmig, mitunter Basis leicht geöhrt, oft gewölbt. Stiel 8–10 mm, dicht behaart.

BLÜTEN: ♂ Blüten wie *goldene Vorhänge,* sehr auffällig, erst Ende Juni. Diese Eiche treibt am spätesten von allen aus.

Flaum-Eiche *Quercus pubescens* Willd. (= *Q. lanuginosa* Thuill.)

    E – Downy Oak   F – Chêne pubescent   N – Behaarde eik

S-Europa, W-Asien, Kaukasus. Schon sehr früh eingeführt, Zeit unbekannt. Obwohl sehr raschwüchsig und bald einen kräftigen Baum bildend, dennoch ziemlich selten in Kultur. 20 × 2,8 m.

RINDE: Dunkelgrau, tief und fein gebrochen in kleine, rauhe Platten.

KRONE: Wie bei *Q. robur,* aber die Äste am Stammansatz verdickt.

BELAUBUNG: Trieb braun, mit dichter, langer, grauer Behaarung. Knospe blaß orangebraun, an der Spitze grau. Blatt obovat-lanzettlich, 8–13 × 6 cm, an dicht behaartem, 7–20 mm langem Stiel, breit keilförmig, mit 4–8 Paaren breit abgerundeter, vorwärts gerichteter Lappen auf jeder Seite, oben bald kahl werdend und graugrün, unten *behaart,* im Herbst nur noch beiderseits der Mittelrippe.

Forstlich angebaut im Mittelmeerraum.

ÄHNLICHE ART: Eigentlich wie eine dunkelrindige Form von *Q. petraea* mit behaartem Trieb und Blattstiel.

Trauben-Eiche, Winter-Eiche   *Quercus petraea* (Mattuschka) Lieblein   **20**

E – Durmast Oak   F – Chêne rouvre   N – Wintereik

Heimische Eiche, vor allem im Spessart; auf leichteren Böden und Hügelland.
Europa bis W-Asien. 41 m.

RINDE: Mit feinen Furchen und Leisten, hauptsächlich senkrecht, grau.

KRONE: Auf geradem Stamm hoch gewölbt, Äste *strahlenförmig* abgehend, viel
gerader als bei Q. *robur,* Krone lockerer, *Blätter gleichmäßig verteilt,* nicht
gehäuft. Krone bleibt noch grün und gesund, wenn benachbarte Q. *robur* schon
durch den Eichenwickler kahl gefressen sind.

BELAUBUNG: Trieb dunkelgrau, teilsweise gerötet und grau bereift. Knospe groß,
eiförmig, *vielschuppig,* jede Schuppe hell orangebraun mit dunkelbrauner
Spitze, fein weiß lang behaart; Blatt *keilförmig* oder leicht herzförmig an der
Basis und mit 1–2 cm langem, gelbem Stiel, obovat-länglich, 8–12 × 4–5 cm
(selten 1 × 12 cm), mit 5–9 Paaren abgerundeter Lappen an jeder Seite, ziemlich dick, lederartig oder derb, *ganz flach, gesund.*

BLÜTEN UND FRUCHT: ♂ Kätzchen 5–8 cm; ♀ Blüten endständig und in den
oberen Blattachseln der jungen Triebe, zu 2–6, weißlich, kugelig, Narben purpurrot, Ende Mai. Eichel etwas kürzer als bei Q. *robur,* meist zu 2–6 beisam-
mensitzend, oder auf 5–10 mm langem Stiel.

Wichtiger Forstbaum in B, D, GB, H, R und YU.

'M e s p i l i f o l i a'. Seltene Form, 16 × 3 m. Blatt 20–22 × 3–5 cm, länglich-
lanzettlich, gebogen, mit ganzrandigem, verdicktem, ausgebuchtetem Rand, mitunter auch mit einem unregelmäßigen Lappen oder Zahn. Stiel oft dunkelrot.

ÄHNLICHE ARTEN: Q. *robur* (nachfolgend). Übergangsformen zwischen dieser
Art und Q. *robur* häufig, die dann meist Blätter wie Q. *petraea* haben, aber
gestielte Früchte wie Q. *robur.* Q. *pubescens* hauptsächlich abweichend durch
behaarte Stiele und Triebe.

Stiel-Eiche, Sommer-Eiche   („Deutsche Eiche"), *Quercus robur* L.   **20**
(= Q. *pedunculata* Ehrh.)

E – English Oak   F – Chêne pedonculé   N – Zomereik

In England „Englische Eiche" genannt. Ganz Europa, von NO-Rußland bis
SW-Asien und nach Westen bis Spanien und N-Afrika. Überall gibt es ein-

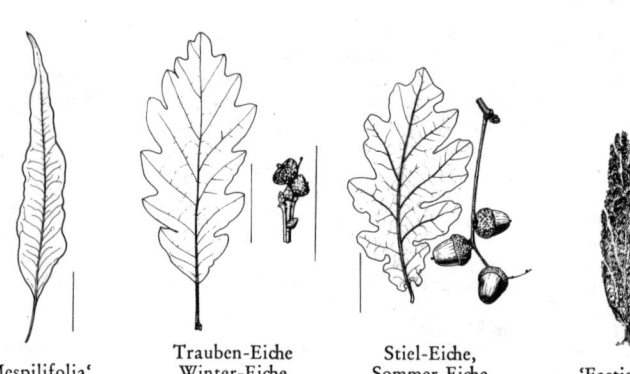

'Mespilifolia'   Trauben-Eiche   Stiel-Eiche,   'Fastigiata'
                    Winter-Eiche   Sommer-Eiche

zelne sehr alte Bäume, die „tausendjährigen Eichen", die mitunter Stämme mit einem Umfang von 10–12 m haben.

RINDE: Hellgrau, dicht gefurcht in kurze, schmale, senkrechte Platten.

KRONE: Breit und unregelmäßig gewölbt, mit wenigen, massiven, gedrehten unteren Ästen, oft mit vielen Wasserreisern am Stamm; *Belaubung* im Inneren der Krone und Triebe *dichter gedrängt* als gewöhnlich bei *Q. petraea.*

BELAUBUNG: Trieb grünbraun, leicht bereift, bräunliche Lentizellen. Knospe eiförmig-kegelig, spitz, hellbraun; Blatt obovat-länglich, 10–12 × 7–8 cm, *Basis geöhrt*; Stiel kurz, 4–10 mm; jederseits mit 4–5 rundlichen Lappen, bis zur Mitte der halben Spreite eingeschnitten, mit schmalen, runden Buchten, wellig gerandet mit einem gelegentlichen Zahn, oben matt dunkelgrün, unten heller und oft bedeckt mit Gallen.

BLÜTEN UND FRUCHT: ♂ Blüten in sehr schlanken Kätzchen, in dünnen, 2 bis 4 cm langen Bündeln, bräunlichgelb bis zum Stäuben des kaum wahrnehmbaren Pollens Anfang Mai, dann gelblichgrün. ♀ Blüten endständig am jungen Trieb, 1–2 Stiele von 2–5 cm Länge, mit kugeligen, braunen Blüten, diese mit dunkelroten Narben. Eicheln meist zu zweit, an *4–8 cm langem Stiel* (daher „Stiel"-Eiche), 1,5–4 cm lang, lang eiförmig, weißlichgrün, später dunkelbraun, häufig etwas runzelig, in flachem Becher.

WUCHS: Volkstümlich als langsam angenommen, in Wirklichkeit aber recht schnellwüchsig, denn 50jährige Eichen auf einem guten Eichenboden können 20 × 2 m groß sein. In den ersten 100 Jahren beträgt die jährliche Zunahme des Stammumfanges 4 cm, in den nächsten 150 Jahren 2,5 cm, danach bedeutend weniger. Älteste Stämme mit 12–13 m Umfang (und gekappter Krone) dürften 800 Jahre alt sein, dagegen sind Bäume mit 10 m Umfang und nicht gekappter Krone meist unter 400 Jahre alt. Junge Sämlinge wachsen stets aus einer an der Spitze stehenden Seitenknospe, nicht aus der Endknospe, daher die Knicke im Trieb; sie können 60 cm hoch sein in einem oder zwei Jahren. Der Trieb bildet sich rasch in wenigen Wochen im Mai, und die Blätter zeigen dann verschiedene Farbtöne, von Gelb bis Kupferbraun. Der zweite Trieb, oft mit roten Blättern, folgt im Juli (Johannistrieb). Der Blattaustrieb von Mitte April bis Mitte Mai zeigt eine große Vielfältigkeit. Auch die Herbstfärbung ist sehr variabel, meist intensiv braun, aber auch mehr orangebraun in manchen Jahren. Junge Bäume behalten ihre trockenen Blätter oft noch während des ganzen Winters. Wichtiger Forstbaum in B, D, R und SU.

'Fastigiata', **Pyramiden-Eiche.** E – Cypress Oak, F – Chêne pyramidal. Wuchs wie eine Pyramiden-Pappel, sehr straff aufrecht, sehr schmal. 25 × 3 m. Sehr häufig zu sehen in größeren Parks und formalen Gärten.

'Concordia', **Gold-Eiche.** 1843 Belgien. Blattaustrieb goldgelb, später nur gelblichgrün. Nicht sehr häufig. 13 m.

'Pectinata'. Blätter tief eingeschnitten, die Lappen gerade, nicht gekräuselt und breiter als bei der sonst ähnlichen 'Filicifolia', mit gekräuseltem Rand. Beide in Deutschland entstanden 1864 bzw. 1850. – Gelegentlich in Parks.

ÄHNLICHE ART: Q. petraea, die aber stets keilförmige Blatt-Basis hat, immergesundes Laub, stets gerade durchgehenden Stamm (bei Q. robur nur unter Druck so), ferner die sitzenden Früchte.

'Filicifolia'

Amerikanische Weiß-Eiche   *Quercus alba* L.

E – American White Oak   F – Chêne blanc   N – Witte eik

Östl. und mittlere USA 1724. Ziemlich selten in den Sammlungen und Gärten zu finden. 16 m.

RINDE: Dunkelgrau, *ablösend* in Platten, zwischen tiefen Furchen.

KRONE: Ähnlich der von Q. *robur*; als junger Baum mehr kegelförmig.

BELAUBUNG: Trieb oben rötlich, unten grün; Blätter im Austrieb hellbraun mit violettem Schimmer, obovat, flach, bald dunkelgraugrün, mit 4–6 großen, elliptischen, oben abgerundeten Lappen, die Buchten oft elegant gekrümmt, 17–21 × 10–12 cm lang, *schmal keilförmig* in den 1–2 cm langen Stiel auslaufend, unten weißlich. Manche Bäume haben kleinere Blätter, oft sehr stark gewölbt (so bei 'Elongata') und mit vorwärts gerichteten Lappen. Oben glänzend dunkelgrün, unten blaugrün, Stiel und Mittelrippe dunkelrot, Herbstfärbung intensiv *purpur*, bei 'Elongata' kräftig violett überlaufen.

Zweifarbige Eiche   *Quercus bicolor* Willd.

E – Swamp White Oak   F – Chêne bicolore

Mittleres N-Amerika, von Quebec bis Georgia 1800. Ziemlich selten, doch in Sammlungen zu finden. 25 × 3 m.

RINDE: Hellgrau mit einem groben Netzwerk schwarzgrauer, dicker Leisten.

BELAUBUNG: Blatt breit obovat oder eiförmig, keilförmig auslaufend in einen 1–10 mm langen Stiel, 18–18 × 7–12 cm groß, in der oberen Hälfte flach gelappt, unterseits *weißlich* und anfangs samtig behaart. Junge Blätter kräftig gelbgrün; Herbstfärbung orangebraun.

ÄHNLICHE ARTEN: Q. *macrocarpa* (folgend), Q. *marilandica* (S. 238).

Großfrüchtige Eiche   *Quercus macrocarpa* Michx.

E – Burr Oak   F – Chêne à gros glands

Östl. N-Amerika, Neuschottland bis Texas 1811. Ziemlich selten in den Sammlungen. 20 × 2 m. Ähnlich Q. *bicolor,* aber *Stiel viel länger* (3–5 cm), *Blatt größer* (20–26 cm) und verhältnismäßig schmäler, 10–12 cm breit, schmal keilförmig, bereits an der *Basis mit Lappen*, an jeder Seite etwa 6–8 unregelmäßige, runde Lappen, mitunter sehr unsymmetrisch. Eicheln in einem 2 cm breiten und tiefen Becher, purpurn mit einem Muster erhabener Schuppen.

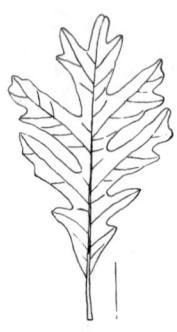  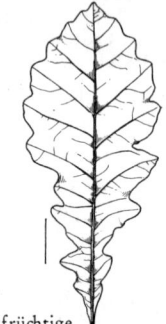 

Amerikanische
Weiß-Eiche   Zweifarbige Eiche   Großfrüchtige
Eiche   Kaiser-Eiche

Kaiser-Eiche *Quercus dentata* Thunb.

E – Daimyo Oak

Japan, Korea, China 1830. Wenig häufig, nur in großen Gärten und Sammlungen. 15 × 1,5 m.

RINDE: Schwärzlichgrau, dick, korkig, grob gerissen.

KRONE: Offen, waagerechte Äste meist schon ziemlich niedrig, aus kurzem Stamm, oft mit Bündeln von Wasserreisern aus kurzen, dicken Ästen.

BELAUBUNG: Trieb sehr dick, dicht grau behaart. Blatt wie eine Riesenausgabe von *Q. robur*, etwas geöhrt, mit kräftigem, kurzem, behaartem Stiel, 1 bis 1,5 cm lang, Spreite 25–40 cm × 15–20 cm, mit vorwärts gerichteten Lappen, verhältnismäßig flach an den größten Blättern, sehr groß jedoch an den kleineren, an der Seite gerade und mit runden Spitzen. Die Blätter bleiben, wenn bereits braun, den größten Teil des Winters an den Trieben sitzen. – Durch ihre Größe und behaarten Blattstiele mit keiner anderen Eiche zu verwechseln.

Ulmen-Gewächse: *Ulmaceae*

Etwa 150 Arten in beiden Halbkugeln. Blätter wechselständig, meist mit schiefer Basis; Blüten zwitterig oder einhäusig; Frucht geflügelt oder ein Nüßchen oder eine Steinfrucht.

ULME *Ulmus*
E – Elm   F – Orme   N – Iep

Achtzehn Arten in der nördlichen gemäßigten Zone, östlich der Rocky Mountains und nördlich des Himalaja. Blüten zwitterig, entweder vor den Blättern erscheinend (meiste Arten) oder spät im Herbst. Frucht von einem Hautflügel kreisförmig umgeben. Bei dieser Gattung ist die moderne Auffassung der Arten und Hybriden stark abweichend von der der früheren Botaniker, so daß noch immer eine beträchtliche Unsicherheit, ja, Verwirrung besteht. In diesem Buche ist die Darstellung etwas vereinfacht, so daß man die Gartenformen der acht Arten, bzw. Hybriden, die man am häufigsten antrifft, leicht unterscheiden kann, häufig schon am besten an der Form der Krone, wenn aus der Entfernung gesehen und die Blätter zusätzlich als Bestimmungshilfe benutzt werden. Die Blätter sind in ihrer Form in den verschiedenen Teilen des Baumes sehr veränderlich; für die Bestimmung sollte man besser Blätter von kurzen Zweigen nehmen und nicht von den langen Jahrestrieben.

Schlüssel zur Kronenform ausgewachsener Ulmen

1. Kegelförmig; Stamm gerade bis zum Gipfel **2**
   Fächerförmig oder gewölbt; Stamm endet schon unterhalb des Gipfels **3**
2. Dichte, ansteigende, kurze Bezweigung bis zur symmetrischen Spitze
   U. carpinifolia var. *sarniensis*, S. 261
   Wenige ansteigende Äste, etwas bogenförmig abstehend und deutlich unter der etwas überlehnenden, einseitigen Spitze
   U. carpinifolia var. *plotii*, S. 261

Weißdorn, Eberesche und Mehlbeere

Baumarten der Rosen-Gewächse

1 **Hahnensporn-Weißdorn** *Crataegus crus-galli* 286
Blatt und Frucht; die Fruchtstiele sind kahl.

2 **Hupeh-Eberesche** *Sorbus hupehensis* 291
Einzelnes Blatt und Frucht; der Blattstiel kann auch karminrot sein, und die
reifende Frucht ist rosa oder purpurn überlaufen.

3 **Gemeine Eberesche** *Sorbus aucuparia* 290
Einzelnes Blatt und reife Frucht. Anfang August färbt sich die Frucht sehr
rasch rot und wird dann sofort von Vögeln genommen.

4 **Gemeine Eberesche** *Sorbus aucuparia* 'Xanthocarpa' 290
Reife Frucht dieser ziemlich seltenen Gartenform.

5 **Beissners Eberesche** *Sorbus aucuparia* 'Beissneri' 290
Rindenausschnitt während trockenen Wetters; nasse Rinde schimmert orange.
Ziemlich seltene Gartenform, aber sehr schön wegen der Rindenfärbung, des
aufrechten Wuchses und der goldgelben Herbstfärbung.

6 **Schwedische Mehlbeere** *Sorbus intermedia* 294
Blätter, davon eines die weißfilzige Unterseite zeigend, und reife Frucht. Häufiger Straßenbaum.

7 **Mehlbeere** *Sorbus aria* 295
Blätter, das größere die Unterseite zeigend, und reife Frucht. Häufiger
Straßenbaum.

Hahnensporn-Weißdorn

Schwedische Mehlbeere

1a

1b

3a

4a

4b

3b

Felsenbirne, Apfel, Birne

Baumarten der Rosen-Gewächse

1 **Kahle Felsenbirne**   *Amelanchier laevis*   297
   a Blätter im Sommer und Herbst.
   b Blüten. Im Aufblühen stehen die Blütenstände senkrecht, die jungen Blätter sind kupferfarben.

2 **Holz-Apfel**   *Malus silvestris*   298
   Blüten und Blätter. Wilde Bäume mit rosa Blüten sind Sämlinge von Obstbäumen.

3 **Woll-Apfel**   *Malus tschonoskii*   301
   a Blätter und Trieb.
   b Ein 7 m hoher Baum im Herbst; die Blätter dieses schmalkronigen Baumes verfärben sich im Herbst orange und scharlachrot.

4 **Weidenblättrige Birne**   *Pyrus salicifolia*   302
   a Zweig mit reifer Frucht; im Austrieb sind die Blätter dicht mit silbergrauen Haaren bedeckt.
   b Habitus eines etwa 6 m hohen Baumes.

Kahle Felsenbirne

3. Fächerform aus bogenförmigen Ästen und dichter Bezweigung an der
   Oberseite; die unteren Äste gerade, im Winkel von 45° oder weniger
                                       U. carpinifolia var. *cornubiensis*, S. 261
   Hoch gewölbt   **4**
4. Dünn und offen gewölbt, mit dicken Trieben auf wenigen großen, stark
   ansteigenden, bogenförmigen Ästen und einem Stamm in Form eines
   schmalen „V"; Rinde braun, fein schuppig   *U. hollandica* 'Hollandica', S. 262
   Tief gewölbt oder mehrfach gewölbt, dicht oder fast so   **5**
5. Äste vom Stamm massiv und gedreht, oder kleine Triebe, keine Zwi-
   schenformen; Triebe dünn, dicht   *U. procera*, S. 260
   Äste vom Stamm in allen Größen abgehend   **6**
6. Äste strahlenförmig abgehend, mit einem sehr langen geraden Teil;
   Krone meist symmetrisch und tief gewölbt   *U.* × *hollandica* 'Vegeta', S. 262
   Äste nicht strahlenförmig abgehend, selten auf längere Strecke gerade   **7**
7. Triebe sehr dünn, oft an langen hängenden Zweigen und kraus, kurz;
   Krone hoch und schmal   *U. carpinifolia*, S. 260
   Triebe dick; Krone breit, unregelmäßig gewölbt   *U. glabra*, S. 258

Flatter-Ulme   *Ulmus laevis* Pall. (= *U. effusa* Willd.)

E – European White Elm   F – Orme diffus   N – Steeliep

Mittel- und SO-Europa bis westl. Kaukasus, zerstreut, auf feuchten bis nassen
Böden, wenig angepflanzt. 21 × 2,6 m. Baum mit unregelmäßiger Krone, so
breit wie hoch, bis 35 m, Äste bogig, oft mit vielen Wasserreisern, Rinde mattgrau oder hellbraun, mit einem breiten, seichten Netzwerk aus glatten Leisten,
Äste oft tief gefurcht und am Stammansatz brettartig verbreitert. Trieb dunkelrotbraun, behaart. Blätter breit obovat, mit einer außergewöhnlich schie-
fen Basis und an einer Seite an der Basis 3 Nerven mehr als an der anderen,
11 × 6 cm, teilweise auch viel kleiner; 10–14 Nervenpaare an einer Seite, 13
bis 17 an der anderen, grob doppelt gezähnt mit stark einwärts gekrümmten
Zähnen, oben dunkelgrün und fein behaart, *unten grau und weich behaart;*
Blüten und Früchte *langgestielt und hängend.*

Amerikanische Ulme   *Ulmus americana* L.

E – American White Elm   F – Orme blanc américain
N – Amerikanse iep

Östl. und mittl. N-Amerika 1752. Ziemlich selten in den Sammlungen und
Gärten. 25 × 2,5 m. Rinde rötlichbraun oder dunkel, mit groben Leisten. Krone
mit weitausladenden bogenförmigen Ästen; Triebe dünn, peitschenförmig,
ziemlich hängend; Blatt obovat-lanzettlich, lang zugespitzt, sehr schief an der
Basis, wie *U. laevis,* stark doppelt gezähnt, oben *frischgrün, stark glänzend,
aber rauh,* unten mit weißen Achselbärten, 10–15 cm, Stiel 3 mm, zuerst dicht
behaart.

Berg-Ulme   *Ulmus glabra* Huds. (= *U. montana* With.)   **22**

E – Wych Elm   F – Orme de montagne   N – Bergiep

N- und Mittel-Europa bis W-Asien, häufig in großen Parks, besonders die
zugehörigen Gartenformen. 38 × 7 m.

Rinde: Viele Jahre lang ganz glatt (deshalb die Bezeichnung „glabra", glatt) und
silbergrau, zuletzt mattgrau mit feinen schwarzen Rissen, allmählich mehr
braun werdend mit einem Netzwerk breiter, dunkelgraubrauner Leisten.

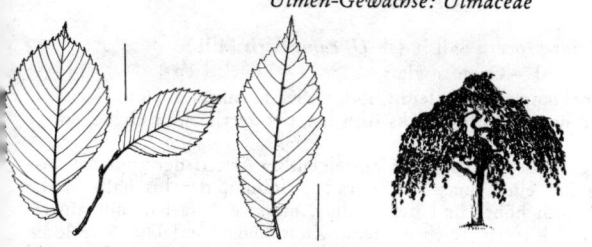  

Flatter-Ulme   Amerikanische Ulme   'Camperdown'   'Pendula'

KRONE: Breit, unregelmäßig, mehrfach gewölbt; Äste bogig abstehend und fast
waagerecht, endend in *dicke Triebe*; die unteren Äste massiv, gedreht, teils
dem Boden aufliegend und dann plötzlich aufwärts drehend, oft mit Wassertrieben, aber nur selten mit Ausläufern. Im Wald mit langem, angelehntem
Stamm. Junge Triebe locker bezweigt, doch sehr voll belaubt.

BELAUBUNG: Trieb dick, dunkel rotbraun mit dichter, harter Behaarung; Knospe
stumpf, eiförmig, matt rotbraun mit rötlichen Haaren; Blatt obovat, *plötzlich
lang zugespitzt*, 10–18 × 6–9 cm, mit *kurzem, dickem Stiel*, nur 2–5 mm
lang und behaart, Basis sehr schief; etwa 17 Nervenpaare zu den größeren
Zähnen auf jeder Seite, dazwischen auch kleinere, *oben sehr rauh* und dunkelgrün, unten heller und mit kurzen, steifen, weißen Haaren auf den Nerven,
weniger auf der Spreite, Mittelrippe dick.

BLÜTE UND FRUCHT: Blüten dicht büschelig an den Trieben, dunkel purpurrot,
Anfang März oder früher; Frucht groß, hellgrün, breit obovat, der Hautrand
etwas eingeschnitten, 2,5 cm breit, Same in der Mitte, schon fertig ausgebildet
vor dem Laubaustrieb im April oder Anfang Mai, in 8 × 5 cm großen
Büscheln beisammen, braun werdend vor dem Abfall im Juli.

'L u t e s c e n s'. Nur in Parks und Gärten, wenig häufig; Blätter hellgelb, viel
größer, viel glattere Triebe und breitere Krone als bei *U. procera* 'Louis van
Houtte'. Sehr schöner Baum. 15 m.

'C a m p e r d o w n', **Lauben-Ulme.** E – Camperdown Elm. 1850. Die bekannte Hänge-Ulme, in vielen Parks, Gärten und auf Friedhöfen, in der Regel
hochstämmig veredelt, Äste in *kürzerem oder weiterem Bogen* abstehend und
Spitzen senkrecht herabhängend, die ganze Krone mehr oder weniger halbkugelig, wie eine schmale Laube. Blätter bis 20 × 12 cm, unterseits fast kahl,
Triebe hellgrün, leicht bereift. Nicht zu verwechseln mit der (folgenden) Form
'Pendula'.

'P e n d u l a', **Hänge-Ulme.** 1816. Unterscheidet sich von der vorigen durch kürzere, sehr oft, wenigstens teilweise *waagerecht ausgebreitete* Äste und Triebe,
letztere mit fischgrätenförmig abgehenden Trieben, die Triebe also n i c h t
hängend und auch nicht gedrehte Blätter normal groß, 20 m.

'E x o n i e n s i s', **Exeter-Ulme.** Vor 1826 in Exeter entstanden. Wohl nur in
Parks und Sammlungen. Äste bürstenförmig aufrecht gehend und sehr dicht
verzweigt; Blätter in *aufrechten Büscheln*, sich nicht voll ausbreitend, kleiner
als bei der Art, abgerundet, grob gesägt. 17 m.

In Windschutzpflanzungen in D (Holstein) und DK; Versuchspflanzung in IS.

ÄHNLICHE ARTEN: Das große Blatt ist nur dem von *U. × hollandica* 'Vegeta'
ähnlich, aber letzteres ist glatt, oben glänzend, mit einem helleren, 1–2 cm
langen Stiel, unten mit Achselbärten, kaum „plötzlich" zugespitzt. *U. americana* hat schmälere, oben mehr glänzende Blätter.

Englische Ulme　*Ulmus procera* Salisb. (= *U. campestris* Mill.)　　　　**22**
E – English Elm　　　F – Orme anglais　　　N – Engelse iep
Nur in England vorkommend, vielleicht noch in SO-Frankreich. 36 m.

RINDE: Dunkelbraun, in städtischen Parks schwarz, tief zerrissen in kleine, eckige Felder.

KRONE: Kegelförmig, in der Jugend mit ansteigenden Ästen; der typische ausgewachsene Baum hat einen massiven, geraden Stamm, der bis halb in die Krone reicht oder noch höher und nur wenige, massive Äste hat, mit ansteigenden Zweigen und kleinen Trieben; *keine Zwischengrößen!* Die Äste lösen sich schon bald in der dichten Wölbung der Krone auf; Blätter dichter und dunkler grün als bei allen anderen Ulmen. *Reichlich Ausläufer bildend.*

BELAUBUNG: Trieb dünn, rötlichbraun, dicht behaart; Knospe eiförmig, klein, 2 bis 3 mm, dunkelbraun, etwas behaart; Blatt eiförmig bis kreisrund, veränderlich in Form und Größe je nach der Stellung am Trieb: an Seitentrieben nahezu *kreisrund*, 4 × 3,5 cm, an endständigen Trieben eiförmig. 10 × 7 cm, beide Formen *nur wenig schief* an der Basis, kurz zugespitzt, stark doppelt gesägt, oft auch etwas gerollt, dunkelgrün, oben rauh, unten beiderseits der Mittelrippe weiß behaart, mit 10–12 Nervenpaaren; Stiel 5 mm, fein behaart; Austrieb sehr früh, schon im April.

BLÜTEN: Zahlreich und regelmäßig, dunkelrot, Büschel von Staubfäden, Ende Februar–Anfang März; Frucht nur unregelmäßig ausgebildet und meist steril, Hautflügel kreisrund, Same dem Einschnitt an der Spitze nahe stehend.

WUCHS: Die jungen Bäume (die stets Ausläufer alter Bäume sind) wachsen sehr kräftig, mit 60–90 cm Zuwachs jährlich, aber sie kommen zuerst schlecht in Gang. Die alten Stämme sind wahrscheinlich alle hohl, aber leben weiter bis zu 6–7 m Umfang und einem Alter von 250 bis 300 Jahren (in England).

'L o u i s　v a n　H o u t t e'. 1880 Belgien. Wuchs aufrecht, oft in Gärten und Parks; Blätter goldgelb, breit eirund, Stiele goldgelb. Blätter kleiner als bei *U. glabra* 'Lutescens', krauser, dichter und mehr regelmäßig abwechselnd stehend, Krone schmäler, Rinde schon früh gefurcht und dunkelbraun. Sehr ähnlich *U. carpinifolia* ' Wredei'.

'V a r i e g a t a'. Vor 1770. Blätter stark weiß gefleckt oder gerandet. Bis 30 m hoch. Auch die Ausläufer, die oft gebildet werden, sind weißbunt.

'V i m i n a l i s'. 1817. Schmaler, aufrechter Baum, bis 25 m, mit sehr dünnen Trieben und fast weidenartiger Rinde; Blatt 5 × 3 cm, mit doppelter, *bogiger,* 1 cm tiefer Zahnung. Selten. Ursprung unsicher; kann auch eine Form von *U. carpinifolia* sein.

Feld-Ulme　*Ulmus carpinifolia* Gleditsch (= *U. campestris* L. z. T.)　　**22**
E – Smooth-leaved Elm　　　F – Orme commun　　　N – Veldiep
Die allgemein verbreitete Ulme auf dem Kontinent, und in der älteren Literatur oft verwechselt mit *U. procera*, die beide *„Ulmus campestris"* genannt werden. Europa, N-Afrika und SW-Asien. 20–30 m.

RINDE: Graubraun mit *tiefen, langen, senkrechten Furchen* und langen, dicken Leisten; Äste hellgrau mit feinen, schwarzen, senkrechten Rissen.

KRONE: Typisch hoch und schmal gewölbt, mit vielen fast waagerechten Ästen und *Zweigen jeder Größe*, die am Stamm entspringen, *übergebogen* in langen hängenden Seitenzweigen, mit feinen, krausen Trieben.

BELAUBUNG: Trieb dünn, bald schon kahl, hellbraun. Knospe eiförmig, glänzend dunkelrot, an der Spitze braun, behaart, 5 mm. Blatt veränderlich, in seiner typischen Form elliptisch, 6–8 cm, Basis sehr schief, fein gekerbt oder doppelt

gezähnt, lang zugespitzt, *oben glänzend frischgrün,* unten mit weißen Achsel-
bärten. Stiel 5 mm, behaart. Austrieb erst spät, im Mai.
BLÜTEN UND FRUCHT: Blüten rot, mit weißen Narben im März. Frucht elliptisch,
Basis keilförmig, Same nahe dem Einschnitt an der Spitze.

var. *cornubiensis* (West.) Rehd. (= *U. stricta* Lindl.) **Cornwall-Ulme.** Wahrscheinlich beheimatet in SW-England und SW-Irland. Lange in Kultur. Bei uns
gelegentlich in Gärten. Junge Bäume kegelförmig, schmal, ziemlich locker, Äste
im Winkel von 45° ansteigend, Gipfel ein *offener Fächer* bogenförmiger Äste,
alle Blätter dicht an den Triebspitzen, keine darunter (Triebe wie abgestreift
aussehend), *kräftig frischgrün.* Triebe hell gelbbraun oder oben rotbraun, unten
grün; Blätter kahnförmig, 5 × 3 cm, mit 10–12 Paaren vertiefter Nerven,
unten mit grauen Achselbärten, junge Blätter im Sommer frisch gelbgrün,
ältere Blätter stark glänzend frischgrün, klein und regelmäßig gezähnt, mit
jeweils einem zweiten kleineren Zahn am unteren Rand.

var. *sarniensis* (Lodd.) Loud. (= *U. wheatleyi; U. campestris monumentalis*).
Jersey-Ulme, Wheatley-Ulme. 1836 Jersey. Häufiger Straßenbaum bei uns wie
auch in Holland und Belgien. 37 m. Krone *kegelförmig,* sehr gleichmäßig, nur
bei sehr alten Bäumen an der Spitze abgerundet; Stamm ganz gerade bis in die
oberste Spitze durchlaufend; Äste und Zweige in jeder Stärke am Stamm entspringend und im Winkel von 45° ansteigend oder noch steiler; junge Bäume
sehr ähnlich var. *cornubiensis,* jedoch dichter und regelmäßiger bezweigt; Blätter rundlich bis obovat, 7 × 4,5 cm, *dunkler* grün, Nerven *weiter* entfernt stehend, unterseits kaum mit Achselbärten.

var. *plotii* (Druce) Tutin (= *U. minor* Mill). **Locken-Ulme,** E – Lock Elm. Wohl
nur in England (Nord Midlands), vermutlich kaum in unseren Sammlungen.
Sieht aus wie eine *breit kegelförmige* var. *sarniensis* mit *dünner* Krone, die
obersten 5–6 m der Krone sehr dünn bezweigt und einseitig, Leittrieb und
Seitenäste etwas überhängend; Blatt veränderlich; wie var. *cornubiensis,* aber
weniger glänzend, oben glatt, dunkler, 8 × 4 cm, *obovat,* lang zugespitzt, tief
und doppelt gezähnt, unten mit weißen Achselbärten.
'W r e d e i'. Häufige Gartenform, schmale, straff aufrechte Krone, Blätter klein,
goldgelb, glänzend.
ERKENNUNGSMERKMALE: *U. carpinifolia* und alle ihre Formen sind alle gut erkennbar an ihren kleinen, oberseits glänzenden Blättern. Die einzelnen Formen
erkennt man am besten an der Form ihrer Krone.

Holländische Ulme (Gruppe)   *Ulmus* × *hollandica* Mill.
E – Dutch Elm (group)   F – Orme de Hollande   N – Hollandse iep
Eine Gruppe von Hybriden zwischen *U. glabra* und *U. carpinifolia,* von denen
drei der wichtigsten behandelt werden.

    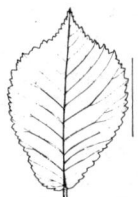

Englische Ulme   'Viminalis'   Cornwall-Ulme   Jersey-Ulme
Wheatley-Ulme   Holländische Ulme

'H o l l a n d i c a' (= *U. major* Sm.), **Holländische Ulme**. Wahrscheinlich schon 1680 eingeführt. 35 × 5 m.

RINDE: Ausgeprägt zerrissen in flache, *kleine Schuppen,* meist zigarrenbraun, mitunter graubraun. Älteste Bäume mit flachen, eckigen Platten, leicht gefurcht; Stamm sehr glatt abgerundet, bis zu 3 m Umfang.

KRONE: Offen, dünn, *flach gewölbt* auf *bogenförmigen* großen Ästen, die in *steilem, schmalem* „V" aus dem gebogenen Stamm kommen. Triebe dick und etwas abwärts gehend. Keine Maserknollen, aber Wasserreiser entlang der Äste, oft viele auf der Astoberseite, und kräftige Wurzelausläufer, beide oft mit korkigen Leisten.

BELAUBUNG: Trieb kräftig, braun, die lange Behaarung bald abfallend. Knospe eiförmig, glänzend rotbraun. Blatt elliptisch bis eiförmig-lang zugespitzt, derb, sehr schief an der Basis, veränderlich in der Größe am gleichen Baum, meist 12–15 × 8 cm, oft runzelig, Nerven vertieft, mehr oder weniger doppelt gekerbt, die Zähne ansteigend, oben dunkelgrün und kahl, derb, rauh behaart auf den Nerven unterseits und in den Winkeln, Stiel dick, rötlich, 1 cm.

BLÜTEN UND FRUCHT: Blüten dunkelrot, groß, Ende März; Same den 2 cm breiten Flügelrand berührend, auffällig hell goldgrün gefärbt, vor den Blättern Mitte Mai, bald braun werdend.

WUCHS: Sehr stark, Ausläufer und junger Aufwuchs in einem Jahr bis 2 m hoch; Stammumfang ebenfalls sehr kräftig, bis zu 3–4 m Umfang in 100 bis 120 Jahren; älteste Bäume im Alter von etwa 200 Jahren absterbend.

'V e g e t a' (= *U. vegeta* Lind.), **Huntingdon-Ulme**. 1760 in der Huntingdon-Baumschule in England entstanden. Früher sehr oft als Straßenbaum verwendet, jetzt aber nur noch wenig angepflanzt. 36 × 5,5 m in England.

RINDE: Dunkelbraun, mitunter grau, mit einem gleichförmigen Netzwerk breiter flacher Furchen; lange Leisten auf den stärkeren Ästen.

KRONE: Regelmäßig und hoch gewölbt mit strahlenförmig vom geraden, astreinen Stamm abgehenden Ästen, die unteren starken Äste ansteigend mit einem *langen, geraden Abschnitt,* die oberen nach außen bogig gehend, an alten Bäumen hängend.

BELAUBUNG: Trieb mattbraun, etwas behaart; Knospen vorstehend, eiförmig, glänzend rotbraun, spärlich behaart; Blatt elliptisch, lang zugespitzt, 10 bis 13 × 8 cm, grob doppelt gezähnt, sehr schief an der Basis, die eine Seite rund, meist *wie eine Ader laufend; Stiel lang,* 1–2 cm, gelbgrün und gerötet, fein behaart; Blatt lederartig, glatt, oben glänzend sattgrün, unten mit Achselbärten, Mittelrippe und Seitennerven weiß. **22**

BLÜTEN UND FRUCHT: Blüten groß, deutlich, hellrot, Anfang April. Frucht groß, blaßgrün, Ende April, unmittelbar vor Austrieb der Blätter, meist steril, in 6 × 6 cm großen Büscheln, Same obovat, eingeschnitten, hellgrün, rot in der Mitte über dem Korn; 2 cm.

'C o m m e l i n'. Holland 1940. Schmalkronig, Blatt kleiner. Eine Huntingdon-Selektion mit besserer Widerstandsfähigkeit gegen die Ulmenkrankheit. Auch bei uns im Handel, wenig angepflanzt, Widerstandsfähigkeit umstritten.

ÄHNLICHE ART: Von 'Hollandica' in der Rinde und Kronenform abweichend; *U. glabra* ist ähnlicher, hat aber derbere Blätter mit sehr kurzen Stielen.

Sibirische Ulme   *Ulmus pumila* L.

E – Siberian Elm   F – Orme de Sibérie

Sibirien, Turkmenien, Mandschurei, Korea 1860. Ziemlich selten, meist nur in Sammlungen und Parks. Eleganter Baum, sehr lange grün bleibend, klein-

Huntingdon-Ulme   Sibirische Ulme   var. *arborea*   Chinesische Ulme

blättrig, mit gewölbter Krone und grauer, sehr rissiger Rinde. Triebe grau und schnell kahl; Blatt 5–8 × 5 cm, elliptisch, spitz, an der Basis fast gleichseitig, unregelmäßig gesägt, 10–12 vertiefte Nervenpaare, derb, frischgrün, später oben dunkel graugrün, unterseits bald kahl; Stiel 5–6 mm. Blüten im Frühjahr; Früchte sehr klein, 1 cm, bis Juni am Baum. Sehr raschwüchsig. 19 × 2 m.

var. *arborea* Litvin. (= var. *pinnato-ramosa* Henry). Turkmenien. Noch seltener als die Art, nur in Sammlungen. 17 × 2 m in 45 Jahren.

RINDE: Braun oder grau, in den Rissen orange, später mit einem Netzwerk breiter Leisten; oft mit sehr vielen Wasserreisern.

KRONE: Flach gewölbt, Äste gedreht, mit außerordentlich dünnen Trieben, manche davon zweizellig, wie Fischgräten angeordnet.

BELAUBUNG: Trieb hellgrün; Blattaustrieb schon sehr früh im März, *lanzettlich*, lang zugespitzt, *doppelt gezähnt*, 5–7 cm, mit 3–4 Zähnen an jedem Doppelzahn, oder auch doppelt gekerbt, oben glänzend dunkelgrün, anfangs heller; Stiel 1 cm, rot getönt.

ÄHNLICHE ART: Die typische Art ist sehr ähnlich der nachfolgenden *U. parvifolia* (vgl. dort) und wird oft damit verwechselt; das größere Blatt, die gleichseitigere Basis und die Blütezeit im Frühjahr unterscheiden sie von *U. parvifolia*. Die var. *arborea* ist sehr verschieden durch die schmalen Blätter.

Chinesische Ulme   *Ulmus parvifolia* Jacq.
E – Chinese Elm   N – Chinese iep
China, Korea, Japan 1974. Seltener Baum, sehr hübsch und lange grün bleibend, wie *U. pumila*. Rinde mehr rotbraun oder dunkelgrau, schon bald sehr rissig und abschuppend. Krone dicht gewölbt. Die nach außen gehenden Äste mit zunehmendem Alter etwas überhängend. Blatt sehr klein, 3–4 × 2 cm, erst hellgrün, dann dunkelgrün bis Ende November, etwas schief an der Basis, schmal elliptisch oder obovat-lanzettlich, mit 6–8 undeutlichen Nerven, fein vorwärts gekerbt, oben glänzend, unten schwächer glänzend und beiderseits der Mittelrippe mit weißen Haaren; junge Triebe dicht und fein behaart. Stiel 1–2 mm, behaart.

ZELKOVA

Fünf Arten im Kaukasus, Kreta und Ost-Asien, mit schöner, gezähnter, wechselständiger Belaubung; Blätter ähnlich den Ulmen; Früchte kleine Nüßchen.

Kaukasus-Zelkove   *Zelkova carpinifolia* (Pall.) K. L. Koch (= *Z. crenata* Spach)
E – Caucasian Elm   F – Orme á feuilles de charme
Kaukasus 1760. Wenig häufig, nur in großen Parks. 35 m.
RINDE: Grünlichgrau oder hell lederfarben, glatt, abblätternd, kreisrunde Flecken mit *orange junger* Rinde.

KRONE: Eine *riesige Eiform* mit *vielen Ästen,* die schon 1–3 m über dem Boden
beginnen, Stamm mit vielen tiefen und langen Furchen; Triebe dünn, zunächst
waagerecht, dann aufwärts gehend, locker.

BELAUBUNG: Trieb dünn, grau braungrün, behaart; Knospe klein, stumpf eiförmig, dunkel rotbraun, weiß behaart; Blatt elliptisch, spitz, 5–9 (bis 15 an langen Trieben) × 3–5 (–8) cm, mit 6–12 Nervenpaaren und großen, kerbigen
Zähnen, gewimpert, fast sitzend oder Stiel 1–2 mm, oben matt oder glänzend
grün; oberseits oft rauh behaart, unten mit steifen, weißen *Haaren beiderseits
der Mittelrippe;* Herbstfärbung hellbraun, später orangebraun.

FRUCHT: Hier nur selten ausgebildet, kugelig, 5 mm, mit 5 Leisten oder Flügelkanten.

WUCHS: Meist als langsamwachsend angesehen, was aber nur auf die jungen
Bäume zutrifft, die in den ersten Jahren etwas schwierig sind. Einmal gut ein-
gewurzelt ist der Baum aber raschwüchsig und auch langlebig, so in Kew
Gardens schon über 210 Jahre alt.

ÄHNLICHE ART: Die Krone ist einzig in ihrer Eiform, doch die Belaubung ist
sehr ähnlich der folgenden Art.

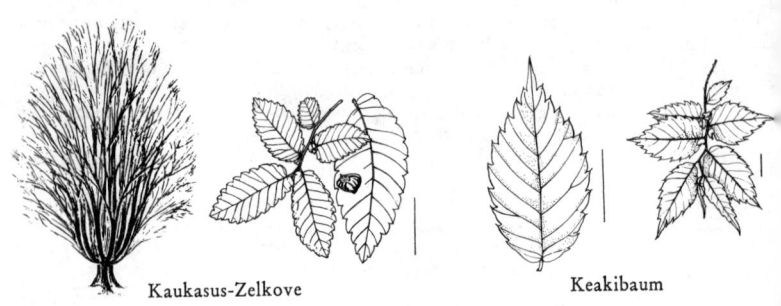

Kaukasus-Zelkove   Keakibaum

Keakibaum   *Zelkova serrata* (Thunb.) Mak. (= *Z. acuminata* Planch)

Japan 1862. Nur in großen Gärten und Parks, doch nicht so selten wie Z.
carpinifolia. 20 × 3 m. Kleiner forstlicher Versuchsanbau in D (Köln, früher
auch Braunschweig).

RINDE: Bis ins hohe Alter glatt und hellgrau, mit feinen, waagerechten, rötlichen Streifen, braunen und orange Lentizellen. Starke Stämme schuppen ab,
mit 15–25 cm langen losen Streifen, darunter hellbraun gefärbt.

KRONE: *Breit gewölbt,* mit in weitem Winkel abstehenden Ästen, von einem
runden, glatten Stamm; Triebe sehr dünn, gerade; Blätter hängend.

BELAUBUNG: Triebe steif weiß behaart, später kahl und rotbraun, hin- und hergebogen; Knospe winzig, 1 mm, stumpf eiförmig, dunkelrot. Blatt 5–12 ×
2–4 cm, mit kahlem, hellgelbem Stiel, 1,5 cm, lanzettlich, lang zugespitzt,
mit etwa 10 dreieckigen Zähnen, alle mit kleinem Mucro, mit 10–12 unterseits
weiß behaarten Nervenpaaren; an jungen Bäumen regelmäßig, wechselständig
in Reihen hängend, hell gelbgrün, oft etwas löffelförmig, Herbstfärbung gelb,
mit rosa und orange, sehr zierend.

FRUCHT: Eine 3 mm dicke Kugel, an der Basis eines jeden Blattes, grün; Griffel
weiß.

ÄHNLICHE ARTEN: Wie Z. *carpinifolia* (oben) und Z. *sinica* (folgend).

Chinesische Zelkove   *Zelkova sinica* Schneid.

E – Chinese Zelkova

China 1908. Sehr selten, nur in Sammlungen. Sehr ornamentaler Baum, bis jetzt 15 × 1,5 m in England. Rinde orangerosa, rauh durch kurze Linien waagerechter Lentizellen. Von *Z. serrata* abweichend durch dicht behaarte, dunkel graubraune, hin- und hergebogene Triebe und derbere, dunklere Blätter, mit keilförmiger, die untersten 2 cm ganzrandiger Basis, 6 × 2,5 cm groß, mit 6–8 Nervenpaaren; an jeder Seite mit fünf flachen, vorwärts gerichteten, scharfen Kerbezähnen, unterseits behaart; Stiel 3 mm, *behaart,* mitunter unten karmin wie die Nerven. Knospe schlank, spitz eiförmig, 1 mm, grün bis rotbraun; junge Blätter im Austrieb mit 2 mm langen, braunen Nebenblättern; Herbstfärbung gelbrosa, später braun. Frucht an der Basis jedes einzelnen Blattes, 2 mm, dunkelgrün, hellgrün geadert, unregelmäßig kegel-eiförmig.

Zelkova verschaffeltii Nichols

E – Cut-leaf Zelkova

Kleiner, breiter Baum unbekannten Ursprungs, vielleicht aus dem Kaukasus. Zuerst in Kew gepflanzt 1886. Auch in Sammlungen nur selten, doch ganz winterhart. Ulmenartige, kleine, dunkelgrüne, dünne, rauhe, 5–8 cm große Blätter, keilförmig, lanzettlich, mit 5–8 sehr scharfen, großen, nach außen gebogenen Zähnen auf jeder Seite, unten heller grün, Nerven behaart. Früchte zu 1–2 in jeder Blattachsel, kugelig, tief in zwei Hälften gefurcht, 4–5 mm, hellgrün. Rinde wie bei *Z. carpinifolia* (könnte eine Form hiervon sein). Erinnert auch an *Ulmus procera* 'Viminalis' (S. 260), aber Blätter größer, breiter Baum und Rinde ganz verschieden.

ZÜRGELBAUM   *Celtis*

E – Nettle-tree   F – Micocoulier   N – Netelboom

Etwa 70 Arten in den Tropen und in der nördlichen Halbkugel; Blätter dreinervig an der Basis, meist derb, scharf gesägt in der Mitte, die Basis jedoch oft ganzrandig, Spitze lang ausgezogen; Frucht eine kleine, eiförmige Steinnuß.

Südlicher Zürgelbaum   *Celtis australis* L.

E – Southern Nettle-tree   F – Micocoulier de Provence
N – Oosterse Netelboom

Mittelmeergebiet und SW-Asien 1796. In Parks und Sammlungen. Rinde glatt, buchenartig, etwas feinrunzelig, grau und hellbraun, Blatt 10–15 cm, in eine lange, *gedrehte* Spitze ausgezogen, scharf gesägt, meist etwas wellig, oberseits rauh, unten weiß behaart, auf den Nerven etwas länger, ebenso auf dem grünen, 10–15 mm langen Stiel.

Chinesische Zelkove   *Zelkova verschaffeltii*   Südlicher Zürgelbaum

Abendländischer Zürgelbaum *Celtis occidentalis* L.

E – Nettle-tree   F – Micocoulier occidental
N – Westerse netelboom

Forstlicher Versuchsanbau in Jugoslawien.

Abendländischer Zürgelbaum

RINDE: Rötlich grau, rauh von großen, harten Schuppen, mit *Maserknollen* und kurzen *geflügelten Leisten.*
KRONE: Gewölbt, mit ziemlich langen, bogenförmigen Ästen.
BELAUBUNG: Trieb braun, mit langen, weißen Seidenhaaren. Knospe braun, dem Trieb dicht angedrückt. Blatt eilanzettlich, 6–10 × 3–5 cm, Basis schief und abgerundet, ganzrandig, zugespitzt, hart, rauh, gelegentlich auf einer Seite ganzrandig, die andere Seite mit scharfen Zähnen, an der Spitze ganzrandig, oben glänzend dunkelgrün, unten matt gelblichgrün, seidig auf den Nerven, Stiel 1–2 cm.
FRUCHT: Klein, beerenartig, hart, glänzend dunkelgrün, dann orange bis dunkelpurpur, 7–10 mm, eiförmig, an 1 cm langem Stiel.
var. *crassifolia* (Lam.) Gray. 1812. Östl. USA. Eine Form mit größeren Blättern, 11–15 × 8 cm, über der Mitte gesägt, dick, oben matt dunkelgrün; Trieb stärker behaart. Blätter regelmäßig und dicht wechselständig – zweizeilig, an langen, *bogigen* Trieben. Selten. 15 × 2 m.

Maulbeer-Gewächse: *Moraceae*

Rund tausend Arten, hauptsächlich in den Tropen.

MAULBEERE *Morus*

E – Mulberry   F – Mûrier   N – Moerbei

Zwölf Arten in den gemäßigten und subtropischen Regionen der nördlichen Halbkugel. Blüten in Kätzchen, einhäusig oder zweihäusig. Frucht eine Sammelfrucht, zusammengesetzt aus fleischigen Sepalen, in der Erscheinung wie eine Brombeere.

Schwarze Maulbeere *Morus nigra* L.

E – Black Mulberry   F – Mûrier noir
N – Zwarte moerbei

West-Asien, um 1500. Bei uns ziemlich selten, nur in den wärmsten Lagen gelegentlich zu finden. 12 × 2 m.
RINDE: Dunkel orange mit vielen, an ihren Seiten faserigen Rissen und Furchen, am Stamm viele knollenförmige Verdickungen und Wassertriebe.

Schwarze Maulbeere

KRONE: Niedrig und breit gewölbt, mit gedrehten Ästen aus niedrigem Stamm, alte Stämme überlehnend oder niederliegend.
BELAUBUNG: Trieb dick, hellgrün, später braun und purpurgrau, etwas behaart, mit großen, verstreuten Lentizellen. Knospe dick, ei-kegelförmig, glänzend dunkelpurpurbraun; Blatt 8–12 × 6–8 cm (18 × 15 cm), breit eiförmig, tief herzförmig, wellig, spitz, unregelmäßig und tief doppelt gekerbt, mitunter dreilappig, rauh und behaart, oben dunkel glänzend grün, unten heller und behaart; Stiel dick, behaart, 1,5–2,5 cm.

BLÜTEN UND FRUCHT: ♂ Blüten kurz, in dicken, ganz hellen Kätzchen; gelegentlich ganze Zweige rein ♀; Frucht eiförmig oder kugelige Sammelfrucht, 1 cm, grün im Sommer, im Juli orangescharlach, und kurz vor dem Abfallen dunkel schwärzlichrot und süß, eßbar.

ÄHNLICHE ART: *M. alba* (nachfolgend) ist ziemlich verschieden in der allgemeinen Erscheinung, aber im Laub ähnlich.

Weiße Maulbeere *Morus alba* L.

E – White Mulberry   F – Mûrier blanc
N – Witte moerbei

China; seit langem auch im Westen in Kultur, 1596 oder früher, Bei uns recht häufig in Parks, gelegentlich auch als Hecke. Diese Art ist die wichtigste für die Seidenraupenzucht. 16 × 2 m.

RINDE: Matt graugrün oder rötlichbraun, mit einem seichten Netzwerk flacher, oft wellenförmiger Furchen; an alten Bäumen dunkel orangebraun.

KRONE: Hoch, ziemlich schmal, brüchig, Äste häufig zerbrochen; seltener niedrig und gewölbt.

Weiße Maulbeere

BELAUBUNG: Triebe dünn, gerade, anfangs fein behaart; Blattform sehr verschieden, teils gelappt, teils ungelappt, Lappen groß und bogenförmig, entweder an der Basis oder an der Spitze, manche Blätter an der Basis herzförmig oder rund, sonst eiförmig zugespitzt, 10 × 8 (20 × 12) cm, mit großen, dreieckigen Zähnen, dünn, flach, Nerven unterseits behaart; Stiel 2,5 cm, gefurcht, etwas behaart.

BLÜTEN UND FRUCHT: ♀ Blüten in aufrechten, hellen, zylindrischen Köpfchen, 9 × 6 mm, die Narben sehr klein, schwarz; Stiel 12 mm, achselständig. Frucht sonst wie bei *M. nigra*, aber weiß, später gelblich, aber auch häufig rosa bis purpurn.

'P e n d u l a'. Ziemlich seltener, gewölbter, kleiner Baum, Zweige alle hängend und schirmförmig ausgebreitet, Blätter groß, 20 × 12 cm, oft auch gelappt. Bei uns hin und wieder in Parks oder auf Friedhöfen.

ÄHNLICHE ART: Krone und Rinde ganz verschieden von *M. nigra;* Baum heller, schmäler, am besten zu erkennen an den (meist) weißen Früchten.

MACLURA   *Maclura*

Zwölf Arten in Amerika, Afrika und Asien; Bäume mit dornigen Ästen; Blüten zweihäusig, die einzelnen Blüten ähnlich denen der Maulbeere, doch die Frucht in Form einer großen, fleischigen Sammelfrucht, einer großen Zitrone ähnlich sehend. Eine Art in Kultur.

Osagedorn *Maclura pomifera* (Raf.) Schneid.
(= *M. aurantiaca* Nutt.)

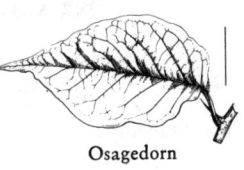

E – Osage Orange   F – Oranger des Osages
N – Osagedoorn

Mittlere USA 1818. Hin und wieder in Parks, aber häufig in botanischen Gärten. 16 × 2 m, bei uns im allgemeinen niedriger.

Osagedorn

RINDE: Kräftig rötlich orangebraun, tief zerrissen in grobe Leisten.
KRONE: Unregelmäßig gewölbt.

BELAUBUNG: Trieb grün, hin- und hergebogen, Dornen einzeln an der Basis jedes kleinen Triebes und Blattes. Blatt eiförmig, kurz verlängert zugespitzt oder lanzettlich und dann mit langer Spitze, in verschiedenen Größen in Quirlen, 3–10 cm, ganzrandig, Rand etwas wellig, oben dunkelgrün und glänzend, unten heller und zuerst Nerven weiß behaart; Stiel 5 cm, behaart.

BLÜTEN UND FRUCHT: Blüten zu 4–5 kugeligen Köpfchen, 1 cm breit, an 1 cm langem Stiel, abstehend an der Basis des jungen Triebes, jedes mit etwa 30 grünen Knospen, 2 mm, dann gelb. Frucht kugelig, fein runzelig, im Aussehen wie eine große, sehr runzelige, gelbe Apfelsine, mit verstreuten dunklen Überresten der Griffel, 8 × 9 cm, frisch etwa 250 g schwer, hart, nicht eßbar.

ERKENNUNGSMERKMALE: Dorniger hoher Baum mit Zickzack-Zweigen, grünen Trieben und orange Rinde.

FEIGENBAUM *Ficus*
E – Fig Tree   F – Figuier   N – Vijgeboom

Etwa sechshundert Arten in den Tropen und Subtropen beider Halbkugeln, davon die große Mehrheit immergrün. Die Blüten sind in einem hohlen Kelchbecher eingeschlossen, der später zur fleischigen Frucht wird.

Feige *Ficus carica* L.

E – Fig   F – Figuier commun   N – Echte vijgeboom

West-Asien. Seit langem in Kultur; bei uns nur im Weinklima gelegentlich angepflanzt, aber in der Regel nur strauchig; sonst wohl in allen botanischen Gärten.

RINDE: Hellgrau, glatt, mit feinem dunklerem Muster.

KRONE: Breit buschig-strauchig; an älteren Bäumen dicktriebig und knotig.

BELAUBUNG: Triebe dick, gerippt, dunkelgrün; mit großen Blattnarben; Endknospe spitz kegelförmig, hellgrün, Seitenknospe kurz und dick, purpurn oder rotbraun; Blatt groß, breit, bis 30 × 25 cm, hart, 3- bis 5lappig, einige auch ungelappt, Basis herzförmig; Lappen obovat, stumpf, der mittlere am größten, grob und stumpf gezähnt, etwas glänzend dunkelgrün, rauh und oben etwas behaart, unten nur auf den erhabenen weißlichen Nerven, derb lederartig; Stiel 5–10 cm.

Feige

FRUCHT: Nahe der Triebspitze stehend; im ersten Winter klein und dunkelgrün, birnenförmig, 1–2 cm lang, im zweiten Jahr zu den bekannten Früchten heranreifend. Die Griffel befinden sich in der Höhlung der Frucht.

Katsura-Gewächse: *Cercidiphyllaceae*

Eine Art in Japan und China. ♂ und ♀ Blüten auf verschiedenen Bäumen. Nahe verwandt mit Magnolien und dem Tulpenbaum.

Katsurabaum *Cercidiphyllum japonicum* S. & Z.   **23**

E – Katsura Tree   F – Kadsura

Japan; China 1865. Häufiger Baum unserer größeren Parks und Anlagen, 15 m. Forstlicher Versuchsanbau in D (Köln; früher auch in Freienwalde).

RINDE: Dunkelgrau oder rehbraun, flach und unregelmäßig gefurcht, später in senkrechten Streifen ablösend.

KRONE: Eiförmig-kegelförmig, oft auch vielstämmig, kann aber auch einstämmig sein und dann gerade auslaufend bis in den schmalen Gipfel; leicht und regelmäßig verzweigt, Triebe sehr dünn, aufwärts gebogen oder gerade, doch in der oberen Krone hoher Bäume bogenförmig und überhängend, gleichmäßig und deutlich mit *auffallenden Paaren gegenständiger Knospen* besetzt; Zweige auch im Innern der Krone zweizeilig mit Blättern.

BELAUBUNG: Trieb oberseits rotbraun, unterseits grün, dünn. Knospe glänzend dunkelbraun, 1 mm; Blätter gegenständig, 8 × 7 cm, eiförmig, etwas herzförmig, stumpf bis fast kreisrund, mit flachen Kerbzähnen, die kleineren Blätter fast ganzrandig, mit 5–7 *fächerförmig* angeordneten Nerven, oben blaugrau bis seegrün, unten blaugrün, kahl; Stiel rot, 2–4 cm lang. Herbstlaub lachsrosa. Austrieb rosa.

BLÜTEN UND FRUCHT: ♂ Bäume mit kleinen Büscheln roter Staubfäden, an der Spitze grau und gelb, 4–5 mm, an jedem Knospenpaar im April vor dem Laubaustrieb. ♀ Bäume mit kleinen Büscheln dunkelroter, gedrehter, aufrechter, 5–6 mm langen Narben, ebenfalls an den Knoten. Im Sommer sind sie blaugrau mit karmin Anflug, mit lang ausgezogenen Spitzen, dann 2–5 cm lang. Fruchtbüschel aus 4–6 krallenförmigen, aufrechten, glänzendgrünen Hülsen, an der Basis mehr gelb, an der Spitze gekrümmt, 1,5–5 cm lang, dicht entlang der Triebe stehend.

WUCHS: Rasch, trotz der zierlichen Erscheinung und der häufigen Spätfrostschäden an den jungen Blättern. Herbstfärbung von Jahr zu Jahr und auch von Baum zu Baum wechselnd. Junge Bäume sind meist scharlach und karmin Mitte Oktober, ältere mehr gelblich mit lachsrosa. In trockenen Jahren oft ohne Herbstfärbung abfallend.

ÄHNLICHE ART: *Cercis siliquastrum* hat in der Regel viel größere, wechselständige, länger gestielte Blätter und große rosalila Schmetterlingsblüten.

Magnolien-Gewächse: *Magnoliaceae*

Achtzig Arten in Amerika und Asien.

MAGNOLIE *Magnolia*
E, F und N – Magnolia

Fünfunddreißig Arten in Nord- und Mittel-Amerika, Ostasien und im Himalaja. Immergrün oder sommergrün; Knospen mit nur einer Schuppe; große einzeln endständige Blüten mit 6–15 Petalen oder „Tepalen" (= Sepalen/Petalen); Frucht von zapfenähnlichem Bau.

Gurken-Magnolie *Magnolia acuminata* L.

E – Cucumber Tree   F – Arbre aux concombres

Östl. und mittel-westl. USA 1736. Nicht sehr häufig, aber doch in großen Gärten und Parks anzutreffen. 26 × 2 m.

RINDE: Kräftig orangebraun mit rötlich und dunkelbraun, schmal gefurcht in kurze, senkrechte Leisten.

KRONE: Kegelförmig, offen und ziemlich locker als junger Baum, Zweige aufwärts gehend; alte Bäume entweder kegelförmig und hoch oder breit gewölbt; dicke Triebe, an den Spitzen aufwärts gebogen.

BELAUBUNG: Trieb dick, kahl, grün, später glänzend rotbraun. Knospe graugrün seidig behaart, endständig, 1–1,5 cm, gebogen, zylindrisch, Seitenknospen 5 mm, angedrückt, flach eiförmig. Blatt elliptisch oder eilänglich, mit kurzer Spitze, 10–23 × 6–15 cm, Rand oft etwas kraus, ganzrandig, oben hell gelb-lichgrün, seltener dunkel und glänzend, unten heller und bläulichgrün, fein behaart wie der 2,5–3 cm lange Stiel. Blattknospen im Austrieb kegelförmig und dann leuchtend blaugrau im Juni.

BLÜTEN UND FRUCHT: Blüte unbedeutend, matt grünlichgelb, zwischen den Blät-tern, Juni, glockig, 6–8 cm hoch; Petalen 6 × 3 cm, vertieft, obovat, blaß-orange mit grüner Basis. Frucht leuchtend rosa im Frühherbst, später tiefrote, aufrechte, 5–8 cm lange „Gurken".

WUCHS: Junge Bäume ziemlich raschwüchsig, alte langsam; langlebig.

Großblatt-Magnolie   *Magnolia macrophylla* Michx.

E – Large-leafed Cucumber Tree

Südöstl. USA 1800. Nur selten in Parks und Gärten; dieser Baum hat die größten (ungeteilten) Blätter von allen Bäumen, die bei uns wachsen. Offener kleiner Baum mit wenigen dicken Trieben, diese *blaugrau bereift*, später hell orangebraun; Blatt obovat, nach der Basis verschmälert in *zwei große Ohren*, heller oder dunkler grün auf der Oberseite und mit weißer Mittelrippe, unten hell blaugrün und fein behaart, dünn, 20–60 × 15–35 cm, Stiel dicht behaart, 5–12 cm. Nur wenige Blätter, an den Trieben quirlig beisammen. Blüht nur wenig, hellbräunlich mit purpurner Mitte, 30 cm breit.

ÄHNLICHE ART: Die andere Art mit geöhrten Blättern, *Magnolia fraseri* Walt. ist ebenso selten. Südost-USA. Blätter kleiner, 20–40 × 10–20 cm, *unterseits kahl;* Blüten gelblichbraun, 20 cm breit.

Japanische Großblatt-Magnolie   *Magnolia hypoleuca* S. & Z. (= *M. obovata* Thunb.)

Japan 1865. Recht selten, aber in botanischen Gärten und Sammlungen. Lok-kerer, glattrindiger Baum bis 18 × 1 m, mit Astquirlen dünner aufwärts ge-bogener Triebe und endständigen Blattquirlen. Blätter 30 × 15 cm, hellgrün, obovat, unten bläulich und leicht behaart. Blüten 20 cm breit, duftend, weiß,

 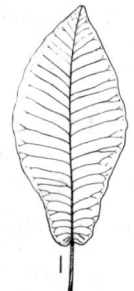 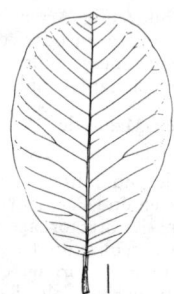

Gurken-Magnolie   Großblatt-Magnolie   Japanische Großblatt-Magnolie

becherförmig, mit 6–9 sehr fleischigen Petalen, konkav, obovat, 10 × 4 cm, hell rosabräunlich, Staubfäden und Griffel karmin, blüht mit den Blättern im Juni; Frucht sehr hübsch, zapfenähnlich, purpurrot, 10–12 × 5 cm, Samen leuchtend karminrosa, 1 cm.

ÄHNLICHE ART: *M. macrophylla* hat größere Blätter, unterseits mehr blaugrün und an der Basis geöhrt.

Immergrüne Magnolie   *Magnolia grandiflora* L.

E – Evergreen Magnolia oder Bull Bay
F – Magnolia à grandes fleurs

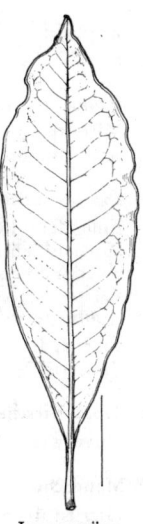

Südöstl. USA 1734. In Deutschland auch in den mildesten Lagen kaum aushaltend, doch sehr verbreitet in Frankreich, den Britischen Inseln und im Mittelmeerraum, auch in den wärmeren Teilen der Schweiz. 10 × 5 m.

RINDE: Schwärzlichgrau, glatt.
KRONE: Breit kegelförmig.
BELAUBUNG: Trieb rehbraun, mit dichter, langer, rostbrauner Behaarung. Knospe schief kegelförmig, 1,5 cm, grünbraun, Spitze rostrot behaart; Blatt immergrün, 8–16 × 5–9 cm, hart, dick lederartig, elliptisch bis obovat-länglich, ganzrandig, doch am Rand oft wellig, oben stark glänzendgrün, unten matt und netznervig mit dicker, rostroter, kurzer Behaarung; Stiel dick, 2–2,5 cm, dicht behaart.
BLÜTEN UND FRUCHT: Blüten von Juli bis November nacheinander erscheinend, duftend, weiß, vor dem Aufblühen spitz kegelförmig, dann schmal becherförmig, zuletzt die 6 dicken Petalen tellerförmig ausgebreitet, 20–25 cm breit; Frucht eiförmig-zylindrisch, 5 × 3 cm, an dickem, gebogenem, orangebraunem Stiel, der auf 1 cm seiner Länge fein grubig und 5 mm braun-narbig ist von den Staubfäden und Petalen; Schuppen purpurgrün, gefurcht, dicht behaart. – Die beiden wichtigsten Cultivare sind:

Immergrüne
Magnolie

'E x m o u t h' (= var. *lanceolata*; var. *exoniensis*). Blüht schon als jüngere Pflanze; Blatt schmäler, die rostrote Behaarung auf der Unterseite schon bald abfallend, dann grün und ganz kahl. D ∧∧∧

'G o l i a t h'. Blätter breiter als beim Typ, unten ganz grün, schon als junge Pflanze blühend. D ∧∧∧

ÄHNLICHE ART: Die einzige immergrüne Art mit glänzendem Blatt. *M. delavayi* siehe nachfolgend.

Delavay's Magnolie   *Magnolia delavayi* Franch.

E – Chinese Evergreen Magnolia

Süd-West-China. Sehr selten in den Gärten, im gleichen Klimagebiet wie *Magnolia grandiflora* angepflanzt, häufiger in Süd-England und Irland. 13 × 1,5 m. Immergrün; von *Magnolia grandiflora* unterschieden durch die korkige, helle, *gelblichweiße Rinde* und die großen, matten, *silbrig graugrünen* Blätter, 25 × 18 cm, an dickem, 7 cm langem Stiel, mit feiner, gelber Furche auf der Oberseite und dichter grauer Wolle auf der Unterseite, die streifig abfällt; Blatt länglich-elliptisch, ganzrandig, Rand wellig, unterseits weißlichgrün

Pflaumen, Kirschen

Bäume der Rosen-Gewächse

1 **Kirsch-Pflaume** *Prunus cerasifera* 'Nigra' 303
Dunkel-blütige Form.

2 *Prunus serrulata* 'Kanzan' (die „falsche" 'Hisakura') 309
Sehr häufiger Park- und Straßenbaum; mittelspät blühend.

3 *Prunus serrulata* 'Ukon' 310
Mittelspät, gelblich aufblühend, nach einer Woche weiß mit roter Mitte; Wuchs stark und breit.

4 *Prunus serrulata* 'Shirofugen' 310
Eine der allerspätesten Sorten; Blüten von den weit abstehenden Zweigen hängend, an langen Stielen, weiß aufblühend zwischen rötlichen Blättern, nach einer Woche schwach rosa verblühend.

5 *Prunus serrulata* 'Shimidsu-Sakura' 309
Sehr spät blühend; hellrosa aufblühend, dann reinweiß zwischen grünen Blättern.

6 **Tibet-Kirsche** *Prunus serrula* 307
Unverwechselbar durch die orangefarbene, oft mahagonirote Spiegelrinde.

7 **Mandschurische Kirsche** *Prunus maackii* 313
Hier ist die Spiegelrinde glänzend orange oder honiggelb.

Prunus serrulata 'Ukon'

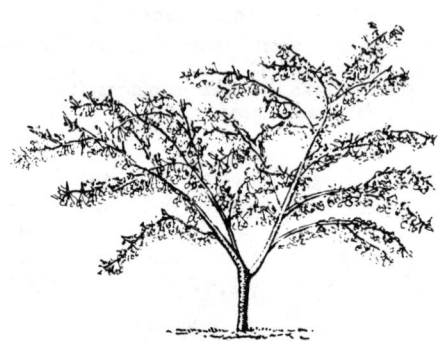
Prunus serrulata 'Shirofugen'

1

2

3

4

5

6   7

Obstbäume

Blüten heimischer Obstbäume

Alter Birnbaum

Alter Apfelbaum

Mandelbaum

Kirsch-Apfel

mit weicher, weißer Behaarung; junge Blätter kupferbraun getönt. Blüten rahmgelb, 20–25 cm. D ∧∧∧

Weidenblättrige Magnolie   *Magnolia salicifolia* (S. & Z.) Maxim.

E – Willow-leafed Magnolia

Japan 1892. Wenig häufig, doch ganz winterhart; in Göteborg sogar noch baumartig. 13 × 1 m. Locker verzweigter, elegant gewölbter Baum mit einer ansehnlichen Menge reinweißer Blüten Ende April; Blüten offen 12 cm breit, vor den Blättern erscheinend. Trieb dünn, hellgrün, kahl; Blätter unterschiedlich groß, von 4 × 1,5 bis 12 × 3,5 cm, *dünn, keilförmig,* lanzettlich, blaß bräunlich schattiert auf der hellgrünen Oberseite, unten mehr grau, mit erhabener Mittelrippe. Zerriebene Blätter mit stark aromatischem Duft wie Anis oder Heliotrop; Stiel *sehr dünn,* oben dunkelrot. Frucht zuerst schwärzlichgrün, 2 cm, dann bis 8 cm lang, hell gelbgrün. Sehr abweichende Belaubung hinsichtlich ihrer Form, Farbe und Duft.

Kobushi-Magnolie   *Magnolia kobus* DC.

E – Northern Japanese Magnolia

Honshu, Japan 1865. Der Typ strauchig, die folgende Form jedoch baumartig und besser winterhart.
var. *borealis* Sarg. Nord-Japan 1892. Bei uns viel angepflanzt in Gärten und Parks. Krone breit kegelförmig, gerade, kräftiger Baum mit waagerechten Ästen. 12 × 1,8 m. Triebe dicht stehend, weitwinklig abstehend. Blätter obovat, 12–17 × 7–9 cm, Basis keilförmig, *plötzlich kurz zugespitzt,* oben dunkelgrün und etwas runzelig, unten glänzend dunkelgrün und etwas behaart; Stiel 1–1,5 cm Blüten im April, rahmweiß, 12 cm breit; Knospe dicht grau behaart, Blattknospen schlank, 1 cm, gebogen, grün.
Ähnliche Art: *M. salicifolia* (oben) hat ähnliche Blüten, doch viel reichblühender, aber sehr abweichend in Blatt und allgemeiner Erscheinung.

Campbells Magnolie   *Magnolia campbellii* Hook. f. & Thoms.

E – Campbell's Magnolia

Sikkim, Himalaja 1868. Sehr selten in den Gärten auf dem Kontinent, nur in allermildesten Lagen, in England auch nur in den Gärten des Südens, dort jedoch oft zu sehen. 20 × 2,3 m. D ∧∧∧

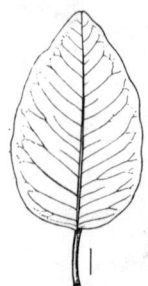

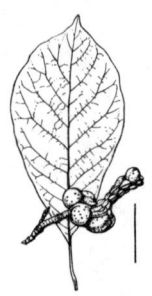

Delavay's Magnolie   Weidenblättrige Magnolie   Kobushi-Magnolie

RINDE: Elefantengrau, überall glatt, aber fein aufgerauht.

KRONE: Breit gewölbt auf einem dicken, etwas übergelehnten Stamm; Äste lang aufwärts gebogen.

BELAUBUNG: Trieb dick, blaß seegrün; Knospe schmal zugespitzt, gebogen, kegelförmig, 4 cm, zuerst behaart, hell gelbgrün, später lila. Blatt 17–20 × 10 bis 11 cm, länglich-eiförmig, spitz, rund oder fast herzförmig an der Basis, ganzrandig, oben etwas graugrün und glänzend, unten weiß behaart, mit 16 dunklen Nervenpaaren. Junge Blätter im Austrieb eingerollt, aufrecht, dunkel purpurrot. Stiel dick, 2,5 cm.

BLÜTEN: Oben in der Krone 20 Jahre alter Bäume oder noch älter, oft durch Spätfröste beschädigt, Mitte bis Ende April aufblühend, vor den Blättern, riesig becherförmig, dunkelrosarot aufblühend, dann bis 30 cm ausgebreitet und alsbald Petalen abfallend.

'A l b a' mit weißen Blüten noch seltener.

'C h a r l e s   R a f f i l l' ist eine noch ziemlich neue Kreuzung dieser Art mit der Subspezies *mollicomata* (1946). Blüht bereits in jüngerem Alter, hell purpurrosa. 15 × 1,3 m.

Veitch's Magnolie *Magnolia veitchii* Bean (= *M. campbellii* × *M. denudata*)
England (Exeter) 1907. Bei uns ebenfalls sehr selten, nur in wenigen Gärten (Dortmund), aber bedeutend winterhärter als *M. campbellii,* von der sie abweicht durch eine schmalere Krone. In England bis 26 m. Blüten kleiner, von rosa bis weiß, bis 15 cm groß; Blätter länger, schmäler, obovat, bis 30 cm, beiderseits auf den Nerven behaart, oben graugrün; Blattknospe flach kegelförmig, 1–2,5 cm, hell graugrün, kurz seidig behaart. Blütenknospen 5 × 2 cm, mit langen gelblichen Haaren.

TULPENBAUM *Liriodendron*
E – Tulip-Tree   F – Tulipier   N – Tulpenboom

Zwei Arten, je eine in China und Nord-Amerika. Knospen von zwei Nebenblättern umhüllt, ebenso bei jedem jungen Blatt; diese Nebenblätter noch groß am Trieb bleibend; Blätter langgestielt und an beiden Enden auffällig breit abgeschnitten.

Tulpenbaum *Liriodendron tulipifera* L.   **24**
E – Tulip-Tree   F – Tulipier   N – Tulpenboom

Südöstl. und mittelwestl. USA, um 1650. Häufig in großen Parks und Gärten. Nicht zu verwechseln mit Magnolien, die im Volksmund oft irrtümlich als „Tulpenbaum" bezeichnet werden. 36 × 6 m. Forstliche Anbauversuche in D, H und SU.

RINDE: Gleichmäßig gefurcht mit einem seichten Netzwerk. Älteste Bäume hell orangebraun.

KRONE: Junger Bäume kegel- bis säulenförmig, schmal gewölbt, mit geradem, regelmäßig verzweigtem Stamm; an alten Bäumen oft mit starken, an ihrer Basis sehr verbreiterten unteren Ästen, dann senkrecht ansteigend und eine hohe, mehrfach gewölbte Krone tragend, offen im Winter, dicht belaubt im Sommer.

BELAUBUNG: Trieb kahl, anfangs lila bereift, dann glänzend grünlichbraun bis kupferrot, mit deutlichen, erhabenen Blattnarben. Knospe seitlich abgeflacht, obovoid, an der Spitze gebogen, 1 cm, glänzend rotbraun; Blatt älterer Bäume und an normalen Trieben vierlappig, die Basal-Lappen rechtwinklig abstehend, eiförmig-dreieckig, spitz; die End-Lappen abgestutzt und nach beiden Seiten abstehend, die Mitte des Blattes nahezu parallelseitig, die „Ecken" (Lappen) spitz, etwas geöhrt, 10–15 × 15–20 cm, Basis breit keilförmig, an 5 bis 10 cm langem Stiel. Junge Bäume mit größeren Blättern, bis 16 × 23 cm, an 11 cm langem Stiel; 4–6lappig, die zusätzlichen Lappen dann klein und an der Basis, Blattmitte schmal ausgeschweift; oben stark glänzend grün, unten etwas bläulichgrün und mit weißer Mittelrippe, mitunter etwas papillös. Herbstfärbung hellgolden, später kräftig braun, Laub fällt Anfang November.

BLÜTEN UND FRUCHT: Blüte endständig, zwischen den Blättern stehend. Mitte Juni, aber nur in heißen Sommern zahlreich, aus einer eiförmigen, blaugrünen Knospe entstehend, 4 cm lang; zuerst becherförmig, Petalen blaugrün an der Basis, darüber ein breites orange Band, dann allmählich in Blaßgrün verlaufend; innen in der Mitte ein rahmweißer Kegel, mit grüner Spitze, umgeben von einem Ring aus 5 cm langen, linealischen, fleischigen, aufrechten, rahmfarbenen Staubfäden; später Petalen weit ausbreitend und dann bald abfallend, Staubfäden dann ebenfalls ausgebreitet. Frucht dunkelbraun, papierartig, aufrecht, spitz, schmal, eiförmig, fast wie ein trockener Koniferenzapfen, während des Winters am Baum bleibend, 4–5 cm lang.

WUCHS: Wenn über 1 m hoch, dann ganz winterhart und sehr raschwüchsig, bis zu 20 m in 40 Jahren (in England). Älteste Bäume dort 280 Jahre alt, jetzt allmählich eingehend.

'A u r e o m a r g i n a t u m'. Selten; kleinere, langsamer wachsende Form mit hellgelbem Blattrand an kleinerem Blatt; recht hübsch.

'F a s t i g i a t u m'. Zuerst Wuchs schmal säulenförmig, mit zunehmendem Alter etwas auseinander fallend. Ziemlich selten in den Parks. 20 m.

Chinesischer Tulpenbaum *Liriodendron chinense* (Hemsl.) Sarg.

E – Chinese Tulip-Tree   N – Chinese tulpenboom

Mittelchina 1901. Sehr selten in den Sammlungen. Einige große Bäume in Süd-England und Irland. 22 × 2 m. Rinde wie bei *L. tulipifera*, aber glatter und heller. Triebe stärker blau bereift; Blätter sowohl aus der Krone wie auch von Langtrieben stets sehr tief ausgebuchtet eingeschnitten wie sonst an Langtrie-

Chinesischer Tulpenbaum   *Tetracentron sinense*   Winterrinde

ben von *L. tulipifera*, bis 22 × 25 cm, Stiel bis 12 cm, normale Blätter etwa
15–20 cm; Lappen mitunter abgerundet und an der Spitze quer abgeschnitten,
ohne Spalt in der Mitte; unterseits blaugrün, aber veränderlich von hell bis
metallisch silbern, oben glänzend dunkelgrün. Blüte endständig auf hellgrünem
Trieb, Mitte Juli, 6 cm breit. Wenn voll erblüht, mit drei großen abstehenden,
gelbgrünen, obovaten Sepalen und fünf Petalen, 4 × 1,5 cm groß, obovat, abgerundet, hellorange; etwa 50 Staubfäden, hell orange, anstehend, mit aufwärts gebogenen Antheren; Griffel grün, zylindrisch, mit kegelförmiger Spitze,
2,5 cm. Sehr schöner, raschwüchsiger, winterharter Baum; Herbstfärbung leuch-
tendgelb.

Tetracentraceae

Eine südost-asiatische Familie mit nur einer Gattung, und diese mit nur einer
einzigen Art; sommergrün, Blätter sehr an die von *Cercidiphyllum* erinnernd;
sonst vgl. weiter unten.

TETRACENTRON

Nur eine Art.

Tetracentron sinense Oliv.

E – „Spur Leaf"

Mittel- und West-China 1901. Sehr selten auf dem Kontinent zu sehen, aber
vollständig winterhart; früher bei Herm. A. Hesse in Weener-Ems großer
Baum (in Dortmund 2 etwa 15jährige Bäume). 15 m in Schottland. Eigenartiger, locker bezweigter Baum, *jedes Blatt an einem winzigen Seitentrieb* sitzend,
alle zweizeilig und wechselständig, Trieb glänzend rotbraun; Blatt herzförmig,
11 × 9 cm, eiförmig-zugespitzt, fein und *kerbig* gesägt entlang des dicken Randes, mit 5–7 fächerförmig verlaufenden Nerven, derb, dunkelgrün. Stiel 3 cm,
gelb oder rot, auf der Spitze des Kurztriebes stehend; Blüten in sehr dünnen,
grünen, 9–15 cm langen Kätzchen, vom Frühling bis zum Winter an jedem
Kurztrieb; Blütenknospen 1 mm, dunkelrot angelaufen, Mitte Mai.
ÄHNLICHE ART: In der allgemeinen Erscheinung etwas an *Cercidiphyllum* erinnernd, aber Blätter wechselständig, alle Blätter an Kurztrieben, dadurch auch
von allen sonstigen Bäumen abweichend.

Winterrinden-Gewächse: *Winteraceae*

Eine kleine Familie aromatischer, immergrüner, den Magnolien nahestehenden
Gehölze.

Winterrinde *Drimys winteri* Forst.

E – Winter's Bark

Süd-Amerika, von Feuerland nordwärts bis unterhalb des Äquators. 1827.
In England nur im äußersten Süden und Westen angepflanzt, häufig nur in
Cornwall und in Irland. Auf dem Kontinent wohl nicht anzutreffen. 15 × 2 m.
Rinde glatt und rosa-bräunlich, aromatisch; Krone junger Bäume kegelförmig,
Äste oft quirlig, sonst aufrecht, offen, buschig. Triebe karminrot oder grün;

Blätter immergrün, eilänglich oder mehr lanzettlich, nach beiden Enden zugespitzt, Spitze kurz abgerundet, ganzrandig, Mittelrippe breit und hellgrün,
oben glänzend grün, unten etwas blaugrün mit starker Mittelrippe; zerriebene
Blätter nach Pfeffer duftend, doch nicht sehr stark. Blüten sternförmig, weiß,
mit 7 Petalen, 4 cm breit, in lockeren, kugeligen, 10–12 cm breiten Dolden,
Juni. D ∧ ∧ ∧

Protea-Gewächse: *Proteaceae*

Eine Familie mit vielen Bäumen und strauchigen Arten in der südlichen Halbkugel, von denen hier nur eine Art behandelt wird.

Chilenischer Feuerbusch   *Embothrium coccineum* J. R. & G. Forst.

E – Chilean Firebush

Chile, Argentinien 1846. Häufig zu sehen im westl. und südwestl. England in
West-Schottland und Irland. 12 m. – Dieser kleine Baum oder große Strauch,
hier wegen seiner langen Blütezeit und prächtigen Wirkung genannt, obwohl
er in Deutschland absolut nicht winterhart ist. – Rinde dunkel bräunlich,
etwas abblätternd. Krone schlank, meist mehrstämmig, die einzelnen Stämme
etwas nach außen gelehnt, die kleinen Seitentriebe oft etwas hängend. Triebe
hellgrün, kahl; Blätter meist immergrün, sehr veränderlich in der Form am
gleichen Baum, von elliptisch bis länglich-lanzettlich, tief blaugrün, 5–12 (bis
22) cm lang, ganzrandig, keilförmig oder abgerundet, unten hell blaugrün;
Stiel bis 1 cm, hellgrün. Blüten Ende Mai und Juni, röhrenförmig, hochrot, in
Büscheln, 5–10 cm lang, überaus zahlreich, achsel- und endständig. Frucht eine
längliche, 2 × 3 cm große Kapsel. D ∧ ∧ ∧ – Eine der besten Formen ist
'N o r q u i n c o   V a l l e y' (1926), die auch in England in kälteren Gegenden
gut aushält; Blätter teilweise schmal lanzettlich, Blüten besonders dicht stehend.

Lorbeer-Gewächse: *Lauraceae*

Etwa tausend Arten, meist tropisch und immergrün.

LORBEER   *Laurus*

E – Laurel   F – Laurier   N – Laurier

Zwei Arten im Mittelmeergebiet, immergrün und aromatisch, davon eine (*L.
azorica* Franco) auf den Kanarischen Inseln die hier nicht behandelt wird.

Lorbeer   *Laurus nobilis* L.   24

E – Sweet Bay   F – Laurier à sauce   N – Laurier

Mittelmeergebiet 1562. In Deutschland zwar nicht baumartig, aber doch allgemein als Kübelpflanze verbreitet. Rinde dunkel grauschwarz, glatt, etwas
feinrunzelig oder feinrissig. Krone breit kegelförmig, oft mit schmaler Spitze
Zweige ansteigend. Triebe dunkel, auf der Sonnenseite *purpurrot*, besonders
nahe der Spitze, sonst grün. Blatt immergrün, derb lederartig, sehr dunkel

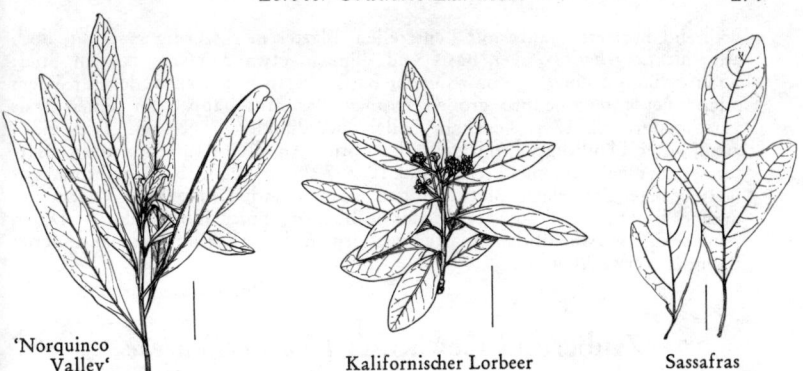

'Norquinco Valley'   Kalifornischer Lorbeer   Sassafras

grün, lanzettlich, keilförmig, spitz, Rand *fein knorpelig* und fein gezähnelt, 5–10 × 2,5–3 cm, *Basalnerven rot*, die anderen grün, Stiel dunkelrot; zerriebene Blätter sehr aromatisch. Blüten hellgelb, klein, büschelig, Ende April. Früchte erbsengroß, zuerst grün, später schwarz. D ∧∧∧

KALIFORNISCHER LORBEER   *Umbellularia*

Nur eine Art; immergrün und stark aromatisch.

Kalifornischer Lorbeer   *Umbellularia californica* (Hook. & Arn.) Nutt.

E – Californian Laurel   F – Laurier de Californie

Nord-Amerika, Küstengebiet von Oregon und Kalifornien 1829. In England und Irland angepflanzt, aber wenig häufig. 15 m. Auch in Gärten des Mittelmeergebietes hin und wieder zu finden. – Rinde sehr dunkelgrau, glatt, später fein gefeldert. Krone hochgewölbt, mit zahlreichen, gerade ansteigenden Zweigen, Stamm und Äste mit vielen langen Trieben. Triebe dunkelgrün. Blatt länglich-lanzettlich, ganzrandig, keilförmig, *ganz eben*, 6–9 × 3 cm, beiderseits hellgrün, etwas glänzend, Mittelrippe weißlich. Geriebene Blätter sehr stark süß-aromatisch und fruchtig, doch stechender als bei *Laurus nobilis;* kann bei stärkerem Einatmen Kopfschmerzen verursachen. Blüten klein, weißlichgelb, zu 8–10 beisammen in kleinen Dolden. Frucht eiförmig, 2,5 cm. – Durch den sehr starken Duft kaum mit einem anderen Baum zu verwechseln. D ∧∧∧

FIEBERBAUM   *Sassafras*

E, F und N – Sassafras

Drei Arten, je eine in Nord-Amerika, China und Formosa.

Sassafras   *Sassafras albidum* (Nutt.) Nees (= *S. officinale* Nees)

E – Sassafras   F – Laurier Sassafras

Östl. USA 1630. Ziemlich selten in Gärten und Parks, aber doch vollkommen winterhart und auch baumartig bei uns. 18 × 1,9 m.

Rinde grau mit kurzen, senkrechten, schwarzen, plötzlich waagerecht erweiterten Rissen. Krone dicht, gewölbt; viele Ausläufer vom Stamm abgehend und neue Stämme bildend in einigen Metern Entfernung. Triebe dünn, hellgrün, während mehrerer Jahre mit Lentizellen. Blätter merkwürdig gestaltet, doch alle mit *lang-keilförmiger* Basis und dünnen, etwa 3–3,5 cm langem Stiel; Spreite dünn, dreinervig von nahe der Basis, elliptisch, mit entweder nur einem oder zwei unterschiedlich großen Lappen, der Mittellappen an seiner Basis verschmälert; bis 17 × 8 cm, alle heller oder dunkler grün, oben etwas glänzend, unten bläulichgrün, mit gelblichem Stiel. An alten Bäumen sind die Blätter seltener gelappt, meist elliptisch, 10 × 7 cm, Herbstfärbung gelbrosa, zuletzt orange. Zerriebene Blätter duften intensiv nach *Orange und Vanille.* ♂ und ♀ Blüten meist auf verschiedenen Bäumen, unscheinbar, Juni. – Durch seine sehr unterschiedlichen Blätter und den starken Duft mit keinem anderen Baum zu verwechseln.

Zaubernuß-Gewächse: *Hamamelidaceae*

Eine große Familie, meist in den wärmeren gemäßigten Regionen beider Halbkugeln verbreitet, bei uns sowohl durch Baumarten als auch durch Sträucher vertreten, viele davon bemerkenswert durch ihre winterliche Blütezeit oder besonders schönes Herbstlaub oder beides.

AMBERBAUM   *Liquidambar*

Drei Arten, in Nord-Amerika, Süd-West-Asien, China und Formosa. Blüten in kugeligen Köpfchen, aus denen sich später die dornige, kugelige Frucht bildet.

Amberbaum   *Liquidambar styraciflua* L.   **24**

E – Sweet Gum   F – Copalme   N – amberboom

Östl. und südl. USA 1881. Sehr häufig in Gärten und Parks, ganz winterhart. 28 × 3 m. Kleiner forstlicher Anbauversuch in Köln.

RINDE: Junger Bäume hellgrau, später in viereckige Felder zerreißend, zuletzt dunkelgrau und rauh, mit einem Netzwerk dicker Leisten.

KRONE: Bei jüngen Bäumen kegel- oder eiförmig, die unteren Äste waagerecht, später an den Spitzen nach oben gehend, alte Bäume gewölbt, mitunter auf hohem Stamm, doch meist mit kurzem Stamm.

BELAUBUNG: Trieb gelbbraun oder kräftig dunkelgrün, anfangs kurz braunwollig; Knospe eikegelförmig, 5 mm, glänzendgrün; Blätter ahorn-artig, aber *wechselständig*, mit mehr Zwischenraum, Stiel lang, flach, oben gefurcht, 10–15 cm lang; an jungen Blättern meist dreilappig, der Mittellappen obovat oder länglich, 10 cm lang, an älteren Bäumen 5–7lappig, abgestutzt, bis 15 × 15 cm groß, Lappen eiförmig, mit einwärts gebogenen Zähnen, oben dunkelgrün und glänzend, unten weniger glänzend und mit kleinen weißen Achselbärten sowie mit dünner brauner Wolle auf den Nerven; Austrieb in der ersten Maihälfte. Herbstfärbung außerordentlich veränderlich, sowohl hinsichtlich der Zeit, der Menge und des Farbtones; manche schon scharlachrot im September, dann tiefrot, andere erst Ende Oktober dunkelrot, manche aber auch grün bis November, dann zitronengelb und purpurn.

BLÜTEN UND FRÜCHTE: Blüten wenig auffällig, in kleinen grünen Kugelköpfchen; Früchte kleine stachelige, 2–3,5 cm dicke Kugeln an 5 cm langem Stiel, während des Winters am Baum bleibend.

ÄHNLICHE ARTEN: Mitunter verwechselt mit Ahorn, doch haben diese stets gegenständige Blätter.

Chinesischer Amberbaum *Liquidambar formosana* Hance

E – Chinese Sweet Gum

China und Formosa 1884. Sehr selten, nur in wenigen Gärten; unterscheidet sich von der hier abgebildeten var. *monticola* in den meist kleineren, 9 × 10 bis (10 × 14) cm großen, gelbgrünen, besonders unterseits behaarten Blättern, mit fast rechtwinkligen, zugespitzten Lappen, die unteren beiden breit gespreizt, ungleichmäßig gezähnt.

var. *monticola* Reh. & Wils. China 1907. Nur gelegentlich in großen Sammlungen zu sehen. Leicht zu erkennen an dem *tiefgrünen*, dreilappigen Blatt, 10 × 14 cm. Die dreieckigen Lappen *kerbig* gezähnt, Stiel *tiefrot*, 4–7 cm lang, Nerven *dunkelpurpur*. Blattaustrieb rotbraun und glänzend, manche aber auch weniger glänzend und beiderseits tiefgrün. Herbstfärbung deutlich orange, dunkelrot und purpur. Schöner Baum mit schmaler Krone, raschwüchsig, 12 × 1 m. Nach heutiger Auffassung ist diese Varietät nicht ganz von der Art abtrennbar.

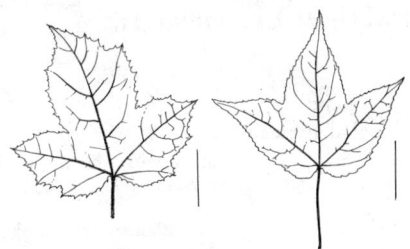 

Chinesischer Amberbaum   var. *monticola*   Orientalischer Amberbaum

Orientalischer Amberbaum *Liquidambar orientalis* Mill.

E – Oriental Sweet Gum   F – Copalme d'Orient

Kleinasien 1750. Selten in den Sammlungen zu sehen, doch in französischen Gärten. Meist dicht buschig, selten bis 8 × 1,5 m. Rinde orangebraun, grob gefeldert; Zweige waagerecht, oben glänzend rotbraun, unten grün; Knospe glänzend rotbraun, spitz; Blatt klein, fast wie Feld-Ahorn, 6 × 6 cm, an sehr dünnem, 3,5 cm langem Stiel, 3–5lappig, handförmig gelappt, an jedem Lappen beiderseits mit 1 großen und 2 kleineren Zähnen, oder gesägt, oben *mattgrün*, unten etwas glänzend, *ganz kahl*, abgestutzt, die Lappen spitz, eilänglich.

PARROTIE *Parrotia*

Nur eine Art; Blüten vor den Blättern erscheinend.

Parrotie *Parrotia persica* C. A. Mey.

E – Persian Ironwood   F – Parrotia de la Perse   N – Parrotia

Nord-Persien bis zum Kaukasus. 1841. Häufiger Gartenbaum, ganz winterhart, aber doch nur selten ein hoher Baum, bis 8 × 1 m, ausnahmsweise bis 15 m.

RINDE: Rötlichbraun oder graubraun mit etwas Purpur und Graugrün, in großen dünnen, unregelmäßigen Platten ablösend, die neue Rinde darunter lederbraun und gelb, sehr an die Rinde der Gewöhnlichen Platane erinnernd.

KRONE: Bei uns fast stets breitrund und vielstämmig, die Äste weit ausladend, oder von einem kurzen, dicken Stamm ausgehend; selten mit einem 2–5 m hohen Stamm.

BELAUBUNG: Trieb grünbraun, mit feiner, kurzer, steifer Behaarung; Knospe purpurschwarz, fein behaart; Blütenknospen im Sommer dunkelbraun, 8 mm lang, gerippt, lang eiförmig. Blatt obovat bis fast kreisrund, stumpf, Rand gewellt, Austrieb hell glänzendgrün im April, wenn die Blüten verblassen, später dunkel glänzendgrün, derb, mit 6–9 vertieften Nerven auf jeder Seite, unten zuerst fein bräunlich behaart, Stiel 4–5 mm, behaart. Herbstfärbung beginnt oft schon mit einigen Zweigen in der oberen Krone im September, dunkelrot, doch bleiben manche Bäume auch goldgelb oder färben sich überhaupt nicht.

BLÜTEN UND FRUCHT: Knospe gestielt, eiförmig, aufblühend Mitte Januar bis Mitte März, nur Bündel dunkelroter Staubfäden, 1,5 cm breit; Frucht eine aufrechte Kapsel mit 3–5 dunkelbraunen Nüßchen und hellgrünen Tragblättern.

Guttapercha-Gewächse: *Eucommiaceae*

Nur eine Art.

Guttaperchabaum   *Eucommia ulmoides* Loiv.

E – Gutta-Percha Tree   N – Iepbladige gummiboom

Mittel-China 1896. Seltener Baum, bei uns vollkommen winterhart, nur in Sammlungen. 14 × 1,5 m. Rinde hellgrau mit einem Netzwerk aus dunkelgrauen, tiefen Rissen.

KRONE: Gewölbt, ziemlich breit und schwer, mit hängenden glänzenden, dunkelgrünen Blättern.

BELAUBUNG: Trieb olivgrün, stellenweise grau bereift; Knospe eiförmig, orangebraun; Blatt elliptisch bis eilänglich, lang zugespitzt, bis 18 × 10 cm, an fein behaartem, 2–3 cm langem Stiel, Rand vorwärts gekerbt oder doppelt gezähnt, glänzend dunkelgrün, Nerven auf der Oberseite vertieft, unten erhaben und behaart.

BLÜTEN: Unscheinbar, im April, in 1 cm breiten Büscheln; Früchte 3 cm lang, länglich, mit einem schmalen Flügelrand ringsum.

ERKENNUNGSMERKMALE: Wenn man die großen Blätter vorsichtig zerreißt, tritt Saft aus, der sofort erhärtet und die zerrissenen Teile zusammenhält.

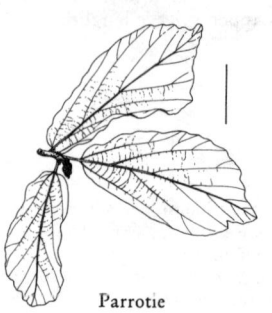

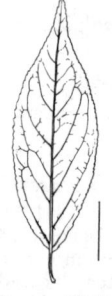

Parrotie   Guttaperchabaum   Platanen-Form
                                           'Cuneata'

Platanen-Gewächse: *Platanaceae*

PLATANE *Platanus*

Sechs Arten, von Nord-Amerika, Mexiko und Süd-Europa bis Indien. Große bis sehr große und langlebige, sommergrüne Bäume; Knospen in den Blattstielbasen verborgen, Rinde in dünnen Platten abblätternd. ♂ und ♀ Kätzchen getrennt, doch am gleichen Baum. Frucht eine Kugel aus kantigen Nüßchen, umgeben von langen Haaren.

Morgenländische Platane *Platanus orientalis* L. **24**

E – Oriental Plane F – Platane d'Orient N – Oosterse plataan

Kleinasien, SO-Europa, Indien, um 1550. Nur selten in den deutschen Gärten und Parks, in Südeuropa jedoch oft zu sehen. 30 × 6 m.

RINDE: Blaß rötlichbraun, ziemlich glatt, in großen runden Platten abspringend, mitunter auch (bei sehr alten Bäumen) klein gefeldert und braun, fast birnbaumartig; neue Rinde gelb.

KRONE: Breit und unregelmäßig gewölbt, oft noch breiter durch starke, dem Boden aufliegende Äste; Stamm oft mit dicken Maserknollen.

BELAUBUNG: Trieb gelbbraun, kurz behaart, später purpurbraun mit leichtem violettem Reif, im zweiten Jahr graurosa und dunkel rotbraun. Knospe grünbraun, kegelförmig, dunkel rotbraun behaart, mit kurzer Schnabelspitze, 7 mm. Blattaustrieb hell orangebraun, dicht behaart, doch rasch kahl, bis 18 × 18 cm, mit 5 großen Lappen, *sehr tief eingeschnitten, Buchten bis 5 cm von der Basis gehend*, die Buchten *spitz*; Lappen spitz, lanzettlich, in der Mitte oft mit einem großen Zahn, an der Spitze mitunter ein weiterer, kleiner Zahn, breit keilförmig (bei der selteneren Form 'C u n e a t a' lang und schmal-keilförmig, vgl. Abb.), gelblichgrün. Stiel 5 cm, mit roter, zwiebelförmig verdickter Basis, sonst gelblich, fein behaart; Herbstfärbung hell *braunpurpurn* und hellbraun (mitunter aber auch purpurrot!).

BLÜTEN UND FRUCHT: Die beiden Geschlechter in getrennten Blütenständen. ♂ 5–6 cm, die äußere Hälfte gedreht, mit 3–5kugeligen, hellrosagelben Blütenköpfchen, mit gelben Antheren. ♀ Kätzchen 6–8 cm, mit 2–5 abgeflachten Köpfchen, 3–8 mm breit, mit dunkelroten Griffeln und Narben, Mitte Mai. Frucht in 15 cm langen Kätzchen, zu 2–5 Kugeln, die erste davon 8 cm von der Stielbasis entfernt, 3 cm dick, gelbgrün bis braun, mit feinen, dornigen Spitzen.

ÄHNLICHE ART: *P.* × *hispanica* (nachfolgend).

Gewöhnliche Platane *Platanus* × *hispanica* Muenchh. (= *P.* × *acerifolia* (Ait.) Willd.; *P.* × *hybrida* Brot.) **24**

E – London Plane F – Platane commun N – Gewone plataan

Hybride zwischen *P. orientalis* und *P. occidentalis*, vermutlich um 1650 in Spanien oder Süd-Frankreich entstanden. In England um 1680 erstmals gepflanzt (die beiden ersten Bäume heute noch in bestem Zustand). Überall in Europa angepflanzt. 45 m.

RINDE: Bei jüngeren Bäumen dunkelgrau oder braun, in großen dünnen Platten abspringend, junge Rinde darunter weißlichgelb; sehr alte Stämme mehr rötlichbraun oder graubraun mit feinen, senkrechten Rissen und Falten.

KRONE: Hoch gewölbt auf langem Stamm, alte Bäume mit riesiger Krone, hoch und breit, die dicken Äste gedreht; Stamm mitunter mit vielen Auswüchsen.

BELAUBUNG: Trieb zuerst blaßgrün, mit lockerem, weißem Filz, bald mehr orangebraun, an der Basis lila bereift; Knospe rotbraun, eiförmig, Spitze etwas gebogen, 6–8 mm, mit großer, vorragender Basis. Blattaustrieb hell bräunlich-graugrün, Mitte Mai, bald schon kahl. Die Blattform ist sehr veränderlich, entsprechend dem Klon, meist mit fünf großen Lappen, diese unterschiedlich grob gezähnt, bis 20 × 23 cm groß, Basis kurz keilförmig bis mehr rund mit zwei großen abstehenden Lappen, oben glänzendgrün, unten heller; auch die Lappung und Zahnung der Blätter ist sehr veränderlich. An jungen Bäumen bleiben die breiten, eiförmigen, gezähnten Nebenblätter an der Basis der Blätter lange haften.

BLÜTEN UND FRUCHT: Kätzchen mit meist 2(!) Blütenköpfchen, an 6–8 cm langem Stiel; ♂ gelb und bald abfallend, ♀ karmin, Mitte Mai, kugelig; Frucht braun, kugelig, 3 cm dick, die einzelnen Samen zylindrisch, mit einem Haarring an einem Ende.

WUCHS: Bemerkenswert wüchsig auch unter den verschiedensten Verhältnissen, am besten in einem warmen Sommerklima. Als Straßenbaum überall auf dem Kontinent häufig angepflanzt, unempfindlich gegen verdichtete Böden und solche unter der Pflasterdecke und das Stadtklima überhaupt. Außerordentlich standfest; umgewehte Platanen sind unbekannt. Nur selten von Krankheiten befallen, obwohl oft im Frühjahr während des Austriebes ein Pilz *(Gnominia veneta)* auftritt, der einige Triebe abtötet, aber sonst keine nachhaltigen Schäden verursacht. In England stehen über 300 Jahre alte Bäume noch immer in voller Wuchskraft, so daß dieser Baum von allen Straßenbäumen die größte Aussicht auf ein hohes Alter hat.

'S u t t n e r i'. Sehr seltene, schön weißbunte Form; Blätter im Innern der Krone vielfach ganz weiß. 22 m.

ÄHNLICHE ART: *P. orientalis* (S. 283).

Rosen-Gewächse: *Rosaceae*

Eine riesige Familie mit etwa 2000 Arten von Kräutern, Sträuchern und Bäumen, gekennzeichnet durch Blüten mit 4–5 Sepalen, 4–5 Petalen und die oben auf dem Kelchbecher stehenden Samenanlagen.

ZWERGMISPEL   *Cotoneaster*
E und F – Cotoneaster   N – Rotsmispel

Etwa 70 Arten in der gemäßigten Alten Welt, ausgenommen Japan; sämtlich bis auf eine oder 2 Arten nur Sträucher.

Baum-Zwergmispel   *Cotoneaster frigidus* Wall.

E – Himalayan Tree-Cotoneaster

Himalaja 1824. In Deutschland sehr selten und nur in sehr warmen Lagen haltbar, deshalb bei uns nicht baumartig, höchstens großer Strauch; vielstämmig, mit breiter Krone, Rinde hellgrau, Blätter halbimmergrün, elliptisch oder länglich-eiförmig, stumpf, Basis keilförmig, 6–12 × 4–6 cm, oben dunkelgrün, unten weißlich dicht behaart, doch im Lauf des Sommers kahl werdend, ganzrandig. Blüten weiß, in dichten, flachen, 5 cm breiten Ständen, Ende Juni;

Frucht eiförmig, 5 mm dick, hochrot, im Spätsommer auffällig. D ∧∧∧

Die meisten starkwüchsigen *Cotoneaster* der deutschen Parks und Gärten gehören nicht zu dieser Art, sondern zu *Cotoneaster* × *watereri*, die besonders reich fruchtet, oder zu der hierzu gehörenden, englischen Gartenform 'C o r n u b i a', die beide bei uns etwa 4 m hoch und breit werden, jedoch nicht baumartig.

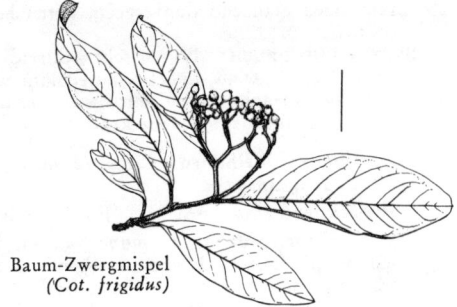

Baum-Zwergmispel
(Cot. frigidus)

DORN *Crataegus*

E – Thorn   F – Epine   N – Meidoorn

Eine sehr vielfältige Gattung, hauptsächlich in Nord-Amerika verbreitet (wo es zwischen 300 bis 1000 Arten gibt, abhängig von der Auffassung der einzelnen Botaniker); 90 Arten in Europa und Asien. Fast alle sind nur hohe Sträucher, dennoch werden einige von ihnen auch bei uns durchaus baumartig. Auf die Aufzählung der zahllosen amerikanischen Arten kann verzichtet werden, da diese bei uns nur von botanischem Interesse sind.

Eingriffeliger Weißdorn   *Crataegus monogyna* Jacq.

E – Hawthorn   F – Epine blanche   N – Eenstijlige meidoorn

Einheimischer Baum, sehr oft als Hecke verwendet. Europa bis Afghanistan. Gelegentlich in Parks auch als Baum. 14 × 1,5 m.

RINDE: Dunkel orangebraun oder mehr braun, schmal zerrissen in Rechtecke; stärkere Stämme oft von oben bis unten tief gefurcht und zwischen dicken, abgerundeten Leisten flache Felder.

KRONE: Niedrig und ausgebreitet, mitunter auch schmal, meist ziemlich formlos. Höhere (Baumform) ziemlich aufrecht.

BELAUBUNG: Trieb dunkel purpurrot mit geraden, scharfen Dornen, bis 2,5 cm lang; Blatt bis 8 × 7 cm, auf 3,5 cm langem Stiel, meist mit 4 Lappen an jeder Seite, bis auf die Hälfte oder zwei Drittel der Spreite eingeschnitten, grob doppelt gezähnt, oder auch nur mit 1–3 Lappen (oder groben Zähnen) an jeder Seite, diese mitunter ganzrandig; Basis abgeschnitten, plötzlich keilför-

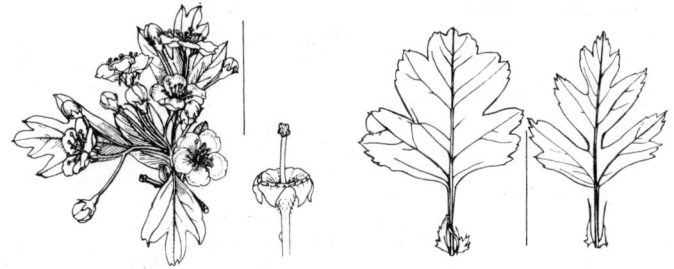

Eingriffeliger Weißdorn

mig, oben glänzend dunkelgrün, unten heller und mit Achselbärten, Nerven oft rosa.

BLÜTEN UND FRUCHT: Blüten sehr zahlreich, zu 16 oder mehr in einer Doldenrispe, Knospe weiß, kugelig, aufgeblüht weiß, mit strengem Geruch, nur eingriffelig, ausnahmsweise mit zwei, umgeben von den rosaroten Antheren Petalen konkav, sich überdeckend. Frucht 8–10 mm, eiförmig, dunkelrot.

Zweigriffeliger Weißdorn *Crataegus laevigata* DC.
(= *C. oxyacantha* L.)

E – Midland Hawthorn F – Aubépine N – Gewone meidoorn

Unterscheidet sich von *C. monogyna* wie folgt: Nicht so häufig vorkommend, jedoch oft auch in Hecken im gemischten Bestand, sonst hauptsächlich auf schweren Böden; Blätter kleiner, im Umriß mehr breit-eiförmig, Lappen nur wenig tief eingeschnitten, kaum bis zur Hälfte der Spreite gehend, Basis rund, Blüten meist mit 2 Griffeln; Blätter auf der Unterseite ohne Achselbärte.

'P a u l' s S c a r l e t'. 1858 bei Paul in Cheshunt entstanden, bei uns als „Rotdorn" sehr bekannt; Blüten hellrot, gefüllt, sehr verbreitet in Gärten, Parks und auch als Straßenbaum.

Hahnensporn-Weißdorn *Crataegus crus-galli* L.

E – Cockspur Thorn

Nord-Amerika, Quebec bis Kansas 1691. Nicht selten angepflanzt in Gärten und Parks; mitunter verwechselt mit *C. × lavallei* und *C. prunifolia*; vgl. die Übersicht S. 287, 6 × 1 m.

RINDE: Grau, ziemlich glatt, später dunkelbraun und etwas rissig.

KRONE: Flach, weit ausgebreitet, meist auf einem astreinen, 2 m hohen Stamm.

BELAUBUNG: Trieb dunkelpurpurbraun, kahl; mit vielen schlanken, glänzenden purpurnen, 4–8 cm langen Dornen; Knospe dunkelbraun; Blatt obovat, keilförmig, oben abgerundet, gesägt oberhalb der ganzrandigen Basis, derb, dunkelgrün, *beiderseits kahl*, 5–8 × 2–3 cm; Herbstfärbung kräftig orange.

BLÜTEN UND FRUCHT: Blütenstände aufrecht, auf *kahlen* Stielen, Blüte 1,5 cm breit, weiß, Ende Mai. Frucht rot, 1 cm, Ende Oktober, während des Winters am Baum bleibend.

ÄHNLICHE ARTEN: Die beiden Hybriden *C. × lavallei* und *C. × prunifolia*. *C. crus-galli* ist die einzige ganz kahle Art in dieser Gruppe; ebenso ist die orange Herbstfärbung ein Merkmal.

Lavalles Weißdorn *Crataegus × lavallei* Herincq (= *C. × carrierei* Vauvel)

E – Hybrid Cockspur Thorn

Eine Hybride zwischen *C. crus-galli* und einer ähnlichen amerikanischen Art; schon vor 1880 bekannt. Häufig als Straßenbaum zu sehen, mitunter auch in Gärten. 14 × 1,5 cm. Unterscheidet sich durch dunkelgraue, sehr schuppige Rinde, nur wenige, doch 5 cm lange dicke Dornen; Trieb *mattgrün* und *lang behaart*; Blatt 8 × 4 cm, länglich-obovat, keilförmig, spitz, oben glänzend dunkelgrün, unten behaart, mit rosa Mittelrippe; Blütenstand elliptisch, 10 × 5 cm, hellgrün, locker wollig, mit etwa 20 Blüten, weiß, etwa 2 cm breit, Petalen kreisrund, *Diskus rot und erhaben*, Staubbeutel zuerst rosa, dann schwarz. Frucht 1,3–1,5 cm, orangerot mit braunen Punkten, nahe der Spitze etwas behaart, während des Winters am Baum bleibend. Herbstlaub entweder *bronzebraun* oder *dunkelgrün bleibend* bis zum Laubfall Ende Dezember. Sehr reichblühend; die weißen Blüten heben sich gut von dem dunkelgrünen Laub ab.

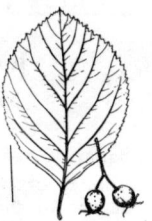

| Zweigriffeliger Weißdorn | Lavalles Weißdorn | Pflaumenblättriger Weißdorn |

Pflaumenblättriger Weißdorn *Crataegus × prunifolia* (Poir.) Pers.

E – Broadleaved Cockspur Thorn

Wahrscheinlich Hybride unbekannten Ursprungs, in Kultur seit 1797. Nicht selten in großen Parks zu sehen. Breiter Strauch oder niedriger breiter Baum. Trieb *dunkelpurpurbraun* und glänzend, mit 1,5–2 cm langen Dornen, Blatt 8 × 6 cm, breit eiförmig, stumpf, oben *glänzend* dunkelgrün, unten Mittelrippe fein behaart; Knospe dunkelrot; Blüten in aufrechten Ständen, mit roten Spitzen in Knospe, Sepalen lang zugespitzt und gesägt, Petalen breit, kreisförmig, Staubbeutel schwärzlich, Blüte 1,5 cm breit. Frucht dunkelrot, spät im Herbst abfallend. Herbstlaub orange bis rot oder *karmin*. Von C. × *lavallei* verschieden durch das verhältnismäßig breitere Blatt, geringere Behaarung auf der Unterseite und kahle, glänzende Triebe, wie auch im Habitus völlig verschieden.

Übersicht

	crus-galli	× lavallei	× prunifolia
Trieb	kahl, glänzend	behaart, matt	kahl, glänzend
Dornen	viele	wenige	viele
Blattfarbe oben	matt gelblich-dunkelgrün	glänzend schwarzgrün	glänzend tiefgrün
Unterseite	kahl	behaart	Nerven behaart
Rand	unteres Drittel ganzrandig	untere Hälfte ganzrandig	nur 1 cm ganzrandig
Spreite	längl.-obovat oben rund	längl.-obovat oben spitz	breiteiförmig oben spitz
Herbstfarbe	früh, orange	spät, rot od. ohne	mittel; orange, karmin oder purpur
Blütenstand	kahl	behaart	behaart
Fruchtabfall	Frühjahr	Frühjahr	Herbst

MISPEL *Mespilus*

Nur eine einzige Art; nahe verwandt mit Weißdorn.

Mispel *Mespilus germanica* L.

E – Medlar   F – Néflier   N – Mispel

Süd-Europa, seit langer Zeit in Kultur, meist nur in alten Obstgärten, gelegentlich auch verwildert; bei uns nur selten über 5 m hoch; in England 9 × 1,5 m.

Judasbaum, Goldregen und Robinie

Bäume der Schmetterlingsblütler-Gewächse

1 **Judasbaum** *Cercis siliquastrum* 315
  a Die Blüten sitzen an Trieben, Zweigen und oft sogar direkt am Stamm, sie
    erscheinen vor und mit den Blättern.
  b Trieb mit Blatt (Katsurabaum, Taf. 23, hat gegenständige Blätter).

2 **Voss' Goldregen** *Laburnum watereri* 'Vossii' 319
  Blätter und Blütentraube; nur wenige Fruchthülsen reifen in jeder Traube die-
  ser Hybride, ganz im Gegensatz zu den dichten Bündeln beim Gemeinen
  Goldregen.

3 **Robinie** *Robinia pseudoacacia* 319
  (meist fälschlich „Akazie" genannt)

  a Habitus eines alten, 22 m hohen Baumes.
  b Blütentraube im Juni.
  c Blatt; die Blattstielbasis umschließt die Winterknospe.

Judasbaum

Voss' Goldregen

2

3a

3b

3c

1

2a

2b

3a

3c

Götterbaum, Stechpalme, Ahorn

1 Götterbaum   *Ailanthus altissima*   324

Blatt, mit 1–3 groben Zähnen an der Basis jedes Blättchens.

Ein hoher Baum mit rot und spät austreibenden Blättern; häufiger Parkbaum.

2 Gemeine Stechpalme   *Ilex aquifolium*   328

a Trieb eines weiblichen Baumes mit reifen Früchten und ringsum bedornten Blättern. Viele alte Bäume haben Blätter mit wenigen oder ohne Dornen.
b Männliche Blüten, erkennbar an den Staubfäden und dem unentwickelten Griffel.

3 Zimt-Ahorn   *Acer griseum*   358

a Trieb und Blätter; die Blätter sind dreizählig.
b Das Blatt ist unterseits dicht bläulichweiß behaart.
c Zweig mit abrollender orangebrauner Rinde, ebenso der Stamm.

Formen der Stechpalme

Götterbaum   'Silver Queen'   'Handsworth New Silver'

'Lawsoniana'   Formen von Ilex × altaclarensis   'Golden King'

RINDE: Graubraun und gefurcht, später in senkrechten, länglichen Platten ablösend.

KRONE: Niedrig und breit, meist vielstämmig.

BELAUBUNG: Junger Trieb dicht weiß behaart; Blatt ei-länglich, 15 × 5 cm, ganzrandig, gewellt, runzelig, Nerven vertieft, oben dunkel gelblichgrün, unten heller und dicht behaart; Stiel 5 mm, dicht behaart; Mittelrippe rosa nahe der Basis.

BLÜTEN UND FRUCHT: Blüte etwa 5 cm breit; Sepalen linealisch, Petalen eirund, weiß, Staubfäden weiß, Antheren dunkelbraun; Frucht kreiselförmig, etwa 2 cm dick, bei der großfrüchtigen Kulturform bis 5 cm dick, oft an einer Seite geplatzt, braun, Kelch bleibend, eßbar, wenn überreif (dann ganz süß und marmeladenartig).

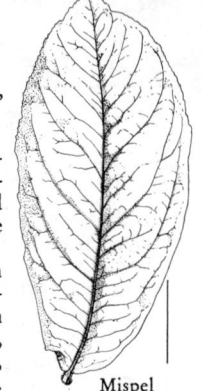

Mispel

EBERESCHEN und MEHLBEEREN *Sorbus*

Über achtzig Arten, von der nördlichen gemäßigten Zone nach Süden bis Mexiko und zum Himalaja. Die Mehlbeeren haben ungeteilte, mitunter etwas gelappte Blätter, während sie bei den Ebereschen gefiedert sind, doch gibt es auch Hybriden zwischen beiden, mit teilweise gefiederten oder gelappten Blättern.

Gemeine Eberesche *Sorbus aucuparia* L. 25

E – Rowan (Mountain Ash) F – Sorbier des Oiseleurs
N – Lijsterbes

Europa, Nord-Afrika, Kleinasien; 20 × 2,5 m. Heimischer Waldbaum in Deutschland, auch in Windschutzpflanzungen und als Straßen- und Parkbaum sehr viel verwendet.

RINDE: Silbergrau, später hell graubraun, glatt, zuletzt flach gefurcht mit einem netzförmigen Muster schuppiger Leisten.

KRONE: Unregelmäßig eiförmig, Äste straff aufgehend, nur wenige, locker stehend.

BELAUBUNG: Trieb matt purpurgrau, anfangs behaart, bald kahl; Knospe lang eiförmig, 1,7 cm, Spitze gebogen, äußere Schuppen dunkelpurpur mit langen, anliegenden grauen Haaren, ebenso innere Schuppen dicht behaart. Blatt gefiedert, bis 22 × 12 cm, mit (9–)15(–19) Blättchen, jedes etwa 6 × 2 cm, sitzend, mit schiefrunder Basis, länglich, gleichmäßig vorwärts kerbig-gesägt bis auf 1 cm über der Basis, unterseits zuerst fein und dicht behaart, später fast kahl, Spindel unterhalb der Blättchen stielrund, zwischen ihnen gefurcht; Laubaustrieb früh im April; Herbstfärbung erst vor dem Laubfall, im milderem Klima unbedeutend, jedoch in Nord-Europa prachtvoll karmin.

BLÜTEN UND FRUCHT: Blütenstand dicht, Stiele wollig, aufrecht oder nickend, 10–15 cm breit; Blüten schwach rahmweiß, 1 cm breit, Mai; Frucht etwa 1 cm dick, gelb Ende Juli, plötzlich Anfang August orange, dann scharlachrot, schon bald von Vögeln angenommen.

'Fastigiata'. 1838. Breite, starktriebige Säulenform mit großen, schwarzgrünen Blättern, sehr dicht belaubt; Früchte groß, tiefrot.

'Xanthocarpa'. 1893; Schottland. Reife Früchte orangegelb. 25

'Lombarts Hybriden'. Sammelbezeichnung von Gartenhybriden, um 1955 in Holland entstanden; *Früchte in allen Farbtönen* zwischen Rot, Rosa,

Weiß und Gelb, viele mit Cultivarnamen bezeichnet. Zwischen 1955 und 1965 vor allem in Holland, Deutschland und Belgien verbreitet.

'B e i s s n e r i'. 1899; Böhmen. Junge Triebe im Winter *kupferrosa*, Rinde orange, Herbstlaub leuchtend *goldgelb*, Blättchen tief eingeschnitten oder fein gelappt. **25**

Japanische Eberesche   *Sorbus commixta* Hedl.

E – Japanese Rowan

Korea, Japan, Sachalin 1906. Seltener Baum, wohl nur in Botanischen Gärten oder Sammlungen. 16 m.

RINDE: Glatt, silbergrau, mit hellbraunen Lentizellen.

KRONE: Bei jungen Bäumen aufrecht, bei älteren nach der Spitze zu mehr geöffnet.

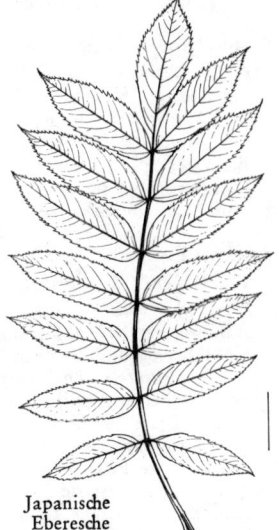

BELAUBUNG: Trieb hellgrau, rosa überlaufen, Lentizellen ledergelb; Knospe schmal kegelförmig, *spitz, glänzend dunkelrot*, harzig-klebrig, 2 cm; Blatt gefiedert, 20–30 cm, mit 13–15 Blättchen, diese lanzettlich, *zugespitzt*, fast sitzend, mit schiefer Basis, bis 8,5 × 2,5 cm groß, die unteren 2 cm ganzrandig, sonst sehr scharf gesägt, Endblättchen oft mit sehr schiefer Basis und mit 1 cm langem Stiel, oben dunkelgrün und glänzend, unten bläulich weiß; Herbstfärbung im Anfang Oktober, *dunkel karmin*, die Spindel rubinrot.

BLÜTEN UND FRUCHT: Blütenstand 8 cm breit, weiß; Frucht kugelig, 8 mm dick, hellrot.

Japanische
Eberesche

ÄHNLICHE ART: Die schlanke, glänzendrote Knospe ist im Winter ein gutes Merkmal; diese Art wird mitunter unter der Bezeichnung *„Sorbus matsumurana"* kultiviert, doch ist letztere sehr selten und hat Blättchen, deren untere Hälfte ganzrandig ist.

Kaschmir-Eberesche   *Sorbus cashmiriana* Hedl.

E – Kashmir Rowan

Kaschmir. Erst in den letzten 10 Jahren in Deutschland verbreitet, durch Material aus dem Botan. Garten Dortmund. Kleiner Baum mit anfangs aufrechten, bald aber mehr waagerecht abstehenden Ästen und bogenförmigen Zweigen. Trieb grau, purpurbraun überlaufen; Knospe lang kegelförmig, Spitze gebogen, behaart, dunkel purpurrot. Blatt 15–20 cm, mit 17–19 Blättchen, diese 4–5 cm lang, tief gesägt, Herbstfärbung hellgelb Anfang Oktober, dann abfallend; Blüten leicht rosa. Früchte nickend, an hellroten Stielen, etwa zu 30 in einem Fruchtstand, 12–13 mm dick, reinweiß, Spitze braun, mit 5 dunkleren Linien; sehr zierend ab Mitte Oktober, nach dem Laubfall.

Hupeh-Eberesche   *Sorbus hupehensis* Schneid.   **25**

E – Hupeh Rowan

West-China 1910. In England häufig, auf dem Kontinent jedoch nur in Sammlungen und Botanischen Gärten. Gut zu erkennen an den *silbergrauen Blatt-*

unterseiten, Blätter bis 25 cm lang, ziemlich hängend, mit 11–13 Blättchen, diese *nur in der oberen Hälfte* scharf gesägt, Zähne vorwärts zeigend; Spindel *rosa* und gefurcht, an der Basis rot; Knospe spitz und tiefrot; Blütenstand halbkugelig, 8–15 cm; Blüten 8 mm, Mitte gelb, Antheren hellpurpurn; Früchte bis zum Herbst hellgrün, dann erst weiß oder hellrosa, 6 mm, in 10 bis 15 cm breiten Ständen. Baum 14 × 1,5 m.

Sorbus 'Joseph Rock'   (steht *S. serotina* nahe)

China. Diese in England bereits viel gepflanzte Sorte steht in Deutschland erst am Anfang ihrer Verbreitung, mit der man jedoch auf Grund ihrer Schönheit und Winterhärte rechnen kann. Die botanische Zugehörigkeit ist noch nicht geklärt. Blatt 15 × 6 cm, gefiedert, mit etwa 16 kleinen, länglichen Blättchen, Basis der Spindel karmin; Blättchen im Sommer gelbgrün, im Herbst leuchtend karminrot und purpurn; Früchte klein, gelb, zahlreich (im Botan. Garten Dortmund vorhanden).

Sargents Eberesche   *Sorbus sargentiana* Koehne

E – Sargent's Rowan

West-China 1908. Dicktriebiger, lockerkroniger, buschiger Baum, meist hochstämmig veredelt auf *S. aucuparia,* zunächst in England verbreitet, in den letzten Jahren jedoch auch in Deutschland. Leicht erkennbar an den großen, glänzenden, *dunkelroten Knospen, umgeben von klarem Harz,* dicken dunkelbraunen Trieben mit elliptischen weißen Lentizellen, *großen* gefiederten, bis 35 cm langen Blättern mit 9–11 Blättchen, mattgrün; Nerven vertieft, das oberste Blättchenpaar vorwärts zeigend und das kleinere Endblättchen überdeckend, das unterste Paar 5 cm lang, das größte Paar bis 13 × 4 cm, unterseits weich behaart; Blütenstand lang weiß behaart, flach gewölbt, 15–20 cm breit. Früchte zahlreich, doch sehr klein, nur 6 mm, hochrot. Herbstlaub prachtvoll scharlachrot und goldgelb.

Sorbus 'Embley' (steht *S. commixta* nahe; = *S. discolor* Hort.)

China, um 1908. Da sich herausgestellt hat, daß die *S. discolor* der englischen Gärten nicht zu dieser Art gehört, erhielt die Pflanze den obigen Namen. Die echte *S. discolor* hat weiße Früchte. *S.* 'Embley' hat große Fruchtstände aus leuchtend orange Früchten; Blattknospen wie bei *S. commixta,* spitz, klebrig;

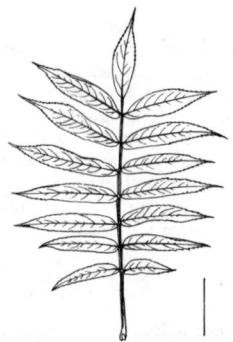  

Sorbus 'Embley'   Sorbus 'Joseph Rock'   Sargents Eberesche

Blättchen 11–15, scharf zugespitzt, im Herbst glühend rot, aber später verfärbend als *S. commixta* und auch länger haftend. Vorzüglicher Straßen- und Parkbaum.

Vilmorins Eberesche *Sorbus vilmorinii* Schneid.

West-China (1889) 1905. Ziemlich selten; nur in Sammlungen und großen Gärten. 8 × 1 m. Rinde dunkelbraun bis grau, abschuppend. Krone breit niedrig, Äste waagerecht oder bogenförmig. Trieb hell graubraun, kurz behaart; Knospe eikegelförmig, behaart, dunkelbraun; Blatt hellbraun austreibend, gefiedert, mit *geflügelter* Spindel, 12 cm, oben dunkelgrün, mit 19–25 Blättchen, diese 2 cm lang, länglich-elliptisch, an der Spitze rund mit Mucro, die obere Hälfte fein gesägt, fast sitzend, unten graugrün und netznervig; Stielbasis scharlach; Herbstfärbung spät einsetzend, tiefrot. Blüten in schlank gestielten Ständen, 10 cm breit, jede 6–7 mm breit, reinweiß; Frucht eiförmig, 1 cm dick, zuerst tiefrot, dann dunkelrosa werdend, zuletzt weiß mit rosa Anflug. – Kann wegen ihrer weißrosa Früchte und kleinen Blätter mit keiner anderen Art verwechselt werden.

Speierling *Sorbus domestica* L.

E – True Service Tree   F – Cornier, Sorbier domestique
N – Peervormige lijsterbes

Süd-Europa, Nord-Afrika, WestAsien; in Süd-Deutschland noch heute in manchen Obstgärten zu finden, mitunter als sehr alte Bäume. 22 × 3 m. – In Deutschland gelegentlich auch forstlich angebaut.

RINDE: Birnbaumartig, fein zerrissen in feine rechteckige Platten.

KRONE: Gewölbt, mit waagerechten abstehenden Ästen.

BELAUBUNG: Trieb anfangs locker seidig behaart, oben olivgrün bis dunkelbraun, unterseits grün; Knospe glänzend, Harz absondernd, *hellgrün, eiförmig,* 1 cm lang; Blatt gefiedert, 15–22 cm lang, mit 13–21 Blättchen, diese länglich, 3 bis 6 cm lang, 1cm breit, nach der Basis zu ganzrandig, sonst scharf und doppelt gesägt, unten weich behaart, oben ziemlich dunkel gelbgrün, etwas hängend.

Speierling

BLÜTEN UND FRUCHT: Blütenstand 10 × 14 cm groß, gewölbt, Mai, lang behaart, die einzelnen Blüten 1,5 cm breit, weiß; Frucht *groß,* 2–3 cm lang, apfel- oder birnförmig (var. *maliformis* und var. *pyriformis*), *grün* mit rotbrauner Sonnenseite.

ÄHNLICHE ART: *S. aucuparia* durch die glatte Rinde und die dunkelpurpurroten Knospen leicht zu unterscheiden.

Thüringische Mehlbeere *Sorbus × thuringiaca* (Ilse) Fritsch (= *S. semipinnata* Hedl.)

E – Bastard Service Tree

Thüringen und Karpaten. Wild aufgefundene, sehr seltene Hybride zwischen *Sorbus aria* und *S. aucuparia.* In Kultur sehr selten, eigentlich nur ihre Formen anzutreffen, am meisten die hier nicht beschriebene 'Quercifolia'. Kleiner Baum mit eiförmiger Krone, ähnlich der nachfolgenden *S. hybrida,* aber die Blätter der fertilen Kurztriebe nach der Spitze zu verschmälert, mit 10–14 Paar Seitennerven feiner gesägt, Zähne kürzer und spitz, doch nicht zugespitzt;

Thüringische
Mehlbeere

Elsbeere

Blätter an der Basis selten mit 1–4 Fiedern, nach oben abnehmend gelappt, schließlich nur noch gezähnt; Blüten nur 12 mm breit; Früchte kleiner, rot.

'F a s t i g i a t a'. Kleiner Baum, Krone noch schmäler als beim Typ, Äste ansteigend; Blätter eilänglich, stumpf zugespitzt, an der Basis mit 1–4 Blättchen, diese mit freier oder etwas herablaufender Basis, derb, dunkelgrün; Früchte sehr zahlreich, dunkelrot. – Diese 1901 in Schweden gefundene Form ist vor allem in Holland oft als Straßenbaum zu sehen; sie ist im Handel unter der irrigen Bezeichnung „*S. hybrida*".

Nordische Mehlbeere   *Sorbus hybrida* (L.) L. (= *S. fennica* Fries)

E – Swedish Whitebeam

Dieser Baum ist zwar intermediär zwischen *Sorbus aria* und *S. aucuparia*, aber nach heutiger Auffassung keine Hybride, sondern ein tetraploider Apomikt, der echt aus Samen fällt. Nord-West-Europa, von Mittel- und Süd-Norwegen bis nach Süd-West-Finnland. – 12 m hoch. Baum mit waagerecht abstehenden älteren Ästen, Spitzen der Triebe oft überhängend, junge Triebe und Blätter flockig-filzig; Blätter eiförmig bis eilänglich, mit 8–10 Nervenpaaren, oben meist breit abgerundet, stumpf, an der Basis meist mit 1–2 Paar Fiederblättchen, grob gesägt, alle Zähne zugespitzt, oben dunkelgrün, unten graugrün, zuletzt derb lederartig; Blütenstände 6–10 cm breit, die einzelnen Blüten 6–10 mm breit, Mai; Frucht rot, spärlich punktiert, 10–12 mm dick.

ÄHNLICHE ART: *S.* × *thuringiaca* (vgl. oben).

Elsbeere   *Sorbus torminalis* (L.) Crantz.

E – Wild Service Tree   F – Alisier torminal

Europa bis Dänemark; Algerien, Kaukasus und Syrien. In Deutschland zwar heimisch, aber doch selten; gelegentlich forstlich angebaut. 22 × 2,8 m.

RINDE: Dunkelbraun und hellgrau, flach gefurcht in schuppenförmige Platten.

KRONE: Bei jungen Bäumen kegelförmig, alte Bäume hoch gewölbt und breit.

BELAUBUNG: Trieb glänzend dunkel purpurbraun auf der Oberseite, olivbraun unten; Knospe kugelig, glänzendgrün, 4–5 mm; Blätter eiförmig, 10 × 8 cm, *fast ahornartig gelappt*, aber wechselständig, auf jeder Seite mit 3–5 dreieckigeiförmigen Lappen, das unterste Paar 2,5 cm tief eingeschnitten und waagerecht, das nächste Paar ist das größte, bis 5 cm lang, vorwärts gerichtet, alle Lappen fein und meist doppelt gesägt; derb, glänzend, beiderseits ziemlich tiefgrün. Stiel gelbgrün, 2–5 cm; Herbstlaub tiefrot bis purpurn.

BLÜTEN UND FRUCHT: Blüten weiß, 1,2 cm breit, Staubbeutel gelb; Blütenstände kopfartig, 10–12 cm breit, locker, grün, dicht behaart, Mai–Juni; Frucht obovoid, 1 cm, etwas gerippt, *braun*, rostig punktiert.

ÄHNLICHE ART: Keine andere *Sorbus*-Art hat ein ähnliches Blatt, daher meist mit Ahorn verwechselt, aber Blattstellung abweichend!

Mehlbeere *Sorbus aria* (L.) Crantz. **25**

E – Whitebeam   F – Alisier blanc   N – Meelbes

Mittel- und Süd-Europa, ebenso Brit. Inseln. Häufig in Parks und als Straßenbaum gepflanzt. 20 × 1,9 m.

RINDE: Grau und glatt, später mit seichten, schuppigen Furchen.

KRONE: Unregelmäßig gewölbt, Äste strahlenförmig abgehend und aufstrebend.

BELAUBUNG: Trieb oberseits dunkelbraun, unten hellgrün, behaart, doch schon bald kahl. Knospe dunkelbraun an der Basis, Spitze weiß behaart, sonst grün, eiförmig, 2 cm; Blatt elliptisch, in Form und Größe veränderlich, meist 8 × 5 cm, seicht gezähnt oder klein gelappt, in der Jugend mit langen silbrigen Haaren, später oben gelbgrün, unten dicht *weiß behaart* bleibend; Stiel 1–2 cm. Herbstlaub im Wald schön gelb und braun, im Garten jedoch nicht bemerkenswert.

BLÜTEN UND FRUCHT: Blüten 1,5 cm breit, in 5–8 cm breiten Ständen, weiß; Frucht eiförmig, meist grün, teilweise auch hellrot Mitte September, aber wenig zahlreich und wenig ansehnlich, schon bald von den Vögeln genommen.

'D e c a i s n e a n a' (= 'Majestica'). 1858. Straßen- oder Parkbaum. Alte Bäume mit breit säulenförmiger Krone, Äste stark und ansteigend, 20 × 2 m. Blätter größer und dicker, bis 15 × 9 cm, obovat-lanzettlich oder länglich-elliptisch, *schmal keilförmig*, fein gezähnt, mitunter schwach doppelt gezähnt, im Sommer dunkelgrün und glänzend. Frucht kugelig, 1,5 cm, scharlach, fein weiß punktiert, zu 5–10 beisammen, auf hellgelben Stielen.

'L u t e s c e n s'. 1892. In neuerer Zeit wieder mehr als Straßenbaum angepflanzt. Krone zierlich, eiförmig, ziemlich dicht, aufsteigend; Triebe dunkelpurpur, im Mai schöner Kontrast zu den sich silbern entfaltenden Blättern. Blätter kleiner als bei *S. aria*, später gelblich graugrün werdend, Herbstfärbung hellgelb.

Himalaja-Mehlbeere *Sorbus cuspidata* (Spach) Held. (= *S. vestita* Wall.)

E – Himalayan Whitebeam

Himalaja 1820. Außerhalb Englands nur selten in Gärten zu sehen. 16 × 2,3 m. Krone schmal kegelförmig, mit nur wenigen, dicken, aufstrebenden Ästen. Trieb oben dunkelpurpurn, unten olivgrün, filzig; Knospe 6 mm, eiförmig, grün; Blätter sehr groß, bis 22 × 14 cm, veränderlich in der Form, meist länglich-elliptisch, lang zugespitzt, flach kerbig gezähnt- und unterschied-

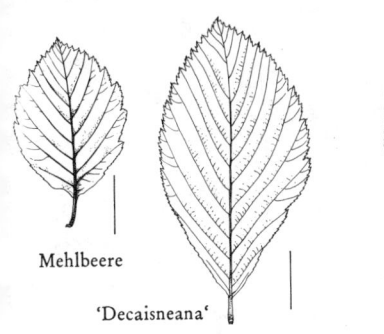

Mehlbeere

'Decaisneana'

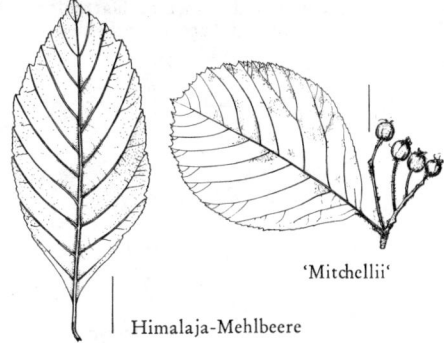

'Mitchellii'

Himalaja-Mehlbeere

lich fein gelappt, oben dunkelgrün und glänzend, unten dicht weiß behaart, die ganze Krone hell graugrün erscheinend. Blüten 2 cm, weiß, Kelch und Staubbeutel matt purpurn, Blütenstände 8 cm breit, Stiele dick wollig. – Einige Ähnlichkeit mit *Sorbus* 'Mitchellii'; vgl. nachfolgend.

Sorbus 'M i t c h e l l i i'

Seit vor 1938 bekannt (in diesem Jahre in Westonbirt, England, gepflanzt). Botanische Zugehörigkeit noch ungeklärt, möglicherweise *S. aria* × *S. cuspidata,* oder aber zu einer noch unbekannten Art, da das Saatgut im Himalaja gesammelt wurde. Baum bis 19 m, Krone breitrund, leicht kenntlich an den riesigen, fast kreisrunden, 15 cm breiten Blättern, oben tiefgrün, unten schneeweiß, stumpf und ungleichmäßig gezähnt, Basis ganzrandig, Stiel 1,5 cm.

Sorbus folgneri Rehd.

E – Folgner's Chinese Whitebeam

Mittel-China 1901. Wohl nur in Sammlungen und Botanischen Gärten, doch ganz winterhart. 15 m. Kleiner Baum mit dünner, lockerer Krone und eleganten, zierlichen, dünnen, zuerst ansteigenden, dann überhängenden Ästen; Triebe dunkelrot, zuerst weißfilzig, doch schon bald kahl; Knospe 5 mm, dunkel rotbraun; Blatt *obovat-lanzettlich, keilförmig,* 10 × 4,5 cm, oben *runzelig,* mit 8–9 parallelen Nervenpaaren, Zähne unregelmäßig und vorwärts gerichtet, oben sehr tief dunkelgrün, *unten unterschiedlich silberweiß* und dicht behaart; Stiel 1,7 mm, weißfilzig; Herbstfärbung Anfang November, dann oben orange, scharlach und karmin, schöner Kontrast zu der silberweißen Unterseite. Blütenstand 10 cm breit, Blüten klein, weiß; Frucht zuerst gelbgrün, dann rot, 6–10 mm, flaschenförmig mit bleibendem Kelch.

Sorbus latifolia (Lam.) Pers.

E – Service Tree of Fontainebleau

Nach moderner Auffassung eine apomiktische Art, entstanden aus einer Hybride von *Sorbus aria* und *S. torminalis,* mit denen zusammen sie von Portugal bis Süd-West-Deutschland vorkommt. Baum mit breitkegelförmiger Krone, bis 15 m; Triebe glänzend olivbraun; Blätter eirund, 7–10 cm lang, mitunter auch größer, fiederartig gelappt und scharf gesägt, oben dunkelgrün und matt glänzend, unten graugelb filzig; Blüten 1,5 cm breit, Mai, in etwa 10 cm breiten Doldenrispen; Früchte braun, punktiert, ellipsoid, 1,5 cm lang. – In Deutschland auch eine Gartenform 'Atrovirens' (Hesse) verbreitet, die sich aber kaum vom Typ unterscheidet.

Sorbus folgneri   *Sorbus latifolia*

Schwedische Mehlbeere *Sorbus intermedia* (Ehrh.) Pers. **25**

E – Swedish Whitebeam   F – Alisier blanc de Suède
N – Zweedse meelbes

Schweden, Baltikum, selten in Nord-Deutschland heimisch; bei uns häufiger Straßen- und Parkbaum. 15 × 2 m. Forstlicher Versuchsanbau in Dänemark und Groß-Britannien.

RINDE: Matt purpurgrau, ganz glatt bis auf die wenigen breiten, flachen, schuppigen Risse.

KRONE: Dicht, breit gewölbt auf kurzem Stamm.

BELAUBUNG: Trieb matt graurosa, nach der Spitze zu rötlich, mit langen, doch bald abfallenden Haaren; Knospe grün bis dunkel rotbraun, grau behaart, 8 mm; Blatt elliptisch, breitkeilförmig 8–12 × 5–7 cm, von unterhalb der Mitte gelappt mit 3–7 Lappen an jeder Seite, nach der Spitze zu kleiner werdend, der größte etwa ein Drittel der Spreite eingeschnitten; Lappen unregelmäßig gesägt mit 3–5 Zähnen; oben dunkelgrün, unten kurz weißwollig; Stiel 2 bis 5 cm.

BLÜTEN UND FRUCHT: Sehr reichblühend, fast wie ein Weißdorn, Blüten 1,2–2 cm breit, in 8–10 cm breiten Doldenrispen, Petalen kreisrund, Antheren hellrosa; Frucht eilänglich, 15 × 10 mm, glänzend grün, dann scharlachrot, Stiele olivbraun und fast kahl; etwa 20 Blüten beisammen.

ÄHNLICHE ARTEN: Blatt schmäler, kleiner und mit tiefer einsetzender Lappung wie bei *S. latifolia;* ohne freie Fiederblättchen wie bei *S. × thuringiaca.*

FELSENBIRNE   *Amelanchier*

Etwa fünfundzwanzig Arten in der nördlichen gemäßigten Zone, nach Süden bis Mexiko. Weiße Blüten in endständigen Trauben.

Kupfer-Felsenbirne *Amelanchier lamarckii* F. G. Schroed. **26**

E – Snowy Mespil   F – Néflier des rochers   N – Krentenboompje

(Dies ist die in den Baumschulen fälschlich als *„A canadensis"* bezeichnete Art; die echte Pflanze dieses Namens ist in deutschen Gärten wahrscheinlich überhaupt nicht in Kultur.)

Schon im 18. Jahrh. aus Ost-Kanada über Frankreich nach West- und Mittel-Europa gelangt, dann in der 2. Hälfte des 19. Jahrh. in Holland und Teilen Nord-West-Deutschlands als Obstbaum („Korinthenbaum") kultiviert, von dort durch Vögel verbreitet und seither in diesen Gebieten und verschiedenen Teilen Englands eingebürgert. Großstrauch bis kleiner Baum, selten bis 10 m, Krone breit gewölbt, Äste dünn, bogenförmig ausgebreitet, locker, keine Ausläufer; junge Blätter *kupferrot*, auf der *Unterseite weiß seidenhaarig,* oft auch später so bleibend; Blätter elliptisch, 4,5–8,5 × 2–5 cm, mit kurzer Spitze, unten abgerundet bis schwach herzförmig, fein gesägt bis fast zur Basis, Stiel behaart, 2 cm; Herbstfärbung leuchtend rot und orange; Blüten 2,5–3 cm breit, weiß, zu 8–10 in kurzen, lockeren, *aufrechten* Trauben, Mai; Früchte dunkelpurpur, kugelig, 1 cm dick, süß und saftig, mit *aufrechtem Kelch.*

ÄHNLICHE ART: Die ebenfalls in den Gärten vorkommende **Kahle Felsenbirne,** *A. laevis,* kann sogar bis 12 m hoch werden, wächst ebenfalls breit und ohne Ausläufer, die Blätter treiben kupferrot aus, sind aber *unterseits kahl* und kleiner, 4–6 × 2,5–4 cm, elliptisch, von der Mitte an *nach oben verschmälert;* Blüten mitunter noch etwas größer; Früchte ebenfalls süß und saftig, aber die Kelchblätter *zurückgeschlagen.*

APFEL   *Malus*

Etwa fünfundzwanzig Arten in den nördlichen gemäßigten Regionen, aus denen eine riesige Anzahl von Hybriden und Gartenformen entstanden ist, sowohl mit zierenden Blüten wie auch Früchten, von denen nur einige wenige behandelt werden können. Vgl. Taf. 28 für typische *Malus*-Arten.

Holz-Apfel   *Malus silvestris* Mill.   26

E – Wild Crab   F – Pommier sauvage   N – Wilde appel

Heimischer Baum; Europa bis Vorderasien (Süd- und Ostgrenze noch nicht genau bekannt), in Wäldern, Gebüschen und Hecken. – Baum oder Strauch, bis 7 m, gelegentlich etwas höher, Krone dicht, Äste und Zweige mit vielen mehr oder minder *verdornenden Kurztrieben*; Knospen wollig; Blätter mehr eirundlich, kerbig gesägt, 4–8 cm lang, fast kahl oder nur schwach behaart; Blüten rosaweiß, April–Mai, Blütenstiele kahl; Früchte kugelig, gelbgrün mit roter Backe, 2–4 cm dick, herbsauer und holzig, Stiel kürzer als die Frucht, spät reifend.

Johannis-Apfel   *Malus pumila* Mill.

E – Crab apple   F – Pommier sauvage   N – Cultuurappel

Europa (vielleicht nur verwildert?), Kleinasien, vor allem Kaukasus. Kurzstämmiger, rundkroniger Baum, 5–7(–15) m, lichter bezweigt als *M. silvestris*, Zweige meist ohne dornige Kurztriebe, junge Triebe und Kurztriebe etwas filzig, Knospen behaart; Blätter mehr elliptisch bis eiförmig, 4–10 cm lang, spitz bis stumpf, Basis keilförmig, kerbig gesägt, zuerst beiderseits behaart, später oben kahl; Stiel bis 3 cm lang; Blüten weiß, rosa überlaufen, bis 5 cm breit, Kelch und Blütenstiel behaart, April; Frucht 2–6 cm dick, grün, an beiden Enden vertieft, *süßlich, nicht holzig*, schon im Juli reif (24. Juni = Johanni). – Wildapfel mit großen Blättern und unbedornten Zweigen, im Aussehen sehr an unsere Kultur-Äpfel erinnernd.

Chinesischer Apfel   *Malus spectabilis* (Ait.) Borkh.

China, doch schon vor 1750 in Europa bekannt. Großer Strauch oder kleiner Baum, bei uns kaum über 8 m (in England bis 12 × 2 m), Krone meist kegelförmig, später breiter werdend und Zweige etwas hängend; Blütenknospe *rosarot, kugelig,* aufgeblüht etwas heller, dann bis 5,5 cm breit, *halbgefüllt* (6–8 Petalen), Staubfäden 1,5 cm, weit abstehend; Frucht kugelig, 2 cm, gelblich, sauer, am Stielende nicht vertieft; Blatt 5–8 × 3 cm, elliptisch, Basis ungleich, Zähne angedrückt, oben glänzend; Stiel 1,5 cm, lang behaart; Rinde mit feinen spiraligen Furchen, purpurbraun, mit dicken, grauen Schuppen.

Chinesischer Apfel   Beeren-Apfel   var. *mandschurica*

Beeren-Apfel („Kirsch-Apfel") *Malus baccata* (L.) Borkh.

E – Siberian Crab

Ost-Sibirien-Mandschurei, Nord-China 1784. – Was in unseren Gärten angetroffen wird, ist oft nicht echt, sondern gehört zu *M.* × *robusta.* Baum mit
niedriger, gewölbter, ziemlich überhängender Krone oder großer Strauch;
Knospe scharf kegelförmig; Blatt *lanzettlich,* 3–8 × 2–3,5 cm, keilförmig, spitz,
scharf gesägt, Stiel dünn, 2–5 cm lang; Blüten 3,5 cm breit, Petalen schmal
elliptisch, *weit geteilt,* Stiele dünn, 2–6 cm; reichfruchtend, Frucht mehr oder
weniger kugelig, 1 cm dick, gelb mit roter Backe, bis zum Frühjahr am Baum
bleibend, *Kelch abfallend.*
ERKENNUNGSMERKMALE: Das kleine schmale Blatt mit dünnem Stiel, die kleine,
gut gefärbte Frucht, und die breiten Blüten mit schmalen Petalen.

var. *mandschurica* (Maxim.) Schneid. Mittel-Japan bis zum Amur-Gebiet und
Mittel-China. Sehr selten, nur in Sammlungen und Botanischen Gärten. Wuchs
stärker, 15 × 2 m. Krone breit, dicht verzweigt; Blatt breit elliptisch, in der
Jugend unterseits behaart, Stiel behaart, auch die Blütenstiele; Blüte 4 cm breit,
blüht als früheste aller *Malus*-Arten, reinweiß; Frucht ellipsoid, 12 mm dick,
hochrot, schon früh gefärbt.

Tee-Apfel *Malus hupehensis* (Pamp.) Rehd.
(= *M. theifera* [Bailey] Rehd.

E – Hupeh Crab

China, Assam 1900. Wenig verbreitet, nur in Sammlungen und großen Gärten. 9 × 1,9 m.
RINDE: Matt orangebraun, grob gefurcht in senkrechte
Platten.
KRONE: Breit, die unteren Äste waagerecht und lang,
die oberen ansteigend.
BELAUBUNG: Blatt 5–10 × 3–6 cm, eiförmig, kurz zugespitzt, obere Hälfte fein gekerbt, frischgrün, Stiel
4–6 cm lang, dünn, grün, fein behaart.

Tee-Apfel

BLÜTEN UND FRUCHT: Blüten in lockeren Ständen auf 4 cm langen, behaarten
Stielen, in der Knospe rosa und kugelig, aufgeblüht reinweiß und becherförmig, zuerst 3–4 cm breit, ausgebreitet 5–6 cm breit, Petalen einwärts gekrümmt,
breit eiförmig, *sich überdeckend;* Staubbeutel gelb; Frucht eikegelförmig,
1,3 × 1,3 cm, zuerst gelb und orange, dann purpurrot, Stiel karmin.
WUCHS: Sehr stark; in England 11 × 2 m in 40 Jahren.
ÄHNLICHE ART: Von der ebenfalls reichblühenden, frühen *M. baccata* verschieden durch den Habitus, die rosa Knospen, becherförmige Blüten mit überlappenden Petalen.

Purpur-Apfel *Malus* × *purpurea* (Barbier) Rehd.

Die Original-Hybride, um 1900 in Frankreich entstanden aus *M.* × *atrosan-
guinea* × *M. pumila* 'Niedzwetzkyana', ist bei uns so gut wie nicht mehr in
Kultur, sondern nur die hierher gehörenden Sorten, von denen einige der bekanntesten folgen:

'E l e y i'. Bis 6 m hoch. Wuchs breit; Blätter dunkler rot als beim Typ; Blüten
dunkelpurpurn, etwas dunkler als beim Typ, etwa 3,5 cm breit, einfach;
Früchte eiförmig, 2,5 cm lang, 1,5 cm dick, purpurrot, an dünnen, langen Stielen, bis November haftend. – Englische Züchtung. 1920.

'L e m o i n e i'. Bis 5 m hoch, Wuchs kräftig aufrecht, Äste nicht abstehend; Blätter elliptisch bis eiförmig, oft auch mit 1–2 seitlichen Lappen, dunkelpurpurn, später bronze oder mehr dunkelgrün; Blüten einfach bis leicht gefüllt, 4 cm breit, alljährlich blühend, doch als junger Strauch noch wenig reichblühend und dann auch nur an der Peripherie der Krone, Früchte mehr kugelig, 1,5 cm dick, dunkelpurpurn. – Französische Züchtung. 1928.

Nicht zu *M.* × *purpurea*, sondern zu *M.* × *moerlandsii*, einer Kreuzung von *M.* × *purpurea* 'Lemoinei' mit *M. sieboldii* gehören die beiden folgenden Gartenformen mit ebenfalls purpurnen oder bronzegrünen, aber *gelappten* Blättern:

'L i s e t'. Habitus ähnlich 'Lemoinei', aufrecht, bis 8 m, auch die Blätter, Blüten und Früchte sehr ähnlich, aber Wuchs höher, schon als junge Pflanze reichblühend; Blätter später im Jahr überwiegend dunkelgrün und glänzend; Blüten einfach, 4 cm breit, rein purpurrot, mittelfrüh; Früchte dunkelbraun, 1,5 cm dick. – Holländische Züchtung. 1938.

'P r o f u s i o n'. Kleiner Baum, 4 m hoch (vielleicht höher), aufrecht, Äste teils abstehend und überhängend; Blätter ei-elliptisch, an Langtrieben gelappt, rot oder rötlich, später mehr bronzegrün, sehr an 'Lemoinei' erinnernd; Blüten karminrot, doch rasch heller werdend; Früchte rotbraun, oft etwas bereift, flachkugelig, 1,5 m, etwas kantig, lang gestielt. – Holländische Züchtung. 1938.

'Profusion'   Halls Apfel   'John Downie'

Halls Apfel   *Malus halliana* Koehne

E – Hall's Crab

Ursprünglich aus China, doch wild nicht bekannt; 1863 aus Japan eingeführt. Gelegentlich in Parks oder Sammlungen. Kleiner Baum, kaum über 5 m hoch, Krone locker und ausladend; Blätter lanzettlich, 5 × 1,5 cm, Austrieb rötlich, später oben glänzend dunkelgrün, unten heller, mit ganz *feinem dunkelrotem Saum*, Stiel karmin, 1 cm; Blütenknospen rot, aufgeblüht dunkelrosa, innen etwas heller, einfach bis leicht gefüllt; Stiel 3 cm, purpurrot wie der Kelch; Frucht kugelig, rotbraun, 6–8 mm dick. Sehr schön in Blüte.

Malus × *magdeburgensis* Hartwig

E – Magdeburg Apple

Hybride von *Malus pumila* × *M. spectabilis,* aber mehr an letztere erinnernd, doch Blätter breiter. Krone locker, fast becherförmig, später Äste etwas hängend; in Blüte ähnlich einem normalen Apfelbaum, aber besonders reichblühend, Knospen intensiv rosa, aufgeblüht etwas heller, kugelig, großblumig, halbgefüllt, zuerst einzelne Blütenbüschel zwischen den hellgrünen Blättern

aufblühend, bald darauf in dichten, die ganzen Zweige bedeckenden Blütenständen, Mitte Mai. – Vor 1898 in Magdeburg gefunden; heute in deutschen
Baumschulen nur noch wenig in Kultur.

Japanischer Apfel *Malus floribunda* Sieb.

Japan 1862. Ziemlich häufig in Parks und größeren Gärten. Niedriger, breitkroniger Baum oder hoher Strauch, ungewöhnlich reichblühend. Die Knospen
sind rot, die einfachen, zunächst rosafarbenen Blüten öffnen sich zwischen den
schon entfalteten Blättern und werden dann allmählich weiß. Mitunter reichfruchtend, die kleinen Äpfel 6–8 mm dick, gelb oder rot, an sehr dünnem,
4 cm langem Stiel. Laubaustrieb schon sehr früh, Blütezeit Anfang Mai. Trieb
grün, dicht behaart; Blatt lanzettlich oder ei-lanzettlich, die beiden unteren
Drittel des Randes flach, das oberste Drittel scharf gesägt, gelegentlich etwas
gelappt, keilförmig, tiefgrün, unterseits heller und fein behaart; Stiel 3 cm,
mit rosa Furche, fein hellgrün behaart, an der Basis rot.

Woll-Apfel *Malus tschonoskii* (Maxim.) Schneid. **26**

Japan 1897. Als großer Baum ziemlich selten (Botan. Garten Dortmund;
8 × 1 m). Als junger Baum mit *schmal kegelförmiger* Krone, im Alter jedoch
breiter; Äste lang aufsteigend, mit wenigen Seitenzweigen; Blatt 10–12 × 6
bis 8 cm, etwas herzförmig, eilänglich, scharf und flach gezähnt, dick, *lederartig*, oben glänzend dunkelgrün, unten *weiß behaart*, Herbstfärbung *leuchtend goldgelb und scharlach*. Blüten aufrecht, zu 4–5 beisammen, Knospe rosa,
aufgeblüht weiß, goldgelbe Staubbeutel, duftend, 2,5 cm; Frucht flachkugelig,
1,5 × 2 cm, glänzend gelb und tiefrot.

Malus 'John Downie'

1875 von der englischen Baumschule Holmes in Lichfield gezüchtet; auch auf
dem Kontinent in Gärten und Parks zu sehen, vor allem in Holland. Krone
anfangs aufrecht, 5–6 m oder höher, später mehr ausgebreitet. Blüten, wie bei
den meisten Apfelbäumen, weiß, in der Knospe rosa, alle zwei Jahre voll
blühend; Petalen schmal länglich, in einen schmalen Nagel auslaufend; Stiel
2,5 cm; Kelchblätter schmal, zurückgeschlagen; Früchte zu vielen in lang gestielten Büscheln beisammen, eikegelförmig, 3,5 × 3 cm, glänzend scharlach-
und orange, überreich tragend und auch wirtschaftlich wertvoll; Blatt glänzend
grün, 6 × 2,5 cm, lanzettlich, fein gesägt, unterseits kahl und etwas glänzend,
Stiel 2 cm, behaart. – Sehr zierend im Fruchtschmuck.

Malus 'Van Eseltine'

Eine Kreuzung von *M. arnoldiana* mit *M. spectabilis*, amerikanische Züchtung.
1930. Sehr ähnlich *M. spectabilis* in der Belaubung, doch Wuchs breit säulenförmig, etwa 5–6 m hoch und 2 m breit, alle Äste straff aufrecht gehend, wie
bei einer Pyramiden-Pappel. Blüten kräftig rosa, mit etwa 15 Petalen, schalenförmig, 4,5 cm breit, mittelfrüh, sehr reichblühend; Frucht platt rund, 2 cm
dick, gelb oder auch mit großer roter Backe, mit großer Kelchnarbe, ohne
Stielverdickung. Sehr wertvolle Sorte.

BIRNE   *Pyrus*

Etwa zwanzig Arten in den gemäßigten Zonen der Alten Welt. Blüten in Doldentrauben; Fruchtfleisch mit Steinzellen. Vgl. Taf. 25 für typische Birnen.

Holz-Birne   *Pyrus communis* L.

E – Common Pear   F – Poirier sauvage   N – Wilde peer

Die korrekte Bezeichnung für die Holz-Birne ist *P. communis* var. *pyraster* L.;
der Sammelname für die Kultursorten des Birnbaumes ist *P. communis* var.
sativa (DC.) DC. Die nachfolgende Beschreibung betrifft die var. *pyraster*,
die von Mittel-Europa bis Kleinasien vorkommt; Waldränder, mitunter in
Hecken und alten Obstwiesen. 15–20 m hoch.

RINDE: Dunkelbraun bis schwärzlich, ganz fein und tief gefeldert durch kurze,
tiefe Längs- und Querrisse.

KRONE: Hoch und kegelförmig, Spitze abgerundet; als junger Baum schmal, Äste
aufstrebend.

BELAUBUNG: Triebe braun, zuerst behaart, zuletzt doch kahl, Zweige meist mit
vielen *verdornten* Kurztrieben; Blatt dünn, an Kurztrieben spitz eiförmig bis
mehr rund, dünn, 3–5 × 2–3,5 cm, mit 6–8 Nervenpaaren, fein kerbig gesägt,
oben glänzendgrün oder gelblichgrün, Stiel 2–5 cm.

BLÜTEN UND FRUCHT: Blüten weiß, 2–4 cm breit, in 5–8 cm breiten Trugdolden,
April, vor dem Austrieb der Blätter; Frucht birnförmig oder auch kugelig,
1,5–3,5 cm dick, gelb, zuletzt braunfleckig, herbsauer, mit *bleibendem Kelch*.

Weidenblättrige Birne   *Pyrus salicifolia* Pall.   **26**

E – Willow-leafed Pear   N – Wilgbladige peer

Süd-Ost-Europa, Kleinasien 1780. Nicht selten in größeren Parks und Gärten,
meist als *Pyrus salicifolia* 'Pendula' bezeichnet. Kleiner Baum mit gewölbter
Krone und dünnen, *hängenden, silbrig belaubten* Blättern. Blatt 3–9 × 1–2 cm,
lang zugespitzt, lang keilförmig, zuerst beiderseits silbrig behaart, später glänzend grün, ganzrandig, Stiel 3–15 mm. Blüten reinweiß, 2 cm, Knospen in
dichten Büscheln und an den Spitzen rot, Stiele weißwollig,; Frucht eine kleine
grüne Birne, 2–3 cm. Hübscher Baum und sehr zierend, wie auch zwei weitere
Arten, die aber beide weniger verbreitet sind. *P. elaeagrifolia* Pall., aus Süd-
Ost-Europa, hat breitere ganzrandige Blätter, 8 × 3 cm, an längeren Stielen, **2**
bis 4 cm. Frucht kugelig bis kreiselförmig, 2 cm, grün. Baum dornig. – *P. nivalis*
Jacq. die **Schneebirne**, aus Süd-Ost-Europa, heute als Stammform der Berga-
motten angesehen, wird bis 10 m hoch, weder hängend noch dornig, hat brei-

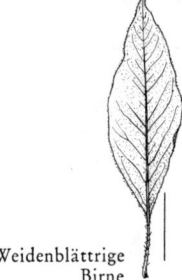

Weidenblättrige
Birne

Gefülltblühende
Kirsch-Pflaume

tere Blätter, 9 × 2,5 cm, im Austrieb schneeweiß, später dunkelgrün, *gesägt mit vorwärts gerichteten Zähnen;* Knospe kurz und dick, dunkel purpurbraun, Blüten weiß, mit den Blättern erscheinend; Frucht kugelig, 3–5 cm dick, spät reif, Stiel wollig, dick, 5 cm.

PFLAUMEN, MANDELN, APRIKOSEN, PFIRSICHE, KIRSCHEN usw. *Prunus*

Etwa zweihundert Arten in den gemäßigten Zonen. Blätter wechselständig, Blüten mit 5 Petalen, fünf Sepalen und einem freistehenden Griffel.　　Vgl. 28

Kirsch-Pflaume　*Prunus cerasifera* Ehrh.

E – Myrobalan Plum　　　F – Myrobalan　　　N – Kerspruim

Balkan bis Mittel-Asien; seit langer Zeit in Kultur; bei uns gelegentlich als Hecke oder in Obstgärten oder in Parks. Niedriger, breiter, lockerkroniger Baum, 5–8 m, im April dicht mit kleinen, reinweißen Blüten bedeckt, zwischen den frischgrünen, gerade austreibenden Blättern. (Obwohl kein Baum, sei hier die **Schlehe**, *Prunus spinosa*, erwähnt, ein dichter, häufig bei uns vorkommender großer Strauch, wächst straff aufrecht, ist sehr dornig und blüht einen Monat später.)

BELAUBUNG: Trieb grün, winzig behaart; Blatt elliptisch, stumpf, fein gekerbt, oben dunkelgrün, glänzend, Nerven vertieft, 5 × 3 cm, unterseits heller und matt; Stiel 1 cm, rötlichgrün und breit gefurcht.

FRUCHT: Kugelig, 2 cm dick, bis zu 5 in einem Büschel beisammen, im Sommer grün, später gelb oder rot, steinlösend, Stiel 1 cm. – Hierzu die beiden folgenden Gartenformen mit dunkelroten Blättern, sehr oft in Gärten und Parks angepflanzt:

'A t r o p u r p u r e a' (= *P. pissardii*). Um 1880 über Frankreich aus Persien eingeführt und seither allgemein verbreitet. Kleiner Baum oder hoher Strauch, Blätter größer als beim Typ, *rotbraun,* allmählich trübpurpurn werdend; Blüten 2 cm breit, *weiß,* mitunter ganz leicht rosa getönt, vor den Blättern, April; Früchte purpurrot, kugelig, 3 cm.

'N i g r a'. Wie vorige, aber Laub tief *schwarzrot,* im Herbst nicht verblassend; Blüten *rosa,* einige Tage später aufblühend. Um 1916 aus USA eingeführt.　**27**

Gefülltblühende Kirsch-Pflaume　*Prunus* × *blireana* André

1885 in Frankreich entstanden aus einer Kreuzung von *P. cerasifera* 'Atropurpurea' mit *P. mume.* Breiter Strauch (auch kleiner Baum, wenn hochstämmig veredelt), Zweige etwas überhängend; Blätter rotbraun, eirund, 3–6 cm lang, im Austrieb rot, später allmählich mehr oder weniger vergrünend; Blüten einzeln, *halbgefüllt,* rosa, 3 cm breit. Trieb dunkel purpurrot.

Fenzls Mandel　*Prunus fenzliana* Fritsch.

Kaukasus. 1890. Großer, aufrechter Strauch oder kleiner Baum, bis 5 m, Äste aufrecht, sehr dicht verzweigt, Kurztriebe stark verdornend; Zweige dünn, zuletzt graugrün, kahl; Blätter schmal eilänglich, 6–8 cm, zugespitzt, Basis rund, meist *beiderseits bläulichgrün,* kahl, Stiel 1–2 cm; Knospen rosa, aufgeblüht *bald reinweiß,* schalenförmig, 3–4 cm breit, *März,* sehr reichblühend, 2 Wochen früher als der Mandelbaum; Früchte trockenfleischig, wie kleine Mandeln, doch

Ahorn-Arten (Fortsetzung)

1 Spitz-Ahorn *Acer platanoides* 333
  a Habitus eines 23 m hohen Baumes.
  b Frucht im Sommer.
  c Blüten, Ende März, vor den Blättern erscheinend.
  d Blatt; dünn und mit lang zugespitzten Zähnen, leicht vom Berg-Ahorn zu unterscheiden.

2 Feld-Ahorn *Acer campestre* 340
  a Blätter; manche sind fast bis zur Basis eingeschnitten.
  b Blütenstand; männliche und weibliche Blüten zusammenstehend, die weiblichen Blüten zeigen die sich entwickelnde Flügelfrucht.

3 Silber-Ahorn *Acer saccharinum* 356
  a Blatt von oben.
  b Blatt von unten.
  Sehr raschwüchsiger Baum; häufiger Parkbaum.

4 Rot-Ahorn *Acer rubrum* 356
  a Blatt von oben.
  b Blatt von unten; oft genau so silbrig wie beim Silber-Ahorn, aber kleiner und nicht so tief gelappt und gezähnt; Baum seltener zu finden.

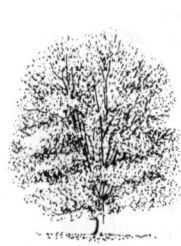

Spitz-Ahorn   Feld-Ahorn   Silber-Ahorn

1a

1b

1c

1d

2a

b

3a

3b

4a

1a

1b

1d

2a

2b

3

Ahorn-Arten (Fortsetzung)

1 Berg-Ahorn   *Acer pseudoplatanus*   343
Heimischer Wald- und Parkbaum, der sich oft selbst aussät.

a Unbelaubter Baum, 25 m hoch.

b Blatt eines jungen Baumes; an den meisten älteren Bäumen sind die Blätter kleiner, weniger tief gelappt und kürzer gestielt. Das Blatt ist derb und tiefgrün, ganz verschieden von dem des Spitz-Ahorns, ebenso auch die Zähnung.

c Blütenstand; die Blüten öffnen sich erst, wenn die Blätter schon fast völlig entfaltet sind, die Blüten haben sehr kurze Petalen.

2 Roter Schlangenhaut-Ahorn   *Acer capillipes*   354

a Knospen und Blatt, die Parallel-Nervatur zeigend; Blattunterseite heller, gelblichgrün oder auch bläulich, und meist rot geadert.

b Rinde; sie hat die schönste Färbung aller „Schlangenhaut-Ahorne" und vor allem bei jüngeren Pflanzen sehr ausgeprägt.

3 Eschen-Ahorn   *Acer negundo*   359
Häufiger als die normal grüne Art ist die weißbunte Form, die man überall in Gärten und Parks antreffen kann. Blatt mit den normalen 5 Blättchen, aber oft findet man auch solche mit drei oder sieben Blättchen.

Stein kleiner. – Sehr schönes Gehölz, vollkommen winterhart, viel zu selten in Parks anzutreffen (mehrere große Sträucher, 4 m, im Westfalenpark Dortmund).

Mandel *Prunus dulcis* D. A. Webb. (= *P. communis* Arcang.; *P. amygdalus* Batsch)

E – Almond   F – Amandier   N – Amandel

Syrien bis Nord-Afrika; seit ältesten Zeiten in Kultur, doch wild eigentlich nicht bekannt, in Deutschland im allgemeinen nur die **Krach-Mandel** *P. dulcis* var. *fragilis* (Borkh.) Buchheim, in den Gärten des Weinbaugebietes angepflanzt. Breitkroniger Baum, bis 10 m, meist jedoch niedriger.

RINDE: Fast *schwarz*, tief zerbrochen in kleine Felder.

KRONE: Flachkugelig, mit ansteigenden Ästen, ziemlich offen.

BELAUBUNG: Blatt ei-lanzettlich, 7–12 cm, fein gesägt, dunkel- oder gelblichgrün, häufig mit einer „V"-förmigen Falte nahe der Basis, oder auch kraus und rosa durch die Pfirsichkräuselkrankheit.

BLÜTEN UND FRUCHT: Blüten vor den Blättern im zeitigen Frühjahr erscheinend, je nach Witterung zwischen Februar und April, groß, 3–5 cm breit, einzeln oder zu zweit, an kurzen Stielen, weiß bis blaßrosa, bei der Krach-Mandel die Petalen so lang wie der Kelch; Sägezähne am Blattrand ohne Drüsen; Frucht gelblichgrün, oft rot überlaufen, lang eiförmig, etwa 4 cm lang, flach, trockenfleischig, dicht behaart, aufreißend, Stein mit krustiger, tiefgefurchter, zerbrechlicher Schale; Kern süß.

ERKENNUNGSMERKMALE: Früheste, baumartige *Prunus*-Art mit großen Blüten; Blätter mattgrün und etwas hängend; dunkle Rinde und große Früchte. Vgl. aber auch *P.* × 'Pollardii'.

Prunus 'P o l l a r d i i'

Vor 1904 in Australien entstanden aus einer Kreuzung von *P. dulcis* mit *P. persica*. Bei uns in den Gärten auch außerhalb des Weinbaugebietes angepflanzt und vom Mandelbaum abweichend durch stärkeren Wuchs, mitunter mit verdornenden Kurztrieben; Blätter lanzettlich, schärfer gesägt; Blüten 4 bis 5 cm breit, hellrosa mit dunklerer Mitte; sehr reichblühend; Früchte pfirsichartig, aber flacher und trockenfleischig, zuletzt Schale aufreißend; Stein hartschalig, gefurcht.

Berg-Kirsche *Prunus subhirtella* Miq.

E – Rose-bud Cherry

Japan 1895. Kleiner, dichter, aufrechter Baum; Blätter eiförmig, tief und unregelmäßig scharf gezähnt, zartrosa, bald verblassend, in Büscheln stehend, April, Petalen an der Spitze mehr oder weniger deutlich eingeschnitten. Der Typ jedoch viel weniger häufig angepflanzt als die Gartenform 'Autumnalis'.

'A u t u m n a l i s'. **Winterblühende Kirsche.** In den letzten Jahren zunehmend in städtischen Parks und Anlagen angepflanzt. Kleiner Baum bis 5 m oder großer Strauch, breit verzweigt, Äste dünn; Blüten weiß, locker gefüllt, die Petalen etwas kraus stehend, *von November bis April* bei milder Witterung *aufblühend* (und dann in den Tageszeitungen als „Blütenwunder" gepriesen!); in kalten Wintern erscheint ein Teil der Blüten im November (falls die Witterung dann mild) und der Rest im April, zugleich mit den jungen Blättern. – 'A u t u m n a l i s   R o s e a' hat weiße Blüten mit rosa Mitte, sonst nicht verschieden. – Außerdem eine Hängeform, *P. subhirtella* 'P e n d u l a', mit schirmartig hängender, sehr dünner Bezweigung und überreich erscheinenden weißlichrosa Blüten, Mai.

Mandel   Winterblühende   Yoshino-Kirsche
Kirsche

Tibet-Kirsche   *Prunus serrula* Franch.   **27**
(=*P. serrulata* var. *tibetica* Koehne)

West-China 1908. Leider noch viel zu wenig verbreitet, doch in Gärten und Parks hier und da anzutreffen.

RINDE: Glänzend *mahagonibraun,* wie gedrechselt und poliert, mit waagerechten Lentizellenbändern, vor allem dann, wenn die harten Partien vorsichtig immer wieder entfernt werden. Geschieht dies nicht, wird die Rinde älterer Stämme hart, schwärzlich, mit krausen Schuppen und vielen Wasserreisern.

KRONE: Breit gewölbt, dicht beastet, die stärkeren Äste bogenförmig ausgebreitet, ebenfalls mit Spiegelrinde.

BELAUBUNG: Triebe oben rötlich, unten hellbraun, kurz behaart; Knospe eiförmig, spitz, kastanienbraun, 6–7 mm, dem Trieb angedrückt; Blätter am gleichen Baum verschieden groß, von 4–12 × 3 cm, lanzettlich, lang zugespitzt, Basis rund, fein und scharf gesägt, oben mattgrün, unten Mittelrippe und Nerven weiß seidig behaart, Stiel 6–7 mm.

BLÜTEN UND FRUCHT: Blüten klein, 2 cm, zu 2–3 beisammen, an 4 cm langen, grünen Stielen hängend, ziemlich reichblühend, aber wenig auffallend, weil zugleich mit dem jungen Laub im Mai erscheinend. Frucht eilänglich, 6 mm, an dünnem, 3–4 cm langem Stiel. – Wegen seiner prachtvollen Rinde sehr gern angepflanzt.

Yoshino-Kirsche   *Prunus* × *yedoensis* Matsum.

Vermutlich Hybride zwischen *P. subhirtella* und *P. speciosa,* schon lange in Japan in Kultur, wild nicht bekannt. 1902. In letzter Zeit auch bei uns zunehmend angepflanzt. Breitkroniger Baum, Äste weit ausgebreitet und bogenförmig nach unten gehend; Rinde glatt, junge Triebe leicht behaart; Blätter im Austrieb gelblichgrün, nach den Blüten erscheinend, elliptisch, 6–12 cm, zugespitzt, doppelt gesägt, oben frischgrün, unten heller und Nerven behaart, Stiel 4 cm, behaart, Herbstfärbung goldgelb und ziegelrot; Blüten überaus zahlreich, zu 5–6 in kurz gestielten Trauben, hellrosa im Aufblühen, doch sehr bald schon *fast weiß* und flach, 3–3,5 cm breit, Petalen tief eingeschnitten; Sepalen karminrosa, gesägt, *Anfang April.* Frucht 1 cm, schwarz.

Prunus 'P a n d o r a'

Schon vor 1939 in England erzielt aus einer Rückkreuzung von *P.* × *yedoensis* × *P. subhirtella;* ebenfalls jetzt in Deutschland zunehmend angepflanzt. Kleiner, aufrechter Baum mit sehr dichter Krone, Äste straff aufstrebend,

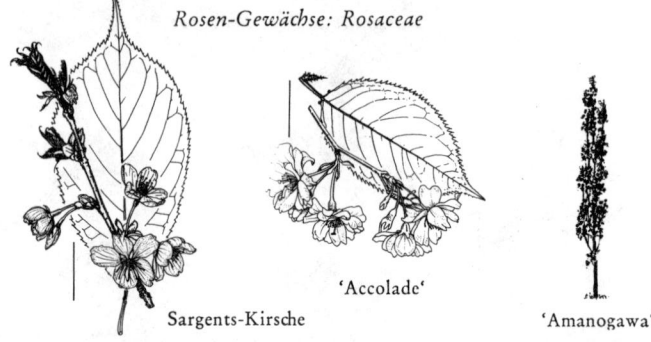

'Accolade'

Sargents-Kirsche   'Amanogawa'

äußere Triebe etwas überhängend; Blätter eiförmig-elliptisch, 5–7 cm breit, am breitesten unter der Mitte, lang zugespitzt, Basis rund, ziemlich grob und scharf doppelt gesägt, oben runzelig und kahl, unten verstreut behaart; Blüten einzeln stehend, aber überaus zahlreich, weiß mit rosa Anflug, einfach, mittelgroß, April.

Sargents-Kirsche   *Prunus sargentii* Rehd.

E – Sargent's Cherry

Japan, Sachalin. 1890. Bis etwa 15 m hoch werdend.

RINDE: Purpurbraun, glatt zwischen waagerechten, dichten Lentizellen-Ringen.

KRONE: Hoch und breit gewölbt; oft auch mehrstämmig, wenn am Boden veredelt (Sämlingspflanzen vermutlich bei uns kaum in Kultur).

BELAUBUNG: Trieb dunkelrot, mit hellbraunen Lentizellen; Knospe dunkelrot, spitz kegelförmig; Blatt im Austrieb rötlich, breit länglich-elliptisch bis obovat-länglich, 6–12 cm, plötzlich lang zugespitzt, scharf gesägt, Stiel dick, 4 cm, rot, mit 2 kleinen Drüsen; Herbstfärbung schon früh einsetzend, *im September* oft schon ganz *scharlachrot*, später karmin, früh abfallend.

BLÜTEN: Etwas vor den Blättern erscheinend, April, hellrosa, einfach, 3–4 cm breit, zu 4–5 in dichten Paaren beisammen.

Prunus 'A c c o l a d e' *(P. sargentii* × *P. subhirtella)*

1952 in England entstanden, heute bereits sehr verbreitet. Sehr lockerkroniger, zierlicher, kleiner Baum, Äste weit ausgebreitet, mit dünnen Zweigen; Blätter glänzend hellgrün, elliptisch bis eilänglich, 7–10 cm lang, 3–5,5 cm breit, fein und scharf gesägt, Stiel 2 cm, rot, behaart; Blüten mit den Blättern erscheinend, zu 3 beisammen, in hängenden Büscheln, hellrosa, 4 cm breit, halbgefüllt, locker an den Zweigen verteilt, mittelfrüh.

Japanische Blüten-Kirsche   *Prunus serrulata* Lindl.

E – Japanese Cherry   F – Cérisier è fleurs   N – Japanse sierkers

Die echte Art ist nicht sicher bekannt, aber wahrscheinlich ein chinesischer Baum mit einfachen Blüten, der schon sehr früh nach Japan kam. Die Originalbeschreibung wurde angefertigt nach einer der unzähligen Gartenformen, die schon 1822 eingeführt wurde. Nachstehend folgt eine Auswahl der in Deutschland und auf dem Kontinent am meisten verbreiteten Gartenformen (in England sind etwa 60 Formen von *P. serrulata* in Kultur, doch keineswegs sehr verbreitet und meist auf Sammlungen beschränkt). Bei der Identifizierung muß vor allem auf die Färbung der austreibenden Blätter geachtet werden sowie auf die Färbung der Knospen, der sich entfaltenden und der voll aufgeblühten

Blüten. Die Bestimmung ist dadurch etwas einfacher, daß in der Regel neben den hier beschriebenen Formen nur selten weitere in den öffentlichen Anlagen angetroffen werden.

'A m a n o g a w a'. Nach 1900. Allgemein verbreitet in den Gärten. Wuchs *straff säulenförmig*, bis 6 m, im Alter die äußeren Zweige in kurzen Bogen abstehend; Blüten hellrosa, einfach bis halbgefüllt, etwas duftend, mittelspät; Austrieb gelblichbraun.

„Hisakura" der Gärten ist richtig 'K a n z a n'! Vgl. dort.

'H o k u s a i'. 1866 eingeführt. Wird etwa doppelt so breit wie hoch, ausgewachsen bis 10 m breit und 6 m hoch; Austrieb bräunlichbronze, später dunkelgrün und etwas lederartig; Herbstlaub lachsbraun bis orangerot; Blüten hellrosa, halbgefüllt, mit 7–12 Petalen, 4–5 cm breit, flach; blüht *2 Wochen früher als* '*Kanzan*', ist aber heller rosa.

'I c h i y o'. Baum mittelstark wachsend, bis 7 m hoch oder darüber, breit aufrecht, Äste abstehend, Austrieb bronzegrün; Blüten hellrosa, sehr rein, Blütenkrone ziemlich kreisrund, Petalen in zwei Lagen, Saum gefranst, in ziemlich langgestielten, hängenden Doldentrauben zu 3–4 Blüten.

'K a n z a n' (die „Hisakura" der meisten Gärten). Die noch immer *am meisten angepflanzte Sorte*; sollte wegen des häßlichen Habitus weniger gepflanzt werden; Wuchs steif aufrecht, Krone fast umgekehrt kegelförmig, raschwüchsig, bis 12 m; Austrieb kupferbraun, ausgewachsene Blätter etwas gerötet, unten etwas blaugrün; Blüten zu 2–5 beisammen in Büscheln, gut gefüllt, dunkelrosa, sehr großblumig, meist mit 1–2 blattartigen, grünen Karpellen in der Blütenmitte. – In ganz Europa die am meisten verbreitete Sorte, doch in Japan nur wenig bekannt. **27**

'K i k u - S h i d a r e - S a k u r a' (in den Gärten meist „Shidare-Sakura" genannt). Wahrscheinlich aus China stammend, nicht aus Japan; vor 1920 eingeführt. Sehr bekannte und häufig angepflanzte Sorte mit *stark hängenden Ästen* und Zweigen, meist hochstämmig veredelt (oder von unten hochgezogen und dann Wuchs breit kegelförmig, alle Äste hängend). Blüten dunkelrosa, sehr dicht gefüllt, kleinblumig, die Petalen sehr schmal, mit den Blättern zugleich erscheinend.

'S h i m i d s u - S a k u r a' (= 'Oku-Miyaku', 'Longipes'). Nach 1900. Bekannte Sorte, und beliebt wegen ihres *niedrigen Wuchses*, Krone fast halbkugelig, *bis 3 m hoch und breit*; Austrieb bronzegrün; Knospen rosa getönt, aufgeblüht reinweiß, halbgefüllt, sehr großblumig, 5–6 cm breit, Petalen am Rand gefranst, mit 2 blattartigen grünen Karpellen, zu 3–6 Blüten in *15–20 cm langen, hängenden Doldentrauben*, sehr spät, oft noch im Juni; Herbstfärbung goldgelb. Blätter scharf grannig gezähnt. **27**

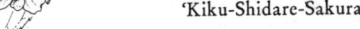

'Kiku-Shidare-Sakura'

'Hokusai'

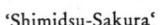

'Shimidsu-Sakura'

'S h i r o f u g e n' (= 'Albo-Rosea'). Etwa 1900. Sehr bekannte Sorte, häufig in großen Parks. Baum starkwüchsig, 7–9 m hoch, Äste weit ausgebreitet, dunkelbraun; Austrieb kupferbraun, Blätter sehr groß, bis 16 × 8 cm, Rand grannig gezähnt; Knospen rosa, sehr *hellrosa* aufblühend, doch *bald* schon *weiß*, doch vor dem Abfallen wieder rosa verfärbend, gut gefüllt, in lockeren, hängenden Doldentrauben, *späteste Sorte*.   **27**

'S h i r o t a e' (= 'Mount Fuji'). 1905. Häufig, vor allem in Holland. Kleiner Baum, *Äste waagerecht* und weit ausgebreitet, bogig überhängend; Austrieb bronzegrün; Blätter tief gesägt mit langen, gebogenen Grannenzähnen, 12 cm lang; Herbstfärbung goldgelb; Blüten an jungen Pflanzen meist einfach, bis 5,5 cm breit, *reinweiß*, an älteren Bäumen etwas kleiner und dann meist halbgefüllt, mittelspät.

'T a i H a k u'. Häufig. Die „Große Weiße Kirsche" des alten Japan; um 1900 wiedergefunden und dann benannt. Baum bis 8 m. Wuchs kräftig; Austrieb schön kupferrot, an kräftigen Pflanzen Blätter bis 16 × 10 cm; Blüten einfach, *bis 6 cm breit, schneeweiß*, in dicken Büscheln nach den Spitzen der Äste zu, Petalen oft sich überdeckend, ganzrandig oder oben etwas eingeschnitten. Schönste aller weißen Sorten.

'Tai Haku'

'U k o n'. Starkwüchsig, zuerst ziemlich aufrecht, später mehr breit; Austrieb rotbraun bis gelbbraun; Blüten halbgefüllt, ausgesprochen *gelblichweiß bis grünlichgelb*, später verblassend und mit roter Mitte, besonders als alte Pflanze sehr reichblühend.   **27**

Blütenkalender der bekannteren Prunus-Formen

Die Blütezeiten wechseln nach Jahreszeit und Örtlichkeit, aber ihre Reihenfolge ist sehr beständig, wenn man die frühesten ausnimmt.

sehr früh	P. cerasifera	kleinblumig, weiß, Laub grün
	P. c. 'Atropurpurea'	kleinblumig, hellrosa, dann weiß, Laub purpurrot
früh	P. c. 'Nigra'	kleinblumig, rosa; Laub tief purpurrot
	P. dulcis	großblumig, hellrosa, Laub grün
	P. 'Accolade'	hellrosa, glockig, Laub grün
	P. yedoensis	mittelgroße, weiße, kranzartig dichtstehende Blüten vor den Blättern
mittelfrüh	P. sargentii	kleinblumig, sehr reichblühend, rosa, Laub purpurrot
	P. 'Shirotae'	großblumig, weiß, unter den grünen Blättern hängend
	P. 'Hokusai'	großblumig, büschelig, rosa, bräunlich getönt; Laub hell braun
	P. 'Ichiyo'	großblumig, hellrosa, halbgefüllt, hängend, Laub grün
	P. 'Tai Haku'	sehr großblumig, reinweiß, büschelig, Laub tiefrot
	P. 'Kiku-Shidare-Sakura'	stark hängend; rosa, dicht gefüllt, Laub grün

mittelspät	P. 'Amanogawa'	straff säulenförmig, rosa, weiß aufblühend
	P. avium	weiß, einfach, sehr reich; Laub grün
	P. 'Ukon'	großblumig, gelblich getönt, später weiß mit roter Mitte; Laub hellbraun
	P. 'Kanzan'	purpurrosa, dichte Büschel, gefüllt; Laub dunkelrot
spät	P. avium 'Plena'	kleinblumig, kugelig, weiß, Laub grün
	P. 'Shirofugen'	Knospen rosa, Blüten dann weiß, groß, hängend, gefüllt, Laub purpurrot
	P. 'Shimidsu-Sakura'	Knospe rosa; Blüten hängend, weiß, großblumig; Laub grün
	P. cerasus 'Rhexii'	kleinblumig, weiß, knopfartig, Laub grün

Vogel-Kirsche   Prunus avium L.

E – Wild Cherry, Gean   F – Mérisier   N – Zoete kers, kriek

Heimischer Baum, besonders auf lehmigen Böden mit Kalkuntergrund; Europa, Nord-Afrika, Kleinasien. 30 × 4 m.

RINDE: Junger Bäume dunkel graurosa, etwas glänzend, an älteren Bäumen mehr rötlich, mit helleren Lentizellen in erhabenen Bändern; sehr alte Bäume mit breiten, flachen, schuppigen Furchen, oft auch spannrückig.

KRONE: Bemerkenswert regelmäßig kegelförmig, sowohl junge Bäume als auch bis 20 m und höhere, quirlständige Äste; sehr alte Bäume mit breit gewölbter, dichter Krone, etwas abwärts gerichtet, oft auf hohen astreinen Stämmen im Wald; mitunter ein oder mehrere Äste durch das Gewicht von aufsitzenden „Hexenbesen" niedergedrückt, deren viele dünne Triebe sich früh belauben und oft zurückfrieren. Der Hexenbesen wird durch den Pilz *Exoascus* erzeugt.

BELAUBUNG: Trieb oben hell rotbraun, unten mehr graubraun, Knospe spitz eiförmig, glänzend rotbraun; Blatt länglich-eiförmig bis obovat, 10 × 4,5–7 cm, kurz zugespitzt, scharf gesägt mit vorwärts gerichteten Zähnen; Stiel 2–3,5 cm, oben rot und gefurcht, unten gelb, mit zwei unregelmäßig verteilten, gestielten „Drüsen" in der Nähe der Spreitenbasis, Blatt hängend und weich, unten heller und mit kleinen Nervenbärten; Herbstfärbung hellgelb und rot.

BLÜTEN UND FRUCHT: Weiße Blüten dicht entlang der Triebe junger Bäume in kurzgestielten Büscheln, bei alten Bäumen dichter gebüschelt und länger gestielt, überreich, 2,5–3,5 cm breit, unmittelbar vor dem Austrieb der Blätter aufblühend Mitte April; Früchte zu 3–5 in Büscheln, eiförmig, 2 cm, an 3 bis 5 cm langem, rotbraunem Stiel, zunächst glänzendgelb, dann hochrot, zuletzt schwarzrot und oft schon vorher von den Vögeln geerntet.

'P l e n a'. Der bei weitem am *größten werdende* Baum von allen weißen gefüllten Kirschen, Krone regelmäßig breit eirund, Blüten kugelig, dicht gefüllt, reinweiß und sehr lange haltend, langgestielt in abstehenden Büscheln, zugleich mit den jungen Blättern erscheinend, Anfang Mai, wenn die letzten japanischen Kirschen verblühen.

P. avium 'Plena'

Sauer-Kirsche   Prunus cerasus L.

E – Sour Cherry   F – Griottier   N – Zure kers

Süd-Ost-Europa, Süd-West-Asien. Seit langer Zeit in Kultur; ein Elter der 'Schattenmorelle'. Hierzu gehört auch die nachfolgende Gartenform:

'R h e x i i'. Vor 1600. Heute nur noch selten in Gärten
und Parks. Kleiner Baum mit flachrunder Krone,
ziemlich flach und die grüne Mitte zeigend, zwischen
Mitte Mai. Blüten in Bündeln mit 5 cm langem Stiel,
weiß, sehr dicht gefüllt, kugelig, 3 cm breit, zuletzt
ziemlich flach und die grüne Mitte zeigend, zwischen
den voll entfalteten, dunkelgrünen Blättern hängend;
Blatt obovat, 6 × 4 cm, plötzlich kurz zugespitzt,
breit keilförmig, sehr ungleich und ringsum gezähnt;
Stiel 2 cm, dunkelrot. Wenig attraktiv im Vergleich
mit anderen weißen Zierkirschen, wie z. B. 'Shimidsu-
Sakura', aber gleichwohl hübsch.

'Rhexii'

Spätblühende Trauben-Kirsche *Prunus serotina* Ehrh.

E – Black Cherry　　　F – Cerisier tardif　　　N – Late troskers

Nordöstl. Nordamerika, Ontario bis Texas 1629. Häufiger Baum in großen
Parks und Anlagen. Forstlicher Versuchsanbau in D, R und YU.

RINDE: Dunkel rötlichgrau, schon früh in schmalen Streifen ablösend, danach
bräunlich und breit rissig.

KRONE: Unregelmäßig ausgebreitet, Äste an den Spitzen auch etwas überhängend; junge Bäume können auch breit und buschig sein.

BELAUBUNG: Trieb dünn, oben dunkel purpurbraun, unten grün; Knospe scharf
kegelförmig, 5 mm, grün und braun; Blatt obovat oder eiförmig, mit kurzer
Spitze, bis 12 × 3,5 cm, Rand wellig und verdickt, Zähne vorwärts gerichtet
und *einwärts gekrümmt*, oben *glänzend* dunkelgrün, unten heller und weniger
glänzend, Mittelrippe verstärkt, in der unteren Hälfte stellenweise mit orange
oder weißen, *abstehenden Haaren*; Stiel 1,5 cm, mit Drüsen an der Basis der
Blattspreite.

BLÜTEN: 1 cm, weiß, in 10–15 cm langen, aufrechten Trauben, Mai–Juni.

FRUCHT: Kugelig, 1 cm, lange Zeit glänzend hochrot, zuletzt dunkelpurpur.

WUCHS: Sehr stark, an jungen kräftigen Pflanzen manchmal bis fast 2 m lange
Jahrestriebe; sehr spät austreibend.

Trauben-Kirsche *Prunus padus* L.

E – Bird Cherry　　　F – Cerisier à grappes　　　N– Gewone vogelkers

Europa, Kleinasien, Nord-Asien bis Korea und Japan. 15 m.

RINDE: Glatt, dunkel, graubraun.

KRONE: Junge Bäume mit vielen dünnen Ästen, kegelförmig, die oberen Äste
ansteigend, die unteren waagerecht; alte Bäume mit runder Krone, Äste hängend.

BELAUBUNG: Trieb glänzend dunkelbraun, Knospe dicht angedrückt, scharf, ähnlich der einer Buche, Basis dunkelbraun, an der Spitze heller; Blatt obovat bis
elliptisch, bis 10 × 7 cm, fein gesägt, derb und lederartig, mit vertieften Nerven, Stiel dick, 2 cm, gefurcht, dunkelrot, mit zwei deutlichen, rotbraunen Drüsen an der Spreitenbasis; Herbstfärbung hellgelb mit etwas Rot, früh.

BLÜTEN: Weiß, dicht gedrängt in langen Trauben, mit Blättern nahe der Basis,
abstehend oder nickend, 8–15 cm lang, duftend, Ende Mai. Frucht kugelig,
schwarz, 8 mm.

'P l e n a'. Seltene Form mit gefüllten, lange haltbaren Blüten.

'W a t e r e r i'. Häufige Form. Blütenstände viel länger, bis 20 cm, waagerecht
abstehend; Blätter unterseits mit großen Achselbärten, locker stehend auf den
abstehenden und etwas hängenden Trieben. Sehr hübsch in Blüte.

Mandschurische Kirsche *Prunus maackii* Rupr. **27**

E – Manchurian Cherry

Mandschurei, Korea 1910. Ziemlich selten; nur in großen Parks und Sammlungen. 12 × 2,6 m.

RINDE: An jungen Bäume *glatt, glänzend honigbraun bis goldgelb,* an älteren Bäumen heller und dunkler orange, mit breiten grauen Furchen.

KRONE: Unregelmäßig und niedrig gewölbt, doch bei jungen Bäumen schmal und aufrecht.

BELAUBUNG: Trieb hell rotbraun; Knospe dunkel rotbraun und spitz; Blatt eiförmig bis lanzettlich, 8 × 5 cm, *fast ganzrandig,* doch mit ganz winzigen Zähnen, oben dunkelgrün, unten Nerven kurz behaart; Stiel 1,5 cm, *dicht behaart.*

BLÜTEN: Klein, weiß, 1 cm, duftend, in 4 cm langen, aufrechten, fast kugeligen Trauben, Anfang Mai; Griffel sehr lang.

WUCHS: Sehr stark; ein Stamm mit 2,6 m Umfang war erst 48 Jahre alt.

ERKENNUNGSMERKMALE: Unverwechselbar durch die gelbe Spiegelrinde.

Portugiesische Lorbeer-Kirsche *Prunus lusitanica* L.

E – Portugal Laurel   F – Laurier de Portugal
N – Portugese laurierkers

Spanien, Portugal 1648. In Deutschland in den mildesten Gebieten als Strauch zu sehen, in Frankreich, Belgien und im Süden jedoch häufig, entweder als kleiner Baum oder als Hecke, in England und Irland Baum, gelegentlich bis 12 m. D ∧∧∧

RINDE: Schwarz und glatt oder etwas schuppig.

KRONE: Breit gewölbt, immergrün und sehr dicht, die Äste waagerecht.

BELAUBUNG: Trieb dunkel purpurrot oben, hellgrün unten; Knospe schmal kegelförmig, spitz, dunkelrot; Blatt *immergrün,* eilänglich, spitz, Basis rund, angedrückt gesägt, dick, *lederartig,* oben dunkelgrün und glänzend, unten matt gelbgrün, 8–12 × 3,5–5 cm, Stiel 12 cm, gefurcht, *dunkelrot.*

BLÜTEN UND FRUCHT: Rahmweiß, stark duftend, klein, in dichten, 15–25 cm langen Trauben, Mitte Juni; reich fruchtend, aber in jeder Traube nur einige Früchte reifend, rote kleine Kirschen, später schwarz.

ÄHNLICHE ARTEN: *P. serotina* hat dünnere, nur sommergrüne Blätter; *Laurus nobilis* hat den typischen Lorbeer-Duft.

Trauben-Kirsche

Spätblühende
Trauben-Kirsche

Portugiesische
Lorbeer-Kirsche

Lorbeer-Kirsche *Prunus laurocerasus* L.

E – Cherry Laurel   F – Laurier cerise
N – Gewone laurierkers

Süd-Ost-Europa und Kleinasien 1576. In England, vor allem im äußersten Südwesten und in Irland baumartig werdend, bis 14 m, sonst aber meist nur Unterholz in den Wäldern, oder einige Meter hoch, wie auch bei uns. Je nach der Sorte sehr unterschiedlich in Habitus und Blattform.

Lorbeer-Kirsche

Schmetterlingsblütler: *Leguminosae*

Etwa 7000 Arten in 430 Gattungen, zumeist Kräuter und Sträucher, hauptsächlich in allen nicht-arktischen Zonen, jedoch in den warmen und tropischen Zonen. Blüten meist aus 5 Petalen bestehend, davon 3 den „Kiel" und die „Fahne" bildend, die beiden anderen die „Flügel"; Frucht eine Hülse (daher auch „Hülsenfrüchte"); die Wurzeln weisen häufig viele kleine Knöllchen auf, in denen stickstoffsammelnde Bakterien leben, wodurch viele Arten selbst in sehr armen Böden wachsen können.

AKAZIE, MIMOSE *Acacia*

Eine große Gattung mit achthundert Arten, weltweit verbreitet, doch überwiegend in den Tropen. (Nicht zu verwechseln mit der Robinie, die bei uns volkstümlich meist „Akazie" genannt wird.)

Mimose oder Silber-Akazie *Acacia dealbata* Link.

Süd-Ost-Australien und Tasmanien 1820. In Deutschland nur in Botanischen Gärten, aber am Mittelmeer, vor allem in Süd-Frankreich und Italien, sehr häufig, ebenso in den besonders milden Gebieten Süd-West-Englands. 15 m. – Kann in diesen Ländern in besonders harten Wintern stark zurückfrieren, erholt sich aber rasch wieder. Nicht sehr standfest, daher leicht vom Sturm umgeweht. D ∧∧∧

RINDE: In der Jugend hell blaugrün, später schokoladenbraun; bei alten Bäumen grau oder schwarz, oft tief gefurcht und mit anderen Vertiefungen.

KRONE: Breit kegelförmig, mit längeren, herabgedrückten Ästen.

BELAUBUNG: Trieb grünlichweiß, mit ganz feiner, dichter, wolliger Behaarung, schwach gerippt, etwas hin- und hergebogen; Blatt doppelt gefiedert, wechselständig, bis 12 × 4 cm; mit 10–12 Paaren von Fiedern, kein Endblättchen; die Fiedern wiederum gefiedert mit etwa 30 Fiederpaaren, alle lineal-länglich, 3–4 mm lang, spitz, fein behaart, blaugrün oder gelbgrün beiderseits.

BLÜTEN: In großen endständigen Blütenständen, auch in kleineren achselständigen, mit etwa 20–30 kugeligen, goldgelben, 3 mm breiten „Mimosa"-Blüten im Januar und Februar. Zu dieser Zeit kann man sie in jedem Blumengeschäft oder auf dem Blumenmarkt sehen.

Silber-Akazie

JUDASBAUM *Cercis*

Sieben Arten in Nord-Amerika, Süd-Europa und Ost-Asien.

Judasbaum *Cercis siliquastrum* L. **29**

E – Judas-Tree   F – Arbre de Judée   N – Judasboom

Süd-Europa, West-Asien, vor 1600. Nicht selten in den wärmeren Gegenden Deutschlands in Parks und Gärten. 12 × 1,7 m. Rinde purpurn und etwas gefurcht, später matt graurosa mit vielen feinen braunen Rissen. D ∧

KRONE: Niedrig und unregelmäßig, meist einseitig gewölbt, ältere Bäume oft niedergestreckt und die Äste bogig vom Boden ansteigend.

BELAUBUNG: Trieb dunkel rotbraun, stellenweise grau, mit Lentizellen; Knospe schmal kegelförmig, angedrückt, klein, 3–5 mm, dunkelrot; Blätter wechselständig, fast *kreisrund*, 8–10 × 10–12 cm, leicht gebuchtet, *ganzrandig*, undeutlich zugespitzt, Nerven handförmig verlaufend, oben gelblich oder dunkelgrün, unten heller und bläulich, Stiel 5 cm, gelbgrün, an der Basis dunkel rotbraun.

BLÜTEN UND FRUCHT: Blüten klein, 2 cm, Schmetterlingsblüten, rein rosarot, in Büscheln zu 3–6 an kleinen und größeren Trieben, an den Ästen und *sogar direkt am Stamm,* vor oder manchmal auch mit den Blättern; Frucht eine Hülse, 10 × 2 cm, ganz flach, purpurn im Sommer, später braun und bis tief in den Winter sitzenbleibend.

'A l b a' ist genauso lange in Kultur, aber sehr selten; Blüten weiß, sonst kein Unterschied.

ÄHNLICHE ART: *Cercidiphyllum* hat ein sehr ähnliches Blatt, aber größer, Stiel nicht rot, außerdem gegenständig.

„CHRISTUSDORN" *Gleditsia*

Zwölf Arten in Nord-Amerika, dem tropischen Afrika und Süd-Amerika, Zentral- und Ost-Asien; alle zumeist mit starken, verzweigten Dornen am Stamm; Blätter wechselständig, gefiedert oder teilweise doppelt gefiedert; Knospe in der Basis des Blattstieles verborgen; Blüten mit gleichförmigen Petalen, keine typische Schmetterlingsblüte.

Gleditschie („Christusdorn") *Gleditsia triacanthos* L.

E – Honey-Locust   F – Févier   N – Christusdoorn

Mittelwesten der USA, um 1700; häufiger Baum großer Parks und Anlagen, gelegentlich auch Straßenbaum. Forstlicher Versuchsanbau in R, SU und YU.

RINDE: Dunkel rötlichgrau, mit flachen schuppigen Furchen und großen Büscheln starker, *verzweigter Dornen,* bis 30 cm lang (Ausnahme bei der Sorte 'Inermis', weiter unten).

KRONE: Aufrecht, weit ausgebreitet, nahe dem Gipfel am breitesten; kleinere Äste gedreht; Trieb dünn, abstehend.

BELAUBUNG: Trieb etwas hin- und hergebogen, mit meist 3 Dornen an jeder Knospe; Blatt gefiedert, meist ohne Endblättchen, teilweise auch doppelt gefiedert; wenn einfach gefiedert, 10–15 cm lang, mit 14–26 länglich-lanzettlichen, 2–4 cm langen, nur nach der Spitze zu gekerbten Blättchen, wenn doppelt gefiedert, mit 8–14 Fiedern, jede mit etwa 22 kleineren (2 cm) Blättchen, *glänzend gelblichgrün* oder auch dunkler; kurze Zeit Ende Oktober goldgelb.

BLÜTEN UND FRUCHT: ♂ Blüten 5–6 mm, mit 5 gelbgrünen Petalen, glockig, mit vorragenden Antheren, locker verteilt in etwa 12 cm langen Trauben; ♀ Blü-

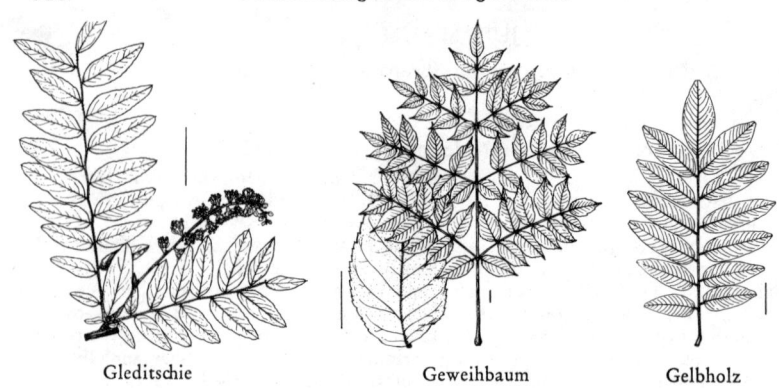

Gleditschie   Geweihbaum   Gelbholz

ten in besonderen Trauben; Hülse 25 × 2,5 cm (sogar 35–40 cm in wärmeren Ländern), mit verdicktem Rand, spiralig gedreht, zuletzt braun.

'I n e r m i s'. Stamm und Äste *ohne Dornen*; Stamm tiefer gefurcht. In Parks und an Straßen.

'S u n b u r s t'. Neue Form aus USA mit goldgelbem Austrieb, später gelblich-grün werdend.

GEWEIHBAUM   *Gymnocladus*

Zwei Arten, in Nord-Amerika und China. Sehr große, doppelt gefiederte Blätter an dicken, bereiften Trieben; Blüten mit 5 gleichförmigen Petalen.

Geweihbaum   *Gymnocladus dioicus* (L.) K. Koch (= *G. canadensis* Lam.)

E – Kentucky Coffee Tree   F – Chicot du Canada
N – Doodsbeenderenboom

Östliche USA, vor 1748. Nur in großen Gärten und Parks, ziemlich selten. 17 × 1,5 m.

RINDE: Graubraun, in krummen senkrechten Linien und flachen Furchen abschuppend, mitunter auch in größeren Stücken.

KRONE: Offen gewölbt, mit fingerdicken, gedrehten Trieben.

BELAUBUNG: Trieb blaugrün, *violett mit rosa und purpurn bereift,* etwas knorrig durch die großen erhabenen, grauen Blattnarben; Knospe sehr klein, flach gewölbt, gelbbraun, vor dem Austreiben orange; Blatt riesig, doppelt gefiedert, oft 75 cm lang (mitunter 115 × 60 cm); 0–3 basale Blattpaare aus einfachen Blättchen, dann 6–7 gegenständige oder wechselständige große Fiedern mit je 6–14 kleinen Blättchen; Blättchen 5–8 cm lang, gewimpert, ganzrandig, eiförmig, spitz, *oben hellgrün,* unten weißlich; das ganze Blatt endet an der Spitze in einem Fieder aus 5 kleinen Blättchen; Austrieb rosa, gelb im Herbst; nach dem Blattfall bleiben die Blattspindeln noch lange Zeit am Baum.

BLÜTEN UND FRUCHT: ♂ Bäume mit 3 cm langen Rispen, ♀ mit 10 cm langen Rispen, Blüten langgestielt, grünlichweiß, 5 längliche Petalen; Hülse länglich, 15–25 cm.

ERKENNUNGSMERKMALE: Im Winter leicht zu erkennen an den dicken blauweiß bereiften Trieben, im Sommer an den riesigen Blättern.

GELBHOLZ *Cladrastis*

Vier Arten in Nord- und Süd-Amerika, Austral- und Ost-Asien; Knospe nackt, von der Blattstielbasis umhüllt; Blatt groß, gefiedert; Blüten weiß, in langer Rispe.

Gelbholz *Cladrastis lutea* (Michx.) K. Koch (= *C. tinctoria* Raf.)

E – Yellow-Wood   F – Virgilier, Bois jaune

Östliche USA, Zentral-Alleghanies 1812. Verhältnismäßig selten, nur in großen Gärten und Parks. 10 × 1 m. – Rundkroniger Baum, im Alter oft mehr liegend, Rinde dunkelgrau und glatt; Blätter groß, *hellgrün*, hängend, entfernt gefiedert, 20–38 cm lang, mit 5–7(–8) *entfernt stehenden* Blättchen, diese obovat, plötzlich zugespitzt, mitunter mit 2 kleinen Lappen, Nerven vertieft, unten bläulich; Stiel und Spindel dünn, die dicke grüne Basis bedeckt einige Knospen. Herbstlaub hellgelb. Blütenstand 20–40 cm, mit 0–2 Seitenästen hängend, Juni, Schmetterlingsblüten-Form, weiß, duftend, klein, 2,5–3 cm; Hülsen bis 18 cm, zugespitzt, veränderlich in der Breite.

ÄHNLICHE ART: Erinnert an eine Esche, aber Blatt größer und wechselständig angeordnet.

SCHNURBAUM *Sophora*

Zwanzig Arten in Nord- und Süd-Amerika, Australien und Asien. Immergrün oder sommergrün, einige strauchig; Blatt gefiedert.

Schnurbaum *Sophora japonica* L.

E – Pagoda Tree   F – Sophora du Japon

China, Korea (nicht Japan, wie man nach dem Namen vermuten könnte!). Häufig in großen Parks, auch als Straßenbaum in Frankreich.

RINDE: Dunkelbraun oder graubraun, mit weidenartigen, breiten Furchen.

KRONE: Unregelmäßig, offen, Äste stark gedreht, doch die Triebe fast gerade.

BELAUBUNG: Trieb bläulichgrün, zuerst fein behaart, dann grün und kahl; Knospe klein, beschuppt, während des Sommers in der Blattstielbasis verborgen; Blätter wechselständig, gefiedert, 15–25 cm lang, mit 9–15 Blättchen, ganzrandig, eiförmig, mit aufgesetztem kleinem Spitzchen, 3–5 cm, oben dunkelgrün und glänzend, unten bläulich und fein behaart; Austrieb erst Anfang Juni, hellgelb, fast weiß; Laubfall spät, grün.

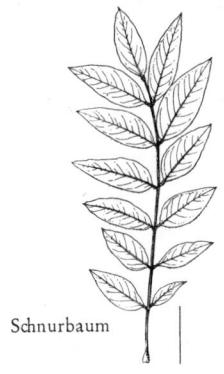

Schnurbaum

'Pendula'

BLÜTEN: Erscheinen erst an mindestens 30 Jahre alten Bäumen, in warmen Sommern, Anfang August bis September, sehr ansehnlich, in 15–25 cm langen, abstehenden Rispen, mit 1,5 cm langen, weißen Schmetterlingsblüten; Frucht eine perlschnurartig gegliederte, 5–8 cm lange Hülse.

WUCHS: Sehr stark, bis 20 × 2 m in 60 Jahren.

'P e n d u l a'. Weniger häufig, aber doch hier und da auf alten Friedhöfen und in Parks; meist hochstämmig veredelt und dann 3–4 m hoch und breit; Krone aus einer Masse spiralig verdrehter Äste bestehend; Triebe senkrecht herabhängend; in der Regel nicht blühend.

ÄHNLICHE ART: Von *Robinia pseudoacacia* leicht durch die grünen und unbewehrten Triebe sowie die an der Spitze runden Blättchen zu unterscheiden.

GOLDREGEN   *Laburnum*

Drei Arten in Süd-Europa und West-Asien. Blätter dreizählig, wechselständig; Blüten in langen Trauben.

Gemeiner Goldregen   *Laburnum anagyroides* Med. (= *L. vulgare* Bercht. & Presl.)

E – Common Laburnum   F – Faux ébénier   N – Gouden regen

Mittel- und Süd-Europa 1560. Allgemein angepflanzt in großen und kleinen Gärten und Parks, jedoch neuerdings ersetzt durch *L.* 'Vossii'.

RINDE: Glatt, zuerst dunkelgrün, dann hellbraun, mit kleinen orange Stellen.

KRONE: Ansteigend-überhängende Äste, am breitesten nahe dem Gipfel; wird im Alter dünner und die Blütentrauben kürzer.

BELAUBUNG: Trieb graugrün, mit langen, silbrigen angedrückten Haaren; Knospe eiförmig, hell graugrün, behaart; Blatt dreizählig, Stiel 2–6 cm, Blättchen elliptisch bis obovat, 3–8 cm, breit keilig, stumpf, graugrün oben, bläulich und seidig unten.

BLÜTEN UND FRUCHT: Blüten hellgelb, 2 cm, in *lockeren*, meist nur 10 cm langen Trauben, nicht duftend, Mitte Mai bis Anfang Juni; Hülse bis 8 cm lang, seidig behaart, an der oberen Naht scharfkantig, doch *nicht geflügelt*, im Herbst dunkelbraun.

Alle Teile des Baumes *stark giftig.*

WUCHS: Anfangs sehr rasch, aber in der Regel kurzlebig.

ÄHNLICHE ART: *L. alpinum* (nachfolgend) hat größere Blätter und ist fast kahl; *L.* × 'Vossii' hat Hülsen mit in der Regel nur 1–2 Samen und 30 cm lange Blütentrauben.

Alpen-Goldregen   *Laburnum alpinum* Bercht. & Presl.

E – Scotch Laburnum   F – Cytise des Alpes

Süd-Europa 1596. Weniger häufig in den Gärten und Parks. Von *L. anagyroides* abweichend durch die viel größeren, 10–13 × 6 cm großen, gewimperten, aber sonst fast ganz kahlen Blättchen, beiderseits etwas glänzend; Blüten in *dichten,* 20–30 cm langen, kahlen Trauben, Juni, *duftend,* hellgelb; Hülse länglich, bis 6 cm, obere Naht *flügelartig gekielt.* Blüht 2–3 Wochen später als *L. anagyroides.*

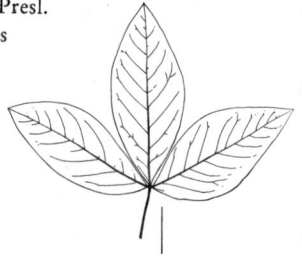

Alpen-Goldregen

Voss' Goldregen *Laburnum* × *wateri* 'V o s s i i' **29**

Kreuzung von *L. alpinum* mit *L. anagyroides* = *L.* × *watereri* Dipp. entstand 1842 in der Baumschule T. D. Parkes in England, daher auch die Bezeichnung *L. parkesii* Hort. Der Typ ist zu wenig in Kultur und kann deswegen unbeachtet bleiben. – Starkwüchsig, bis 10 m, Triebe nur an der Spitze behaart; Blätter oft 10 cm lang gestielt; Blättchen etwa 7 cm lang, oben dunkelgrün, etwas glänzend, unten nur Nerven behaart; *Blütentrauben 40 cm* lang, oft auch länger, überaus zahlreich; Hülsen meist *nur mit 1–2 Samen.* Heute der am meisten in den Gärten anzutreffende Goldregen. Blüten duftend.

+ LABURNOCYTISUS

Eine sog. „Pfropf-Chimäre", entstanden durch die Vermischung der Gewebe an der Veredlungsstelle.

+ *Laburnocytisus adami* (Poit.) Schneid. Entstanden 1825 aus einer Pfropfung von *Cytisus purpureus* auf *Laburnum anagyroides*. Kleiner Baum oder hoher, breiter, lockerer Strauch, in der Tracht wie ein Goldregen, doch die Blättchen kleiner; Blüten in hängenden Trauben, meist trübpurpurn, daneben aber auch reine Goldregenblüten und reine *Cytisus*-Blüten auftretend; Mai. – Interessant, wenn in Blüte, sonst jedoch wenig schön.

ROBINIE *Robinia*

Zwanzig Arten in Nord-Amerika und Mexiko; Knospen in der Blattstielbasis verborgen; Nebenblätter in der Regel verdornt; Blatt gefiedert; Blüten weiß oder rosa, in hängenden Trauben.

Robinie *Robinia pseudoacacia* L. **29**

E – Locust Tree, False Acacia   F – Robinier, Faux-acacia
N – Robinia

Östliche und mittel-westliche Staaten der USA, um 1636. Allgemein verbreitet in großen Gärten, Parks, in vielen Ländern Europas auch forstlich angebaut. Durch Wurzelausläufer gelegentlich lästig werdend. 30 × 5 m.

RINDE: Bei jungen Bäumen braun und glatt, bald schon rissig; alte Bäume matt grau mit einem Netzwerk dicker, breiter Leisten.

KRONE: Grob und offen; am breitesten nahe dem Gipfel, Äste gedreht; Stamm kurz, oft Zwieselbildung, oder zwei bis drei Stämme zusammengewachsen und mit tiefen Furchen.

BELAUBUNG: Trieb dunkel rotbraun und streifig, mit einem Paar kurzer Dornen unter jedem Blattansatz; Winterknospe klein, nackt, die gefalteten jungen Blätter im Blattstiel bis zum Laubfall verborgen; Blätter wechselständig, gefiedert, 15–20 cm, meist mit 13–15 Blättchen, diese mehr oder weniger gegenständig, 3,5 × 2,5 cm, mit 2 mm Stiel, elliptisch, ganzrandig, an der Spitze ganz fein eingeschnitten und mit einem winzigen Dorn auf der runden Spitze, oben dunkel- oder gelblichgrün, unten graugrün, anfangs ganz fein behaart, später kahl; Austrieb hellgelb.

BLÜTEN UND FRUCHT: Blüte Mitte bis Ende Juni, weiß, duftend, in manchen Jahren sehr reich, Schmetterlingsblüten in dichten, 10–15 cm langen Trauben; Hülse länglich, 5–10 cm, dunkelbraun, in Büscheln, bis zum Winter hängend. – Von den zahlreichen Formen seien nur 4 genannt:

'F r i s i a' (W. Jansen). Holländische Gartenform; 1935. Blätter intensiv goldgelb bis zum Laubfall, die jungen Triebe mit weinroten Dornen. Neuerdings viel angepflanzt.

Ahorn-Arten (Fortsetzung)

1 **Kolchischer Ahorn**   *Acer cappadocicum*   338
   a Ausgewachsener Baum, 15 m, Ende Oktober.
   b Trieb, Blatt und Frucht. Junge Blätter sind häufig rot gerandet; fünflappige
     Blätter sind häufiger.

2 **Korallen-Ahorn**   *Acer palmatum* 'Senkaki'   347
   Rote Triebe im zeitigen Frühjahr; Blatt wie bei *Acer palmatum*, doch gelblich
   getönt.

3 **Fächer-Ahorn**   *Acer palmatum*   346
   Blatt dieses sehr veränderlichen Baumes, ziemlich typisch. Die meisten buntblättrigen Formen sind Sträucher (vergl. jedoch bei 'Osakazuki', S. 347).

4 **Großblättriger Ahorn**   *Acer macrophyllum*   342
   a Blatt, verkleinert.
   b Aufbrechende Knospen; Blütenstände zuerst aufrecht, dann auf 20–25 cm
     Länge streckend und hängend.

5 **Zucker-Ahorn**   *Acer saccharum*   342
   Blatt; Lappen fein zugespitzt, aber Zähne stumpf. Baum in Herbstfärbung;
   schon sehr früh verfärbend.

Spitz-Ahorn (S. 333)   Zucker-Ahorn

2

3

4b

5

1b

1a

1b

c

a

a

2b

3b

Roßkastanie; Blasenesche

Ansehnliche Blütenrispen und zusammengesetzte Blätter.

1 Gemeine Roßkastanie *Aesculus hippocastanum*   360
 a Aufspringende Frucht mit Kastanie.
 b Blatt.
 c Blüten.

2 Rote Roßkastanie ('Briotii') *Aesculus × carnea* 'Briotii'   361
 a Blüten.
 b Blatt; dunkler, runzliger, grober gezähnt als bei der Gemeinen Roßkastanie;
   Blättchen mitunter kurz rötlich gestielt.

Diese Gartenform ist schöner als der Typ.

3 Blasenesche *Koelreuteria paniculata*   363
 a Blüten; Teil der endständigen Rispe.
 b Blatt; die unteren Blättchen mitunter tief eingeschnitten gelappt.

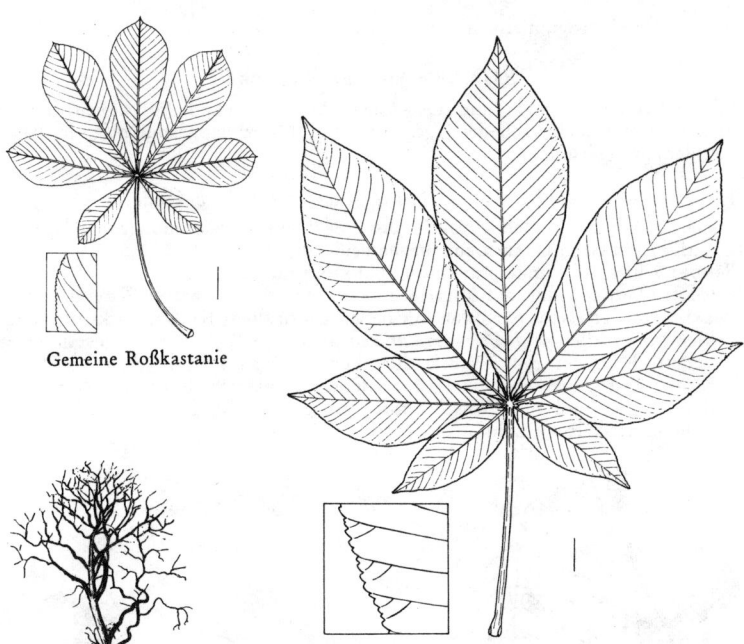

Gemeine Roßkastanie

Blasenesche

Japanische Roßkastanie, in Blattgröße und Zähnung des
Blattrandes verschieden von der Gemeinen Roßkastanie (vgl.
S. 361)

'I n e r m i s'. 1800. Ganz wie der Typ, aber völlig ohne oder mit ganz kleinen Dornen.

'B e s s o n i a n a'. Als Straßenbaum viel häufiger angepflanzt als der Typ; Wuchs kräftig, Krone rundlich-eiförmig, locker, im Alter etwas sparrig; Zweige und Triebe meist unbewehrt; blüht nur selten.

'P y r a m i d a l i s' (= 'Fastigiata'). Wuchs säulenförmig, wie die Pyramiden-Pappel; ziemlich selten, da sehr windbrüchig. 1839 in Frankreich entstanden.

Robinia hispida L. ist nur ein Strauch, normalerweise nur 1–2 m hoch, gelegentlich aber auch hochstämmig veredelt. Blüten in Form und Größe fast wie bei den Edel-Wicken, 3 cm, intensiv rosarot. Südöstl. USA. – Zwar häufig angepflanzt, aber immer wieder vom Wind zerbrechend.

Robinia hispida

Rauten-Gewächse: *Rutaceae*

Etwa tausend Arten, meist in den Tropen.

STINKESCHE *Euodia (Evodia)*

Fünfzig Arten in Süd- und Ost-Asien, Australien und Polynesien; Knospe nackt; Blätter meist gefiedert, gegenständig; Blüten eingeschlechtig, in flachen Ständen, im Spätsommer.

Hupeh-Stinkesche *Euodia hupehensis* Dode (= *Evodia h.* Dode)

Zentral-China, Hupeh 1908. In der Regel nur in Sammlungen, gelegentlich auch in Parks; in Ungarn zur Bienenweide angepflanzt. 19 × 2,5 m.

RINDE: Sehr glatt, dunkelgrau, braun punktiert oder streifig.

KRONE: Flach gewölbt, auf kurzem, dickem Stamm, die unteren Äste ansteigend.

BELAUBUNG: Trieb purpurbraun mit hellen Lentizellen; Knospe nackt, mit einem kleinen, *gefalteten, dicht rotbraun behaarten Blatt*; Blätter gegenständig, gefiedert, 20–26 cm, mit 5–9 Blättchen, kurz zugespitzt, Basis schief, oben kahnförmig und glänzend dunkelgrün, lederartig, unten weißlichgrün, Nerven seidig behaart und mit Achselbärten, fast ganzrandig oder schwach gekerbt, Spindel dunkelrosa, kahl.

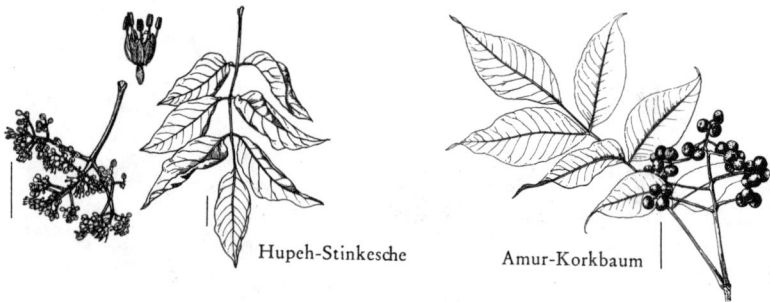

Hupeh-Stinkesche   Amur-Korkbaum

BLÜTEN UND FRUCHT: Weißliche Blüten in eingeschlechtigen Doldentrauben *Anfang September,* 10–15 cm breit; Früchte kleine, aufrechte, rotbraune Kapseln mit je 2–4 Samen.
ERKENNUNGSMERKMALE: Glatte graue Rinde, gefiederte gegenständige, stark aromatische Blätter, Blüten im Herbst. – Auch noch einige andere Arten gelegentlich angepflanzt, aber nur in Botanischen Gärten.

KORKBAUM *Phellodendron*

Acht oder neun Arten in Ost-Asien; Knospen nackt, Blätter gefiedert, gegenständig; Blüten in großen endständigen Rispen; Frucht eine *kugelige Steinfrucht.* – Die sehr ähnliche Gattung *Euodia* hat *lederige Kapselfrüchte* und im Blattstiel verborgene Winterknospen.

Amur-Korkbaum *Phellodendron amurense* Rupr.

E – Amur Cork-Tree   N – Amur-Kurkboom

Nord-China, Mandschurei 1856. In großen Parks und Sammlungen; forstlich in großem Umfang angebaut in Rußland, ferner in Rumänien und der Tschechoslowakei. 15 × 2 m. Lockerkroniger breiter Baum *mit grauer Korkrinde und groben, dicken Leisten;* Triebe dick, orangebraun, runzelig; Knospen klein, nackt, behaart, im Sommer in der Blattstielbasis verborgen; Blätter gegenständig, gefiedert, 25–40 cm lang, mit 7–13 (mitunter 10) Blättchen, diese eiförmig, lang zugespitzt, die Spitze gekrümmt, 10 × 5 cm, oben glänzend dunkelgrün, Spindel und Mittelrippe gelb, unten mit Achselbärten nahe der Basis der Blättchen; Blüten in endständigen, 15 × 8 cm großen, unregelmäßig verzweigten Rispen, die einzelne Blüte 8 mm, ohne Petalen, weiße Staubfäden mit goldgelben Staubbeuteln; Fruchtstand aus Bündeln von 8–10 glatten, kugeligen Beeren an jedem Zweig der Rispe, schwarz, 8 mm, heller punktiert.

Japanischer Korkbaum *Phellodendron japonicum* Maxim.

E – Japanese Phellodendron

Japan. 1863. Selten; Sammlungen, Botanische Gärten. Unterscheidet sich von *P. amurense* durch eine *nicht korkige dünne,* braune, netzartig flach gefurchte Rinde; Blätter oben wie die Spindel gleichfarbig dunkel gelbgrün, Blättchen *unten dicht weiß behaart,* Spindel dicht behaart.

Bittereschen-Gewächse: *Simaroubaceae*

Etwa einhundertfünfzig Arten, meist in den Tropen. Nur die sehr seltene *Picrasma* und drei Arten von *Ailanthus* bei uns winterhart und angepflanzt.

GÖTTERBAUM *Ailanthus*

Acht bis neun Arten in Süd- und Ost-Asien und im nördl. Australien; Blätter sehr lang, wechselständig, gefiedert; Blättchen an ihrer Basis mit einigen großen Zähnen.

Götterbaum   *Ailanthus altissima* (Mill.) Swingle (= *A. glandulosa* Desf.)   **30**
E – Tree of Heaven   F – Ailanthe   N – Hemelboom
Nord-China 1751. Sehr häufiger Baum größerer Gärten und Parks, gelegentlich
auch Straßenbaum, mitunter auch verwildert auf Schuttplätzen. 26 × 3 m.
Forstlich angebaut in Österreich, Deutschland, Italien, Rumänien und Jugo-
slawien.

RINDE: Bei jungen Bäumen glatt, graubraun bis schwärzlich, senkrecht *weiß und
kantig gestreift;* alte Bäume mit glatter, doch ganz fein rauher, dunkelgrauer
Rinde, bräunlich oder dunkel fein gestreift.

KRONE: Stamm meist gerade, zylindrisch, mit dicken, straff aufstrebenden Ästen,
Krone hoch und unregelmäßig gewölbt; Wurzelausläufer treten mitunter auf,
teilweise weit entfernt vom Stamm.

BELAUBUNG: Trieb dick, orangebraun, mit Lentizellen und großen grauen Blattnarben; Knospe klein, eiförmig, rotbraun, scharlachrot beim Schwellen im
April; Laubentfaltung spät, erst Mitte Juni, anfangs dunkelrot, wechselständig, gefiedert, 30–60 cm, an jungen Trieben sogar bis 90 cm, mit 11–18 Blätt-
chenpaaren, sehr ungleich herzförmig, an einer Seite die Spindel überlappend,
länglich-lanzettlich, ganzrandig bis auf 1–3 Zähne auf jeder Seite nahe der
Basis, oben dunkelgrün, unten heller und kahl, 7–15 cm lang, Stiel 0,5–1,5 cm
lang, rot, gerieben mit *unangenehmem Duft;* Spindel grün
oder rot; Laubfall spät und ohne Verfärbung.

BLÜTEN UND FRÜCHTE: ♂ und ♀ in der Regel auf getrennten
Bäumen; ♂ in großen grünlichen Büscheln, rot in der Knospe
Anfang Juli, rahmweiß, wenn Ende Juli erblüht; Früchte in
großen Rispen, bis 30 × 30 cm, Same in der Mitte eines
4 × 1 cm großen Flügels, oft im Spätsommer intensiv karminrot gefärbt.

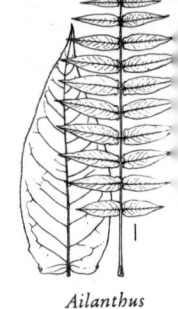

Ailanthus vilmoriniana Dode

West-China 1897. Sehr selten, nur gelegentlich in Sammlungen zu sehen. 21 × 1,5 m. Junge Triebe an der Basis mit
kurzen, dicken, *verstreuten Stacheln;* Blätter größer, an starken Trieben bis 1 m lang, *hängend,* Spindel ständig *dunkelrot,* mit 17–35 Blättchen, unterseits *behaart;* ebenso die
Spindel. Winterhart bei uns.

*Ailanthus
vilmoriniana*

QUASSIA *Picrasma*
Acht Arten in tropischen und subtropischen Gebieten; Knospe nackt, Blätter
wechselständig, gefiedert.

Bitterholz   *Picrasma quassioides* (D. Don) Benn. (= *P. ailanthoides* Planch.)
China, Japan, Indien 1890. Sehr selten in den Botanischen Gärten, doch winterhart. 12 × 1 m. Niedriger, rundkroniger Baum; Trieb *dunkel schokoladenbraun* mit gelben Punkten, Rinde sehr bitter; Knospen anfangs scharlachrot
und sehr klein, später braun; Blätter wechselständig, doch oft fast gegenständig genähert, gefiedert, mit 1 Blättchen, diese fest sitzend, nur das Endblättchen
lang gestielt; herzförmig, scharf gesägt, kräftig grün und glänzend, Spindel
karmin; Blüten in achselständige, 15 cm lange Doldentrauben, gelblichgrün,
Mai–Juni; Frucht eine eirunde, anfangs orangerote, zuletzt schwarze, 6–7 mm
lange Steinfrucht. – Schön belaubter Baum, vor allem in gelb und roter Herbstfärbung.

Zederach-Gewächse: *Meliaceae*

Sechshundert Arten, nahezu sämtlich in den Tropen.

SURENBAUM *Cedrela*

Etwa achtzehn Arten im tropischen Amerika und von Süd-Ost-Asien bis Australien. Blätter meist paarig gefiedert.

Surenbaum *Cedrela sinensis* Juss.

E – Chinese Cedar   F – Cedrel de Chine   N – Cedrel

Nord- und West-China 1862. Ziemlich selten in den Sammlungen und Botanischen Gärten, jedoch winterhart (Dortmund). 25 × 2.

RINDE: Bei jungen Bäumen fast walnußartig, kupfriggrau, grob gefurcht mit glatten Platten mit Lentizellen; an alten Bäumen in *langen breiten Streifen ablösend.*

KRONE: Offen, mit wenigen dicken Ästen vom geraden Stamm an dicken, ansteigenden Trieben.

BELAUBUNG: Trieb dick, *hell orange,* warzig, zuerst behaart; Knospe dick und kugelig, grün, mit kurzen spitzen Schuppen an der Spitze; Blatt sehr groß, 50–70 cm lang, paarig gefiedert (in der Regel *ohne Endblättchen*), in kurzen Quirlen an den Triebenden, mit 20–30 Blättchen, diese 12 × 4 cm, länglich-lanzettlich, zugespitzt, die breitkeilige Basis etwas schief, kurz rot gestielt, Rand mit sehr kleinen und entfernt stehenden Zähnen, oben matt hellgrün mit hellen Nerven, unten heller und kahl bis auf die beiderseits behaarte Mittelrippe und zuerst auch die Nerven.

BLÜTEN: In 50 × 20 cm großen, dichten, *hängenden,* endständigen Rispen, bei uns meist nicht über 30 cm lang, die einzelnen Blüten weiß, duftend, 5 mm lang, Juli.

ÄHNLICHE ART: *Rhus verniciflua* (vgl. S. 327).

Bitterholz

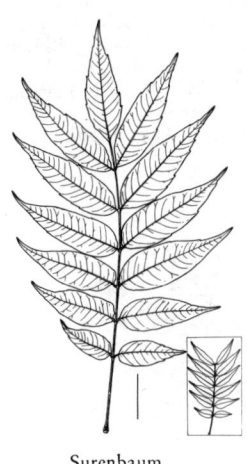

Surenbaum

Buchsbaum-Gewächse: *Buxaceae*

Etwa vierzig Arten immergrüner Bäume und Sträucher, meist tropisch; Blüten eingeschlechtig, ohne Petalen, einhäusig.

BUCHSBAUM　*Buxus*
E – Box　　F – Buis　　N – Palmboom

Etwa dreißig Arten in Mittel-Europa, Mittelmeer-Gebiet, Ost-Asien, West-Indien und Zentral-Amerika. Blätter immergrün, gegenständig, Blüten ohne Petalen.

Buchsbaum　*Buxus sempervirens* L.

E – Box　　　　F – Buis　　　　N – Palmboom

Weit verbreitet in Süd-Europa und Nord-Afrika, aber auch schon an einigen Stellen Badens und an der Mosel, auf Kalkboden. Überaus häufig in Gärten, Parks und Friedhöfen in ganz Deutschland, bis 6 m hoch oder gelegentlich auch höher.

RINDE: Hellbraun, meist tief zerrissen in kleine kantige, dann hellgraue Felder, dünn, leicht korkig.

KRONE: Außerhalb des natürlichen Verbreitungsgebietes meist nur hoher, sehr dichter Busch, nur selten baumartig, dann oft zweistämmig und etwas übergelehnt; kleine, ziemlich offene, meist spitze Krone.

BELAUBUNG: Trieb im Querschnitt kantig, grün, ganz winzig orange behaart; Knospe 1–2 mm, zylindrisch, gewölbt, hell orangebraun und dicht behaart, doch meist von den Blättern verdeckt. Blatt immergrün, gegenständig, hart, lederartig, elliptisch, 2–3 cm lang, ganzrandig, oben glänzend dunkelgrün, unten heller oder meist glänzend gelbgrün, nur die Mittelrippe erhaben, fein weiß punktiert; an warmen und feuchten Plätzen einen besonderen Duft ausströmend. Stiel 1 mm, hell orange behaart.

BLÜTEN: In achselständigen Knäueln, meist eine ♀ Blüte in der Mitte (3 kurze Griffel) und 5–6 ♂ Blüten (mit je 4 Staubfäden) ringsum, April, gelb (in den Büchern steht meist „hellgrün"!); Frucht eine 3klappige Kapsel, jede Klappe mit zwei Hörnern, kugelig, blaugrün und bereift, mit je 2 schwarzen, glänzenden Samen.

ÄHNLICHE ART: *B. balearica* (nachfolgend).

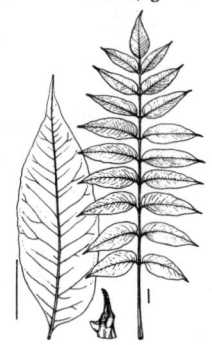

Buchsbaum　　　　　Balearischer Buchsbaum　　　　　Lack-Sumach

Balearischer Buchsbaum *Buxus balearica* Lam.

E – Balearic Box

Spanien, Balearen, Sardinien 1780. Bei uns wohl nur in den Botanischen Gärten; in England bis 11 × 0,6 m. D ∧ ∧∧. Unterscheidet sich von *B. sempervirens* durch die hellere, mehr rötliche Rinde, *viel größere Blätter*, 3–5 cm, an der Spitze eingeschnitten, *matt*, die Blattpaare mit 1 cm Zwischenraum stehend, Trieb an den Knoten abgeflacht. Blüten größer, bis 1 cm, in den oberen Blattachseln stehend; ♂ mit breiten petaloiden Staubfäden; ♀ mit 3–4 Hörnern.

Sumach-Gewächse: *Anacardiaceae*

Vierhundert Arten in den wärmeren Zonen.

SUMACH *Rhus*

Etwa einhundertfünfzig Arten in allen subtropischen und temperierten Zonen. Sommergrün oder immergrün, einige auch kletternd; Blätter einfach oder groß und gefiedert.

Lack-Sumach *Rhus verniciflua* Stockes (= *R. vernicifera* DC)

E – Varnish Tree   F – Arbre à la laque   N – Vernisboom

Himalaja, China, Japan 1874. Nur selten in großen Parks und Anlagen, jedoch in den Botanischen Gärten. 15 × 1,7 m. Gut winterhart.

RINDE: Grau mit schwarzen Rauten, die sich zu senkrechten Rissen vereinigen; ältere Bäume abschuppend.

KRONE: Stamm kurz, dick, gerade, mit kurzen, anfangs nach unten gebogenen, dann aber aufwärts gebogenen dicken Trieben; Krone gewölbt und offen; Blätter in Quirlen.

BELAUBUNG: Trieb sehr *dick, hellgrau,* orange punktiert und rauh; Knospe dick, eiförmig, glänzend braun, die Endknospen geschnäbelt; Blätter wechselständig, unpaarig gefiedert, 50–80 cm lang, die unteren 25 cm der gelben, rotgestreiften Spindel ohne Blättchen; 7–19 Blättchen, das Endblättchen am größten, bis 20 × 10 cm, die übrigen bis 17 × 6 cm, fast sitzend, Stiel 5 mm, schief an der Basis, lang zugespitzt, ganzrandig, lederartig, glänzend frischgrün, später dunkler, schlaff hängend, zerrieben schwach balsamisch duftend; Herbstlaub schön rot und karmin.

BLÜTEN UND FRUCHT: Blüten klein, unbedeutend, gelblichweiß, doch in zahlreichen, lockeren, 15–25 cm langen Rispen, diese *quirlförmig an den Triebenden abstehend;* Frucht 6 × 8 mm, strohgelb. Schöner, jedoch giftiger Baum; ähnlich *Cedrela,* aber stets mit Endblättchen, die übrigen Blättchen größer; Rinde ebenfalls abweichend.

Chinesischer Lack-Sumach *Rhus potaninii* Maxim.

E – Chinese Varnish Tree

Mittel- und West-China 1902. Noch seltener als die vorige Art. 18 × 2 m; großer Baum im Botanischen Garten Wageningen, Holland. Meist mehrstämmig, die einzelnen Stämme mit graurosa Rinde, die Blätter kürzer, hängend, bis 40 cm, das Endblättchen viel größer als die seitlichen und *waagerecht abstehend;* 7–9 Blättchen, sitzend, schmal keilförmig, grob gesägt; Blüten weiß mit roten Antheren in 12–15 cm langen Rispen. Herbstlaub rosa bis karmin. Winterhart.

Stechpalmen-Gewächse: *Aquifoliaceae*

Dreihundert Arten in beiden Halbkugeln; drei Gattungen.

STECHPALME *Ilex*

Etwa dreihundert Arten in den wärmeren Gebieten der beiden Halbkugeln. Viele Arten immergrün, die meisten zweihäusig; Frucht eine beerenartige Steinfrucht.

Gemeine Stechpalme *Ilex aquifolium* L.   30

E – Holly   F – Houx   N – Groene hulst

Heimisch im westl. Mittel-Europa und dem Mittelmeergebiet, in großem Umfang in Gärten und Parks angepflanzt. 22,5 × 1,8 m. Meist als Unterholz in den Wäldern vorkommend, mitunter Baum bis 15 m.

RINDE: Glatt, graurosa, bräunlich gestreift und punktiert; an größeren Bäumen oft silbergrau, vielfach auch mit großen Warzen.

KRONE: An jungen Bäumen stets symmetrisch schmal kegelförmig, die kurzen Äste aufstrebend; ältere Bäume mit mehr unregelmäßiger, dichter, oft etwas hängender Krone.

BELAUBUNG: Trieb hellgrün oder auch dunkelpurpurn, in der unteren Hälfte gerieft, dick; 5–6jährige Triebe sind noch stets grün, dann aber glänzend; Knospe eine winzige, grüne, kegelförmige Kappe am Triebende; Blätter sehr veränderlich schon an einem einzigen Baum. In Schattenlagen und in den unteren Partien der Krone sind die Blätter meist ringsum dornig gezähnt, aber in offener, freier Lage ändert sich die Zähnung und Wellung des Blattrandes, insbesondere gibt es dann in den oberen Partien der Krone auch viele ganz ebene und ganzrandige Blätter. In der Regel sind die unteren Blätter länglich-elliptisch, 6 bis 8 cm lang, mit 6–8 abstehenden, gelblichgrünen Blattdornen, meist abwechselnd nach oben und nach unten zeigend, glänzend dunkelgrün mit heller Mittelrippe, die anderen Nerven undeutlich, unten matt hellgrün, Stiel dick, 1 cm, oben abgeflacht.

BLÜTEN UND FRUCHT: Blütenknospen gedrängt in den Blattachseln, vor dem Aufblühen blaß rötlich angelaufen, im Mai aufblühend, weiß, duftend, gehäuft, ♂ und ♀ Blüten auf getrennten Bäumen, 6–8 mm, sich sehr ähnlich, entweder nur mit Staubfäden oder nur mit Griffeln; Frucht kugelig, 6–7 mm, Stiel 4–8 mm, scharlach, in milden Wintern bis zum Frühjahr oder noch länger an der Pflanze bleibend, bei kaltem Wetter oft von Drosseln genommen. – Von den zahllosen Cultivaren seien nur die bei uns am meisten angepflanzten genannt:

'A l b o m a r g i n a t a', der gewöhnliche weißbunte *Ilex;* Blätter wie beim Typ, Saum schmal rahmweiß, junge Blätter und Triebspitzen etwas purpurn, ältere Zweige stets ganz grün. Gut fruchtend.

'S i l v e r   Q u e e n' ist breiter weiß gerandet, ist aber männlich, daher ohne Beeren.

'A u r e o m a r g i n a t a' ist nur ein Sammelbegriff für die gelbbunten Sorten.

'M m e   B r i o t' hat Triebe mit purpurner Rinde, Blätter teils breit goldgelb gerandet, teils ganz gelb, Randdornen stark und abstehend, reichfruchtend. Vor allem in Holland und Belgien angepflanzt.

'B a c c i f l a v a' (= '*Fructuluteo*'). Früchte heller oder dunkler gelb; häufig in den Gärten und Anlagen.

'Ferox' 'Camelliifolia' 'Hodginsii' 'Wilsonii'

'C r i s p a'. Blätter meist ganzrandig, aber spiralig verdreht, so daß stellenweise die Unterseite nach oben zeigt. Weniger häufig, aber doch nicht selten.

'F e r o x'. **Igel-Stechpalme.** Blätter auf der Oberseite mit mehreren Reihen von Blattdornen dicht hintereinander; Blätter oft ineinander gedreht. Hiervon auch eine gelbbunte Form. – Nur in Sammlungen, aber nicht häufig zu sehen.

'J. C. v a n T o l'. Breitwüchsig, Äste waagerecht abstehend, junge Triebe purpurn, Blätter meist eiförmig, 5–7 cm, oben glänzend, zwischen den Rippen *leicht blasig aufgetrieben*, meist nur in der oberen Hälfte mit einigen kleinen Zähnen, überreich fruchtend. Holländische Züchtung. 1910.

'P y r a m i d a l i s'. Wuchs straff und kegelförmig aufrecht, junge Triebe mit gelbgrüner Rinde; Blätter elliptisch, an beiden Enden zugespitzt, *teils ganzrandig*, meist in der Mitte buchtig gezähnt, oben stark glänzend und *kahnförmig;* sehr reichfruchtend. Stark verbreitet.

ÄHNLICHE ART: *Ilex* × *altaclarensis* (vgl. nachfolgend).

Großblättrige Stechpalme *Ilex* × *altaclarensis* Dallim.

Eine Hybride zwischen *Ilex aquifolium* und *Ilex perado*, vermutlich in Highclere (latinisiert „Altaclara"), England, entstanden. Von der Gemeinen Stechpalme abweichend durch stärkeren Wuchs, dickere und flachere Triebe, breitere und ebene Blätter, 9 × 8 cm groß, mit 0–9 meist nahe der Spitze stehenden und *nach vorn gerichteten* Blattdornen. – In Deutschland sind von den hierzu gehörenden Gartenformen nur 'Belgica' und 'Camelliifolia' häufiger anzutreffen, die anderen hauptsächlich in England, aber auch in Belgien und Holland.

'B e l g i c a'. Wuchs sehr kräftig, junge Triebe grün; Blätter frischgrün, eiförmig bis länglich, etwa 8 cm, Rand sehr *stark und kräftig gezähnt.* – Diese Pflanze wird in den holländischen und deutschen Baumschulen oft fälschlich als *Ilex „perado"* bezeichnet.

'C a m e l l i i f o l i a'. Sehr schöner Baum, Krone kegelförmig, bis 20 m, Blätter bis 13 × 6 cm groß, eiförmig bis *eilanzettlich, meist ganzrandig,* aber auch einzelne Blätter mit 1–8 Blattdornen an jeder Seite, dunkelgrün, stark glänzend; Früchte bis 1,2 cm dick.

' G o l d e n K i n g'. Blätter groß, flach, eirund, mit wenigen, ganz kleinen Randdornen, Rand *unregelmäßig breit goldgelb,* Mitte tiefgrün, einige Blätter auch ganz gelb; sehr winterhart und wüchsig.

'H o d g i n s i i'. Wuchs kräftig; Trieb purpurn, im Schatten grün, Blatt glänzend, *teils fast ganzrandig*, teils mit einigen Zähnen, eirundlich, 5–9 × 4–8 cm, unten matt gelbgrün; Blüten groß, 1,2 cm, außen gerötet, männlich. 14 m.

'W i l s o n i i'. Starkwüchsig, weiblich, Triebe grün, sonnenseitig etwas gerötet;

Blätter bis 12 × 6 cm, breit elliptisch, stark glänzend, Basis stets rund, *Rand gleichmäßig gezähnt* mit weit auseinanderstehenden scharfen Dornen, Stiel 5 bis 7 mm lang, sehr dick. 10 m.

Pernys Stechpalme   *Ilex pernyi* Franch.

E – Perny's Holly

Mittel- und West-China 1900. In Gärten und Sammlungen, vor allem in West- und Nord-West-Deutschland angepflanzt, aber kaum über 5 m hoch, in England 17 m, Krone sehr schmal; Blätter sehr dicht an den Trieben gedrängt, *rautenförmig, 2–3 cm* lang, Basis herzförmig, an jeder Seite mit 2–3 Dornen und einem besonders langen Dorn an der Spitze, oben sehr dunkel grün, unten hellgrün; Früchte rot.

Himalaja-Stechpalme   *Ilex dipyrena* Wall.

Ost-Himalaja 1840. In Deutschland vermutlich *kaum angepflanzt,* da sehr frostempfindlich; auch in England selten, bis 12 m; Blätter *eielliptisch bis länglich,* 8–12 × 3 cm, an alten Pflanzen meist ganzrandig oder mit wenigen Zähnen, an jungen Pflanzen sehr scharf gezähnt; Früchte stumpfrot, 8 mm, locker sitzend, *mit 2 Steinen.* D ∧∧∧

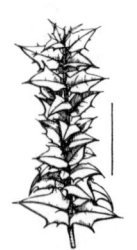  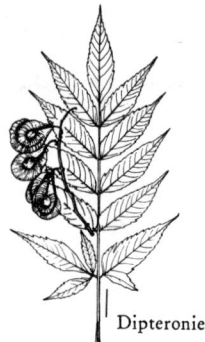

Pernys Stechpalme   Himalaja-Stechpalme   Dipteronie

Ahorn-Gewächse: *Aceraceae*

Zwischen 115 bis fast 300 Arten, je nach Auffassung der Botaniker über die Abgrenzung der Arten; alle gehören zur Gattung *Acer,* bis auf die zwei *Dipteronia*-Arten aus China, von denen eine in Kultur ist.

DIPTERONIA

Dipteronie   *Dipteronia sinensis* Oliv.

China 1900. Sehr selten in Kultur, kaum außerhalb der Botanischen Gärten (in Dortmund, Kopenhagen). Bei uns wohl nur strauchig, in England 10 m. Blätter gefiedert, bis 40 cm lang, mit 11–15 Blättchen, das unterste Paar dreizählig, alle grob gekerbt, dunkelgrün; Spindel dunkelrot; Austrieb dunkelrot; Blüten sehr klein, weißlich, ohne Petalen; Früchte 3,5 × 2,5 cm groß, von einem fast kreisförmigen Flügelrand umgeben, in 25 × 25 cm großen, lockeren Rispen.

AHORN *Acer*

E – Maple   F – Erable   N – Esdoorn

Die Ahorn-Arten haben gegenständige, zumeist ungeteilte Blätter, meist gelappt, einige jedoch auch ganzrandig, und geflügelte Früchte; Blüten mit oder ohne Petalen, in Trauben oder Rispen, die entweder eingeschlechtig oder zwittrig oder polygam sein können.

Schlüssel zu den Ahorn-Arten

1. Blätter ungelappt, oder teilweise gemischt mit gelappten Blättern **2**
   Blätter durchweg gelappt oder zusammengesetzt **11**
2. Alle Blätter ungelappt **3**
   Blätter gemischt, am gleichen Baum gelappt und ungelappt **8**
3. Mit etwa 25 parallelen Seitennerven; länglichlanzettlich
   A. carpinifolium, S. 348
   Meist handnervig, weniger parallel, eiförmig **4**
4. Klein gelappt oder grob gezähnt **5**
   Gekerbt oder gesägt, nicht klein gelappt **7**
5. Breit-eiförmig, bis 5 × 7,5 cm, Blütenstände aufrecht *A. tataricum*, S. 346
   Eiförmig-lang zugespitzt; Blütenstand gebogen **6**
6. Stiel dünn, hochrot; Blattbasis rund *A. tetramerum*, S. 355
   Stiel dick, gelb und rosa; Basis herzförmig *A. davidii* 'Ernest Wilson', S. 349
7. Blätter fast kreisrund, dick; Blütenstände aufrecht *A. distylum*, S. 348
   Blätter eiförmig, lang zugespitzt, nicht dick; Blütenstand gebogen
   A. davidii 'George Forrest', S. 349
8. Blatt ganzrandig *A. sempervirens*, S. 339
   Blattrand gezähnt oder nur teilweise und undeutlich **9**
9. Blätter keilförmig, dreinervig, unten blaugrün, zum Teil und undeutlich gezähnt *A. buergerianum*, S. 345
   Blätter herzförmig, ringsum gezähnt, nicht dreinervig, unten grün **10**
10. Trieb und Blattstiel rot *A. davidii* 'George Forrest', S. 349
    Trieb und Blattstiel gelbgrün, seltener rosa *A. hersii*, S. 351
11. Blätter einfach (ungeteilt) **12**
    Blätter zusammengesetzt **48**
12. Blätter dreilappig, abgerundet oder keilförmig, an der Basis nicht gelappt **13**
    Blätter 3–5-(bis 11-)lappig, bis oder bis fast zur Basis **27**
13. Rand ganzrandig oder teilweise und undeutlich gezähnt **14**
    Rand ringsum gezähnt **17**
14. Blätter sehr groß, 20 × 15 cm; Stiel dick, 20–25 cm lang, alle Lappen nur an der Spitze *A. platanoides* 'Stollii', S. 335
    Blätter klein, kürzer als 10 cm **15**
15. Blätter 5–9 cm, frischgrün, unten bläulich *A. buergerianum*, S. 345
    Blätter 3–5 cm, dunkelschwärzlichgrün **16**
16. Immergrün; Blätter dick und hart, Rand gewellt, mehr oder weniger klein gelappt *S. sempervirens*, S. 339
    Sommergrün; Blätter nicht dick, Rand eben und gerade
    A. monspessulanum, S. 339
17. Blätter unterseits silbrig *A. rubrum*, S. 356
    Blätter unterseits grün **18**
18. Blätter kürzer als 8 cm **19**
    Blätter länger als 10 cm **20**

19. Blätter klein gelappt, sehr dünn, Nerven rosa   *A. crataegifolium*, S. 350
    Blätter tief und scharf gesägt   *A. ginnala*, S. 346
20. Lappen an der Spitze; Basis sehr breit   **21**
    Lappen in der unteren Hälfte oder in der Mitte des Blattes, nicht sehr breit **22**
21. Blätter 10–12 cm lang; Lappen stumpf, grob gezähnt   *A. opalus*, S. 341
    Blätter 15–20 cm lang; Lappen lang zugespitzt, gleichmäßig gesägt
        A. pensylvanicum, S. 350
22. Nervenwinkel unterseits winzig behaart   **23**
    Nervenwinkel unterseits mit Haarbüscheln oder orange gefärbt   **25**
23. Blätter frischgrün; Nerven vertieft; Mittellappen schmal dreieckig
        A. capillipes, S. 354
    Blätter dunkelgrün, sehr glatt; Mittellappen eiförmig und zugespitzt   **24**
24. Trieb, Blattstiel und Knospe dunkelrot   *A. davidii* 'George Forrest', S. 349
    Trieb, Blattstiel und Knospe gelbgrün und rosa   *A. hersii*, S. 351
25. Achselbärte weiß; Spreite flach, Nerven hell   *A. forrestii*, S. 354
    Achselbärte oder Flecken in den Nervenwinkeln braunorange; Blätter
    runzelig   **26**
26. Knospe schlank, rot; Blätter sehr veränderlich in
    Größe und Form; Trieb nicht bereift   *A. pensylvanicum*, S. 350
    Knospe eiförmig, hell graublau; Trieb behaart; Blätter
    nur wenig variierend   *A. rufinerve*, S. 351
27. Lappen ganzrandig   **28**
    Lappen mit einem oder mehreren Zähnen   **29**
28. Alle Lappen fadenförmig endigend   *A. cappadocium*, S. 338
    Basale Lappen fein abgerundet; die fadenförmigen Spitzen der anderen Lappen gedreht   *A. lobelii*, S. 338
29. Zähne: nur einer oder wenige, verstreut, mehr oder weniger
    unsymmetrisch   **30**
    Zähne: ein Paar oder mehrere, am Hauptlappen symmetrisch, oder
    fein gesägt   **32**
30. Hauptlappen fadenförmig ausgezogen   *A. lobelii*, S. 338
    Keine Lappen fadenförmig ausgezogen   **31**
31. Blätter schwärzlich, Nerven und Stiel dunkelrot, Achselbärte unterseits nur an der Basis   *A. × zoeschense*, S. 340
    Blätter hell, dünn; Stiel hellrot, Achselbärte unterseits in allen Nervenwinkeln   *A. × dieckii*, S. 339
32. Zähne groß, in der oberen Blatthälfte sehr groß   **33**
    Nur gesägt oder gekerbt   **37**
33. Lappen in Fäden endigend   **34**
    Lappen ohne Faden-Enden   **35**
34. Zähne mit fadenförmigen Enden; Lappen mit breiter Basis; Knospe
    grün   *A. platanoides*, S. 333
    Zähne fein abgerundet; Mittellappen zu seiner Basis schmäler werdend; Knospe tiefbraun   *A. saccharum*, S. 342
35. Lappen flach, mit breiter Basis, Blätter hellgrün
        A. miyabei, S. 335; *A. diabolicum*, S. 355
    Lappen tief, zur Basis verschmälert; Blätter dunkelgrün   **36**
36. Blätter sehr groß, bis 30 × 35 cm, sehr dünn   *A. macrophyllum*, S. 342
    Blätter klein, 5–10 cm, derb   *A. campestre*, S. 340
37. Blätter unten silbrig   **38**
    Blätter unten grün oder weißlichgrün   **39**

38. Blätter bis 10 cm; Lappen schmaler als die halbe Blattbreite, dunkelgrün, gekerbt *A. rubrum*, S. 356
Blätter bis 15 cm; Lappen breiter als die halbe Blattbreite, hellgrün,
tief eingeschnitten gesägt *A. saccharinum*, S. 356
39. Lappen grob gesägt **40**
Lappen fein und tief gesägt **45**
40. Lappen breit, selten so tief wie die halbe Spreite **41**
Lappen schmal und tief, tiefer als die halbe Spreite **44**
41. Stiel gelb oder grün, dick, bis 22 cm; Blätter gelblichgrün
A. velutinum var. *vanvolxemii*, S. 345
Stiel rosa oder rot, nicht dick, bis 15 cm; Blätter dunkelgrün **42**
42. Stiel länger als die Spreite, sehr dünn, 9–11 cm *A. hyrcanum*, S. 341
Stiel so lang oder kürzer als die Spreite, nicht dünn **43**
43. Lappen kaum gezähnt, flach, abgerundet, Knospe kegelförmig
A. opalus, S. 341
Lappen grob gesägt, nicht flach, spitz; Knospe eiförmig
A. pseudoplatanus, S. 343
44. Hauptlappen etwa gleich groß, bis zu 1,5 cm nahe der Blattbasis eingeschnitten *A. heldreichii*, S. 344
Mittellappen am breitesten, zur Basis verschmälert, bis auf 3 cm nahe
der Basis eingeschnitten *A. trautvetteri*, S. 345
45. Drei Hauptlappen groß, zwei oder vier an der Basis klein, Hauptlappen schwanzförmig ausgezogen und gesägt, dunkelgrün, runzelig
A. argutum, S. 355
Fünf/sieben/neun nahezu gleich große Lappen und zwei kleinere an
der Basis; Blätter und/oder eiförmig **46**
46. Lappen so breit wie die halbe Spreite oder mehr, lang zugespitzt, Basis
schmal **47**
Lappen schmäler als die halbe Spreite, kurz zugespitzt, Basis breit
A. japonicum, S. 347
47. Blätter flach gesägt, abgestutzt, mit fünf bis sieben Lappen
A. palmatum, S. 346
Blätter tief eingeschnitten, tief herzförmig, mit neun bis elf Lappen
A. pseudosieboldianum, S. 348
48. Blättchen drei, fünf oder sieben am gleichen Trieb; Trieb glatt, grün,
oft violett bereift *A. negundo*, S. 359
Blättchen durchweg drei; Trieb behaart, rot oder braun **49**
49. Stiel kahl; seitliche Blättchen gestielt *A. cissifolium*, S. 358
Stiel wollig behaart, seitliche Blättchen sitzend **50**
50. Stiel dick; Blatt dunkelgrün und hart **51**
Stiel dünn; Blatt hellgrün und weich *A. triflorum*, S. 358
51. Grob gesägt an der Spitze der Lappen *A. griseum*, S. 358
Undeutlich, unregelmäßig oder überhaupt nicht gesägt *A. nikoense*, S. 357

Spitz-Ahorn *Acer platanoides* L. **31**
E – Norway Maple F – Erable plane N – Noorse esdoorn
Europa, nach Norden bis Süd-Schweden und Südspitze Norwegens, nach
Süden bis zum Kaukasus 1683. Heimischer, weit verbreiteter und viel ange-
pflanzter Baum. Forstlich angebaut in der Tschechoslowakei, den Niederlan-
den und Rumänien.
RINDE: Hellgrau, glatt, ganz fein *faltig* oder ganz flach netzförmig gefurcht.
KRONE: Hoch gewölbt, mitunter auch sehr breit auf kurzem Stamm, dicht.

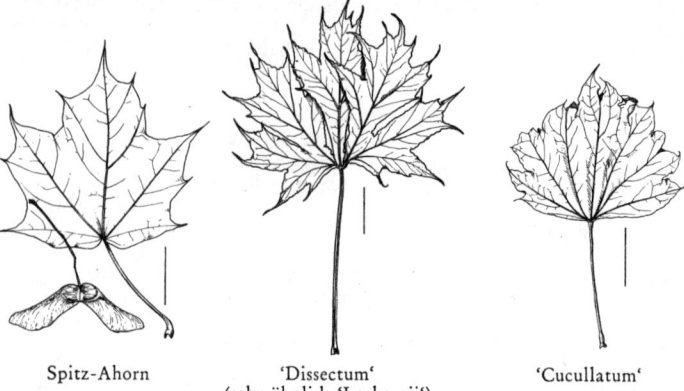

| Spitz-Ahorn | 'Dissectum'
(sehr ähnlich 'Lorbergii') | 'Cucullatum' |

BELAUBUNG: Trieb rötlichbraun oder olivbraun; Knospe hocheiförmig, *Endknospen rot* oder rotbraun, Seitenknospen grün und angedrückt; Blätter mit 5 kurz zugespitzten Lappen, 10–18 cm breit, entfernt gezähnt, die Zähne fadenförmig ausgezogen, oben lebhaft grün und etwas glänzend, dünn, unten heller und Nervenwinkel mit kleinen weißen Bärten; Herbstfärbung Ende Oktober gelb; Stiel 15 cm (8–10 cm an alten Bäumen, bis 20 cm an jungen).

BLÜTEN: *Vor den Blättern* Ende März–Anfang April erscheinend, gelblichgrün, zu 30–40 beisammen in aufrechten, behaarten Doldentrauben; Früchte hängend, Flügel fast waagerecht, 3–5 cm lang, gelbgrün.

WUCHS: In der Jugend sehr rasch, Triebe mitunter bis 2 m lang, dann aber langsam weiterwachsend; Stammzuwachs etwa 3 cm jährlich für eine Periode von etwa 100 Jahren. Im allgemeinen nicht sehr langlebig. – Von den zahllosen Gartenformen seien die wichtigsten aufgeführt:

'D r u m m o n d i i'. 1903. Englische Gartenform mit normalen Blättern, hellgrün, regelmäßig breit weiß gerandet und gefleckt, ziemlich klein und dünn; Krone kugelig.

'S c h w e d l e r i'. Vor 1869 in Deutschland entstanden und sehr verbreitet; *Austrieb blutrot*, im Laufe des *Sommers dunkelrotgrün* bis olivgrün; Stiel und Nerven rot bleibend; Blätter hauptsächlich im Frühjahr rot wirkend; Herbstlaub rot getönt; Blüten gelblich; Blattrand nach unten gebogen.

'R e i t e n b a c h i i'. Vor 1874 in Deutschland entstanden, weniger häufig in den Parks als 'Schwedleri'; *Austrieb nur braunrot*, Blütenstand rot; Blätter derber als bei 'Schwedleri' und Rand meist etwas nach oben gebogen, im *Sommer mehr grün, Herbstfärbung tief dunkelrot* und dann am schönsten. (Beide Formen werden oft verwechselt; hinsichtlich ihrer Blattfärbung sind sie heute übertroffen durch 'Faassen's Black', 'Crimson King' und 'Goldsworth Purple', von denen jedoch die zuerst genannte am meisten verbreitet ist.)

'F a a s s e n's   B l a c k'. 1936 in Belgien gefunden. Wuchs mäßig stark; Blätter ganz dunkel purpurbraun, *fast schwarz, oben stark glänzend*, Rand etwas nach oben gekrümmt, junge Blätter glatt (nicht runzelig), Herbstfärbung auffallend rot; Blütenstände ganz rot, Petalen gelbgrün; Fruchtstiele rot. Sehr häufig in Parks angepflanzt.

'C r i m s o n   K i n g'. Schwachwüchsiger Baum; Blätter etwas heller als bei 'Faassen's Black', gegen das Licht leuchtend blutrot, ausgereift *matt glänzend*, jüngste Blätter *dunkelbraunrot* und runzelig. Französische Selektion, 1946.

'L a c i n i a t u m', „Vogelkrallen-Ahorn". 1781. Wuchs pyramidal; Blätter breitkeilförmig, *tief eingeschnitten* gelappt, sehr lang und spitz gezähnt, Blattrand und Lappen „*krallenartig*" nach unten gekrümmt. Gelegentlich in alten Parks zu sehen.

'L o r b e r g i i'. Schon seit 1829 bekannt; Baum starkwüchsig, bis 12 m, Zweige hin- und hergewunden; Blätter *bis zur Basis eingeschnitten*, Lappen sehr tief gezähnt, reife Blätter hellgrün bleibend, bis 10 × 17 cm, Stiel gelb und rot, 15 cm; Lappen und Zähne an ihren *Spitzen nach oben gerichtet*. In Parks.

'C u c u l l a t u m'. Vor 1880. Wuchs hoch, doch ziemlich schmal bleibend, bis 23 × 2 m; Blatt im *Umriß rundlich*, Basis mit *7–10 fächerförmigen* Nerven, 12 × 13 cm, die Lappen klein und nach unten gebogen; Spreite kappenartig gewölbt, zwischen den Hauptnerven etwas aufgetrieben. Gelegentlich in alten Parks; 2 alte Bäume im Westfalenpark Dortmund.

'S t o l l i i'. 1888 bei Späth, Berlin, als Sämling von 'Schwedleri' entstanden; Blätter *meist 3lappig*, ganzrandig, efeu-artig, oft auch *tütenförmig* bis 20 × 18 cm groß, dunkelgrün und derb.

ÄHNLICHE ARTEN: *A. pseudoplatanus* hat ganz andere, abschuppende Rinde und grüne Endknospen; *A. cappadocicum* hat einen geraden Stamm und gerade Äste; *A. saccharum* hat ähnliche Blätter, aber ohne die lang ausgezogenen Spitzen, und *A. lobelii* hat weniger Blattzähne und einen sehr schmal aufrechten Wuchs.

Miyabes Ahorn   *Acer miyabei* Maxim.

Japan 1895. Ziemlich selten, doch gelegentlich in Sammlungen. 16 × 1,5 m.

RINDE: Orangebraun und grau, grob beschuppt; mit einigen tiefen, feinen Furchen.

KRONE: Breit gewölbt, lange Leittriebe mit einigen, dicht beisammenstehenden kurzen Trieben.

BELAUBUNG: Trieb purpurbraun, die geschwollenen Blattstielbasen den Trieb umfassend; Knospe meist in der Blattstielbasis verborgen, spitz eiförmig, 3 bis 5 mm, gelb punktiert und braun; Blatt fünflappig, das oberste junge Blatt länger als breit, bis 12 × 10 cm, scharf abgestutzt, die anderen Blätter breiter als lang, bis 20 × 28 cm, sehr tief herzförmig; Lappen lang zugespitzt mit stumpfer, abgerundeter Spitze, Mittellappen parallelseitig, an jeder Seite 2 große abgerundete Lappen oder Zähne, oben hellgrün und weiß behaart, unten heller und besonders Nerven behaart und Achseln gebärtet; Stiel dick, gefurcht, bis 15 cm, gelb und rot, zur Basis bis 1 cm breit werdend und dort den Trieb umfassend, Herbstfärbung rosa und rot, Spreite Mitte Oktober reingelb.

Miyabes Ahorn

BLÜTEN UND FRUCHT: Blüten gelb, in schmalen, 5–8 cm langen, dünn gestielten Blütenständen; Frucht 5 cm breit, waagerecht, die Flügel 1 cm breit, sehr dünn und zerbrechlich, hell rosabraun; Nüßchen behaart.

ÄHNLICHE ART: *A. diabolicum* hat ähnliche Blätter, aber stets abgestutzt, heller, gewimpert, Stielbasis nicht so stark verbreitert.

Roßkastanien (Fortsetzung) und Linden

1 **Indische Roßkastanie** *Aesculus indica* 363
Graubraune Triebe im Sommer; Blätter mit schmalen Blättchen an ziemlich
langen, roten Stielen; nur in Gegenden mit sehr mildem Klima.

2 **Gelbe Pavie** *Aesculus flava* 362
a Blütenstand; die Blüten können intensiv gelb sein.
b Blatt mit 5 schlanken, langgestielten, glänzend frischgrünen, sehr fein gezähnten Blättchen.

3 **Krim-Linde** *Tilia euchlora* 366
a Trieb und Blätter; Trieb bleibt auch im Winter gelbgrün; Blatt oben stark
glänzend, unten heller, orangerote Achselbärte unterseits.

4 **Amerikanische Linde** *Tilia americana* 367
Blatt; sehr groß und dünn; die einzige Linde, deren Blätter beiderseits gleichfarbig grün sind.

1

2a

2b

3a

3b

4

1a 1b 2a 2b 3a 3b 4a 4b

Linden (Fortsetzung)

1 Holländische Linde *Tilia europaea*   365
  a Trieb und Blätter; Unterseite hell und mit hellbräunlichen Achselbärten.
  b Frucht und Tragblatt.

2 Winter-Linde *Tilia cordata*   365
  a Blatt mit bläulicher Unterseite und hellorange Achselbärten.
  b Blätter, Blüten und junge Frucht; die Blütenstände können alle aufrecht
     stehen oder auch nach allen Richtungen.

3 Hänge-Silber-Linde *Tilia petiolaris*   370
  a Blatt; Stiel mindestens so lang wie die halbe Breite, oder länger.
  b Blatt-Unterseite, dicht weiß behaart.
  Eine höher werdende, schmalkronige, hängezweigige Form der Silberlinde.

4 Sommer-Linde *Tilia platyphylla*   364
  a Habitus eines 23 m hohen Baumes.
  b Trieb und Blatt. Trieb, Blattstiel und beide Seiten der Spreite sind zuerst
     behaart, im Herbst jedoch nur noch die Nerven auf der Unterseite, die
     anderen Teile oft bereits ganz kahl.

Holländische Linde

Hänge-Silber-Linde

Kolchischer Ahorn   *Acer cappadocicum* Gleditsch   **33**
E – Cappadocian Maple

Kaukasus; vom Hindukusch entlang dem Himalaja bis nach China (dort zwei Varietäten, die aber hier sehr selten sind). 1838. In großen Gärten und Parks. 24 × 2,5 m.

RINDE: Grau, fein und glatt gefaltet.

KRONE: Breit und dicht gewölbt, mit ziemlich gedrehten Ästen, *gebogenem* Stamm mit großen Verdickungen um die Astnarben. Stammbasis stets mit zahlreichen, oft sehr großen *Ausläufern.*

BELAUBUNG: Trieb grün, oft grau bereift, danach glänzend, im zweiten oder dritten Jahr weiß gestreift; Ausläufer oft rot. Knospen klein, stumpf eiförmig, graubraun. Blatt mit 5–7 *ganzrandigen,* eiförmig-zugespitzt, lang ausgezogenen Lappen, herzförmig, an alten Bäumen 8 × 12 cm, Stiel 9 cm, an jungen Bäumen größer, auch tiefer gelappt; oben frischgrün, unten heller und mit kleinen Achselbärten. Herbstfärbung ziemlich gleichförmig buttergelb, Mitte Oktober.

BLÜTEN UND FRUCHT: Blüten hellgelb, 6–8 mm, mit 5 schmalen obovaten Petalen, zu 15–20 in kleinen, breiten, aufrechten, lockeren Rispen, 8 × 3 cm, doch ziemlich versteckt zwischen den sich entfaltenden Blättern, Mitte–Ende Mai. Frucht mit breit gespreizten Flügeln, 7 cm.

'A u r e u m'. Als alter Baum selten. 17 × 2 m. Junge Blätter schön hellgelb und Rand oft etwas gerötet, im August allmählich vergrünend, aber bei jungen Bäumen Johannistrieb ebenfalls goldgelb.

'R u b r u m' 1846. Kaukasus. Entfaltende Blätter hochrot, später nur Rand gerötet bleibend. Auch die Ausläufer des Typs haben im Austrieb rote Blätter.
ÄHNLICHE ART: *A. lobelii* (nachfolgend).

Lobels Ahorn   *Acer lobelii* Ten.
E – Lobel's Maple

Italien; Bergwälder am Golf von Neapel. 1838. Selten in den Gärten und Parks. 24 × 2,5 m.

RINDE: Junger Bäume dunkel graugrün, bräunlich oder rötlich längs gestreift; an älteren Bäumen dunkelgrau und ganz fein gefaltet.

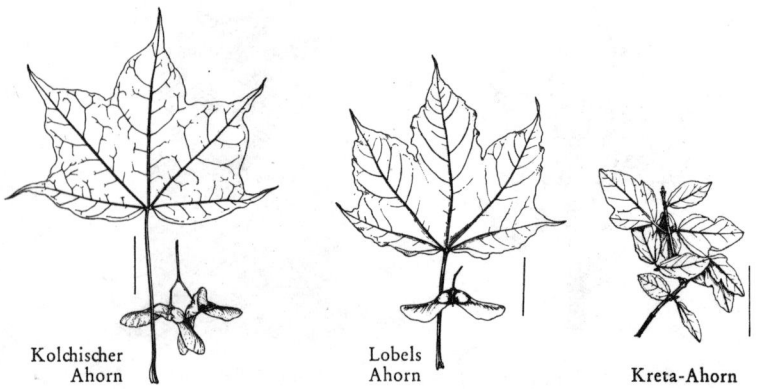

Kolchischer
Ahorn

Lobels
Ahorn

Kreta-Ahorn

KRONE: Bei jungen Bäumen schmal *säulenförmig,* mit vielen, langen, senkrechten, kaum verzweigten Trieben, ältere Bäume an der Spitze etwas verbreitert.

BELAUBUNG: Trieb rötlich mit *blauweißem Reif,* im zweiten Jahr purpurn und grün; Knospe eiförmig, Basis braun, an der Spitze grün; Blatt mit fünf spitzdreieckigen Lappen, das unterste Paar mit einigen unregelmäßig stehenden, zugespitzten Zähnen, die anderen drei nach vorn gerichtet, der mittlere oft an einer Seite mit einem Zahn; Blätter waagerecht stehend, doch die *Spitzen der Lappen aufwärts gehend oder seitswärts verdreht,* oben glänzend hellgrün, unten weniger glänzend und mit feinen Haarbüscheln in den basalen Nervenwinkeln; 10 × 12 cm, Stiel grün, 12 cm.

BLÜTEN UND FRUCHT: Blüten 5 mm, hellgrün, in aufrechten, offenen, endständigen Rispen; Frucht frischgrün, Flügel fast waagerecht, 3–7 cm breit.

ÄHNLICHE ARTEN: Die Lappen sehr ähnlich *A. cappadocicum,* aber durch die auftretenden Zähne verschieden und die gedrehten Spitzen der Lappen. – Eine ebenfalls seltene Naturhybride zwischen *A. lobelii* × *A. platanoides* ist *A.* × *dieckii* (Pax) Pax; seit 1886 in Kultur bekannt, hat bis 15 × 18 cm große Blätter an roten Stielen und flachere, mehr oder weniger ganzrandige Lappen, Achselbärte in allen Nervenwinkeln auf der Unterseite und kahle, weitwinklig gespreizte, obovate, 4 × 1,2 cm breite, an den Spitzen aufwärts gebogene Flügel.

Kreta-Ahorn   *Acer sempervirens* L. (= *A. creticum* L., *A. orientale* auct. non L.)

E – Cretan Maple

Östl. Mittelmeergebiet 1752. Selten, nur in Sammlungen und einigen Botanischen Gärten. 9 × 1,5 m (in Cornwall, England). *Fast immergrüner* Baum, Rinde dunkelgrau, mit einigen orange Rissen oder Flecken von aufbrechenden Rindenstellen; niedrige Krone aus gedrehten Ästen, braunen Trieben und harten, glänzenden, dunklen, kleinen, veränderlich 3nervigen Blättern, 3–5 cm lang, ungelappt, klein und unregelmäßig gelappt oder mit drei ganzrandigen Lappen, Rand wellig, länglich eiförmig, beiderseits gleichfarbig dunkelgrün und glänzend, Stiel gelb, 1 cm lang; Früchte büschelig in achselständigen Trauben, an 3 cm langem, gelbgrünem Stiel; Flügel weit gespreizt, etwas ansteigend, hellgrün, 4 cm breit.

Französischer Ahorn   *Acer monspessulanum* L.

E – Montpelier Maple   F – Erable de Montpellier

Süd-Europa, West-Asien 1739. Ziemlich selten, bei uns gelegentlich bis zum Mittelrhein wild vorkommend, sonst in Parks und Gärten. 15 × 2 m. Forstlich angebaut in Jugoslawien.

Französischer Ahorn

RINDE: Dunkelgrau und schwarz, fein zerbrochen, mit größeren senkrechten Rissen.

KRONE: Sehr dicht bezweigt, breit gewölbt.

BELAUBUNG: Trieb hellbraun, glatt, dünn, mit Lentizellen; Knospe eiförmig, klein, 3 mm, dunkel orangebraun; Blatt dreilappig, die beiden seitlichen Lappen weit abstehend, alle *eiförmig,* ganzrandig, Basis etwas herzförmig, Stiel 4 cm lang, rosa, dunkelgrün, 4 × 7 cm, erst spät im Mai austreibend, derb, unterseits blaugrün und mit Bärten in den basalen Nervenwinkeln.

BLÜTEN UND FRUCHT: Blüten gelb, in kleinen Rispen, Juni; Frucht klein, Flügel fettig glänzend, jeder 1,2 cm lang, senkrecht und parallel stehend und sich überdeckend, Stiel 4 cm; Nüßchen braun im August, Flügel dann oft rot.

Feld-Ahorn   *Acer campestre* L.   **31**

E – Field Maple   F – Erable champêtre   N – Veldesdoorn

Fast in ganz Europa heimisch, bis Nord-Persien und Nord-Afrika; sehr häufig auch in Parks und Gärten angepflanzt. Forstlich angebaut in Dänemark und Jugoslawien. 26 × 3 m.

RINDE: Hellbraun, mit breiten orange Rissen oder gefeldert, an älteren Bäumen graubraun oder dunkelgrau mit feinen Rissen und hellen Furchen.

KRONE: Gewölbt, meist niedrig, mitunter aber auch hoch, Stamm etwas überlehnend und oft knorrig, Äste etwas abwärts geneigt und an den Spitzen sich aufrichtend; Seitenzweige kurz.

BELAUBUNG: Trieb oben dunkelbraun, unten heller, fein behaart, im zweiten Jahr gestreift und rauh, oft dick *korkig geflügelt* im 5. Jahr; Knospe rotbraun, 3 mm, Spitze grau behaart; Austrieb rötlich (bei Heckenpflanzen oft schön rot), doch bald hellgrün und später dunkelgrün, fünflappig, die Basal-Lappen klein und mit zwei unregelmäßigen Zähnen am unteren Rand, die drei Hauptlappen groß und bis zur Hälfte der Spreite eingeschnitten, in ihrer unteren Hälfte parallelseitig, an großen Blättern aber oft bis *fast zur Basis eingeschnitten und dann mit keilförmiger* Basis der Lappen, oben jeder Lappen mit einem großen abgerundeten Zahn an jeder Seite oder Rand ausgebuchtet, Spitze dreieckig und fein abgerundet, 8 × 12 cm, tief herzförmig, unten etwas glänzend, mit Achselbärten, Stiel dünn, grün oder rosa, 5(–9) cm; Herbstlaub während langer Zeit goldgelb, später mitunter auch mehr purpur.

BLÜTEN UND FRUCHT: Blüten mit den Blättern erscheinend Ende April–Mitte Mai, klein, etwa zu 10 beisammen, gelbgrün, in aufrechten, Doldenrispen; Früchte meist zu 4 beisammen, 5–6 cm breit, die Flügel waagerecht, fein behaart oder kahl, gelbgrün, *karmin gefleckt*.

'P o s t e l e n s e'. 1896 in Schlesien gefunden. Gelegentlich in alten Parks zu finden. Wuchs schwächer als der Typ, junge Blätter goldgelb, später mehr hellgrün, doch der Johannistrieb ebenfalls goldgelb. (Dortmund)

Zoeschener Ahorn   *Acer* × *zoeschense* Pax (= *A. neglectum* Lange)

E – Zoeschen Maple

Vor 1870 in Zoeschen (bei Merseburg) entstandene Hybride zwischen *A. campestre* × *A. lobelii*. In größeren Anlagen und Parks, vor allem in Holland früher viel gepflanzt, ebenso in Irland. 17 × 2 m. Baum mit breit gewölbter Krone, meist unten am Stamm von vielen Ausläufern umgeben; Blätter groß,

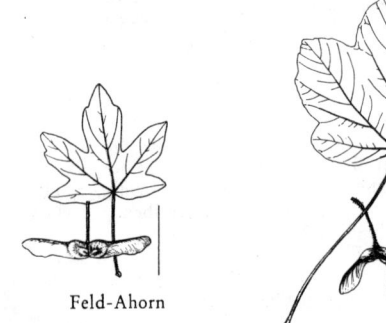
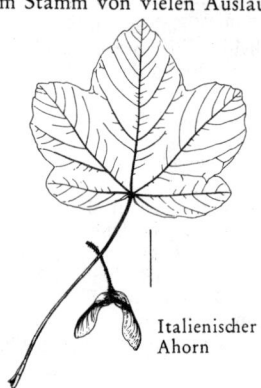

Feld-Ahorn   Italienischer
                           Ahorn   Zoeschener Ahorn

10 × 14 cm, waagerecht vom Trieb abstehend, an 10 cm langen, *dunkelroten Stielen*; Blätter *glänzend dunkel rötlichgrün*, Nerven vertieft und rot, herzförmig, fünflappig, die drei Hauptlappen wiederum kleiner gelappt, doch sonst ganzrandig, in eine scharfe Spitze verschmälert, unterseits heller und kahl, doch Nerven und basale Nervenwinkel mit weißen Achselbärten. Blüten klein, in aufrechten endständigen Trauben, 5 × 2 cm, mit 10–12 Blüten, diese mit schmalen gelbgrünen Sepalen, Petalen fehlend; Fruchtflügel fast waagerecht, zusammen 5 cm breit, gelbgrün mit rosa Anflug.

Italienischer Ahorn   *Acer opalus* Mill.

E – Italian Maple   F – Erable à feuilles d'aubier
N – Italiaanse esdoorn

Süd-Europa, meist im Gebirge; bei uns nur selten in Parks und Sammlungen. 20 × 3 m.

RINDE: Rötlichgrau oder mehr orange, an jungen Bäumen mit kleinen abspringenden Schuppen, darunter orange, an alten Bäumen größere, in der Mitte sitzende Schuppen, Rand ringsum aufbiegend und so grob abschuppend.
KRONE: Breit gewölbt mit niedrigen, breit abstehenden, gedrehten Ästen.
BELAUBUNG: Trieb kahl, dunkel rotbraun mit hellen Lentizellen; Knospen schmal eikegelförmig, spitz, 5 mm, hell und dunkelbraun; Blatt mit drei breiten stumpfen Lappen mit groben, unregelmäßigen Zähnen, Basallappen viel kleiner als die anderen Lappen; derb, dunkelgrün, Nerven auf der Oberseite vertieft, unten unterschiedlich wollig oder weich behaart, mindestens längs den Nerven; 10–12 × 10–13 cm, mit 10 cm langem, oben rotem, unten grünem Stiel.
BLÜTEN UND FRUCHT: Blüten im April *beim Aufblühen besonders auffällig,* groß, gelb, an hellgelben Stielen in *vielblütigen Doldentrauben* etwa 3–4 cm unter den sich entfaltenden Blättern hängend; Früchte zu 8–15 in schlanken, nickenden Büscheln, an dickem, gebogenem, rotem Stiel; die Fruchtstiele 3,5 cm lang, Flügel mehr oder weniger rechtwinklig gespreizt, grün und rosa, 2,5 × 1 cm, das Nüßchen 1 × 1 cm, hellgrün, reif dunkel rotbraun, kahl (bei der var. *tomentosum* [Tausch] Rehd. dicht mit langen weißen Haaren).
ERKENNUNGSMERKMALE: Zur Blütezeit leicht und schon von fern erkennbar an den großen, hellgelben, hängenden Blütenständen; die Blätter sind *ähnlich* denen von *A. pseudoplatanus,* aber *viel kleiner,* mehr dreilappig, und die Rinde ist noch gröber schuppig.

Balkan-Ahorn   *Acer hyrcanum* Fisch. & Mey.

E – Balkan Maple

Nördliche Balkan-Länder, Krim und Kaukasus. 1865. Nur selten in den Sammlungen anzutreffen. 16 × 1,7 m, doch meist viel niedriger. Baum mit gewölbter Krone, im Aussehen in der Mitte zwischen *A. opalus* und *A. campestre,* mit glockigen Blüten in Doldentrauben, zu 20 beisammen, gelbgrün, mit den Blättern erscheinend; Blätter matt dunkelgrün, mit *sehr dünnem* rosa oder gelbem, 9–11 cm langem Stiel; die drei Hauptlappen *ausgeprägt parallelseitig,* wie ein Quadrat mit aufgesetztem stumpfem Dreieck, der letztere Teil stumpf gezähnt; 7–10 m × 10–13 cm; Knospe dunkel rotbraun und grau, mit wenigen Schuppen; Früchte zu 6–8 in hängenden Büscheln, an 4 cm langen Stielen, Flügel sichelig zusammenneigend, bis 3 cm lang, hellgrün.

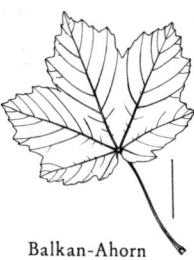

Balkan-Ahorn

 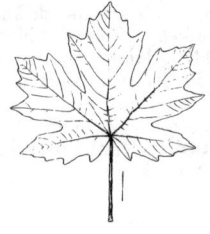 

Zucker-Ahorn   Großblättriger Ahorn   Berg-Ahorn

Zucker-Ahorn   *Acer saccharum* Marsh.   33

E – Sugar Maple   F – Erable à sucre   N – Suiker esdoorn

Ost-Kanada bis Texas 1735. In Europa verhältnismäßig selten in Parks und Gärten; häufiger angepflanzt in irischen Gärten. 27 × 3,3 m.

RINDE: Glatt, grau, fein rissig, erst als alter Baum mit breiten Rissen und Leisten, die in großen Stücken abspringen.

KRONE: Unregelmäßig gewölbt, offen, mit weit ausgebreiteten Ästen und dünnen geraden Trieben.

BELAUBUNG: Trieb frischgrün, mit hellen Lentizellen und oft mit einem *purpurrotem Ring unter jedem Knoten*, später olivbraun; Knospe eikegelig, 5–6 mm, mit vielen dunkelbraunen Schuppen und hellbrauner, feiner Behaarung; Blatt tief-fünflappig, die drei größten bis zu zwei Drittel der Spreite eingeschnitten und an ihrer Basis oft *keilförmig*, lang zugespitzt und an jeder Seite mit meist 2 großen, ausgezogenen Zähnen, doch an ihrer *Spitze fein abgerundet, hautartig dünn*, mitunter hart, im Austrieb hellgrün, spät im Mai und so bleibend bis zur früh einsetzenden Herbstfärbung im September, dann goldgelb und scharlach oder nur lachsfarbig, früh abfallend, 12 × 18 cm; Stiel 8–12 cm; Blattunterseite bläulich oder heller grün, Nerven gelegentlich behaart.

FRUCHT: Flügel fast parallel oder aufrecht gespreizt, hellgrün, 4 × 1 cm, aber nur selten zu sehen.

ÄHNLICHE ART: Mitunter verwechselt mit *A. platanoides*; vgl. dort.

Großblättriger Ahorn   *Acer macrophyllum* Pursh   33

E – Oregon Maple   F – Erable à grandes feuilles
N – Grootbladige esdoorn

Alaska bis Kalifornien 1827. Ziemlich selten in den Parks zu sehen (großer Baum im Westfalenpark Dortmund), 22 × 3,8 m.

RINDE: Anfangs bräunlichrot mit kleinen rosa Lentizellen, später mit einem dunklen glatten grauen Netzwerk schmaler Leisten, in den Furchen dunkelorange, schließlich tief zerrissen in gefelderte Leisten.

KRONE: Hoch und schmal, mit ansteigenden Ästen von einem starken Stamm, oft auch mit Ausläufern an der Basis, Äste *bogenförmig* an der Spitze abstehend.

BELAUBUNG: Trieb für einen Ahorn sehr dick, dunkelgrün, mit kleinen weißen Lentizellen, mitunter oberseits dunkelpurpur, unten grün; Knospe starker Triebe fast völlig in der *verdickten Blattstielbasis* bis zum Laubfall verborgen, dick, flach kegelförmig, Schuppen rotbraun und grün; Blatt mit *riesiger Spreite*, aber sehr dünn, sehr tief 5–7lappig, 19–27 × 25–35 cm, Stiel 20–30 cm, gelbgrün oder rot; Mittellappen meist dreilappig und mit wenigen großen, stumpfen Zähnen, oben dunkelgelblichgrün und etwas glänzend, unten heller und mit Achselbärten entlang der Mittelrippe. In Oregon mit orangem Herbstlaub, bei uns jedoch nur mattbraun.

BLÜTEN UND FRUCHT: Blüten hell grünlichgelb, in 10–25 cm langen, schmalen, überhängenden Rispen, nach den Blättern im Mai erscheinend; Früchte große, Flügel rechtwinklig gespreizt, 5 × 2 cm, Nüßchen dick, weißlich borstig behaart; Früchte in *großen, schweren Büscheln* an dickem Stiel. – Sehr schöner, starkwüchsiger Baum, der kaum mit einem anderen Ahorn verwechselt werden kann. Als junger Baum aber etwas frostempfindlich.

Berg-Ahorn   *Acer pseudoplatanus* L.   **32**

E – Sycamore   F – Sycomore   N – Berg-esdoorn

Mitteleuropäische Gebirge, nach Norden bis zum Harz und Paris, nach SO bis Kaukasus und Krim. Überall häufig angepflanzt als Park- und Straßenbaum. Forstlich angebaut in A, D, CS, I und R. 35 × 7 m.

RINDE: Anfangs dunkelgrau und glatt, doch schon früh felderartig zerbrechend, die Felder später an den Rändern aufbiegend und abspringend; an alten Bäumen rosabraun und dann grob abschuppend, ähnlich der der Roßkastanie.

KRONE: Riesig und dicht gewölbt, im Freistand oft breiter als hoch, mit massiven unteren Ästen; belaubte Krone sehr dunkel und dicht, Belaubung oft etwas lagenförmig.

BELAUBUNG: Trieb grünlich graubraun, längs gestreift mit hellen Lentizellen; Knospe 8–10 mm, *eiförmig und grün*; Blatt in der Größe sehr veränderlich, rundlich, 5lappig, die Lappen zu einem bis zwei Dritteln der Spreite eingeschnitten, lang zugespitzt und sehr grob und ungleich gezähnt, oben sehr dunkelgrün und mit vertieften Nerven, etwas glänzend, derb, unten heller und mehr graugrün, beiderseits der Mittelrippe etwas bräunlich behaart, an alten Bäumen 8 × 10 cm groß, an jüngeren jedoch bis 18 × 26 cm, Stiel bis 15 cm lang, Austrieb orange, bräunlich oder rötlich, besonders intensiv an den Johannistrieben; Herbstfärbung kaum vor dem Laubfall und auch nur wenig schön, meist Blätter durch schwarze Flecke (durch den Pilz *Rhytisma acerinum*) verunziert.

BLÜTEN UND FRUCHT: Blüten gelblich, in 6–12 cm langen, hängenden Trauben, Mitte April, ziemlich locker aussehend, da die Petalen sehr kurz sind. Früchte in kurzgestielten Büscheln, grün, oft gerötet, an manchen alten Bäumen sogar intensiv rot, Flügel fast rechtwinklig gespreizt, 3 × 1 cm.

WUCHS: Sehr rasch, vor allem in der Jugend, dann gelegentlich bis 2 m in einem Jahr, später sehr viel langsamer wachsend. Wachstumsperiode von Ende April bis Anfang August. Von den zahllosen Gartenformen, die hin und wieder noch in alten Parks anzutreffen sind, seien nur einige beschrieben, die häufiger vorkommen. (Die in der Originalausgabe erwähnten buntblättrigen Formen 'Brilliantissimum' und 'Prinz Handjery' werden nur 2–3 m hoch, sind also keine Bäume.)

'Erectum'. (= *A. ps.* 'Nachtegaalplein'). Holländische Selektion, heute in Holland und Deutschland sehr viel als Straßenbaum verwendet. Starkwüchsig, in der Jugend *straff säulenförmig*, später breiter, mit mehr oder weniger aufsteigenden Ästen. Blätter normal dunkelgrün. 1949.

'Purpurascens'. Wuchs normal stark; Blätter normal fünflappig, oben dunkelgrün, im *Austrieb unten* meist noch *hellgrün*, bald aber rotfleckig, allmählich ganz violettrot bleibend bis zum Laubfall, *gegen das Licht olivgrün* erscheinend. Häufig.

'**A t r o p u r p u r e u m**' (in Holland 'Spaethii' genannt). 1883 von Späth, Berlin, eingeführt. Wuchs starkbreitkronig; Blätter normal, oben dunkelgrün, *Austrieb rotbraun*, unterseits tiefrot, auch *gegen das Licht gesehen tiefrot.*

'**W o r l e e i**'. Vor 1893 in Hamburg entstanden. Blätter normal fünflappig, groß gebuchtet, Lappen schwach gezähnt, Austrieb dunkelorange, später *goldgelb* (nicht gefleckt, sondern einfarbig!) und bis zum Sommer so bleibend, dann allmählich vergrünend, Stiele rot. Häufig in alten Parks.

'**L e o p o l d i i**'. Belgische Züchtung 1864. Sehr wüchsig, Krone breit kegelförmig, mitunter locker; *Austrieb kupfrigrosa* und gelb, später sehr dicht hellgelb bis weiß punktiert und gefleckt. Häufig.

'**V a r i e g a t u m**'. Ähnlich 'Leopoldii', Wuchs stärker, Blätter ebenfalls groß und klein gelb gefleckt, aber *im Austrieb so gut wie nie gerötet*, auch im Sommer viel weniger bunt.

Griechischer Ahorn   *Acer heldreichii* Orph.

E – Heldreich's Maple

Balkan; Bergwälder in Griechenland, Bulgarien, Süd-Serbien. Selten, wohl nur in Sammlungen und Botanischen Gärten. 22 × 2,3 m.

RINDE: Glatt, graurosa, im Alter dunkler und dann stellenweise fein gefurcht oder schwarz gestreift.

KRONE: Hoch gewölbt, doch ziemlich schmal; Äste aufwärts gehend, nur wenig verzweigt.

BELAUBUNG: Trieb hell mahagonibraun, oliv oder dunkel rotbraun; Knospe eikegelförmig, scharf *zugespitzt*, klein, *dunkel rotbraun;* Blatt bis 17 × 24 cm, Stiel 15 cm, tief fünfspaltig gelappt, die drei *Hauptlappen bis fast zur Basis eingeschnitten,* die beiden Basallappen nur halb so tief eingeschnitten; herzförmig, die großen Lappen beiderseits des Mittellappens mit 2–3 scharfen, dreieckigen Zähnen; oben dunkelgrün und glänzend, unten hell gelbgrün oder auch mehr bläulich, Nerven weiß behaart und mit bräunlichen Achselbärten; Austrieb Mitte Mai, die Schuppen dann hochrot, die jungen Blätter leuchtend grün; Herbstlaub gelb.

BLÜTEN UND FRUCHT: Blüten klein, gelb, in aufrechter, eiförmiger Doldentraube; Frucht kahl, Flügel aufrecht, oft bogig gespreizt und sich überdeckend, 4–5 cm lang.

ÄHNLICHE ART: *A. trautvetteri* (nachfolgend).

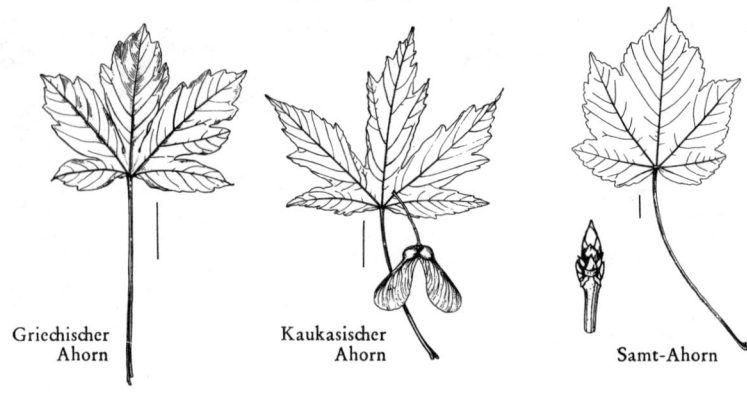

| Griechischer Ahorn | Kaukasischer Ahorn | Samt-Ahorn |

Kaukasischer Ahorn *Acer trautvetteri* Medwed.

E – Trautvetter's Maple

Kaukasus, Charakterbaum der Colchis, subalpine Region. Breitkroniger Baum, 16 × 2,6 m, nur in Sammlungen und Botanischen Gärten. Ähnlich *A. heldreichii*, aber die sonst sehr ähnlichen Blätter *nur bis zur Mitte der Spreite gelappt*, 10 × 15 cm, Lappen eilänglich, zugespitzt, unregelmäßig gesägt und fein gelappt, oben tiefgrün und glänzend, unten blaugrün, bei jungen Blättern Nerven unten orange behaart; Knospenhüllen hochrot im Austrieb; Blüten in lockeren, langgestielten Doldentrauben, 8 × 8 cm, ♂ gelb, glockig; 5 mm; etwa ein Drittel der Blüten sind ♀; Fruchtflügel parallel, sich oft auch überdeckend, 4–5 × 2 cm, hochrot, Stiel bis 6 cm.

Samt-Ahorn *Acer velutinum* var. *vanvolxemii* (Mast.) Rehd.

E – Van Volxem's Maple

Ost-Kaukasus; Bergwälder der unteren Region. In alten Parks gelegentlich zu finden. Sehr raschwüchsig. 1873. 20 × 2,6 m.

RINDE: Glatt, hell oder mehr rötlich-grau; Astnarben *erhaben ringförmig.*

KRONE: Breit, im Freistand ziemlich niedrig gewölbt, sonst mit langem astreinem Stamm.

BELAUBUNG: Trieb glänzend olivbraun, mit sehr kleinen Lentizellen; Knospe spitz eiförmig, vielschuppig, braun; Blatt wie ein besonders derbes, großes, frischgrünes Blatt des Berg-Ahorn, auf *dickem*, bis 25 cm langem Stiel; *Spreite 15 × 18* (bis 25 × 25 cm) groß, herzförmig, die drei Hauptlappen breit und spitz, etwa bis halb in die Spreite gehend, Rand ungleich und grob gezähnt; mit 2 kleinen, breiten Basislappen; unterseits blaugrün, anfangs fein weich und bräunlich behaart, zuletzt nur noch auf den Nerven.

BLÜTEN UND FRUCHT: Blüten in großer, offener, aufrechter, 8 cm großer Rispe, die einzelnen Blüten nur 4–6 mm groß, hell grün, ohne Petalen; Staubfäden weißlich, Antheren gelb; Fruchtflügel waagerecht bis etwas ansteigend.

ÄHNLICHE ART: Der Typ, *A. velutinum*, hat sehr ähnliche, doch viel kleinere, mehr *gelbgrüne Blätter*, und einen 8 cm langen, *scharlachroten* Stiel; er ist viel seltener in den Sammlungen als die var. *vanvolxemii. A. pseudoplatanus* hat eiförmige, grüne Knospen, rauhe Rinde und kleinere, dunkelgrüne Blätter.

Dreizahn-Ahorn *Acer buergerianum* Miq.
(= *A. trinerve* Dipp.; *A. trifidum* Hook.)

E – Trident Maple

Ost-China und Japan; Bergwälder in Hondo und Kiuschiu; bei uns hin und wieder in Parks und Sammlungen. 16 × 1,5 m.

RINDE: Bräunlich und rötlich, an jungen Bäumen ablösend, doch schon bald in abschuppende, rechteckige Platten gefeldert, tief gefurcht, *orange* oder dunkelbraun und grau.

KRONE: Dicht belaubt und klein gewölbt; Wasserreiser oft an Stamm und Ästen.

BELAUBUNG: Trieb dünn, braungrau, mit Lentizellen; Knospe schlank, spitz kegelförmig, 5–6 mm, rotbraun; Blatt im Austrieb gelborange, seidig behaart, bald kahl, dreilappig und breitkeilig, *Basis dreinervig;* Mittellappen eiförmig, lang zugespitzt, Seitenlappen mit 45° abstehend, dreieckig, alle ganzrandig oder gelegentlich mit einem kleinen, abgerundeten Zahn; hin und wieder auch unregelmäßig gelappt oder

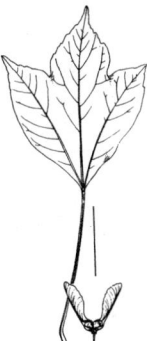

Dreizahn-Ahorn

ganz ohne Lappen; derb lederartig, oben dunkelgrün, *unten bläulich*, bis 9 × 7 cm groß, Stiel rosa oder gelb, bis 8 cm; Spreitengröße auch am gleichen Baum sehr variabel. Knospen der Wasserreiser im Austrieb scharlach; Herbstfärbung rot, später karmin.

BLÜTEN UND FRUCHT: Blüten gelb, in behaarter, breiter Doldenrispe, Mai; Frucht klein, in gebogener, 7 cm langer Rispe, 7 cm breit; Fruchtflügel aufrecht, oft parallel übereinander greifend, 2,5 cm, hellrot überlaufen.

ERKENNUNGSMERKMALE: Gut zu erkennen an der Rindenfarbe und den kleinen Blättern mit drei nach vorn zeigenden Lappen.

Amur-Ahorn

Amur-Ahorn *Acer ginnala* Maxim.

E – Amur Maple

China, Mandschurei, Japan 1860. Überall häufig in Parks und großen Gärten, meist nur hoher Strauch, 5–6 m, selten höher, meist mehrstämmig. Rinde dunkelgrau, glatt; Krone breit, Zweige dünn und kahl; Laubaustrieb hellgelb, während des Sommers auch rot; Blätter tief dreilappig, 7,5 × 6 cm, *Mittellappen am längsten*, Seitenlappen viel kürzer, scharf oder grob doppelt gesägt, alle Lappen lang zugespitzt; oben glänzend dunkelgrün, unten hellgrün, kahl, Herbstfärbung früh, leuchtendrot („Feuer-Ahorn"), oft etwas weiß marmoriert, bald abfallend; Blüten gelblichweiß, duftend, zu etwa 50 beisammen in 4 cm breiten, aufrechten Rispen, Ende Mai; Fruchtflügel parallel, 2,5 cm, durchscheinend.

Tatarischer Ahorn *Acer tataricum* L.

E – Tartar Maple

Süd-Ost-Europa, West-Asien bis Armenien. 1759. Häufig in Parks und größeren Gärten, meist hoher Strauch, bis 6 m, selten kleiner Baum, aus der Entfernung wie ein Weißdorn aussehend. Rinde glatt, braun, heller gestreift; Blätter frischgrün, *ungelappt* (ausgenommen an Jungpflanzen), breit eiförmig, 5 bis 10 cm lang, spitz, unregelmäßig doppelt gesägt, oben lebhaft grün, nicht glänzend, Nerven vertieft, unten heller und anfangs Nerven behaart, später kahl, Stiel 3,5 cm; Blüten zu 20–30 in aufrechten, gewölbten Rispen, grünlichweiß, Mai; Frucht mit meist parallelen Flügeln, 2–3 cm lang, *dunkelrot* im August.

Fächer-Ahorn *Acer palmatum* Thunb.   **33**

E – Smooth Japanese Maple

Japan, Korea 1820. Überall in Gärten und Parks zu finden, doch nur selten höher als 6–8 m, vor allem die zahllosen Gartenformen viel niedriger. 15 × 1 m.

RINDE: Rotbraun, glatt, heller streifig, an alten Bäumen grau.

KRONE: Breit gewölbt, oft fast halbkugelig, Stamm selten höher als 2 m, übergelehnt, Äste bogig ansteigend, mit dünnen, waagerechten Zweigen.

BELAUBUNG: Trieb dünn, glatt, ohne Lentizellen, oben dunkelrot, unten frischgrün; Knospe eiförmig, 2–3 mm, rot; Blatt 5–7lappig, tiefer als die Mitte der Spreite eingeschnitten, die Lappen eiförmig, sehr lang zugespitzt, scharf und fein gesägt, die Zähne nach vorn gerichtet; 5–10 cm breit, Stiel 3–5 cm lang; Basis abgestutzt oder breitkeilig; Basislappen rechtwinklig abstehend, die übrigen fächerförmig.

Tatarischer Ahorn   Fächer-Ahorn (Blattform variabel)

BLÜTEN UND FRUCHT: Blüten dunkel rosarot, 6–8 mm breit, in kleinen Doldentrauben, aufrecht oder abstehend, Juni; Fruchtflügel stumpfwinklig gespreizt,
1–2 cm lang, hellrot, in aufrechten (bei manchen Formen hängenden) Büscheln.
Von den zahllosen Gartenformen seien nur drei genannt.

'A t r o p u r p u r e u m'. Bis 9 × 1 m. Blätter mittelgroß, tief 5lappig, die Lappen schmal, länglich-lanzettlich, grob und doppelt gesägt, *fast schwarzrot*, bis
zum Herbst diese Farbe behaltend, dann leuchtend karmin. Sehr häufig.

'O s a k a z u k i'. 1861. Japan. 10×1 m. Blätter meist 7lappig, bis 9×12 cm, die
breit eiförmigen, lang zugespitzten Lappen bis zu 1–4 cm von der Basis eingeschnitten, oben frisch *grün*, oft Rand rötlich getönt, Mitte Oktober sowohl
in voller Sonne wie in Schattenlage *leuchtend scharlachrot verfärbend*; die
scharlachroten Früchte während des Sommers unter den grünen Blättern hängend.

'S e n k a k i', **Korallen-Ahorn.** Japan. Bisher noch sehr selten, doch neuerdings, vor allem in England und Holland, in den Baumschulen mehr ange-
zogen. Rinde der *Triebe im Winter glühend karminrot*; Blätter klein, tief gelappt, im Sommer etwas gelblich, hell orangegelb im Herbst. Außergewöhnlich
dekorativ. 11 m.   **33**

Japanischer Ahorn *Acer japonicum* Thunb.

E – Downy Japanese Maple

Japan 1864. Viel seltener in Parks und Gärten anzutreffen als seine Form
'Aureum', die häufig ist. Was jedoch zur Zeit in Holland als *A. jap.* 'Vitifolium' kultiviert wird, scheint nichts weiter als ein Klon von *A. japonicum* zu

'Osakazuki'

Japanischer
Ahorn

sein, nicht aber die echte 'Vitifolium', die noch seltener ist; letztere nur gelegentlich in England in Kultur (häufig nur im Westonbirt Arboretum).

'**A u r e u m**'. Vermutlich 1861 Japan. Langsamwüchsig, in der Regel mehrstämmig, kaum über 4 m hoch und bis 3 m breit; Äste aufstrebend, rotbraun; Knospen rotbraun; Blätter fast kreisrund, mit 11–13 eiförmig-dreieckigen Lappen, nur ein Viertel der Spreite eingeschnitten, doppelt und scharf gesägt, *buttergelb*, in vollsonniger Lage jedoch oft von der Sonne braun verbrannt; Blätter in Lagen übereinanderstehend.

Koreanischer Ahorn   *Acer pseudosieboldianum* Komar.

E – Korean Maple

Mandschurei, Korea 1903. Selten; kleiner Baum, gelegentlich in Arboreten und Sammlungen. Ähnlich *A. japonicum*, aber mit 9–11 lang zugespitzten, dreieckigen Lappen, doppelt gesägt, die *Zähne mit langer feiner Spitze*; die *Buchten* zwischen den Lappen oft nur *schlitzförmig*, 8 × 10 cm, kreisförmig oder elliptisch, tief herzförmig, unterseits auf den Nerven fein behaart bleibend; Herbstlaub feurig karmin mit orange und purpur; schon aus der Entfernung an dieser Herbstfärbung kenntlich; Blüten *karmin (A. sieboldianum* hat *gelbe* Blüten!).

Lindenblättriger Ahorn   *Acer distylum* S. & Z.

E – Lime-Leafed Maple

Japan 1879. Sehr selten in den Sammlungen und Gärten; bei uns ∧∧. 9 × 0,4 m. Rinde graugrün, orange gestreift; Krone breit, mit dünnen, übergebogenen Zweigen; am einfachsten zu erkennen an den *steif aufrechten*, 8 bis 10 cm langen Rispen kleiner, dunkelgelber Blüten mit winzigen, aber breiten Petalen und ungelappten, großen, *lindenartigen*, 13 × 11 cm großen Blättern mit 4 cm langem, dickem, rotem oder gelbrotem Stiel, lederartig, länglich-eiförmig, oben runzelig, dunkelgrün, tief herzförmig, flach gesägt, unten mattgrün, Nervenbasen scharlach. Austrieb bräunlichrosa und lang behaart.

ÄHNLICHE ART: Ungelappte Blätter von *A. davidii* (siehe weiter unten) sind schmäler, Stiel dünner, Blütenstände bogig, später hängend.

Hainbuchen-Ahorn   *Acer carpinifolium* S. & Z.

E – Hornbeam Maple

Japan 1879. In vielen Parks und Sammlungen, aber bei uns wohl nur großer Strauch, kaum über 5 m; in Süd-England 10 × 0,6 m. – Blätter für einen

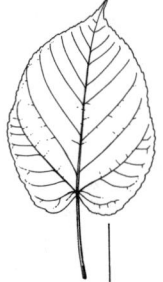
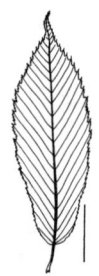

Koreanischer Ahorn   Lindenblättriger Ahorn   Hainbuchen-Ahorn

Ahorn sehr ungewöhnlich; Triebe kahl, braun, Blätter *lanzettlich-länglich*, bis 17 × 5 cm, mit *20 oder mehr parallelen Nervenpaaren*, scharf doppelt gesägt, Zähne in den Spitzen auslaufend, oben dunkelgrün, unten glänzend und mit erhabenen, anfangs behaarten Nerven, hellgrün; Herbstfärbung leuchtend hellgelb, mitunter etwas braun. Blüten zu etwa 15 beisammen in kurzen Trauben, 10–12 cm, *sternförmig*, 1 cm breit, mit 5 breiten, grünen Petalen.

Davids-Ahorn   *Acer davidii* Franch.

E – Père David's Maple

Mittel-China 1879 und 1902. In den britischen Gärten sehr verbreitet, einschließlich der drei Formen, auf dem Kontinent nur selten zu finden, obwohl ganz winterhart. 16 × 2 m. Selbst in England häufig falsch benannt und oft mit anderen Arten verwechselt. – Baum, bei uns wohl nur hoher, mehrstämmiger Strauch; Äste und *Zweige weiß gestreift*, kahl; Blätter eilänglich, 8–15 cm lang, zugespitzt, stets ganz *ungeteilt und ohne Basallappen*, Basis rund bis etwas herzförmig (nicht 3–5nervig!), Rand ungleich und kerbig gesägt, junge Blätter unten auf den Nerven rotbraun behaart, später ziemlich kahl, Herbstfärbung gelb und rot; Blüten gelblich, in hängenden, kahlen Trauben, Mai; ♀ Trauben größer und länger gestielt als ♂; Fruchtflügel rechtwinklig oder stumpfwinklig gespreizt, bis 3 cm lang.

Die folgenden drei Formen sind in Kultur:

'G e o r g e   F o r r e s t'. 16 × 1 m. *Starkwüchsiger* Baum mit lockerer Krone; Rinde olivgrün mit breiten weißen Streifen; Krone typisch mit strahlenförmig abgehender Verzweigung, untere Äste waagerecht; Blätter breit eiförmig, bis 15 × 10 cm, herzförmig, unregelmäßig fein gekerbt, *oben* sehr dunkel *schwärzlich* glänzend grün, *locker stehend*, ungelappt bis zu 3–5lappig (nur sehr kleine Lappen) am gleichen Baum, unten weißlichgrün; Blüten sehr zahlreich, in bogig überhängenden Trauben, 7–10 cm lang, zu 20–30 beisammen, glockig, gelbgrün; Früchte fast waagerecht, Flügel 2,5–3 cm.

'E r n e s t   W i l s o n'. Im Aussehen sehr abweichend: *Niedriger, breiter* Baum; Blätter *sehr dicht stehend, gelblichgrün*, rosa geadert, kurz gestielt; Blattbasis V-förmig gefaltet, Rand klein gelappt, lang zugespitzt, nicht hängend, unterseits ziemlich bläulich; viel weniger verbreitet als die oben genannte Form.

Außerdem gibt es noch eine „Dritte Form" mit viel kleineren Blättern, die nur erwähnt sei.

Davids-Ahorn

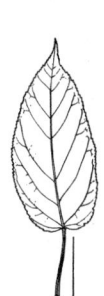
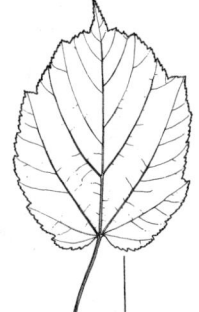

Kleinblättriger   „Dritte Form"   'George Forrest'   'Ernest Wilson'
Typ

Weißdornblättriger Ahorn   *Acer crataegifolium* S. & Z.

Japan 1879. Nur selten in den Gärten oder Sammlungen. 14 × 0,5 m, jedoch ganz winterhart. Sehr schlanker, kleiner Baum, Krone oft in der Nähe des Gipfels nach einer Seite übergelehnt; wenige untere Äste, waagerecht, ebenso die Bezweigung darüber lagenartig und an kurzen, *gedrehten, dunkelroten,* weiß gestreiften Zweigen; Blätter bis 6 × 3 cm, lang zugespitzt, ungleichmäßig und fein gekerbt, an jeder Seite nahe der Basis mit einem *kurzen, runden Lappen,* den ganzen Sommer hindurch *rötlich getönt,* unterseits mattgrün und fein weiß behaart, Stiel 2 cm, scharlach; Frucht bald rot, Flügel fast waagerecht, flach und dünn, 1,5 cm lang.

Pennsylvanischer Ahorn   *Acer pensylvanicum* L.

E – Moose-Bark

Ost-Kanada und Nord-Ost-USA 1775; *nicht oft echt* vorhanden, meist mit anderen Arten verwechselt, besonders mit *A. rufinerve.* 12 × 1 m. (Das einfache „n" in „Pensylvanicum" ist die ursprüngliche Schreibweise und sollte deshalb beibehalten werden.)

RINDE: Hellgrau, seltener mehr *grün, leuchtendweiß gestreift.*

KRONE: Im Einzelstand breit, sonst Äste im spitzen Winkel ansteigend und dann mehr waagerecht herabgebogen.

BELAUBUNG: Trieb glatt, *stets unbereift,* oben oliv bis braun, unten seegrün; Knospe zweischuppig, 1 cm, *dunkelrot* und gelbbraun; Blatt sehr veränderlich, von ei-lanzettlich, 13 × 9 cm, mit langem, spitzem dreieckigem Mittellappen und zwei kurzen, dreieckigen Seitenlappen unterhalb der Mitte bis *fast quadratisch,* 22 × 20 cm, Mittellappen dann sehr breit, kurz zugespitzt, und zwei ähnlichen Lappen an jeder Seite; herzförmig, sehr ungleich und scharf gesägt; Austrieb leuchtend-grün, Knospenschuppen früh abwerfend, Stiel 6–12 cm, dick, rosa, gefurcht; Herbstfärbung früh, goldgelb; winterliche Zweigfärbung rot.

BLÜTEN UND FRUCHT: Blüten reichlich bereits an jungen Pflanzen, in 10–12 cm langen, hängenden, kahlen Trauben, gleich nach den Blättern, glockig, gelbgrün, mit breiten Petalen; Früchte in Büscheln, hängend, Flügel sichelförmig gebogen. Kurzlebiger Baum.

ÄHNLICHE ART: Kleinblättrige Bäume sehr ähnlich *A. rufinerve* (nachfolgend), aber Frucht viel größer.

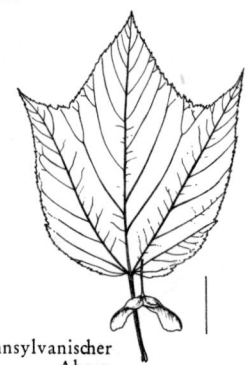

Weißdornblättriger
Ahorn

Pennsylvanischer
Ahorn

Rostnerviger Ahorn

Rostnerviger Ahorn *Acer rufinerve* S. & Z.

E – Grey-budded Snake-bark Maple

Japan 1879. Überall häufig in großen Gärten und Parks. 13 × 1. In Deutschland in den letzten zwanzig Jahren häufiger angepflanzt.

RINDE: Entweder grün mit grauweißen Streifen oder deutlich *grau mit rosa Streifen*; später mehr mattgrau und rauh, die Streifen dann verlierend und dafür mit kleinen Vertiefungen.

KRONE: Locker, auf kurzem Stamm hoch ausgebreitet.

BELAUBUNG: Jungtriebe blauweiß bereift, später mehr lila, zuletzt mattgrün mit weißen Streifen; Knospen an altem Holz hervortretend, eiförmig, *hell graublau*; Blatt dreilappig, oft breiter als lang, bis 14 × 15 cm, meist jedoch 9 × 10 cm, Mittellappen breit dreieckig oder eiförmig, kurz zugespitzt; Seitenlappen mit 60–90° abstehend, bis etwa zur Mitte der Spreite gehend, schmäler, scharf und ungleich gesägt, oben matt dunkel, blaugrün, nach dem Austrieb gelblich, unten heller und zuerst Nerven und ihre Winkel *rostbraun behaart*, im Spätsommer jedoch nur noch ein rostbrauner Fleck in den Nervenwinkeln an der Basis. Stiel rosa, gefurcht, 5–7 cm; Herbstfärbung orange bis karminrot.

BLÜTEN UND FRUCHT: Schon als junge Pflanze reichblühend, Mitte April, zugleich mit dem Austrieb der Blätter, in behaarten, aufrechten Trauben, gelbgrün; Flügel stumpfwinklig gespreizt, 2 cm lang, in dichten Büscheln.

WUCHS: Oft nur kurzlebig; die oberen Äste färben sich häufig schon früh und sterben ab. Die Form mit grau und rosa Rinde scheint gesünder und wüchsiger zu sein.

'A l b o l i m b a t u m'. Japan um 1860. Ebenso häufig wie der Typ, nur unterschieden durch die etwas weiß gerandeten und marmorierten Blätter, Triebe und Knospen heller.

ERKENNUNGSMERKMALE: Ein Schlangenhaut-Ahorn mit *grau-rosa* Rinde ist stets diese Art, außerdem hilft das breite Blatt mit rostbrauner Behaarung.

Hers' Ahorn *Acer hersii* Rehd.

(= *A. grosseri* var. *hersii* [Rehd.] Rehd.)

E – Hers's Maple

China 1924; nicht sehr häufig, aber doch in Gärten und großen Parks anzutreffen. 15 × 1,3 m.

RINDE: *Olivgrün* und glatt, mit weißen, grünlich getönten Streifen, bis ins hohe Alter auch glatt bleibend, dann mit kleinen dreieckigen Vertiefungen.

KRONE: Ansteigende Äste, von kurzem Stamm, dann bogig abstehend, ebenso die langen Triebe mit wenigen Seitentrieben.

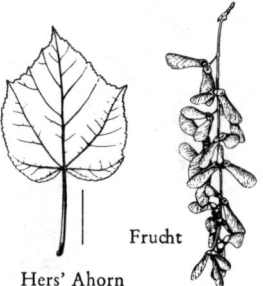

Frucht

Hers' Ahorn

BELAUBUNG: Trieb *olivgrün*; Seitentriebe und starker Jungwuchs kann auch hellrosa sein; Knospen klein, flach, angedrückt und *grün,* rosa austreibend; Laubaustrieb *olivgrün*, später dick, gummiartig, 12 × 9 cm, dunkelgrün mit gelbgrünen Nerven, flach und ungleich gekerbt, meist 3lappig, an jeder Seite in der Mitte der Spreite mit einem kurzen, spitzen Lappen, doch oft auch ohne oder mit nur ganz kleinen Lappen, Basis herzförmig; mitunter Blattbasis anfangs lang rostbraun behaart, ebenso der angrenzende Teil des 3–6 cm langen, *grünen* Stieles, doch bald kahl bis auf kleine weißliche oder auch rötliche Nervenwinkel; Herbstfärbung gelb bis orange, mitunter karmin.

Taubenbaum, Erdbeerbäume, Eucalyptus

1 Taubenbaum *Davidia involucrata* 374

  a Reifende Frucht.
  b Blätter, breit und grob gesägt, auf der Unterseite dicht und hell behaart.
  c Hochblätter auf beiden Seiten verdecken die Blüte.

2 Erdbeerbaum *Arbutus unedo* 380

  a Trieb, Blätter und eine Blüte; der nickende Blütenstand hat etwa 12 Blüten,
    von denen sich nur einige auf einmal öffnen, im Spätherbst, wenn die
    Früchte des Vorjahres reifen.
  b Reife Frucht.

3 Madroña *Arbutus menziesii* 382

  a Großes Blatt und Rispe reifer Früchte. Die Frucht reift im Spätsommer von
    den Blüten des voraufgegangenen Frühjahres.
  b Kleines Blatt, ganzrandig.

4 Schnee-Eucalyptus *Eucalyptus niphophila* 376

Belaubung; die jungen Blätter können wochenlang leuchtend orangebraun sein;
der Trieb wird schon bald blauweiß.

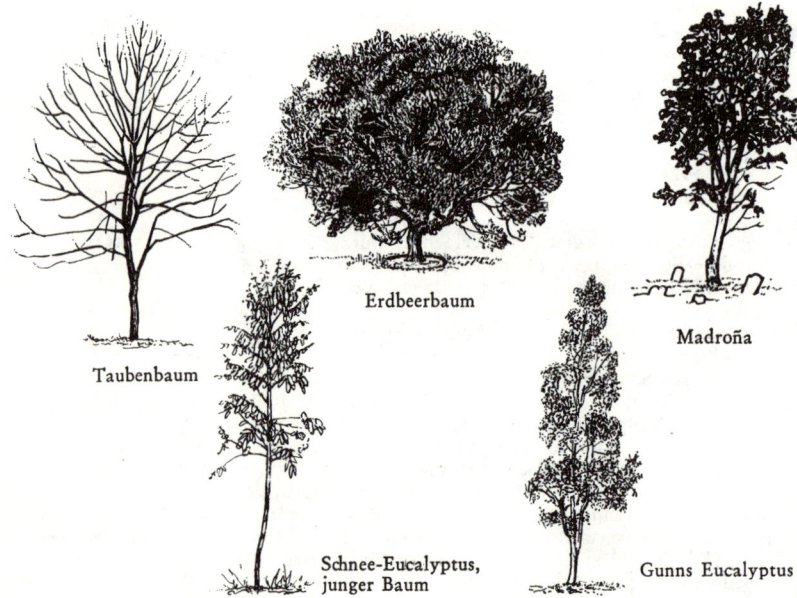

Erdbeerbaum

Madroña

Taubenbaum

Schnee-Eucalyptus,
junger Baum

Gunns Eucalyptus

1a 1b 1c

2a 2b

3a 3b

4

1a

1b

1d

1e

2a

2b

2c

Eschen

1 Gemeine Esche *Fraxinus excelsior*   386

  a Habitus eines unbelaubten Baumes im mittleren Alter, etwa 20 m hoch.
  b Blatt; die Mittelrippen der Blättchen sind unterseits nahe der Basis beider-
    seits weiß behaart.
  c Männliche Blütenknospen, aufblühend.
  d Weibliche, offene Blüten; vor den Blättern erscheinend.
  e Reife Frucht.

2 Manna-Esche *Fraxinus ornus*   385

  a Reife Frucht.
  b Blatt.
  c Teil eines Blütenstandes; die Blüten erscheinen erst im Juni, wenn der Baum
    bereits voll belaubt ist.

Manna-Esche

Hänge-Esche (S. 387)

Schmalblättrige Esche (S. 387)

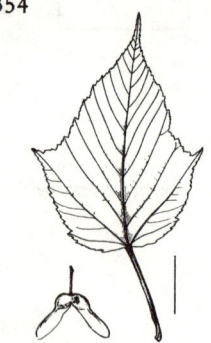

Spitzzähniger Ahorn

Roter Schlangenhaut-Ahorn   Forrest's Ahorn

BLÜTEN UND FRUCHT: *Blüten grün,* glockig, zu 10–15 beisammen, in 12 cm langen, überhängenden Trauben; Frucht mit breiten, hellgrünen, waagerechten, zusammen 5 cm langen Flügeln.

ERKENNUNGSMERKMALE: Der einzige Schlangenhaut-Ahorn, dessen Rinde durchweg grün ist; außerdem sind die breiten Flügel wichtig.

Roter Schlangenhaut-Ahorn   *Acer capillipes* Maxim.   **32**

E – Red Snake-Bark Maple

Japan 1894. In großen Gärten und Parks, doch nicht sehr häufig, 15 × 1,1 m.

RINDE: Frischgrün, mit weißen, auch bis ins Alter so bleibenden Streifen, die ältesten an der Basis etwas bräunlich.

KRONE: Zweige aus kurzem Stamm im spitzen Winkel ansteigend.

BELAUBUNG: Trieb grün mit weißen Streifen, zuerst mit leichtem lila Reif; Knospe schmal, eiförmig, zusammengedrückt, 7 × 4 mm, purpur bis dunkelrot, mitunter grau bereift; Blatt dreilappig, Mittellappen ein *langes spitzes Dreieck* oder eiförmig und kurz zugespitzt, Seitenlappen klein, 1 cm lang, zugespitzt, 45° abstehend, in der Mitte der Spreite, seicht und ungleich gekerbt, Basis abgestutzt oder rund, 10–15 × 8–10 cm, *oben glänzend kräftig grün,* mit 8–10 Paaren *vertiefter paralleler Nerven,* unten weißlichgrün mit kleinen *gelben Nervenwinkeln* an der Basis; Spreite oft etwas v-förmig gefaltet; Stiel 4 bis 8 cm, *scharlach* und oben gefurcht, unten orange. Herbstfärbung gelb, orange, rot und karmin.

BLÜTEN UND FRUCHT: Beide sehr reich an älteren Bäumen, weniger an jungen; etwa 25 gelbe Blüten in kahlen, hängenden, 10–12 cm langen Trauben, Ende Mai–Anfang Juni; Früchte in langen Büscheln, klein, Flügel meist waagerecht bis stumpfwinklig gespreizt, 2,5 cm, rosa, im Herbst karmin.

ÄHNLICHE ARTEN: Obwohl ganz verschieden, doch mitunter verwechselt mit *A. rufinerve* (S. 351) und *A. davidii* 'George Forrest' (S. 349).

Forrest's Ahorn   *Acer forrestii* Diels

E – Forrest's Maple

China 1906. Seltener Baum von großer Schönheit, mit weit überhängenden Ästen und Zweigen, scharlachrote Triebe mit wenigen Seitentrieben, beide ebenfalls hängend; Blätter fast efeuartig aussehend, dreilappig, dunkelgrün, entlang der Nerven weißlich, 11 × 10 cm; Lappen dreieckig-eiförmig, lang zugespitzt, *Mittellappen am längsten*, seitliche weit gespreizt, bis 3 cm lang, fein gekerbt; Stiel *scharlach*, 5–7 cm; Blüten mit den Blättern erscheinend, in kurzgestielten, einfachen, 6–7 cm langen Trauben, die einzelnen Blüten 1 cm breit, Petalen gelb, in der Mitte und Kelch rötlich.

Spitzzähniger Ahorn *Acer argutum* Maxim.

E – Deep-Veined Maple

Japan 1881. Vielstämmiger kleiner Baum, nur selten in Gärten, bis 8 m, meist nur Strauch; Rinde dunkel graugrün, mit Lentizellen, Zweige rötlich und mehr oder weniger behaart; Blätter fünflappig, *derb und runzelig*, oben dunkel gelbgrün, Lappen eiförmig, die lang *ausgezogene schwanzförmige Spitze scharf gezähnt*, ebenso der Blattrand, 10 × 10 cm, abgestutzt, Herbstfärbung goldgelb; Stiel sehr dünn, 10 cm, gelb; Frucht bereits Ende Mai voll entwickelt, frischgrün, in endständigen, lockeren, hängenden Trauben an kurzen Trieben, 15 cm lang, mit etwa 12 Früchten, Flügel dünn, schmal, waagerecht, zusammen 2,5 cm breit.

Birkenblättriger Ahorn *Acer tetramerum* Pax

E – Birch-Leafed Maple

China, Tibet und Burma 1901. Hoher, schlanker, mehrstämmiger Baum mit offener Krone, wohl nur in Sammlungen. 14 m. Zwar in den eiförmigen Blättern mit roten Stielen den Schlangenhaut-Ahornen ähnlich, aber zu einer ganz anderen Gruppe gehörend; Rinde ebenfalls mitunter grün und weiß gestreift, doch mit braunen Lentizellen; Blatt ungelappt, 1 × 6 cm, eiförmig und lang zugespitzt, meist klein gelappt, jedoch veränderlich, grob gekerbt, Basis *sehr rund*, Stiel *dünn, scharlach*, 6 cm, Blatt oben hellgrün, dünn, unten mit kleinen weißen Achselbärten; Früchte schon Ende Mai in 12 cm langen, hängenden Trauben, an kurzen Zweigen, mit etwa 12 Früchten an rosa Stielen, Flügel hellgrün, spitzwinklig gespreizt, grün, 2,5 cm lang; Same rot.

Hornfrucht-Ahorn *Acer diabolicum* K. Koch

E – Horned Maple

Japan 1860. Ziemlich seltener Baum, nur in Sammlungen und großen Gärten. 12 × 1 m.

RINDE: Rötlichgrau, glatt, an älteren Bäumen an der Basis etwas rissig.

Birkenblättriger
Ahorn

Hornfrucht-Ahorn

KRONE: Hoch und breit gewölbt mit ziemlich dünnen Trieben.

BELAUBUNG: Trieb purpurn bereift, dann dunkelbraun; Knospe scharf kegelförmig, dunkelbraun, die untersten Schuppen abstehend, frei; Blatt fünflappig, meist breiter als lang, bis 19 × 15 cm, Stiel rosa, 8 cm; die drei Hauptlappen breit eiförmig und kurz zugespitzt, grob entfernt gezähnt, die Basislappen dreieckig-eiförmig und ganzrandig; Hauptlappen bis zur Mitte der Spreite eingeschnitten; *derb, oben matt hellgrün,* abgestutzt, unten heller, *Nerven weiß behaart und am Rand gewimpert;* Herbstfärbung gelbbraun, mitunter rot überlaufen.

BLÜTEN UND FRUCHT: ♂ Blüten in Büscheln, ♀ in wenigblütigen *Trauben, hängend,* gelb, April–Mai, mit den Blättern; Früchte mit aufrechten, parallelen, 3–4 cm langen Flügeln und borstig behaarten Nüßchen. – Der Name „diabolicum" bezieht sich auf die beiden hornartig gekrümmten Narben zwischen den Nüßchen an der inneren Basis des Flügelansatzes.

var. *purpurascens* (Franch. & Sav.) Rehd. 1878 Japan. Wie der Typ, aber junge Blätter und ♀ *Blüten dunkelrot* und sehr hübsch. Verbreitung in den Gärten wie beim Typ.

Rot-Ahorn *Acer rubrum* L. **31**

E – Red Maple F – Erable rouge N – Rode esdoorn

Östl. und mittl. Nord-Amerika, Neufundland bis Texas 1656. Verbreitet in großen Gärten und Parks. Raschwüchsiger, sehr beliebter Baum, vor allem wegen seiner herrlichen Herbstfärbung. 23 × 2 m.

RINDE: Hellgrau und glatt bis ins Alter, dann dunkler und in lange, etwas ablösende Platten zerbrechend.

KRONE: Hoch und schmal, ziemlich unregelmäßig, Triebe peitschenförmig gebogen.

BELAUBUNG: Trieb dünn, rot bis kupferfarben; Knospe sehr klein, spitz, dunkelbraun; junge Blätter rötlichgrün austreibend, beiderseits sehr glänzend, bald oben gelbgrün, später dunkelgrün, *unten silbrig,* abgerundet oder abgestutzt, 3–5lappig, Lappen dreieckig-eiförmig, ungleich kerbig gesägt und zugespitzt, 8–10 × 7–11 cm, Lappen bis etwa zur Hälfte der Spreite eingeschnitten; Stiel 17–9 cm, *oben rot,* unten gelbgrün; Herbstfärbung schon vor September an einigen Ästen beginnend, scharlachrot und goldgelb, Ende September ganz weinrot.

BLÜTEN UND FRUCHT: *Blüten rot,* ansehnlich, sehr dicht stehend, mit Petalen, Ende März, vor den Blättern, Blütenstiele sich bald bis auf 6–10 cm streckend; Frucht hochrot, Flügel spitzwinklig gespreizt, schon im Juni reif und bald abfallend, Flügel 1 cm.

ÄHNLICHE ART: *A. saccharinum* (nachfolgend) hat ebenfalls unterseits silbrige, aber anders eingeschnittene Blätter.

Silber-Ahorn *Acer saccharinum* L. (= *A. dasycarpum* Ehrh.) **31**

E – Silver Maple F – Erable argenté N – Witte esdoorn

Östl. und mittl. Nord-Amerika, von Quebec bis Florida 1725. Überall häufig in großen Gärten, Parks und an Straßen. 30 × 3 m.

RINDE: Grau und glatt, bis auf einige flache Furchen und Maserknollen, später abschuppend.

KRONE: Sehr hoch gewölbt, offen, nach dem Gipfel zu ausgebreitet, mit vielen stark ansteigenden, doch ziemlich schlanken, nach außen gebogenen Ästen, mit hängenden Trieben.

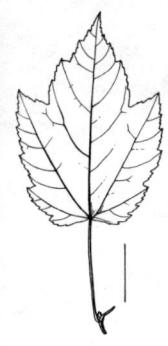

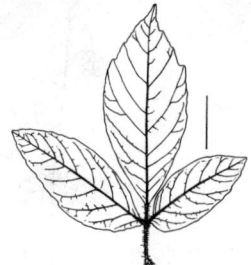

Rot-Ahorn   'Wieri'   Nikko-Ahorn

BELAUBUNG: Trieb kräftig rotbraun, etwas grau bereift, später tief purpur; Knospe lang eiförmig, etwas kantig, Endknospe 1 cm, rot; Blattaustrieb orange oder dunkelrot, unterseits dann dick weiß behaart, später hellbraun, dann oben grünlichgelb, *unten silbrig*, fünflappig bis fast fünfteilig, die *Lappen spitz*, tief und doppelt gesägt, das basale Lappenpaar rechtwinklig abstehend, lang zugespitzt und wiederum klein gelappt; Blätter von 8 × 9 bis 15 × 16 cm groß. Herbstlaub schön gelb, gelegentlich auch rot.

BLÜTEN UND FRUCHT: Blüten entlang der Triebe stehend, grünlichrot oder dunkelrot, vor den Blättern im März; Fruchtflügel sichelförmig, weitwinklig gespreizt, 3–5 cm lang, einzeln abfallend.

'W i e r i' (= 'Laciniatum') 1873 in USA gefunden. Sehr starkwüchsig, Äste weit abstehend und überhängend. Krone locker; Blätter symmetrisch, mit langen und schmalen Lappen, scharf gesägt, vom Johannistrieb ab immer schmaler werdend, mitunter fast fadenförmig. Herrlicher Parkbaum, häufig zu sehen.

WUCHS: Sehr starkwüchsig, Triebe bis 1,5 m lang, aber Äste sehr windbrüchig, Baum kurzlebig.

Nikko-Ahorn   *Acer nikoense* Maxim. (= *A. maximowiczianum* Miq. non *A. maximowiczii* Pax)

E – Nikko Maple

Japan, Mittel-China 1881. In großen Gärten, Parks und Sammlungen. 12 × 1,2 m.

RINDE: Glatt grünlichgrau, später rötlichgrau, fein braun punktiert.

KRONE: Breit kegelförmig mit waagerechten unteren Ästen, im Alter gewölbt.

BELAUBUNG: Trieb dunkel purpurgrau, kurz und dicht behaart, an den Knoten dichter; Knospe eikegelig, mit schmaler stumpfer Spitze, Schuppen schwarzpurpur, an den Spitzen grau behaart; *Blätter dreizählig;* Blättchen bis 10 × 3,5 cm, elliptisch-länglich, ganzrandig, undeutlich gezähnt oder gebuchtet; Mittelrippe dem inneren Rand viel näher liegend als dem äußeren; alle lederartig und dick, kurz zugespitzt, oben dunkel graugrün, unten bläulichweiß und meist dicht und lang behaart; Austrieb Ende April, Herbstfärbung karmin und dunkelrot Ende Oktober; *Stiel dick, rosa,* 7 cm, dicht und lang behaart.

BLÜTEN UND FRUCHT: Blüten nach den Blättern Anfang Mai, endständig an kurzen Trieben, zu dritt, in geradseitiger Becherform, gelb, Stiele behaart; Fruchtflügel fast parallel, groß, fast 4,5 cm lang, dicht behaartes Nüßchen, sonst kahl.

ÄHNLICHE ART: *A. triflorum* (vgl. nachfolgend).

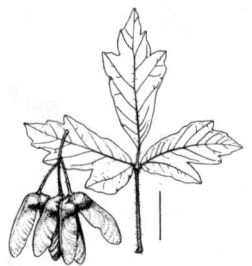

Dreiblütiger Ahorn   Zimt-Ahorn

Dreiblütiger Ahorn   *Acer triflorum* Komar.

E – Rough-Barked Maple

Mandschurei, Korea 1923. Sehr seltener Baum, mitunter in Sammlungen oder Botanischen Gärten, hauptsächlich wegen seiner prachtvoll leuchtenden karminroten Herbstfarbe gepflanzt. Ähnlich *A. nikoense,* aber Blättchen kleiner, sitzend, eilänglich bis lanzettlich, viel dünner, an jeder Seite mit 1–2 großen Zähnen; Früchte mit 3–4 cm langem, stumpf- bis mehr-spitzwinklig gespreizten Flügeln.

Zimt-Ahorn   *Acer griseum* (Franch.) Pax   **30**

West-China 1901. Sehr schöner Baum, auf dem Kontinent meist nur kleine Bäume, auf den Britischen Inseln jedoch schon in allen Größen zu sehen, bis 13 × 1 m. Völlig winterhart.

RINDE: *Zimtbraun, bei Berührung abfärbend,* seitlich abrollend wie bei Birken und Kirschen, darunter junge Rinde ganz glatt.

KRONE: Schlank und hoch, offen gewölbt, mit ansteigenden, gebogenen Ästen.

BELAUBUNG: Trieb dunkel rotbraun; Knospe eikegelförmig, spitz, winzig 1 mm, fast schwarz; *Blatt dreizählig,* Mittel-Blättchen 1 cm lang gestielt und lang keilförmig, bis 10 × 4 cm, eilänglich, jederseits mit 3–5 groben Zähnen, die seitlichen Blättchen kleiner, oben dunkel graugrün und behaart, unten bläulichweiß und dicht behaart; Stiel dunkelrosa, dicht behaart, 5 cm; Blattaustrieb hell orangebraun, spät im Mai, später rosabraun, dann gelblich, zuletzt dunkelgrün; Herbstlaub karmin, ab Anfang Oktober.

BLÜTEN UND FRUCHT: Blüten gelb, zu wenigen, hängend, an behaarten Stielen, glockenförmig, 1,5 cm breit, Ende Mai; Frucht groß, aber meist steril! Flügel 3,5 × 1,5 cm, rechtwinklig gespreizt.

ÄHNLICHE ART: Zu jeder Zeit mühelos und sicher an der Rinde zu erkennen.

Cissus-blättriger Ahorn   *Acer cissifolium* (S. & Z.) K. Koch

Japan 1825. Selten, nur in Sammlungen und Botanischen Gärten mitunter auch in alten Parks. Rinde glatt und grau, mit großen weißen Flecken; *Krone flach und breit* aus dicht stehenden waagerechten Trieben. *Blatt dreizählig,* mit dem *drahtartig-dünnen Stiel* 20 cm, Stiel allein 10 cm, rot; jedes Blättchen 8 bis 10 cm, mit 1–2 cm langem, drahtigem Stiel, eiförmig, Basis keilförmig, grob und ungleich scharf gesägt; Blüten nach den Blättern, klein und gelb, 12 cm lange aufrechte Trauben, Mai. Bei uns fast nur ♀ Bäume; Flügel parallel, 2 cm, hellrot. Herbstlaub hellgelb. Baum bis 9 × 1 cm.

Eschen-Ahorn   *Acer negundo* L.   **32**

E – Box-Elder   F – Erable à feuilles de Frêne   N – Vederesdoorn

Ost-Nordamerika, Ontario bis Florida, und geographische Varietäten bis Alberta, Kalifornien und Texas. Allgemein verbreitet in Gärten und Parks sowie als Straßenbaum. 15 × 1,5 m.

RINDE: Glatt, graubraun, später dunkelgrau, aber oft grün von Algen, seicht gefurcht.

KRONE: Unregelmäßig gewölbt, im Inneren dicht durch viele Wasserreiser an Stamm und Ästen; alte Stämme oft übergelehnt oder auch niederliegend.

BELAUBUNG: Triebe gerade, grün, mitunter violett bereift im 2. Jahr; Knospe klein, zweischuppig, *seidig weiß*; Blatt mit 3–7 Blättchen, bis 20 × 15 cm groß; (im ganzen), das unterste Fiederpaar mit 1–2 cm langem Stiel, das obere Paar sitzend, mitunter nicht völlig gefiedert; Blättchen eilänglich, 5–10 cm lang, zugespitzt, mit einigen groben Zähnen, das oberste Blättchen mitunter dreilappig, oben lichtgrün, sehr dünn; unten heller und oft dünn behaart.

BLÜTEN UND FRUCHT: ♂ und ♀ auf verschiedenen Bäumen; ♂ Blüten in dünnen, hängenden Büscheln, gelb, Anfang März, vor den Blättern; ♀ Blüten in noch längeren hängenden Trauben; Früchte gelbweiß, mit spitzwinkligen, einwärts gekrümmten Flügeln, 4 cm lang, früh reifend, doch bei uns meist taub. – Von den vielen Gartenformen nachfolgend die wichtigsten:

'O d e s s a n u m'. 1891 in Odessa entstanden. Starkwüchsige, *junge Zweige dicht weißlich behaart*, Blättchen in sonnigem Stand leuchtend *goldgelb*; immer wieder verwechselt mit der kahltriebigen 'Auratum', die nicht so schön ist. Häufig in den Parks und Gärten.

'V a r i e g a t u m'. 1852 Frankreich. Die *häufigste buntblättrige* Form, überall zu sehen, ♀; ziemlich schwachwüchsig, Triebe bereift; Blättchen breit und sehr unregelmäßig weiß gerandet, in der Mitte unterschiedlich breit grün, die weißen Felder überwiegend, junge Blätter rosa gerandet. Früchte in schlanken, 10 cm langen Trauben, mit 5 Früchten, hellgrüne Flügel mit gelblich und rosa schattiert, etwas einwärts gekrümmt.

var. *californicum* (Torr. & Gray) Sarg. Baum. Zweige filzig behaart, Blättchen in der Regel nur drei, unterseits bleibend behaart. Süd-Kalifornien.

'V i o l a c e u m'. Starkwüchsig, Triebe braungrün, zuletzt fast violettschwarz, blau bereift, kahl; Blätter dunkelgrün, unten meist weich behaart, Stiele rot.

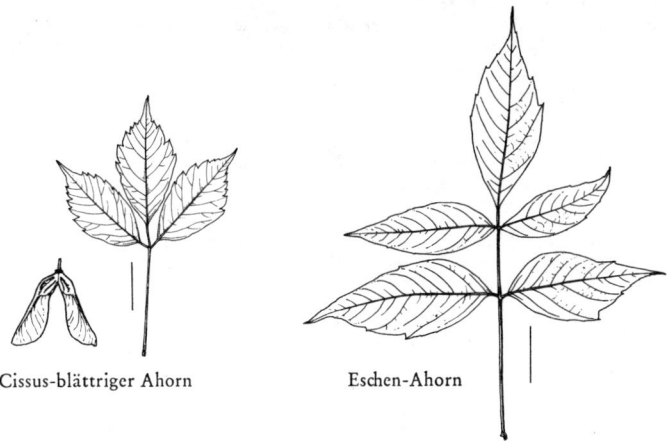

Cissus-blättriger Ahorn   Eschen-Ahorn

Roßkastanien-Gewächse: *Hippocastanaceae*

Drei Gattungen, davon jedoch nur die folgende in Kultur.

ROSSKASTANIE   *Aesculus*
E – Horse Chestnut   F – Marronier   N – Paardekastanje

Etwa fünfundzwanzig Arten, zumeist in Nord-Amerika, wo auch zahlreiche Naturhybriden aufgetreten sind, einige wenige in Süd-Europa, dem Himalaja, China und Japan. Mittelgroße bis große Bäume (eine Art nur strauchig) mit großen, handförmig geteilten Blättern und Blüten in aufrechten Rispen.

Gemeine Roßkastanie *Aesculus hippocastanum* L.   **34**
E – Horse Chestnut   F – Marronnier d'Inde
N – Gewone Paardekastanje

Albanien, Griechenland 1616. Allgemein angepflanzt in Parks, Gärten und als Straßenbaum. 36 × 6 m. Forstlich angepflanzt in R.

RINDE: Rötlichbraun oder dunkel graubraun, in große schmale Platten zerbrechend, die an den Enden allmählich abspringen.

KRONE: Riesig und hoch gewölbt, aus sehr spitzwinklig ansteigenden Ästen, bei der gefüllt blühenden Form viel dichter als beim Typ.

BELAUBUNG: Trieb dick, hell rosabraun oder rötlich-purpur, mit hellen Lentizellen; Knospe dunkel glänzend rotbraun, 2,5 × 1,5 cm, im Frühjahr sehr klebrig; Blätter handförmig gefiedert, mit 5–7 Blättchen, diese lang keilförmig, *sitzend*, zugespitzt; Stiel gelbgrün, bis 20 cm; Mittelblättchen bis 25 × 10 cm, doppelt und stumpf gezähnt, zuerst frischgrün, bald dunkler, unten gelblichgrün, Herbstfärbung meist gelb bis orange, von Mitte September bis Anfang November. Blattnarbe groß, wie ein umgekehrtes „Hufeisen" aussehend, selbst mit „Nagellöchern".

BLÜTEN UND FRUCHT: Alljährlich reichblühend, einzelne Bäume oft besonders früh, schon Anfang Mai, sonst jedoch allgemein erst ab Mitte Mai; Blüten mit 5 gefransten und gewimperten Petalen, weiß, mit großem, purpurrotem oder gelbem Fleck an ihrer Basis, 2 cm breit; Rispen 15–30 cm. Frucht grün, kugelig, 6 cm, igelartig durch kurze, scharfe, biegsame Stacheln; reif im September, mit 2–3 mahagonibraunen, glänzenden „Kastanien".

WUCHS: Austrieb Anfang Mai, dann dicht bräunlichfilzig; junge Bäume oft mit 60–80 cm Jahreszuwachs in der Zeit von Anfang Mai bis Ende Juli; ältere Bäume jedoch langsamwüchsig. 300jährige Bäume sind bekannt und in gutem Zustand, doch werden sie in der Regel nicht älter als 150 Jahre. Dann werden viele Äste abgeworfen und die Krone zerbricht.

'B a u m a n n i i'. (= 'Plena'). 1820 Genf. Blüten weiß und *gefüllt,* Rispen kürzer, länger haltbar, *bringt keine Früchte.* Heute bevorzugt angepflanzt als Straßenbaum, da die gewöhnliche Roßkastanie wegen ihrer vielen Früchte die Straßen verunreinigt.

ÄHNLICHE ARTEN: Durch die klebrigen Knospen und die ungestielten Blättchen von allen anderen *Aesculus*-Arten, außer *A. turbinata* (S. 361) leicht zu unterscheiden.

Rotblühende Roßkastanie *Aesculus* × *carnea* Hayne **34**

E – Red Horse Chestnut   F – Marronnier rouge
N – Rode paardekastanje

Fruchtbare, echt aus Samen fallende Hybride zwischen *A. hippocastanum* und *A. pavia*; um 1818 entstanden. Sehr häufig angepflanzt in Gärten, Parks und an Straßen.

RINDE: Zuerst dunkelgrün, heller streifig, später rötlichbraun, feinrauh von Lentizellen, oft mit Maserknollen. In der Regel hochstämmig veredelt auf *Ae. hippocastanum.*

KRONE: Niedrig, gewölbt oder ziemlich kugelig, dicht verzweigt.

BELAUBUNG: Trieb hell grünlichgrau oder rötlichgrau, mit erhabenen orange Lentizellen; dünnere Jahrestriebe schließen mit einem *Paar Knospen* ab, stärkere mit nur einer 1,5 × 2,5 cm großen, eiförmigen, mitunter glänzenden, doch meist matt graugrünen Knospe; Blatt dunkler, rauher und kleiner als von *A. hippocastanum*, mitunter jedoch ebenso groß, Stiel bis 23 cm; Blättchen fast sitzend oder Stiel dick, 1 cm; Blättchen schwärzlichgrün, oben runzelig, hart, obovat oder elliptisch, 8–15 cm lang, Rand *breit kerbig gesägt*; keine Herbstfärbung.

BLÜTEN UND FRUCHT: Blüten trüb hellrot, Petalen am Rande drüsig und zottig, in 12–20 cm langen Rispen, zweite Maihälfte; Früchte kugelig, 3–4 cm breit, mit wenigen Stacheln, mitunter fast ganz ohne, mit 2–3 kleinen, mattbraunen Samen.

WUCHS: Der Baum wächst langsam und ist kurzlebig. 22 × 2 m.

'B r i o t i i'. 1858 Frankreich. Wie der Typ, aber wüchsiger und gesünder, Blatt mehr glänzend; Blüten viel dunkler, leuchtend blutrot, in 15 × 8 cm großen Ständen; Frucht weichstachelig. – Als Park- und Straßenbaum dem Typ überlegen und deshalb auch vorgezogen.

Japanische Roßkastanie *Aesculus turbinata* Bl.

E – Japanese Horse Chestnut   F – Marronnier de forme conique

Um 1880. Nur selten in Parks und Gärten, jedoch in manchen Botanischen Gärten. 21 × 2,3 m.

RINDE: Junger Bäume korkig und graurosa, in den Rissen *weiß streifig*; alte Bäume glatt und graurosa, mit einigen breiten Furchen.

KRONE: Zuerst steif aufrecht, im Alter breit, gewölbt, Äste weitwinklig abstehend.

BELAUBUNG: Trieb rosa, graubraun bereift, sehr dick; Knospe spitz eiförmig, glänzend rotbraun, stark klebrig; Blätter sehr groß (die größten der ganzen Gattung); 7 Blättchen, *sitzend*, obovat, plötzlich kurz zugespitzt; bis 40 × 18 cm, Stiel bis 42 cm, das ganze Blatt bis 65 cm groß, oben unterschiedlich glänzend dunkel graugrün und hellgrün, unten mitunter silbrig, doch *meist bläulich, orange Achselbärte* entlang der Mittelrippe; Rand einfach gesägt, Spreite *am breitesten in der Mitte;* Herbstfärbung orange.

BLÜTEN UND FRUCHT: Blüten in schmäleren oder breiteren, 15–25 cm langen Rispen, Petalen gelblichweiß mit rotem Fleck, Juni (2–3 Wochen *später* als *A. hippocastanum*). Frucht klein, birnförmig, 5 cm breit, außen warzig oder rauh, braun; Samen klein, 1,5 cm.

ERKENNUNGSMERKMALE: Von *A. hippocastanum* unterschieden durch die viel größeren, unten bläulichen Blätter.

Gelbe Pavie *Aesculus flava* Soland. (= *A. octandra* Marsh.) **35**
E – Yellow Buck-Eye   F – Marronnier à fleurs jaunes
N – Gele paardekastanje
Süd-Ost-USA 1764. Nur in großen Parks und Gärten, ziemlich selten; großer
Baum im Bot. Garten Dortmund. 20 × 2 m.
RINDE: Rosagrau oder rotbraun, große glatte Stellen mit Lentizellen, an anderen
Stellen mit kleinen dicken Schuppen.
KRONE: Gewölbt, mit gedrehten Zweigen.
BELAUBUNG: Trieb glänzend graubräunlich, mit wenigen verstreuten Lentizellen;
Knospe glatt, nicht klebrig, Schuppen hell bräunlich mit rosa Rand, an den
schwächeren Trieben mit 2 Endknospen; Blatt mit *5 Blättchen,* ausnahmsweise
nur 4 oder 3, *alle gestielt,* schmal-elliptisch, zugespitzt, 10–15 cm lang, oben
glänzend heller oder dunkler grün, oft löffelförmig vertieft, unten unterschiedlich behaart, vor allem auf den Nerven, Rand fein gesägt; Herbstfärbung
orange.
BLÜTEN UND FRUCHT: Blüten gelb, mitunter auch rosa, röhrenförmig, 4 cm lang,
in 10–15 cm langen, *samtig behaarten* Rispen; Mai–Juni; *Blütenstiele und
Kelch drüsig-zottig;* Früchte schief kugelig, 5–6 cm dick, ohne Stacheln, *giftig.*

Carolina-Roßkastanie *Aesculus neglecta* Lindl.
Kleiner Baum, bei uns kaum höher als 8–10 m; Triebe grau, Knospe hellgrün
und grau, *Schuppenspitzen frei und abstehend;* Blätter mit 5 Blättchen, diese
obovat-oblong, 10–15 cm lang, einfach oder doppelt und unregelmäßig gesägt,
unten gelblichgrün, Nerven kahl, Stiele der Blättchen 3–8 mm; Blüten in 10
bis 15 cm langen Rispen, Mai–Juni; Petalen sehr ungleich, hellgelb, zur Basis
zu rot geadert, *Kelch schmal-glockig, außen nicht drüsig;* Staubfäden in der
unteren Hälfte zottig behaart; Früchte kugelig, 2–3 cm breit, meist 1samig. –
Ziemlich selten in den Parks (Dortmund; Wageningen). Heimat USA, N-
Carolina.
'E r y t h r o b l a s t a' (Späth, Berlin, um 1925). *Austrieb* und erste entfaltete
Blätter prachtvoll *karminrosa,* nach einigen Wochen völlig vergrünend; Blüten
rötlichgelb, sonst kein Unterschied gegenüber der Art. Großer Baum im Botan.
Garten München; zunehmend vermehrt und in den Gärten angepflanzt, jedoch
immer noch recht selten.

Carolina-
Roßkastanie

Indische Roßkastanie

Rote Pavie   *Aesculus pavia* L.

E – Red Buck-Eye

Süd-Ost-USA 1711. Kleiner, *sehr seltener* Baum, nicht über 6 m, meist niedriger; Zweige mehr oder weniger hängend, kahl, Knospen nicht klebrig; Blätter 5zählig, Blättchen 5, kurzgestielt, schmal elliptisch, 8–14 cm lang, unregelmäßig und oft doppelt gesägt, unten kahl oder etwas behaart; Stiel bis 18 cm lang, gelbrosa, bei kleinen Blättern oft etwas geflügelt; Blüten hellrot, in 10–16 cm langen Rispen, Juni; Kelch rot, röhrenförmig, Petalen 4, sehr ungleich, zusammenneigend, Staubblätter meist 8; Frucht eirund. – Gut kenntlich an den *sehr ungleichen, zusammengeneigten Petalen.* – Was unter diesem Namen in Kultur ist, ist in der Regel falsch und eine andere Hybride mit *A. pavia.*

Indische Roßkastanie   *Aesculus indica* (Cambess.) Hook.   **35**

E – Indian Horse Chestnut

Himalaja 1851. In England in großen Gärten und Parks (Kew), auf dem Kontinent nur im Süden; D ∧∧∧. 19 × 2,3 m. – Hoher Baum, Stamm kurz und dick, Borke in langen Streifen ablösend; Blätter 7zählig, junger Austrieb und Blattstiele im Frühjahr oft noch lange Zeit rot gefärbt bleibend; Blättchen *schmal, obovat-lanzettlich,* bis 20 cm lang, beiderseits kahl, unten bläulich, oft hängend, Stielchen etwa 1 cm; Blüten in *20–30 cm langen, dünnen Rispen,* Juni–Juli, mit 4 Petalen, teils *weiß, teils rosa oder gelblich,* alles in der gleichen Rispe; Frucht rauh, nicht stachelig, 4 cm dick.

Seifenbaum-Gewächse: *Sapindaceae*

Große, verschiedengestaltige, hauptsächlich in den Tropen beheimatete Familie; nur eine Gattung bei uns baumartig und winterhart.

BLASENESCHE   *Koelreuteria*

Vier Arten in Ost-Asien; Blätter groß, einfach bis doppelt gefiedert, wechselständig; Blüten gelb, in großen, endständigen Rispen.

Blasenesche   *Koelreuteria paniculata* Laxm.   **34**

E – Pride of India

China, Korea, Japan 1763. In vielen großen Gärten und Parks und völlig winterhart. 14 × 1,6 m.

Rinde: Bräunlich und rauh, mit kurzen, schmalen orange Furchen.

Krone: Schlank und hoch gewölbt, mit bogig ansteigenden Ästen.

Belaubung: Trieb hell kupferbraun; Knospe 2 mm; Blätter gefiedert, bis 35 cm lang, mit 7–15 Blättchen, diese eiförmig–länglich, 3–8 cm lang, grob kerbig gesägt, oft auch etwas eingeschnitten gelappt; Spindel rot; Austrieb dunkelrot Mitte Mai.

Blüten und Frucht: Blüten Mitte August, klein, 1 cm breit, gelb, in lockeren, vielblütigen, aufrechten Rispen, bis September, meist über der Krone stehend. Frucht eine papierartige, hellbraune, 4–5 cm lange, dreiklappige, aufgeblasene Kapsel mit 3 schwarzen Samen.

var. *apiculata* (Rehd. & Wild) Rehd. hat 40 × 20 cm große, doppelt gefiederte (mindestens so in der unteren Blatthälfte) Blätter. Ebenso häufig in den Gärten. 'Fastigiata'. 1888. Säulenform, in Kew entstanden, dort jetzt 14 × 0,7 m; Zweige kurz und fast senkrecht aufstrebend, sonst wie der Typ.

Linden-Gewächse: *Tiliaceae*

Dreihundert Arten in 35 Gattungen; eine Gattung winterharter Bäume mit duftenden Blüten in Trugdolden; der Stiel des Blütenstandes mit einem angewachsenen Hochblatt.

LINDE *Tilia*

E – Lime　　　F – Tilleul　　　N – Linde

Etwa dreißig Arten in der temperierten nördlichen Halbkugel, ausgenommen in Nord-West-Amerika. Blatt mit schiefer Basis; Blüten in Trugdolden, mit angewachsenem Hochblatt.

Schlüssel zu den Linden-Arten

1. Blattunterseite silbrig oder grau, dicht und fein behaart　　　　　　　　**2**
   Blattunterseite nur auf den Nerven behaart oder mit Achselbärten　　　**5**
2. Dichte weiße Behaarung auch an Trieb und Blattstiel　　　　　　　　**3**
   Trieb grün, kahl; Stiel fast kahl　　　　　　　　　　　　　　　　**4**
3. Blattstiel kürzer als die halbe Spreitenlänge; Blatt abstehend
   　　　　　　　　　　　　　　　　　　　　　T. tomentosa, S. 370
   Blattstiel länger als die halbe Spreitenlänge; Blatt hängend
   　　　　　　　　　　　　　　　　　　　　　T. petiolaris, S. 370
4. Blatt ganz flach, hellgrün, unten silbrig　　　　　*T. oliveri*, S. 367
   Blatt oben dunkelgrün, unten grau　　　　　　*T. × moltkei*, S. 367
5. Trieb und Blattstiel zuerst grob behaart; Nerven auf der Ober- und
   Unterseite behaart　　　　　　　　　　　*T. platyphylla*, S. 364
   Trieb und Blattstiel kahl; unten mit oder ohne Achselbärte　　　　**6**
6. Unterseits fast kahl; kleine weiße Achselbärte; Blattspreite groß, beiderseits gleichfarbig grün, grob gesägt.　　　　　*T. americana*, S. 367
   Nervenwinkel deutlich braun oder orange gebärtet; Blatt unten heller
   als oben　　　　　　　　　　　　　　　　　　　　　　　　　**7**
7. Blatt oben frischgrün und glänzend, unten orangebraune Achselbärte;
   Triebe gelbgrün　　　　　　　　　　　　　　*T. euchlora*, S. 366
   Blatt oben mattgrün; Triebe grün oder rot　　　　　　　　　　　**8**
8. Blatt klein, herzförmig, Knospe rot　　　　　　　*T. cordata*, S. 365
   Blatt groß, Basis schief; Knospe braun oder grün　*T. × europaea*, S. 365

Sommer-Linde　*Tilia platyphylla* Scop.　　　　　　　　　　　**36**

E – Large-Leafed Lime　　　F – Tilleul à grandes feuilles
N – Zomerlinde

Mittel- und Süd-Europa, überall häufig angepflanzt, aber kaum wirklich wild vorkommend; forstlich angebaut in CS. 31 × 5,8 m. Rinde dunkelgrau, feinrissig, manchmal mehr gerieft oder mit kleinen, flachen Leisten; selten mit Austrieben an der Stammbasis (was oft behauptet wird, dennoch so gut wie nie vorkommt).

KRONE: Hoch, doch schmal gewölbt, auf ziemlich steil ansteigenden Ästen, als junger Baum mit mehr halbkugeliger Krone, selten breit ausladend.

BELAUBUNG: Trieb rötlichgrün, deutlich behaart, doch im Herbst oft nur noch an der Spitze; Knospe eiförmig, dunkelrot; Blatt eirund, plötzlich lang zugespitzt,

Basis schief und tief herzförmig, scharf kerbig gesägt, derb, *oben* dunkelgrün und *behaart, unten* heller und *dicht behaart* auf den Nerven; Größe sehr veränderlich, 6–15 ⨉ 6–15 cm, Stiel 2–5 cm, *behaart.*

Blüten und Frucht: Blüht als früheste Linde, die Blüten hängen in Trugdolden, meist zu 3–4 (5–6), Ende Juni, 12 mm, mit 5 gelblichweißen Sepalen, fünf gelbe Petalen, mit einem großen weißlichgrünen Hochblatt; Frucht kugelig, mit fünf Rippen, dicht behaart, 8–10 mm.

'A u r e a'. Rinde der Jahrestriebe sehr schön hellgrün, vor allem im Winter auffallend. In Parks.

'L a c i n i a t a'. Baum bis 16 ⨉ 1 m; Blätter 5–6 cm lang, Spreite tief eingeschnitten und oft gekräuselt. Gelegentlich in Parks.

Ähnliche Arten: Die Bezeichnung „Großblättrige Linde" ist irreführend, denn die Blätter an Trieben von *T.* ⨉ *europaea* sind oft noch größer. Die behaarten Stiele und Nerven sowie die Blütenstände mit nur 3–4 Blüten lassen sie leicht erkennen. Als Baum in der Regel mit schönerem Habitus als bei *T.* ⨉ *europaea*.

'Laciniata'

Winter-Linde *Tilia cordata* Mill. (= *T. parvifolia* Ehrh.) **36**

E – Small-Leafed Lime F – Tilleul à petites feuilles
N – Winterlinde

Europa, Laubwälder, sehr oft angepflanzt in Parks und an Straßen; von Nord-Spanien bis Kaukasus und Sibirien; in Deutschland forstlich angebaut, auch zur Haldenbepflanzung im Ruhrgebiet. 32 ⨉ 6 m.

Rinde: Junger Bäume sehr glatt, grau, mit wenigen hellbraunen Rissen, an alten Bäumen dunkelgrau oder braun, in flache Platten zerbrochen.

Krone: Hoch und unregelmäßig gewölbt, alte Bäume mit starken, abwärts gebogenen Ästen sowie vielen Maserknollen und Wasserreisern am Stamm.

Belaubung: Trieb oberseits mahagonirot, unten olivbraun, mit hellbraunen Lentizellen; Knospe glatt, dunkel glänzend rot, eiförmig; Blatt fast rund, herzförmig, plötzlich lang zugespitzt, 4–7 ⨉ 3–5 cm, Stiel 3,5 cm, gelbgrün oder rötlich; fein und scharf gesägt, oben dunkel grün und glänzend, bei alten Bäumen mehr gelblichgrün, ziemlich dick und derb bei jungen Bäumen, unten *oft blaugrün*, mit großen *orange Achselbärten.*

Blüten und Frucht: Blüten in kurzen, dichten Büscheln von 5–10 aufrechten oder meist *nach allen Seiten abstehenden* Büscheln, Anfang Juli; Hochblatt 6 cm, hellgrün; Sepalen 5–6, elliptisch, 3 mm, weiß; Petalen 5, lanzettlich, 7 bis 8 mm, durchscheinend weiß; Staubfäden ausgebreitet, 2 cm breit, etwa 40 beisammen, weiß, mit kurzen, gelben Staubbeuteln; Frucht klein, kugelig, kaum oder ganz ohne Rippen, 6 mm, kahl.

Erkennungsmerkmale: Durch die dichte gelblichgrüne Krone alter Bäume schon aus der Entfernung sicher erkennbar.

Holländische Linde *Tilia* ⨉ *europaea* L.
(= *T. vulgaris* Hayne; *T. intermedia* DC.) **36**

E – Common Lime F – Tilleul de Hollande N – Hollandse Linde

Naturhybride von *T. platyphylla* mit *T. cordata*. Seit alters in Kultur und ihre Eltern an Schönheit übertreffend. Sehr häufig angepflanzt als Straßen- und Parkbaum. 40 ⨉ 7 m.

RINDE: Mattgrau, zuerst glatt, später fein gefurcht durch ein Netzwerk feiner, flacher Leisten; mit Maserknollen und Wasserreisern, besonders an der Basis.

KRONE: Hoch gewölbt, über ansteigenden, dann bogigen Ästen, sehr alte Bäume mit riesigen unteren Ästen, die oberen verdickt und herabgebogen.

BELAUBUNG: Trieb grün, oft dunkelrot getönt, selten leicht behaart; Knospe eiförmig, rötlichbraun, grünlich an Trieben; Blatt breit eiförmig, kurz zugespitzt, Basis schief herzförmig oder abgestutzt, 6–10 cm lang, an Trieben 15 × 15, scharf gekerbt, oben matt grün, unten etwas glänzend und kahl bis auf *kleine weiße und bräunliche Haarbüschel* in den Haupt-Nervenwinkeln; Stiel 2–5 cm, kahl, grün; meist ohne Herbstfärbung oder ein Teil der Blätter gelb. Während des Sommers Blätter glänzend vom Honigtau, der von den Blattläusen ausgeschieden wird und später Ruß und Staub bindet, wodurch die Blätter oft schwarz werden.

BLÜTEN UND FRUCHT: Blüten hängend, zu 4–10 in Trugdolden, gelblichweiß Anfang Juli; Hochblatt gelblichgrün; Frucht breit eiförmig, 8 mm, undeutlich kantig, behaart.

ÄHNLICHE ARTEN: *T. platyphylla* (S. 364), *T. cordata* (S. 365).

'P a l l i d a' (= *T. pallida* Simonk.) **Kaiser-Linde;** in Holland „Königs-Linde". Vor allem in Deutschland sehr häufig als Straßenbaum angepflanzt; vom Typ abweichend durch die besonders im Herbst auffällig geröteten Triebe und Knospen; Blätter größer, frischgrün, unten gelblich bis blaugrün. Ebenfalls seit alters in Kultur bekannt.

Krim-Linde   *Tilia* × *euchlora* K. Koch   **35**

E – Caucasian Lime

Um 1860; vermutlich Hybride zwischen *T. cordata* und *T. dasystyla*. Sehr häufig in Deutschland angepflanzt, sowohl als Straßen- wie auch als Parkbaum, da Blätter weniger von Roter Spinne befallen werden und schön frischgrün sind. 18 × 2 m.

RINDE: Hellgrau, dunkler grau gestreift, auffallend glatt.

KRONE: Stamm 3–4 m astrein, dann dicht beastet und bezweigt, Äste der oberen Krone zunächst steil ansteigend, dann aber in kurzem Bogen fast peitschenförmig herabhängend, so daß die Krone schmal und hoch wirkt.

BELAUBUNG: Trieb typisch „lindgrün" oder matt gelbgrün, mitunter an der Sonnenseite etwas gerötet; Knospe glatt, Endknospe gelb und rot, seitliche heller; Blatt eirund, plötzlich kurz zugespitzt, schief herzförmig, 5–10 cm lang, an Wasserreisern bis 15 × 14 cm, sein und scharf gesägt, Stiel 5 cm, gelbgrün,

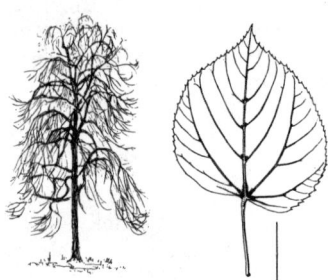

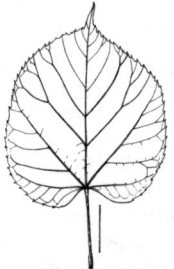

Krim-Linde   Oliver's Linde

oben glänzend dunkelgrün, unten hellgrün und mit *großen braunen Achsel-bärten;* Herbstfärbung unbedeutend, nur teilweise gelb.

BLÜTEN UND FRUCHT: Blüht meist nach den anderen Linden, Ende Juli, Blüten zu 3–7 in hängenden Trugdolden, gelb; Hochblatt 8 cm, oblanzettlich; Frucht behaart, leicht 5rippig, kurz ellipsoid.

ÄHNLICHE ART: Von allen Linden sehr leicht zu unterscheiden durch die sehr schmale Krone, helle Rinde und die glänzenden, glatten, hellgrünen Blätter.

Amerikanische Linde *Tilia americana* L. **35**

E – American Lime   F – Tilleul americain   N – Amerikanse linde

Ost-Kanada und USA 1752. Bei uns Parkbaum, gelegentlich auch Straßen-baum, nicht selten. 23 × 2 m.

KRONE: Hoch, offen, gewölbt, mit wenigen aufwärts gebogenen starken Ästen.

BELAUBUNG: Junge Triebe apfelgrün, kahl; Knospe apfelgrün, eiförmig, kahl; Blatt groß, bis 20 × 18 cm, flatterig, doch derb, breit eiförmig, plötzlich kurz zugespitzt, schief herzförmig, fein und scharf gesägt, *beiderseits gelblichgrün und kahl,* ausgenommen einige winzige Achselbärte an den Hauptnerven; Stiel dick, mattgelb, 5 cm.

BLÜTEN UND FRUCHT: Blüten zu 10–12 in hängender Trugdolde, jede 1,5 cm, Hochblatt 10 × 2,5 cm, grün mit rosa Mittelrippe; Frucht kugelig, ohne Rip-pen, dickschalig.

ÄHNLICHE ART: Was in den Parks als *T. americana* 'Nova' genannt wird, ist nichts anderes als die normale Art. *T.* × *moltkei* (folgend) ist unten etwas graufilzig, sonst auch großblättrig.

Moltke-Linde *Tilia* × *moltkei* Späth

Hybride zwischen *T. americana* und *T. petiolaris;* vor 1880 bei Späth in Berlin entstanden. Nur selten in Parks. Üppiger Baum, Krone locker, Äste mehr oder weniger überhängend; junge Triebe kahl bis leicht behaart; Blätter kreis-rund bis eiförmig, bis 25 × 15 cm groß, sehr ähnlich denen von *T. americana,* aber oberseits dunkelgrün, matt und rauh, *unten dicht und fein grau behaart,* ebenso Stiel. Kräftiger und wüchsiger als *T. americana.*

Oliver's Linde *Tilia oliveri* Szysz.

E – Oliver's Lime

Mittel-China 1900. Seltener Baum, nur in einigen großen Gärten und Samm-lungen, mit prachtvoller Belaubung. 23 × 1,8 m.

RINDE: Glatt und grau, mit einigen braunen Haarstreifen; Astnarben mit dunk-len Falten („Chinesenbärte").

KRONE: Hoch gewölbt, bei jungen Bäumen locker und offen.

BELAUBUNG: Junge Triebe *dick, kahl, rotbraun,* etwas hin- und hergebogen; Knospe 7 mm, eiförmig, glatt, rot und grün, an der Spitze grau behaart; Blatt elegant, *ganz flach,* oben hell *frischgrün,* matt, glatt, mit fast weißen, kleinen Zähnen, an ihrer Spitze mit kleinen Drüsen, Basis schief herzförmig bis ge-stutzt, unten *silberweiß filzig und ohne Achselbärte,* 13 × 11 cm mit 6 cm lan-gem Stiel, gelegentlich auch bis 20×18 cm mit 8 cm langem Stiel; Blätter ziem-lich locker stehend und waagerecht; bei der Blattentfaltung bleiben die 3 × 1 cm großen, dunkelroten Knospenschuppen noch eine Zeitlang sitzen.

BLÜTEN UND FRUCHT: Blüten klein, zu 3–20 in hängenden Trugdolden, Juni; Hochblatt sitzend, oben hellgrün, unten weißlich; Frucht kugelig, 8 mm, war-zig, dickschalig.

Großblättrige Blütenbäume

1 Paulownia   *Paulownia tomentosa*   389
a Blüten in aufrechten, endständigen Rispen.
b Blatt, stark verkleinert; Blätter junger Bäume an der Basis mit einigen Lappen.
c Teil eines Blattes; Mittellappen oft viel länger.
d Die unreife Frucht ist stark klebrig.
e Baum, 7 m hoch.

2 Hybrid-Trompetenbaum   *Catalpa × erubescens*   391
Stark verkleinertes Blatt; viel dünner als bei Paulownia; unterseits meist nur Nerven behaart.

3 Gewöhnlicher Trompetenbaum   *Catalpa bignonioides*   390
a Stark verkleinertes Blatt.
b Blüten, Blütenknospen und Teil eines Blattes. Der Blütenstand ist *gedrungen kugelig,* beim Hybrid-Trompetenbaum hingegen *kegelförmig und locker.*
c Baum, 7 m hoch.

4 Gurken-Magnolie   *Magnolia acuminata*   269
a Blatt.
b Reifende Frucht.

Baum mit großem Habitus, Rinde intensiv braun.

Paulownia

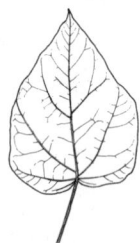

typisches Blatt eines
alten Paulownia-Baumes

Hybrid-Trompetenbaum

Gewöhnlicher
Trompetenbaum

1a

1b

2

3a

1d

3b

1c

1e

3c

4a

4b

1a　　1b　　2　　3　　4

Liguster, Phillyrea, Cordyline und Hanfpalme

1 Glanz-Liguster *Ligustrum lucidum*   388
a Belaubung; Blätter glänzend.
b Blütenstand; die Blüten öffnen sich im Herbst während einer langen Zeit und duften sehr stark, doch fallen sie schon während des Sommers durch die rahmgelbe Färbung der Knospen auf.

2 Breitblättrige Steinlinde *Phillyrea latifolia*   389
Belaubung. Ein niedriger, rundlicher, immergrüner Baum mit dunkler Rinde, allgemein verbreitet im Mittelmeergebiet und auf dem Balkan.

3 Cordyline *Cordyline australis*   393
Ein stark verzweigter Baum, 7 m hoch, oft blühend, aus dem Westen Englands (in weniger warmen Gebieten weniger blühend; bevor sie blühen, oft erst nach vielen Jahren, bleiben die Pflanzen einstämmig).

4 Hanfpalme *Trachycarpus fortunei*   393
Eine 7–8 m hohe Pflanze; die untersten Blätter verfärben sich meist gelb, bevor sie abfallen. Eine der härtesten Palmen, doch sehr langsamwüchsig.

Glanz-Liguster   Breitblättrige Steinlinde

Silber-Linde   *Tilia tomentosa*

E – Silver Lime   F – Tilleul argenté
N – Zilverlinde

Süd-Ost-Europa, Kleinasien 1767. Sehr häufig angepflanzter Baum in großen Parks und an Straßen, besonders bewährt in Städten; forstlich angepflanzt in BG
und R. 25 × 3 m.

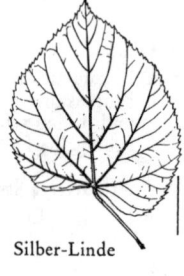

Rinde: Dunkelgraugrün und anfangs bräunlich gestreift,
alte Bäume dunkler oder heller grau mit einem Netzwerk
glatter, flacher Leisten und Furchen.

Krone: Junge Bäume bemerkenswert halbkugelig bis eirund, auf guten Stämmen; alte Bäume breit gewölbt, die
Äste *steif aufrecht, fast „besenartig"*, manche sehr stark
und schon niedrig beginnend.

Silber-Linde

Belaubung: Triebe dicht weißlich-filzig, später oben dunkel graugrün, unten
hellgrün, etwas hin- und hergebogen, Seitentriebe kurz und rechtwinklig abgehend; Knospe eiförmig, grün und braun, 6–8 mm, behaart; Blatt schief rund-
lich-herzförmig, plötzlich zugespitzt, scharf gesägt, die Zähne fast dreieckig;
dick, oben dunkelgrün und etwas runzelig, unten *hellgrau dicht filzig*, am Rand
aufwärts gekrümmt; 12 × 10 cm, Stiel 5 cm, dicht und kurz weißlich behaart;
Blätter waagerecht stehend und ziemlich dicht.

Blüten und Frucht: Blüten zu 7–10 in hängenden Trugdolden, spät, gegen
Ende Juli, an 3 cm langen Stielen, stark duftend; 5 Petalen, eiförmig, hellgelb,
Staubbeutel goldgelb; Hochblatt obovat, gelbgrün, 9 × 2 cm; Frucht 8–10 mm
dick, etwas warzig und leicht gerippt.

Hänge-Silber-Linde   *Tilia petiolaris* DC.   **36**

E – Silver Pendent Lime   F – Tilleul argenté

Seit vor 1840 in Kultur, doch Herkunft nicht sicher bekannt, vermutlich Süd-
Ost-Europa bis Kleinasien oder nur Kulturform von *T. tomentosa*. 32 × 3,6 m.

Rinde: Dunkel und hell grau, mit glatten, flachen Furchen.

Krone: Junger Bäume anfangs eirund, später schmal und hoch gewölbt, *Zweige
überhängend;* im Sommer dicht durch die dunkelgrünen Blätter.

Belaubung: Trieb hell grünlichgrau, anfangs dicht filzig; Knospe mattgrün, eiförmig, 5 mm; Blatt eirund, tief herzförmig, scharf gesägt, ganz flach, *unterseits weißfilzig,* 7–11 cm lang, nach der Triebspitze zu im Laufe des Sommers
allmählich größer werdend, Stiel dünn, *6–12 cm lang,* filzig; Herbstfärbung
goldgelb.

Blüten und Früchte: Wie bei *T. tomentosa* (vgl. oben).

Eucryphia-Gewächse: *Eucryphiaceae*

Eine Familie mit nur einer Gattung, diese mit 4 Arten in der südlichen Halbkugel, in Chile und Australien. Keine von ihnen in Deutschland winterhart,
jedoch auf den Britischen Inseln überall in großen Gärten und Parks angepflanzt
und zur Blütezeit sehr auffällig. Hier wird nur die verbreitetste *Eucryphia* kurz
behandelt.

Nymans Eucryphia   *Eucryphia nymansensis* 'N y m a n s a y'
Eine Selektion aus Sämlingen einer Kreuzung zwischen *E. glutinosa* und *E. cordifolia;* bis 15 m hoch. Krone breit säulenförmig, Triebe straff aufrecht; Blätter immergrün, fast schwarzgrün, teils dreizählig, teils nur mit einem Blättchen, das mittlere Blättchen bis 8 × 3,5 cm, groß, die seitlichen 5 × 2 cm; Spindel dicht behaart. Blüten weiß, mit 4–5 Petalen (fast wie *Philadelphus*-Blüten aussehend), diese kreisrund bis eiförmig, 4 cm lang, mit zahlreichen Staubfäden, Staubbeutel rosa; Ende August–Mitte September. Prachtvoller Spätblüher.
D ∧∧∧

Tee-Gewächse: *Theaceae*

Etwa zweihundert Arten, hauptsächlich in den Tropen, aber auch einige strauchige Arten in den gemäßigten Zonen, so z. B. *Camellia* und *Stewartia.*

STEWARTIE   *Stewartia*

Eine Gattung mit acht Arten in den östlichen USA und Ost-Asien, benannt nach John Stuart, daher manchmal als „Stuartia" bezeichnet. Sommergrüne, ziemlich kleine Bäume, doch sehr wertvoll wegen ihrer großen schönen Blüten im Hochsommer, ebenso wegen ihrer farbigen, glatten Rinde.

Kamellienartige Stewartie   *Stewartia pseudocamellia* Maxim.
Japan. Selten, aber doch in großen Parks und in den Botanischen Gärten. 17 × 1,2 m, doch in Deutschland nur hoher Strauch. Rinde rot, später graurot und abschuppend, die *junge Rinde* darunter *orange;* Blätter ei-lanzettlich, dunkelgrün, zugespitzt, Basis eiförmig, entfernt gekerbt und wellig gerandet, 3 bis 8 cm, dicht stehend, *oben mattgrün, unterseits glänzend*, mit kleinen Achselbärten in den Nervenwinkeln; Blüten weiß, becherförmig, 5–6 cm breit, orange Staubbeutel, Ende Juli, einzeln achselständig; Frucht 2 cm lang, Griffel verwachsen, mit 5 Narben. Herbstfärbung von gelb bis dunkelrot.

Chinesische Stewartie   *Stewartia sinensis* Rehd. & Wils.
Mittel-China 1901. Viel seltener in den Parks, eigentlich nur in Süd-England und Irland. 10 × 1 m. Ganz winterhart. Kleiner Baum, Äste anfangs aufrecht, dann weit ausgebreitet, Stammrinde braun und restlos abblätternd, die junge Rinde dann ganz glatt und dann fleischrosa bis grau oder gelblichorange, völlig nackt; Triebe karmin; Blatt länglich-lanzettlich, 10 × 4 cm, Basis rund bis

Nymans Eucryphia   Kamellienartige Stewartie   Chinesische Stewartie keilförmig, lang zugespitzt, entfernt gesägt bis mehr gekerbt, beiderseits frisch-grün; Blüten weiß, becherförmig, 5 cm breit, mit 4 dicken, fleischigen Petalen, duftend; Staubbeutel gelb, Ende Juli; Frucht fast kugelig. Herbstfärbung rot und karmin.

Flacourtia-Gewächse: *Flacourtiaceae*

Etwa fünfhundert Arten, hauptsächlich in den Tropen; nur drei Arten, jede zu einer anderen Gattung gehörend, hier in Kultur, jedoch nur eine davon wirklich baumartig und auch häufiger anzutreffen.

ORANGENKIRSCHE *Idesia*
Nur eine Art, Japan und China; Blüten zweihäusig.

Orangenkirsche *Idesia polycarpa* Maxim.
Süd-Japan, Mittel- und West-China 1864. Gelegentlich in großen Gärten, vor allem im Süden; bei uns winterhart. 15 × 1 m. Auf den ersten Blick etwas einer *Catalpa* ähnelnd, aber die *Äste waagerecht und in Etagen*; Blätter breit-eiförmig, zugespitzt, herzförmig, 15–25 cm lang, entfernt kerbig gesägt, *Zähne hakenförmig*, oben glänzend gelbgrün, unten bläulich, *Stiel* 6–15 cm lang, *rot*, mit 1–3 Drüsen in der unteren Hälfte; Blüten zweihäusig oder auch polygam, klein, gelbgrün, duftend, in 10–25 cm langen, abstehenden oder hängenden Rispen, Mai–Juni; Früchte kugelig, orangebraun, 8 mm dick, zu vielen beisammen; Rinde glatt hellgrau, mit Lentizellen, quer runzelig.

Klebsamen-Gewächse: *Pittosporaceae*

Eine Familie mit etwa zweihundert Arten in acht Gattungen, verbreitet vom tropischen Afrika bis zum Pazifik und Australien.

KLEBSAME *Pittosporum*
Eine Gattung mit etwa 150 Arten kleiner Bäume, hauptsächlich in Australien, aber auch in Japan und Süd-Afrika vorkommend. Mehrere Arten auf den Britischen Inseln und im Mittelmeer-Gebiet sehr häufig angepflanzt und baumartig,

Orangenkirsche

Schmalblättriger
Klebsame

in Deutschland zwar in den Botanischen Gärten, aber alle nicht ausreichend winterhart. Blütenteile 5zählig.

Schmalblättriger Klebsame *Pittosporum tenuifolium* Gaertn.
Weit verbreitet angepflanzt im Südwesten Englands und Irlands. 16 × 1,5 m.
RINDE: Mattgrau, glatt. Krone eiförmig, fein verzweigt, buschig, jedoch nicht dicht. Triebe dünn, *dunkel purpurbraun*, fein behaart; Blätter wechselständig, immergrün, länglich-elliptisch, locker stehend, meist an der äußeren Hälfte der Triebe, 5 × 2,5 cm, ganzrandig, doch *wellig und runzelig am Rand*, oben *hellgrün* mit erhabener weißlicher Mittelrippe und etwas glänzend, *unten weißlich* und matt; Stiel 1,5 mm. Blüten dunkelpurpur, becherförmig, 6–7 mm breit, in den Blattachseln, Mai, abends stark duftend; Frucht eine zuletzt schwarze, 1,5 cm dicke Kapsel. – Hierzu noch eine weißbunte Gartenform 'Variegatum' und eine weitere Form mit silbergrünen Blättern 'Silver Queen'. D ∧ ∧ ∧

Wald-Tupelobaum:
links weibliche Blüten

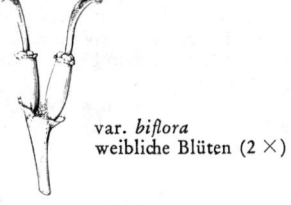

var. *biflora*
weibliche Blüten (2 ×)

Tupelobaum-Gewächse: *Nyssaceae*

Eine kleine Familie, nahe verwandt mit den Hartriegel-Gewächsen, *Cornaceae*.

TUPELOBAUM *Nyssa*

Sechs Arten, davon vier in Nord-Amerika, zwei in Ost-Asien; nur die folgende Art hin und wieder in großen Gärten zu finden und vollkommen winterhart; die übrigen Arten viel seltener angepflanzt.

Wald-Tupelobaum *Nyssa silvatica* L.

E – Tupelo, Black Gum   N – Tupeloboom

Östl. Nord-Amerika, vor 1750. In Mittel-Europa selten in den Parks, weil als junger Baum schlecht verpflanzbar und deshalb wenig in den Baumschulen in Kultur. 15 × 1 m.

RINDE: Bräunlichgrau oder dunkelgrau, meist schon sehr früh in grobe, rauhe, senkrechte Furchen und Leisten zerrissen. Krone breit kegelförmig, Äste waagerecht, nach der Spitze der Krone zu aufwärts gebogen; Seitenzweige rechtwinklig abstehend, kurz, etwas gekrümmt.

BELAUBUNG: Trieb glatt, grünlichbraun, mitunter purpur angelaufen, mit wenigen kleinen Lentizellen. Knospe klein, spitz kegelförmig, rotbraun; Blatt veränderlich in Form und Größe, von obovat und spitz bis elliptisch und stumpf, 5–12 cm lang, ausnahmsweise bis 18 × 7 cm; Stiel 1 cm, dunkelrot; Blatt glänzend, dunkel oder mehr gelblichgrün, *ganzrandig*, selten mit einem oder wenigen groben Zähnen, unten weißlich grün und kahl; sehr spät austreibend, erst Ende Mai; *Herbstfärbung leuchtend scharlach* und goldgelb, auch dann noch glänzend, zuletzt karmin.

BLÜTEN UND FRUCHT: Blüten zu mehreren beisammen an 3 cm langen Stielen an der Basis der neuen Triebe, im Juni; ♂ Blüten in kugeligen Köpfchen, 3 mm breit, Sepalen und Staubbeutel gelbgrün; ♀ Blüten zu 2–3 an einem Stiel, zylindrisch oder kegelförmig, 4 mm, Griffel 3 mm vorragend, hellgelb mit purpurner Narbe. Frucht eiförmig, 8–12 mm lang, blauschwarz, sauer. Bei var. *biflora* Sarg. Blütenstiel mit nur 2 Blüten.

ERKENNUNGSMERKMALE: Birnbaumartig aussehend, aber Äste waagerecht, Blätter glänzend, ganzrandig.

TAUBENBAUM   *Davidia*

Nur eine Art (nach Auffassung mancher Botaniker 2 Arten) in China.

Taubenbaum   *Davidia involucrata* Baill.   **37**

E – Dove-Tree   N – Vaantjesboom

West-China 1904. Sehr seltener Baum (unbekannt, ob der Typ in Deutschland wirklich echt vorhanden); was unter diesem Namen angetroffen wird, ist in der Regel stets die var. *vilmoriniana*.

RINDE: Rötlich, fein braun abblätternd, oder graubraun, fein längsrissig.

KRONE: Kegelförmig, im Alter hoch gewölbt, mit strahlenförmig stehenden Ästen, die unteren waagerecht; mit nur wenigen, doch kräftigen Trieben.

BELAUBUNG: Trieb dunkelbraun, kahl, mit hellen Lentizellen; *Knospe* eiförmig, *leuchtend dunkelrot*, 1,5 cm; Blatt fast lindenartig, breit eiförmig, tief herzförmig, zugespitzt, 8 × 15 cm oder auch größer, mit 5–9 nahezu gegenständigen Nervenpaaren, Rand mit 5 mm langen, *dreieckig-zugespitzten Zähnen*, oben etwas glänzend frischgrün, *unten dicht behaart und weiß*.

BLÜTEN UND FRUCHT: Blüten zugleich mit den entfalteten Blättern erscheinend, in kugeligen, purpurnen, 6 mm dicken Köpfchen, unter hellgrünem Tragblatt, dann aufgeblüht 2 cm breit, gelb, an 7 cm langem Stiel, jetzt von zwei gegenständigen, stets verschieden großen (bis 15 × 10 cm), weißen, sehr dünnen, eiförmigen Hochblättern umgeben und sehr auffallend. Blüten erscheinen erst, wenn die Bäume etwa 20 Jahre alt sind, dann aber alljährlich in großer Zahl. Frucht walnußgroß, mit vielen Rippen, dunkelgrün, etwas glänzend und gefleckt, reif dunkelpurpur. Stiel 10 cm, dunkelrot, an der Basis der Frucht stark verdickt.

var. *vilmoriniana* (Dode) Wanger. Mittel- und West-China 1897 (nach Frankreich eingeführt). Häufig in Parks und großen Gärten, aber große Bäume in Deutschland noch selten (Bot. Gart. Dortmund 15 m). In allen Teilen wie der Typ, jedoch die Blätter unterseits *vollkommen kahl und glänzend hellgrün*.

ERKENNUNGSMERKMALE: Aussehen lindenartig, aber Rand mit sehr großen dreieckigen Zähnen, Stiel rötlich, Blattnerven oben sehr vertieft.

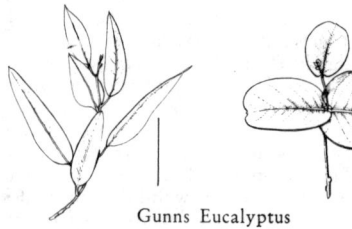

Luma-Myrte   Gunns Eucalyptus
                    (Altersblätter)   (Jugendblätter)

Myrten-Gewächse: *Myrtaceae*

Eine große Gruppe aromatischer Bäume und Sträucher aus wärmeren Regionen.

MYRTE *Myrtus*

E – Myrtle   F – Myrte   N – Mirte

Eine große Gattung immergrüner Pflanzen, die meisten strauchig; keine von ihnen in Deutschland winterhart, doch die Gemeine Myrte, *Myrtus communis*, von Süd-Europa bis West-Asien weit verbreitet (hier nicht behandelt, da nicht baumartig).

Luma-Myrte *Myrtus apiculata* Niedenz. (= *M. luma* Molina; *Eugenia apiculata* DC.)

Chile 1843. Im allgemeinen nur in Irland sehr häufig in den Parks zu finden, mitunter schon verwildert und dichte Gebüsche bildend; sonst nur noch in Süd-West-England und Nord-West-Schottland. 13 × 1 m.

RINDE: *Orange und abblätternd*, neue Rinde *darunter grünlichweiß*; an alten Bäumen mit breiten, 2–3 m langen weißen Streifen. Krone locker kegelförmig; Blätter immergrün, fast schwarzgrün, gegenständig, eiförmig, fast sitzend, oben mit einigen vertieften Nerven, unten hellgrün, wenig behaart, erhabene Mittelrippe, zerrieben *aromatisch-würzig*. Blüten einzeln, achselständig, Knospen kugelig, rot und grün, aufgeblüht 2 cm breit, weiß, mit 4 schalenförmigen Petalen, in Mengen erscheinend, September–Oktober; Frucht eine kleine Beere, zuerst rot, bald schwarz, süß, eßbar.

EUCALYPTUS *Eucalyptus*

E – Gum   F – Gommier   N – Eucalyptus

Immergrüne, in Australien beheimatete Bäume, mit einer riesigen Vielfältigkeit von Arten und Hybriden, insgesamt etwa 800. Jungblätter der meisten Arten groß und tierbumfassend, sehr verschieden von der meist lanzettlichen Altersform, jedoch erstere von einigen Arten zeitlebens so beibehalten. Keine Winterknospen; dauerndes Wachstum, nur durch Kälteeinwirkung kurzzeitig unterbrochen. Blüten in Form eines Bündels von Staubgefäßen aus einer harten Kapsel, die später die Frucht bildet und deren Form sehr nützlich für die Identifizierung ist. Diese Gattung enthält die höchsten bekannten Laubbäume, Höhen bis zu 100 m gemessen. Die am raschesten wachsenden Bäume, bis zu 30 m in nur 5 Jahren, oder 10 m in nur einem Jahr, in den Tropen.

Da die behandelten *Eucalyptus*-Arten außer in England sonst in Europa kaum angepflanzt sind, ausgenommen *E. globulus,* sind die Beschreibungen in der deutschen Ausgabe gekürzt worden. D ∧∧∧

Gunns Eucalyptus *Eucalyptus gunnii* Hook. f.

E – Cider Gum   F – Eucalyptus de Gunn

Süd-Australien, Tasmanien 1846. Die in Australien am meisten verbreitete Art, doch auf den Britischen Inseln nur selten. 35 × 4 m. Rinde rosaorange, in langen Streifen abfasernd, die junge Rinde darunter glatt und grau; Krone zuerst mit bogig ansteigenden Ästen, ältere Bäume hoch gewölbt und unregelmäßig, mit dicken Ästen. Triebe gelblichweiß, graurosa bereift. Jugendblätter 2–3 Jahre bleibend, gegenständig, rund, sitzend, hell graublau, 3–6 cm breit, Altersblätter länglich-lanzettlich, spitz, Basis breit keilförmig oder rund, 8 bis

10 × 3–4 cm, oben dunkel blaugrün, unten gelbgrün und stark genervt, Stiel 2,5 cm, hellgelb. Blüten meist zu 2–3 beisammen, Einzelblüte 15 mm breit, gelblichweiß, Juli. – Die einzige Art, die in der östlichen Hälfte Englands wirklich große Bäume bildet (in Schottland meist die hierzu gehörende var. *whittingehamensis* mit schmäleren Blättern). Ein gutes Erkennungsmerkmal sind die *kleinen, flachen, länglichen* an der Basis *breitkeiligen Blätter* mit *gelben* Stielen.

Schnee-Eucalyptus *Eucalyptus niphophila* Maiden & Blakey 37

E – Snow Gum

Australien, bis zur Baumgrenze, 2000 m. Neuerdings häufiger in England angepflanzt, da anscheinend sehr winterhart, auch wegen der schon früh leuchtend bläulichweißen Stämme und Äste (können aber auch rötlichbraun sein). Trieb zuerst gelb, dann dunkelrot, zuletzt violett bereift; *Altersblätter schon vom ersten Jahr an*; viele treiben leuchtend orange aus, werden dann braun, zuletzt graugrün, *elliptisch*, 7 × 5 cm, oder länglich-lanzettlich, *sichelförmig*, 14 × 5 cm, dick, hart, mit drei parallelen Nerven beiderseits der Mittelrippe, *Rand rot*; Stiel dick, runzelig, oben rot, unten gelb, 1,5–2 cm; Blüten zu 9–11 gebüschelt, an gemeinsamem Stiel, 1 cm, gelbgrün in der Knospe, aufgeblüht weiß. Wuchs für einen Eucalyptus nur mäßig rasch, kaum mehr als 1 m jährlich.

Blaugummibaum *Eucalyptus globulus* Labill.

E – Blue Gum   F – Gommier bleu   N – Australische koortsboom

Süd-Australien 1829. Am häufigsten kultivierte Art der Gattung; forstlich angebaut im ganzen Mittelmeergebiet, auch in Portugal. 42 × 6 cm. Parkbaum in Irland.

RINDE: Große, leicht spiralig verlaufende Felder graubrauner Streifen, nach dem Abfasern junge Rinde darunter weiß, hellbraun, kaffeebraun, rosa, graugrün und dunkelbraun.

KRONE: Schmal kegelförmig hoch, auf einem genau drehrunden Stamm; die größten Bäume sind breiter, mit einer kleinen gewölbten Krone über jedem starken Ast; dicht belaubt mit dunklen, hängenden Blättern.

BELAUBUNG: Blatt sichelförmig, dunkel blaugrün, 20–35 × 5–8 cm (Altersform). Die jungen Sämlinge sehen ganz anders aus: Trieb im *Querschnitt quadratisch* und *geflügelt*, hell blaugrün, Blätter stengelumfassend, dünn, blauweiß, länglich-elliptisch, 10–15 cm lang, abstehend, *gegenständig*.

BLÜTEN UND FRUCHT: Blüten einzeln, seltener bis zu drei, fast sitzend, weiß, Juni–November; Frucht umgekehrt stumpf kegelförmig, schwärzlich mit graublauem Reif, 2–3 × 1,5 cm groß.

WUCHS: Sehr rasch, 2–3 m jährlich; 6jährige Bäume können schon 15 × 0,6 m hoch sein, ein 50jähriger Baum in Irland ist 42 × 6 m.

ERKENNUNGSMERKMALE: Typische Kronenform; lange dunkle Blätter und die großen Fruchtkapseln.

Urnen-Eucalyptus *Eucalyptus urnigera* Hook. f.

E – Urn-Fruited Gum

Tasmanien, vor 1860; nur in Irland häufig angepflanzt, selten in Süd-West-England und Süd-West-Schottland. 32 × 2 m. Rinde gestreift mit orange, grau, grün und rahmweiß; Jugendblätter gegenständig, kreisrund, herzförmig, 2 bis 5 cm, intensiv blauweiß; Altersblätter wechselständig, *eiförmig*, 8–15 cm, *dunkelgrün und glänzend*; Blüten zu drei beisammen, gelblichweiß, Februar bis April; Fruchtkapseln *oben urnenförmig eingeschnürt*, 5–6 mm lang.

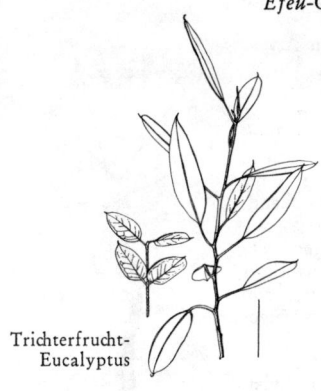

Trichterfrucht-
Eucalyptus

Baumkraftwurz

ERKENNUNGSMERKMALE: Mit Sicherheit nur an den urnenförmigen kleinen Kapselfrüchten, die sehr zahlreich gebildet werden.

Trichterfrucht-Eucalyptus *Eucalyptus coccifera* Hook. f.

E – Funnel-Fruited Gum

Tasmanien 1840. Selten angepflanzt, in England nur im Süden und Süd-Westen, auch in Irland selten. Rinde *ausgeprägt spiralig*, grünlichweiß, grau, rahmgelb und braun; Krone niedrig und breit; Trieb *weiß, rot gefleckt*; Blatt klein, 3,5 × 1,2 cm, eiförmig, *plötzlich kurz zugespitzt*, Stiel hellgelb; Fruchtkapsel schmal trichterförmig, 1 cm lang. – Erkennbar an der spiraligen Rinde, dem gedrehten Stamm, den kleinen Blättern und den schmalen Früchten.

Efeu-Gewächse: *Araliaceae*

Weit verbreitete Familie mit über 500 Arten; bei uns vertreten durch immergrüne Kletterpflanzen und Sträucher, sommergrüne stachelige Sträucher und Bäume, alle mit Blüten in Dolden. Hierzu gehören der Efeu *(Hedera)*, *Fatsia*, *Aralia*, *Acanthopanax*. Nur eine Art hier baumartig.

BAUMKRAFTWURZ *Kalopanax*

Nur eine Art, in Ost-Asien. Stamm mit kurzen, dicken Stacheln; Blätter handförmig gelappt, groß.

Baumkraftwurz *Kalopanax pictus* (Thunb.) Nakai (= *Acanthopanax ricinifolius* Seem.)

E – Prickly Castor-Oil Tree

China, Mandschurei, Korea, Japan. 1865. Ziemlich selten angepflanzt, große Bäume in englischen und schottischen Gärten; kleine Bäume in Deutschland. Winterhart.

RINDE: Mattgrau, mit dicken, purpurgrauen Leisten und Furchen und zahlreichen, großen *Stachelwarzen,* letztere an alten Bäumen kleiner und weniger zahlreich.

KRONE: Breit säulenförmig, locker, mit wenigen Ästen, diese waagerecht, Leittrieb oft übergelehnt; Seitentriebe oft rechtwinklig abstehend und spornförmig, an der Spitze mit langen, scharf zugespitzten Knospen.

BELAUBUNG: Trieb dick, grün, glatt, doch mit hellen, weichspitzigen, breitbasigen Stacheln; ältere Triebe dunkelgrau, querrunzelig; Knospe kegelförmig, 3 bis 4 cm lang, Seitenknospen rechtwinklig abstehend. Blattaustrieb Mitte Mai, entfaltete Blätter erst Ende Mai, dunkelgrün, *hängend* an 10–20 cm langen, rotbraunen, rauhen, behaarten Stielen mit verdickter Basis; Spreite fast kreisrund, 10–25 cm breit, *beim Typ* mit 5–7 *breit dreieckigen, gesägten,* kurz zugespitzten Lappen (bei der var. *maximowiczii* [Vanhoutte] Hara sehr *tief handförmig gelappt,* Einschnitte *bis unter die Blattmitte* oder fast zur Basis gehend, *Lappen lanzettlich*), oben dunkelgrün, unten heller und in der Jugend leicht behaart, Nerven dick.

var. *maximowiczii*

BLÜTEN UND FRUCHT: Blütenstand endständig, 20 cm breit, mit etwa bis zu 30 dünnen, weißen Stielen, jeder an seiner Spitze eine kugelige, 3 cm breite Dolde aus etwa 25 kleinen weißen Blüten tragend, im Spätsommer. Früchte obovoid, 5 mm, schwarz, nach dem Laubfall, bis Ende Dezember, hervortretend.

ERKENNUNGSMERKMALE: Sehr leicht, für beide, an den dickstacheligen Trieben und Zweigen, den fast ahornartigen, großen Blättern und im Spätherbst an den schwarzen Früchten.

Hartriegel-Gewächse: *Cornaceae*

Etwa neunzig Arten, meist strauchig, einschließlich *Aucuba japonica* (der bekannten „Metzgerpalme); die **Kornelkirsche** *(Cornus mas),* mit ihren gelben Blüten im Februar–März, erreicht nur selten Baumgröße und bleibt in der Regel strauchig; deshalb hier nicht besprochen.

HARTRIEGEL *Cornus*
E – Dogwood   F – Cornoullier   N – Cornoelje

Etwa vierzig Arten in der nördlichen gemäßigten Zone. Blüten klein, 4zählig, bei einigen Arten umgeben von 4–6 großen, weißen oder rosa Brakteen. Frucht eine Beere.

Pagoden-Hartriegel *Cornus controversa* Hemsl.

E – Table Dogwood

Japan, China und Himalaja, vor 1880. Nicht sehr häufig angepflanzt, aber doch bei uns in großen Parks und Gärten (Bot. Gart. Dortmund mehrere alte Bäume, 8 × 1 m). Bemerkenswert und leicht erkennbar an ihrer *in waagerechten Lagen* angeordneten Bezweigung, in getrennten Etagen übereinander, Rinde glatt, grau, mit kurzen, feinen anfangs rosa Rissen, zuletzt mit breiten Leisten. Trieb dunkelrot; Blätter *wechselständig,* ziemlich hängend, glänzend, frisch dunkelgrün, an jeder Seite mit 6–9 deutlichen, fast parallelen Nerven, eiförmig, plötzlich kurz zugespitzt, Rand wellig, 9–13 × 7 cm, unterseits heller und weich behaart; Stiel 4 cm, oben rot, unten weiß; *Blüten weiß,* 1 cm, in *schirmförmigen,* 5–10 cm breiten Ständen, Stiele dick, grün, behaart, Mitte Juni senkrecht auf den waagerechten Etagen stehend.

'V a r i e g a t a'. Seltene Form, aber durchaus in Kultur, so in Gärten in Holland, Belgien, Frankreich und an den oberitalienischen Seen, meist nicht über 5 m; der größte und schönste Baum hiervon steht im Dunloe Castle Park, bei Killarney, Irland, etwa 10 m hoch und breit. Blätter schmal lanzettlich, etwas gedreht, 4 cm, mit *breitem rahmweißem Rand.*

Erdbeer-Hartriegel   *Cornus capitata* Wall. (= *Benthamia fragifera* Lindl.)

E – Bentham's Cornel

Himalaja und China 1825. Gärten an der Küste Süd-Englands, in Irland und an den oberitalienischen Seen; in D ∧∧∧. Halbimmergrüner, breiter Baum, bis 14 m, mit graubrauner, leicht schuppiger Rinde, weißlichgrünen Trieben, *gegenständigen,* weich lederigen, länglich-lanzettlichen Blättern, an der Spitze plötzlich verschmälert, Rand wellig und entfernt-undeutlich gezähnt, oben *mattgrün, unten bläulich, auf beiden Seiten fein behaart.* Brakteen *hellgelb,* an aufrechten Stielen Ende Juni; *Frucht* zunächst hellgrün, reif *dunkelrot* und *wie eine Erdbeere,* innen gelblich, Geschmack fade, 2,5 cm dick, flach kugelig, Stiel 3 cm.

Nuttalls Blüten-Hartriegel   *Cornus nuttallii* Audub.

E – Nuttall's Dogwood

Nord-Amerika; Brit. Kolumbien bis Süd-Kalifornien. Wenig häufig und nur sehr selten echt in den Gärten. 10 × 1 m, Baum mit gerade durchgehendem Stamm und kurzen, ansteigenden, später mehr waagerechten dünnen Ästen und Zweigen, *breit säulenförmig* und lockerkronig; Blütenköpfe schon im Herbst ausgebildet und an den Triebspitzen, bis 1 cm breit und flachkugelig; Blatt eiförmig bis obovat, keilförmig, 7–12 × 4–7 cm, beiderseits kurz behaart, unten bläulich; Blüten winzig, in dichten, bis 2 cm breiten, fast schwarzen Köpfchen, umgeben von *sechs eiförmigen oder obovaten, spitzen,* 4 × 4 cm großen *Brakteen,* diese weiß oder rahmweiß, zuletzt leicht rosa getönt, Mai, einige schon im Oktober. Ganz winterhart; sehr schwer verpflanzbar.

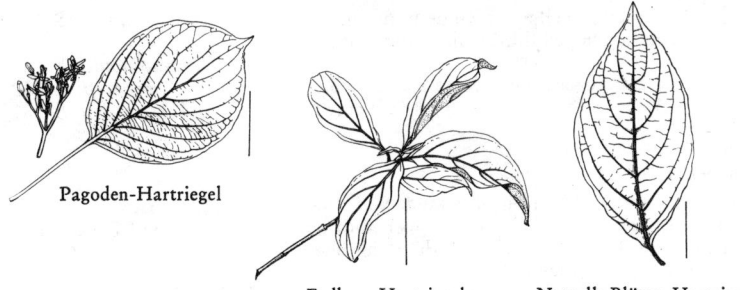

Pagoden-Hartriegel

Erdbeer-Hartriegel   Nuttalls Blüten-Hartriegel

Heidekraut-Gewächse: *Ericaceae*

Eine Familie mit über 1500 Arten in 70 Gattungen; hierzu gehören auch die Gattungen *Rhododendron, Pieris* und *Vaccinium;* nur zwei Gattungen werden bei uns baumartig.

SAUERBAUM *Oxydendrum*
E – Sorrel-Tree

Einzige Art; in Nord-Amerika. Weiße Blüten in endständigen Rispen im Herbst.

Sauerbaum *Oxydendrum arboreum* (L.) DC.

Südöstl. USA 1752. Selten, aber doch in großen Gärten, auch in Deutschland, aber hier nur kleiner Baum. Ganz winterhart. 16 × 1,3 m. Sehr großer Baum in Wisley Gardens. Rinde grau, anfangs mit einem orangebraunen Netz feiner Risse, später ganz grau und mit dicken Leisten. Krone hoch – doch flach gewölbt, am breitesten nahe dem Gipfel, Äste ansteigend von dem sehr geraden Stamm; Triebe glatt, rotbraun; Blätter sommergrün, wechselständig, elliptisch-länglich, keilförmig, 10–15 × 5 cm, fein gesägt, oben glänzend dunkelgrün, unten ganz glatt, graugrün, *nur die weiße Mittelrippe sichtbar,* Stiel rosa und weiß, 1,5 cm; *Herbstfärbung scharlach bis dunkelrot, wenn die weißen Blüten noch am Baum sind.* Blüten erscheinen vom vierten bis fünften Jahr Ende Juli bis Oktober, klein, elfenbeinweiß, hängend, urnenförmig, in schlanken, bis 25 cm langen Rispen, mit 6 oder mehr weißen Ästen, jeder 10–15 cm lang. Während der Blütezeit, zusammen mit der dunkelroten Herbstfärbung, einmalig schön. Ohne Blüten etwas ähnlich *Nyssa* (S. 373), aber Blätter gesägt und Zweigstellung verschieden.

ERDBEERBAUM *Arbutus*
E – Strawberry Tree   F – Arbousier   N – Aardbeiboom

Etwa zwölf Arten in Nord- und Mittel-Amerika sowie im Mittelmeergebiet. Frucht fast kugelig, beerenartig, mit mehligem Fleisch.

Schlüssel zu den Arbutus-Arten

1. Altersblätter gesägt   2
   Altersblätter ganzrandig   3
2. Blatt 6 cm, unten hellgrün; Rinde braun und grau   *A. unedo*, S. 380
   Blatt 9 cm, unten gelblich-bläulich, Rinde dunkelrot

                                                      A. × *andrachnoides*, S. 381
3. Knospe 1 cm, kegelförmig; Blatt bis 12 × 5 cm   *A. menziesii*, S. 382
   Knospe 3 mm, eiförmig; Blatt bis 8 × 4 cm   *A. andrachne*, S. 381

Erdbeerbaum *Arbutus unedo* L.   37

Von Süd-West-Irland, Süd-England, Süd-West-Frankreich bis nach Kleinasien im genannten Gebiet beheimatet, aber auch häufig in Gärten und Parks angepflanzt. In D ∧∧∧, aber doch wohl überall in den Botanischen Gärten zu sehen. 10 × 1,2 m.

RINDE: Anfangs dunkelrot, *später graubraun, rissig und schuppig.*

KRONE: Auf sehr kurzem Stamm, meist dicht und rund; Trieb rot, drüsig und lang behaart; Knospe sehr klein, nur 1–2 mm.

BELAUBUNG: Blatt immergrün, elliptisch-länglich, 5–10 cm lang, spitz, *gesägt,* oben stark glänzend, unten heller mit weißer Mittelrippe, Stiel 5–7 mm.

BLÜTEN UND FRUCHT: Blüten weiß bis hellrosa, verstreut behaart, Rand der Krone grünlich, Staubbeutel braun, 8 × 8 mm, zu etwa 15–20 Blüten in endständigen, 5 cm langen Rispen, *Oktober–Dezember,* stets nur einige Blüten gleichzeitig geöffnet, zugleich mit den reifenden Früchten vom Vorjahr, letztere flachkugelig, zuerst gelb, später dunkelscharlachrot mit grauen Papillen 1,8 × 1,5 cm, eßbar, jedoch nicht schmackhaft *(unedo* bedeutet „ich esse nur eine").

ÄHNLICHE ART: Gesägte Blätter hat nur noch *A.* × *andrachnoides,* jedoch hier Rinde orange oder rot.

Zyprischer Erdbeerbaum   *Arbutus andrachne* L.

E – Cyprus Strawberry Tree

Östl. Mittelmeergebiet 1724. Sehr selten außerhalb seiner Heimat; in Süd-England 12 × 1,8 m. *Rinde rotbraun, abblätternd,* junge Rinde darunter rötlichgelb, an den oberen Ästen *gelbgrün;* junge Triebe gelbgrün, später braun, fein drüsig behaart; *Blatt ganzrandig,* obovat, 5–10 cm lang, 4–5 cm breit, stumpf, Basis etwas schief keilförmig, oben dunkelgrün, glänzend, kahl, deutliche weiße Mittelrippe, unten heller, etwas bläulich, Rand oft fein gewimpert, derb lederartig. Blüten weiß, in 10 cm langen, aufrechten, 10 cm langen Rispen, März bis April; Früchte kugelig, 1–1,5 cm dick, fein warzig-körnig, orangerot. – Sämlinge haben zuerst gesägte Blätter. D ∧∧∧

Hybrid-Erdbeerbaum   *Arbutus* × *andrachnoides* Link (= *A. hybrida* Ker-Gawler)

Eine Naturhybride zwischen *A. andrachne* und *A. unedo,* in Griechenland wild vorkommend, aber auch in Fulham (England) um 1800 erzeugt. In Gärten Englands und Schottlands, wenig häufig. 13 × 1 m. Im Aussehen zwischen den Eltern, mitunter dem einen oder anderen Elter im Aussehen etwas ähnlicher. *Rinde tief rubinrot* oder mehr orangerot, schwärzlich abschuppend; Blätter eiförmig bis lanzettlich, spitz, 4–10 cm lang, allmählich zur Basis schmäler werdend; Blätter scharf gesägt, Zähne nach vorn gerichtet, unten heller oder gelblichgrün und matt; Blüten krugförmig, elfenbeinweiß, in endständigen, 7 cm langen Rispen, etwas hängend und beblättert, im Herbst oder Frühjahr; Früchte etwa 1,5 cm dick, aber nur selten ausgebildet, glatter als bei *A. unedo.* D ∧∧∧

Sauerbaum   Zyprischer Erdbeerbaum   Hybrid-Erdbeerbaum

Madroña   *Arbutus menziesii* Pursh   **37**

E – Madrona   F – Madrono   N – Madrona

Nord-Amerika; Britisch Kolumbien bis Kalifornien 1827. In europäischen Gärten nur selten, doch in Schottland häufiger angepflanzt. 19 × 3 m. Baum mit *hoher, eiförmiger, lockerer Krone,* Äste bogig ansteigend; Stamm dick, *Rinde an der Basis dunkelpurpurn* und fein gefeldert, darüber mehr streifig oder auch *ganz glatt und gelbrosa; Äste rot, abblätternd*; junge Bäume orange, glatt; junge Triebe hellgrün, im 2. Jahr orange; Blätter immergrün, ziemlich locker an den Zweigen verteilt, ausgenommen an der Spitze, immergrün, *leder-artig,* elliptisch oder ei-länglich, *ganzrandig,* 5–12 × 5–7,5 cm, schlaff, oft etwas gedreht, oben frischgrün und glänzend, *unten blaugrün* bis bläulichweiß, Stiel fleischig, 2–2,5 cm, oben rot, unten grün; Blüte Ende April–Mitte Mai, in *auf-rechten, pyramidalen,* 7–20 cm langen *Rispen,* weiß; Früchte klein, 1 cm, orangerot. D ∧ ∧ ∧

Ebenholz-Gewächse: *Ebenaceae*

Eine vor allem tropische Familie mit dreihundert Arten, von denen nur drei hier zu nennen sind.

DATTELPFLAUME   *Diospyros*

E – Persimmon   F – Plaqueminier   N – Dadelpruim

Etwa zweihundert Arten, meist tropisch und immergrün, einige wenige sommer-grün; zweihäusig oder einhäusig; ♀ einzeln stehend, ♂ in Büscheln zu 3; Frucht eine große, saftige Beere.

Dattelpflaume   *Diospyros lotus* L.

E – Date-Plum   F – Plaqueminier faux-lotier   N – Dadelpruim

China und Japan bis West-Asien 1597. Wenig häufig in den Gärten, aber doch in Sammlungen, 13 × 1 m. Rinde schwärzlich oder dunkelgrau, dick und klein gefeldert; Krone dunkel, gewölbt, oft schon unten gegabelt. Triebe grün oder hellbraun, kahl; Knospe angedrückt, klein, spitz, gelb und grün; Blatt junger Bäume eilänglich, breit keilförmig, meist 10 × 4,5 cm, gelegentlich größer, ganzrandig und wellig, *oben stark glänzend,* dunkelgrün mit vertieften Ner-ven, unten etwas bläulich, Nerven behaart; *Stiel 1 cm,* behaart; an sehr alten Bäumen Blätter kleiner, breiter, etwas runzelig, mehr gelbgrün, rosa gerandet.

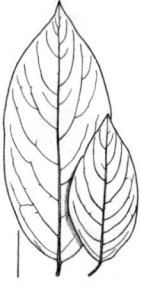 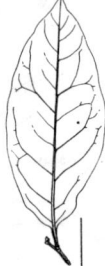 

Dattelpflaume   Persimone   Japanischer Storaxbaum

Blüten zweihäusig; bei den ♂ Bäumen Blüten zu 1–3 in den Blattachseln; ♀ Blüten etwas größer, einzeln in Reihen hängend, *beide urnenförmig*, rahmweiß und rötlich, *5–8 mm* lang, Juli; Frucht kugelig, 1–2 cm dick, gelb oder purpur, herb.

Persimone *Diospyros virginiana* L.

E – Persimmon   F – Plaqueminier de Virginie

Östliche und mittlere USA, vor 1629. Gelegentlich in Parks und Sammlungen und sehr ähnlich D. *lotus*, aber *Blattstiel länger, 1,5–2 cm, Blüten größer, 1 bis 1,5 cm*, grünlichgelb; *Blätter* schon an einem einzigen Trieb *sehr veränderlich*, von 1 cm und elliptisch bis zu 20 cm und eilänglich, die kleineren Blätter meist an der Triebbasis, aber auch an der Spitze, zwischen den anderen stehend, oben stark glänzend, unten meist heller und zuletzt kahl; Austrieb hellgelb. Früchte 2–3,5 cm breit, gelblich bis orange, eßbar.

Kakipflaume *Diospyros kaki* L. f.

E – Kaki Plum   F – Kaki   N – Kakipruim

Japan, China. Baum rundkronig, gewölbt, bis 14 m, Stamm mit grob gefelderter Rinde; junge Triebe zuerst mehr oder weniger behaart, zuletzt kahl; Blätter elliptisch-eiförmig bis mehr länglich, 6–18 cm lang, Basis breit keilig, oben glänzend dunkelgrün, unten bläulich und behaart, später kahler werdend, Stiel 1–1,5 cm lang; Blüten gelblichweiß, die ♂ zu dritt, etwa 1 cm lang, mit 16 bis 24 Staubfäden, die ♀ 1,5–1,8 cm lang, Griffel behaart, Juni. *Frucht wie eine große flache Tomate, aber orangerot*, 4–7 cm breit, sehr süß und schmackhaft, reif im Oktober. – In Deutschland im Weinklima gelegentlich angepflanzt und winterhart, aber nur selten gut fruchtend. Im Mittelmeerraum und wärmeren Gebieten Frankreichs wichtiger Obstbaum und viel angepflanzt. D ∧∧

ERKENNUNGSMERKMALE: Alle *Diospyros*-Arten sind gut erkennbar an ihrer grob gefelderten Rinde, den dunkelgrünen, wellenrandigen und stark glänzenden Blättern, zur Blütezeit an den urnenförmigen Blüten.

Storax-Gewächse: *Styracaceae*

Etwa einhundert Arten in Nord- und Süd-Amerika, Mittelmeergebiet und Ost-Asien. Nur drei winterharte Arten erreichen Baumgröße.

STORAXBAUM *Styrax*

Etwa einhundert Arten in den nördlichen warm-gemäßigten Regionen und in den Tropen. Blüten weiß, Frucht eine fleischige Steinfrucht.

Japanischer Storaxbaum *Styrax japonicus* S. & Z.

E – Snowbell Tree   N – Storaxboom

China und Japan 1862. Nicht sehr häufig, aber doch in alten Gärten und Parks zu sehen und winterhart, bei uns aber kaum über 5–6 m (11 × 1 m). – Krone dicht und rund, die unteren Äste waagerecht, die anderen in flachem Bogen ausgebreitet; junge Rinde graubraun; ältere Bäume matt grau, mit breiten Leisten zwischen orangefarbenen Rissen. Trieb dünn, hin- und hergebogen, purpurbraun, etwas behaart und schwarz punktiert, Blätter wechselständig, spitz eiförmig, breit keilig, 6–8 cm, Rand wellig und mit wenigen, entfernt stehenden flachen Zähnen, zuerst sternhaarig (Linse!), später kahl werdend, bis auf Achselbärte auf der Unterseite, meist etwas löffelförmig vertieft; Stiel 2 bis 6 mm, hell gelbgrün und sternhaarig. *Blüten weiß, glockig,* mit fünf (vier) eiförmigen, 12 mm langen Petalen, *in Büscheln zu drei oder vier* hängend, an 2–4 cm langen, dünnen Stielen, locker in der ganzen Krone verteilt und sehr reichblühend; Staubfäden zusammenstehend, orange; Juni–Juli; Frucht eirund, graugrün, 1,4 cm lang, kahl.

Obassia-Storaxbaum   *Styrax obassia* S. & Z.

E – Big-Leaf Storax

Japan 1879. Bei uns in großen Parks und Gärten, doch selten; ganz winterhart und auch bei uns baumartig, 14 m. Baum mit lockerer, aufrechter Krone, Rinde grau; Blätter rundlich bis breit eirund, bis 15 × 15 cm, plötzlich kurz zugespitzt, oben nach der Spitze *an jeder Seite mit drei großen, dreieckigen Zähnen,* die übrigen, kleineren Zähne mit kurzen Grannenspitzen; an älteren Bäumen Blätter *meist rund,* hellgrün, dicht *sternhaarig* und bläulich auf der Unterseite, 10 × 10 cm, Stiel dick, 2 cm, die Knospe umschließend; Blüten weiß, 2–3 cm breit, zu 20–25 beisammen in hellgrünen, *10–20 cm langen, hängenden Trauben,* Mai–Juni. Frucht eiförmig, 2 cm lang, dicht braunwollig.

Hemsleys Storaxbaum   *Styrax hemsleyanus* Diels

E – Hemsley's Storax

China 1900. Ähnlich *S. obassia,* aber hell orange Knospen, Blätter eiförmig bis obovat, 15 × 10 cm, mit kleinen, entfernt stehenden, drüsigen Zähnen und *Blüten in zwei 3–5 cm langen Trauben,* davon die eine Traube endständig, die andere in der nächsten Blattachsel, jede mit 4–8 einseitswendigen Blüten. Selten in den Gärten, hauptsächlich im Süden Englands. 12 m.

MAIGLÖCKCHENBAUM   *Halesia*

Drei Arten in Nord-Ost-Amerika und eine in Ost-China. Blüten weiß; Frucht geflügelt.

Berg-Maiglöckchenbaum   *Halesia monticola* (Rehd.) Sarg.

E – Snopdrop-Tree

Südöstl. USA 1897. In neuerer Zeit zunehmend angepflanzt; Wuchs baumartig und einstämmig. 14 × 1 m. Winterhart. Baum in seiner Heimat bis 25 m hoch, *Krone breit kegelförmig,* Stamm etwas übergelehnt, Äste weit ausladend. Triebe graubraun, Knospen purpurn; Blätter wechselständig, eilänglich, spitz,

Obassia-Storaxbaum   Hemsleys Storaxbaum   Berg-Maiglöckchenbaum

kaum verschieden von *H. carolina,* fein gesägt, 15 × 6 cm, Nerven oben stark vertieft, unten behaart, Stiel gerieft, behaart, grün; Blüten weiß, Knospen zartrosa, meist zu dritt beisammen Ende Mai, *Krone ziemlich glockig, 3 cm lang,* Mai, in guten Jahren reichblühend; *Frucht 4 cm lang,* 4flügelig, *jeder Flügel 1 cm breit,* zuletzt braun.

Carolina-Maiglöckchenbaum *Halesia carolina* L. (= *H. tetraptera* Ellis)

E – Carolina Snowdrop-Tree

Bei uns nur kleiner Baum, selten über 6 m hoch, meist hoher, breiter Strauch, Zweige breit abstehend, in der Jugend sternhaarig; Blüten vor den Blättern, April–Mai, weiß, zu 2–5 beisammen, überaus zahlreich an den Zweigen, *Blütenkrone nur 1–1,5 cm* lang; Herbstfärbung der Blätter gelb. *Früchte* 4flügelig, *2–3,5 cm* lang. Sehr häufig in Parks und Gärten.

Ölbaum-Gewächse: *Oleaceae*

Große, weit verbreitete Familie mit etwa vierhundert Arten, meist mit gegenständigen Blättern. Die Arten vieler Gattungen dieser Familie sind Sträucher, so unter anderem Flieder, Liguster, Forsythien, Osmanthus und der echte Jasmin.

ESCHE *Fraxinus*
E – Ash   F – Frêne   N – Es

Etwa 65 Arten in der nördlichen Halbkugel, nach Süden bis Mexiko und Java. Mittelgroße oder auch hohe Bäume, viele von ihnen mit Blüten ohne Blütenblätter und windbestäubt, alle mit gegenständigen, gefiederten Blättern und Flügelfrüchten.

Manna-Esche oder Blüten-Esche *Fraxinus ornus* L.   **38**

E – Manna Ash   F – Frêne à fleurs   N – Pluimes

Süd-Europa, West-Asien, vor 1700. Überall anzutreffen in Parks und Anlagen, auch als Straßenbaum. Forstlich angepflanzt in H, I, R und YU. 24 × 3 m. Rinde *dunkelgrau,* àber auch schwarz, *ganz glatt* (soweit nicht auf *Fraxinus excelsior* hochstämmig veredelt und dann mit gefurchter Rinde!). Krone halbkugelig oder flach, selten mehr aufrecht; *Äste bogenförmig.* Trieb olivgrün, weiß punktiert; Knospe stumpf und gewölbt, wie kleine Bischofsmützen aussehend, mit zwei dunkelbraunen äußeren und zwei *hellbraunen, dicht grau behaarten Schuppen;* Blatt gefiedert, 15–25 cm, mit 5–9 Blättchen an dünner Spindel, an den Knoten behaart; *Blättchen mit 1,5 cm langem Stiel,* bis 7 × 3 cm länglich-eiförmig, das Endblättchen obovat, in der oberen Hälfte undeutlich gesägt, plötzlich zugespitzt, unterseits heller und *beiderseits der weißen Nerven braun oder weiß behaart;* Blüten duftend, weiß, Ende Mai, in endständigen, 15 × 15 cm großen Rispen; Petalen ganz schmal, 6 mm lang; *Frucht schmal länglich,* 2–2,5 cm lang, an der Spitze ausgerandet.

Chinesische Blüten-Esche *Fraxinus mariesii* Hook. f.

E – Chinese Flowering Ash

Mittel-China 1878. Weniger häufig in den Gärten. Ähnlich *F. ornus,* aber mit nur 3–5 fast *sitzenden Blättchen,* die *Stiele* der Blättchen *purpurn,* Früchte dunkel purpurrot im Sommer, Blütenrispen kleiner, lockerer, Petalen linealisch, Antheren rosa. 6 × 1 m.

Gemeine Esche   *Fraxinus excelsior* L.   **38**

E – Common Ash   F – Frêne commun   N – Gewone es

Heimischer Baum, Europa bis Kleinasien; überall häufig auf nahrhaften und feuchten Böden, weniger auf Sandböden. Forstlich angebaut in A, D, NL, R und SU. 45 × 6 m.

RINDE: An jungen Bäumen hellgrau und ganz glatt, bei alten Bäumen mit breiten Furchen und Leisten.

KRONE: Hoch gewölbt, offen, Äste steil ansteigend, spitzwinklig vom langen Stamm abgehend.

BELAUBUNG: Trieb dick, graugrün mit weißen Lentizellen, an den Knoten stark zusammengedrückt; *Knospen* kurz und dick, kantig, *schwarz*; Blätter gegenständig, gefiedert, 20–30 cm lang, mit 9–13 Blättchen, Endblättchen am größten und mit 2 cm langem Stiel, die seitlichen 2-mm-Stiel; eilänglich bis lanzettlich, 5–10 cm lang, zugespitzt, gesägt, oben matt dunkelgrün, unten etwas heller und kahl, jedoch längs der *Mittelrippe fein weiß behaart; Austrieb* bei den meisten Pflanzen *grün, bei anderen jedoch purpurn;* Herbstlaub gelb.

BLÜTEN UND FRUCHT: Blüten polygam, d. h. manche Bäume rein ♂ oder rein ♀ oder mit einzelnen Zweigen des anderen Geschlechts oder sogar mit zwittrigen Blüten; ♂ Blüten in dichten kugeligen Büscheln entlang der vorjährigen Triebe, rötlich, im Aufblühen dunkelrot, bald gelb mit dünnen Staubbeuteln, vor dem Laubaustrieb Anfang April; ♀ Blüten ähnlich aussehend, erst purpurn, dann hellgrün; Früchte oblanzettlich, geflügelt, 4 × 1 cm, an der Spitze flach oder ungleich eingeschnitten, mit einem kleinen Dorn in der Mitte, alle paar Jahre überreich fruchtend, in den anderen weit weniger. – Von den vielen Gartenformen sind folgende besonders häufig angepflanzt:

'A u r e a', **Gold-Esche.** *Sehr schwachwüchsiger* Baum, junge Triebe mit *gelber Rinde, niemals gestreift;* Blätter zuerst gelbgrün, später gelb. – Nur selten echt in den Gärten, meist mit 'Jaspidea' verwechselt.

'J a s p i d e a'. Dies ist die gewöhnlich in Parks und Anlagen angepflanzte Esche mit *gelben, oft hellgrün gestreiften Trieben* und zuerst grünen, später gelben Blättern. *Sehr starkwüchsig,* wie normale Esche. Großer Baum auf der Mainau.

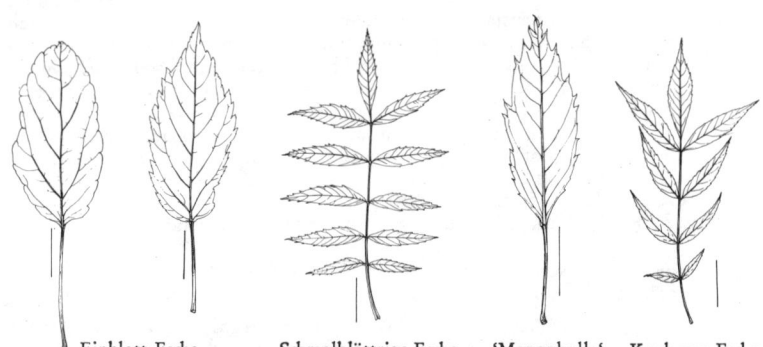

Einblatt-Esche   Schmalblättrige Esche   'Monophylla'   Kaukasus-Esche

'D i v e r s i f o l i a'. **Einblatt-Esche** (= 'Heterophylla', 'Monophylla'). Schmalkroniger Baum, in Parks. 26 × 4 m. Krone locker, *Blätter einfach* (also nicht gefiedert!) mitunter auch dreizählig, eiförmig, tief und scharf gesägt, die seitlichen *Fiederblätter viel kleiner als das mittlere.* – Diese Esche *auch als hängezweigige Form vorkommend,* 'Heterophylla Pendula', häufig auf Friedhöfen oder als Laube.

'P e n d u l a'. **Hänge-Esche.** Äste und Zweige in weitem Bogen überhängend, *Blätter normal gefiedert;* meist hochstämmig veredelt.

'W e s t h o f' s G l o r i e'. Heute in Deutschland und Holland *meist angepflanzte* Eschen-Selektion aus Holland, Wuchs stark, Leittrieb stets gut durchwachsend; junge Triebe grasgrün, glatt, Lentizellen dunkel; Austrieb dunkelviolettbraun, sehr spät. *Einjährige Veredlungen straff aufrecht und unverzweigt* (bei der anderen Selektion 'Doorenbos' stark verzweigt, Austrieb hellbraun). 1947.

Schmalblättrige Esche *Fraxinus angustifolia* Vahl

E – Narrow-Leafed Ash

Süd-Europa, Nord-Afrika, West-Asien 1800. In alten Parks. 23 × 2 m. Rinde dunkelgrau, im Alter mit einem dichten Netzwerk feiner Risse und Leisten, später Stamm oft auch knorrig. Krone hoch und unregelmäßig, sehr dicht belaubt, Äste teils aufrecht gehend, teils weit ausladend und dann an den Spitzen wieder ansteigend; Triebe dünn, kurz, hängend, olivbraun oder mehr grün, *Knospen dunkel purpurbraun,* die äußeren Schuppen behaart, die inneren gelbbraun, doch *grau behaart;* Blatt schlanker als das der Gemeinen Esche, 15–20 cm lang, mit 7–13 schlanken, lanzettlichen, 3–8 cm langen Blättchen, 1–2 cm breit, lang zugespitzt, Basis keilförmig, entfernt und scharf gesägt, oben dunkelgrün, *unten heller und kahl;* Blätter oft hängend. Früchte elliptisch-länglich bis oblanzettlich, 3–4 cm.

'M o n o p h y l l a' (= 'Veltheimii'). Ähnlich der Einblättrigen Esche; auch hier *Blätter einfach,* an der Zweigbasis oft mit 2 kleinen seitlichen Lappen oder dreizählig; 5–12 cm lang, lanzettlich, grob gesägt; *unterseits ganz kahl; Rinde ganz rauh und dunkel.*

Kaukasus-Esche *Fraxinus oxycarpa* Willd.

E – Caucasian Ash

Süd-Europa, Kaukasus bis Persien 1815. 15 × 8 m. Ähnlich *F. angustifolia* aber *Rinde nahezu ganz glatt, hellgrau* und *hochglänzende,* grüne, etwas *löffelförmig vertiefte Blättchen,* auf der Unterseite *an der Basis der Mittelrippe behaart.*

Weiß-Esche *Fraxinus americana* L.

E – White Ash   F – Frêne blanc   N – Amerikaanse es

Östl. Nord-Amerika 1724. Gelegentlich in Parks und großen Anlagen. 26 × 2,3 m. Forstlicher Versuchsanbau in BG, D und YU. Rinde meistens fein und tief rissig und zerteilt in sehr kleine, kurze, graue Leisten, mitunter aber auch mit breiten Leisten wie beim Walnußbaum. Krone hoch gewölbt, offen, fast pappelartig (nicht wie die Pyramidenpappel!), *Triebe gerade und dünn,* glatt, glänzend bräunlichgrün oder nur grün oder braun. *Knospen klein, hellbraun,* kegelförmig. Blatt groß, 15–30 cm lang, schwer, oft hängend, mit 7 Blättchen, alle *mit 1–1,5 cm langem Stiel;* Spindel dreh-rund, weißlich; Blättchen obovat, lang zugespitzt, keilförmig, bis 15 × 7 cm, das Endblättchen 4 cm

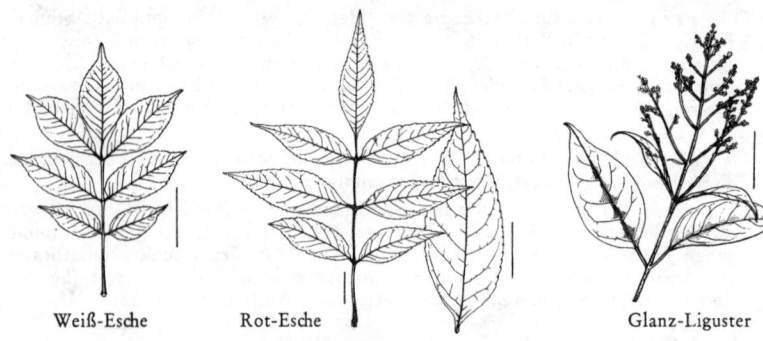

Weiß-Esche　　　　Rot-Esche　　　　　　　　Glanz-Liguster

lang gestielt, die anderen Blättchen plötzlich kurz zugespitzt, alle ganzrandig oder undeutlich oder auch scharf gesägt oder gekerbt, oben etwas glänzend, *unten silbriggrün, kahl* oder längs den weißen Nerven behaart. Blüten und Früchte sehr ähnlich denen der heimischen Esche.
ÄHNLICHE ARTEN: *F. pensylvanica* (nachfolgend) und *F. excelsior* (S. 386). Eine sehr veränderliche Art.

Rot-Esche *Fraxinus pensylvanica* Marsh.
E — Red Ash　　　F – Frêne rouge d'Amérique
N – Amerikaanse rode es
Östl. Nord-Amerika 1783. Ziemlich selten, nur in Sammlungen. Von *F. americana* abweichend durch die *behaarten Triebe,* Blattstiele und *Blattunterseiten,* die *ebenfalls grün* (nicht weißgrün) sind; Rinde rötlichgrau. Die dichte, dunkle Behaarung der Blättchenstiele greift auch stellenweise auf die Spindel über.

var. *lanceolata* (Borkh.) Sarg. **Grün-Esche**
E – Green Ash
Kommt mit dem Typ zugleich vor, aber unterschieden durch dicke, hellgrüne, kahle Triebe und dichte, schwere Belaubung mit dunkelgrünen, 22 cm langen Blättern, mit schlanken, lang zugespitzten Blättchen an nur 1 mm langen Stielchen.

LIGUSTER　*Ligustrum*
E – Privet　　F – Troène　　N – Ligustrum
Etwa fünfzig Arten, hauptsächlich in Ost-Asien, eine in Europa und Nord-Afrika. Meist immergrüne Sträucher oder kleine Bäume mit duftenden, weißen Blüten, in dichten, kegelförmigen Rispen.

Glanz-Liguster　*Ligustrum lucidum* Ait.　　　　　　　　　　**40**
E – Glossy Privet
China, Korea, Japan 1794. In den mildesten Gebieten Europas und im ganzen Mittelmeerraum, sehr oft angepflanzter Baum vieler Gärten, auch Straßenbaum. 12 × 1 m. D ∧∧∧. – Sehr schöner immergrüner Baum mit eiförmiger oder mehr halbkugeliger Krone und großen, tiefgrünen, dicken, hochglänzenden Blättern; Äste strahlig abgehend, Triebe fein und gerade; Rinde glatt, mattgrau, bräunlich gestreift. Blätter gegenständig, spitz eiförmig, ganzrandig,

10 × 5 cm, unterseits hellgrün und matt, nur die Mittelrippe sichtbar; zur Blütezeit die Belaubung durch die Blüten oft zum großen Teil verdeckt, Rispen 8–15 × 3 cm, breit kegelförmig, die sehr kleinen Blüten rahmweiß aufblühend und stark duftend, von August bis Januar, nach dem Verblühen schon die neuen Knospen und Rispen sichtbar, hellgrün bleibend bis Juli.

STEINLINDE *Phillyrea*

E – Phillyrea   F – Filaria

(Die deutsche Bezeichnung ist sehr irreführend, denn die Pflanze hat nichts mit einer Linde zu tun.) Vier Arten im Mittelmeerraum; immergrün, Blätter gegenständig, weiß.

Breitblättrige
Steinlinde

Breitblättrige Steinlinde *Phillyrea latifolia* L.   **40**

Süd-Europa, Kleinasien 1597. Wild häufig vorkommend, mitunter aber auch angepflanzt, so auch in Süd-England, West-Frankreich. D ∧∧∧. In ihrer Heimat bis 9 m hoch, Rinde grau, Krone rund und dicht, Blätter sehr klein, fast schwarz, immergrün; Triebe sehr dünn, graubraun, dicht behaart, Blatt 3–4 × 1,5 cm, lanzettlich, breit keilförmig, gekerbt, oben sehr stark glänzend, Mittelrippe erhaben, unten mattgrün und deutlich genervt; Blüten klein, weißlichgrün, in kleinen, dichten Büscheln, Juni.

Braunwurz-Gewächse: *Scrophulariaceae*

Eine große Familie, hauptsächlich aus Kräutern bestehend (Braunwurz, Fingerhut u. a.), dazu auch eine Baumgattung in China.

PAULOWNIA *Paulownia*

Etwa zehn Arten in China. Blätter groß, gegenständig, langgestielt; Blüten röhrig, in endständiger Rispe.

Paulownie, Blauglockenbaum *Paulownia tomentosa* (Thunb.) Steud.   **39**
(= *P. imperialis* S. & Z.)

E – Paulownia, Foxglove-Tree

China 1838. In Deutschland im Weinbaugebiet (jedoch auch Ausnahmen!) wirklich baumartig und blühend; häufig in den Parks Süd-Europas.

RINDE: *Glatt,* grau an alten Bäumen, an jungen Bäumen oft mehr rötlichgrau, fein gestreift und mit großen orange Lentizellen.

KRONE: Offen und wenig verzweigt, oft schon niedrig gewölbt, meist sehr brüchig, deshalb oft durch Sturm zerbrochen und vom Specht angeschlagen. Triebe hell rötlichbraun, ziemlich dick, mit Lentizellen; *ohne Endknospen;* Seitenknospen über großen Blattnarben stehend, sehr klein, rötlich.

BLÄTTER: *Gegenständig, tief herzförmig,* eiförmig, *lang zugespitzt,* bis 35 × 25 cm, ganzrandig, ausgenommen an sehr jungen Bäumen, die beiderseits nahe der Basis 2–3 große Zähne haben, oben weich behaart und hellgrün, unten dicht behaart und mit erhabenen Nerven; Stiel gelblichrosa, *dicht behaart,* 10–15 cm; Laubfall schon sehr zeitig, ohne Herbstfärbung.

BLÜTEN UND FRUCHT: Blüten in endständigen, aufrechten, 20–30 cm langen Rispen, die dicht braun behaarten Knospen schon *von August ab sichtbar*, aufblühend Ende Mai, vor dem Austrieb der Blätter, blaßviolett bis kräftig purpurblau, schmal glockig, 6 cm lang, nach milden Wintern sehr zahlreich erscheinend, wenn kein Frost während des Aufblühens. *Früchte:* Zu 2–10 in jeder Rispe entwickelt, glänzend weißlichgrün, *eiförmig*, an der Spitze schnabelförmig zusammengezogen, klebrig, 3 × 1,8 cm, an sehr dickem, behaarten, 1,5 cm langem Stiel.

ÄHNLICHE ART: Die Catalpen haben zumeist zu dritt stehende Blätter und sind dadurch schon leicht zu erkennen.

Bignonien-Gewächse: *Bignoniaceae*

Eine große Familie, hauptsächlich in den Tropen und Subtropen verbreitet mit nur wenigen winterharten Arten; dazu gehören die *Catalpa.*

TROMPETENBAUM   *Catalpa*
E – Catalpa   N – Trompetboom

Zehn Arten in Nord-Amerika, West-Indien und Ost-Asien. Blätter groß, gegenständig, oft quirlig; Frucht eine große, lange, dünne Kapsel.

Gewöhnlicher Trompetenbaum   *Catalpa bignonioides* Walt.   **39**

   E – Indian Bean-Tree   F – Catalpa commun   N – Trompetboom

Süd-Ost-USA 1726. Überall in großen Parks und Anlagen zu finden, auch oft als sehr alte Bäume. 18 × 3,4 m.

RINDE: Meist mattrötlich und braun, fein abschuppend, doch bald mehr grau und dann rissig mit breiten Leisten.

KRONE: Niedrig und breit gewölbt auf kurzem, dickem, etwas übergelehntem Stamm.

BELAUBUNG: Trieb ziemlich dick, glatt, graubraun, mit großen Blattnarben; Endknospe fehlend, Seitenknospen sehr klein, orangebraun, über den Blattnarben sitzend; Blätter an kräftigeren Trieben stets in Quirlen zu drei, nur an den schwächeren Trieben gegenständig, eiförmig, *kurz zugespitzt,* leicht herzförmig

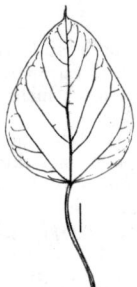
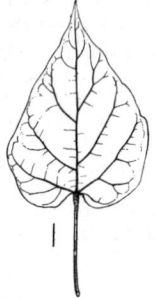

Gewöhnlicher Trompetenbaum   Westlicher Trompetenbaum

oder abgerundet, bis zu 25 × 22 cm, viele aber nur halb so groß; *gerieben unangenehm riechend*, ganzrandig, gewellt, Nerven vertieft, hellgrün, im Austrieb purpurn, aber sehr rasch grün, unten hell, *dicht behaart; Stiel abgeflacht, kahl,* hellgrün, 10–18 cm.

BLÜTEN UND FRUCHT: Blüten in breit kegelförmiger, 15–20 cm hoher Rispe, jede einzelne Blüte etwa 5 cm breit, locker stehend, glockig, Rand gefranst, weiß, gelb und purpurn gefleckt; Frucht eine schlanke, 15–40 cm lange, 6–8 mm dicke Kapsel, während des Winters am Baum bleibend.

WUCHS: Rasch, doch Baum kurzlebig, kaum über 100 Jahre erreichend. Austrieb sehr spät, Juni.

'A u r e a' ist eine Form mit goldgelben Blättern und kupfrigem Austrieb, nur selten blühend.

ÄHNLICHE ARTEN: Etwas schwierig zu unterscheiden von *C. speciosa* (nachfolgend) und von *C.* × *erubescens* (S. 391).

Westlicher Trompetenbaum *Catalpa speciosa* Engelm.

E – Western Catalpa   F – Bois chavanon

Mittlere USA 1880. In großen Gärten und Parks, vor allem auch in Holland, jedoch weniger häufig als *C. bignonioides*. 10 × 1 m. Früher in D auch forstlicher Versuchsanbau.

RINDE: Dunkelgrau, *tief zerrissen in schuppige Leisten.*

KRONE: *Kegelförmig,* ziemlich schmal, mitunter mehr rund, auf geradem Stamm; Äste und Zweige gedreht; dicht.

BELAUBUNG: Trieb grünbraun, Blattnarben erhaben, Mitte vertieft, grau; Blattknospen dunkelrot, flach; Blatt meist sehr tief herzförmig, aber auch rund mitunter, ei-lanzettlich, lederartig, *lang zugespitzt, gerieben ohne Duft,* bis 27 × 23 cm, oben glatt und glänzend dunkelgrün, unten dicht hellbraun behaart; Stiel dick, gelb und rosa, *zuerst fein behaart,* 13–18 cm.

BLÜTEN UND FRUCHT: Blüten in *15 cm langen, sehr lockeren Rispen,* Ende Juni bis Anfang Juli, weiß, mit gelb und einigen purpurnen Flecken, 6 cm breit; Fruchtkapseln 20–45 cm lang, *1,5 cm dick.*

ÄHNLICHE ART: *C. bignonioides* ähnlich, aber geriebene Blätter unangenehm riechend.

Hybrid-Trompetenbaum *Catalpa* × *erubescens* Carr. (= *C.* × *hybrida* 39 Späth)

Um 1874 in Indiana, USA, aus einer Kreuzung von *C. bignonioides* und *C. ovata* erzeugt, aber auch 1898 bei Späth in Berlin. 19 × 2,7 m. In alten Parks. – Nach den Nomenklaturregeln wird der Kreuzung noch ein Cultivarname hinzugefügt; dies ist 'J. C. T e a s', der seinerzeitige Züchter in Indiana. Rinde grau oder *graubraun, tief gefurcht* und mit breiten Leisten. Krone entweder riesig und gewölbt oder auch hoch und kegelförmig. *Blattaustrieb dunkelpurpur;* Blätter breiteiförmig, *oft breiter als lang,* 22 × 27 cm (mitunter noch größer), *fast fünfeckig,* oder die Spitzen der Lappen kurz zugespitzt, sehr dünn, durchscheinend hellgrün, beiderseits entlang der Nerven behaart, doch stärker auf der Unterseite; Stiel 10–15 cm. Blüten spät, Anfang August, klein, weiß, gelb getönt und purpurn gefleckt, stark duftend (wie *Lilium speciosum*), kleiner als bei *C. bignonioides,* doch zahlreicher in der *offenen* 32 × 20 cm großen *Rispe,* die an der Basis breit verzweigt und nach oben dreiästige Quirle hat. Fruchtkapseln bis 40 cm lang, mit tauben Samen, wie „Baumwolle" aussehend.

Gelber Trompetenbaum   *Catalpa ovata* Don

China 1849. Ziemlich selten, nur in Sammlungen und in wenigen Gärten. Schon aus der Entfernung sehr gut erkennbar an den *sehr dunkelgrünen Blättern* und *hellgelben Blüten*, innen mit 2 orange Streifen und violetten Punkten, *Blüten klein*, nur 1,5–2 cm lang, in 10–20 cm hohen, pyramidalen Rispen, Ende Juli; Blätter dreieckig bis fünfeckig, bis 20 × 25 cm, plötzlich zugespitzt, oben mattgrün, unten Nerven behaart und mit *roten Flecken an den Basen* der stärkeren Nerven; *Stiel dunkelrot, derb behaart,* 10–15 cm; junge Blätter matt purpurn, zerrieben *unangenehm riechend;* Fruchtkapseln 20–30 cm lang, 8 mm dick.

Farges Trompetenbaum   *Catalpa fargesii* Bureau

West-China 1900. Nur in einigen Parks und Botanischen Gärten. 18 × 1,5 m. *Schlank aufrechter* Baum, Rinde dunkel rötlichgrau und etwas abschuppend; Triebe *sternhaarig;* Blätter klein (für eine *Catalpa*), 8–14 cm, eiförmig, lang zugespitzt, Basis rund oder leicht herzförmig, an jungen Bäumen dreilappig, derb lederartig, *unten dicht behaart,* ebenso der 8 cm lange Stiel; Blüten zu 7–15 in etwa 15 × 15 cm großen Rispen, Ende Juni, dicht beisammen stehend, die einzelnen *Blüten* etwa 3,5 cm breit, *rosa bis mehr purpurn,* Schlund gelb und purpurn gefleckt. In guten Jahren sehr schön.

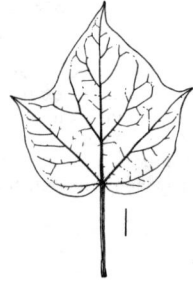 

Gelber Trompetenbaum   Farges Trompetenbaum

Monocotyledoneae, Klasse der Einkeimblättrigen

Stamm von geschlossenen Leitbündeln durchzogen, doch ohne echtes Dickenwachstum dieser Leitbündel; das erste Blatt ist *ein* schmales Keimblatt; Blätter stets wechselständig, meist parallelnervig. Hierzu gehören die Gräser, Lilien, viele bekannte Zwiebelgewächse und die Palmen. Die baumartig werdenden Pflanzen dieser Klasse haben auf der ganzen Länge gleich dicke, oft verzweigte Stämme, entsprechend der Art ihres Wachstums (vgl. S. 23); sie verzweigen sich nur, wenn Blütentriebe entstehen.

Lilien-Gewächse: *Liliaceae*

Große, weit verbreitete Familie mit etwa 2000 Arten, meist Kräuter (hierzu gehören Lilien, Zwiebeln, Spargel und auch *Yucca*).

Cordyline   *Cordyline australis* Hook. f.   **40**

Neuseeland 1823. D ∧∧∧; sehr häufig zu finden in öffentlichen Anlagen, in alten Gärten und Parks, in jedem Botanischen Garten, jedoch nur als Kübelpflanze, die frostfrei überwintert wird. Im Mittelmeergebiet, in Süd- und West-England, Schottland und Irland jedoch im Freiland winterhart und dort baumartig. 10 m. Bei uns in der Regel nur einstämmig, an seiner Basis stark verdickt, nicht biegsam; Blätter sitzend, schwertförmig, dick und lederartig zäh, 60–90 cm lang, 3–8 cm breit, dunkelgrün, mitunter mehr gelblichgrün, mit dicker Mittelrippe, spitz, neue Blätter mehr oder weniger aufrecht stehend, beim Eintrocknen nicht zusammenrollend; ältere Blätter überhängend, zuletzt braun; Blüten weiß, März–Mai, klein, sternförmig, 1 cm breit, duftend, in riesigen, vielzweigigen, pyramidalen Rispen, je nach Alter und Standort des Baumes von 60–120 × 30–60 cm groß. Nach dem Erscheinen der Blüten gabelt sich die Krone. Frucht eine 6 mm dicke, bläulichweiße Beere mit glänzendschwarzen Samen.

ÄHNLICHE ART: *Cordyline indivisa*, ebenfalls oft in Gärten, doch weniger winterhart, hat 70–150 cm lange und 13–15 cm breite Blätter mit roter Mittelrispe; Stamm stets einfach und biegsam.

Palmen-Gewächse: *Palmaceae*

Große, in den Tropen weit verbreitete Familie. Nur zwei von ihnen häufig in den Gärten baumartig, während die in Süd-Europa heimische **Zwergpalme**, *Chamaerops humilis* L. weiter nördlich nur ein Strauch ist.

Hanfpalme   *Trachycarpus fortunei* Wendl.   **40**

E – Chusan Palm

Süd-China 1836. Bei uns überall in großen öffentlichen Gärten, vor allem Kuranlagen, jedoch stets als Kübelpflanze, die frostfrei überwintert werden muß.

D ∧∧∧. Baum mit einem hohen Stamm, bei meist nicht über 6–8 m (weil sonst schlecht zu überwintern). Stamm dicht mit einem Netz harter brauner Fasern aus den Blattscheiden und den Blattstielresten gitterartig bedeckt; Blätter endständig, fächerförmig, 45–80 × 80–120 cm, bis zu 20–25 cm von der Basis in 50–60 lang zugespitzte Strahlen geteilt, jeder in der Mitte nach unten gefaltet, glänzendgrün; Stiel 60–100 cm lang, 2,5 cm breit, oben flach, am Rand mit einer Reihe kleiner, scharfer Dornen. Regelmäßig blühend, Blüten zahlreich, doch sehr klein, gelb, meist in 4 oder mehr großen, hängenden, dicht verzweigten kegelförmigen Rispen, 60 cm lang, mit sehr dickem Stamm. ♂ und ♀ Blüten in getrennten Rispen. Frucht blauschwarz, kugelig, 1–1,5 cm.

Kanarische Dattelpalme   *Phoenix canariensis* Chabaud

E – Canary Date-Palm   F – Palmier des Canaries
N – Kanarische dadelpalm

Kanarische Inseln 1888. Überall im Mittelmeergebiet angepflanzt, in Gärten oder als Straßenbaum; nördlichster Standort im Freiland in der Süd-Schweiz. In Deutschland nur Kübelpflanze, aber ebenfalls in wohl allen Kuranlagen und großen öffentlichen Gärten; Überwinterung muß frostfrei geschehen. Stamm walzenförmig, wenig hoch, Rinde hellgrau, fein ringförmig, gefurcht; Blätter alle endständig, gefiedert, schmal, 3–6 m lang, mit zahlreichen, nicht sehr stark gefalteten Fiederblättchen, tiefgrün; Blüten zweihäusig (also ♂ und ♀ Pflanzen), die Blütenkolben zwischen den Blattstielen erscheinend, klein, gelb; Frucht eine kleine Dattel, eßbar, doch wenig fleischig. D ∧∧∧.

Erklärung der botanischen Fachausdrücke

Soweit möglich, sind überall deutsche Ausdrücke verwendet worden, die zunächst ohne weiteres verständlich erscheinen, aber doch eine genau umrissene Bedeutung haben. So ist z. B. ein „Blättchen" nicht etwa ein kleines Blatt, sondern ein Teil eines gefiederten Blattes; ein gesägter und ein gezähnter Blattrand sind zwei verschiedene Dinge. Aus diesem Grunde sollte man die nachfolgenden Erläuterungen genau lesen!

Die Ausdrücke sind nach den zugehörigen Hauptbegriffen geordnet; zusätzliche Erläuterungen für die Beschreibung der Nadelgehölze vgl. S. 402.

Stamm

Der Baum hat einen Hauptstamm, der sich oben in eine Krone ausbreitet.

Nebenstämme entspringen an der Basis des Hauptstammes.

Habitus: Krone und Stamm geben dem Baum seine besondere Tracht, seinen Habitus. Die mehr oder weniger regelmäßige Stellung der Äste und Zweige bewirkt entsprechende Kronenformen. Regelmäßige Formen sind rundlich, eiförmig, kegelförmig („pyramidal") und säulenförmig. Unregelmäßige Formen entstehen bei Fehlen eines Hauptstammes oder bei unterschiedlicher Länge der Äste und Zweige.

Äste sind die älteren, stärkeren Nebenstämme der Krone.

Zweige sind die jüngeren, dünneren Nebenstämme der Äste.

Triebe sind die diesjährigen und vorjährigen Sprosse, die durch ihre ausgeprägte Färbung oder Behaarung besonders gute Merkmale für die Bestimmung bieten.

Knoten sind die Stellen der Triebe, aus denen neue Teile, Blätter oder Triebe entstehen.

Internodien sind die Zwischenräume zwischen 2 Knoten.

„Chinesenbärte" nennt man die von den Astansätzen nach beiden Seiten schräg abwärts verlaufenden schwarzen Rindenstreifen, vor allem bei Buchen und Birken zu sehen.

Rinde ist die den Stamm umgebende Gewebeschicht.

Borke bildet sich im Laufe der Jahre aus der Rinde; typisch für jede Baumart ist das Muster der Risse, Schuppen oder abrollenden Rinde.

Lentizellen sind die meist elliptischen, weißen oder bräunlichen, korkigen, erhabenen Punkte auf der Rinde.

Stammquerschnitt: Unter der Rinde oder Borke folgt zuerst das saftreiche Kambium, das durch beständige Teilung nach außen den Bast, nach innen den Splint (= jüngste Holzschicht) bildet. Unter dem weichen Splint folgt das Holz (Kernholz), das aus konzentrischen Jahresringen besteht.

Mark ist in den jungen Trieben vieler Baumarten enthalten (Holunder, Götterbaum); mitunter ist es gefächert (Walnuß, Flügelnuß).

Ausläufer entstehen ebenfalls an der Basis des Stammes und bilden nach meist unterirdischem Wachstum in kürzerer oder weiterer Entfernung einen neuen Stamm.

Wuchsrichtung: Die Ausdrücke für die Wuchsrichtung sind ohne weiteres verständlich; sparrig sind Zweige, die fast im rechten Winkel abstehen.

Langtriebe entstehen meist aus den Endknospen und bilden die Verlängerung des Stammes oder der Hauptäste.

Kurztriebe sind die kleinen, oft ganz kurzen Seitentriebe der vorjährigen Langtriebe; sie haben oft eine besondere Form von Blättern.

Dornen sind verhärtete Kurztriebe mit scharfer, stechender Spitze.

Stacheln sind hingegen spitze, harte, oft auch hakig gekrümmte Auswüchse der Oberhaut (z. B. bei Rosen).

Zweigquerschnitt stielrund (= zylindrisch), vierkantig, mitunter auch geflügelt usw.

Johannistriebe sind die neuen Austriebe aus diesjährigen, bereits zur Ruhe gelangten Knospen des Frühjahrstriebes.

Knospen der unbelaubten Triebe (Winterknospen) sind entweder mit Schuppen bedeckt oder nackt; nach Stellung, Größe und Form der Knospen und der Schuppen wichtige Unterscheidungsmerkmale.

Blattachsel ist der Winkel zwischen Blattstiel und Trieb. – *Achselbärte* sind die kleinen behaarten Stellen in den Winkeln der Blattnerven.

Blattpolster ist die Stelle, die nach dem Blattfall im Herbst eine meist deutliche Anschwellung des Zweiges zeigt, in ihrer Mitte die Blattnarbe.

Blatt

Die Blätter bestehen aus der Blattspreite und dem (mitunter auch fehlendem) Blattstiel. Sie sind entweder krautartig und dünn (bei den meisten sommergrünen Bäumen) oder lederartig (bei den meisten Immergrünen).

Blattdauer sommergrün (am Ende der Vegetationsperiode abfallend)
   wintergrün (zu Beginn der zweiten Vegetationsperiode abfallend, den Winter hindurch an der Pflanze bleibend)
   immergrün (mehrere Jahre lang bleibend)

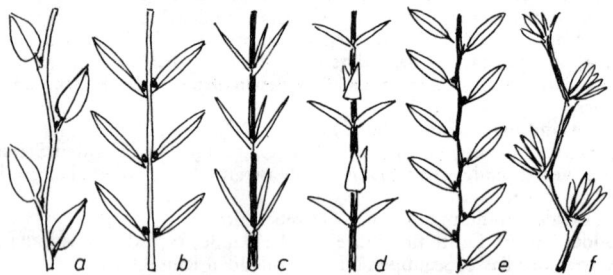

Blattstellung: a wechselständig, b gegenständig, c quirlständig, d kreuzweise gegenständig, e zweizeilig, f büschelig

Blattstellung: Die Blattstellung ist so charakteristisch für jede Pflanze, daß man daran schon in sehr vielen Fällen die Zugehörigkeit zu einer bestimmten Familie erkennen kann. Die Blätter (natürlich auch die Zweige) stehen:
wechselständig; abwechselnd oder spiralig angeordnet
gegenständig; paarweise gegenüber stehend
quirlständig; zu drei oder mehreren in Quirlen stehend
zweizeilig; entweder gegen- oder wechselständig, doch die Spreiten alle in einer Ebene liegend
dachziegelig; die sehr kleinen, oft schuppenförmigen Blätter stehen ganz dicht und überdecken einander.

Anheftung sitzend, d. h. ohne Blattstiel
   gestielt, mit Blattstiel.

Blattform: Die Form des Blattes kann mehr oder weniger variieren; auch in der Größe der Blätter eines Zweiges gibt es häufig große Unterschiede. Man unterscheidet vier Formengruppen:

l ä n g l i c h e (oblonge) Blattformen; das sind solche Formen, bei denen die Blattränder eine größere Strecke mehr oder weniger parallel verlaufen; beide Enden sind rund;

e l l i p t i s c h e (ovale) Blattformen haben den größten Breitendurchmesser in der Mitte, die beiden Enden sind spitz;

e i r u n d e (ovate) Blattformen haben den größten Breitendurchmesser unter der Mitte; das untere Ende ist rund, das obere meist spitz;

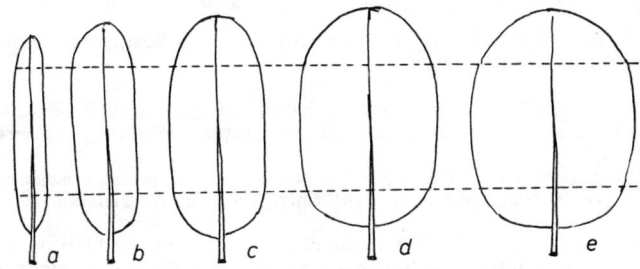

Längliche Blattformen, von linealisch (a) bis länglich-rund (e)

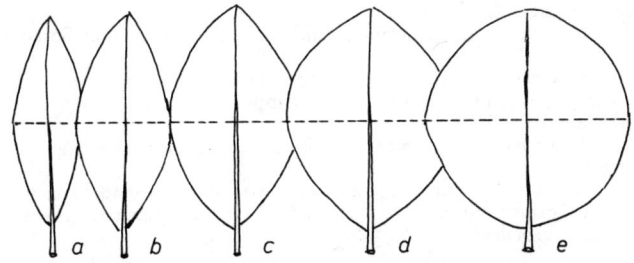

Elliptische Blattformen, von schmal-elliptisch (a) bis kreisrund (e)

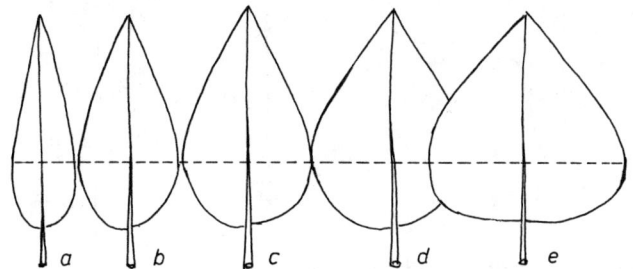

Eirunde Blattformen, von eiförmig-lanzettlich (a) bis dreieckig-eiförmig (e)

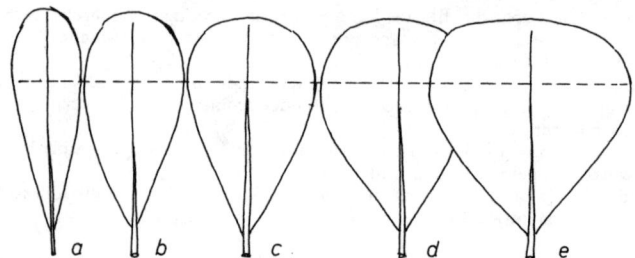

Verkehrt-eiförmige (obovate) Blattformen; fehlt der Stiel, nennt man diese Blätter „spatelförmig"

v e r k e h r t - e i f ö r m i g (obovate) haben den größten Breitendurchmesser über der Mitte und sind im übrigen die genaue Umkehrung der eirunden Formen.

Die nicht in diese 4 Gruppen passenden Sonderformen sind ohne weiteres verständlich: verkehrt-herzförmig, nierenförmig, sichelförmig, viereckig, dreieckig usw.

Gliederung des Blattes: Es gibt einfache und zusammengesetzte Blattformen. Bei einfachen Blättern trägt der Stiel nur eine einzige Spreite, bei zusammengesetzten Blättern mindestens zwei bis viele Spreiten an einem gemeinsamen Stiel. Die Spreiten zusammengesetzter Blätter heißen Blättchen.

Die Spreite einfacher Blätter ist
fiederspaltig, wenn die Einschnitte nicht bis zur Mitte der Spreitenhälfte gehen;
fiederteilig, wenn sie bis zur Mitte der Spreitenhälfte gehen;
fiederschnittig, wenn sie bis auf die Mittelrippe gehen.

Zusammengesetzte Blätter sind
gefingert (oder handteilig), wenn die Blättchen alle von einem gemeinsamen Punkt ausgehen;
gefiedert, wenn die Blättchen alle an einer gemeinsamen Spindel sitzen; hierbei nennt man Formen mit einem einzelnen Endblättchen unpaarig gefiedert, ohne dieses paarig gefiedert.

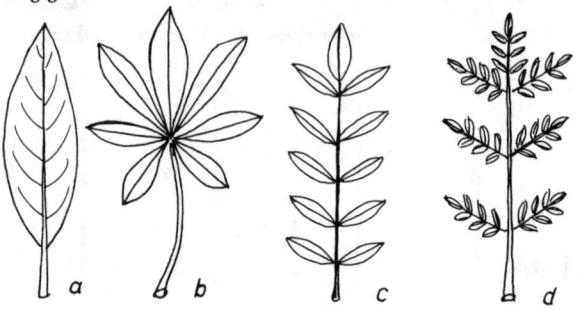

Gliederung des Blattes: a einfach (= ungeteilt); b–d zusammengesetzt, und zwar b gefiedert, c unpaarig gefiedert, d doppelt unpaarig gefiedert

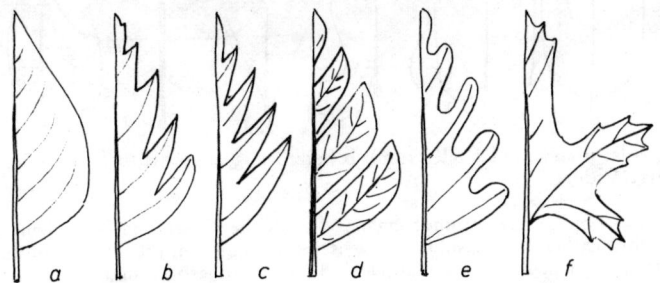

Gliederung der Spreite: einfach (= ungeteilt), b fiederspaltig, c fiederteilig, d fiederschnittig, e gebuchtet, f gelappt

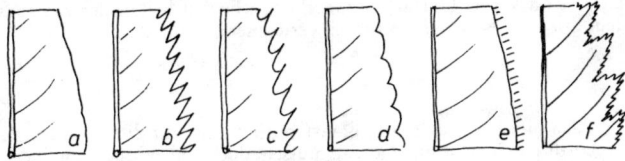

Blattrand: a ganzrandig, b gesägt, c gezähnt, d gekerbt, e gewimpert, f doppelt gesägt

Blattrand: Er ist entweder ganzrandig (ohne Einschnitte) oder er hat Einschnitte unterschiedlicher Tiefe oder ist gewimpert (mit feinen abstehenden Haaren am Rand). Man unterscheidet folgende Randformen:
gesägt; Zähne und Einschnitte spitzwinklig;
gezähnt; Zähne spitz, Einschnitte mit runder Basis;
gekerbt; Zähne abgerundet, Einschnitte spitz.
Ohne weiteres verständlich ist ein dorniger, gekrauster oder gelappter Rand.
Blattspitze: Sie ist spitz, wenn sie sich unter einem rechten Winkel unterbringen läßt, ohne die Schenkel zu berühren;
stumpf, wenn sich ein rechter Winkel unter der Spitze unterbringen läßt.
Weiterhin kann sie fein zugespitzt, stachelspitz oder geschwänzt sein, letzteres, wenn die Spitze sehr lang und schmal ausgezogen ist.

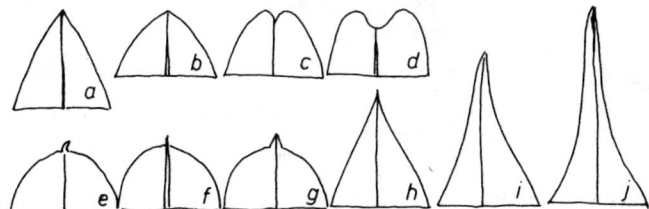

Blattspitze: a spitz, b stumpf, c ausgerandet, d eingedrückt, e fein zugespitzt, f stachelspitz, g stachelspitzig, h feinspitz, i lang zugespitzt, j geschwänzt

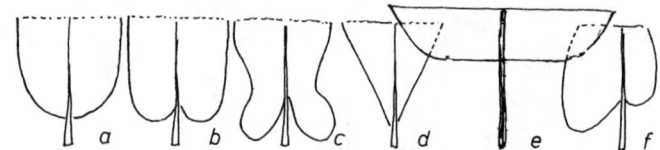

Blattbasis: a abgerundet oder rund, b herzförmig, c geöhrt, d keilförmig, e abgestutzt, f schief

Blattbasis: Spitz oder stumpf haben die gleiche Bedeutung wie oben; rund, keilförmig, herzförmig sind ohne weiteres verständlich; geöhrt ist ähnlich herzförmig, aber beide Spreitenhälften sind länger ausgezogen und stehen seitwärts ab;

gestutzt bedeutet soviel wie quer abgeschnitten;

unsymmetrisch sind die Blätter, wenn die beiden Spreitenhälften sich nicht decken (Ulmen, Linden).

Nebenblätter sind kleine blattartige Gebilde zu beiden Seiten der Blattbasis, oft auch dem Stiel angewachsen, mitunter verdornend (Robinie).

Blüte

Obwohl bei den hier behandelten Baumarten die Blüten für die Bestimmung meist nur untergeordnete Bedeutung haben, müssen doch die wichtigsten hierher gehörenden Begriffe erläutert werden.

Eine vollständige Blüte enthält Kelch, Blumenkrone, Staubblätter und Stempel (Blütenblätter = *Petalen*; Kelchblätter = *Sepalen*).

Staubblüten oder männliche (♂) Blüten enthalten keinen Stempel;

Stempelblüten oder weibliche (♀) Blüten enthalten keine Staubblätter;

Zwitterblüten enthalten beide, Staubblätter und Stempel.

Einhäusig sind Bäume mit getrennt stehenden männlichen und weiblichen Blüten, die jedoch auf der gleichen Pflanze vorkommen (bei Birken, Eichen, Erlen, Haseln, Walnüssen).

Zweihäusig sind Bäume, bei denen die Einzelpflanzen entweder nur rein männliche oder rein weibliche Blüten tragen (Weiden, Pappeln).

Polygam oder *vielehig* sind solche Bäume, bei denen sowohl eingeschlechtige wie auch zwittrige Blüten auf ein und derselben Pflanze vorkommen (Ahorn, Ulmen, Eschen).

Anordnung der Blüten entweder einzeln und dabei endständig (als Abschluß eines Triebes) oder seiten- oder achselständig

oder in Blütenständen, von denen bei den behandelten Bäumen hauptsächlich folgende Formen auftreten:

* Seitenachsen nicht verzweigt:

Ähre: Hauptachse verlängert, Einzelblüten alle sitzend:

Kätzchen: wie die Ähre, doch hängend, später als Ganzes abfallend;

Traube: Hauptachse verlängert, Einzelblüten ziemlich gleich lang gestielt, meist nach allen Seiten abstehend;

Doldentraube: Hauptachse durchgehend, Blütenstiele verschieden lang, die ältesten am längsten, alle Blüten in einer Ebene;

Dolde: Hauptachse verkürzt, alle Einzelblüten gestielt und von einem Punkt strahlig ausgehend;

** Seitenachsen verzweigt:
Rispe: Hauptachse verlängert, Nebenachsen in Form von Trauben in verschiedener Höhe.
***Mehrere auseinander hervorgehende Achsen:
Trugdolde: Achsen mit mehr als 2 Zweigen, Hauptachse mit einer Blüte abschließend.

Frucht

Nuß: Hülle dick und hart, holzig, nicht mit dem Samen verwachsen; Frucht mitunter noch von einem besonderen Fruchtbecher umschlossen (Eiche, Buche, Kastanie).
Flügelfrucht: kleine, einsamige Frucht in lederartiger, dünner Schale, von einem Hautsaum umgeben (Ulme, Esche, Götterbaum). – Hierher gehören nicht die Ahornfrüchte!
Balgfrucht: aus einem Fruchtblatt entstanden, mit einer Längsspalte aufspringend.
Hülse: aus einem Fruchtblatt entstanden, an beiden Längsseiten aufspringend, keine Scheidewand vorhanden (alle Schmetterlingsblütler). – Früchte in Form von „Schoten" im botanischen Sinne gibt es nicht bei den Bäumen.
Kapsel: aus drei oder mehr Fruchtblättern entstanden.
Spaltfrucht: bei der Reife durch Spaltung in Teilfrüchte zerfallend (Ahorn).
Steinfrucht: Merkmale zwischen denen einer Nuß und einer Beere, d. h. Fruchthülle fleischig oder saftig, Innenwand holzig (Kirschen, Walnuß).
Beere: Schale hautartig oder lederartig, das Innere fleischig-saftig oder breiartig (Sanddorn).
Sammelfrüchte: das sind aus einer Blüte hervorgegangene Früchte, bei denen die Teilfrüchte aber unter Beteiligung anderer Organe so eng verbunden sind, daß die Sammelfrucht (früher auch wohl „Scheinfrucht" genannt) als Einheit erscheint. Hierzu rechnen alle Kernobstarten, Apfel, Birne, Mispel, Weißdorn, Vogelbeere usw.
Fruchtstände: nicht aus einer Einzelblüte, sondern aus einem ganzen Blütenstand hervorgehend (Feige, Maulbeere).

Botanische Ausdrücke bei der Beschreibung der Nadelgehölze

Die botanische Beschreibung der Nadelgehölze verwendet selbstverständlich die gleichen technischen Ausdrücke wie die der Laubgehölze, trotzdem gibt es zusätzlich doch noch eine Anzahl von Bezeichnungen, die im allgemeinen nur bei den Nadelgehölzen vorkommen.

Habitus

Die *Krone* ist besonders häufig kegelförmig, säulenförmig oder rundlich; unregelmäßige Formen sind weit seltener.

Die *Stellung der Äste* ist häufig quirlig, wobei die Zweige etagenförmig ausgebreitet sind; mitunter sind die Äste auch schraubig um den Stamm gestellt. Gegenständige Aststellung finden wir bei *Metasequoia*.

Bei den *Zweigen* unterscheiden wir bei manchen Gattungen (Lärchen und Zedern) Kurz- und Langtriebe. Der Querschnitt der Zweige ist im allgemeinen rund, doch ist er bei den Cupressaceen auch abgeflacht kantig oder deutlich 2seitig. Von wenigen Ausnahmen abgesehen sind die Zweige bleibend, d. h. ausdauernd, nur bei *Metasequoia* und *Taxodium* fallen im Herbst die jüngsten Zweiglein ab.

Die *Borke* bietet ebenfalls manche Merkmale; die Färbung alter Borke ist sehr typisch, ebenso die Muster, welche die Furchen oder Rinde ausbilden, falls die Rinde nicht überhaupt ganz glatt ist oder abblättert oder abrollt.

Knospen und Nadeln

Die *Knospen* der Fichten, Tannen und Kiefern bieten gute Merkmale in ihrer Größe, Form, Farbe, Harzüberzug, Stellung und Größe der Knospenschuppen.

Die *Nadeln* sind nichts weiter als Blätter, doch werden sie im Sprachgebrauch nicht so bezeichnet; Ober- und Unterseite sind oft verschieden gefärbt. Auf der Unterseite sind die Spaltöffnungslinien häufig als weiße Linien aus feinsten Punkten erkennbar.

Die *Stellung der Nadeln* ist sehr wichtig; auch hier sind die Möglichkeiten zahlreich: gegenständig, quirlig, wechselständig, schraubig; bei den Tannen bürstenförmig dicht, mitunter gescheitelt, mit V-förmiger Furche, radial abstehend nach allen Seiten oder an den Triebenden pinselförmig gehäuft (Kiefern) oder dachziegelig *(Juniperus)*. Bei den Kiefern sind die Nadeln zu 2–5 gebündelt und stecken in einer Scheide; sie entsprechen einem winzigen Kurztrieb.

Dimorphismus der Nadeln. Bei näherer Betrachtung von *Juniperus*- und *Cupressus*-Arten, aber auch bei *Thuja* und *Chamaecyparis,* findet man oft zwei Typen von Nadeln, schuppen- und nadelförmige. Schuppenförmig sind die Nadeln der Altersform, nadelförmig die der Jugendform.

Der *Blattrand* ist mitunter sehr fein gesägt, doch kann man dieses Merkmal nur mit der Lupe oder mit der Zungenspitze wahrnehmen.

Die *Blattspitze* ist zwar oft an einer einzigen Pflanze schon sehr veränderlich, doch gibt es auch hier beständige Merkmale. Die Spitze kann spitz oder stumpf sein, zugespitzt, stachelspitz oder auch abgerundet, ausgerandet oder gespalten sein.

Der *Blattquerschnitt* wird zwar in diesem Buche nicht behandelt, doch gibt es auch hier, besonders bei sonst schwer zu unterscheidenden Arten, in der Zahl und Stellung der Harzgänge gute Merkmale.

Die *Blattnarben*, die nach dem Abfallen der Nadeln zurückbleiben, sind bei den Fichten viereckig, bei Tannen kreisrund. Auch die Form des Blattkissens ist sehr markant.

Blüten

Bei der Bestimmung der in diesem Buch behandelten Nadelgehölze spielen die Blüten keine Rolle.

Früchte und Samen

Bei den in diesem Buche behandelten Nadelgehölzen gibt es Zapfen, Beerenzapfen und Früchte, die natürlich alle sehr charakteristisch sind.

Zapfen entstehen aus den verholzten weiblichen Blütenständen; sie können in frühester Jugend auch schön gefärbt sein. Um eine Spindel sind zahlreiche, holzige oder lederartige Schuppen gestellt, die sich bei völliger Reife spreizen und die geflügelten Samen ausfallen lassen. Bei den Tannen zerfallen die Zapfen bei der Reife, ebenso bei den Zedern. Größe und Form der Zapfen, aber auch ihre Färbung sind charakteristisch. Bei den Schuppen der Kiefernzapfen findet man ein „Schuppenschild", das oft einen Dorn oder eine Warze trägt.

Beerenzapfen finden wir bei den Wacholder-Arten; sie bestehen aus 3zähligen Schuppenquirlen, die nach der Befruchtung fleischig werden, sich schließen und so eine kugelige Scheinbeere bilden.

Früchte anderer Art sehen wir bei *Taxus* und *Ginkgo*. Bei *Taxus* sind die Samen mit einem fleischigroten Mantel (Arillus) umgeben, während wir bei *Ginkgo* fast pflaumenartige, gelbgrüne Früchte finden mit dünner fleischiger Hülle und einem großen Steinkern.

Die *Samen* sind, botanisch gesehen, meist Nüßchen in lederartiger oder harter Schale, häufig auch geflügelt. Die Größe der Samen ist sehr unterschiedlich.

Verzeichnis von Gehölzsammlungen (Arboreta, Pineta) in Botanischen Gärten oder öffentlichen Anlagen

Das Verzeichnis erhebt keinen Anspruch auf Vollständigkeit. Mit (F) sind forstliche Versuchsflächen oder Forstbotanische Gärten bezeichnet.

Belgien

Kalmthout bei Antwerpen: Arboretum der Gebr. de Belder; sehr reichhaltig.
Tervueren bei Brüssel (F): Arboretum du Domaine; geographisch geordnet.
Groenendaal-Hoeilaart (F): Forstliche Versuchsstation; Arboretum.

Bundesrepublik Deutschland

Badenweiler: Kurpark mit sehr vielen alten Bäumen.
Berlin-Dahlem: Botanischer Garten mit reichhaltigem Arboretum.
Bonn: Botanischer Garten; großes Arboretum.
Darmstadt: Botanischer Garten; viele seltene Gehölze.
Dortmund-Brünninghausen: Botanischer Garten („Rombergpark") sehr große Gehölz-Sortimente; Sammlungen von Cultivaren.
Dyck (Schloß) bei Neuß: Schloßpark, viele alte Bäume.
Elmshorn: Arboretum der Baumschule Timm & Co in Thiensen.
Essen: Botanischer Garten und Gruga; reichhaltige Sammlung.
Grafrath bei München (F): Arboretum der Forstlichen Versuchs- und Forschungsanstalt München (nur forstlich wichtige Arten).
Göttingen (F): Botanischer Garten; zur Zeit forstlich erweitert.
Hann. Münden (F): Forstbotanischer Garten (zur Zeit in Umlegung nach Göttingen).
Hannover-Herrenhausen: Herrenhäuser Gärten, vor allem Berggarten; große Gehölz-Sortimente.
Heltorf bei Düsseldorf (F): Park des Grafen Spee; viele alte Bestände.
Köln-Riehl: Botanischer Garten; reiche Gehölzsortimente.
Köln-Rodenkirchen (F): Forstbotanischer Garten; Forstl. Versuchsflächen.
Mainau: Viele sehr alte Bäume; Allee von *Metasequoia*.
München-Nymphenburg: Botanischer Garten; sehr reichhaltiges Arboretum.
Oldenburg i. O.: Botanischer Garten, enthält die meisten Gehölze der Baumschulen des Oldenburger Landes.
Preetz (südl. Kiel): Arboretum Lehmkuhlen (Privat, Besuch nur mit Erlaubnis). Sehr alte Bestände, sehr reichhaltig.
Schmalenbeck bei Ahrensburg (F): Arboretum Tannenhöft der Bundesanstalt für Forst- und Holzwirtschaft, Abt. Forstgenetik und Holzzüchtung. Reichhaltige Gehölzbestände.
Stuttgart-Hohenheim: Exotengarten (Landesarboretum).
Weener-Ems: Mutterpflanzengarten der Baumschule Herm. A. Hesse.
Wuppertal-Küllenhahn (F): Exotenwald Burgholz; sehr ausgedehnte forstliche Versuchsfläche in sehr großem Sortiment (1958 begonnen).
Weinheim (F): Exotenwald des Grafen von Berckheim; geschlossene forstliche Bestände vieler Arten; um 1870 begonnen.

Dänemark

Charlottenlund (F): Forstbotanischer Garten, sehr reichhaltig.
Gisselfeld: Schloßpark; einer der schönsten und reichhaltigsten Parks des Landes.
Herlufsholm (F): Pinetum; sehr reichhaltig; forstlich wichtig.
Hoersholm (F): Forstbotanischer Garten; größte und bedeutendste Sammlung des ganzen Landes, eine der bedeutendsten Europas; viele Gehölze aus Original-Herkünften.
Kopenhagen: Botanischer Garten; sehr reichhaltig. – Ein weiterer Botanischer Garten an der Veterinärmedizin. Hochschule.
Kvistgard: Arboretum der Baumschule D. T. Poulsen.

Deutsche Demokratische Republik

Berlin-Baumschulenweg: Arboretum des Museums für Naturkunde an der Humboldt-Universität. (Hervorgegangen aus dem Arboretum L. Späth.)
Eberswalde (F): Forstbotanischer Garten.
Tharandt (F): Forstbotanischer Garten.
Wörlitz: Verwaltung der Staatl. Schlösser und Gärten.

Finnland

Koria (F): Arboretum Mustila.

Frankreich

Zwar gibt es hier viele alte Parks mit entsprechend alten Bäumen, aber wirklich umfangreiche Sammlungen mit sowohl forstlich als auch gärtnerisch wichtigen Arten sind nur an folgenden Orten.
Amance bei Nancy (F): Arboretum der Ecole Nationale des Eaux et Forêts, 13 km ostwärts von Nancy; meist Parzellen von Gehölzen.
Angers: Arboretum La Mauléverie (sehr reichhaltig).
Nogent-sur-Vernisson (F): Arboretum du Domaine; das französische National-Arboretum; sehr umfangreiche Sammlungen und forstliche Versuchsflächen.

Großbritannien

Von den zahllosen Gärten und Parks mit Sammlungen von Gehölzen können hier nur die wichtigsten aufgezählt werden. Sie sind nicht alle täglich geöffnet.
Ampfield bei Romsey (England): Jermyns House; privates Arboretum der Baumschule Hillier & Sons; größte Sammlungen von Gehölzen in Europa.
Ardingly (Süd-England): Wakehurst Place, eine „Filiale" von Kew Gardens, sehr viele große und alte Bäume.
Bedgebury (Süd-England) (F): National Pinetum; außerordentlich umfangreich, sowohl gärtnerisch wie auch forstlich.
Benmore (Schottland): Gehört zum Royal Botanic Garden, Edinburgh; sehr viele alte Bäume, auch baumartige Rhododendren.
Bodnant (Wales): Tal y Cafn, Conway. Riesige Sammlungen von Gehölzen.
Borde Hill (bei Haywards Heath, England): Umfangreiche Gehölzsammlungen, vor allem Acer.
Caerhays (Cornwall, Süd-West-England): Sehr weitläufig, uralte Bäume für milderes Klima.
Cambridge (England): Botanischer Garten und Arboretum.
Castlewellan (Nord-Irland): Eine der schönsten Koniferensammlungen des Landes, in der Nähe von Belfast.
Dawyck (Schottland): Alte Gehölzbestände, älteste *Pseudotsuga* Europas.
Edinburgh (Schottland): Royal Botanic Garden, einer der schönsten und reichhaltigsten Gärten Europas, sehr viele Gehölze.
Kilmun Forest Garden (bei Benmore, Schottland) (F): Versuchsanlagen der Forstverwaltung, sehr artenreich, viele *Eucalyptus*.
Nymans (bei Handcross, Süd-England): Prachtvoller alter Park, dendrologisch sehr interessant.
Richmond (bei London): Kew Gardens, der größte und bedeutendste Botanische Garten Europas; auch tropische und subtropische Gehölze.
Leonardslee (Süd-England): Koniferen, Magnolien, Camellia.
Tresco Abbey (Scilly Islands, Süd-West-England): Gehölze der südlichen Halbkugel.
Uckfield (England): Sheffield Park; sehr alter Park mit prachtvollen Bäumen in vielen Arten, vor allem *Nyssa*, Koniferen.
Westonbirt (bei Tetbury, England): Eines der bedeutendsten Arboreten des Landes, hauptsächlich berühmt wegen der Herbstfärbungen.
Wisley bei Woking (südwestl. London): Wisley Gardens, viele Gehölze, Pinetum, hauptsächlich gärtnerisch wichtige Arten und Formen.

Irland

Birr (westl. Dublin): Birr Castle; sehr reichhaltige Gehölzsammlungen.
Dublin: Glasnevin Botanic Garden; großes Arboretum.
Malahide (am Flughafen von Dublin): Malahide Castle; größte Sammlung von Gehölzen
  Neuseelands und Australiens in Europa.

Italien

Isola Bella und Isola Madre (im Lago Maggiore): Schöne alte Laubbäume und Koniferen.
Pallanza (Lago Maggiore): Villa Taranto Botanic Gardens; sehr reichhaltig.

Jugoslawien

Dubrovnik: Arboretum Trsteno, unweit Dubrovnik.
Opeka p. Vinica pri Varazdinu: Parkanlagen mit schönen Gehölzbeständen.
Radomlje pri Ljubljani: Arboretum Volčji Potok; junge Anpflanzungen.
Zagreb (F): Dendrologischer Garten der Forstlichen Fakultät der Universität.

Niederlande

Boskoop: Rijkstuinbouwschool; gute Sammlung gärtnerisch wichtiger Gehölze.
Doorn: Arboretum von Gimborn, gehört jetzt zur Universität Utrecht; sehr reichhaltig.
Hilversum: Pinetum Blijdenstein; sehr reichhaltig.
Oldenzaal (bei Enschede): Pinetum Port Bulten; reichhaltig.
Putten (Gelderland) (F): Pinetum Schovenhorst; Koniferen von forstlicher Bedeutung
  in Parzellen.
Rotterdam: Arboretum Trompenburg.
Wageningen: Arboretum der Landbau-Hochschule.

Österreich

Wien-Mariabrunn (F): Arboretum der Forstlichen Bundesversuchsanstalt.
Wien-Schönbrunn: Schloßpark; alte Koniferen.

Polen

Kornik bei Poznan (F): Arboretum; reichhaltigste Sammlung des Landes, auch Gartenformen.
Warszawa: Botanischer Garten der Universität.

Portugal

Coimbra: Botanischer Garten der Universität.
Lisboa: Botanischer Garten der Universität; reichhaltigste Sammlung.
Porto: Botanischer Garten.

Rumänien

Cluj (Klausenburg): Botanischer Garten; sehr reichhaltig.
Dofte ana (Bez. Baku): Dendrologischer Garten.
Tincabesti (bei Bukarest): Dendrologischer Garten.
An verschiedenen Orten sollen kleinere Sammlungen bestehen, doch fehlen bisher nähere
  Informationen hierüber.

Schweden

Bjuv (bei Malmö): Arboretum FLINCK; größte Gehölzsammlung des Landes in Privat-
  besitz; viele Koniferen.
Göteborg (F): Botanischer Garten; reiche Koniferenbestände, vor allem asiatische.
Insel Hamsö, Härnösand (Norrland) (F): Arboretum Drafle.
Stockholm: Bergianska Trädgarden.

Schweiz

Brissago (Inseln): Botanischer Garten des Kantons Tessin.
Genf: Botanischer Garten und viele Privatgärten mit schönen Koniferen.

Grüningen (bei Zürich): Botanischer Garten; private Sammlung von A. AMSLER; viele alte Zwergkoniferen.
Lugano: Öffentliche und Privatgärten.
Luzern: Private Gärten; besonders Villa Fiora in St. Niklausen.
St. Gallen: Botanischer Garten; sehr reichhaltig.
Zürich: Botanischer Garten; sehr reichhaltig (wird jetzt verlegt).

Sowjetunion

Batumi: Botanischer Garten; reiche Bestände.
Kiew (Ukraine): Zentral-Botanischer Garten; große Sortimente aus dem ganzen Lande.
Leningrad: Botanischer Garten (Komarov); viele alte Koniferen.
Moskau: Zentral-Botanischer Garten.
Nikita, Jalta (Krim): Botanischer Garten; sehr viele Koniferen, auch subtropische.
Sotschi (Schwarzmeerküste): Dendrarium; wohl die größte Koniferensammlung des Landes.
Suchumi (Schwarzmeerküste): Botanischer Garten; nur klein, doch sehr artenreich.
Tbilisi (Kaukasus): Botanischer Garten.

Spanien

Blanes (Costa Brava): Jardin Marimurtra.
Barcelona: Botanischer Garten; Montjuich.
Madrid: Botanischer Garten.
Valencia: Botanischer Garten; reichhaltig.

Tschechoslowakei

Lednice (Eisgrub): Gartenbauschule; alte Koniferen.
Mlynany (früher Malonya): Arboretum der Slowakischen Akademie der Wissenschaften.
Pruhonice (bei Prag): Botanischer Garten; riesige Anlage, sehr viele Koniferen.
Zehušice: Staatliche Koniferenschule; großes Sortiment.
Noch viele alte Parks im ganzen Lande mit alten Koniferen.

Ungarn

Badacsonyörs: Arboretum Dr. Folly; hauptsächlich Koniferen.
Sopron (F): Forstbotanischer Garten; reichhaltig.
Szarvas: Arboretum; sehr groß, viele Koniferen.
Szeleste; Arboretum; etwa 100 Arten Koniferen.
Szombathely (F): Kamoni Arboretum; sehr reichhaltig.

Für die deutsche Ausgabe benutzte Literatur

BEEKMAN, W. B.: Elsevier's Wörterbuch der Holzwirtschaft in sieben Sprachen; Band 1. Nomenklatur der botanisch und wirtschaftlich bedeutendsten Holzarten in der Welt. München 1964.

KRÜSSMANN, G.: Handbuch der Laubgehölze. 2 Bände. Berlin u. Hamburg 1960/62.

KRÜSSMANN, G.: Handbuch der Nadelgehölze. Berlin u. Hamburg 1972.

KRÜSSMANN, G.: Die Bäume Europas. Berlin u. Hamburg 1968.

LITTLE, E. L., Jr.: Check List of Native and naturalized Trees of the United States. Washington, D. C. 1954.

MACDONALD, J., u. a.: Exotic Forest Trees in Great Britain. Forestry Commission Bulletin No. 40. London 1957.

OUDEN, P. DEN: Naamlijst van Coniferen. Boskoop (1937).

SCHULTZE-MOTEL, J.: Verzeichnis forstlich kultivierter Pflanzenarten. Die Kulturpflanze; Beiheft 4. Berlin 1966.

WOLD, A. (Editor): A multilingual glossary of common plant-names (2. Trees); in Proc. Intern. Seed Test Ass'n. **36:** 791–1045; 1971.

Ferner Mitteilungen von HEINRICH HOGREBE über das Revier Burgholz (Wuppertal-Küllenhahn), wo etwa zweihundert Arten von Exoten forstlich angepflanzt sind; sowie von W. FABRICIUS, Weinheim, über die bestandesmäßig im „Exotenwald" angebauten Holzarten.

Verzeichnis der wissenschaftlichen Namen

Die normal gedruckten Zahlen verweisen auf den Text, die fettgedruckten Zahlen auf die Seiten, denen gegenüber Farbtafeln mit den Erkennungsmerkmalen der betreffenden Arten enthalten sind. Ungültige wissenschaftliche Namen sind kursiv gedruckt.

Verzeichnis der deutschen Namen

Die normal gedruckten Zahlen verweisen auf den Text, die fettgedruckten Zahlen auf die Seiten, denen gegenüber Farbtafeln mit den Erkennungsmerkmalen der betreffenden Arten enthalten sind. Die Namen sind stets nach dem Oberbegriff geordnet; man findet also Sommer-Linde unter Linde, –, Sommer-; Stiel-Eiche unter Eiche, –, Stiel- usw.

Die Bäume Europas

Ein Taschenbuch für Naturfreunde. Von GERD KRÜSSMANN. 1968. 142 Seiten, 50 Schwarzweiß- und 8 Farbtafeln; 178 Zeichnungen, 114 Arealkarten, 201 Photos. Leinen 24,– DM

Die Laubgehölze

Eine Dendrologie für die Praxis. Von GERD KRÜSSMANN, 3., völlig neubearb. Aufl. 1965. 397 Seiten, 3321 Gehölzbeschreibungen, 150 z. T. ganzseitige Abb. im Text. Leinen 72,– DM

Rhododendren, andere immergrüne Laubgehölze, Koniferen

Ein Leitbuch für Gartenliebhaber und deren Berater. Von GERD KRÜSSMANN. 1968. 190 Seiten, 44 Tafeln; 360 Abb., davon 43 farbig. Leinen 94,– DM

Pareys Blumenbuch

Wildblühende Pflanzen Deutschlands und Nordwesteuropas. Von RICHARD FITTER, ALASTAIR FITTER und MARJORIE BLAMEY. Aus dem Engl. übersetzt und bearb. von Prof. Dr. K. v. WEIHE. 1975. 340 Seiten, 3120 Einzeldarstellungen, davon 2900 farbig. Kart. 24,– DM

Alpenflora

Die wichtigsten Alpenpflanzen Bayerns, Österreichs und der Schweiz. Von GUSTAV HEGI, erneuert und hrsg. von Prof. Dr. H. MERXMÜLLER. 24., durchgesehene Aufl. 1975. 112 Seiten, 42 Tafeln; 355 Abb., davon 272 farbig. Laminiert 24,– DM

GARCKE Illustrierte Flora

Deutschland und angrenzende Gebiete. Gefäßkryptogamen und Blütenpflanzen. Begr. von AUGUST GARCKE. 23., völlig neugestaltete Aufl. Hrsg. von Prof. Dr. K. v. WEIHE. 1972. XX, 1607 Seiten, 3704 Einzelbilder. Balacron 124,– DM

Pareys Vogelbuch

Alle Vögel Europas, Nordafrikas und des Mittleren Ostens. Von HERMANN HEINZEL, RICHARD FITTER und JOHN PARSLOW. Aus dem Engl. übersetzt und bearb. von Prof. Dr. G. NIETHAMMER und Dr. H. E. WOLTERS. 1972. 324 Seiten, 2840 farbige Abb., davon 585 Verbreitungskarten. Kart. 18,– DM

Jungvögel, Eier und Nester

aller Vögel Europas, Nordafrikas und des Mittleren Ostens. Ein Naturführer. Von Dr. COLIN HARRISON. Aus dem Engl. übersetzt und bearb. von Dr. E. HERRLINGER. 1975. 435 Seiten, 48 Eierund 16 Jungvogeltafeln; 930 Abb., davon 827 farbig. Balacron 48,– DM

Die Vögel Europas

Ein Taschenbuch für Ornithologen und Naturfreunde über alle in Europa lebenden Vögel. Von R. PETERSON, G. MOUNTFORT und P. A. D. HOLLOM. Aus dem Engl. übersetzt und bearb. von Prof. Dr. G. NIETHAMMER. 10., völlig neubearb. und erweiterte Aufl. 1973. 443 Seiten, 66 Vogel-, 8 Eiertafeln; 1780 Abb., davon 830 farbig. Balacron 30,– DM

Die Säugetiere Europas

Westlich des 30. Längengrades. Ein Taschenbuch für Zoologen und Naturfreunde. Von FREDERIK HENDRIK VAN DEN BRINK. Übersetzt von Dr. TH. HALTENORTH. 3. Aufl. 1975. 217 Seiten, 32 Tafeln; 470 Abb., davon 163 farbig. Leinen 36,– DM

Die Tagfalter Europas und Nordwestafrikas

Ein Taschenbuch für Biologen und Naturfreunde. Von LIONEL G. HIGGINS und NORMAN D. RILEY. Aus dem Engl. übersetzt und bearb. von Dr. W. FORSTER. 1971. 377 Seiten, 60 Tafeln; 1145 Abb., davon 760 farbig. Lein. 36,– DM

Preisstand Herbst 1975. Spätere Änderungen vorbehalten

VERLAG PAUL PAREY · HAMBURG UND BERLIN

Die Zahlen verweisen auf die Farbtafeln

Sauerbaum

Tupelobaum

Magnolie **39**

Eucalyptus **37**

Tulpenbaum **24**

Stechpalme **30**

Eiche **20-21**

Hickory

Walnuß **17**

Esche **38**

Flügelnuß **16**

Eberesche **25**

Robinie **29**